精通 Windows Server 2016

(第 6 版)

布莱恩·斯维德哥尔(Brian Svidergol)
弗拉迪米尔·梅洛斯基(Vladimir Meloski)
[美] 拜伦·赖特(Byron Wright) 著
桑托斯·马丁内斯(Santos Martinez)
道格·巴塞特(Doug Bassett)

石 磊 卫 琳 译

清华大学出版社
北 京

Brian Svidergol, Vladimir Meloski, Byron Wright, Santos Martinez, Doug Bassett
Mastering Windows Server 2016
EISBN：978-1-119-40497-2

图书在版编目(CIP)数据

精通 Windows Server 2016(第 6 版) / (美) 布莱恩 • 斯维德哥尔(Brian Svidergol)等著；石磊，卫琳 译. —北京：清华大学出版社，2019
书名原文：Mastering Windows Server 2016
ISBN 978-7-302-52680-3

Ⅰ. ①精…　Ⅱ. ①布…　②石…　③卫…　Ⅲ. ①Windows 操作系统—网络服务器　Ⅳ. ①TP316.86

中国版本图书馆 CIP 数据核字(2019)第 057434 号

责任编辑：王　军　韩宏志
封面设计：孔祥峰
版式设计：思创景点
责任校对：成凤进
责任印制：从怀宇

出版发行：清华大学出版社
网　　址：http://www.tup.com.cn，http://www.wqbook.com
地　　址：北京清华大学学研大厦 A 座　　邮　　编：100084
社 总 机：010-62770175　　邮　　购：010-62786544
投稿与读者服务：010-62776969, c-service@tup.tsinghua.edu.cn
质量反馈：010-62772015, zhiliang@tup.tsinghua.edu.cn
印 装 者：三河市铭诚印务有限公司
经　　销：全国新华书店
开　　本：190mm×260mm　　印　　张：23.5　　字　　数：848 千字
版　　次：2019 年 5 月第 1 版　　印　　次：2019 年 5 月第 1 次印刷
定　　价：98.00 元

产品编号：079459-01

译　者　序

Windows Server 2016 是微软作为 Windows NT 操作系统家族的一部分开发的服务器操作系统，是 Windows 10 客户端最理想的服务器，其中包含一些 IT 专业人士需要了解的新特性。Windows Server 2016 有很多新特性，包括 Active Directory 联合服务、Windows 防御器、远程桌面服务、存储服务、故障转移集群、Web 应用程序代理、IIS10、Windows PowerShell 5.1、Windows Server 容器等。这些功能提供了大量工具，能够大大提高效率。

本书是一个完整的资源，旨在提供真实世界使用环境下的全面信息，通过新工具和特性提供专家级指导，帮助读者快速启动和运行 Windows Server 2016。本书有助于读者掌握 Windows Server 2016 的最新功能，在实际场景中应用新工具，探索安全、网络和云的新功能，在 Windows Server 2016 迁移和管理的所有方面获得专家指导。

Windows Server 是一个大型产品，其中包含太多复杂的技术，比以前的 Windows Server 版本(尤其是旧版本)要复杂得多。因此，本书选择覆盖 Windows Server 常用的部分，并试图在每一章的特定部分进行详细讨论，尽量避免包含介绍性信息。本书共分 13 章，每个章节都代表读者成为 Windows Server 2016 专家用户的过程中的一个里程碑。

第 1 章展示如何安装 Windows Server 2016，以及如何使用 Server Manager 来管理服务器。这是一个很好的开端，这样在学习各个章节时，就有了一个可参考的 Windows Server 2016 计算机。在深入了解工具之前，也需要了解全书一直在使用的工具。所以第 2 章讨论如何处理 PowerShell 的细节。

在安装完成并了解了 Windows Server 的管理方法后，就可以深入了解基础技术了。第 3 章介绍的都是 Windows 服务器的计算部分，如 Hyper-V 和故障转移集群。第 4 章详细论述文件系统、重复数据删除、存储空间、存储复制和服务的存储质量。第 5 章深入介绍远程访问、DNS、DHCP 和 Windows Server 2016 中一系列新的网络技术。

很好地掌握了 Windows Server 2016 的基础知识，并了解了一些新技术后，就要学习 Windows Server 中更小(但仍然很重要)的技术，包括文件服务、容器、安全机制等。第 6 章说明如何实现和管理文件服务，不仅讨论共享文件夹，还介绍管理文件服务的高级方面。第 7 章解释容器是什么，它们是如何工作的，以及如何创建和管理它们。第 8 章将了解 JEA、JIT 和 Windows Server 2016 中其他新的安全特性。

Windows Server 2016 内置了几种 Active Directory 技术。本书介绍常用的三种方法。第 9 章介绍 AD DS，包括设计和架构、部署和日常管理等信息。第 10 章介绍 AD CS 和公钥基础设施技术，还完成一个两层的层次结构。第 11 章介绍 AD FS 和设计注意事项。然后介绍 AD FS 和 Web 应用程序代理的逐步实现。

本书最后一部分讨论如何管理企业级服务器，其中自动化和自助服务是成功管理的关键。第 12 章介绍整个 Microsoft System Center 套件。其中介绍了部署和配置，以及关于企业管理的概念。第 13 章展示如何使用 OMS 管理本地和基于云的 Windows 服务器。

本书语言流畅、深入浅出、通俗易懂、可操作性强，注重读者实战能力的培养和技术水平的提高。本书适合广大中、高级网络技术人员学习，适合网络管理和维护人员参考，可作为高等院校相关专业和技术培训班的教学用书，还可作为微软认证考试的参考用书。由于译者水平有限，翻译过程中可能会有不准确的内容，如果读者在阅读过程中发现失误和遗漏之处，欢迎批评指正。

作 者 简 介

Brian Svidergol 设计并构建基础架构、云计算和混合解决方案。他拥有多个行业认证证书，包括 MCT(微软认证培训师)和 MCSE(微软认证解决方案专家)——云平台和基础设施。Brian 撰写了几本书，涵盖了从本地基础设施技术到混合云环境的所有内容。他曾工作于初创企业和《财富》500 强企业，从事设计、实现和迁移项目。

Vladimir Meloski 是 Office Server 和 Services 的微软最有价值专家、微软认证培训师和顾问，基于 Microsoft Exchange Server、Skype for Business、Office 365 和 Windows Server 提供统一的通信和基础架构解决方案。Vladimir 拥有计算机科学学士学位，在信息技术领域拥有二十多年的专业经验。在欧洲和美国举办的微软会议中，Vladimir 作为实践实验室和技术专家而发言并担任主持人。曾担任微软官方课程 Exchange Server 2016/2013/2010/2007、Office 365 和 Windows Server 2016/2012 的作者和技术审稿人，他是《精通 Microsoft Exchange Server 2016》一书的作者之一。作为一名熟练的 IT 专业人士和培训师，Vladimir 与学生和同事分享自己的最佳实践、真实经验和知识，他与全球 IT 专业人士和开发人员用户组合作，致力于 IT 社区的开发。业余时间，他与妻子和儿子在乡下度过。

Byron Wright 是 BTW 技术解决方案的所有者，他使用微软技术设计和实现该解决方案。他做了 20 年的顾问、作者和讲师，专门研究 Windows Server、Active Directory、Office 365 和 Exchange Server。2012—2015 年，他是 Exchange Server/Office 365 的微软 MVP。

Santos Martinez 于 1982 年出生在波多黎各的卡瓜斯，在卡瓜斯长大。Santos 拥有超过 18 年的 IT 行业经验。他主要为美国和波多黎各的许多客户实现和支持配置管理器和企业移动+安全。Santos 在加入微软前，曾是一家《财富》500 强金融机构的配置管理器工程师和 IT 顾问。在这家企业中，他帮助实现和支持两百多个配置管理器站点服务器，支持全球三十多万个配置管理器和 Intune 客户端。

2006 年到 2009 年，Santos 是 SQL Server MVP，2009 年到 2011 年，是 ConfigMgr MVP。他在微软社区中是其他 MVP 的导师、是 Microsoft FTE，因帮助其他 IT 社区成员而闻名。他还参加了微软 TechEd、MMS 和 Ignite，是配置管理器、数据库和微软 Intune 的技术专家。Santos 也是波多黎各的一名前武术冠军，目前获得空手道六度黑带，并获得 Shihan Sensei 头衔。

Santos 和糕点师 Karla 结婚 16 年，有两个孩子。Santos 目前是微软企业管理和移动产品部门的高级项目经理。可在 Twitter(@ConfigNinja)或博客(http://aka.ms/ConfigNinja)上联系他。

Doug Bassett 从 20 世纪 80 年代初就开始涉足计算机行业，当时他还在高中教计算机科学课，他自己也还是位高中生。Doug 拥有 Microsoft、Cisco、CompTIA 和其他公司的许多认证证书，从 Windows NT 早期版本开始，他就获得了 MCSE 认证。Doug 也是一位超过 20 年的微软认证培训师(MCT)。他是世界上首批 100 名 Windows 2008 认证用户之一。Doug 在苹果公司和微软公司总部都做过演讲，并被微软邀请出席在西班牙巴塞罗那举办的微软世界会议，主题是虚拟课堂和在线学习。Doug 目前在互联网上讲授直播课，住在不用铲雪的亚利桑那州。

贡献者简介

Jose Rodas是获得A+、CCEA、MCSA+M、MCSE、MCTS、MCITP EA和MCT认证的IT专家，拥有二十多年的行业经验。2007年10月开始在微软的系统中心团队工作，支持系统中心运营管理器和系统中心服务管理器。目前，他是微软的一位顶级区域工程师，致力于在客户站点上为客户提供关于系统中心和Azure日志分析项目的主动/被动帮助。

致　谢

许多才华卓越的人认真工作，尽了自己最大的努力编著本书，使本书得以面世，在此向他们表示最诚挚的感谢。

非常感谢 Wiley 编辑制作团队的努力。Kenyon Brown 负责这个项目(这比他签约所花费的精力多得多!)，并帮助找到合适的人员来完成这个项目。开发部编辑 Kim Wimpsett 做了一项杰出的工作，他完成了章节的转换，与团队进行交流，并追踪后期的章节。谢谢！我们还要感谢技术编辑 Rodney Fournier，感谢他审阅了所有文稿，并确保文稿内容正确无误。最后，我们要感谢制作编辑 Barath Kumar Rajasekaran、文字编辑 Kathy Carlyle、校对员 Nancy Bell，他们都为本书的高质量做出了贡献。

我要感谢妻子 Lindsay、儿子 Jack、女儿 Leah，他们时常扶持我，给我带来欢乐。

——Brian Svidergol

献给永远支持我的家人。

——Vladimir Meloski

我要感谢 Tracey、Sammi 和 Michelle，他们一直以来都是我生命中最美好的人。

——Byron Wright

我想把本书献给：妻子 Karla；你是我的灵魂伴侣，我想和你一起慢慢变老；孩子 Bryan 和 Naomy，我希望本书能给你们一些启发，让你们未来能有所成就；最后感谢所有家人和朋友对我的支持。还有我的武术学生、同学和老师们，感谢你们让我成为一名专业的武术师。

我要感谢微软的同事们对本书的支持。感谢贡献者的杰出工作，特别是 Jose Rodas 对 OMS 和运营经理技术的审核，他使本书的内容变得更合理。

我要感谢合著者 Brian Svidergol，感谢他给我提供了这样的机会。感谢我的朋友 Elias Mereb，他在很多方面不断地帮助我们进步，谢谢兄长对 Windows 技术的所有反馈和保障。最后，我要感谢所有的配置管理器和企业移动+安全社区，这些社区一直对技术充满热情，并愿意帮助我们改进写作。让我们继续共同进步！

——Santos Martinez

我要把本书献给祖母 Helen Wells，她给我买了第一台电脑；也献给善良的祖父 Lyle Wells。

——Doug Bassett

前　　言

欢迎阅读本书。本书涵盖 Windows Server 2016 和操作系统内置的核心技术，包括网络、身份和访问、存储等。我们并没有事无巨细地涵盖所有特性或选项，而是指导你深入理解贯穿各章节的关键主题。读者最好将本书从头到尾读一遍。

Windows Server 2016 的主要变化

Windows Server 2016 的大多数主要组件都具有 Windows Server 2016 的新特性、增强和更改。话虽如此，大多数变化都涉及对现有服务的改进和新特性的引入。本书各个章节将详细介绍这些新特性。下面列出了与众不同的主要变化。

- **嵌套虚拟化：**嵌套虚拟化是 Windows Server 2016 的一个全新特性，通过它可以在 VM 中部署 Hyper-V 主机。这简化了测试故障转移集群和测试各种虚拟化相关特性及配置的过程。注意，嵌套虚拟化最适合非生产环境，如实验室环境。更多信息请参阅第 3 章。
- **屏蔽的虚拟机：**这个新特性增强了 Hyper-V 主机和 VM 的安全性。它可以防止恶意管理员试图查看控制台或试图查看虚拟硬盘上的数据。更多信息请参阅第 3 章。
- **设备保护和凭证保护：**这些新特性保护第 2 代 VM 免受攻击。更多信息请参阅第 8 章。
- **特权访问管理(PAM)：**PAM 完全改变了许多管理员对其环境的管理方式，增强了 Active Directory Domain Services 环境的安全性。更多信息请参阅第 9 章。
- **Storage Spaces Direct：**这个新特性使用本地服务器存储器，提供了一个高度可用、高度可伸缩的存储解决方案。更多信息见第 4 章。
- **软件定义网络(SDN)：**在 Windows Server 2016 中有许多新的网络增强。SDN 允许配置内部环境，比如 Azure，并使用 System Center 虚拟机管理器管理它。更多信息请参阅第 5 章。
- **容器：**容器是一种特性，它为应用程序团队提供了一种快速部署应用程序环境的预打包方式(例如，IIS 和 ASP.NET 结合使用)。容器包含应用程序团队需要的所有东西，而且容器是可移植的；它可在本地运行，也可在公共云中运行。详情见第 7 章。
- **Nano 服务器：**当微软推出 Windows Server 的 Server Core 安装版本时，它因具备体积小、要求低、性能高、安全性增强等特点而备受赞誉。Nano 服务器更进一步(尽管有更多限制)。最初，它只是一个较小的部署，没有 GUI，可以运行一些核心功能，如 Hyper-V 和扩展文件服务器。然而，最近微软发布了 Windows Server 2016(1709 版)的一些重大改进。在 1709 版中，Nano 服务器不再支持 Hyper-V 等核心功能，而是专门用于容器，并面向云。第 1 章介绍 Nano 服务器。

《精通》系列

Sybex 的《精通》系列图书以一流的培训和开发方式，为在该领域工作的读者提供了中级和高级技能的清晰阐述，并为那些立志成为专家的读者提供了清晰、严肃的教材。每一本《精通》系列的图书都包括以下内容：

- 各个章节围绕真实任务，而不是抽象的概念或主题，基于技能进行讲解。
- 章末提出的“问题”可测试读者对该章信息的掌握程度。

如何使用本书

如何使用本书取决于读者的目标和 Windows 服务器技术的经验水平。例如，如果使用 Windows Server 的经验有限，那么从头到尾阅读本书可能获得最佳体验。如果你是一名经验丰富的服务器管理员，但希望更多地了解 Windows Server 2016 的网络组件，就可以直接阅读与网络相关的章节。如果你正在准备认证考试，就可以阅读不同章节的特定主题，以加强特定领域的知识。虽然本书是按顺序编排的，从前到后阅读是最容易的，但应该选择最适合自己经验和目标的路径。

本书的几个部分将逐步执行安装和配置步骤。强烈建议读者在实验室或非生产环境中(无论是在家还是在工作中)执行相同的步骤。阅读某项技术对学习有好处，而部署、故障排除和维护某项技术则有助于学习，同时从这两方面着手对学习很有好处!

Windows Server 是一个大型产品。有太多技术——这些技术很复杂，比以前的 Windows Server 版本(尤其是旧版本)要复杂得多。因此，我们必须准确地选择要涵盖的内容，同时确保书的篇幅可控。一般来说，本书选择覆盖 Windows Server 最常用的部分，并试图在每一章的特定部分进行详细讨论。最后，我们避免包含介绍性信息，除非它对主题而言是必不可少的。本书的读者历来是经验丰富的管理员，他们希望提高对最新版本的 Windows 服务器的了解。因此，我们尽量避免对读者来说“太基础”的内容。

本书的内容组织

本书每个章节都代表读者成为 Windows Server 2016 专家用户的过程中的一个里程碑。我们首先介绍安装 Server Manager 和 PowerShell。这是一个很好的开端，这样在学习各章时，就有了一个可参考的 Windows Server 2016 计算机。在深入了解工具之前，也需要了解全书一直在使用的工具(尤其是 PowerShell)!

- 第 1 章“Windows Server 2016 的安装与管理”展示如何安装 Windows Server 2016，以及如何使用 Server Manager 管理服务器。
- 第 2 章“PowerShell”讨论如何处理 PowerShell 的细节。该章中包含大量信息，对于还不熟悉 PowerShell 的读者来说尤其有用。

在安装完成并了解 Windows Server 的管理方法后，就可以深入了解基础技术了。

- 第 3 章“计算”介绍的都是 Windows 服务器的计算部分，如 Hyper-V 和故障转移集群。
- 第 4 章“存储”详细论述文件系统、重复数据删除、存储空间、存储复制和服务的存储质量。
- 第 5 章“网络”深入介绍远程访问、DNS、DHCP 和 Windows Server 2016 中的一系列新的网络技术。

至此，你将很好地掌握 Windows Server 2016 的基础知识，并了解一些新技术。接下来的几章旨在帮助你学习 Windows Server 中更小(但仍然很重要)的技术。

- 第 6 章“文件服务”说明如何实现和管理文件服务，不仅讨论共享文件夹，还介绍管理文件服务的高级方面。
- 第 7 章“Windows Server 容器”解释容器是什么，它们是如何工作的，以及如何创建和管理它们。这是一项新技术，正在迅速发展。
- 第 8 章“安全机制”将介绍 Just Enough Administration (JEA)、Just In Time (JIT)管理、Credential Guard 和 Windows Server 2016 中其他新的安全特性。

Windows Server 2016 内置了几种 Active Directory 技术。本书介绍常用的三种方法。没有介绍 AD LDS 和 AD RMS。

- 第 9 章“Active Directory 域服务”介绍 AD DS，包括设计和架构、部署和日常管理等信息。
- 第 10 章“Active Directory 认证服务”介绍 AD CS 和公钥基础设施技术，该章还介绍一个两层层次结构。
- 第 11 章“Active Directory 联合服务”介绍 AD FS 和设计注意事项。然后介绍 AD FS 和 Web 应用程序代理的分步实现。

本书前两章介绍如何使用 Server Manager 和 PowerShell 管理服务器。本书最后一部分将讨论如何管理企业级服务器，其中自动化和自助服务是成功管理的关键。

- 第 12 章“用 System Center 进行管理”介绍整个 Microsoft System Center 套件。其中介绍部署和配置，以及关于企业管理的概念。
- 第 13 章“用 OMS 进行管理”展示如何使用 Microsoft Operations Management Suite(一个 Azure 服务)来管理本地和基于云的 Windows 服务器。

获得更多信息

每章都列出外部资源的链接，可用于获得更多信息。如果你对某个特定主题感兴趣，并且本书列出了指向外部资源的链接，就应该选择花几分钟来探索该内容。我们专门列出一些增值内容的链接，这些内容补充和扩充了书中的信息。

勘误

我们希望本书会对你有所帮助，在你读完本书后，可继续使用本书作为参考书。请注意，虽然我们已经尽了最大的努力，但有时软件更新会使屏幕截图看起来与你屏幕上的界面略有不同。你仍然应该能够按照给出的指示进行操作。但是，如果你发现错误，请通过电子邮件发送到 errata@wiley.com，告知出版商。

感谢你选择本书。

目　录

第 1 章 Windows Server 2016 的安装与管理

Windows Server 2016 基于早期 Windows Server 版本的安装和管理过程。要安装 Windows Server 2016，需要了解 Windows Server 2016 的版本以及它们是如何获得许可的。这将有助于选择最符合自己需求的 Windows Server 2016 版本。还需要选择合适的安装方法，例如通过 Windows Deployment Services(Windows 部署服务)自动安装。

安装 Windows Server 2016 后，Server Manager 就是用于管理的主要接口。在 Server Manager 中，可以启动工具，使用它们来管理和监控 Windows Server 2016。

本章内容包括：

- 定义部署过程
- 选择 Windows Server 2016 版本
- 选择激活方法
- 监控 Windows Server 2016

1.1 Windows Server 2016 版本和授权

微软针对每一代的 Windows Server 都有不同的版本。对于每一代的 Windows Server，不同的版本具有不同的特性或许可。可以获得 Windows Server 2016 标准版或 Windows Server 2016 数据中心版。在这两个版本中，绝大多数功能都是相同的，但也有一些显著的区别，参见表 1.1。

表 1.1 Windows Server 2016 版本的区别

功　能	说　明
虚拟化许可	一个 Windows Server 2016 标准许可，可用于单个虚拟化主机上的两个虚拟机。 一个 Windows Server 2016 数据中心许可，可用于单个虚拟化主机上无限数量的虚拟机
软件定义网络	这个特性应用策略来控制网络配置和安全，不包含在标准版中
屏蔽的虚拟机	要配置屏蔽的虚拟机，Hyper-V 主机必须运行 Windows Server 2016 数据中心版
Hyper-V 容器	Windows Server 2016 标准版对每个 Hyper-V 主机限制为两个 Hyper-V 容器。Windows Server 2016 可拥有无限数量的 Hyper-V 容器。 Windows Server 2016 的两个版本都可以有无限数量的标准容器
存储复制	这个功能在两台服务器之间同步数据，仅在 Windows Server 2016 数据中心版中可用
Storage Spaces Direct	这个功能为文件共享提供了很高的可用性，仅在 Windows Server 2016 数据中心版中可用

从表 1.1 可以看出，Windows Server 2016 标准版和 Windows Server 2016 数据中心版之间只有几个功能差异。如果不需要这些功能，那么选择 Windows Server 2016 版本的主要依据通常是虚拟化许可。

大多数组织都将新服务器部署为虚拟机。如果只有一个 Windows Server 2016 标准版许可，就可以安装 Windows Server 2016 标准版，使用 Hyper-V 作为虚拟化主机，并使用 Windows Server 2016 标准版配置两个虚拟机。购买第二个 Windows Server 2016 标准版许可，可再添加两个运行 Windows Server 2016 标准版的虚拟机。在每个虚拟化主机只有几个虚拟机的小型组织中，使用 Windows Server 2016 标准版通常比较划算。

在拥有许多虚拟机的大型组织中，使用 Windows Server 2016 数据中心版通常更划算，也更容易管理。拥有一个 Windows Server 2016 数据中心版许可，可以安装 Windows Server 2016 数据中心版，使用 Hyper-V 作为虚拟化主机，并在该主机上配置无限数量的虚拟机。

没有 Hyper-V 的虚拟化许可

Hyper-V 是一个优秀的虚拟机监控程序，广泛用于实现服务器和桌面的虚拟化。还有其他监控程序，如 VMware、XenServer 等。使用 Hyper-V 以外的监控程序时，虚拟服务器的许可与使用 Hyper-V 完全相同。Windows Server 2016 标准版许可允许在任何监控程序上实现两个运行 Windows Server 2016 标准版的虚拟机。Windows Server 2016 数据中心版许可允许在任何监控程序上实现无限数量的、运行 Windows Server 2016 数据中心版的虚拟机。

1.1.1 基于处理器核心的许可

在虚拟化普及前，Windows Server 要根据与物理机器一对一的比例获得许可。旧版本的 Windows Server 受限于物理处理器的数量和它们能够处理的内存量。当虚拟化普及时，每个许可证都包含许多虚拟机。现在，物理硬件变得非常强大，人们不得不基于物理服务器中的处理器内核数量来限制许可。

Windows Server 2016 标准版和 Windows Server 2016 数据中心版使用相同的基于核心的许可结构。基本操作系统许可为两个 8 核处理器(总共 16 核)提供许可。如果每个处理器有超过 8 个物理内核(超线程不算作额外的内核)，就需要以最小增量(2 核)购买额外的核心许可。

服务器中的每个处理器都必须获得最少 8 个核心的许可。因此，如果服务器中有 4 个处理器，就需要获得最少 32 个内核的许可。购买两个 Windows Server 许可就可以满足这个需求。对于 Windows Server 2016 标准版，它允许安装两个虚拟机。要允许使用 4 个虚拟机，就需要再次获得服务器中的所有处理器的许可。

1.1.2 客户端访问许可

在基于 Windows 的网络上，除了服务器之外，还需要为客户端颁发许可证。客户端访问许可(Client Access License，CAL)向用户或设备提供在服务器上运行的服务的访问权限。例如，如果计算机连接到域，用户登录到网络，就需要 CAL。该 CAL 可以是连接到网络的人员的用户 CAL，也可是用于连接网络的计算机的设备 CAL。只需要一个 CAL：用户 CAL 或设备 CAL。

购买 CAL 时，需要确定，是用户 CAL 还是设备 CAL 对组织来说最划算。如果一个用户有多个可以访问网络服务的设备，例如桌面计算机和笔记本电脑，那么用户 CAL 是最经济的。如果一个设备由多个用户使用，例如具有多个呼叫转移的呼叫中心，那么设备 CAL 是最划算的。可以根据自己的需要组合用户 CAL 和设备 CAL。

CAL 是纸质许可。这意味着需要精确跟踪用户和设备，但 Windows Server 2016 并不监视使用中的许可。也不需要专门将许可分配给用户账户或计算机。

1.1.3 许可程序

微软有各种不同的许可程序，有不同的优点、限制和成本。可通过这些程序获得 Windows Server 2016 许可和 CAL。这些程序会随着时间而变化，所以需要与专家讨论如何购买许可。以下是一些许可获得方法的概述：

- **原始设备制造商(Original Equipment Manufacturer，OEM)**。购买新的物理服务器时，可以购买这种类型的许可。它通常是最便宜的选项，但许可不能移到其他硬件。
- **批量许可。** 这种许可比 OEM 许可更灵活，因为它不限于特定的物理服务器。在服务器之间移动此许可的频率是受限的。在虚拟机可在虚拟化主机之间移动的高可用性场合，这是一个重要考虑因素。
- **软件保证。** 这种类型的许可会添加到批量许可中，以包括软件升级。软件保证还提供了额外好处，比如可随时在物理服务器之间移动许可。
- **企业协议。** 这种类型的许可是基于用户的，而不是基于服务器的。如果组织中每个用户的费用是固定的，就可以运行满足需求的服务器实例数量。这种类型的许可证还包括 CAL，并可能包括其他产品，如 SQL Server 和 Exchange Server。

1.1.4 Windows Server 2016 的其他版本

Windows Server 2016 Essentials 是针对小型企业的 Windows Server 2016 版。这个版本的 Windows Server 2016 许可比标准版本或数据中心版本更简单，因为它不需要 CAL。相反，Windows Server 2016 Essentials 限制为 25 个用户和 50 台设备。它也没有针对多个实例的虚拟化权限，内存限制为 64GB，至多可以有两个物理 CPU。为了简化部署，会自动安装和配置一些服务器角色和特性。

Windows Storage Server 2016 只能通过存储设备的硬件供应商获得。该版本的服务器角色数量有限，因为这个版本被设计为通用操作系统。例如，不能将 Windows Storage Server 2016 配置为域控制器。

有关 Windows Server 2016 许可的更多信息，请参见 https://www.microsoft.com/en-us/cloud-platform/windows-server-pricing 上的 Windows Server 2016 Licensing & Pricing。

1.2 安装 Windows Server 2016

物理服务器是专用硬件，通常需要 Windows Server 2016 以外的驱动程序。在开始安装前，应该获得服务器需要的所有驱动程序。一些制造商有一个安装 Windows Server 2016 的专门过程，可在安装过程中注入驱动程序。

现代服务器的固件是统一可扩展固件接口(Unified Extensible Firmware Interface，UEFI)，而不是旧的基本输入输出系统(Basic Input Output System，BIOS)。尽管可将 UEFI 固件设置为旧模式以模拟 BIOS，但不需要这样做。Windows Server 2016 可以使用 UEFI 固件启动。此外，使用 UEFI 还提供了从更大的磁盘引导和更安全的引导过程等优点。

在安装前，还应该为服务器计划磁盘分区。关键的考虑因素是操作系统使用的 C:驱动器的大小。C:驱动器必须足够大，不仅要支持 Windows Server 2016 的初始安装，还要支持随时间的推移而安装的任何更新。此外，大多数组织都尽可能将应用程序和数据保存在独立于操作系统的分区上。将应用程序和数据从操作系统中分离出来，有助于防止操作系统驱动器耗尽存储空间，并可以简化备份和恢复。

在虚拟机中安装

用户可能将大多数服务器部署为虚拟机。虚拟机为部署和管理提供了很大的灵活性。要在虚拟环境中正常工作，Windows Server 2016 需要为该虚拟环境提供正确的驱动程序，就像 Windows Server 2016 需要有正确的驱动程序才能在物理硬件上正常工作一样。

在 Hyper-V 主机的虚拟机上安装 Windows Server 2016 时，安装文件包括所有必需的驱动程序。如果创建第 1 代虚拟机，它就模拟 BIOS 固件。如果创建第 2 代虚拟机，它就使用 UEFI 固件。Windows Server 2016 适用于这两种类型的固件。

如果使用另一种虚拟机监控程序(如 VMware)在虚拟机上安装 Windows Server 2016，那么通常需要安装其他驱动程序。例如，要为在 VMware 上运行的虚拟机安装 VMware 工具。

1.2.1 安装步骤

要开始安装 Windows Server 2016，请确保服务器配置为从 DVD 引导。这是固件中的一个配置选项。将安装 DVD 放在 DVD 驱动器中，并完成以下过程：

(1) 启动服务器并按下一个键，当提示时，从 DVD 开始安装。

(2) 选择合适的语言、时间和货币格式以及键盘布局，如图 1.1 所示，然后单击 Next 按钮。

(3) 单击 Install Now。

(4) 在 Activate Windows 窗口中，输入产品密钥并单击 Next 按钮。如果选择 I Don't Have a Product Key，你需要在稍后输入产品密钥。

(5) 在 Select the operating system you want to install 窗口中，选择要安装的操作系统版本，如图 1.2 所示，然后单击 Next 按钮。

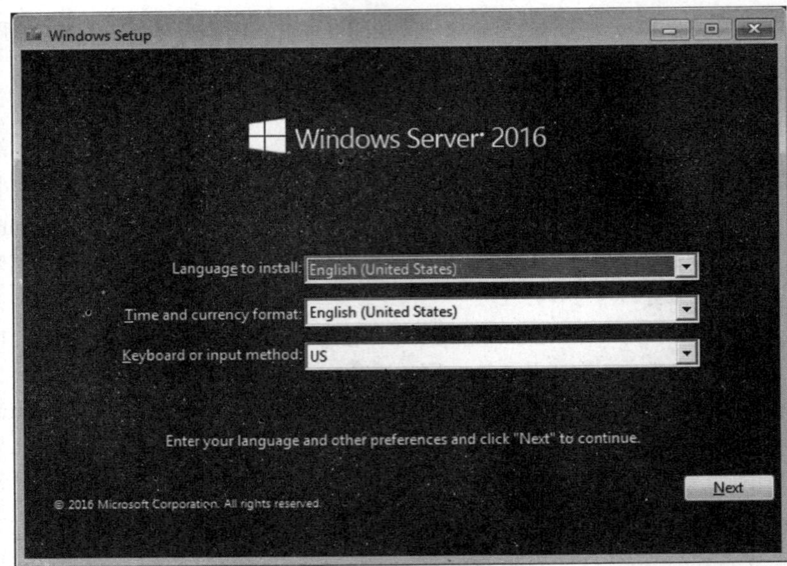

图 1.1　选择本地化设置

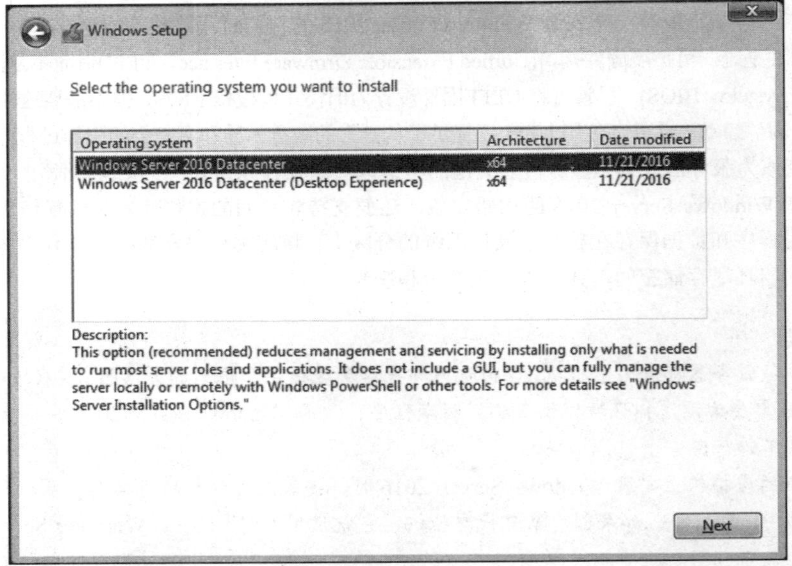

图 1.2　选择操作系统

(6) 在 Applicable notices and license terms 窗口中，选择 I accept the license terms 复选框并单击 Next 按钮。

服务器核心和桌面体验

安装 Windows Server 2016 标准版或数据中心版时，可以选择安装 Server Core 或 Desktop Experience。Desktop Experience 是包含图形界面的完整服务器安装。这种安装类型可在服务器控制台上运行所有管理工具。在 Windows Server 2012 R2 中，可以添加或删除图形界面。这在 Windows Server 2016 中是不可能的。

Server Core 是 Windows Server 2016 的精简版，不包含图形界面。要管理 Server Core，可在本地使用命令提示符或 Windows PowerShell。要使用图形化工具，可在 Windows 10 中使用远程服务器管理工具(Remote Server Administration Tools，RSAT)。

Server Core 中有一个服务器角色子集。这些角色包括大多数网络服务，如 DNS、DHCP、Active Directory Domain Services(AD DS)、Active Directory Certificate Services、File Services 和 Windows Server Update Services。如果在服务器上运行应用程序，则需要验证应用程序是否与 Server Core 兼容。

Server Core 的功能有限，减少了操作系统的攻击面。它还减少了更新的需求，从而增加了正常运行时间。磁盘利用率也降低了，这允许在大规模虚拟化中更有效地使用磁盘。

(7) 如图 1.3 所示，在 Which type of installation do you want 窗口中，单击 Custom: Install Windows only (advanced)。我们很少执行从一个服务器操作系统版本到另一个服务器操作系统版本的就地升级，而常安装新服务器，并将服务和应用程序迁移到新服务器。

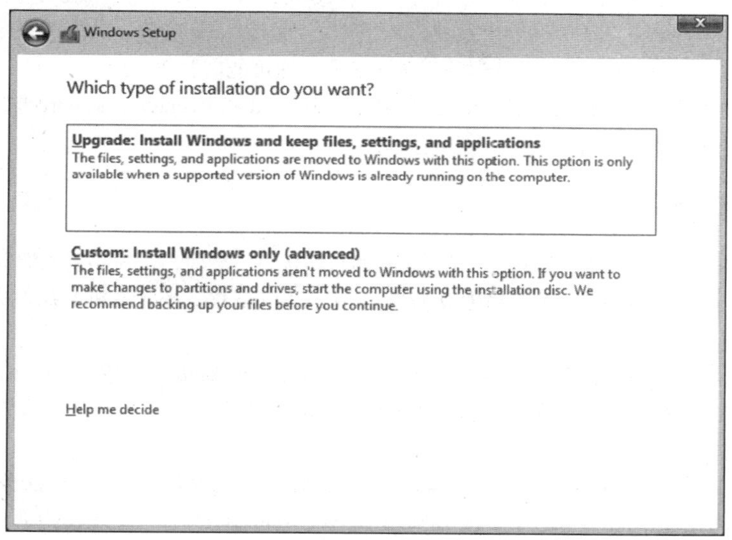

图 1.3　选择安装类型

(8) 如图 1.4 所示，在 Where do you want to install Windows 窗口中，选择安装操作系统的正确驱动器并单击 Next 按钮。如果磁盘没有在此窗口中显示出来，则可以使用 Load driver 选项安装丢失的存储驱动器。还可以手动创建和删除分区。

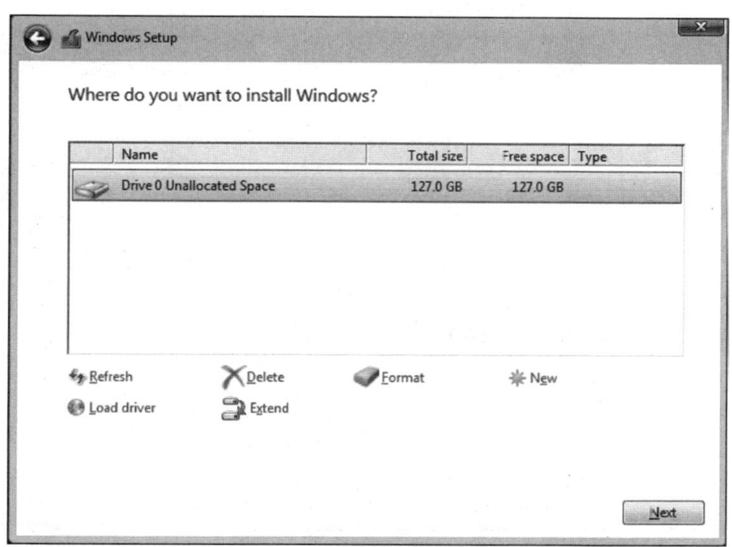

图 1.4　选择安装位置

引导和系统分区

服务器使用 UEFI 固件，并允许 Windows Server 2016 安装过程在磁盘上创建分区。它将创建三个分区：

- **恢复分区。**这个分区是 450MB，包含 Windows Server 2016 的恢复工具。如果 Windows Server 2016 无法启动，那么服务器将从这个分区引导，可使用这些工具尝试恢复。

◆ **EFI 系统分区。**该分区为 100MB，存储启动 Windows Server 2016 引导过程所需的操作系统文件。

◆ **引导分区。**这个分区使用磁盘的其余部分存储 Windows Server 2016 操作系统文件。这个分区还用于存储分页文件。

如果服务器使用旧的 BIOS 固件，则只创建两个分区：

◆ **系统分区。**这个 500MB 的分区包含用于启动 Windows Server 2016 引导过程的文件和用于恢复的文件。

◆ **引导分区。**这个分区使用磁盘的其余部分存储 Windows Server 2016 操作系统文件。这个分区还用于存储分页文件。

(9) 等待复制文件，安装完成。如果服务器或磁盘比较慢，这可能需要 30 分钟。

(10) 服务器重新启动后，在 Customize Settings 屏幕的 Password 和 Reenter Password 框中，输入本地管理员账户的密码，并单击 Finish 按钮。

1.2.2 安装后的配置

为简化 Windows Server 2016 的安装过程，许多设置都有默认值。然而，可能需要立即改变如下 4 项：

◆ **计算机名称。**在安装过程中，会自动生成 WIN-RandomString 格式的计算机名称。需要更改该计算机名称，以匹配组织使用的命名标准。

◆ **工作组。**每台计算机都自动成为 WORKGROUP 工作组的一个成员。大多数情况下，用户希望加入域。

◆ **IPv4 地址。**IPv4 配置为在安装后从 DHCP 中自动获取 IP 地址。大多数组织都设置了静态 IPv4 地址，而不是使用 DHCP。

◆ **时区。**默认时区(UTC-08:00)为太平洋时间(美国和加拿大)。更改时区，以匹配服务器的位置。

如果安装了 Desktop Experience 选项，就可以使用 Server Manager(如图 1.5 所示)来配置这些项。还可以使用 Server Manager 来检查和配置其他常见设置。

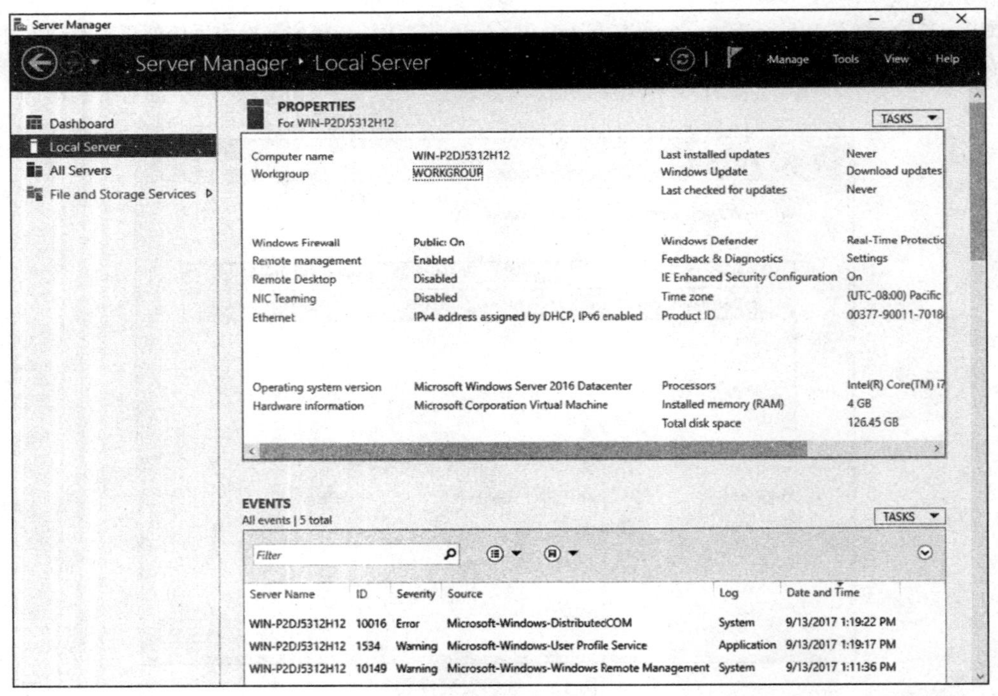

图 1.5 Server Manager

如果安装了 Server Core 选项，则需要使用命令行工具或 Windows PowerShell 来配置这些项。要简化 Server Core 的配置，可使用 sconfig.cmd，如图 1.6 所示。这个脚本包含在 Server Core 中，并提供了一个菜单驱动的界面来配置常见项。

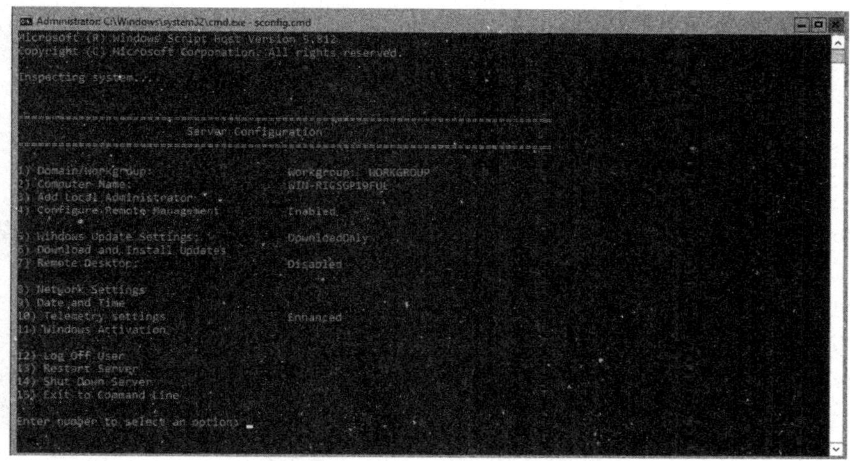

图 1.6　sconfig.cmd

1.2.3　激活

所有版本的 Windows Server 2016 都需要激活。激活可以证明许可密钥是有效的。如果没有激活 Windows Server 2016 副本，它就在 180 天后进入通知模式。在通知模式下，用户会收到激活提醒，且禁用一些功能，如个性化。

较小组织可能会购买 Windows Server 2016 和物理服务器。原始设备制造商(OEM)许可比批量许可便宜，但不能移动到另一个物理服务器。因此，如果物理服务器退役了，许可证也随之退役。

联系微软，可以激活 OEM 许可。通常，可通过 Internet 激活服务器，也可通过电话激活。

较大的组织通常购买更灵活的批量许可。批量许可能在物理服务器之间移动。批量许可也有更多激活选项。

多个激活密钥(Multiple Activation Key，MAK)可被激活多次。激活数量由微软跟踪，但用户有责任确保使用正确的许可数量。MAK 密钥激活可通过互联网或电话进行。

KMS(Key Management Service，密钥管理服务)密钥允许在组织内自动激活新服务器，而不需要新服务器通过 Internet 进行通信。这很重要，因为大多数组织不允许服务器与 Internet 通信。表 1.2 描述了使用 KMS 密钥的激活方法。

表 1.2　使用 KMS 密钥的激活方法

方　法	说　明
KMS 主机	可将 Windows Server 2016 配置为 KMS 主机。然后就可将 KMS 密钥添加到 KMS 主机。向 KMS 主机添加 KMS 密钥时，Microsoft 会激活它。但是，新服务器通过联系 KMS 主机来激活。 KMS 主机具有最小的激活阈值。对于服务器操作系统，激活阈值为 5。如果使用 KMS 主机进行激活的服务器少于 5 台，激活就不会成功。这使 KMS 主机很难用于较小的组织或远程站点
基于 Active Directory 的激活	在实现基于 Active Directory 的激活时，激活信息存储在 Active Directory 中，而不是存储在 KMS 主机上。因为新服务器与 Active Directory 通信，所以没有激活的单点故障。此外，对于基于 Active Directory 的激活，没有最低的激活阈值。这是支持它的软件的首选激活方法

要配置 KMS 主机或基于 Active Directory 激活，可在 Windows Server 2016 中安装 Volume Activation Services 服务器角色。安装此服务器角色后，运行 Volume Activation Tools，该工具允许选择启用基于 KMS 或 Active Directory 的激活和管理密钥。

GVLK

使用 KMS 或基于 Active Directory 的激活时，不需要在 Windows Server 2016 中手动安装许可密钥。默认情况下，Windows Server 2016 包含一个 GVLK(Generic Volume License Key，通用批量许可密钥)，可以是 KMS 激活或基于 Active Directory 的激活。

极少数情况下，由于有人无意中更改了密钥，批量激活会失败。可将密钥改回正确的 GVLK。

有关 GVLK 的列表，请参阅网址 https://technet.microsoft.com/en- us/library/jj612867(v = ws.11).aspx。

有关批量激活的详细信息，请参见 Planning for Volume Activation，网址是 https://technet.microsoft.com/en-us/library/dd996589.aspx。

1.3 自动安装 Windows Server 2016

为简化 Windows Server 2016 在大型组织中的安装，应该自动完成这个过程。自动化部署过程减少了部署新服务器所需的管理工作。因此，不必花费 30～60 分钟执行安装，而可启动自动化流程，然后走开，直到完成安装。

自动化部署也提供了一致的结果。可以定义要安装的功能集合。例如，可自动启用 BitLocker 来加密本地硬盘。在手动安装时，需要在部署服务器后将 BitLocker 作为一个单独的进程启用。

Windows Server 2016 部署可以通过几种不同的方式实现自动化。有些选项没有额外成本，而另一些选项则使用需要购买的工具。如果环境是虚拟化的，就将有额外选项。

1.3.1 Sysprep 和 Imaging

Imaging 是取一台准备好的计算机并复制其配置的过程。准备好的计算机的映像存储在一个文件中，该映像可应用于其他物理计算机或虚拟机。

安装 Windows Server 2016 时，会配置特定于系统的信息，如计算机名称、硬件信息和本地机器内部安全标识符(SID)。这些特定于系统的配置项需要作为映像过程的一部分删除。删除这些项时，映像可应用于运行不同硬件的计算机上。

Sysprep(System Preparation)实用程序包含在 Windows Server 2016 中，用于为映像准备操作系统。Sysprep 删除计算机名称、硬件信息和 SID。然后，当映像应用到新计算机上时，将重新创建这些项。

Sysprep 选项

Sysprep.exe 存储在 C:\Windows\System32\Sysprep 中。运行带有图形界面的 Sysprep 时，需要选择一个系统清理操作，如图 1.7 所示。系统清理操作控制 Sysprep 运行和操作系统重启后发生的事情。

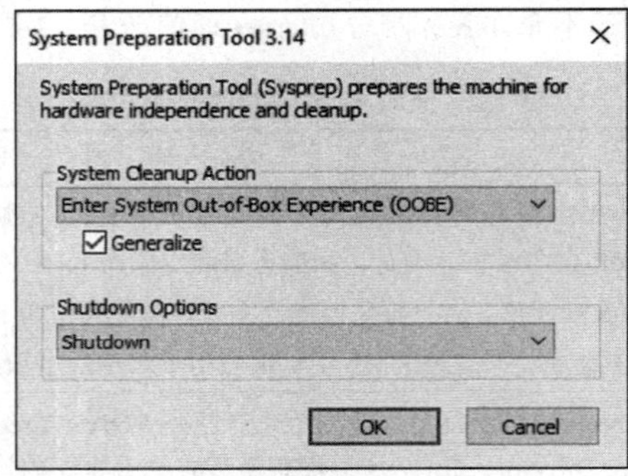

图 1.7 Sysprep 图形界面

两个系统清理操作是：

- Enter System Out-of-Box Experience (OOBE)。此选项使 Windows 运行安装 Windows 期间发生的 OOBE 过程。在 OOBE 过程中，会生成一个新的计算机名称，提示输入新的管理员密码。
- Enter System Audit Mode (进入系统审计模式)。此选项用于映像的维护。操作系统启动后，可执行诸如添加驱动程序和更新的任务，而不是运行 OOBE。修改映像后，可再次将其放入审计模式或 OOBE 中，为部署做好准备。

为部署准备映像时，应该选择 Generalize 选项。此选项删除计算机的特定信息，如计算机名称、SID 和硬件驱动程序。

三个关闭选项如下。

- **Quit：** Sysprep 退出，操作系统继续运行。需要关闭操作系统来捕获映像。
- **Reboot：** 计算机重新启动，并进入系统清理操作定义的模式。如果要捕获映像，选择该选项是不合适的。

◆ **Shutdown：**Sysprep 完成后，计算机将关闭。这是在捕获映像之前应该使用的选项。

> **为虚拟化运行 Sysprep**
>
> 我们正在为部署创建一个新的 Windows Server 2016 映像。在以前的部署中，使用 Sysprep 之后遇到的一个问题是，新映像要花很长时间才能检测到硬件。当部署许多服务器时，这会显著减慢部署过程。
>
> 要加快每个 VM 的初始配置，可以在运行 Sysprep 时使用/mode:vm 选项。这将防止后续的部署删除硬件驱动程序。保留硬件驱动程序，会显著加快新虚拟机的部署过程。
>
> 使用/mode:vm 时，映像将特定于监控程序。因此，从 Hyper-V 虚拟机创建的映像不适合在 VMware 监控程序上使用。

DISM

许多工具都可用来执行映像。其中一些工具允许捕获磁盘上的所有分区，而有些工具一次只处理一个分区。Windows Server 2016 中的部署映像服务和管理(Deployment Image Servicing and Management，DISM)工具一次映像一个分区的内容，并将映像存储在.wim 文件中。它是一个基于文件的映像工具。

DISM 使用的.wim 格式可以在一个文件中存储多个映像。在.wim 文件中存储多个映像时，使用重复数据删除。如果同一文件有多个副本，则.wim 中只存储一个副本，但该副本对文件中包含的每个映像都可用。

当多个映像存储在单个.wim 文件中时，需要引用文件中映像的索引号或名称。索引号基于映像添加到文件的顺序。当每个映像添加到文件中时，指定其名称。

要使用 DISM 捕获操作系统映像，必须关闭操作系统，以确保没有打开的文件。要运行 DISM，需要使用另一种操作系统来引导计算机。Microsoft 提供 Windows PE 作为 Windows 评估和部署工具包(Assessment and Deployment Kit，ADK)的一部分。可以配置 Windows PE 从 USB 驱动器或其他引导介质中引导。

有关 Windows ADK 和创建 Windows PE 引导介质的更多信息，请参见 Download WinPE(Windows PE)，网址是 https://docs.microsoft.com/en-us/windows-hardware/manufacture/desktop/download-winpe--windows-pe。

从 Windows PE 介质中引导时，可运行 DISM 来捕获或应用映像。通常，映像存储在网络驱动器上，它们也可存储在本地介质上，比如 USB 驱动器。

如果将本地 C:驱动器捕获到网络驱动器 Z:上的.wim 文件，就使用以下语法：

```
Dism /Capture-Image /ImageFile:Z:\Win2016.wim /CaptureDir:C: /Name:Win2016Image
```

要将映像应用到本地 C:驱动器上，需要使用以下语法：

```
Dism /Apply-Image /ImageFile:Z:\Win2016.wim /Name:Win2016Image /ApplyDir:C:\
```

除了捕获和部署映像之外，还可以使用 DISM 来挂载和修改存储在.wim 文件中的映像。可进行简单的修改，如添加、删除或编辑文件。还可对映像应用 Windows Updates 或安装新驱动程序。

1.3.2　Windows 系统映像管理器

自动化安装 Windows Server 2016 的一种方法是使用 answer 文件。answer 文件向 Windows Server 2016 安装过程提供信息，修改默认的安装选项。例如，可创建一个 answer 文件，该文件定义在安装期间创建的磁盘分区、安装语言和本地管理员密码，以避免在部署期间与安装程序交互。

用于创建 answer 文件的工具是 Windows 系统映像管理器(System Image Manager，SIM)，它包含在 Windows ADT 中。

除了创建简单的 answer 文件之外，Windows SIM 还创建了一个用于部署的分发共享文件(见图 1.8)。在分发共享文件中，可存储用于安装的.wim 文件(从安装介质复制或自定义)、部署期间要添加的驱动程序和部署期间要添加的更新。注意，在部署期间添加驱动程序和更新，可以避免更新.wim 文件中的映像。

Windows Server 2016 的安装过程有多个配置阶段。在安装过程的特定阶段，可应用无人值守的安装设置。添加一个设置时，系统可能提供多个配置阶段选项，可将其添加到这些选项中。需要确保将设置添加到场景使用的配置阶段。配置阶段参见表 1.3。

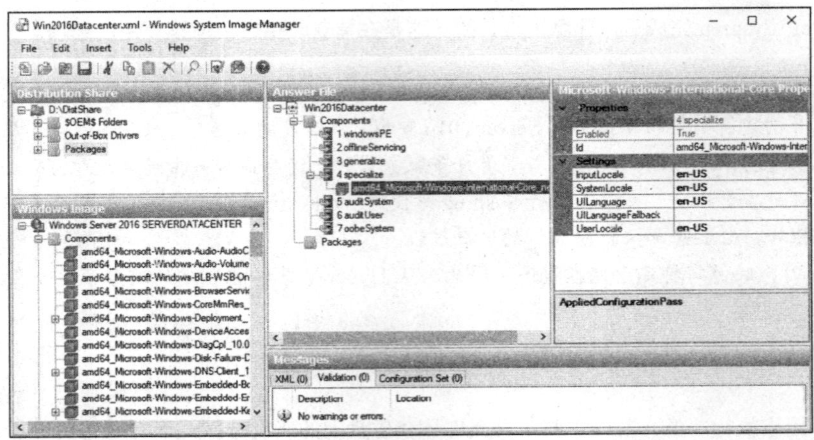

图 1.8　Windows SIM

表 1.3　配置阶段

配 置 阶 段	说　　明
Windows PE	这些设置是在运行 setup.exe 时、安装 Windows 操作系统之前实现的。可以包括 setup.exe 所需的设置，例如语言和键盘设置。还可以包括磁盘分区信息。在使用 Sysprep 准备好映像后，不会使用这些设置
offlineServicing	这个配置阶段复制并应用驱动程序和 Windows 更新。对于 Windows Server 2016 不包含的存储驱动器等专用硬件，可能需要添加驱动程序。在使用 Sysprep 准备好映像后，不会使用这些设置
Generalize	在 Sysprep 中选择 Generalize 选项时，应用这些设置。运行 setup.exe 时不使用这些设置
Specialize	这些设置是在 Windows 检测到新的硬件、生成 SID 之后应用的
AuditSystem	这些设置仅在运行 Sysprep 后进入审计模式时应用
AuditUser	这些设置仅在运行 Sysprep 后进入审计模式时应用
oobeSystem	这是提示用户登录前的最后一个配置阶段

有关 Windows 配置阶段和使用 answer 文件的详细信息，请参见 Windows Setup Configuration Passes，网址是 https://docs.microsoft.com/en-us/windows-hardware/manufacture/desktop/windows-setup-configuration-passes。

1.3.3　Windows 部署服务

Windows 部署服务(Windows Deployment Services，WDS)是 Windows Server 2016 中包含的一个服务器角色，用于在网络上部署操作系统映像。可使用 WDS 在新服务器或新虚拟机上安装 Windows Server 2016。其他一些部署方法也使用 WDS 作为构建的基础特性集。

预引导执行环境(Preboot Execution Environment，PXE)是一个允许所有新计算机直接从网络上启动的系统。PXE 启动程序通过网络下载操作系统。WDS 使用 PXE 下载一个小型操作系统映像，并应用或捕获映像。表 1.4 列出了 WDS 使用的映像类型。

表 1.4　WDS 映像类型

映 像 类 型	说　　明
引导(Boot)	该映像基于 Windows PE，通过 PXE 引导发送到计算机，以应用包含所需操作系统的映像。Windows Server 2016 安装媒体中包含的 boot.wim 文件显示了一个菜单，允许从 WDS 服务器中选择要安装的介质。如果需要，可通过硬件所需的网络或存储驱动器定制 boot.wim 文件
捕获(Capture)	该映像基于 Windows PE，通过 PXE 引导发送到计算机，以捕获包含计算机操作系统的映像。在捕获映像之前，需要运行 Sysprep
安装(Install)	该映像包含要部署的操作系统。引导映像用于部署安装映像。捕获映像用于收集安装映像并将其存储在 WDS 服务器上
发现(Discover)	该映像是一个包含 Windows PE 的可引导 ISO。这个 ISO 可用于不支持 PXE 引导的计算机上的可移动介质。由于几乎所有计算机都支持使用 PXE 引导，因此很少需要该映像

安装 WDS

WDS 的典型部署需要 Active Directory、DNS 和 DHCP。Active Directory 用于身份验证，WDS 服务器是域成员。在部署过程中，要部署到的客户机使用 DNS 和 DHCP。

在安装 WDS 服务器角色时，系统会提示选择 Deployment Server 和 Transport Server 角色服务。应该选择这两个角色服务来拥有一个功能齐全的 WDS 服务器。Transport Server 角色服务可以单独在实验室环境中用于多播映像，但这并不常见。

安装完成后，必须配置 WDS。配置 WDS 的步骤如下：

(1) 在 Server Manager 中打开 Windows Deployment Services 工具。

(2) 在 Windows Deployment Services 中，单击 Servers，右击要配置的服务器，然后单击 Configure Server。

(3) 在 Windows Deployment Services Configuration Wizard 的 Before You Begin 页面上，单击 Next 按钮。

(4) 在 Install Options 页面上，单击 Integrated with Active Directory 并单击 Next 按钮。

(5) 在 Remote Installation Folder Location 页面上，输入存储所有映像的路径，并单击 Next 按钮。因为这个目录可能会变得非常大，所以它不应该存储在 C:驱动器上。

(6) 在 PXE Server Initial Settings 页面(如图 1.9 所示)上，选择服务器将响应的计算机选项，并单击 Next 按钮。作为最佳实践，应该选择 Do not respond to any client computers。配置映像后，可将服务器配置为 Respond only to known client computers 或 Respond to all client computers (known and unknown)。响应未知设备时，可以选择选项，要求得到管理员的批准。

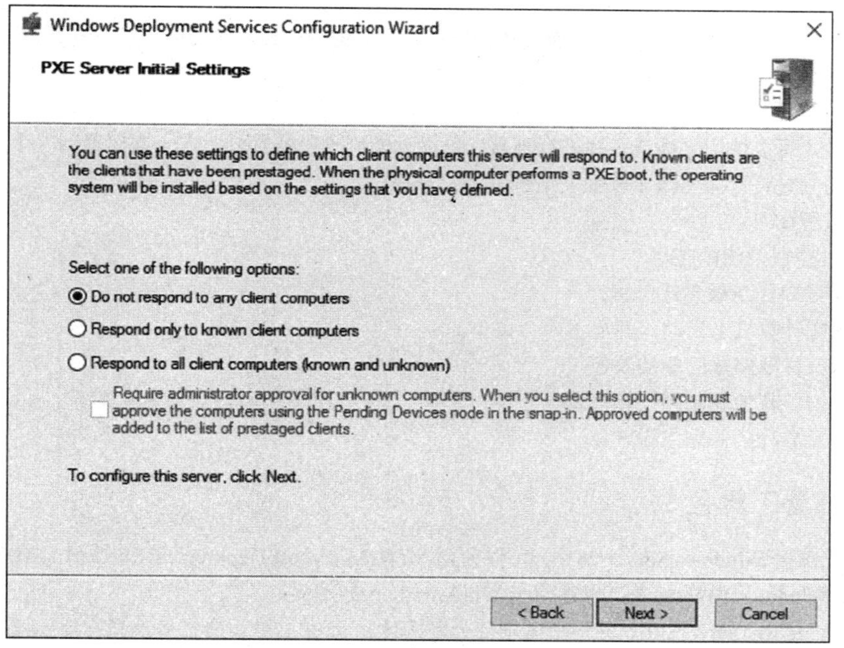

图 1.9　PXE Server Initial Settings 页面

(7) 在 Operation Complete 页面上，单击 Finish 按钮。

Configuration Wizard 为服务器配置了一些基本选项；你也可查看服务器的属性，来访问其他配置选项，例如：

- PXE Response 设置。这些设置定义了 PXE 如何响应客户端。如果选择在初始配置期间不响应任何客户端，那么在部署映像之前，需要在这里允许响应。
- AD DS 设置。这些设置定义了计算机名称的格式，以及 AD DS 中的哪个组织单元应该存储计算机对象。
- Boot 设置。这些设置定义了 PXE 引导过程的选项，例如是否需要按 F12 键才能从 PXE 中启动。
- Client 设置。这些设置允许提供客户端将使用的 answer 文件，以及客户端是否应该连接到域。
- DHCP 设置。如果 WDS 与 DHCP 部署在同一台服务器上，则需要启用这些选项以避免冲突。
- Multicast 设置。这些设置定义了应该使用哪个多播地址，以及客户端是否应该根据速度分成不同的组。

部署映像

将映像部署到计算机之前，需要至少在 WDS 服务器中添加一个引导映像和一个安装映像。对于引导映像，可以使用 Windows Server 2016 安装介质的 Sources 文件夹中的 boot.wim。对于安装映像，可以：

- ◆ 使用 Windows Server 2016 安装介质的 Sources 文件夹中的 install.wim 文件。这将为安装介质上 Windows Server 2016 的每个版本导入一个映像，如图 1.10 所示。
- ◆ 使用已经创建的定制 WIM 文件。这将为 WIM 文件中的每个映像导入一个映像。
- ◆ 捕捉预配置服务器中的安装映像。

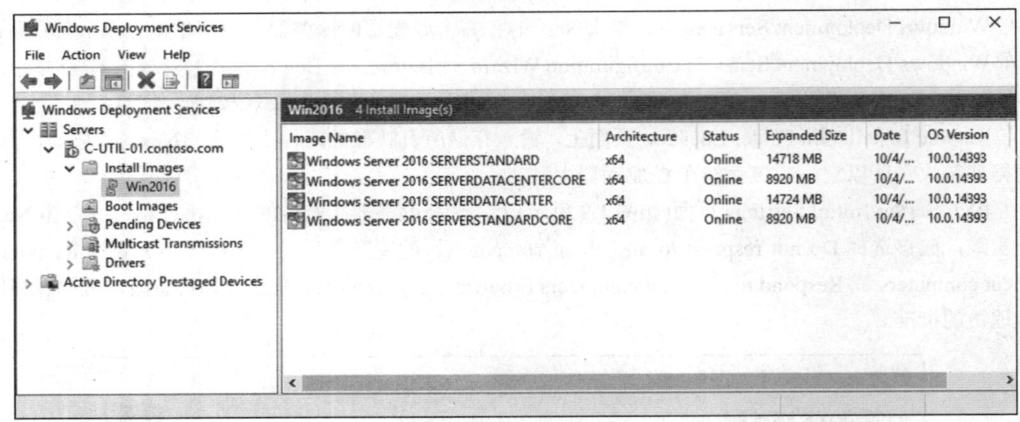

图 1.10　安装映像

在部署映像时，可以使用单播或多播进行部署。单播一般用于服务器，允许一次部署到一个服务器。多播对客户机更有用，因为它允许同时将单个映像发送到多个计算机。

部署映像的过程如下：

(1) 在计算机上执行 PXE 启动。

(2) PXE 把引导映像下载到计算机。

(3) 引导映像在计算机上启动，并显示一个菜单。

(4) 从菜单中选择要部署的安装映像。

(5) 把选择的安装映像复制到计算机。

(6) 计算机重新启动，并完成配置。

1.3.4　微软部署工具包

要帮助自动化部署 Windows Server 2016，可以使用 MDT(Microsoft Deployment Toolkit)。MDT 主要用于自动化桌面操作系统(如 Windows 10)的部署，也适用于 Windows Server 2016。

自动化安装 Windows Server 2016 的一个困难部分是构建 answer 文件。有许多设置需要配置，才能完全自动化安装，不需要用户输入。MDT 会自动创建 answer 文件。在部署过程中，还可以使用 MDT 注入驱动程序。

MDT 使用任务序列来定义需要执行的操作。在任务序列中，可以配置详细信息，例如磁盘应该如何分区。任务序列还定义了添加驱动程序的位置。还可以定义如何生成计算机名称。例如，可以根据计算机序列号配置计算机名称。

可以选择为任务序列创建一个 Lite Touch ISO。如果将这个 ISO 作为引导映像添加到 WDS，则可以将操作系统自动部署到新计算机或虚拟机上。Lite Touch ISO 自动部署任务序列中定义的映像。

如果组织中有 System Center Configuration Manager，则可以实现零接触(Zero Touch)部署。零接触部署可以从 Configuration Manager 中推出，而不需要用户在部署它的服务器或虚拟机的控制台上操作。

有关 MDT 的详细信息，请参阅 Microsoft Deployment Toolkit，网址是 https://technet.microsoft.com/en-us/ windows/dn475741.aspx。

1.3.5 虚拟化的部署解决方案

大多数数据中心现在都是虚拟化的，这提供了自动创建和配置虚拟机的额外选项。不需要进行映像处理，而可以复制带有已准备好的操作系统的虚拟硬盘。操作系统必须使用 Sysprep 进行准备，就像执行映像一样。

可以运行 Sysprep 而不是执行映像过程，来复制虚拟机的虚拟硬盘。然后，可以使用复制的虚拟硬盘创建一个新的虚拟机。使用更高级的工具，可以对包括虚拟硬件配置的虚拟机进行更高级的部署。

如果使用的是 Hyper-V，那么 System Center 的 VMM(Virtual Machine Manager)可用来管理 Hyper-V 主机和虚拟机。在 VMM 中，可以创建虚拟机模板，并将它们存储在库中。然后，当需要部署新服务器时，可以使用虚拟机模板。

有关 VMM 的更多信息，请参阅 Virtual Machine Manager Documentation，网址是 https://docs.microsoft.com/en-us/system-center/vmm/。

Hyper-V 虚拟机的激活

我们正在为 Windows Server 2016 虚拟机创建一个新映像，并希望新映像的激活尽可能简单。永远不希望在部署期间手动输入产品密钥。还希望确保在网络连接受限的测试环境中，可以在没有其他基础设施的情况下进行激活。

如果为监控程序使用 Windows Server 2016 数据中心版，就可以选择使用 Automatic Virtual Machine Activation(AVMA)来激活运行 Windows Server 2016 或 Windows Server 2012 R2 的虚拟机。Hyper-V 主机的激活可有效地用来支持虚拟机的激活。

当虚拟机使用 AVMA 密钥时，它通过 Hyper-V 主机直接激活。即使虚拟机没有网络连接，也能正常工作。需要在虚拟机中输入 AVMA 密钥。AVMA 没有最小的激活阈值。

要获得 AVMA 密钥列表，请参见 Automatic Virtual Machine Activation，网址是 https://technet.microsoft.com/en-us/library/dn303421(v = ws.11).aspx。

如果使用 VMware ESXi 作为虚拟化主机，就可以使用 VMware vSphere 客户端和 vCenter Server，通过模板来管理新服务器的部署。vSphere 客户机用于初始化和管理流程，而 vCenter Server 存储模板。

有关 vSphere 客户端和 vCenter Server 的更多信息，请参阅 VMware 网站，网址是 http://www.vmware.com。

1.4 常用的管理工具

可使用 Windows PowerShell 管理 Windows Server 2016 的几乎所有方面，还有许多管理员喜欢使用的图形工具。Server Manager 是主要的图形化管理工具，可用来配置 Windows Server 2016，启动其他管理工具。Computer Management、Device Manager 和 Task Scheduler 也是用于服务器管理的常用图形工具。

1.4.1 Server Manager 概述

Server Manager 是 Windows Server 2016 中图形化管理工具的起点。它提供了一个界面来执行一些常见的安装后任务，以及启动其他图形化管理工具的链接。还可以使用 Server Manager 添加或删除服务器角色和特性。

一个 Server Manager 控制台可用来管理运行 Windows Server 2016 的多台计算机。这允许配置单个 Server Manager 中央实例，以集中管理多个服务器。例如，可以在运行 Windows 10 的计算机上安装 Remote Server Administration Tools(远程服务器管理工具)，并集中管理运行 Windows Server 2016 的所有计算机。

在 Windows Server 2016 的 Server Core 安装中，没有用于管理的图形界面。但是，可以使用 Server Manager 远程管理 Server Core。

要使用 Server Manager 远程管理服务器，需要在远程服务器上启用 Windows PowerShell remoting。这在 Windows Server 2016 上是默认启用的。

要将服务器添加到 Server Manager，请执行以下步骤：

(1) 在 Server Manager 中，单击 Manage，再单击 Add Servers。

(2) 在 Add Servers 窗口中，在 Active Directory 选项卡上键入服务器的名称，并单击 Find Now。

(3) 双击服务器名称并单击 OK 按钮。

(4) 验证服务器是否列在 All Servers 视图中。

1. 角色和特性

Windows Server 2016 的功能分为角色和特性。角色为客户端执行特定的服务，例如 Active Directory Domain Service、DNS 服务器、DHCP 服务器或 Web 服务器。特性通常是支持这些角色但不向客户端提供服务的软件。安装服务器角色时，通常会提示安装所需的其他特性。特性的一些例子是.NET Framework 4.6 Features、BitLocker Drive Encryption、Failover Clustering 和 Windows Server Backup。

要安装角色和特性，请遵循以下步骤：

(1) 在 Server Manager 中，单击 Manage，并单击 Add Roles and Features。

(2) 在 Add Roles and Features Wizard 的 Before You Begin 页面上，单击 Next 按钮。

(3) 在 Select Installation Type 页面上，选择 Role-Based or Feature-Based Installation，并单击 Next 按钮。Remote Desktop Services Installation 选项用于配置一个或多个服务器，以提供对基于会话的桌面或虚拟桌面的访问。

(4) 在 Select Destination Server 页面上，选择要安装角色和特性的服务器，然后单击 Next 按钮。

(5) 在 Select server roles 页面上(如图 1.11 所示)，选择要安装的任何服务器角色并单击 Next 按钮。如果提示添加所需的特性，请单击 Add Features。

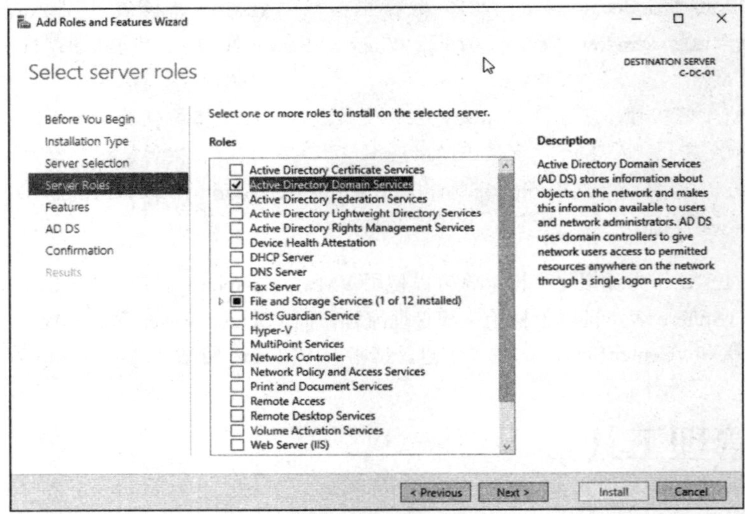

图 1.11　服务器角色

(6) 在 Select features 页面(如图 1.12 所示)上，选择要安装的任何特性，并单击 Next 按钮。

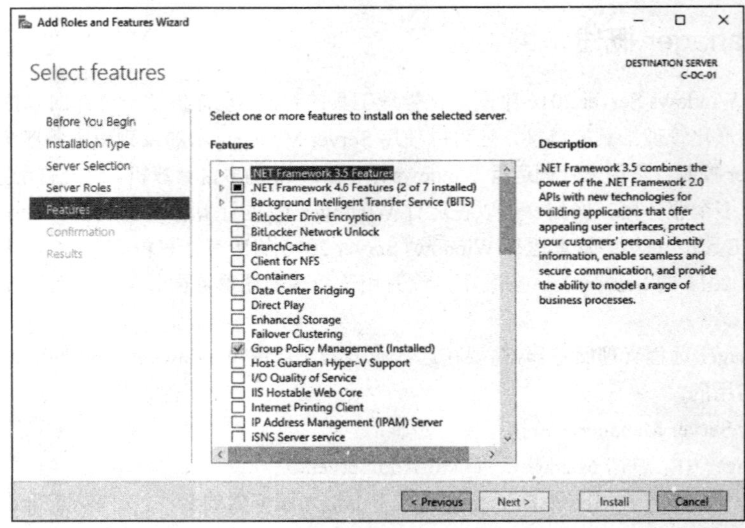

图 1.12　特性

(7) 完成所添加的服务器角色所需的任何其他页面。一些服务器角色为向导添加页面，以收集额外的配置信息。

(8) 在 Confirmation 页面上，单击 Install 按钮。

(9) 在 Installation Progress 页面上，单击 Close 按钮。如果在安装完成之前关闭向导，安装将在后台继续。

安装服务器角色和特性之后，系统可能提示你重新启动服务器。有些服务器角色在安装后需要额外的配置。大多数情况下，如果服务器角色需要额外的配置，Server Manager 会发出通知，并提供一个链接来开始额外的配置。

对于某些服务器角色，在 Server Manager 中添加了管理和监视功能。这可以在最左边的导航菜单中访问。

2. 监控

Server Manager 提供了高级监控功能，如果存在需要解决的问题，可以使用这些功能快速识别。Dashboard 视图(如图 1.13 所示)提供了服务器和服务器角色的概述。如果存在需要检查的问题，角色或服务器将以红色显示。单击它们，可以进一步查看标识的区域。

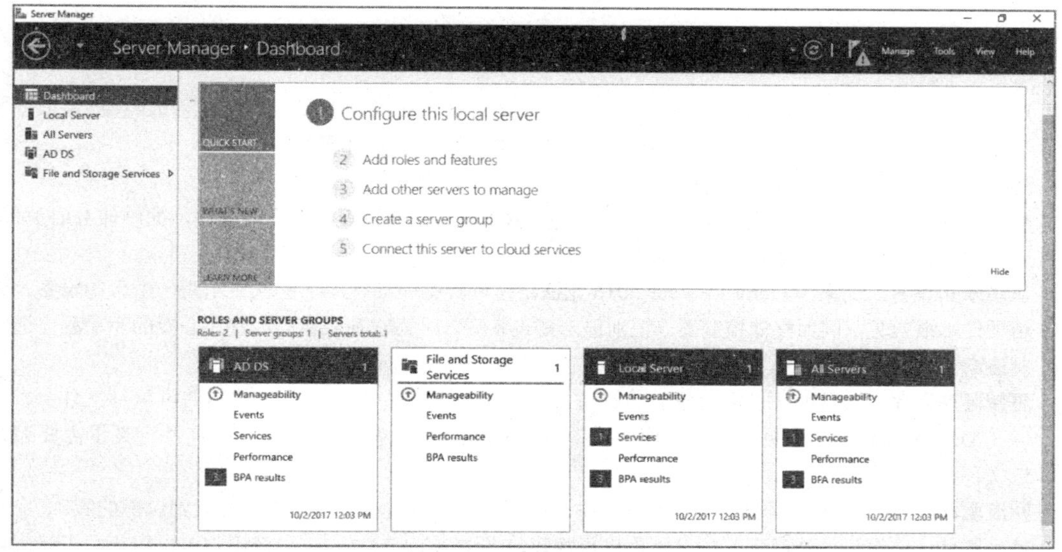

图 1.13　Dashboard 视图

Local Server 视图提供了服务器配置的概述和一些监控信息。可用的监测资料包括：

- **Events。**本部分列出事件日志中的警告和错误事件。
- **Services。**该区域显示服务的状态，允许停止和启动服务。
- **Best Practices Analyzer (BPA)。**这个区域显示 BPA 扫描的结果。与大多数其他监控不同，这个区域显示了潜在的配置问题，而不仅是功能问题，如服务失败。需要触发 BPA 扫描来收集结果。
- **Performance。**这个区域根据可配置的阈值显示 CPU 使用情况和内存的性能警报。默认情况下不启用该功能。
- **Role and Features。**这个区域显示安装在服务器上的服务器角色和特性。

All Servers 视图显示与 Local Server 视图相同的信息类型，但汇总由这个 Server Manager 实例监视的所有服务器的信息。

1.4.2 Computer Management 视图

如图 1.14 所示，Computer Management(计算机管理)视图包含许多用于管理和监视 Windows Server 2016 的有用工具。这些工具包括 Task Scheduler、Event Viewer、Shared Folders、Performance、Device Manager 和 Disk Management 等。这些工具可从 Server Manager 的 Tools 菜单中单独运行，也可通过向 Microsoft Management Console (MMC)中添加管理单元来运行，但是 Computer Management 视图提供了一个访问它们的中心位置。

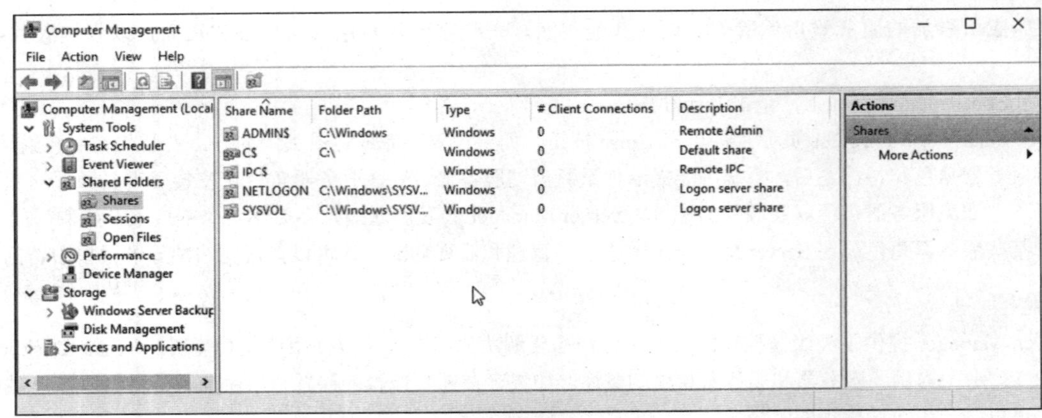

图 1.14　Computer Management 视图

1.4.3 Device Manager 视图

使用 Device Manager 视图(如图 1.15 所示)可以查看 Windows Server 2016 中的硬件并排除故障。如果服务器是虚拟化的，就很少需要对硬件驱动程序进行故障排除。这个工具主要用于物理服务器。

可在设备管理器中执行的一些任务包括：

◆ **查看设备属性。**在设备的属性中，可查看加载的驱动程序，并查看许多设备属性，如硬件 ID(即插即用，通过它来识别设备并加载适当的驱动程序)。

◆ **识别未知设备。**如果 Windows Server 2016 无法定位硬件的驱动程序，它就显示为一个未知设备。这在专用硬件中很常见，例如存储控制器。识别出未知设备后，可为它加载驱动程序。必要的驱动程序通常是从制造商那里获得的。

◆ **更新驱动程序。**如果硬件供应商没有将设备驱动程序更新作为能自动安装它们的可执行文件分发，就可以在 Device Manager 中更新驱动程序。设备驱动程序的安装基于.inf 文件，该文件定义了需要加载的其他文件。

◆ **回滚驱动程序。**如果在驱动程序更新后硬件运行不正常，可将设备驱动程序回滚到以前的版本。

◆ **禁用硬件。**在罕见的情况下，如果硬件出现故障，在 Device Manager 中禁用它可以防止它干扰服务器操作。进行故障排除时可再次启用它。

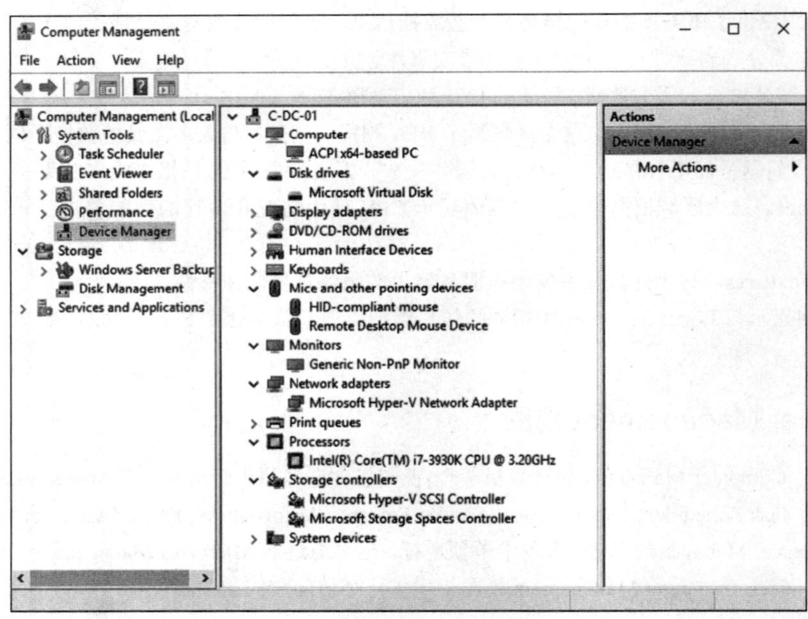

图 1.15　Device Manager 视图

1.4.4 Task Scheduler

Task Scheduler(任务调度程序)如图 1.16 所示，由 Windows Server 2016 用于执行许多后台维护任务。大多数情况下，不需要与操作系统调度的任务进行交互。如果使用 Task Scheduler，则更有可能用它来运行自己的脚本，以完成调度好的维护任务。例如，可创建一个调度好的任务，以便在日志文件超过 30 天后从 Internet 信息服务中删除它们。

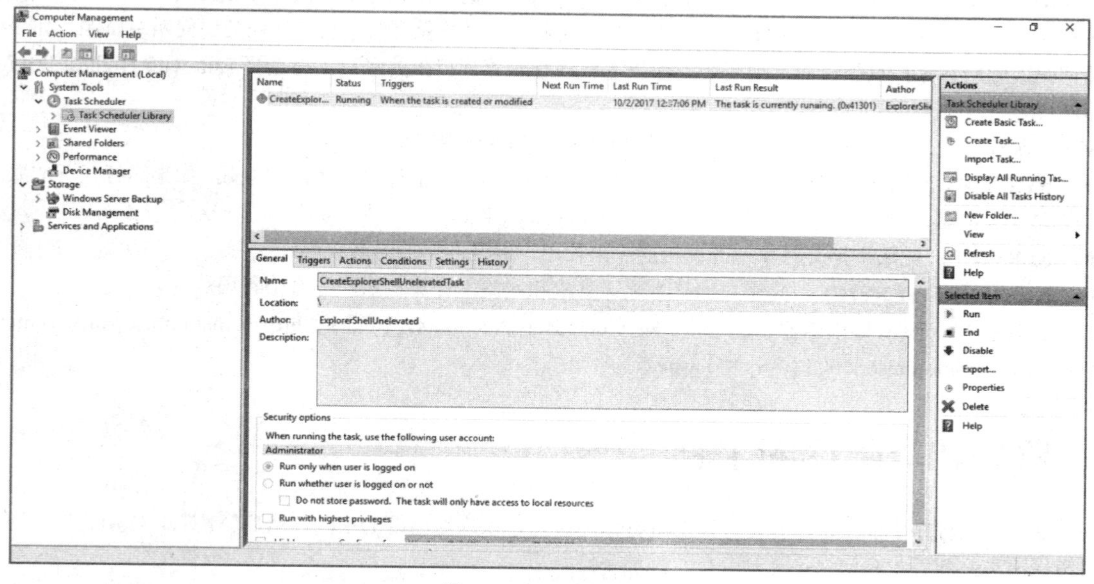

图 1.16　Task Scheduler

创建新任务时，需要考虑的关键项是：

- 触发器
- 操作
- 安全

触发器定义了任务何时运行。大多数情况下，任务都安排在某一天、一周的某天或一个月的某天执行。然而，还可以安排任务在计算机启动时、用户登录时或记录特定事件时运行。

任务的操作定义了任务要做什么。有一些旧选项可发送电子邮件或显示消息，但这些都不建议使用。而应该选择启动程序的选项。需要确定要运行的可执行文件及其所需的任何参数。如果调度一个 Windows PowerShell 脚本，就可以指定 PowerShell.exe 作为程序，并在 Add arguments 框中提供脚本的路径，如图 1.17 所示。

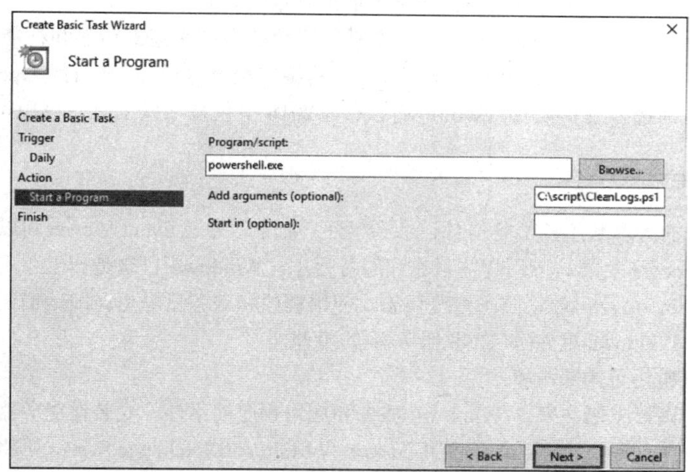

图 1.17　任务的操作

创建一个基本任务时，向导不会要求提供安全信息。默认情况下，基本任务配置为以创建任务的用户的身份运行，并且只在该用户登录时运行。图1.16 显示了这些设置。大多数情况下，无论用户是否登录，都希望任务运行。

作为最佳实践，不应该将调度好的任务配置为作为正常的用户账户运行，而应该将任务配置为作为服务账户或Windows Server 2016 中定义的特殊账户运行。服务账户是用正确的权限创建的、执行任务的用户账户。为任务配置服务账户时，将提示输入服务账户的密码。当密码作为任务的一部分保存时，它允许任务访问网络资源。如果选择不存储密码，则服务账户只能访问本地资源。如果需要运行有管理权限的账户，请选择 Run with Highest Privileges 复选框。

Windows Server 2016 中的特殊账户不需要输入密码。特殊账户如下：

- **SYSTEM。**此账户拥有所有本地资源的完全访问权限和网络上计算机账户的权限。如果运行任务的服务器是域控制器，则 SYSTEM 有权修改 Active Directory 对象。
- **SERVICE。**此账户拥有对本地计算机的有限权限，以及网络的匿名权限。
- **NETWORK SERVICE。**此账户拥有本地计算机和网络上计算机账户的有限权限。

有关特殊账户权限的详细信息，请参见 Service User Accounts，网址是 https://msdn.microsoft.com/en-us/library/windows/desktop/ms686005 (v=vs.85).aspx。

1.5 监控和故障诊断工具

服务器或应用程序不能正常运行时，需要进行故障排除，以确定问题的根源，然后解决它。应用程序问题可导致弹出错误消息，或者没有错误，只是会导致性能下降。

如果有错误消息，那就是故障排除的起点。通常，可在搜索引擎中输入错误消息，以找出可能的解决方案。当许多人在互联网上发布信息时，这对常用软件很有效。

越了解试图排除故障的过程，就越能解释哪些 Web 页面提供了相关信息。例如，如果认为应用程序服务器使用 IIS(Internet Information Services)运行在 Windows Server 2016 上，并且后端是 Microsoft SQL Server 数据库，这就将帮助识别应该查找错误消息的位置，以帮助排除故障。如果只能在应用程序的用户界面中直接处理错误消息，则需要处理的数据会少得多。

对于更专业的软件，则不太可能在 Internet 上找到很多故障排除信息。这种情况下，应该联系供应商，寻求支持。许多供应商将技术支持作为产品的一部分。即使有打开支持用例的成本，支持用例的成本通常也小于应用程序的停机成本。

最难解决的问题是性能问题，因为通常没有错误，只是应用程序的运行速度比用户预期的要慢。性能问题通常是 CPU 利用率、内存容量、网络利用率和磁盘利用率方面的瓶颈造成的。

微软把 System Center Operations Manager 作为一个功能齐全的系统来监测错误和性能。当出现错误或系统利用率高时，Operations Manager 可以生成警报，并向管理员的特定组发送通知。然而，Operations Manager 有额外的成本，并不是所有组织都选择去实现它。Windows Server 2016 中包含一些工具，可用于诊断故障和监视性能。

1.5.1 Event Viewer

Windows Server 2016 的大多数组件都将信息记录到事件日志中，通过 Event Viewer 可以查看它们，如图 1.18 所示。日志广义地分为 Windows 日志、应用程序日志和服务日志。Windows 日志是一组通用的事件日志，在许多版本的 Windows 中保持不变，用户可能很熟悉这些日志。应用程序和服务日志更详细地描述了它们所包含的信息类型。每个日志都包含特定 Windows 组件(如 DNS 服务器)的事件。

这些 Windows 日志通常用于排除故障：

- **应用程序日志。**该日志包含来自 Windows 服务和应用程序的事件。安装在服务器上的应用程序也经常在此日志中写入事件。例如，Microsoft SQL Server 和 Microsoft Exchange Server 都将事件写入该日志。应该分析该日志中的错误和警告。

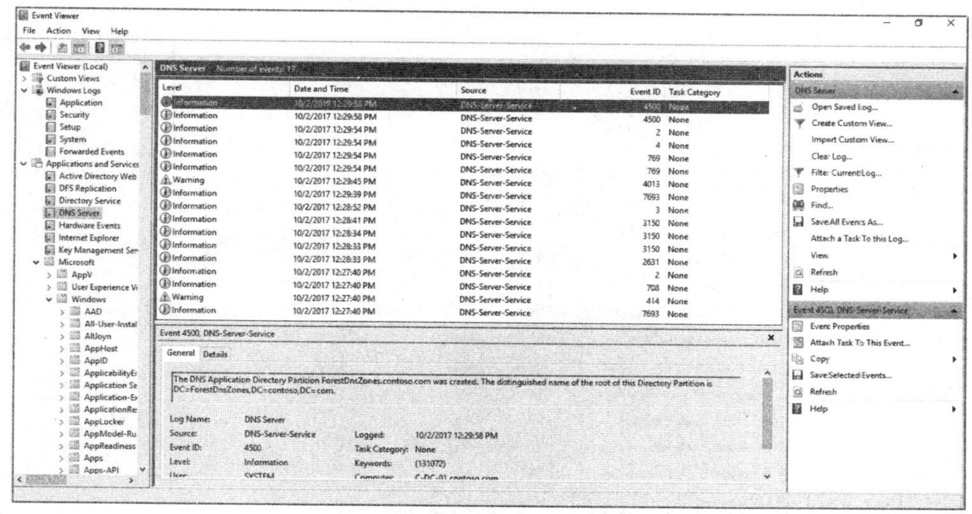

图 1.18 Event Viewer 窗口

- **安全日志。**此日志包含与审计资源访问和身份验证相关的事件。默认情况下，会有一些基本的审计，也可配置其他审计。例如，可配置对文件系统访问的审计，以确定哪些用户正在访问或修改文件。
- **系统日志。**此日志包含操作系统级别的事件。这里包含关于驱动程序加载或服务启停的信息。

应该偶尔扫描应用程序日志和系统日志，以识别任何错误或警告。这些项可能表明问题的出处。大多数情况下，不需要阅读所有信息事件。但在检查某款软件执行的整个过程时，检查软件中的信息事件以及错误和警告事件是很有用的。

为简化对日志中事件的读取，可对日志进行筛选，以显示来自特定源的特定事件类型和事件。还可创建跨多个事件日志进行搜索的自定义视图，并显示与指定条件匹配的事件。默认存在一个 Administrative Events 自定义视图，该视图显示来自所有事件日志的警告和错误。一些服务器角色还创建一个自定义视图，来显示与该服务器角色相关的事件。

每个事件日志都有一个最大的日志大小。大多数日志的最大日志大小为 20MB 或更大，但这在日志之间有所不同。可将最大日志大小修改为合适的级别。通常，希望日志包含足够的信息，以便排除故障。因此，日志中应该有足够的空间容纳至少几个星期的信息。日志中收集的数据量有很大的不同，这取决于服务器的繁忙程度以及是否出现了错误。例如，安全日志的默认大小 128 MB 可能包含小型组织几个月的事件，而只能包含大型组织一个小时的事件。

默认情况下，当事件日志满时，它会开始覆盖旧事件，以保持日志中最大的事件数量，而不会跳过任何新事件。还可选择存档达到最大大小的事件日志。但随着时间的推移，需要监视归档事件日志的大小，因为它们永远不会自动删除，可能会填满服务器上的 C:驱动器。最后，可选择在事件日志满时停止收集事件。这个选项很少使用，因为大多数情况下，最近发生的事件是最重要的。

如果是跨多个服务器监视事件，则可配置事件日志订阅。事件日志订阅允许将来自多个服务器的特定事件收集到一台服务器的单个日志中。将事件集中在一台服务器上将使检查变得更容易。

有关转发事件日志的详细信息，请参阅 Windows Event Collector，网址是 https://msdn.microsoft.com/en-us/library/bb427443(v = vs.85). aspx。

1.5.2 任务管理器

在 Windows Server 2016 中，Task Manager(任务管理器)的默认视图只显示系统上运行的应用程序的名称，不显示关于资源使用或服务的任何细节。幸运的是，如果单击 More Details，它会显示一个包含更多信息的视图，如图 1.19 所示。

Task Manager 中的选项卡显示如下内容：

- **Processes。**在服务器上运行的进程列表与每个进程的 CPU 和内存利用率一起显示。这些进程分为应用程序、后台程序和 Windows 进程。

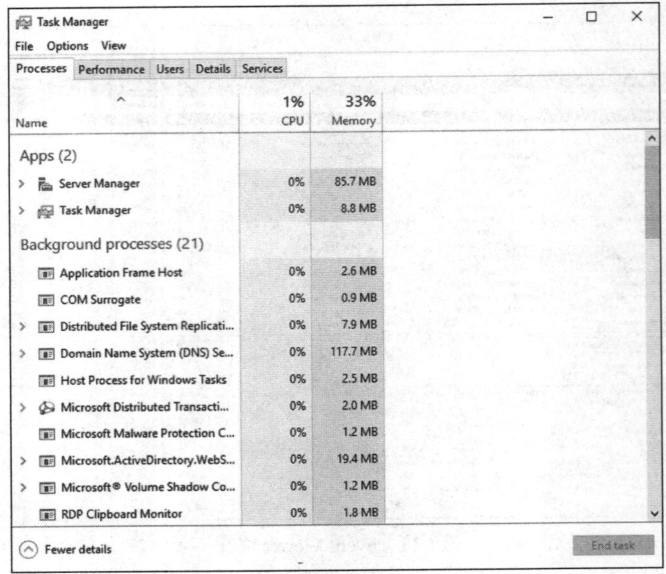

图 1.19 Task Manager 窗口

- **Performance。**显示有关 CPU 利用率、内存利用率和网络利用率的信息。这些信息对于识别特定资源是否为性能瓶颈非常有用。
- **Users。**显示在控制台或通过远程桌面登录到服务器的所有用户，以及用户启动的进程的 CPU 和内存利用率。如果展开用户，可查看各个进程。
- **Details。**对于每个进程，将显示可执行文件的名称、进程 ID、状态、用户名、CPU 利用率、内存利用率和描述信息。可根据这些列对数据进行排序。
- **Services。**对于每个服务，都会显示服务名称、进程 ID、描述和状态。这是了解服务信息的一种快速方法。

根据当前查看的选项卡，可对显示的项执行各种操作。可停止、启动和重新启动服务，可结束没有正确响应的特定任务。也可打开进程的文件位置，来标识可执行文件的位置。

1.5.3 资源监视器

图 1.20 中的 Resource Monitor(资源监视器)显示的性能信息比 Task Manager 中的更详细。信息分为四个最可能成为瓶颈的资源：CPU、内存、磁盘和网络。

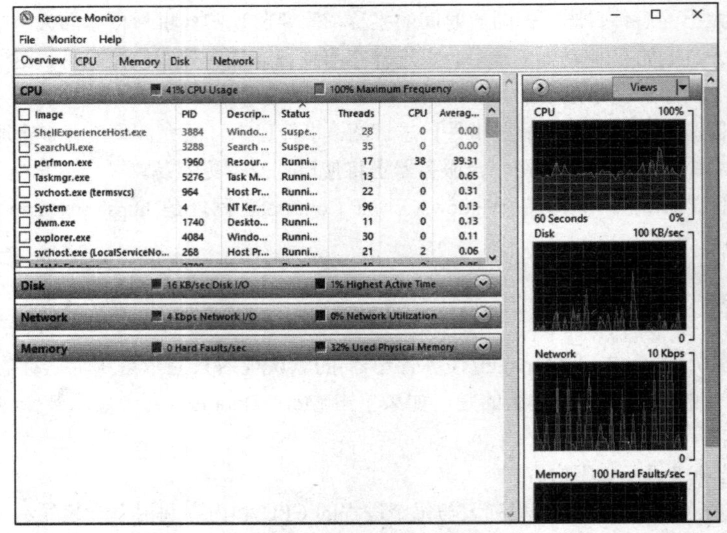

图 1.20 Resource Monitor 窗口

Resource Monitor 中的一个有用特性是能基于进程过滤视图。如果为特定进程选择复选框，视图将被过滤，只显示所选进程的信息，过滤将应用于所有选项卡。

Overview 选项卡显示 CPU、内存、磁盘和网络中最常用信息的摘要。可以展开每个部分，以查看每个进程的详细信息。

在 CPU 选项卡上，可看到每个进程或服务的 CPU 利用率。如果选择一个特定进程，还可在 Associated Handles 部分看到它正在访问的所有资源。Associated Modules 部分显示进程使用的动态链接库(Dynamic Link Library，DLL)文件。这个选项卡还显示了每个 CPU 内核的利用率，这样就可以确定某个进程是否使某个内核饱和了。

Memory 选项卡标识每个进程使用的内存以及如何将其分配给操作系统。它显示使用了多少内存、使用了多少缓存以及有多少是可用的。

Disk 选项卡显示每个进程产生了多少磁盘活动。它还显示每个文件正在执行多少磁盘活动。当磁盘利用率很高时，这有助于识别有问题的进程。存储部分显示每个驱动器的活动级别，包括磁盘队列长度。这是磁盘利用率的指标。如果磁盘队列长度长时间大于 1，那么磁盘系统就是瓶颈。

Network 选项卡显示每个进程的网络利用率。它显示进程的总体利用率，并将其分解为与其他主机的单独对话。还可看到所有 TCP 连接和监听端口的列表。

Windows Sysinternals

Windows Sysinternals 是一组高级故障排除工具，可从微软免费下载。这些工具可提供关于 Windows 如何执行任务的非常低级的信息，当标准 Windows 工具不能提供足够信息时，它们可用于找到并解决疑难问题。

一些可用工具包括：

- **TCPView。**这个实用程序显示了关于计算机上 TCP 和 UDP 端口的详细信息。
- **Process Explorer。**此工具识别进程打开的文件和 DLL。
- **Process Monitor。**这个实用程序允许捕获进程的文件和注册表活动，以便理解它在一段时间内或在错误发生时所做的工作。

有关 Windows Sysinternals 工具及其下载的更多信息，请参见 Windows Sysinternals 页面，网址是 https://docs.microsoft.com/en-us/sysinternals/。

1.5.4　性能监视器

Windows Server 2016 包含大量性能计数器，允许监视系统性能的许多详细方面。性能计数器提供的数据比 Task Manager 或 Resource Monitor 中提供的数据要详细得多，但可能更难解释。可使用 Performance Monitor (性能监视器，如图 1.21 所示)来记录和查看这些性能计数器。

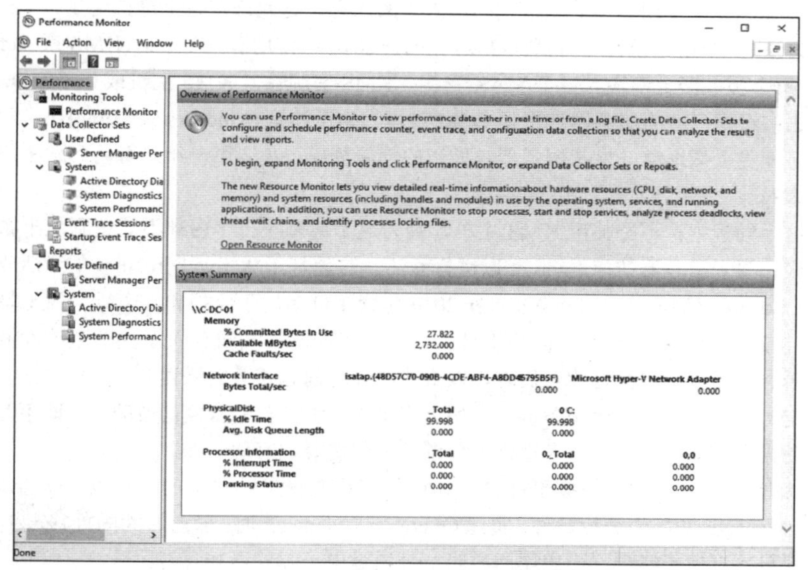

图 1.21　Performance Monitor 窗口

Performance 节点概述了通常监视的性能计数器。这里显示的数据类似于 Task Manager 中的 Performance 选项卡。

希望实时监视性能计数器时，可使用 Performance Monitor 节点。在这个节点中，可以添加和删除各种性能计数器，并选择它们的显示方式。性能计数器可以显示为折线图、直方图或显示数值的报告。

要记录系统活动以供以后分析，需要创建一个数据收集器集合。数据收集器集合定义了要记录哪些性能计数器、何时启动和停止。数据收集器集合在 User Defined 节点中创建。

Data Collector Sets 中的 System 节点包含 Windows Server 2016 中的数据收集器集合。当添加服务器角色时，它们有时会包含一个数据收集器，用于对该服务器角色进行故障排除。例如，在安装 AD DS 服务器角色时，将添加 Active Directory Diagnostics 数据收集器集合。

在数据收集器集合运行后，将生成报表并存储在 Reports 节点中。报告提供了收集到的数据的摘要。对于性能计数器，它显示平均值、最小值和最大值。

如果试图对某个特定时间点发生的性能问题进行故障排除，则需要检查性能计数器随时间变化的值。要查看性能计数器在不同时间点的值，可使用 Performance Monitor 节点打开数据收集器集合中的日志文件。Performance Monitor 节点的折线图将允许选择一个特定时间点，来查看性能计数器的值。

1.6 本章要点

定义一个部署过程。运行 setup.exe 或使用各种映像过程，可以部署 Windows Server 2016。通常，应该尽可能地自动化部署过程，但需要定义一个用于组织的一致的部署过程。定义良好的部署过程有助于确保服务器配置的一致性，从而更容易地排除故障。

问题 组织已经完全虚拟化了部署服务器的基础架构。为创建新的服务器，团队通过 Sysprep 准备好的操作系统复制虚拟硬盘驱动器。如何改进这个过程?

答案 如果组织的规模大到足以证明成本合理，应该实现管理虚拟机部署的软件。可将 VMM 用于 Hyper-V 主机，或将 vCenter 用于 VMware 主机。使用更高级的部署软件，可以更好地实现流程自动化。

选择 Windows Server 2016 的一个版本。可购买 Windows Server 2016 的标准版或数据中心版。这两个版本的基本功能是相同的，但一些高级功能仅在数据中心版中可用。如果需要这些高级特性，比如 Storage Replica 或屏蔽的虚拟机，那么应该购买数据中心版。

问题 规划用于部署 Windows Server 2016 的标准化映像。对于以前的 Windows Server 版本，总是使用每个服务器上的图形界面。在高度虚拟化的环境中引入 Server Core 的好处是什么?

答案 Server Core 的基本好处是减少了攻击面和对更新的需求。在高度虚拟化的环境中，服务器的密度也会增加。Server Core 使用更少的磁盘空间和更少的内存，这允许在每个虚拟化主机上运行更多虚拟机。

选择一个激活方法。当使用批量许可时，Windows Server 2016 可使用 MAK 密钥、KMS 或 Active Directory Based Activation 来激活。每个服务器上都输入一个 MAK 密钥。KMS 密钥输入 KMS 主机或 Active Directory 中。

问题 过去，组织已经为服务器使用了 OEM 许可。为迁移到 Windows Server 2016，购买了批量许可，以便在主机之间更灵活地移动虚拟服务器。最初的部署规模很小，第一年只有两到三个服务器。首选的激活方式是什么？

答案 在这个场景中，不能使用 KMS 主机，因为这个部署在一年内都不能达到最小激活阈值。作为最佳实践，不应该要求服务器访问 Internet 以进行激活。这使基于 Active Directory 的激活成为最佳解决方案。

监控 Windows Server 2016。Windows Server 2016 包含了许多用于监控和故障排除的工具。Task Manager 和 Resource Monitor 是快速了解当前系统性能的好工具。Resource Monitor 可提供关于当前系统性能或日志性能的详细信息，以供以后分析。事件查看器允许检查日志，以查找与性能问题相关的错误。

问题 假定为一个拥有几百台服务器的大型组织工作。服务器的监控是被动的，而不是主动的。在用户开始调用帮助台之前，我们不知道存在性能问题。如何更好地管理监控？

答案 在大型组织中，手工扫描事件日志和性能统计数据是不可能的。相反，需要诸如 System Center Operations Manager 的集中监控软件。实现 Operations Manager 时，随着时间的推移，将不断收集性能信息，并监视事件日志以检查错误。当出现问题时，可通过电子邮件通知管理团队。

第2章 PowerShell

对基本 PowerShell 技能的需求在操作系统(如 Windows Server 2016)和定制业务系列应用程序中随处可见。事实上，许多配置变化都只能通过 PowerShell 完成。本书将介绍各种脚本和命令。本章没有囊括所有关于 PowerShell 的知识；只提供足够的背景信息，以帮助你理解本书和网上的各种命令和脚本中发生了什么。能够找到命令并理解文档，就能开发自己的脚本和功能，以一致和系统的方式自动完成日常工作。如果你决定深入了解 Windows PowerShell 中令人兴奋和复杂的编码世界，可通过本章很好地了解基础知识。

本章内容包括：

- 定制 PowerShell 和 PowerShell ISE 环境
- 执行命令发现，解释 PowerShell 语法符号和概念文档
- 编写和分析代码，支持函数、循环、比较、管道处理、变量和脚本
- 通过 PowerShell 管理远程服务器

2.1 PowerShell 是什么

PowerShell 于 2006 年推出。它的命令行界面(CLI)让许多人想起了旧的 DOS 提示符，但 PowerShell 实际上不是 CLI。这是一个面向对象的管理自动化引擎(参见图 2.1)。PowerShell 有一个 CLI，但 PowerShell 也可作为图形用户界面(GUI)的后端。

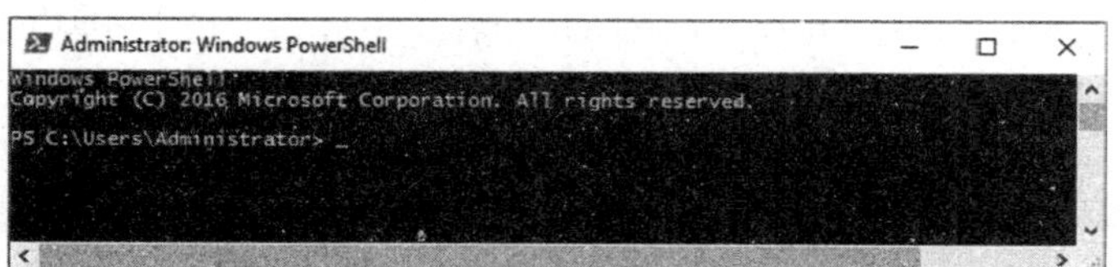

图 2.1　Windows PowerShell 在 Windows Server 2016 上的控制台

PowerShell 的灵活性和实用性的一个好例子是如何由其他应用程序托管 PowerShell。许多业务(Line-Of-Business，LOB)应用程序都专门编写为 PowerShell 的包装器。这些应用程序需要特定的类、模块、属性和设置。如果 PowerShell 更新到与 LOB 应用程序不兼容的版本，该应用程序可能失败。应总在升级之前检查任何 LOB 软件的制造商，以确保兼容性。

通常，GUI 不会提供所有可能的配置设置。许多更高级的功能(或者微软想要隐藏的功能)都只能通过 CLI 来配置。随着操作系统和企业应用程序的发展，向自动化和配置标准的转变在提速。这提供了再现性；换句话说，通过脚本完成配置，更容易确保在所有系统中都有统一的配置。它们还提供了优秀而详明的文档，说明了哪些配置已应用于系统。如果系统需要快速上线，可使用这些脚本自动完成这个过程的大部分操作。

2.1.1 向前兼容

PowerShell 是向前兼容的，这意味着在 PowerShell 旧版本中创建的任何脚本都应该能在新版本中运行。然而，

尽管 PowerShell 1.0 的模块和类仍包含在 PowerShell 5.0 中，但较新的操作系统可能不使用这些旧的模块或类。旧的脚本可能会运行，但操作系统中可能没有提供结果所需的部分。这意味着脚本可能不像预期的那样运行，或者干脆拒绝运行。

2.1.2 PowerShell 版本

PowerShell 有 32 位和 64 位版本。现代微软操作系统通常是 64 位的。当 shell 托管在 32 位应用程序中时，32 位版本用于兼容性。PowerShell 1 版本只有 32 位。其余版本都将 32 位版本指定为(x86)。这些都显示在应用程序 Windows PowerShell (x86)或 Windows PowerShell ISE (x86)中。运行 PowerShell 应用程序时，屏幕顶部的标题栏将显示相同的名称。图 2.2 显示了名称差异。

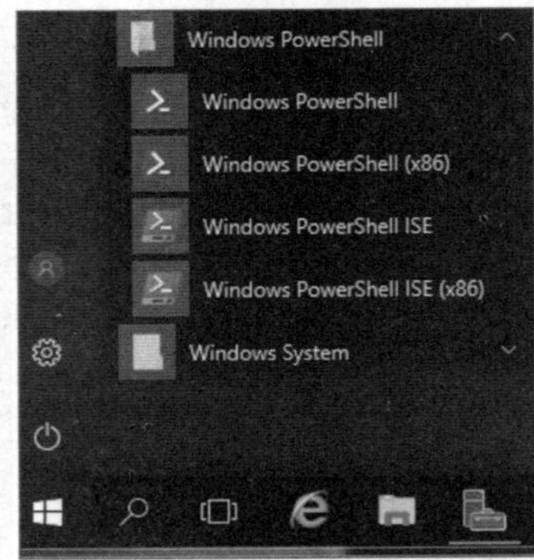

图 2.2　32 位和 64 位版本的 PowerShell

如果使用的是 32 位操作系统，则只能运行 32 位应用程序。这意味着只能运行 32 位版本的 PowerShell。在 64 位操作系统(如 Windows Server 2016)上，可使用任意一种，但强烈建议尽可能使用 64 位版本。

2.2 运行和定制 PowerShell

如果操作系统使用用户账户控制(User Account Control，UAC)，如 Windows Server 2016，将不会以管理员身份打开 PowerShell。要使用完整的管理凭证运行 PowerShell，请右击图标，并从快捷菜单中选择 Run As Administrator。此更改将显示在标题栏和 PowerShell CLI 中，如图 2.3 所示。

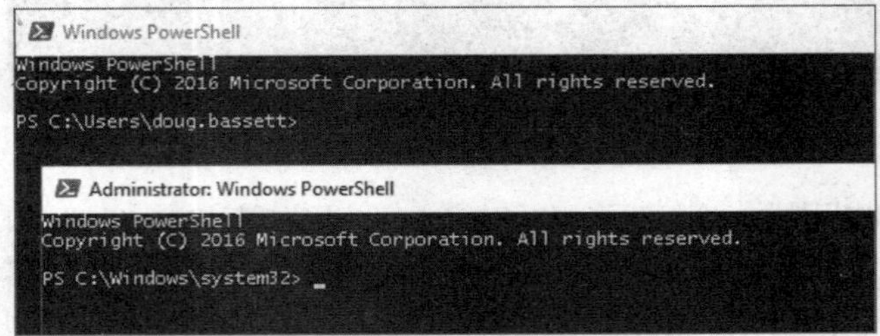

图 2.3　以管理员身份运行 PowerShell

2.2.1 定制 PowerShell 控制台

有时花了很长时间调试一个脚本，却发现犯了一些幼稚的错误，比如单引号被重音符号取代，或者把大括号当成左括号，没有比这更糟的了。每个字符都用在不同情况下，如果用一个字符替换另一个字符，可能会得到意想不到的结果。这通常显示为一些难以理解的错误消息。最好更改字体和字体大小，以便更容易识别不同的字符。

要更改字体，右击 PowerShell 窗口，并选择 Properties。然后选择 Font 选项卡。光栅字体似乎特别容易混淆，所以应选择 TrueType 字体。

我们还可控制 shell 窗口的大小。大多数人喜欢大窗口，但不喜欢水平滚动条。可以进入 Layout 选项卡并调整窗口大小。注意还有一个缓冲区大小。通常希望把 Buffer Size 和 Window Size 的 Width 设置为相同的值。值会根据分辨率的不同而不同。大多数管理员都喜欢填满整个宽度，而不显示滚动条。Buffer Size 和 Window Size 的值不需要相同。事实上，Buffer Size 的高度值较大，就会显示垂直滚动条。这意味着可在 shell 中上下滚动。

2.2.2　在 PowerShell 中剪切和粘贴

还可在 PowerShell 中执行剪切和粘贴操作，但它们的工作方式与预期的稍有不同。

请注意，复制时，突出显示的内容都会进入剪贴板。这意味着，如果拖动鼠标，只突出显示几行文本的中间部分，就只复制这些突出显示的文本。一定要准确地突出显示要选择的内容，否则可能得到意想不到的结果。

如果要启用更传统的选择方法，即获取整行文本，而不仅是文本行的一部分，可进入 PowerShell 控制台窗口的属性，在 Options 选项卡上，选择 Enable Line Wrapping Selection。如果复制和粘贴根本不起作用，就进入 PowerShell 窗口的属性，并确保启用了 QuickEdit 模式。

2.2.3　使用 PowerShell ISE

常规的 PowerShell 看起来像旧的 DOS 提示符。PowerShell ISE(Integrated Scripting Environment，集成脚本编制环境)也有一个控制台窗口；但在 ISE 中，也有一个脚本窗口，在那里可以加载、编辑脚本和文本文件。根据操作系统和屏幕分辨率的不同，可能看到附加的附件。可以选择 View 以查看能使其可见的内容。还可根据需要选择 Add-ons 并进行不同的选择。图 2.4 显示了默认的 Windows PowerShell ISE 布局，其中选择了 Show Script Pane 视图选项。

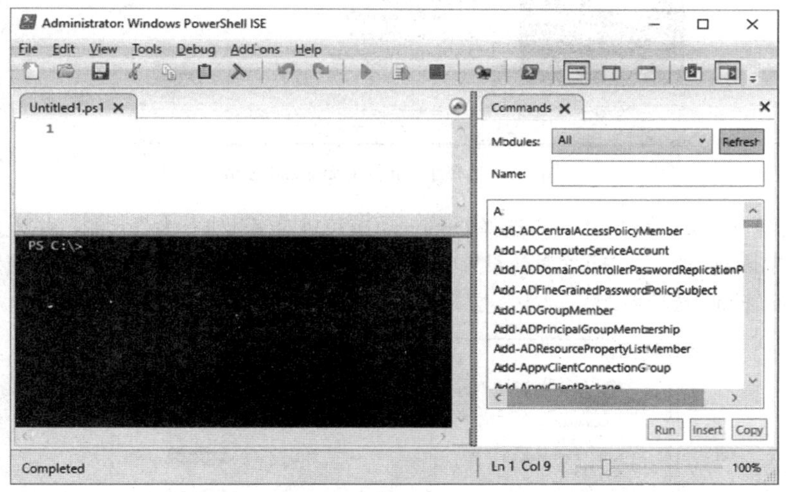

图 2.4　Windows Server 2016 上的 PowerShell ISE

2.2.4　探索 Command 附加组件窗格

ISE 中最流行的附加组件之一是 Command 附加组件。它提供了一个按字母顺序排列的命令参考。这些命令在 PowerShell 中通常称为 cmdlet。这些 cmdlet 包含在本地系统上可能已经加载的各种模块中。

Windows Server 2016 默认安装了几个模块。当安装不同的角色或安装其他应用程序和服务时，通常也会得到额外的模块。还可以获得第三方编写的模块。图 2.5 显示了 PowerShell ISE 中的 Command 附加窗格，其中选择了 All。

选择模块时，Command 窗格中将只显示该模块的 cmdlet。

另一个方便的附加组件是 Script 窗格。它允许加载脚本，编辑和运行整个脚本，而不需要剪切和粘贴。还可突出显示脚本的特定行，仅执行突出显示的行。

要运行 Script 窗格的全部内容，可单击屏幕顶部的绿色 Play 按钮，或者简单地按 F5 键。如果只想执行高亮显示的行，可按下后面带有小文本文档的 Play 按钮，或者按 F8 键。如果需要停止脚本，可按红方块或按 Ctrl+Break 组合键。

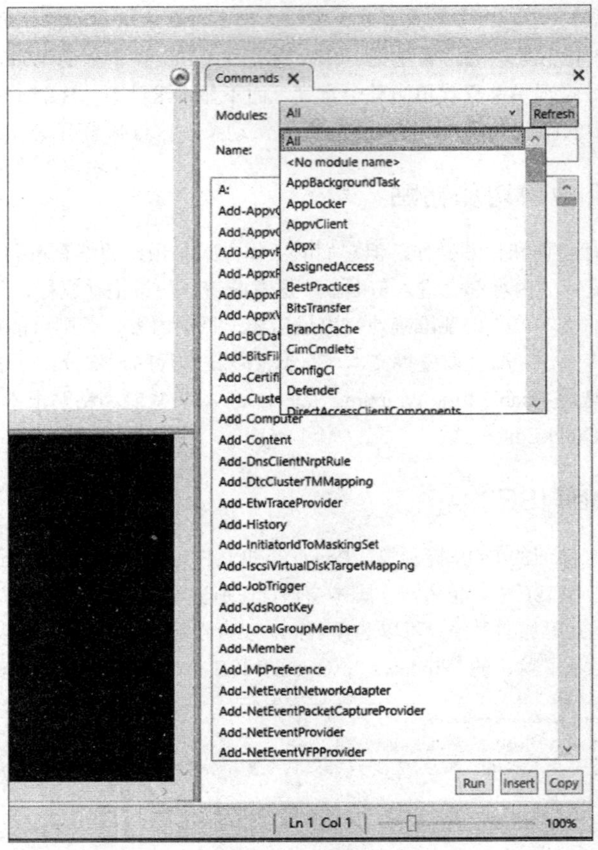

图 2.5　选择了 All 的 Command 窗格

ISE 还有其他选择。如果选择 Tools，再选择 Options，就可以对字体进行大量定制，并对文本颜色进行广泛控制。当选择 Manage Themes 时，可在几个默认设置中选择。还可导入和导出主题，以进行进一步的定制。图 2.6 显示了 ISE 的 Colors and Fonts 选项卡。

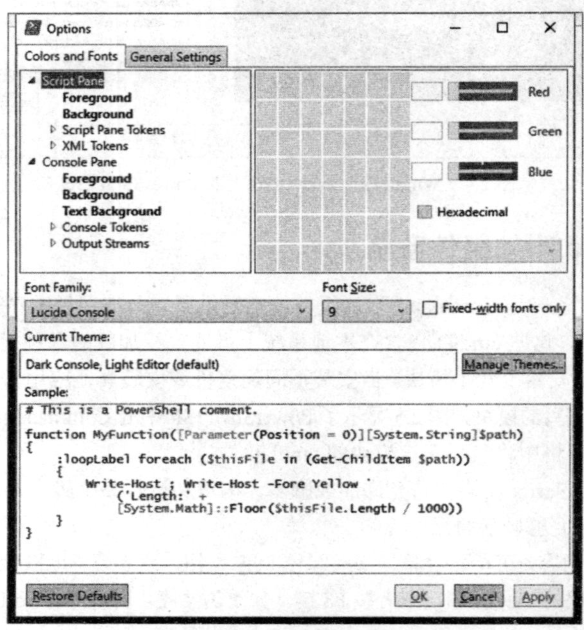

图 2.6　ISE 的 Colors and Fonts 选项卡

如图 2.7 所示，在 Options 对话框的 General Settings 选项卡上，有一些用于脚本行为的附加选项，包括显示大纲、行号，检测重复的文件，以及在运行之前保存脚本。还可修改 Script 窗格的位置，放在顶部、右侧，或者将其最大化。

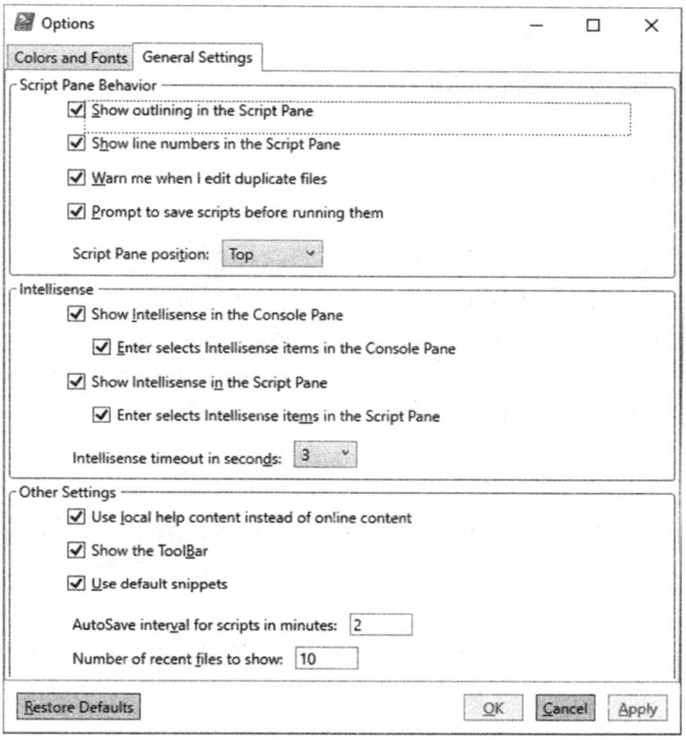

图 2.7　ISE 的 General Settings 选项卡

可在 General Settings 选项卡的中间部分配置 Intellisense。当智能感知检测到正在键入的命令时，将自动填充命令，并允许快速选择与所键入的命令匹配的不同可用命令。可调整智能感知的超时设置，它规定了智能感知建议显示的时间长度。默认值是 3 秒。对话框中的范围是 1～5 秒。可使用以下命令将超时设置为其他值：

```
$host.PrivateData.IntellisenseTimeoutInSeconds = X
```

其中 X 替换为显示智能感知建议的秒数。

2.3　设置 PowerShell ISE 配置文件

如果每次启动 PowerShell 或 PowerShell ISE 时都需要重新创建最喜欢的脚本环境，将是比较麻烦和困难的。在会话之间保留这些设置的一种方法是使用 PowerShell 配置文件。

PowerShell 配置文件是每当 PowerShell 启动时都会执行的脚本。其中包含大量的命令、函数、变量、管理单元、别名、模块和驱动器。还可添加特定于会话的额外元素，这些元素使用 PowerShell 配置文件加载每个会话。

这些 PowerShell 配置文件存储为文件。可拥有多个配置文件，甚至可拥有特定于某台主机的配置文件。有几个配置文件与会话关联，它们按优先顺序列出。列出的第一个配置文件的优先级最高。这些配置文件存储在不同位置。以下是基本配置文件的路径：

```
Current User, Current Host $Home[My ]Documents\WindowsPowerShell\Profile.ps1 Current User, All Hosts
$Home[My ]Documents\Profile.ps1 All Users, Current Host $PsHome\Microsoft.PowerShell_profile.ps1
All Users, All Hosts $PsHome\Profile.ps1
```

这条路径有两个变量：

- **$ Home：** 存储当前用户的主目录位置。

◆ **$PsHome：**指向 PowerShell 的安装目录。

通常，CurrentUser、Current Host 配置文件就是 PowerShell 配置文件。这些配置文件的路径存储在$Profile 自动变量中。可以使用$Profile 变量查看路径，也可在命令中使用$Profile 变量。

要查看$Profile 变量的当前值，使用以下命令：

```
$Profile |Get-Member -Type Noteproperty
```

可使用以下命令将$Profile 值复制到记事本中：

```
Notepad $profile
```

还可输入以下命令进行测试，以确保本地计算机上存在配置文件路径：

```
Test-Path $profile.AllUsersAllHosts
```

要在不覆盖现有配置文件的情况下创建配置文件，请使用以下命令：

```
if (!(test-path $profile)) {new-item -type file -path $profile -force}
```

if 语句查看路径是否有现成的配置文件。如果没有，它就创建一个新的配置文件。

如果想创建新的 All Users 配置文件，需要使用 Run As Administrator 选项运行 PowerShell。为此，需要右击 PowerShell 图标，然后选择 Run As Administrator。

编辑配置文件

配置文件只是文本文件。可在不嵌入额外信息的任何文本编辑器中编辑它们。Notepad 是 PowerShell 配置文件的完美编辑器。要在类似 Notepad 的地方打开当前用户的配置文件，输入以下命令：

```
Notepad $Profile
```

如果要编辑其他配置文件，只需要指定配置文件名称。例如，要打开所有主机应用程序上的所有用户的配置文件，可输入以下命令：

```
Notepad $profile.AllUsersAllHosts
```

最初，配置文件是空白的。

也许需要一个定制的提示，指出当前计算机的名称和当前路径。为此可使用下面的命令：

```
function awesome-prompt { $env:computername + "\" + (get-location) + "> " }
```

如果想使用 Run As Administrator 自动打开 PowerShell，可以使用以下命令：

```
Function Open-AsAdmin {Start-Process  PowerShell -Verb RunAs}
```

一旦进行了适当更改，只需要保存配置文件，然后重新启动 PowerShell。

2.4 设置执行策略

我们不希望允许任何人执行脚本，运行未知或不可信来源的脚本。执行策略指定用户可否加载配置文件。还决定是否允许运行脚本，哪些脚本可以运行，以及脚本在允许运行之前是否必须使用数字证书进行数字签名。使用 Set-ExecutionPolicy 命令来配置策略。

可为特定的 PowerShell 会话、当前用户或本地机器设置执行策略。执行策略不需要在 PowerShell 配置文件中设置，因为它的设置存储在注册表中。然而，会话执行策略是例外；它们只在会话期间存在，不存储在注册表中。退出会话时，删除与会话关联的执行策略。

记住，执行策略设置了处理脚本的行为。如果有一位有毅力的用户，或者你是一位有毅力的用户，可将所有命令输入控制台。执行策略帮助用户了解脚本的安全上下文，并帮助他们避免意外地运行不合适的脚本。

受限执行策略不允许运行脚本，但可运行单个命令。所有脚本文件都会被阻塞。

```
Set-ExecutionPolicy Restricted
```

使用 AllSigned，可运行脚本。所有这些脚本和配置文件都需要由可信的发布者签名。这包括在本地计算机上编写的脚本。

```
Set-ExecutionPolicy AllSigned
```

这是 Windows Server 2012 R2 和 Windows Server 2016 的默认策略：

```
Set-ExecutionPolicy RemoteSigned
```

该策略要求任何脚本或配置都必须由可信的发布者签名。如果想运行未签名的脚本，可使用 Unblock-File cmdlet 来解除该脚本的阻塞。在本地系统上创建的任何脚本都不需要签名即可运行。

下面将允许用户运行任何内容。如果用户试图运行下载的脚本或配置文件，它会通知用户，但不会阻止执行。

```
Set-ExecutionPolicy Unrestricted
```

这是最危险的策略。它会在没有任何提示的情况下运行任何内容。

```
Set-ExecutionPolicy Bypass
```

未定义的执行策略通常被忽略。如果将所有应用的策略设置为未定义，系统将使用默认的执行策略，在 Windows Server 2016 中默认的执行策略是 RemoteSigned。

```
Set-ExecutionPolicy Undefined
```

记录 PowerShell 会话

可能有必要记录 PowerShell 会话。转录操作将捕获控制台显示的所有输入和任何输出，并将其存储到文件中。要启用转录操作，可输入以下命令：

```
Start-Transcript c:\ mystranscript.txt
```

可使用 Help Start-Transcript 命令查看各种选项。这个示例将创建一个转录文件，并将其存储在 C:\mytranscript.txt 中。PowerShell 将覆盖所有已有的文件。为避免覆盖文件，可使用-NoClobber 参数。如果指定的文件已经存在，-NoClobber 将导致命令失败。如果只想指定一个目录并让 PowerShell 自动命名文件，可使用-OutputDirectory 参数。如果只想追加到现有文件中，而不是创建新文件，可使用-Append 参数。

要停止记录转录，可简单地关闭控制台会话，或使用 Stop-Transcript cmdlet。注意，这将阻止所有会话的所有转录。还有其他选项，因此最好查看 Help About_Start-Transcript 文件。

2.5 使用别名并获得帮助

PowerShell 提供了许多方法来简化命令的使用。

2.5.1 在 PowerShell 中使用类似 cmd.exe 的命令

首次运行 PowerShell 时，它可能会让人想起以前的 DOS 命令提示符。事实上，许多相同的命令似乎都得到了支持。以下是一些仍然起作用的命令：

```
MKDIR
DIR
CD
PING
IPCONFIG
```

许多情况下，这些都是实际命令，并没有更改。这是因为它们是 PowerShell 发送给外部应用程序来处理的外部命令，例如 IPCONFIG 和 PING。

但并不是所有旧的命令都能以预期方式工作。例如，DIR 命令用于显示当前目录的内容。还可以使用几个选项来排序、显示文件所有权、以宽格式显示文件夹列表，或者只显示具有某些属性的文件，如隐藏文件。

一个很好的例子是 DIR /S Importantfile.txt 命令。此命令用于在特定目录以及当前目录的所有子目录中查找具有特定文件名的所有文件。这就是所谓的递归搜索。

下面是在 cmd.exe(不是 PowerShell)中运行命令时会发生的情况。

```
 Dir /s Importantfile.txt

Volume in drive C is OSDisk
Volume Serial Number is 8636-D98D

Directory of C:\templates\HR
03/05/2017  11:56 AM           480 importantfile.txt
            1 File(s)           480 bytes
Directory of C:\templates\sales
03/05/2017  11:56 AM           480 importantfile.txt
            1 File(s)           480 bytes
Total Files Listed:
            2 File(s)           960 bytes
         0 Dir(s)  377,296,039,936 bytes free
```

这是一个非常有用的结果。在脚本中，这可能非常重要，因为可能要将一堆文件合并到一个位置。图 2.8 显示了在 PowerShell 中执行同一命令的结果。

图 2.8　PowerShell 中的 Dir /S

可以看到，Dir /S 被 PowerShell 完全误解了。它认为用户试图获得 C:\S 文件夹的内容列表。它指出找不到路径，因为路径不存在。

Dir /S 之所以失败，是因为许多“旧”命令使用别名将它们重定向到新的 PowerShell cmdlet。之所以使用别名，是因为“久经考验的” 旧命令并不总是遵循 PowerShell 动词-名词格式。用户发送给这些别名的任何选项都由底层的 PowerShell cmdlet 处理。如果想在 PowerShell 中查找 DIR 的帮助，只需要输入以下命令：

```
Help DIR
```

下面列出一部分输出：

```
NAME
    Get-ChildItem

    SYNOPSIS
    Gets the files and folders in a file system drive.

    SYNTAX
    Get-ChildItem [[-Filter] <String>] [-Attributes {ReadOnly | Hidden | System | Directory
| Archive | Device | Normal |
```

这将为 Get-ChildItem PowerShell cmdlet 提供默认的帮助信息。使用 DIR 时，PowerShell 将获取所提供的信息并将其发送到 Get-ChildItem cmdlet。Get-ChildItem 不支持/s 选项。所以会出现错误，脚本会失败。

记住，“久经考验的”命令通常调用外部应用程序，或内部 PowerShell 命令的别名。

如果想确定哪些别名是可用的，它们调用的是哪些 PowerShell cmdlet，只需要输入以下内容，即可查看在当前会话中可用的所有模块中的所有别名：

```
Get-Alias
```

2.5.2　Get-Help 例子

在任何命令的前面加上 Get-Help、Help 或 Man，就可以请求帮助。输出基本上是一样的，因为如果使用 Get-Help，所有帮助输出都被转储到控制台，且可能在屏幕中滚动。然后可上下滚动，查看需要的特定信息领域。如果使用

Help 或 Man，就一次显示一屏信息，按任何键就可进入下一个屏幕。如果按 Ctrl+C 键，则输出将停止，返回命令提示符。

还有一种方法是使用-ShowWindow 参数，它可在单独窗口中显示帮助，该窗口可在屏幕上继续显示，甚至移到另一个监视器。图 2.9 显示了 Get-Help Get-ChildItem–ShowWindow 的输出。

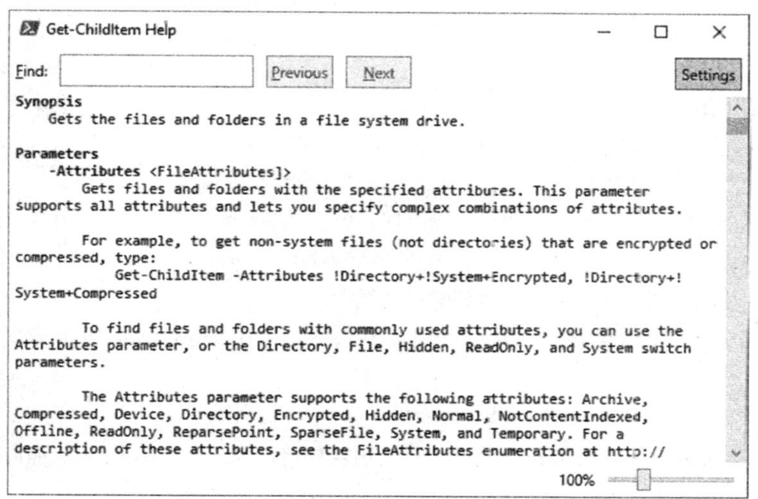

图 2.9　-ShowWindow 参数

创建脚本或直接在控制台输入内容时，可使用这个窗口并将其作为常量引用。它是可搜索的，所以可用它来快速准确地定位要完成的任务。

PowerShell 会帮助展示示例。问题是需要滚动查看所有语法和其他内容，才能找到例子。如果想直接跳到示例代码，只需要将帮助请求更改为以下内容：

```
Get-Help Dir -Example
```

下面是输出的相关部分：

```
Example 2: Get all files with the specified file extension in the current directory and
subdirectories
      PS C:\>Get-ChildItem -Path "*.txt" -Recurse -Force
```

这个命令获取当前目录及其子目录中的所有.txt 文件。Recurse 参数指示 Windows PowerShell 递归地获取对象，它指示命令的主题是指定的目录及其内容。Force 参数用于显示隐藏的文件。

现在我们已取得进展。可以尝试以下命令：

```
Get-ChildItem -Recurse
```

如果是从 cmd.exe 运行，那么它提供的输出与 DIR /S 相同。

因为知道 DIR 是 Get-ChildItem 的别名，所以，如果尝试下面的命令：

```
DIR - Recurse
```

就会发现结果是一样的。

2.5.3　获得 Get-Help 帮助更新

从 PowerShell 3.0 开始，操作系统就不再包含 PowerShell 帮助文件。如果以管理员身份运行 PowerShell，可能会注意到系统试图从 Microsoft 拥有的在线服务中下载帮助文件。如果有第三方供应商提供的 PowerShell 模块，也可通过可下载的帮助进行更新。必须使用属于本地管理员组的凭证运行此操作，因为 PowerShell 核心命令帮助存储在%systemdir%中。如果 PowerShell 无法下载更新后的帮助文件，它将为缺少更新的模块中的命令创建默认的帮助显示内容。

并非所有模块都支持更新它的帮助文件。输入以下内容，可得到具有可更新信息指针的模块列表：

```
Get-Module -ListAvailable |Where HelpInfoURI
```

如果想立即更新帮助文件，可执行以下命令：

```
Update-Help
```

Update-Help 命令在系统的默认模块路径中查找所有已安装的模块。该路径存储在环境变量$env:PSModulePath 中。要查看此路径，请使用以下命令：

```
$env:PSModulePath
```

下面是一个典型的输出：

```
C:\Users\Administrator\Documents\WindowsPowerShell\Modules;C:\Program Files\ WindowsPowerShell\
Modules;C:\Windows\system32\WindowsPowerShell\v1.0\Modules
```

如果想添加一个仅在此会话期间存在的额外临时路径，请修改此环境变量，如下所示：

```
$env:PSModulePath = $env:PSModulePath + ";f:\OurAddedPath"
```

如果要使更改永久生效，需要将此命令添加到配置文件中。

如果要更新不在模块路径中的模块，可将模块导入当前会话，然后使用 Update-Help 命令。可使用以下命令导入模块：

```
Import-Module "D:\LOBModuleswebought\LOBModule"
```

如果在 24 小时内多次运行 Update-Help，实际上不会更新任何内容。还有 1GB 未压缩内容的限制。如果不想等 24 小时或者想要绕过 1GB 的限制，可使用以下命令：

```
Update-Help -Force
```

这个 Update-Help -Force 命令可添加到 PowerShell 配置文件中，以确保帮助总是得到更新。

2.5.4 为没有互联网接入的服务器更新帮助

很多时候，服务器仅供内部使用，而这些系统不能直接访问 Internet。好消息是微软已经通过 Save-Help cmdlet 解决了这个问题。帮助文件下载到与 Internet 连接的机器的文件共享中。然后，可将文件复制到内部计算机可访问的系统中。下面是一个例子：

```
Save-Help -DestinationPath \\SMBFileServer01\Sharename\PSHelpFolder -Credential Domainname\
Username
```

这将把帮助文件下载到 SMBFileServer01 的文件共享中。还要确保所使用的凭证是每台计算机上管理员组的成员，或者是所有计算机都是成员的域管理员。还要知道，Update-Help 和 Save-Help 只更新安装在本地系统上的模块的文件。

2.5.5 访问在线帮助文件

如果不想下载更新，但想要访问帮助文件的最新版本，可添加-Online 参数。下面是一个例子：

```
Get-Help Get-ChildItem -Online
```

真的应该关注更新吗？

在创建脚本或执行特定任务时，最好有最新的帮助文件。但请记住，这些帮助文件是人编写的，可能包含错误和遗漏。当 Microsoft 更新模块时，可能添加或删除所需的参数。通过更新系统，可确保有最新的信息来帮助管理 PowerShell。

2.6 理解 cmdlet 语法

PowerShell cmdlet 通常设置为动词-名词格式，可包含许多必选参数和可选参数。Update-Help 跟在该上下文后面。还要注意，并不是所有动词都是英语中的动词。New-VM 是一个有效的 cmdlet，但是 New 不是英语中的动词。

请注意，cmdlet 通常不区分大小写。有一些罕见的例外，但下面的例子在功能上是相同的：

```
Get-Vm
get-vm
GeT-vM
```

众所周知，在 cmdlet 中有奇怪的大小写形式，会使阅读和排除故障变得非常困难。传统上，将每个单词的第一个字母大写，这些单词放在一起，形成一个 cmdlet 或参数。变量、函数和模块也有各种约定。传统上，变量的第一个字符不是大写，但后续单词的首字符是大写。变量$computerList 是传统做法。它仍然很容易阅读，因为附加的单词是大写的，但更明显的是，这是一个变量，因为第一个单词不是大写的。

标准是好的

建议采用一种标准，使其他人更容易阅读和理解脚本。在维护脚本时，不要因为对大小写形式太富有创造性，而让脚本变得难以阅读和理解。

2.6.1 解释语法

需要知道哪些参数是必需的，哪些是可选的，哪些参数与其他参数不能一起工作。

下面看看由 Help Get-Eventlog cmdlet 生成的语法示例。

```
NAME
    Get-EventLog
 SYNOPSIS
    Gets the events in an event log, or a list of the event logs, on the local or remote computers.
SYNTAX
Get-EventLog [-LogName] <String> [[-InstanceId] <Int64[]>] [-After <DateTime>] [-AsBaseObject]
[-Before <DateTime>]   [-ComputerName <String[]>] [-EntryType {Error | Information |
FailureAudit | SuccessAudit | Warning}] [-Index <Int32[]>]  [-Message <String>] [-Newest
<Int32>] [-Source <String[]>] [-UserName <String[]>] [<CommonParameters>] Get-EventLog
[-AsString] [-ComputerName <String[]>] [-List] [<CommonParameters>]
```

可以识别参数，因为它们以连字符开头。看看下面的例子：

```
Get-Eventlog -LogName Security
```

Get-Eventlog cmdlet 只有一个参数-LogName。字符串 Security 告诉 PowerShell，它应该“获取”哪个事件日志。该命令将获取安全事件日志，并将其内容转储到控制台屏幕上。许多刚接触 PowerShell 的人都不明白参数。看看这个错误的 cmdlet：

```
Get-Eventlog -Security
```

上面将参数值替换为参数的名称。承载这个 cmdlet 的 PowerShell 模块不知道-Security 是什么意思，因为它不是一个可接受的参数，而 Security 被标记为一个参数，因为它前面有连字符。

还需要确定哪些参数是必需的，哪些是可选的。放在方括号中的任何东西都是可选的。没有放在方括号中的任何东西都是必需的。

```
[-optionalstuffhere]
[-Optionalstuff] mandatorystuff
```

下面看看与 Get-EventLog cmdlet 相关的第一个参数：

```
Get-EventLog [-LogName] <string>
```

这个语法块表示，-LogName 是可选的，但<string>部分没有放在方括号中。对于这个 cmdlet，必须有<string>。这意味着在使用 Get-Evenlog cmdlet 时，必须包含具有日志名称的字符串。即使需要字符串值，在这个实例中也不需要包含-LogName 的参数名。这可从 LogName 完全被方括号括起来的事实中看出。

其余参数完全被方括号括起来。这意味着其他所有参数都是可选的。注意，这些可选参数中的一些在使用时具有强制值。

下面的 Get- EventLog cmdlet 包含一个可选参数和一个强制使用的值块：

```
[-After <DateTime>]
```

注意-After 的整个参数和<DateTime>值都完全由方括号括起来。这说明，整个参数是可选的。但要注意<DateTime>没有额外的方括号。这意味着，无论何时使用-After 参数，都必须为<DateTime>包含一个值。如果它是可选的，语法块将如下所示：

```
[-After [<DateTime>]]
```

因为–LogName参数列为第一个参数，所以这也称为位置参数。不必确定要发送的第一个参数值(本例中是Security)是与–LogName 相关联的值，因为–LogName 是该命令中预期的第一个参数值。

在某些 cmdlet 中，如果很小心，就可按非常特定的顺序传递大量参数，而不需要标记它们。然而，这样做使脚本几乎难以辨认。最好总是把参数名包含在写好的脚本中，这样它们就能自我说明。包含参数名还意味着，可将参数按不同的顺序排列，但 PowerShell 知道哪个参数值对应哪个参数，因为参数名有助于识别它们。

2.6.2 在 cmdlet 中使用空格

PowerShell 使用空格将 cmdlet 从参数中分离出来，将参数从值中分离出来。放置空格时需要小心谨慎，但可在允许空格的地方放置任意数量的空格。下面是一个例子：

```
Get-EventLog                        -LogName                        Security
```

这对于 PowerShell 来说是完全可以接受的，因为在 PowerShell 希望放置单个空格的地方，都可以放置多个空格或空格块。必须确保空格在正确的位置上。考虑以下 cmdlet 示例：

```
Get-Eventlog - LogName Security
Get-Event Log -LogName Security
Get- EventLog -Logname Security
Get-EventLog -Log Name Security
```

这些都是无效的，会产生错误，因为空格放在 PowerShell 不需要空格的地方。如果太有创意了，就很难阅读，PowerShell 可能会认为用户在传递额外值，或在添加其他内容。

还要避免混合空格和制表符，以使代码对齐。使用空格和制表符中的一个即可。将代码从一个脚本复制到另一个脚本时，这一点尤为重要。混用制表符和空格常导致失败。

2.6.3 向一个参数传递多个值

在许多实例中，都希望为一个参数提供多个值。Get-Eventlog 语法的一部分包括以下符号：

```
[-ComputerName <String[]>]
```

注意，包括字符串在内的整个参数都是可选的，因为整个参数都是用方括号括起来的。还要注意，<string[]>内部有一个小方括号。看到以这种方式显示的两个方括号时，这意味着可使用逗号分隔的列表传递多个值。检查下面的代码：

```
Get-EventLog Security -ComputerName Server01, Server02, Server03
```

这告诉 Get-EventLog cmdlet 从三个不同的服务器中获取安全日志。还要注意，-LogName 参数的语法列为[-LogName] <string>。这里缺少小方括号，意味着对于-LogName 参数只能有一个值。从功能上讲，这意味着只能获得一个命名的事件日志，如 Security 或 Application，但不能同时获得两个日志。-Computername <String[]>表示，可从多台计算机中获得单个日志。

另一种将多个值加载到参数中的方法是，从文件中读取逗号分隔的值列表。这是一个例子：

```
Get-EventLog Security -ComputerName (Get-Content c:\computerlist.txt)
```

这称为圆括号命令。圆括号内有一个命令，可将值提供给不同的参数。Get-Content 将读取文件，每次一行，并将每一行作为-ComputerName 参数的单独值放置。圆括号命令的作用就像我们在学校学到的数学规则一样。首先执行括号中的操作，结果将成为传递给参数的值。

还可将值放入变量中，然后变量可将值传递给参数。查看下面的命令：

```
$computers = Get-Content c:\Computerlist.txt
Get-EventLog -LogName Security -ComputerName $computers
```

稍后将进一步讨论变量，但要使用第一行给变量$computers 加载用逗号分隔的文本值。然后，将这个变量作为-ComputerName 参数的值使用。

2.6.4 使用 Show-Command

PowerShell 可自动获取一个 cmdlet，并将其显示在对话框中，其中每个参数都有相应的区域。看看下面的命令：

```
Show-Command Get-EventLog
```

执行此命令时，会显示如图 2.10 所示的对话框。我们在 ComputerName 和 LogName 块中添加了一些值，以说明如何填充这些值。默认情况下，所有参数的值都是空白。

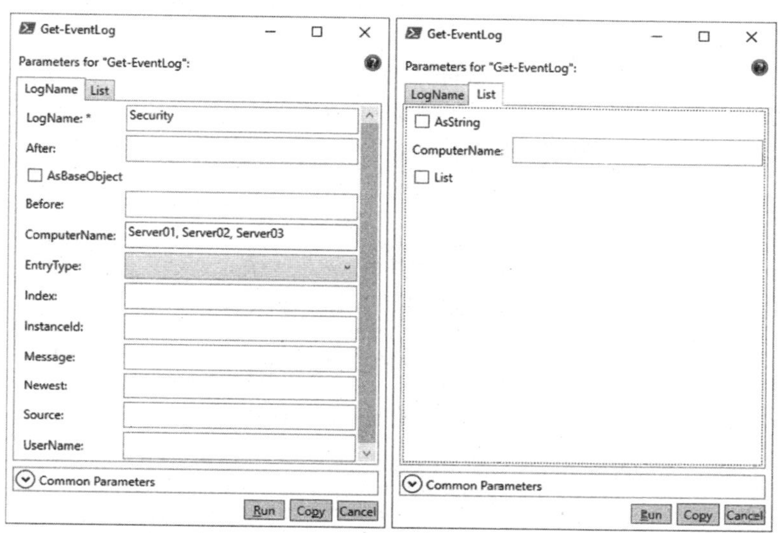

图 2.10 Show-Command Get-EventLog 的执行结果

这将显示该命令特定的所有参数，允许填写每个参数。注意，LogName 有一个星号，这意味着该参数是必选的。

List 选项卡显示哪个参数将接受一组值。可在 ComputerName 字段中输入它们，并用逗号分隔。

选择 Copy 时，PowerShell 将在剪贴板中复制得到的命令。如果选择 Run，它将把得到的命令放入 PowerShell 控制台，用于启动 Show-Command。结果如下：

```
Get-EventLog -LogName security -ComputerName Server01, Server02, Server04^M
```

末尾的^ M 代表回车符。如果按下键盘上的 Enter 键，就会执行命令。

2.6.5 使用-WhatIf

-WhatIf 是一个方便的参数。它允许查看 cmdlet 的结果，而该 cmdlet 不会对系统执行任何更改。注意，如果传递$true $false，则必须使用冒号。如果不传递任何参数，它默认为$true。这有助于验证所使用的命令是否提供了所需的输出和结果。在使用带有-WhatIf 参数的 cmdlet 时，不会更改任何内容，也不会执行任何操作。

如果执行 cmdlet，会看到生成的输出。当不确定确切的格式时，这可能有很大的帮助。如果决定使用 cmdlet，但不标记参数，而是依赖参数位置，这也会有很大帮助。参数的顺序错误是很常见的，-WhatIf 有助于避免发生严重的配置错误。当然，微软建议始终将参数标签放在任何写好的脚本或引用文件上。这样做更便于阅读和解决问题。然后，可使用-Whatif 作为保险，以确保得到预期的输出。

附加的辅助轮

学习命令时，-WhatIf 参数非常有用，因为很难在无意中执行不适当的配置更改。使用-WhatIf 时，没有任何实际改变。

注意下面的例子和结果：

```
Remove-Item C:\nano\nano-srv02.vhd -WhatIf
What if: Performing the operation "Remove File" on target "C:\nano\nano-srv02.vhd".
```

该文件从未删除，但它显示了如果执行该 cmdlet 会发生什么。

2.6.6 使用-Confirm

这个参数在运行命令之前请求确认，来帮助降低风险：

```
-Confirm[:{$true | $false}]
```

它将临时覆盖$ConfirmPreference 变量。$ConfirmPreference 变量的默认值是 High。这与 cmdlet 的潜在风险相当。如果潜在的风险等于或大于$ConfirmPreference 设置，cmdlet 总会要求确认，除非添加了-Confirm: $false。其他风险较小的 cmdlet 通常会抑制确认功能。

如果执行大量更改(可能是循环的一部分)，-Confirm 参数也很有用。每次操作都会要求确认。这有助于防止对可能不太明显的项应用不正确的配置，例如从文件中读取的内容或通过计算或其他不太明显的方法识别的项。

在 ISE 中使用-Confirm 时，会得到如图 2.11 所示的对话框。

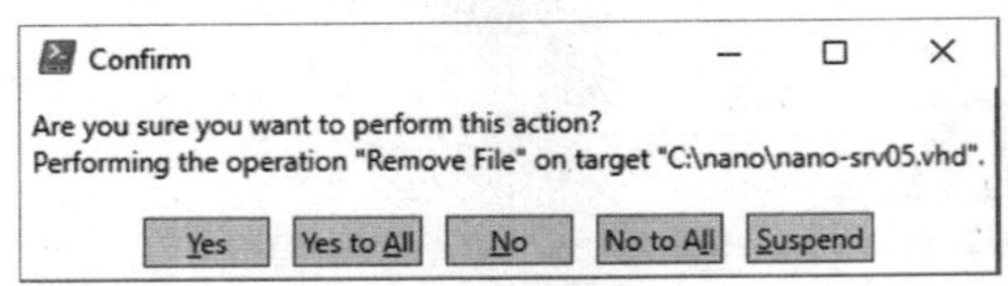

图 2.11　ISE 中的-Confirm 参数

在常规 PowerShell 控制台中使用-Confirm 参数时，会看到以下内容：

```
Remove-Item C:\nano\nano-srv05.vhd -Confirm
Are you sure you want to perform this action?
Performing the operation "Remove File" on target "C:\nano\nano-srv05.vhd".
[Y] Yes  [A] Yes to All  [N] No  [L] No to All  [S] Suspend  [?] Help (default is "Y"):
```

是显示对话框还是在控制台上显示文本并不重要；所提供的选项是相同的，结果也相同。

如果选择 Yes，就执行操作。如果操作是循环的一部分，就会收到额外的确认提示。如果选择 Yes To All，就执行操作，包括任何循环，并抑制此 cmdlet 操作的进一步确认提示。如果选择 No，则不会执行操作，但是如果执行 cmdlet 的多个迭代(可能在循环中)，可能会有进一步的提示。如果选择 No To All，此 cmdlet 的所有操作都将停止，不会显示任何后续提示。

Suspend 选项会使当前 cmdlet 暂停，并启动一个嵌套的 PowerShell 会话。这个嵌套的会话通过在命令提示符中添加两个额外的插入符号(>>)来表示。在这个嵌套的会话中，可运行其他 cmdlet 和脚本。完成嵌套的会话时，可以输入 Exit 退出。这样就会返回-Confirm 提示。然后，需要决定确认选项，如前所述。这样就可能有机会加载一些变量或执行其他任务，以确保 cmdlet 在返回时能够正常工作。

这个-Confirm 提示的?选项将显示确认选项的帮助。

默认操作是 Y，或者 Yes。如果只是按住 Enter 键不放，这个 Y 会发送到控制台。要小心，如果按住 Enter 键不放，会自动确认为 Yes，就会执行 cmdlet。

2.6.7 About 文件

Get-Help 对获取特定 cmdlet 的特定信息非常有用。Microsoft 还包含 About 文件，帮助解释 PowerShell 概念，包括脚本技术、脚本语言、操作符和其他内容。About 帮助文件不支持-Full 或-Example，因为它们只涉及概念和主题。它们支持-Online 和-ShowWindow。

要查看所有本地可用的 About 文件列表，只需要输入以下命令：

```
Get-Help About
```

查看特定主题的 About 文件时，可使用 Get-Help About。只需要添加主题名称即可。例如：

```
Get-Help About_Aliases
```

这个帮助主题有一个短描述和一个长描述。下面是输出的一个示例部分：

```
PS C:\Users\Administrator> Get-Help about_Aliases

TOPIC
    about_aliases

SHORT DESCRIPTION
    Describes how to use alternate names for cmdlets and commands in Windows
    PowerShell.

LONG DESCRIPTION
    An alias is an alternate name or nickname for a cmdlet or for a command element, such as
a function, script, file, or executable file. You can use the alias instead of the command
name in any Windows PowerShell commands.
    To create an alias, use the New-Alias cmdlet. For example, the following
    command creates the "gas" alias for the Get-AuthenticodeSignature cmdlet:
        New-Alias -Name gas -Value Get-AuthenticodeSignature

   After you create the alias for the cmdlet name, you can use the alias instead of the cmdlet
name. For example, to get the Authenticode signature for the SqlScript.ps1 file, type:
        Get-AuthenticodeSignature SqlScript.ps1
    Or, type:
        gas SqlScript.ps1
```

查看 about_aliases 的这一部分，就可以开始了解如何创建自己的别名。可为 cmdlet、脚本、函数甚至可执行文件创建别名。在 About 文件中进一步阅读，应该会明白创建别名需要做什么。

别名可使工作变得轻松或艰难

管理员有时会使用别名来替换长命令，以便键入和记忆。Dir 是 Get-ChildItem 的别名。请记住，除非在代码中声明别名或在配置文件中加载别名，否则别名在会话之间无法存活。如果构建了别名库，对于不熟悉“自制”替换命令的人来说，维护代码将非常困难。定制很棒，但需要在便利性和长期可用性之间找到平衡。

2.7 理解缩短命令的语法

PowerShell 试图非常通融。微软知道有数百个 cmdlet，也花了很多精力试图使这些 cmdlet 更加直观。反复使用相同的命令时，键入整个命令会变得很乏味，特别是其中一些命令还相当长。还会遇到这样的问题：不完全确定应该使用的确切 cmdlet 语法。微软提供了一个简短的语法，以及别名和制表符补全功能，使输入工作更轻松。

带制表符补全功能的缩短命令语法意味着，可键入命令的一部分，然后按 Tab 键要求 PowerShell 查看会话加载的所有模块，尝试找出要使用的命令。如果有几种选择，就可以继续按 Tab 键遍历命令，直到找到想要的命令为止。也可以对参数执行这个操作。

通过制表符补全功能来确定确切的命令或参数名称有两个优点：可获得正确的 cmdlet 或参数，显示完整的 cmdlet 和参数名称，使文本更易于阅读、理解、维护和排除故障。下面是一个例子：

```
Get-Service MpsSVC -ComputerName Boston-Srv01
```

如果只是键入 G，然后按 Tab 键，就必须遍历以字母 G 开头的所有 cmdlet、动词和别名，这个列表非常长。问题是输入的内容太模棱两可了。必须消除歧义，或者键入足够多的字母，以便 PowerShell 对要使用的命令有更好的理解。Get-is 很容易理解和记忆，因为它一直在使用。只需要输入 Get-S。在很多 Get 命令中，“名词”以字母 S 开头，如果一遍又一遍地按 Tab 键，最终会找到需要的命令；但是为了节省时间，应添加更多字符来消除歧义。注意，PowerShell 会遍历为这个特定会话加载的所有模块。根据配置文件、默认值以及在$env:PSModulePath 变量中定位和加载的模块的不同，为缩短列表而需要键入的字母数量可能会因系统、会话和配置文件而异。

命令中的下一个内容是服务的名称。如果阅读 Get-Help Get-Service 信息，就可以简单地按下 Enter 键，Get-Service 命令将提供本地机器运行的服务列表。如果只是按 Tab 键，服务将自动列出，直至找到想要的服务为止。

请记住，PowerShell 不能自动向远程机器伸出手来，猜测出用户要输入的内容。可以编写帮助自动完成该过程的脚本和函数，但可能需要在远程机器上启动一个会话，来加载所有模块，或将模块导入本地控制台。当然，也可以简单地键入命令。最终结果是一样的。cmdlet 上制表符完成功能的示例如下所示：

```
Get-Ser MP TAB TAB
```

这会变成 Get-Service MpsSvc。

下一位是一个参数。只输入-C TAB，会发现它是独一无二的。按下空格键，再按 Tab 键不会列出可使用的计算机列表。这里只需要知道所需的值即可。

那么，如果输入足够多的字符来消除部分的歧义，而不是按 Tab 键，会发生什么呢？结果如下：

```
Get-ser mp -c boston-srv01
```

这不是很容易读懂。如果按 Enter 键，结果如下：

```
get-ser : The term 'get-ser' is not recognized as the name of a cmdlet, function, script file,
or operable program. Check the spelling of the name, or if a path was included, verify that
the path is correct and try again.
At line:1 char:1
+ get-ser mp -c boston-srv01
+ ~~~~~~~
    + CategoryInfo          : ObjectNotFound: (get-ser:String) [], CommandNotFoundException
    + FullyQualifiedErrorId : CommandNotFoundException
```

get-ser 下面的波浪线说明，PowerShell 任何已加载模块中都没有名为 get-ser 的 cmdlet。这是一个重要的概念。为使用制表符补全功能而输入足够多的字符，以消除 cmdlet 歧义，却不能解析出命令的快捷方式。消除参数的歧义是可行的，但需要输入完整的命令或使用别名。

让工作更轻松

应该总是尝试使用制表符补全功能和完整的参数名称，以使代码更易于阅读、理解，也更易于排除故障和进行维护。简短命令可用于快速完成操作，但制表符补全功能提供了额外的保证，因为它更明显地指出，要求 PowerShell 完成的就是我们实际想要完成的。在写好的代码中，与脚本一样，始终使用完整的命令和参数。

2.8 探索 PowerShell 命令概念

使用别名 Help(而不是 Get-Help)告诉 PowerShell，一次只显示一整屏信息。可使用 Get-Help 或 Help 来发现更多命令。记住，寻求帮助不会对系统执行任何更改。可尝试想到的一切操作，去发现自己到底想要完成什么。

假设想更改网络适配器的 MAC 地址，可从以下命令开始：

```
Get-Command *adapter
```

*是一个通配符，表示获取以 adapter 结尾的任何命令。删除下面的 Hyper-V 特定内容，输出如下：

```
CommandType   Name                              Version   Source
-----------   ----                              -------   ------
Function      Add-NetEventNetworkAdapter        1.0.0.0   NetEventPacketCapture
Function      Add-NetEventVmNetworkAdapter      1.0.0.0   NetEventPacketCapture
Function      Disable-NetAdapter                2.0.0.0   NetAdapter
Function      Enable-NetAdapter                 2.0.0.0   NetAdapter
Function      Get-NetAdapter                    2.0.0.0   NetAdapter
Function      Get-NetEventNetworkAdapter        1.0.0.0   NetEventPacketCapture
Function      Get-NetEventVmNetworkAdapter      1.0.0.0   NetEventPacketCapture
Function      Remove-NetEventNetworkAdapter     1.0.0.0   NetEventPacketCapture
Function      Remove-NetEventVmNetworkAdapter   1.0.0.0   NetEventPacketCapture
Function      Rename-NetAdapter                 2.0.0.0   NetAdapter
Function      Restart-NetAdapter                2.0.0.0   NetAdapter
Function      Set-NetAdapter                    2.0.0.0   NetAdapter
```

Set-NetAdapter 看起来很不错。执行 Help Set-Netadapter 命令。下面是相关输出：

```
Set-NetAdapter [-Name] <String[]> [-AsJob] [-CimSession <CimSession[]>] [-IncludeHidden]
[-MacAddress <String>] [-NoRestart]  [-PassThru] [-ThrottleLimit <Int32>] [-VlanID <UInt16>]
```

```
[-Confirm] [-WhatIf] [<CommonParameters>]
```

-MacAddress 部分被突出显示。记住，PowerShell 还没有读心术，给它一点时间。

如果执行相同的命令，但添加-Examples 参数并滚动一点，就会发现：

```
Example 2: Set the MAC address of the specified network adapter

 Set-NetAdapter -Name "Ethernet 1" -MacAddress "00-10-18-57-1B-0D"
 This command sets the MAC address of the network adapter named Ethernet 1.
```

因此，现在知道可通过一个简单命令来更改 MAC 地址。使用相同的技术可发现各种附加命令。其要点是，如果想完成一个特定任务，通常可找到执行该任务的命令。

2.8.1 实现管道

我们常希望将一个命令的输出变成下一个命令的输入，从而将命令连接起来。Microsoft PowerShell 使用竖杠(|)字符很容易把命令连接起来。在许多键盘上，这个字符与反斜杠字符(\)是同一个键，只是需要按下 Shift 键。

可使用竖杠字符将几个命令连接在一起。这些命令从左到右依次执行。左边命令的输出添加到管道中，并作为输入发送给右边的命令。如果有多个竖杠字符，它们总是从左到右执行。

每次按 Enter 键，都将运行整个管道，最后一个命令的任何最终输出都将显示出来。不是所有命令都有可显示的输出。看看下面的例子：

```
Get-EventLog Security | Out-File c:\SecurityEvents.txt
```

这将获取本地安全事件日志的内容并将其放入管道中。然后将这些数据发送给 Out-File 命令，该命令接收管道的内容并将其用作输入源。最终结果是，由于 Out-File cmdlet 的性质，安全事件日志的内容会发送到文本文件。大多数 PowerShell 命令不会生成文本文件。PowerShell 命令通常会生成对象。

2.8.2 研究对象和成员

对象拥有成员。成员是组成对象的各种组件。对象的成员可能包括属性、事件和方法。可使用管道获取特定对象的成员信息，方式是获取对象，然后将结果输送到 Get - Member cmdlet 中，如下所示：

```
Get-Service | Get-Member
```

请注意，第一个命令 Get-Service 会运行。在这个例子中，它并不太危险；但如果执行的是破坏性命令的成员，比如 Remove-Item，就将实际删除特定项。-WhatIf 参数不起作用，因为它只向控制台提供文本输出，而不为 Get-Member cmdlet 生成任何实际输出。

还需要确保第一个命令的输出与管道中下一个命令的预期输入匹配。检查下面的代码：

```
Get-Service | Set-ACL
```

Get-Service 命令的输出与 Set-ACL 命令的输入要求不匹配。这只会为 Get-Service 命令放到管道中的每个对象产生一个错误。在使用管道时，始终需要将前一个命令的输出与下一个命令的预期输入匹配。

回到最初的命令 Get-Service | Get-Member 时，将看到 Get-Service 在管道中放置的对象的成员具有属性、事件和方法。

2.8.3 探索属性、事件和方法

属性描述了对象的各种属性。使用 Get 和 Set 命令一般操作的是属性。Service 对象的一些属性是 MachineName、StartType 和 CanShutdown。这些属性可用来指示 PowerShell 要显示或操作的内容。

可在对象执行操作时触发事件。打开文件或运行进程可能触发事件。Get-Service 中作为成员列出的唯一事件是 Disposed 事件。Disposed 指出，指示脚本释放外部资源，例如文件句柄、数据库连接或 TCP 端口。深入了解 PowerShell 编程时，Disposed 事件可帮助确保释放这些资源。

如果在复制脚本片段以供重用时过于有创意，这一点就特别重要。通常，管理员会抓取有希望重用的部分，但忘记抓取垃圾清理部分。这会导致资源的消耗，而不释放资源。因此系统可能不稳定，或者资源实际上已耗尽，可能导致崩溃。随着对 PowerShell 脚本的深入了解，应确保总是清理资源，而 Disposed 事件可确保已经进行了清理。

为告诉对象执行某种类型的操作，需要使用方法。Close、Pause、Start 和 Stop 都是与 Service 对象关联的方法示例。显然，这将帮助我们关闭、暂停、启动和停止服务，非常方便。也许应该把它添加到 cmdlet 库中。

属性、事件和方法特定于每种类型的对象。记住，生成对象的是命令。一些命令将生成多种类型的对象。如果在具有多种对象类型的管道上使用 Get-Member 命令，则会得到每种对象类型的单独成员列表。如果没有将其发送到文本文件中，拉取如此多的对象和成员，会使控制台缓冲区溢出，从而产生不可用的输出。这看起来很酷，但最终毫无意义。

2.8.4 执行对象的排序操作

将对象可视化为电子表格中的表可能很有用。每一列都有不同的属性，每一行标识特定的对象。运行返回多个对象的命令就像向表中添加行一样。

例如，Get-Service 如果转储到电子表格中，将创建一个表，如表 2.1 所示。

表 2.1 Get-Service 对象

状 态	名 称	显 示 名
Stopped	AJRouter	AllJoyn Router Service
Stopped	ALG	Application Layer Gateway Service
Stopped	ApplDsvc	Application Identity
Running	Appinfo	Application Information
Stopped	AppMgmt	Application Management
Stopped	AppReadiness	App Readiness

这个表只包含一部分对象，因为总共有 200 多个对象。表中的每一行都是一个对象。每个列都是该对象的属性。不是所有属性都默认显示，但它们仍然包含在放入管道的对象中。这组对象称为集合，或对象数组。

可使用 PowerShell 将对象列表拉到管道中，然后根据需要的任何条件给对象排序。通常，cmdlet 会根据对象的名称按字母顺序自动对管道中的对象排序。这就是表 2.1 中 Get- Service cmdlet 的默认值。

如果知道对象所需属性的特定名称，就可指示 PowerShell 根据不同属性进行排序，甚至根据属性的组合进行排序。默认情况下，字符串属性不区分大小写，按升序排序。对象基于对象类型的默认属性排序。

可更改默认值，以满足特定需求。为此应使用 Sort-Object cmdlet。这个 cmdlet 有一个简单的别名 Sort。下面是 Sort-Object cmdlet 的一些示例：

```
Get-Service | Sort-Object -Property Name -Descending
Get-Service | Sort-Object Name -Descending
Get-Service | Sort-Object -Descending
```

这三个示例都执行相同的操作，因为名称是默认的排序键。如果查看 Help Sort-Object，会发现以下语法：

```
Sort-Object [[-Property] <Object[]>] [-CaseSensitive] [-Culture <String>] [-Descending]
[-InputObject <PSObject>] [-Unique] [<CommonParameters>]
```

通过搜索 About_Sort-Object，可探索更深层次的语法，但一些参数非常有用。

- [[[-Property] <Object[]>]说明，可指定一个或多个属性。这是一个可选参数，但可通过逗号分隔的列表传递多个参数。如果传递多个属性，它们将按第一个列出的属性排序。如果多个对象的第一个属性相同，那么对象将按第二个列出的属性排序。如果前两个属性有多个结果，就按第三个属性排序，以此类推。
- `[-Unique]`是一个可选参数，它遍历管道，标识管道集合的唯一成员。任何副本都将被丢弃。此参数不区分大小写。

因此，如果希望根据状态和名称对服务进行排序，则可使用以下命令：

```
Get-Services | Sort-object -Property Status, Name
```

```
Status                Name                          DisplayName
Stopped           AJRouter              AllJoyn Router Service
Stopped                ALG        Application Layer Gateway Service
Stopped           AppIDSvc                 Application Identity
Stopped            AppMgmt               Application Management
Stopped        AppReadiness                      App Readiness
Stopped         AppVClient              Microsoft App-V Client
Stopped            AppXSvc       AppX Deployment Service (AppXSV)
Stopped AudioEndpointBu...         Windows Audio Endpoint Builder
Stopped           Audiosrv                        Windows Audio
Stopped           AxInstSV                ActiveX Installer (AxInstSV
```

如果检查管道，会看到对象及其属性按 Status 属性排序，之后按 Name 属性排序。

2.8.5 度量对象

在脚本中度量各种对象很有用。这可以包括管道中对象的数目。为此使用 Measure-Object cmdlet。下面是语法：

```
Measure-Object [[-Property] <String[]>] [-Average] [-InputObject <PSObject>] [-Maximum]
[-Minimum] [-Sum] [<CommonParameters>]
```

默认情况下，Measure-Object cmdlet 只计算集合中对象的数量。还可执行其他四种度量：平均值、总和、最大值和最小值。注意以下命令的输出：

```
Get-Process | Measure-Object -Property WorkingSet -Minimum -Maximum -Average -Sum

Count     : 70
Average   : 40100776.2285714
Sum     : 2807054336
Maximum   : 684228608
Minimum   : 4096
Property : WorkingSet
```

工作集是与特定进程相关联的 RAM 的数量。此命令将收集系统中所有正在运行的进程。总数为 70。这些对象及其所有属性将作为一个集合提交到 Measure-Object cmdlet 的管道中。

所提供的指令基于对象的 WorkingSet 属性来度量对象。接着 Measure-Object cmdlet 显示所有 70 个进程所消耗的平均内存量。它显示分配给进程的最大 RAM 数量，即 Maximum；还显示分配给进程工作集的 RAM 的最小值，即 Minimum。可能最有用的是 Sum。这是分配给系统上所有进程的 RAM 总量。使用这些信息可确定支持正在运行的进程所需的最小 RAM 量，而不需要开始向页面文件发送 RAM。

现在运行的可能不是以后运行的

记住，事情是可以改变的。不应该依赖于当前工作集总和这个度量标准来确定服务器。而需要随着时间的推移来衡量这些对象。如果打算使用自己的小代码片段，则可能想添加额外的位，并将全部内容合并到一个脚本中，该脚本作为调度好的作业运行。这展示了如何将在前一章和本书所学到的内容运用到现在和将来学习的知识中。

2.8.6 使用 Select-Object 选择管道中的对象子集

用户可能不想查看管道集合中的所有对象。如果只想查看集合中顶部或底部的一些对象，这一点尤其正确。为此，使用 Select-Object cmdlet。下面是语法：

```
Select-Object [[-Property] <Object[]>] [-ExcludeProperty <String[]>] [-ExpandProperty
<String>] [-First <Int32>] [-InputObject <PSObject>] [-Last <Int32>] [-Skip <Int32>] [-Unique]
[-Wait] [<CommonParameters>]
```

Select - Object 将进入管道集合，允许选择前面或后面的对象(无论有多少对象)。它们对应于集合中的行。还可以选择要包含和排除的特定属性。例如，如果想查看消耗系统 RAM 的前 5 个进程，可使用以下命令：

```
Get-Process|Sort-Object -Property WorkingSet -Descending | Select-Object -Property Workingset,
ProcessName -First 5
```

```
WorkingSet        ProcessName
----------        -----------
 635871232         powershell
 177840128               vmms
 147591168     powershell_ise
 143896576             LobAPP
 112848896      ServerManager
```

可选择对象的指定属性。指定-First 和-Last 可显示集合顶部或底部特定数量的对象。请注意，如果在选择对象之前没有对集合进行排序，那么它们的顺序是随机的。可使用-Skip 参数跳过特定数量的对象。还可以使用-Unique 参数只选择唯一的值。

使用-Properties 参数时，Select-Object 将删除所有未指定的属性。如果想查看所有属性，但有选择地删除特定属性，可使用-Exclude 参数。

PowerShell 有时会出错

注意，PowerShell 并不总是显示对象的正确属性名。如果只运行 Get-Process 命令，会看到默认显示的属性。列顶部列出的属性标题可能不是属性的实际名称。例如，WS (k)引用属性 WorkingSet。WorkingSet WS 有一个别名。所以可使用-Parameter WorkingSet 或 -Parameter WS。如果尝试使用-Parameter WS (k)，命令将失败，因为对象不包含 WS (k)属性，任何试图使用该错误名称的脚本都将失败。要确定实际的属性名，请使用 Get-Member cmdlet。

使用管道时，特别是连接到其他管道的管道，必须小心处理数据的类型和格式。通常一次对一个命令进行故障排除比较容易。应该使用第一个 cmdlet 并单独运行它，看看它的结果。一旦 cmdlet 正常工作，就添加下一个命令并使用它，直到它提供所需的结果。在构建最终命令时，应该继续这个过程。

还可在单独一行上键入每个命令，以便保持各个 cmdlet 的正确性。如果命令行以管道字符结束，或者没有输入所有必需的参数，或者未关闭所有的引号、括号或大括号等，就会进入扩展提示模式。如下所示：

```
PS C:\Users\Administrator> get-process|get-member |
>> sort-object '
>> name
>> '
```

在第一行中，在管道字符之后按下 Enter 键。这告诉 PowerShell 还有更多内容。用一个单引号结束第二行，对应的另一个单引号在第四行。PowerShell 知道还有更多内容，所以继续提示用户输入。最终在第 4 行按下 Enter 键时，PowerShell 不会期待用户输入其他任何参数或字符，而是执行命令。只要输入不包含必选参数或不包含字符(如结束引号)的命令，就会看到类似行为。如果总处于扩展的提示模式，不知道接下来会发生什么，按 Ctrl+C 键总是可以退出扩展的提示模式。此时，前面费心构建的任何命令都不会执行，而是返回到正常的命令提示符。

2.9 使用文件输入和输出操作

有时，希望将命令或脚本的结果保存到文件中。为此可使用重定向操作符，或大于号(>)。下面是一个例子：

```
Get-Process|Sort-Object -Property WorkingSet -Descending | Select-Object -Property Workingset,
ProcessName -First 5 > "c:\Top 5 Processes Consuming RAM.txt"
```

这种快速方法可获取控制台中显示的内容，并将其直接转储到一个文件中。唯一的问题是这只是盲目地转储信息。如果想要更好地的控制，应该使用 Out-File 命令。下面是语法：

```
Out-File [-FilePath] <String> [[-Encoding] {unknown | string | unicode |
bigendianunicode | utf8 | utf7 | utf32 | ascii | default | oem}] [-Append] [-Confirm]
[-Force] [-InputObject <PSObject>] [-NoClobber] [-NoNewline] [-WhatIf] [-Width
<Int32>] [<CommonParameters>]
```

下面的示例使用 Out-File 命令的参数，确保不覆盖现有文件：

```
Get-Process|Sort-Object -Property WorkingSet -Descending | Select-Object -Property Workingset,
ProcessName -First 5 |Out-File "c:\Top 5 Processes Consuming RAM.txt" -NoClobber
```

默认情况下，Out-File 为文本文件使用的格式是 Unicode。为了避免出现问题，可添加-Encoding ASCII 参数。

可能还希望避免使用换行符。这将把所有内容放在一行上。如果不想使用行分隔的值列表，就可以使用这种方法。可以用-NoNewline 参数禁止插入新行。

还需要注意输出的宽度。默认情况下，输出根据主机的特征来截断。PowerShell 控制台的默认值是 80 个字符。请注意，行之外的任何字符都会被截断，而不会换行显示。如果每行超过 80 个字符，则需要使用-Width 参数，否则每行 80 个字符之后的任何字符都将丢失。

2.9.1 将对象转换为不同的格式

PowerShell 管道对象可以有几种不同格式。如果试图将这些对象保存到文件中，就可能需要从对象的本机格式进行转换。PowerShell 使用两个动词进行对象转换，即 ConvertTo 和 Export。如果执行 Get-Command ConvertTo-*，会得到 6 个 cmdlet 和 1 个函数。命令和输出如下所示：

```
PS C:\Users\Administrator> Get-Command ConvertTo-*

CommandType                   Name   Version                   Source
-----------                   ----   -------                   ------

  Function    ConvertTo-HgsKeyProtector   1.0.0.0               HgsClient
   Cmdlet              ConvertTo-Csv   3.1.0.0  Microsoft.PowerShell.Utility
   Cmdlet              ConvertTo-Html   3.1.0.0  Microsoft.PowerShell.Utility
   Cmdlet              ConvertTo-Json   3.1.0.0  Microsoft.PowerShell.Utility
   Cmdlet        ConvertTo-SecureString   3.0.0.0  Microsoft.PowerShell.Security
   Cmdlet        ConvertTo-TpmOwnerAuth   2.0.0.0        TrustedPlatformModule
   Cmdlet              ConvertTo-Xml   3.1.0.0  Microsoft.PowerShell.Utility
```

我们主要关注的是如何将管道内容转换为 CSV、HTML 或 XML。

2.9.2 使用 ConvertTo-Csv

ConvertTo-Csv cmdlet 非常基本。下面是语法：

```
ConvertTo-Csv [-InputObject] <psobject> [[-Delimiter] <char>] [-NoTypeInformation]
[<CommonParameters>]
```

参数-InputObject 的值是 PowerShell 管道的内容。它在语法中引用为<psobject>。这个管道内的对象可用旧的$_或较新的$PSItem 来标识。

许多管理员仍然通过旧的$_来使用管道中的对象，但$PSItem 是当前的标识符。两种引用都可以在表达式中工作，但可能在脚本、帮助文件和 About_文档中看到其中一种引用，因此必须熟悉这两种引用。建议使用$PSItem，但没有废弃$_的任何计划。

-Delimiter 参数允许更改标识各种值的字符。如果不希望用逗号分隔值，而希望使用分号，则可以使用-Delimiter ";"参数。

ConvertTo-Csv 命令获取对象，并将其转换为逗号分隔的值。每个对象转换为字符串，这些字符串将替换管道的内容。这个 ConvertTo-Csv 命令不会向控制台提供任何输出。将管道的内容转换为 CSV 格式，并将管道的当前内容替换为得到的 CSV 字符串。每个对象都有一个字符串。

放在管道中的第一项是类型信息。该信息可能没有放在管道中或在输出文本文件中。可使用-NoTypeInformation 参数来禁止它。下面是带有类型信息的输出示例：

```
Get-EventLog System | Select-Object EventId, EntryType -First 3 |ConvertTo-Csv |Out-File
"C:\Events.txt"
```

此命令在文本文件中提供以下输出：

```
#TYPE Selected.System.Diagnostics.EventLogEntry
"EventID","EntryType"
"7040","Information"
"7040","Information"
"7040","Information"
```

如果想要将这个 CSV 导入 Excel 之类的程序中，就需要清除它。在删除类型信息时请注意差别。

```
Get-EventLog System | Select-Object EventId, EntryType -First 3 |ConvertTo-Csv -NoTypeInformation
|Out-File "C:\Events.txt"

"EventID","EntryType"
"7040","Information"
"7040","Information"
"7040","Information"
```

这个结果更容易操作和导入。记住，ConvertTo-Csv 将管道对象集合的内容更改为字符串集合。所有方法和操作都被丢弃。管道中第一个对象的属性用于定义字段标题，后面是其值。如果管道中的后续对象没有使用第一个对象定义的属性，或者定义的属性没有值，则其值就设置为空，空值用两个逗号表示。如果管道中有混合对象，而后续对象的其他属性没有包含在第一个对象中，就会丢弃这些附加属性。

2.9.3 使用 Export-Csv

Export-Csv 创建管道中对象的 CSV 文件。下面是语法：

```
Export-Csv -InputObject <PSObject> [[-Path] <String>] [-LiteralPath <String>]
[-Force] [-NoClobber] [-Encoding <String>] [-Append] [-UseCulture]
[-NoTypeInformation] [-WhatIf] [-Confirm] [<CommonParameters>]
```

这些参数与前面 Out-File cmdlet 中的类似。重要的是，不需要在转换之前格式化输出。如果这样做，Export-Csv cmdlet 将把格式化属性转换为 csv 文件，而不是对象属性。使用 Select - Object cmdlet 可选择对象的属性，因为选择 Select - Object 特定属性时，其他所有属性都会被删除。

2.9.4 使用 ConvertTo-Html

ConvertTo-Html cmdlet 将管道中的 PowerShell 对象转换为 HTML 页面或 HTML 片段。下面是语法：

```
ConvertTo-Html [-InputObject <PSObject>] [[-Property] <Object[]>] [[-Body]
<String[]>] [[-Head] <String[]>] [[-Title] <String>] [-As <String>] [-CssUri
<Uri>] [-PostContent <String[]>] [-PreContent <String[]>] [<CommonParameters>]

Get-EventLog System | Select-Object EventId, EntryType -First 3 |ConvertTo-Html
|Out-File "C:\Events.htm"
```

输出如下：

```
<!DOCTYPE html PUBLIC "-//W3C//DTD XHTML 1.0 Strict//EN"
"http://www.w3.org/TR/xhtml1/DTD/xhtml1-strict.dtd">
<html xmlns="http://www.w3.org/1999/xhtml">
<head>
<title>HTML TABLE</title>
</head><body>
<table>
<colgroup><col/><col/></colgroup>
<tr><th>EventID</th><th>EntryType</th></tr>
<tr><td>7040</td><td>Information</td></tr>
<tr><td>7040</td><td>Information</td></tr>
<tr><td>7040</td><td>Information</td></tr>
</table>
</body></html>
```

输出如图 2.12 所示。

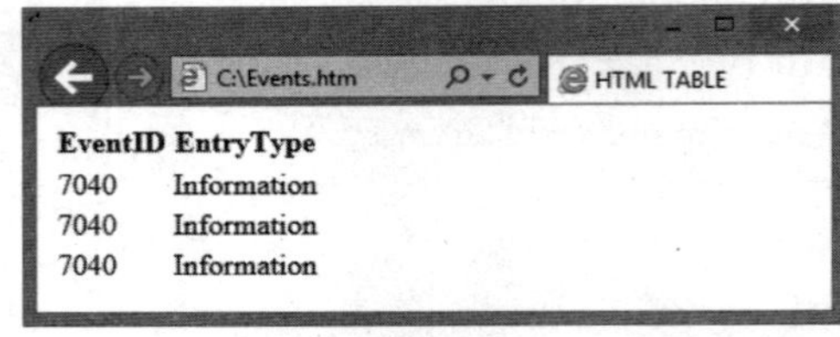

图 2.12 默认表格式的 ConvertTo-Html 输出

注意，可使用-Head、-Body 和-Title 参数将这些默认条目替换为可选择的自定义值。参数-As 允许在表和列表之间选择。表是默认值，如果省略了-As 参数，就使用表。图 2.13 显示了添加-As List 参数的相同输出。

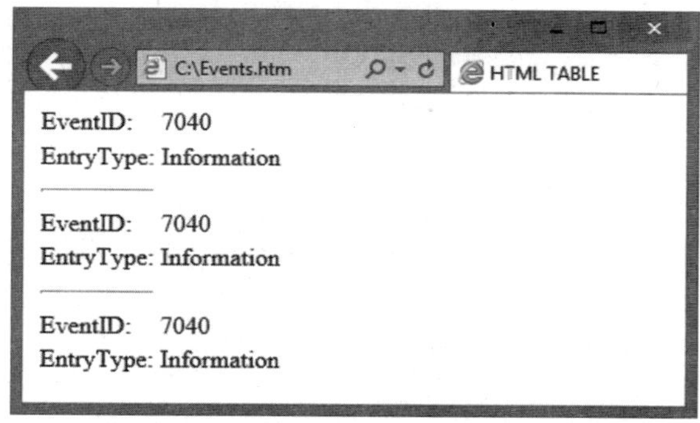

图 2.13　带有-As List 的 ConvertTo-Html

还可使用-Fragment 参数，它只生成一个 HTML 表。其他所有 HTML 元素，如<Head>、<Body>等都被丢弃。导出到 HTML 格式的文件没有等效的 cmdlet。可执行重定向，如下所示：

```
Get-EventLog System | Select-Object EventId, EntryType -First 3 |ConvertTo-Html >
c:\TopSystemLogs.html
```

2.9.5　使用 ConvertTo-Xml

ConvertTo-Xml 获取 PowerShell 管道中的对象，并将其转换为对象的 XML 表示。当管道中有多个对象时，ConvertTo-Xml 将创建一个包含所有对象的 XML 文档。这个 cmdlet 获取创建的 XML，并替换管道中当前的内容。下面是语法：

```
ConvertTo-Xml [-Depth <Int32>] [-InputObject] <PSObject> [-NoTypeInformation] [-As <String>]
[<CommonParameters>]
```

对象的属性包含其他对象时，-Depth 控制着转换级别。反过来，较低对象的属性可能包含更多对象。当对象包含其他对象时，需要确保让 PowerShell 知道希望的转换深度；否则，将丢失这些被包含对象的 XML 表示。在 Types.ps1xml 文件中可为对象类型重写此设置。

Types.ps1xml 文件允许向 PowerShell 中的对象类型添加额外成员。这允许向对象添加由附加属性和方法组成的扩展类型数据。Types.ps1xml 文件位于 PowerShell 安装目录，在指定 PowerShell 会话时就会加载该文件。将模块导入会话时，还会加载 Types.ps1xml 文件。还可以使用 Update- TypeData cmdlet 临时添加扩展类型数据。它不会保存到文件中，在会话关闭时会被丢弃。

-NoTypeInformation 从对象节点中删除类型属性。前面已经在 ConvertTo-Csv cmdlet 中看到了这个参数的结果。

-As 参数指示 PowerShell 转换为三种格式之一。-As String 将对象转换为单个字符串。-As Stream 将管道中的对象转换为字符串数组。-As Document 返回一个 XMLDocument 对象。-As Document 是默认的，在 cmdlet 没有指定任何-As 参数的情况下使用。

记住，ConvertTo-Xml 转换管道中的对象，然后用转换后的对象替换管道。cmdlet 不会将任何内容保存到文件中。保存结果需要额外的 cmdlet 或重定向。下面是指定-As Document 参数的示例代码。

```
Get-EventLog System | Select-Object EventId, EntryType -First 3 |ConvertTo-Xml -As
Document|Out-File "C:\Events.htm"
```

输出如下：

```
xml                         Objects
---                         -------
version="1.0" encoding="utf-8" Objects
```

在本例中，输入对象似乎不能很好地转换为标准 XML 文档。下面是带有-As String 参数的输出，该参数将整个管道加载到单个字符串中。

```
<?xml version="1.0" encoding="utf-8"?>
<Objects>
  <Object Type="System.Management.Automation.PSCustomObject">
    <Property Name="EventID" Type="System.Int32">7036</Property>
    <Property   Name="EntryType"   Type="System.Diagnostics.EventLogEntryType">Information
</Property>
  </Object>
  <Object Type="System.Management.Automation.PSCustomObject">
    <Property Name="EventID" Type="System.Int32">7036</Property>
    <Property   Name="EntryType"   Type="System.Diagnostics.EventLogEntryType">Information
</Property>
  </Object>
  <Object Type="System.Management.Automation.PSCustomObject">
    <Property Name="EventID" Type="System.Int32">7036</Property>
    <Property   Name="EntryType"   Type="System.Diagnostics.EventLogEntryType">Information
</Property>
  </Object>
</Objects>
```

下面是带有-As Stream 参数的输出，它将每个对象作为单独的字符串加载，存储为数组：

```
<?xml version="1.0" encoding="utf-8"?>
<Objects>
<Object Type="System.Management.Automation.PSCustomObject">
  <Property Name="EventID" Type="System.Int32">7036</Property>
  <Property   Name="EntryType"   Type="System.Diagnostics.EventLogEntryType">Information
</Property>
</Object>
<Object Type="System.Management.Automation.PSCustomObject">
  <Property Name="EventID" Type="System.Int32">7036</Property>
  <Property   Name="EntryType"   Type="System.Diagnostics.EventLogEntryType">Information
</Property>
</Object>
<Object Type="System.Management.Automation.PSCustomObject">
  <Property Name="EventID" Type="System.Int32">7036</Property>
  <Property Name="EntryType" Type="System.Diagnostics.EventLogEntryType">Information </Property>
</Object>
</Objects>
```

2.9.6 使用 Export-Clixml

Export-Clixml 与 ConvertTo-Xml 非常相似；但就像 Export-Csv 一样，将输出保存到一个文件中，而不只是替换管道的内容。下面是语法：

```
Export-Clixml [-Depth <Int32>] [-Path] <String> -InputObject <PSObject> [-Force] [-NoClobber]
[-Encoding <String>] [-WhatIf] [-Confirm] [<CommonParameters>]
```

2.9.7 用 Export-Clixml 加密导出的凭证对象

Export-Clixml 的一个常见用法是以加密格式导出凭证。这允许在脚本中存储使用的凭证，而不必在脚本主体内或管道中公开明文形式的凭证。

要获得凭证，可使用 Get-Credential cmdlet 弹出一个对话框，并将用户名和密码放入一个变量中。Get-Credential 可使用一个通用凭证对话框、一个带有消息的自定义对话框，或可通过命令行提示用户。命令行提示需要注册表项。

下面是允许命令行提示输入凭证所需的代码：

```
Set-ItemProperty "HKLM:\SOFTWARE\Microsoft\PowerShell\1\ShellIds" -Name "ConsolePrompting"
-Value $True
```

下面是语法：

```
Get-Credential [-Credential] <PSCredential> [<CommonParameters>]
```

最简单的形式是获取凭证，并将其存储到一个变量中，如下所示：

```
$CredentialStorageVariable = Get-Credential -Credential "Contosc\ServiceAcct01"
```

如图 2.14 所示，这将提示用户输入用户名和密码，然后创建一个 PSCredential 对象。由于使用了-Credential 参数，因此已经填充了用户名字段，但它仍然是可编辑的。如果省略-Credential 参数，所有字段都为空。

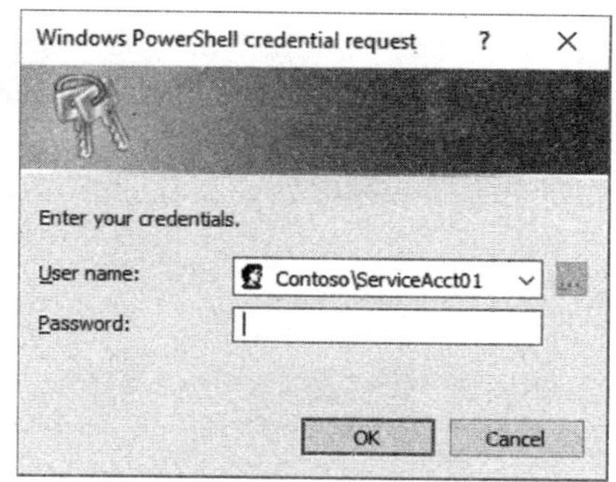

图 2.14 获取凭证

还可创建带有自定义消息的对话框。这称为 MessageSet。这是通过以下代码完成的：

```
$credentialStorageVariable = Get-Credential -Message "We need your credentials to connect to
the remote server"
```

这会显示自定义消息，如图 2.15 所示。

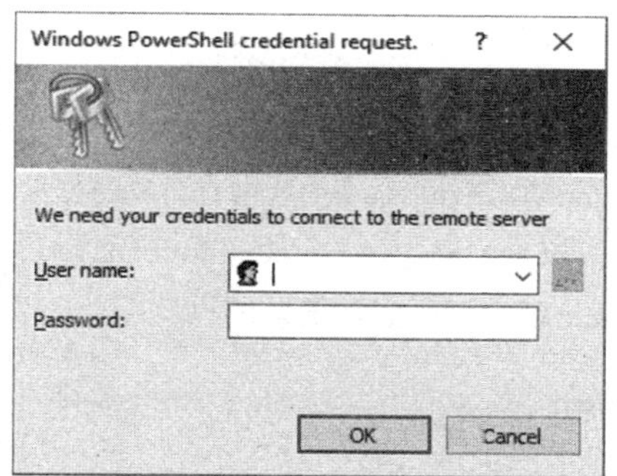

图 2.15 显示自定义消息

然后将 PSCredential 对象存储在已识别的变量中。在本例中，将结果存储在$credentialStorageVariable 中。这只是已创建的变量名。可随意调用变量。

PSCredential 对象的成员只包含两个属性：Password 和 Username。简单地在单独一行中输入变量，可以查看两者的内容：

```
$credentialStorageVariable
UserName                                  Password
--------                                  --------
Contoso\ServiceAcct01    System.Security.SecureString
```

注意，用户名以明文形式存储在变量中，而密码以安全字符串的形式存储。访问这些值的方法是指定变量，然后附加想要的成员的名称，以句点开头。如果要查看变量的 Username 属性值，可声明变量，并附加属性。下面的代码查看凭证变量的 UserName 和 Password 属性的内容：

```
$credentialStorageVariable.UserName

Contoso\ServiceAcct01

$credentialStorageVariable.Password

System.Security.SecureString
```

2.9.8 将凭证保存到 XML 文件中

一旦将凭证存储在变量中，就可将凭证导出到 XML 文件中。下面是显示这两种操作的代码：

```
$credentialStorageVariable = Get-Credential
$credentialStorageVariable | Export-Clixml c:\OurCredentialFile
```

注意，可以用另一个变量替换路径，使其更模块化。这个命令使用 Windows Data Protection API 加密对象。如果将得到的文件加载到文本编辑器中，将得到：

```
<Objs Version="1.1.0.1" xmlns="http://schemas.microsoft.com/powershell/2004/04">
  <Obj RefId="0">
    <TN RefId="0">
      <T>System.Management.Automation.PSCredential</T>
      <T>System.Object</T>
    </TN>
    <ToString>System.Management.Automation.PSCredential</ToString>
    <Props>
      <S N="UserName">Contoso\ServiceAcct01</S>
      <SS N="Password">01000000d08c9ddf0115d1118c7a00c04fc297eb010000000cf4a23d
fab49a4c85b4026968824dc30000000002000000000106600000001000020000000285a7b2ff
b2022b66f3a89d321fcc13535f7fa75abff48479265484b9aae9b34000000000e80000000020000
20000000e802cd61458770bd5213de0bdc0944722abf28a6c86d7d81c8bb9ba96112860630000000
594c5e154bdec29b151d55c654de32ddfc222a3cd0a20fbedb6485e440bd516c3cdc225b722636
f1d02edb4fe027227f4000000025b101384a5ead762f526d315f71b1291c54368f6ffffaee4a6027
aa17e9529bdf8bb26d498a715aec9e56bdb5c7ff497e3ca27383d0894169220c5c8e8cb55a</SS>
    </Props>
  </Obj>
</Objs>
```

用户名仍使用明文显示，但密码已加密。

要将凭证导入脚本，只需要使用 Import-Clixml 命令加载带有对象的变量，如下所示：

```
$newCredentialVariable = Import-Clixml c:\OurCredentialFile
```

Password 属性仍然是加密的，但凭证现在可在整个脚本中使用。

2.9.9 将数据导入 PowerShell

从文件或其他外部存储中导入数据时，将这种格式的数据转换回对象。然后可将这些对象加载到管道中，并传递给其他命令。PowerShell 可理解许多格式，但并不是所有格式都同样容易导入。

为什么不使用 CSV 文件呢？

许多管理员喜欢 CSV 文件。此类文件很容易创建，第一行指定属性名是什么，其余的只是用逗号或其他分隔符分隔的数据块。使用 CSV 进行存储的一个问题是，失去了层次关系。因此，在使用复杂的数据结构时，不支持存储和检索它们。

导入数据和读取数据是有区别的。导入数据就像将 CSV 文件读入电子表格，如 Microsoft Excel。使用 Excel，将拥有列标题，通常是文件的第一行。这将使 PowerShell 具有 Property to Value 信息。标题列出了这些对象使用的所有属性。在导入文件的其余部分时，CSV 值将添加到适当的属性中。这便于将具有完整参数的对象传递给其他命令，进行进一步处理。

如果使用 Get-Content cmdlet，就不是导入文件，而是读取它。没有定义任何属性，值都加载到一起。这类似于使用基本文本编辑器(如记事本)简单地读取文件。没有采用任何方法来匹配适当的属性和值。读取的数据可能没有预期的结构，需要确保脚本获得它接受的信息类型。

下面是 Import-Csv 命令的语法：

```
Import-Csv [[-Path] <String[]>] [[-Delimiter] <Char>] [-Encoding {Unicode |
UTF7 | UTF8 | ASCII | UTF32 | BigEndianUnicode | Default | OEM}] [-Header <String[]>]
[-LiteralPath <String[]>] [<CommonParameters>]
```

使用 Import-Csv 时，它将首先尝试读取输入文件的标题，以确定它要导入的对象的属性。如果没有标题，或者它是空的，Import-Csv 将插入一个默认的标题行名称，并显示一条消息。在 PowerShell 版本 3 之前，脚本会失败。

2.10 处理管道数据

PowerShell 管道可容纳具有各种成员的许多对象。但用户可能不希望将所有对象加载到管道中。如果在脚本中有一些复杂的排序或处理，这一点尤其正确。需要消除那些不需要的对象。这种有选择地删除对象的过程称为过滤。

对所有对象排序

对所有对象排序可能效率不高，尤其在打算丢弃一堆对象时效率就更低。这就像把糖果按颜色分类，然后把它们混在一起吃。它实际上并没有完成任何操作。让脚本对要丢弃的对象进行排序会浪费资源，增加复杂性，不是最佳实践。

要删除一个对象，通常会将其与某些条件进行比较。如果对象符合条件，它就计算为$True。计算为$True 的对象允许保留在管道中。如果对象与条件不匹配，该对象就计算为$False，并被删除。

2.10.1 使用比较操作符

比较操作符有多种形式。它们可以区分大小写或不区分大小写。一些比较操作符允许使用通配符。一些比较操作符查找的不仅是存储在对象属性中的字符串值。有些会使用正则表达式。在编写脚本时测试比较操作符，可以确保得到了期望的值。如果使用标量值(换句话说就是单个值)，这些比较操作符将返回$True 或$False 值。$True 或$False 称为布尔值。看看下面的代码：

```
10 -eq 10
```

-eq 意味着相等。这将计算为$True。一对一比较只返回布尔值。所比较的两个值都有名称。在本例中，右边的是测试值，即正在测试的数据。左值为参考值。这两个值也称为操作数。

如果要比较多个值，PowerShell 将返回任何匹配的值，而不是返回$True 或$False。看看下面的代码及其结果：

```
10,8,35,17,99,8,17,888,786 -eq 8

8
8
```

这是将一组数字与数字 8 进行比较。注意，没有一个值是用引号括起来的。如果值放在引号中，它们就不是数字，而是字符串。稍后将讨论数据类型。

因为必须精确匹配值，所以会返回两个结果。如果不匹配任何值，此操作将不会返回任何内容。用引号把值括起来，然后把它计算成一串字符，也就是字符串：

```
" 8","8 ", " 8 ", "888" -eq "8"
```

这不会返回任何值，因为没有值完全匹配。将值括起来使它们成为文本字符串。空格是一个字符，就像 8 一样。把 8 与 SPACE8 和 8SPACE 比较，它们显然不匹配。稍后介绍一个可使用通配符的比较操作符。

这种比较是一种非常有用的故障排除技术，它将期望值与变量或特定文本的实际内容进行比较。PowerShell 允许直接将大多数比较输入控制台，以测试其逻辑。这在构建脚本时非常有用，可确保评估正确的值并获得预期结果。

下面是可供使用的一些基本比较操作符：

- **-eq**：表示相等。10 -eq 10 的结果是真。
- **- ne**：表示不相等。11 -ne 10 的结果是真。
- **-gt**：表示大于。11 -gt 10 的结果是真。
- **-lt**：表示小于。11 -lt 10 的结果是假。
- **-le**：表示小于或等于。10 -le 10 的结果是真，2 -le 10 的结果也是真。
- **-ge**：表示大于或等于。11 -ge 10 的结果是真，200 -ge 10 的结果也是真。

所有这些操作符都不区分大小写。"A" -eq "a"的结果是真。如果希望比较操作区分大小写，就应该在操作符前面加上 c；换句话说，-eq 变成-ceq。如果要显式不区分大小写，请在操作符前面加上 i；换句话说，-eq 变成-ieq。

一定要理解，这些比较都需要精确的值。这些比较操作符都不允许使用任何通配符。

2.10.2 使用通配符和-like 操作符

有时允许匹配各种值。这里可以使用通配符。通配符只能用于-like 或-clike 操作符。这类似于-eq 操作符，但是可以使用通配符。通配符*表示任意数量的字符，?表示一个字符：

```
"AAA" -like "*" is True.
"AAA" -like "*a" is True.
"aAA" -like "A?A" is True.
"ABA" -like "A?A" is also True.
```

考虑下面的代码：

```
"Wyoming" -like "W*om?ng"
```

这个比较的详细分析如下：第一个值是否在第一个位置有一个 W？在 W 和 o 之间有任意数量的字符？o 的后面是 m 吗？m 后面的下一个字符是什么并不重要，但必须有一个字符，字符串后面的两个字符必须是 n 和 g。而且，在第一个值中 g 之后不能有任何东西。这个比较计算为 True。操作符-clike 也执行相同的操作，但区分大小写。

```
"Wadfakdsfbasd123sdfasjomXng" -clike "W*om?ng"
```

这个比较操作也计算为 True。

比较字符串，确定哪个更大

问题 3 引出了一个有趣场景。当使用-gt 和-lt 计算两个字符串时，值是按字母顺序处理的。意思是 a 比 b 小。用-clt 对字符串求值，表示小写字母“小于”大写字母。例如，“a”小于“A”。

注意，如果尝试计算 1 –gt"a"，就将得到一个错误，因为没有引号的 1 被解释为类型 System.Int32 的值，其中"a"是一个字符串。因为要比较字面量值，第一个值的类型将决定第二个值的预期类型，有些类型与其他类型不兼容。

如果尝试"1"-gt"a"，就是在比较字符"1"和字符"a"。在 PowerShell 中，字符"1"小于"a"。如果尝试"a"-gt 1，会得到 True，因为“a”值是字符串类型，所以 PowerShell 将假设 1 也是字符串。

如果尝试 1 -gt"a"，就将得到一个错误。这是因为 1 是整数，而不是字符串。由于要比较的第一项决定了其后项的类型，PowerShell 尝试将"a"转换为整数，但失败了。

类型不匹配是 PowerShell 中常见的错误。如果值在变量中，PowerShell 可以进行转换。显然，"ABCE"的值永远不会自动转换为 32 位整数。最好根据已知值来测试比较，以确保拥有正确类型，操作符也会按预期那样执行。

强制类型

在值或变量前面加上带有方括号的类型可以强制执行类型的转换，这就是所谓的强制数据类型转换。即使用户过于富有创造性，这种技术也有助于确保用户输入的数据匹配需要的类型。例如，如果希望将用户加载到变量中的所有输入都视为文本，可使用以下方法：

```
[String] $somethingTheUserInput
```

这样，如果用户输入 12345，它就转换为字符串"12345"，而不是数值 12345。

2.10.3 探索公共数据类型

PowerShell 中有许多数据类型。其中有些是很模糊的。你还可创建自己的数据类型。以下是最常用的数据类型：

- [*string*]：固定长度的 Unicode 字符的字符串
- (*char*)：16 位 Unicode 字符。
- [*byte*]：8 位无符号字符。
- [*int*]：32 位带符号整数。
- [*long*]：64 位带符号整数。
- [*decimal*]：128 位的十进制值。

- *[single]*：单精度 32 位浮点数。
- *[double]*：双精度 64 位浮点数。
- *[DateTime]*：包含日期和时间。注意格式。
- *[xml]*：XML 对象。
- *[array]*：值的数组，就像电子表格的行和列。
- *[hashtable]*：哈希表对象。
- *[void]*：丢弃值。

考虑以下代码：

```
[string] $myStringVar = "123.456"
```

这给变量$myStringVar 加载字符 123.456。记住这只是一些字符，不是一个数字。对于以下命令，会发生什么？

```
[string]$MyStringVar = "123.456"
213.45 -gt $MyStringVar
```

PowerShell 查看第一个值 213.45，并确定其数据类型是[single]，因为它没有被引号括起来，并且有一个小数点。当 PowerShell 到达第二个值时，它会看到该数据类型被转换为[string]；但是当查看这个值时，PowerShell 意识到它可转换为[single]，因为它只包含数字和小数点。因为 213.45 大于 123.456，所以比较结果为真。注意，$myStringVar 的数据类型仍然是[string]。转换仅用于此比较。

将[int]数据类型从小数类型(例如[single]或[string])转换为仅包含数字字符和小数点的值时，需要小心。PowerShell 将执行 Round()操作。这将使数值四舍五入。值 123.1 将转换为 123。值 123.5 将转换为 124。这可能得到预料不到的结果，而这些结果很难找出错误并修复。

如果只想从小数中截去小数点右边的部分，则需要执行单独操作，并调用系统的数学函数。检查下面的代码：

```
[long] $myVar= 1234.5
[int]$myVar
```

结果是 1235，因为 PowerShell 在后台执行了 Round()函数。PowerShell 没有单独的数学函数，因此需要调用[System.Math]或简单的[Math]。因为执行的是一个静态方法，所以在调用实际函数前，需要用双冒号(::)分隔它。静态表示函数已经存在于[System.Math]中，要使用它的 Truncate 方法。

下面是代码示例：

```
[long] $myVar = 1234.5
[Math]::Truncate($myVar)
```

返回的值是 1234。它只是把小数点右边的所有数都去掉了。注意，这也是一个临时操作。$myVar 仍然等于 1234.5。Truncate 方法的结果仅用于单个调用。变量的值不会实际改变。如果想使其永久改变，就需要直接将值赋给变量，为此可键入字符，或在另一个[int]数据类型的变量中加载$myVar。也可以简单地使用这个操作来加载另一个变量：

```
$myTruncatedValueVar = [Math]::Truncate($myVar)
```

如果想获得[System.Math]中其他静态方法的列表，可使用以下代码：

```
[System.Math] | Get-Member -Static
```

这将给出许多数学方法的列表。

2.10.4 使用-is 确定数据类型

如果要确定数据类型，可使用 type 操作符 is。可以用下面的代码来验证两个值的数据类型，如下所示：

```
[string] $myStringVar = "123.456"
$myStringVar -is [String]
```

结果是 True。

```
$mymysteryVar = "1234.5678"
$myMysteryVar -is [String]
```

结果也是 True，因为字符放在引号内。可通过以下操作将数据类型永久转换为[int]：

```
$myMysteryVar = "12345.2343"
$myMysteryVar = 12345
$myMysteryVar -is [string]
$myMysteryVar -is [int]
```

第一个-is 比较的结果是 False，第二个比较的结果是 True。$myMysteryVar 是一个字符串；但指定 12345 时，没有引号或小数点，它就变成整数。执行下列代码行之后的结果是什么？

```
$myStringVar = "12345"
$myIntVar = 98765
$myStringVar = $MyIntVar
$myStringVar -is [string]
```

结果是 False。将$myStringVar 中的值替换为$myIntVar 的内容。PowerShell 知道$myIntVar 的内容是[int]数据类型。尽管$myStringVar 一开始是[string]，但 PowerShell 将其转换为[int]并替换了值。这种自动转换在有意为之时非常方便。如果不注意数据类型，那么得到的脚本有时可以工作，有时不能工作。应该使用已知值进行测试，并谨慎处理输入数据，尤其是人工输入的数据。

还可使用-isnot 来反转这个类型操作符。注意，类型操作符-is 和-isnot 只返回 True 或 False。

2.10.5 使用-match 查找字符串的部分

有时需要确定某个文本是否包含在字符串或字符串集合中。操作数-match 只能搜索字符串。检查下面的代码：

```
"January" -match "Jan"
```

结果为 True。这是标量输入，这意味着它是单个值，而不是数组或数据集合的一部分。单一引用的值是重要的部分。运行这段代码时，结果为 True。因为输入是标量，所以这个操作还将填充$Matches 自动变量。可以查看$Matches 的值：

```
$Matches

Name          Value
----          -----
  0            Jan
```

这表明 Jan 确实匹配字符串中的内容。但如果想看看到底匹配的是什么内容，该怎么办呢？检查下面的代码：

```
"Srv-Den01", "DenaliRRAS04", "DC-Hedenar-05", "Lon-Win16-CA-05" -match "dEn"
```

结果如下：

```
Srv-Den01
DenaliRRAS04
DC-Hedenar-05
```

因为比较的是测试值与多个引用值(一个数组)，所以不会得到 True 或 False。而是得到一个包含所有匹配项的列表。这不会填充$Matches 自动变量；如果再次运行$Matches 来查看变量的值，它仍然是 Jan。

可以反向选择，用以下代码找到不匹配的字符串：

```
"Srv-Den01", "DenaliRRAS04", "DC-Hedenar-05", "Lon-Win16-CA-05" -notmatch "dEn"
```

结果如下：

```
Lon-Win16-CA-05
```

这将显示不匹配的引用值。因为引用值在数组中，所以不会得到 True 或 False，而得到一个列表，其中包含匹配的所有引用值；即使只匹配一个引用值，也会得到一个列表。可使用-match 操作符快速定位字符串，以执行进一步操作。

2.10.6 使用容器操作符-contains 和-notcontains

容器操作符只返回布尔值 True 或 False。很多人会觉得这与之前的-like 操作符类似。当使用-contains 和一个值时，必须将引用值、左操作数、右操作数或测试值匹配起来。

下面是一个例子：

```
"Mark" -contains "M"
```

结果是 False，因为它不是完全匹配的。下面的代码呢？

```
"M","Mark" -contains "m"
```

结果是 True，因为其中一个引用值与测试值完全匹配。因此，这很像-eq，除了"M"之外，"Mark" -eq "m"将返回 M 和 Mark，因为比较引用值的数组或集合时，它将返回所有匹配的引用值。

-contains 的优点是只返回布尔值 True 或 False。如果有多个匹配项，则不必执行其他处理。记住，如果-like 操作符匹配多个引用值，它不会返回 True 或 False。匹配多个引用时，-like 将返回所有匹配的值。

如果比较两个数组，会发生什么？考虑下面的代码：

```
"M", "Mark" -contains "m", "mar", "M", "Mark"
```

这总是返回 False，因为当测试值(比较操作右侧的值)是一个数组时，PowerShell 将转换为所谓的引用相等。这意味着所有引用值(左边的操作数)的属性，必须匹配右边操作数的所有属性。看看下面的代码示例：

```
"M","Mark" -contains "M","Mark"
```

奇怪的是，这也计算为 False。引用相等意味着引用值的所有属性和特性必须与测试值的属性和特性完全匹配。看起来它们是匹配的，但是由于引用相等的奇异性，它们并不完全相同。

这是值得注意的，因为许多管理员使用-contains 或-notcontains 操作符来尝试比较数组，却遇到了引用相等的瓶颈，无法找出代码失败的原因。深入了解引用相等的所有细微差别超出了本章的范围，大多数管理员只使用-like；记住-like 并不总是返回布尔值 True 或 False。而可能需要编写额外的步骤来提供布尔返回值。

2.10.7 使用-in 和-notin 操作符

这些操作符总是返回布尔值 True 或 False。这次测试值在左边，引用值在右边。这与-contains 的建立方式完全相反。此外，如果测试值是一个数组，in 操作符将使用引用相等。记住，这个命令中的测试值在左边。考虑下面的代码：

```
"J" -in "Jan", "January", "J"
```

结果为 True，因为测试值“J”恰好匹配至少一个引用值。考虑下面的代码：

```
"J" -in "Jan", "January"
```

结果为 False，因为测试值“J”并不完全匹配任何引用值。它类似于-like，只是不能使用通配符，且只能返回布尔值 True 或 False。

如果切换引用和测试值，就会执行引用相等操作，因为现在测试值是一个数组。

```
"Jan", "January", "Janus", "Bob" -in "Jan"
"Jan", "January", "Janus", "Bob" -in "Jan", "January", "Janus", "Bob"
```

这两个命令都返回 False。要点是，需要知道引用值和测试值要位于 in 和-notin 操作符的两端。除非了解引用相等是如何工作的，否则需要确保-in 和-contains 都有一个测试值。这将得到一个整洁的布尔值 True 或 False。如果使用数组作为测试值，结果可能出乎意料。

2.10.8 使用-replace 操作符

有时得到的数据可能需要将输入值更改为其他值。例如，需要将服务器的名称值从“Phx-Ser-01”更改为“SEASRV-01”。可以这样做：

```
"Phx-Ser-01" -replace "PHX-SER","SEASRV"

SEASRV-01
```

格式是 INPUTSTRING -replace "MATCHME" , "Replacement"。

另一个有趣之处是替换的大小未必相同。下面是一个例子：

```
"ABCDEFG" -replace "de","ILOVECOOKIES"
```

返回的结果是 ABCILOVECOOKIESFG。

还可使用-replace 删除替换值。查看以下代码和结果：

```
"ABCDEFG" -replace "de"
ABCFG
```

-replace 操作符提供了强大的功能，来操作数据项。

2.11 使用变量

变量是包含某些内容的内存区域。如前所述，它们可包含不同类型的数据。下面将使用变量来保存与命令一起使用的项，通常使用变量来存储命令的结果，并向其他命令提供输入。

变量标识为以$开头的文本字符串。$myVariable 就是一个例子。注意，变量本身是一个文本字符串，但这并不一定意味着变量包含一个文本字符串。可将变量看作指向内存中具有某个值的区域的指针，即使该值为 NULL。

因为变量是文本字符串，而且不区分大小写，所以可在变量名中包含各种字符。变量名可包括空格和特殊字符。在变量名中放置空格和特殊字符会导致大量混乱，因为代码变得难以阅读和使用。PowerShell 将拒绝任何包含空格或特殊字符的变量名，下划线(_)字符除外。如果坚持使用字符，如连字符或空格，则需要将命令括在括号中，如下所示：

```
${my poorly-chosen variable name} = "This is a really bad idea."
```

有时，必须引用一个可能有特殊字符的变量。例如环境变量${ENV:ProgramFiles(x86)}。如果需要一个列表，可使用前面介绍的命令 Get-ChildItem 编写以下代码：

```
Get-ChildItem ${ENV:ProgramFiles(x86)}
```

变量最好有命名标准。应该尝试一些使变量的用途更明显的命名标准。$v 比$listOfServer 更难理解。如果有多个管理员或编码器，则命名标准就应该是直观的、标准化的，是经过严格执行和批准的。

2.11.1 PowerShell 变量的类型

有三种类型的变量：首选项、自动变量和用户创建变量。在设置自定义 PowerShell 控制台时，已经学习了首选项变量。这些变量在 PowerShell 会话启动时自动创建并用默认值填充。可在会话中更改这些值，但在关闭会话时将丢失这些更改。如果希望这些首选项变量在会话之间保持更改，则需要将更改添加到配置文件中。

自动变量由 PowerShell 创建，当 PowerShell 需要跟踪某些内容时自动更新。$Matches 是自动变量的一个例子。用户不能直接更改这些变量，但使用 cmdlet 和操作符(如-match)所做的操作将导致 PowerShell 自动更改这些值。

用户创建的变量是从控制台以及脚本和函数中创建的。这些变量只在会话期间存在，除非将它们保存在配置文件中，否则它们将被忽略。

2.11.2 清理和删除变量

要删除变量的值，可简单地将其值设置为$null，也可使用 Clear- Variable cmdlet，如下所示：

```
$removeMyValue = $NULL
Clear-Variable -Name removeMyValueToo
```

注意，这些变量仍然存在。它们的值刚被赋值为$Null。它们仍占用空间。

如果想删除一个变量，可使用如下命令：

```
Remove-Variable $myUnneededVar
```

这将清除该值并从内存中删除该变量。仍然需要注意作用域，因为如果删除局部作用域的变量，将只清除局部作用域的变量。如果有一个同名的父变量，将在局部作用域中看到该变量。

2.11.3 使用可变驱动器

PowerShell 将创建一个虚拟驱动器，它的作用类似于具有文件系统的驱动器。它用于保存当前会话中存在的所有变量及其赋值。可将其视为文件系统驱动器，从而更改为 Variable:驱动器，如下所示：

```
Cd Variable:
```

当然，这将调用别名。如果想在不使用别名的情况下执行此操作，可使用以下命令：

```
Set-Location Variable:
```

可通过更改位置并运行 Dir 或 ls alias，使用 Get-Childitem，来查看这个 Variable:驱动器的内容，如下所示：

```
Set-location Variable:
Dir
Get-ChildItem Variable:
```

2.11.4 使用环境变量

PowerShell 在另一个名为 env:的 PowerShell 驱动器中存储环境变量。这用于存储 Windows 安装目录、用户目录和临时目录的位置等信息。要查看此目录的内容，可执行相同的操作，如下所示：

```
Set-location env:
Dir
Get-ChildItem env:
Get-Item env:
```

env:驱动器中的这些对象没有子项，因此 Get-Item 和 Get-ChildItem 返回相同的信息。

环境变量由父会话和子会话共享。这允许在父会话和子会话之间共享值。在变量名前加上$env:可查看和操作环境变量，如下所示：

```
$env:Tmp
$windowsdirectory = $env:windir
$env:myNewEnvironmentalVariable = "Data that is available to the parent and child"
```

2.12 使用函数

到目前为止，几乎一次执行一个 cmdlet。函数允许收集任何数量的 PowerShell 语句，为这一系列语句指定一个名称，并依次执行它们。可将参数传递给函数。可为函数创建自己的参数。可将函数的输出放到变量中，或者加载管道，甚至将输出发送到其他 cmdlet 或函数中。

2.12.1 函数的执行

只需要输入 Get-Help About_Functions，就可以看出，函数是一个给定名称的代码块。还可以看出函数的基本格式。下面是用来创建函数的代码：

```
Function Snag-SecurityLog {Get-EventLog Security}
```

这个命令将创建一个名为 Snag-SecurityLog 的函数。然后，可创建一个别名来调用函数：

```
New-Alias -Name View-SecurityLog -Value Snag-SecurityLog
```

现在可输入 View-SecurityLog 来调用 Snag-SecurityLog 函数，该函数运行 Get-EventLog cmdlet。这不是获得日志的最有效方法，看起来相当繁杂。如果深入了解 About_Functions 文件，会发现以下部分：

```
Using Splatting to Represent Command Parameters
    You can use splatting to represent the parameters of a command.
    This feature is introduced in Windows PowerShell 3.0.
    Use this technique in functions that call commands in the session. You do not need to declare
or enumerate the command parameters, or change the function when command parameters change.

    The following sample function calls the Get-Command cmdlet. The command uses @Args to
represent the parameters of Get-Command.
```

```
function Get-MyCommand { Get-Command @Args }
```

2.12.2 Splatting

Splatting 听起来很奇怪，但通过查看示例，进一步深入了解，会发现可以修改别名，以允许向函数传递参数，而不必声明参数，甚至不必声明参数的数量。所以现在函数和别名可以改变，如下：

```
Function View-ALog {Get-EventLog @Args}
New-Alias -Name Grab-Log -Value View-ALog
```

现在已经修改了函数和别名，以便有机会使用单个别名并向函数传递参数。这个新的别名可以告诉函数要检索哪个日志。下面是一些新发现的别名和所提供的函数技能：

```
Grab-Log Security
Grab-Log Application
Grab-Log System
```

这不是为提高效率而设计的，而是为了展示 About 文件中可用的信息的广度，以及如何使用这些文件来发现执行所需操作的新方法。

2.12.3 创建函数

函数可以非常简单。如果想知道 PowerShell 使用了多少 RAM，可以使用一个函数，如下所示：

```
PS C:\> Function Pull-ShellRam {Get-Process PowerShell}
PS C:\> Pull-ShellRam
Handles    NMP(K)    PM(K)    WS(K)    VM(M)    CPU(s)    ID    ProcessName
-------    ------    ----     ----     ------   ------    ---   -----------
    657        22    50836    2967       571      0.72    312     powershell
```

函数可以任意命名。最好遵循 PowerShell 目前使用的标准动词-名词约定。动词应该表示函数在执行什么动作。这个名词应该识别出操作的数据项。

> **以现有的 cmdlet 命名函数**
> *应该避免使用已有的 cmdlet 给函数命名。如果使用一个已在使用的名称，该名称将掩盖原来的 cmdlet，将改而调用函数。*

下面是函数的语法：

```
function [<scope:>]<name> [([type]$parameter1[,[type]$parameter2])]
{
  param([type]$parameter1 [,[type]$parameter2])
  dynamicparam {<statement list>}
  begin {<statement list>}
  process {<statement list>}
  end {<statement list>}
}
```

这个函数可以保存参数。可以输入单个参数。若要添加几个参数，就可以用逗号分隔来它们。这些都在声明函数的地方指定。如果在声明函数时声明了参数，则不能在函数体中声明任何其他参数。

用一个大括号({)打开函数体，并开始添加语句。稍后会再次讨论不同类型的参数和参数声明。

begin、process 和 end 在管道中使用，稍后讨论。

在大括号({)之后，可添加任意数量的语句。如果语句在同一行上，则需要在语句之间添加分号(;)。还可以将每个语句放在单独的行上，这样就不必使用分号。这可以增强可读性。也可以缩进各个部分，以使它们更便于阅读。缩进时，可以全部使用空格或全部使用制表符。如果同时使用空格和制表符，在脚本之间剪切和粘贴时，空格的含义可能会很奇怪。这可能导致脚本认为空格标识一个参数。如果对缩进全部使用空格或全部使用制表符，就不会出现这个问题。

为提高可读性，可为脚本添加注释。这些注释前面有一个#符号。那一行上#符号右边的任何东西都被忽略。如果希望注释包含多行，则需要在每行的前面使用#符号。使用小于号和英镑符号(<#)来启动块，就可以创建一个注释

块。然后，可根据需要在任意行中添加任意数量的注释。然后用另一个#符号和一个大于号(#>)结束注释块。

这些就是函数的基本知识。现在有了函数名和注释。还可在一行和多行上使用代码片段。这个过程在伪代码中说明：

```
Function Dostuff-OurCoolThing
{
    #Here is a comment on a single line. Our function is designed to process your
     # cool thing. Broken line so you have to have another comment mark
    <# This is a comment block that you started.
Our comments can be endless and your spacing and tab location doesn't matter as
The comment block ends when you end it #>
Put-codeline1 ; Put-Codeline2
Put-codleine3nosemi
Put-Codeline4nosemi
}
```

伪代码到底是什么？

伪代码只是用来开始开发代码的文本。它可以确定一般格式，而不必深入挖掘或考虑语法细节。这比流程图低级一点。编写伪代码要使用标准命令，但不进行确切的编码。伪代码通常在设计代码时使用，以便在早期阶段加速开发，并增强可读性。

用户需要养成给函数和脚本添加注释的习惯。需要为空格、变量名、函数名以及几乎所有对象建立标准。这将使代码更容易创建、使用和维护，也便于排除故障。

2.12.4 使用参数

仅通过参数向函数发送数据是最佳实践。这样便于生成文档，使函数自包含。它还模仿了 PowerShell 的其他部分的工作方式，保留了熟悉的环境。

可为函数分配参数。可以像大多数 cmdlet 参数一样命名这些参数。也可以给它们指定位置。总是以相同的顺序为函数发送具有相同预期的参数时，这非常有用。它可能使阅读变得困难，但可以减少需要发送的数据量。

1. 命名参数

命名参数与本章前面使用的参数类似。它们有一个名称，可以赋予一个值或者一个值数组。可在包含代码区域的大括号内部或外部命名它们。下面是一个在声明函数时声明参数的例子：

```
Function Display-Values ($Parameter1, $Parameter2)
        {
         $var1 = $Parameter1
         Write-Host ("This is from var1 "+$var1)
         Write-Host ("This is from Parameter2 "+$Parameter2)
         Write-Host($Parameter1,$Parameter2)
}
```

PowerShell 复制所有对象

可将参数的值赋给变量，也可以直接引用参数。这是因为 PowerShell 秘密地执行了一些操作。创建或引用一个参数时，PowerShell 会秘密地将该参数复制到同名变量中。

要使函数工作，必须将代码加载到会话中。在 ISE 中，只需要输入代码，选择它，然后按 F8 键。如果它是脚本窗口中唯一的代码，按 F5 键，就会运行脚本窗口中的所有内容。

在常规控制台中，一次只能输入一行代码。除非能幸运地换行，否则不能在一行中输入所有内容。这一行也非常难以阅读，可能需要大范围滚动，才能确保键入的所有内容都正确。

通常，函数代码会保存为.ps1 文件，也称为脚本。然后加载并运行脚本。这将函数放入当前作用域的 Function:驱动器，将函数加载到会话中。可以像前面对 Variable:驱动器那样看待这个 Function:驱动器。

可按如下方式调用此函数并传递参数：

```
PS C:\Windows\system32> Display-Values -Parameter1 Hello -Parameter2 World
```

```
This is from var1 Hello
This is from Parameter2 World
Hello World
```

注意，在每个传递的参数之间有一个空格。还可以省略参数名，并根据定义的顺序确定其位置。去掉参数的名称时是这样的：

```
PS C:\Windows\system32> Display-Values Learning PowerShell

This is from var1 Learning
This is from Parameter2 PowerShell
Learning PowerShell
```

同样重要的是，要注意把用空格分隔的参数传递给函数。如果用逗号传递参数值，所有值都将作为数组添加到第一个参数中。

如果决定在函数体中声明参数，那么在声明函数本身时就不能声明它们。PowerShell 会抛出一个错误，展示确切的信息。下面在函数体中定义参数。注意，参数名只是名称。参数的位置由声明时的位置定义。传递的第一个参数实际上位于位置 0。

在本例中，输出的顺序是不同的，以说明可按任何顺序使用参数。当声明一个参数时，它甚至赋给了默认值。声明时注意参数之间的逗号：

```
Function Display-Values
{
  Param(
        $Parameter1, $Parameter2,
        $Parameter3,
        [String]$Parameter4 = "Nano",
        $Parameter5
       )
 Write-Host($Parameter3,$Parameter4,$Parameter1,$Parameter2,$Parameter5)
}

PS C:\Windows\system32> Display-Values Server 2016 Windows

Windows Nano Server 2016
```

运行函数是相同的。除非在调用函数时将值传递给参数，否则定义的任何参数(不发送参数值或赋予默认值)都赋值为$NULL。

还要意识到，如果传递了一个具有默认值的参数，所传递的值将覆盖默认值。下面使用相同的函数，但添加第四个参数：

```
PS C:\Windows\system32> Display-Values Server 2016 Windows Installation
Windows Installation Server 2016
```

这个输出可能出乎意料，因为读者可能认为，第四个参数在定义时指定了默认值，该默认值会被覆盖。其实并非如此。当参数的顺序不同时，需要按以下方式传递参数，使它成为合理的语句，而不是覆盖默认值：

```
PS C:\Windows\system32> Display-Values Server 2016 Windows -Parameter5 Installation

Windows Nano Server 2016 Installation
```

这说明了为什么在传递参数时为其命名，使其更易于阅读。只要指定参数的名称，可按任何顺序传递命名的参数。这还允许精确地定义所传递的参数。

2. 必选参数

很多时候，如果函数没有得到需要的参数，它们就没有价值。可在[Parameters]中定义与参数关联的属性。一个属性是 Position，另一个是 Mandatory。下面在代码块中设置一个必选参数，如下所示：

```
Function Show-OurValues
{
   Param ($Param1,
         [Parameter(Mandatory = $True)][string]$StringParam
        )
```

```
    Write-Host ($Param1,$StringParam)
  }

Show-OurValues PassingJustTheFirstParam
```

因为只传递了第一个参数(位于位置 0)，而第二个参数(位于位置 1)是必选的，所以控制台要求输入第二个值。在 ISE 中，会显示一个对话框，如图 2.16 所示。

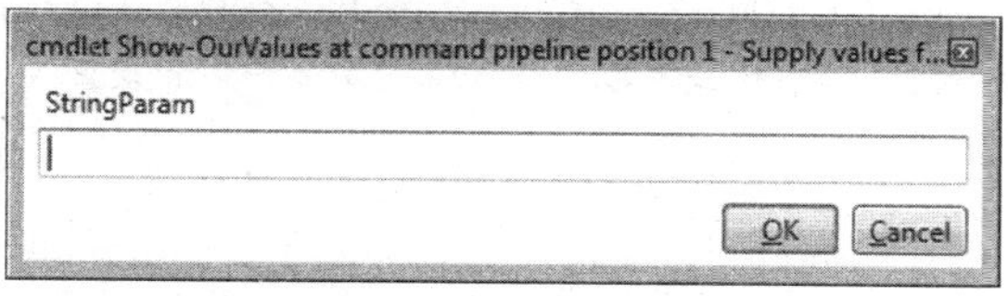

图 2.16　忘记了必选参数

注意，ISE 很好地提示用户忘记了哪些参数。这说明了为什么有意义的参数名很重要。在控制台上还将获得类似的输出。还可以提供一个帮助消息，该消息只在用户忘记参数时显示，如下所示：

```
Param
(
[Parameter(Mandatory=$True, HelpMessage="Enter one or more AD site names, separated by a comma.")]
[String[]] $townName
)
```

必须使用[Parameter(Mandatory = $True)] $myParameterName 来修改参数的属性。也可设置其他属性，比如它的位置：

```
Param (
[Parameter(Mandatory = $True,Position1)] $myParameter
)
```

此代码块显示，可在 Parameter 部分中设置多个参数属性。这个示例将$myParameter 设置为第二个参数。记住位置从 0 开始。该参数也是必需的。当然，如果通过名称引用命名参数，PowerShell 将忽略命名参数的位置，并直接赋值。

3. 位置参数

所创建的参数将根据定义它们的顺序来分配位置，或硬编码其位置，如前所示。默认情况下，所有参数都是位置参数，但可用另一种方式存储它们。使用这个方法，不会给它们指定名称，而将它们自动存储在一个数组中。以前在 splatting 中看到过这样的例子，但不是通过@传递参数，而是将它们放入$args 数组中。

传递给函数的任何内容都存储在$args 数组中。第一个参数在第一个位置，从 0 开始。$args 数组看起来有点像电子表格，其中不仅有值，还有其他属性，而位置就是行。记住，第一个参数存储在$args[0]中。为了增加乐趣，如果使用 Get-Help cmdlet，它将显示 Position 属性，但是这个值增加了 1。因此，第一个位置参数(Position 0)具有"Position?1"的参数属性。这可能很混乱，如果忘记了这一点，可能导致一些有趣的故障。

下面是一个示例函数：

```
Function Add-Domain
{
$FQDN = $args[0]+".Contoso.com"
$FQDN
}

PS C:\Windows\system32> Add-Domain Server15

Server15.Contoso.com
```

如果没有传递参数值，$args[0]将是$NULL，输出会反映出来：

```
PS C:\Windows\system32> Add-Domain

Contoso.com
```

4. 开关参数

开关参数就像电灯开关。其思想是，如果传递了开关参数的值，无论传递的实际值是多少，参数都将变成$True，除非传递的是$False。当参数定义为开关参数时，该参数就默认为$False。

如果在调用函数时没有发送开关参数，它就一直是$False。如果将参数传递给函数，即使没有值，PowerShell 也会将参数值设置为$True。同样可将参数传递为$False，它将始终是$False。

这使编写的代码能够基本上忽略开关参数的值，并仅在传递开关参数时执行操作。代码还可以只在开关参数的值一直是$False 的情况下才运行函数。传递开关参数会打开或关闭值。下面设置开关参数，并运行一些示例值，以查看是否将-DomainParam 传递给函数：

```
Function Check-Domain
{
param (
       [switch]$DomainParam #This sets -DomainParam to $False
     )
If ($DomainParam -eq $True) {"There is a domain."}
else {"No Domain Found."}
}
PS C:\Windows\system32> Check-Domain

No Domain Found.

PS C:\Windows\system32> Check-Domain Value1 Value2 Value3

No Domain Found.

PS C:\Windows\system32> Check-Domain -DomainParam

There is a domain.
```

在参数名之后添加一个布尔值，可将布尔值传递给参数，如下所示：

```
PS C:\Windows\system32> Check-Domain -DomainParam:$False

No Domain Found.

PS C:\Windows\system32> Check-Domain -DomainParam:$True

There is a domain.

PS C:\Windows\system32> Check-Domain -DomainParam:$Grapefruit

There is a domain.
```

记住，给开关参数传递除$False 之外的任何值，将总是重新赋值为$True。If 语句将在稍后讨论。

2.12.5 将管道对象发送给带有 Begin、Process 和 End 的函数

可将管道对象发送给函数。只在函数开始时执行 Begin 语句。此时还没有从管道里提取出任何数据。一旦 Begin 语句完成，Process 语句将为管道中的每个对象运行一次。当对象分配给管道时，它们由$PSItem 自动变量和旧的$_ 自动变量引用。这两个自动变量都引用 PowerShell 管道中的当前对象。请记住，$PSItem 只由 PowerShell 3.0 或更高版本支持。

处理完所有项后，End 语句将运行一次。如果不包含 Begin、Process 或 End 关键字，则每个语句都将被视为 End 语句列表。下面是一些示例代码：

```
Function Examine-Pipeline
{
    Begin {$myVar = "Nothing first pulled from the pipeline --->$PSItem<---"
           $myVar
          }
   Process {
           $myVar = "Value from the pipeline $PSItem"
```

```
            $myVar
           }
    End
          {
            $mYVar = "This only executes at the end"
            $myvar
          }
}
PS C:\Windows\system32> 2,4,8 | Examine-Pipeline

Nothing first pulled from the pipeline ---><---
Value from the pipeline 2
Value from the pipeline 4
Value from the pipeline 8
This only executes at the end
```

2.12.6　查看会话中的所有函数

函数存储在 Function:驱动器中。这与前面提到的 Variables: 驱动器一样。要查看会话中加载的所有函数，可以更改驱动器，并使用别名 Dir，也可简单地使用以下命令：

```
Get-ChildItem -Path Function:
```

这个命令也适用于其他驱动器，因为如前所述，Dir 是一个别名。

2.13　格式化输出

PowerShell 可通过许多不同方式将输出显示到控制台。表 2.2 列出了这些格式 cmdlet 及其别名。

表 2.2　输出格式

cmdlet	别　名
Format-Wide	FW
Format-List	FL
Format-Table	FT

这些格式 cmdlet 有自己的参数，称为属性。属性保存要显示的属性列表。通过传递希望显示的各种特性，可修改此属性。每种格式类型都显示特定的默认属性。Format-Wide 只有一个属性。Format-List 和 Format-Table 可以有几个属性。

2.13.1　使用 Format-Wide

Format-Wide 是控制台的默认输出格式。下面是 Format-Wide cmdlet 的一个示例:

```
PS C:\Users\Administrator> Get-ChildItem |Format-Wide

  Directory: C:\Users\Administrator

Documents                                                      Desktop
Dropbox                                                      Downloads
Links                                                        Favorites
Pictures                                                         Music
Searches                                                        Videos
```

Format-Wide 尝试填充控制台的整个屏幕。这就是为什么称为 Wide 的原因。它可以产生一些有趣的输出。

2.13.2　使用 Format-List

Format-List 显示对象的许多属性。每个属性将加上了标记，放在单独一行上。如果希望限制显示的内容，可将值传递给- property 参数，来指定各个属性。下面来比较默认属性，如下所示：

```
PS C:\Users\Administrator> Get-ChildItem |Format-List

    Directory: C:\Users\Administrator

Name             Contacts
CreationTime    : 2/24/2017 2:03
LastWriteTime  : 3/17/2017 7:53
LastAccessTime  : 2/24/2017 2:03
Mode            : d-r---
LinkType        :
Target         : {}
```

这只显示 Contacts 文件夹的属性。现在告诉 Format-List 显示同一个文件对象的所有属性:

```
Get-ChildItem | Format-List -Property *

PSPath         : Microsoft.PowerShell.Core\FileSystem::C:\Users\Administrator\Contacts
PSParentPath    : Microsoft.PowerShell.Core\FileSystem::C:\Users\Administrator
PSChildName     : Contacts
PSDrive        : C
PSProvider      : Microsoft.PowerShell.Core\FileSystem
PSIsContainer  : TRUE
Mode            : d-r---
BaseName        : Contacts
Target         : {}
LinkType        :
Name            : Contacts
Parent         : Administrator
Exists         : TRUE
Root            : C:\
FullName        : C:\Users\Administrator\Contacts
Extension       :
CreationTime    : 2/24/2017 2:03
CreationTimeUtc : 2/24/2017 9:03
LastAccessTime  : 2/24/2017 2:03
LastAccessTimeUtc : 2/24/2017 9:03
LastWriteTime  : 3/17/2017 7:35
LastWriteTimeUtc : 3/17/2017 14:35
Attributes     : ReadOnly, Directory
```

向-Property 参数添加一个逗号分隔的值列表，并提供完整的通配符支持，就可以选择性地过滤出要查看的任何属性。

2.13.3 使用 Format-Table

Format-Table 用于表格输出。记住，每种格式都有自己的默认值。下面是由 Format-Table 显示的相同目录列表：

```
Get-ChildItem | Format-Table

Mode          LastWriteTime     Length    Name
------     -----------------    ------    ----
d-r---   3/17/2017   7:35 AM              Contacts
d-r---   3/17/2017   7:35 AM              Desktop
d-r---   3/17/2017   7:35 AM              Documents
d-r---   3/17/2017   7:35 AM              Downloads
d-r---   3/20/2017  11:55 AM              Dropbox
d-r---   3/19/2017   7:35 AM              Favorites
d-r---   3/11/2017   7:35 AM              Links
d-r---   2/19/2017   7:35 AM              Music
d-r---   2/14/2017   7:35 AM              Pictures
d-r---   2/19/2017   7:35 AM              Saved Games
d-r---   2/19/2017   7:35 AM              Searches
d-r---   2/19/2017   7:35 AM              Videos
```

设置输出格式还有其他选项。适当的类型取决于用户的需求和数据的类型。可以通过传递-Property 参数进行过滤，这有助于减少输出的混乱。

2.14　使用循环

有时在编写脚本时，可能需要反复执行相同的操作，但要使用不同的对象。可能有一个管道，其中充满了需要操作的对象。还可能需要一次又一次地重新填充管道。创建各种循环和条件循环就可以实现这一点。循环把单个命令和变量元素真正结合在一起。

2.14.1　使用 For 循环

For 循环将代码块运行特定的次数，适用于反复运行相同的代码，或处理与特定特征匹配的数组成员。如果想对数组的所有成员执行相同的操作，最好使用下面讨论的 Foreach 循环。

下面是 For 循环的语法：

```
For (<init>; <condition>; <repeat>)
        {<statement list>}
```

For 循环从具有一个或多个命令的<init>部分开始。如果使用多个命令，则需要用逗号分隔命令。这个部分用初始值初始化一个变量，该变量用于跟踪循环执行的次数。

<condition>部分具有某种类型的布尔比较或条件。这通常是为了查看循环执行的次数是否足够多。如果此比较的结果为 True，则<statement list>部分运行一次，然后运行<repeat>部分中的命令。

<repeat>部分通常用于递增 init 部分中设置的变量。然后再次执行<condition>部分。如果条件仍然为真，则<statement list>中的语句(称为命令块)将再次运行，repeat 部分将再次运行。这将重复执行，直到条件的值为$False，这种情况下，For 循环结束。

<statement list>部分将包含每次循环条件求值为 True 时执行的代码。还可在<statement list>部分中更改<condition>部分中要测试的变量。

<init>、<condition>和<repeat>部分用分号分隔，也可使用回车分隔它们。至少，必须有这三个部分，用圆括号括起来，<statement list>部分必须有一个命令。下面是一个例子：

```
PS C:\Users\Administrator> For ($i=1 ; $i -lt 3; $I++) {"The counter is at $i"}

The counter is at 1
The counter is at 2
```

第一次迭代时，$i 设置为 1。进行比较时，$i 小于 3，因此可运行命令块，输出结果。然后进入 repeat 部分，将$i 递增 1，使$i = 2。如果想将$i 递增 1 以上的值，可以指定$i+=5。这使$i 的值增加 5。但这里只需要递增 1。

然后 PowerShell 再次测试该条件。这次$i = 2，所以比较的结果仍然为 True，代码块再次运行，之后$i 递增到 3。

PowerShell 进行比较时，发现值为 3 的$i 不再小于 3，因此 for 循环结束。

2.14.2　使用 Foreach 循环

Foreach 循环用于遍历数组的所有成员。这个循环对每一条目运行命令。条目由不需要声明的变量标识。这个变量表示数组中的每个条目，一次表示一个条目。与 For 循环不同，Foreach 不需要知道循环运行的次数，也不需要对计数变量进行任何初始化。下面是语法：

```
Foreach ($<item> in $<collection>){<statement list>}
```

可设置一个数组，运行整个处理过程。注意，本例使用一个仅为 Foreach 循环创建的变量：

```
$ourCityArray = "Paris","Perth","Atlanta","Phoenix"
Foreach ($magicCreatedVariable in $ourCityArray)
{"The City here is $magicCreatedVariable."}
"There are no more cities."
```

```
The city here is Paris.
The city here is Perth.
The city here is Atlanta.
The city here is Phoenix.
There are no more cities.
```

命令行在创建函数时失败

如果在命令行上运行该语句，则整个 Foreach 语句(包括命令语句列表部分)必须放在一行中。如果希望将这些命令放在单独的行中，则需要在.ps1 脚本中运行这些命令。当然，可在 PowerShell ISE 内部进行这个测试。

还可以使用 cmdlet 而不是数组。使用 Get-ChildItem 可查看作用域内以字母 G 开头的所有函数，如下所示：

```
Foreach ($Functions in Get-ChildItem -Path Function: -Name -Include G*) {$Functions}

Get-Verb
G:
Get-IseSnippet
Get-FileHash
```

不只允许在语句列表中有一个语句。还可在命令管道中包含 Foreach。此时，Foreach 不需要已识别的变量或数组。它将简单地从前一个命令提供的管道值中提取每个项，并对每个项运行语句项，如下所示：

```
Get-ChildItem -Path ENV: -include "*Win*" -name| Foreach {"[ENV]:$PSItem"}

[ENV]:windir
```

这将遍历环境变量，显示名称中包含 Win 的所有环境变量。

还可以使用- Begin、-Process 和-End 命令块。这类似于前面函数块的 Begin、Process 和 End 部分。从管道中提取对象前，只处理- Begin 部分。每个项目执行一次-Process 块。在处理完管道中的所有对象后，只执行一次-End 块。代码如下；

```
$citiesVisited = "Paris","Perth","Atlanta","Phoenix"
$citiesVisited | Foreach-Object -Begin {Write-Host("AD Site Cities")} -Process
{Write-Host ($PSItem)} -End {Get-Date}

AD Site Cities
Paris
Perth
Atlanta
Phoenix
Tuesday, March 23, 2022 6:48:07 PM
```

2.14.3 使用 If 语句

If 语句用于根据布尔条件的测试结果运行代码块。If 语句提供了三个选项的多个组合，这些选项也支持多层嵌套：

- 如果条件测试结果计算为$True，就运行一个代码块。
- 如果条件测试结果计算为$True，之前所有条件都计算为$False，就运行一个代码块。
- 如果之前所有条件都计算为$False，就运行一个代码块。

下面是语法：

```
If (<test1>) {<statement list 1>} [elseif (<test2>) {<statement list 2>}] [else {<statement
list 3>}]
```

这些 If 语句非常简单，如下所示：

```
If ($a -eq 3) {Write-Host "$A equals 3." }
```

只有当评估结果为 True，才会执行代码块。还可以使用如下 If 语句：如果条件为 True，就运行一个代码块，如果条件为 False，则运行另一个代码块。

```
If ($a -gt 3)
```

```
 {
  Write-Host "Variable a is greater than 3."
 }
Else
{
  Write-Host "Variable a is less than 3 or Variable a is empty."
}
```

只有当前面的 if 语句为$False 时，该代码的 Else 部分才会运行。这可能是因为$a 变量小于等于 3，也可能是因为$a 是$Null。

如果想让 Else 语句在运行代码块之前测试另一个条件，可将它放入另一个 If 语句，但是 PowerShell 提供了 Elseif。对于 Elseif，只有当第一个条件计算为$False 时，才会计算第二个条件。

```
If ($a -Lt 10)
 {
  Write-Host "Site Link cost is less than 10."
 }
Elseif ($a -Eq $Null)
 {
  Write-Host "Site Link cost is Null."
 }
Elseif ($a -Lt 21)
 {
  Write-Host "Site Link cost is between 10 and 20."
 }
Else
 {
  Write-Host "Site Link a is greater than 20"
 }
```

只要条件计算为 True，就运行相关的代码块，不执行其余 Else 或 ElseIf 语句。可在末尾放置一个 Else 语句，只有当前面所有条件语句的值都为$False 时，才会执行该语句。

如果代码中使用了很多 Elseif 语句，就应该使用 Switch 语句。

2.14.4 使用 Switch 语句

Switch 语句不像 Switch 参数。Switch 语句指定一个测试值，然后包含多个条件。如果测试值与条件匹配，则执行关联的操作。与 Elseif 语句不同的是，所有 Switch 条件通常都要测试。下面是基本语法：

```
Switch (<test-value>)
 {
     <reference-value> {<action>}
     <reference-value> {<action>}
 }
```

实际的 Switch 语法更复杂一些，稍后将研究它。

必须明白，测试值是根据每个参考值来检查的，即使测试值与同一 Switch 块中的前一个参考值相匹配，也要检查。如果测试值匹配参考值，就执行动作代码块。如果测试值不匹配任何 Switch 引用值，就不会为该测试值执行任何块。看看以下代码：

```
Switch (7)
{
  2 {"This matches the reference value two"}
  94{"This matches ninety-four"}
  7{"This is matching seven"}
  4{"This matches four"}
  7{"This matched seven again"}
}

This is matching seven
This matched seven again
```

下面的示例代码处理位置数组，展示了如果测试值不匹配任何引用值会发生什么：

```
Switch ("Perth","Phoenix","Dallas")
 {
  Wyoming {"This matches Wyoming"}
  Perth {"This matches Perth"}
  Phoenix {"This matches Phoenix"}
  Perth {"This matches Perth again"}
}

This matches Perth
This matches Perth again
This matches Phoenix
```

Switch 值的顺序可以任意，但每个测试值都用每个参考值来测试，即使测试值与相同 Switch 块中的其他参考值匹配，也要测试。

如果想防止一个测试值匹配多个参考值，可在 Switch 上添加 Break，如下所示：

```
Switch ("Perth","Phoenix","Dallas")
 {
 Wyoming {"This matches Wyoming"}
 Perth {"This matches Perth";Break}
 Phoenix {"This matches Phoenix"}
 Perth {"This matches Perth again"}
}

This matches Perth
```

PowerShell 执行 Switch 块时，如果在 Switch 引用值中遇到 Break 语句，Switch 块就停止计算测试值并退出，即使测试值匹配同一个 Switch 块中后面的引用值，或者有更多要检查的测试值，也时如此。

如果希望停止对特定测试值的进一步处理，而去处理其他测试值，就可以使用 Continue 语句，如下所示：

```
Switch ("Perth","Phoenix","Dallas")
 {
 Wyoming {"This matches Wyoming"}
 Perth {"This matches Perth";Continue}
 Phoenix {"This matches Phoenix"}
 Perth {"This matches Perth again"}
}

This matches Perth
This matches Phoenix
```

还可标记一个默认的 Switch 块，如果测试值不匹配其他任何条件，就使用它，如下所示：

```
Switch ("Perth","Phoenix","Dallas")
 {
  Wyoming {"This matches Wyoming"}
  Perth {"This matches Perth"}
  Phoenix {"This matches Phoenix"}
  Perth {"This matches Perth again"}
  Default {"We don't match anything"}
}

This matches Perth
This matches Phoenix
We don't match anything
```

每个 Switch 语句块中只能有一个 default 语句，每个 Switch 语句块必须包含至少一个条件语句。

实际的 Switch 语法使用表示正则表达式、通配符或精确值的参数，且只使用一个参数。如果指定了多个参数，则只使用最后一个指定的参数。还可以让测试值区分大小写。

```
Switch [-regex|-wildcard|-exact][-casesensitive] (<value>)
```

还可用文件代替值：

```
Switch [-regex|-wildcard|-exact][-casesensitive] -file filename
```

上述情况下，Switch 语句后面都跟着代码块：

```
{
"string"|number|variable|{ expression } { statementlist }
default { statementlist }
}
```

如果 Switch 放在管道后，管道值就传递给 Switch 并按顺序处理。如果遇到 Break 语句，就停止处理 Switch 块，即使管道中有其他对象，也不处理。因为管道不是空的，这可能导致接下来从管道中提取对象的 cmdlet 产生意外结果。

2.14.5 使用 While 循环

使用 While 循环比使用 for 循环更简单。下面是语法：

```
While (<Condition>) {<statement list>}
```

只要 Condition 为 True，PowerShell 就会无休止地遍历<statement list>。在块的末尾，再次计算 Condition。如果 Condition 不再为 True，则循环结束。注意，Condition 仅在每个循环的开始处计算。如果有多个语句临时使条件为 False，并且在完成循环之前条件变成 True，则继续循环。计算仅意味着在检查时条件为 True。下面是一些代码：

```
While ($count -ne 5)
{
$count++
Write-Host "The count is "$count
}

The count is 1
The count is 2
The count is 3
The count is 4
The count is 5
```

注意，第一次运行代码时，变量$count 是$Null。另外需要注意，当 count 变为 5 时，循环仅在检查条件后才停止。当$count 等于 5 时，即使条件不再符合，仍然可以执行完语句列表。如果将$count++语句放在 Write-Host 语句之后，则会得到不同的输出：

```
While ($count -ne 5)
{
Write-Host "The count is "$count
$count++
}

The count is
The count is 1
The count is 2
The count is 3
The count is 4
```

使用一个 While 代码块停止服务器

一定要知道，如果语句列表有一个错误，使条件始终为 True，循环就永远不会停止。此时需要使用 Ctrl+C 来停止运行。如果这个循环用于编写文件名包含递增数字的文本文件，而不在控制台上生成可见的输出，就可能成为一个大问题。此时可用一行代码填充服务器的磁盘驱动器。

如果想在一行代码中编写 While 循环，就应该用分号分隔不同的语句行，如下所示：

```
While($count -ne 5) {$count++ ; Write-Host "The count is "$Count}
```

关键是要明白，只要条件为 True，循环就会永远运行下去。

2.14.6 使用 Where-Object 方法

If 语句非常强大，但需要编写大量代码。希望基于属性值选择集合中的对象时，要使用 Where 语句。Where 有几个语法选项，它们取决于使用什么作为条件语句。下面是两个例子：

```
Where-Object [-Property] <String> [[-Value] <Object>] -comparisonoperand [-InputObject
<PSObject>] [<CommonParameters>]
```

在 Where 方法的不同语法版本之间，比较操作符通常是不同的，因此在示例中它是斜体。

要查看整个语法列表，可输入 Help Where-Object。

PowerShell 提供了两种使用 Where 的方法。第一种方法是使用脚本块。脚本块允许指定属性名、比较操作符和引用值。下面是一个带有脚本块的示例：

```
Get-Service | Where-Object {$PSItem.Status -eq "Stopped"}
```

这两种方法都有效，输出也没有区别。

在域中查找正在运行的所有进程

通常，参数需要特定类型的数据。处理管道中的对象时，可能没有下一个 cmdlet 参数所需的确切值类型。我们经常有某个对象，但需要另一个对象。下面列出一个需求，并分析如何满足这个需求。

假设需要获得域内所有计算机正在运行的进程的列表，并希望每台计算机都有一个以该计算机命名的文本文件。在每个文件中，需要获得特定主机上正在运行的所有进程的列表。如果主机不可用，则需要一个单独的文件列出所有无响应的系统。

第一步是获得所有正在运行的计算机的列表。为此可使用以下代码：

```
Get-ADComputer -Filter *
```

-Filter 参数允许选择单个机器。由于需要所有计算机，因此使用唯一允许的通配符：星号(*)。

此命令列出域内的所有计算机，以及所有相关属性。这里把输出精简到一台计算机。输出是一个对象，它包含一个属性列表和相关的值，如下所示：

```
DistinguishedName   : CN=DEN-DC07,OU=Domain Controllers,DC=Contoso,DC=com
DNSHostName         : DEN-DC07.contoso.com
Enabled             : True
Name                : DEN-DC07
ObjectClass         : computer
ObjectGUID          : d9fca1f2-68d7-48ab-984d-9f81c7e5dab9
SamAccountName      : DEN-DC07$
SID                 : S-1-5-21-1070347451-1483549047-3396811997-1001
UserPrincipalName   :
```

我们想使用计算机的完全限定域名，所以需要 DNSHostName 属性的内容。还希望使用 Get-ADComputer 命令的输出作为另一个命令的参数值。为此可在括号内设置 Get-ADComputer。使用以下代码：

```
Get-Process -ComputerName (Get-ADComputer -Filter *)

get-process : Couldn't connect to remote machine.
At line:1 char:1
+ get-process -ComputerName( Get-ADComputer -Filter *)
+ ~~~~~~~~~~~~~~~~~~~~~~~~~~~~~~~~~~~~~~~~~~~~~~~~~~~~
   + CategoryInfo      : NotSpecified: (:) [Get-Process], InvalidOperationException
   + FullyQualifiedErrorId : System.InvalidOperationException,Microsoft.PowerShell.Commands.
GetProcessCommand
```

问题是，Get-Process 命令的参数-ComputerName 查找具有计算机名称的字符串。Get-ADComputer 返回了更多信息。下面尝试使用 Select-Object 命令删减该信息，以便只提取出 DNSHostName，如下所示：

```
Get-Process -ComputerName (Get-ADComputer -Filter * | Select-Object -Property DNSHostName)

Get-Process : Couldn't connect to remote machine.
At line:1 char:1
+ Get-Process -ComputerName (Get-ADComputer -Filter * | Select-Object -Prcperty DN ...
+ ~~~~~~~~~~~~~~~~~~~~~~~~~~~~~~~~~~~~~~~~~~~~~~~~~~~~~~~~~~~~~~~~~~~~~~~~~~~~~~~~~~~
    + CategoryInfo          : NotSpecified: (:) [Get-Process], InvalidOperationException
    + FullyQualifiedErrorId : System.InvalidOperationException,Microsoft.PowerShell.Commands.
GetProcessCommand
```

还有一个错误。也许需要在应用过滤器时查看 Get-ADComputer 命令的输出。把它赋给一个变量，并检查它的值。现在，只考虑一台计算机，如下所示：

```
$hosts = (Get-ADComputer -filter * |Select-Object -Property DNSHostName)
Write-Host $hosts

@{DNSHostName=DEN-DC07.Contoso.com} @{DNSHostName=DEN-Win16-01.Contoso.com} @
{DNSHostName=DEN-Win16-02.Contoso.com} @{DNSHostName=DEN-Win16-03.Contoso.com}
```

问题就在这里。-Computer name 属性需要一个字符串。Get-ADComputer 命令返回具有多个属性的对象。当输出被过滤为只剩下 DNSHostName 时，对象就包含需要的字符串，但它不是字符串形式。它仍然是具有单个属性的对象。如果把它写进一个文件，然后读取文件，执行一个 CSV 操作，会怎么样呢？下面是代码和输出：

```
Get-ADComputer -Filter *|Select-Object -Property DNSHostName|ConvertTo-Csv
-NoTypeInformation |Out-File c:\computers.txt
```

在记事本中打开它，内容如下：

```
"DNSHostName"
"DEN-DC07.Contoso.com"
"DEN-Win16-01.Contoso.com"
"DEN-Win16-02.Contoso.com"
"DEN-Win16-03.Contoso.com"
```

即使去掉了类型信息，仍然有文本 DNSHostName，它是标识单个属性的标头。如何在没有标题的情况下提取字符串？

扩展属性

可编写相当复杂的代码来搜索和提取 DNSHostName，但代码是专门构建的，不太灵活。幸运的是，PowerShell 还有一种选择。可展开对象中的属性。展开属性只需要处理一个属性并提取值。

下面尝试相同的括号命令，但扩展 DNSHostName 属性。记住，只能从管道的对象中扩展单个属性。下面是代码和输出：

```
$hosts = (Get-ADComputer -filter * |Select-Object -ExpandProperty DNSHostName)
Write-Host $hosts

DEN-DC07.Contoso.com
DEN-Win16-01.Contoso.com
DEN-Win16-02.Contoso.com
DEN-Win16-03.Contoso.com
```

这正是我们希望使用的数据。它将$hosts 变量加载为数组，将每个扩展的属性存储为所需的字符串。现在只需要处理数组的每个成员。

然后提取数组中的每个对象，作为 Get-Process -ComputerName 参数的输入。由于不知道数组中有多少台计算机，因此可使用 Foreach 语句。

加载一个只有一个值的变量，并将该变量传递给 Get-Process cmdlet。因为最初的需求之一是为每个服务器创建一个文本文件，所以需要将输出传递到 Out-File cmdlet。为执行测试，还需要在控制台上列出试图从中提取此信息的每台计算机。因此，在尝试提取进程列表前，需要打印系统的名称，这样就知道它在哪里失败了。下面是代码和输出：

```
$hosts = (Get-ADComputer -Filter *| Select-Object -ExpandProperty DNSHostName)
Foreach ($hostname in $hosts)
     {
      Write-Host $hostname

      Get-Process -ComputerName $hostname |Out-File c:\$hostname" Processes.txt"
     }


DEN-DC07.Contoso.com
DEN-Win16-01.Contoso.com
DEN-Win16-02.Contoso.com
Get-Process : Couldn't connect to remote machine.
At line:7 char:8
```

```
+       Get-Process -ComputerName $Hostname |Out-File c:\$Hostname" Processes.txt ...
+       ~~~~~~~~~~~~~~~~~~~~~~~~~~~~~~~~~~~
    + CategoryInfo          : NotSpecified: (:) [Get-Process], InvalidOperationException
    + FullyQualifiedErrorId : System.InvalidOperationException,Microsoft.PowerShell.Commands.
GetProcessCommand

DEN-Win16-03.contoso.com
```

看起来 DEN-Win16-02.contoso.com 没有回应。可对每台机器执行一个测试，获得一个简单的布尔值，该值表示是否可以连接到机器。经过一些搜索后，应该得到一个带有-Quiet 参数的 Test-Connection cmdlet。这将返回简单的$True 或$False。

这就可以执行 If 语句，在一个单独的文本文件中生成所需的非响应系统列表。该列表需要追加到无响应列表中，这样列表就不会只包含最后一个无响应系统。代码如下：

```
$hosts = (Get-ADComputer -Filter *| Select-Object -ExpandProperty DNSHostName)
Foreach ($hostname in $hosts)
     {
      Write-host $hostname
      If(Test-Connection $hostname -Quiet)
        {
         Get-Process -ComputerName $hostname |out-file c:\$hostname" Processes.txt"
        }
      Else {
             $hostname+" doesn't respond" |Out-File c:\Unresponsive.txt -append
          }
    }
DEN-DC07.contoso.com
DEN-Win16-01.contoso.com
DEN-Win16-02.contoso.com
DEN-Win16-03.contoso.com
```

这非常好。列表包含正在尝试的服务器。我们知道 DEN-Win16-02.contoso.com 停止运行，但没有抛出错误。现在可在文件夹中查看这些文件是否有效。列表应该如下所示：

```
PS C:\> dir *.txt


    Directory: C:\


Mode                LastWriteTime     Length Name
----                -------------     ------ ----
-a---        2/15/2017  11:38 AM      12164 DEN-DC07.Contoso.com Processes.txt
-a---        2/15/2017  11:38 AM      29984 DEN-Win16-01.Contoso.com Processes.txt
-a---        2/15/2017  11:38 AM      27824 DEN-Win16-03.contoso.com Processes.txt
-a---        2/15/2017  11:38 AM         98 Unresponsive.txt
```

打开单个系统的文本文件以查看内容时，就会看到当前寻找的内容，为简洁起见，这里省略了部分内容：

```
Handles  NPM(K)    PM(K)      WS(K) VM(M)   CPU(s)     Id ProcessName
-------  ------    -----      ----- -----   ------     -- -----------
     61       7     2440      11324    74            4016 conhost
    187      11     1560       3720    46             360 csrss
    176      12     1676      32048    97             424 csrss
```

打开 Unresponsive.txt，其内容如下：

```
DEN-Win16-02.contoso.com doesn't respond
```

这正好符合前述要求。

2.15 通过 PowerShell 管理远程系统

PowerShell 提供了一种方法，来管理数千个系统，以执行数千项不同任务。到目前为止，我们都在本地系统上执行操作。但通常需要连接到远程系统。

默认情况下，远程 PowerShell 访问会锁定系统。启用访问的方式取决于目标系统是活动目录域的一部分还是仅在工作组中。下面首先研究域连接的系统。

2.15.1 使用 Enable-PSRemoting

必须以管理员身份运行 PowerShell。PowerShell 依赖于 WinRM 服务。确保将服务设置为自动启动非常重要。还需要创建防火墙规则，允许 PowerShell 连接到系统。幸运的是，微软可通过一个命令轻松地完成这两项操作：

```
Enable-PSRemoting -Force
```

这个命令运行 Set-WSManQuickConfig cmdlet。该 cmdlet 负责启动服务，将启动改为自动启动，并启用防火墙异常。下面是它完成的其他操作：

(1) 创建一个侦听器，接收来自任何 IP 地址的请求。

(2) 注册 Microsoft.PowerShell 和 Microsoft.PowerShell.WorkFlow 会话配置。

(3) 在 64 位计算机上注册 Microsoft.PowerShell32 会话配置。

(4) 启用所有会话配置。

(5) 更改所有会话配置上的安全描述符，以允许远程访问。

(6) 最后，重新启动 WinRM 服务，以使所有配置更改生效。

Enable-PSRemoting 有几个选项。由于 Enable-PSRemoting 开始侦听服务，因此通常不希望在仅用于发送命令的系统上运行 Enable-PSRemoting。如果系统不用于接收远程 PowerShell 连接，就不希望服务侦听它。

如果想禁用 PSRemoting，则应该使用以下命令：

```
Disable-PSRemoting -Force
```

不要让 PowerShell 2.0 毁了我们的工作成果

如果 PowerShell 2.0 安装在系统上，就不要在 PowerShell 2.0 中运行 Enable-PSRemoting，因为这是无效的，而且很难修复。它看起来配置正确，但无法连接，而且很难删除和纠正配置。

2.15.2 远程连接到工作组服务器

如果目标服务器不是域连接的，则需要在目标系统和用于运行控制台的系统上运行 Enable-PSRemoting。还需要为 WsMan 配置 trustedhosts 设置。为此，使用以下命令：

```
Set-Item WsMan:\localhost\client\trustedhosts *
```

这将允许连接任何系统。用户仍然需要在托管计算机上具有本地管理员凭证。如果希望限制管理计算机，可将*替换为用逗号分隔的 IP 地址列表或用于管理这个远程系统的可信系统主机名。

更改配置后，需要重新启动 WinRM 服务。这可通过以下方法来实现：

```
Restart-Service WinRM
```

需要在本地系统和远程系统上运行这个命令。可以使用如下命令测试一下，看看是否有交互：

```
Test-WsMan Server06.contoso.com
```

当然，需要将示例中使用的计算机名称替换为实际名称。这个命令测试 WinRM 服务是否正在运行，然后显示 MS-Management 标识模式、协议版本、产品供应商和产品版本。

2.15.3 在远程系统上运行 PowerShell 命令

如果想在远程计算机上启动交互式会话，请使用以下方法。

```
Enter-PSSession Server15.contoso.com
```

可以使用计算机名称或 IP 地址。此 cmdlet 会更改提示，以反映远程系统，如下所示：

```
PS C:\Users\Administrator> Enter-PSSession 10.102.50.50
[10.102.50.50]: PS C:\Users\Administrator\Documents>
```

使用的任何命令都在远程系统上执行。任何显示到控制台的输出(包括错误)都在本地显示。要退出会话，请使用以下命令：

```
Exit-PSSession
```

不是所有 cmdlet 都需要有远程会话。要找到不需要会话的 cmdlet 列表，可使用以下方法：

```
Get-Command | where {$PSItem.Parameters.Keys -contains "Computername" -and $PSItem.Parameters.
Keys -NotContains "Session"}
```

这会提供一个命令列表，这些命令有-Computername 参数，但没有-Session 参数。这些命令不需要运行 WinRM 服务。它们不需要配置为 PowerShell 远程，也不需要匹配远程系统需求。

如果需要运行具备远程控制能力的单个命令，可以使用 Invoke-Command cmdlet，如下所示：

```
Invoke-Command -Computername Server12.contoso.com -ScriptBlock {Get-ChildItem C:\}
```

脚本块只是语句列表，非常类似于函数。它可以接收参数。与函数不同，脚本块的参数必须包含在大括号中。脚本块还支持 Begin、Process 和 End 关键字。

这些 Invoke-Command cmdlet 用来给一台或多台计算机发送 cmdlet。如果要将命令发送到多台计算机，只需要将计算机名称或 IP 地址用逗号分隔，以替代单个计算机名称。连接持续的时间只需要足以保证发送命令并接收返回的任何输出即可。

2.15.4 在远程计算机上运行远程脚本

如果希望运行的脚本驻留在会话的所有远程计算机上，可使用-FilePath 参数。下面是一个例子：

```
Invoke-Command -ComputerName Server01, Server02, LocalHost -FilePath
C:\scriptstorage \myscript.ps1
```

在每台机器上，脚本都需要位于相同的位置，具有相同的名称。可将脚本路径和名称存储在变量中。然后，可使用变量传递文件路径，而不是使用字面路径。

要中断远程命令，请按 Ctrl+C。中断命令将被发送到远程计算机。

2.15.5 建立持久的远程连接

如果希望运行一系列命令，并希望在这些命令之间共享数据，则需要建立持久的会话。为此使用调用命令的-Session 参数，如下所示：

```
$mySession = New-PSSession -ComputerName Server01, Server02, Server03
```

该命令创建到三个服务器的持久远程连接，并将 PSSession 保存到变量$mySession 中。可以使用这个变量同时向所有系统发送相同的命令。如果使用变量，这些变量在所有会话中都是相同的。这将便于传递和使用变量，而不必考虑变量是否存在于远程会话中。下面是一个例子：

```
Invoke-Command -Session $mySesssion -ScriptBlock {$services = Get-Services}
```

这段代码使用前面创建的$mySession 变量，将脚本块的内容发送到每台机器。这将生成每个计算机上所有服务的列表。每个系统的服务都存储在该机器上名为$services 的变量中。如果想使用这些服务的列表执行额外的操作(可能使用 While、Switch、If 或 Elseif 语句)，就可将单个会话定向到单个服务器，或者使用此变量对所有服务器执行相同的命令。还可以使用其他变量来标识其他服务器，从而允许选择性地调用命令，而不必陷入跟踪各种会话的泥潭，也不必处理与这些远程机器上预期名称不匹配的不同变量。

因为这是一个持久连接，所以可针对这些系统运行额外命令，为每个会话创建的任何变量或数据都是可用的，直到断开与会话的连接为止。如果希望包含本地系统，可在-Session 参数中使用点(.)或词语 LocalHost。

2.15.6 使用 PowerShell Direct

PowerShell Direct 用于在主机系统中管理 Hyper-V 虚拟机。Hyper-V 主机和客户机器需要运行 Windows 10 或 Windows Server 2016。主机和客户机的操作系统不需要有网络连接、配置甚至网络适配器。必须以管理员身份登录 Hyper-V 主机，并在虚拟机上拥有用户凭证。虚拟机需要位于 Hyper-V 服务器本地，并且需要引导。

命令如下：

```
Enter-PSSession -VMName Server01.contos.com
```

这是与虚拟机的直接交互会话。还可以使用 GUID，方法是将-VMName 替换为-VMGUID，然后输入虚拟机的 GUID，而不是计算机名称。

然后，与虚拟机进行交互会话。要退出会话，请执行以下操作：

```
Exit-PSSession
```

可在虚拟机上运行脚本块和脚本，这与处理常规 PSSessions 的方式基本相同。只需要将-Computername 参数替换为-VMName 参数，如下所示：

```
Invoke-Command -VMName Server01 -FilePath C:\scriptstorage\myscript.ps1
Invoke-Command -VMName Server12 -ScriptBlock {Get-ChildItem C:\}
```

2.16　本章要点

定制 PowerShell 和 PowerShell ISE 环境。Microsoft PowerShell 和 PowerShell ISE 是创建和管理 Windows Server 2016 系统的极佳环境。将适当的模块、函数、变量和配置设置预加载到配置文件中，可加快开发过程。我们希望所有一切都正确设置，以帮助优化工作流程。

问题　我们刚安装了 Windows Server 2016 系统，需要自定义 Windows PowerShell，这样它就会自动以 Run As Administrator 模式运行。还需要确定哪些模块的帮助文件可自动在线更新。最后，需要在一个名为 C:\PowerShellTranscript 的文本文件中启动当前 PowerShell 会话的副本。退出会话时将关闭该文本文件。

答案　以管理员身份运行 PowerShell。为此，可右击 PowerShell 图标，并选择 Run As Administrator。然后修改配置文件，以包含如下代码：

```
Function Open-AsAdmin {Start-Process PowerShell -Verb RunAs}
```

使用如下命令识别可在线更新的模块：

```
Get-Module -ListAvailable |Where HelpInfoURI
```

使用如下命令启动副本。结束会话时，会结束该副本：

```
Start-Transcript C:\PowerShellTranscript.txt
```

执行命令发现以及解释 PowerShell 语法符号和概念文档。通常，需要用有限的文档创建 PowerShell 配置。当指南文档很难找到时，需要掌握命令发现的技能。

问题　找到 PowerShell 命令，该命令将创建一个格式化的列表，其中只包含本地服务器上所有网络适配器的网络接口别名和 IP 地址。命令应该将列表保存到 C:\Networkadapters.txt 中。

答案　使用 Get-Command -Noun *IpAddress*查找包含 IP 地址的命令。使用 Get-NetIpaddress | fl 查找所有参数，把它们装配到 Get-NetIpaddress| fl InterfaceAlias, IpAddress > C:\Networkadapters.txt 中，创建文本文件，其中列出所有接口名称和分配的 IP 地址。

编写和分析支持函数、循环、比较、管道处理、变量、脚本的代码。创建有用的脚本有许多构建块。我们经常需要使用各种组件组装脚本，以生成有用的输出。开发创建新基本脚本的技能至关重要。在生产环境中运行外部脚本之前，需要经常阅读和理解它们。

问题　定位域中的所有系统，创建一个 Web 页面，该页面列出运行中的每台机器上所有已安装的 Hotfix。每个机器都有一个 Web 页面。显示 Hotfix ID 和安装每个 Hotfix 的时间。创建一个单独的 Web 页面，列出所有不响应探测的机器。

答案

```
$hosts = (Get-ADComputer -Filter *| Select-Object -ExpandProperty DNSHostName)
foreach ($hostname in $Hosts)
     {
       If(Test-Connection $hostname -Quiet)
         {
         Get-Hotfix -ComputerName $hostname |Select-Object Hotfixid,installedon|convertto-
```

```
        html -Fragment|out-file c:\$hostname" Hotfixes.html"
        }
       Else {
            $hostname+" doesn't respond" |Out-File c:\Unresponsive.html -append
          }

      }
```

使用 PowerShell 管理远程服务器。我们经常需要将相同的命令发送到多台计算机。其中许多命令都需要交互式会话，并使用凭证。

问题 需要在整个域的所有运行的服务器上禁用 SMB 版本 1。使用一个脚本在域中定位运行 WinRM 服务的所有主机。打开所有这些服务器上的交互式会话，并禁用 SMB1 协议。这不需要确认。

答案

```
$hosts = (Get-ADComputer -Filter *| Select-Object -ExpandProperty DNSHostName)
foreach ($hostname in $Hosts)
     {
      If(Test-Connection $hostname -Quiet)
        {
         If((Get-Service -computername $hostname "winrm"|Select-Object -expandproperty
         Status) -eq "Running")
           {
            Invoke-Command -ComputerName $hostname -ScriptBlock {Set-SmbserverConfiguration
            -EnableSMB1Protocol
  $False -Force}
           }
         }
      }
```

第3章

计算

Windows Server 的计算能力在每个新版本中都有质的提升，最新版本显著地提高了性能，支持更多 CPU 和内存容量，如果将虚拟机用作 Hyper-V 虚拟化主机，还增加了虚拟机的数量，提高了能源效率。

从 Windows Server 2012 开始，它也被命名为云操作系统，这意味着 Windows Server 计算能力允许组织在云解决方案上部署不同的场景，包括私有云、混合云和公共云。Windows Server 2016 的设计主旨是可扩展和强大的系统，可以适应任何组织和任何场景，支持各种解决方案。它可以是虚拟化主机、支持不司高可月性需求的集群解决方案、针对不同 Microsoft 或第三方应用程序的操作系统，支持扩大和外扩配置以提高应用程序性能。第 7 章还将介绍 Windows Server 容器，这是一种新的虚拟化技术。

本章内容包括：

- 使用 Windows Server 作为 Hyper - V 虚拟主机
- 实现虚拟化解决方案
- 针对在 VM 环境中运行的特定产品，定制 Hyper-V 解决方案
- 高可用性部署场景与 Windows 故障转移集群功能

3.1 Hyper – V 概述

Hyper-V 是 Windows Server 2016 中可用作服务器角色的监控程序虚拟化技术(参见图 3.1)。硬件虚拟化允许组织将一台物理计算机的硬件能力用于运行不同操作系统和应用程序的多个虚拟机。每个虚拟机中的操作系统都运行在一个完全隔离的环境中，该环境独立于其他虚拟机和物理计算机上运行的操作系统，也称为 Hyper-V 主机。

在虚拟机中运行的操作系统称为客户操作系统。

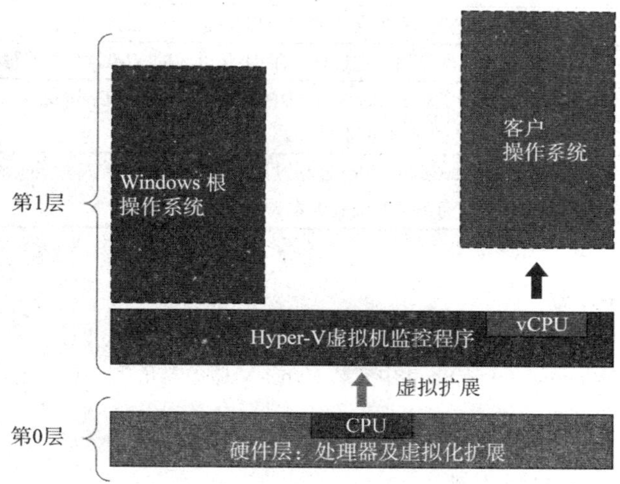

图 3.1　Hyper-V 体系结构

3.2 Windows Server 2016 Hyper-V 中的新内容

Hyper-V 是在 Windows Server 2008 中引入的，在以后的每个操作系统版本中都使用多种新技术进行改进，包括 R2 版本。表 3.1 描述了 Windows Server 2016 中 Hyper-V 角色的新功能。

表 3.1 Windows Server 2016 Hyper-V 中的新功能

功　能	说　明
嵌套的虚拟化	该功能允许在运行 Windows Server 2016 的虚拟机中启用 Hyper-V 服务器角色
Hyper-V 集群滚动升级	如果组织运行的是 Windows Server 2012 R2 Hyper-V 集群，现在就可将其升级到 Windows Server 2016，方法是向现有集群添加节点，然后在共存期间在运行 Windows Server 2012 R2 的节点和 Windows Server 2016 的节点之间移动虚拟机
PowerShell Direct	该功能允许在 Hyper-V 主机的虚拟机上运行 Windows PowerShell cmdlet，而不必在主机上配置到虚拟机的网络连接
虚拟机屏蔽	该功能加密了整个虚拟机
启动顺序优先级	该功能确定了在重新启动主机后虚拟机的特定启动顺序
存储的服务质量(QoS)	该功能提供了在外扩文件服务器(Scale-Out File Server，SOFS)上配置存储 QoS(Quality of Service)策略的功能，从而保证了一定的存储吞吐量
主机资源保护	该功能防止虚拟机使用 Hyper-V 主机上的所有资源，以便其他虚拟机拥有足够的资源
Hyper-V Manager 功能	Hyper-V Manager 允许连接到 Hyper-V 主机时使用其他凭证。此外，它使用基于 HTTP 的 Web Services-Management(WS-MAN)进行管理

除了主机级别的改进外，Hyper-V 还有用于虚拟机的新特性，如表 3.2 所示。

表 3.2 Hyper-V 用于虚拟机的新特性

功　能	说　明
网络适配器和内存的热添加或删除	网络适配器和虚拟内存可添加到正在运行的虚拟机中
内存和处理器容量的改进	虚拟机现在支持多达 12TB 的内存和 240 个虚拟处理器
通过 Windows 更新提供的集成服务	通过 Windows 更新部署最新版本的集成服务，从而简化管理
密钥存储驱动器	允许第 1 代虚拟机存储 BitLocker 驱动器加密密钥
Linux 安全引导	在引导过程中验证文件上的数字签名，以防止 Linux 虚拟机上的恶意软件
生产检查点	在创建检查点时，为受支持的应用程序提供一致的状态
虚拟机配置文件的格式	虚拟机配置文件是用二进制格式(而不是以前的 XML 格式)编写的
离散设备分配	为虚拟机提供了对 Hyper-V 主机中 PCIe (Peripheral Component Interconnect Express，外围装置互连高速)设备的直接访问
虚拟机配置版本	从 Windows Server 2012 R2 迁移过来的虚拟机(如在集群滚动升级期间)通过保留版本 5 提供了向后兼容性，而不是升级到版本 8

3.3 安装 Hyper-V

可在 Server Manager 或 Windows PowerShell 中安装 Hyper-V 服务器角色。在开始安装之前，主机必须满足几个硬件先决条件。这些先决条件包括：

- 一个 64 位的处理器与二级地址转换(SLAT)
- 带有 VM Monitor Mode 扩展的处理器

- 至少 4GB 的内存
- 支持英特尔虚拟化技术(Intel VT)或 AMD 虚拟化(AMD-V)
- 启用硬件的 Data Execution Prevention (DEP)(英特尔 XD 位，AMD NX 位)

当然，还应该确保 Hyper-V 主机具有足够的虚拟机硬件资源，包括足够的物理处理器内核、物理内存(RAM)、存储空间和网络吞吐量。在购买 Hyper-V 主机之前评估硬件资源的设计过程，对于成功部署虚拟化解决方案非常关键，这样所有虚拟机都有足够的资源。此外，还应该计划额外的资源，以防某些虚拟机由于使用的资源增加或解决方案的扩展，而需要更多的虚拟处理器内核、内存或存储空间。

因为 Hyper-V 是一个服务器角色，所以要添加它，可启动 Add Roles and Features Wizard，选择 Hyper-V 服务器角色(见图 3.2)，安装管理 Hyper-V 角色所需的特性。

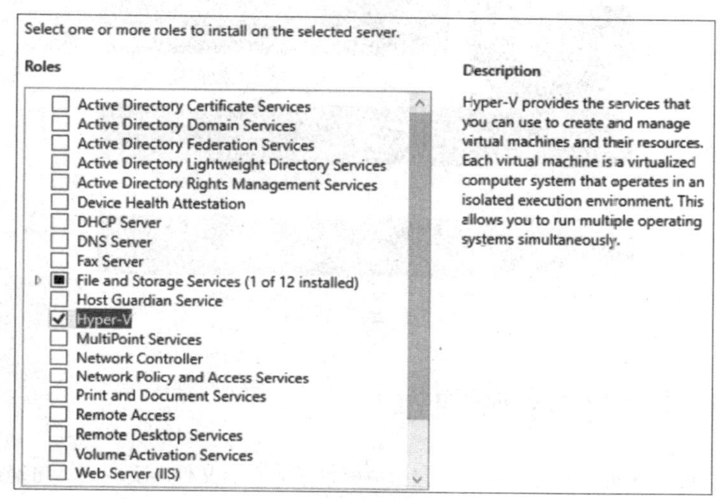

图 3.2　安装 Hyper-V

接下来进入 Create Virtual Switch 页面，在这里可从主机服务器上选择至少一个物理网络适配器。然后，需要选择是否允许发送和接收实时迁移。这个选项可在稍后配置；如果主机是集群成员，则应该在集群创建后选择此选项。在该向导的最后，应该选择一个默认位置，来存储虚拟硬盘文件和虚拟机配置文件，稍后可编辑这些文件。完成向导后，应该重新启动物理主机。

为使用 Windows PowerShell 安装 Hyper-V，运行以下命令：

```
Install-WindowsFeature -Name Hyper-V -ComputerName <computer_name> -
IncludeManagementTools -Restart
```

3.4　嵌套的虚拟化

Windows Server 2016 引入了将 Hyper-V 部署到虚拟机的功能，允许在 Hyper-V 虚拟机中托管虚拟机；这种技术称为嵌套虚拟化(见图 3.3)。嵌套虚拟化作为实验室环境用于评估、测试、开发，以及提供概念证明。它不应该用于生产。在为虚拟机配置嵌套虚拟化之前，应该为虚拟机处理器启用虚拟化扩展。例如，在用作虚拟化主机 VirtualHost 的虚拟机中，可运行以下命令：

```
Set-VMProcessor -VMName VirtualHost -ExposeVirtualizationExtensions $true
```

嵌套的客户虚拟机的另一个要求是，在配置为 Hyper-V 主机的虚拟机上启用 MAC 地址欺骗，以便嵌套的虚拟机能在外部网络上进行通信。此外，嵌套虚拟化要求虚拟机的配置版本为 8.0。注意，操作系统 Windows Server 2016 和 Windows 10 Anniversary Update 或更新版本支持配置版本 8.0。

一旦满足了先决条件，就可在虚拟机上安装 Hyper-V，像安装 Hyper-V 主机一样。然而，有些 Hyper-V 特性在嵌套虚拟化中无法工作，包括基于虚拟化的安全性、设备保护、动态内存、热添加静态内存、检查点、实时迁移以及 Save 或 Restore 状态。

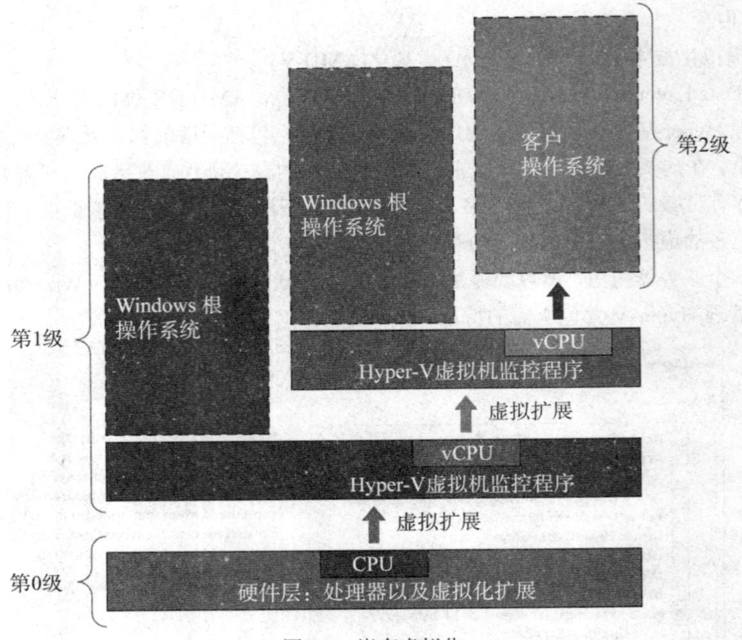

图 3.3　嵌套虚拟化

3.5　Hyper-V 中的存储选项

虚拟机使用虚拟硬盘进行存储。可用分区夹配置虚拟磁盘，并存储文件和文件夹。可通过 Hyper-V Manager 控制台或 New-VHD PowerShell cmdlet 创建虚拟硬盘。

Hyper-V 在 Windows Server 2008 中引入，当时虚拟磁盘的文件格式是 VHD。然而，这个虚拟硬盘的大小限制为 2TB。Windows Server 2012 为虚拟硬盘引入了新的 VHDX 格式，它提供了许多改进，包括更大的尺寸(64 TB)、抗损的健壮文件结构、更大的块大小、动态扩展以及区分磁盘，以获得更好性能。Windows Server 2016 引入了 VHDS 格式，用于虚拟硬盘，多个虚拟机可以同时访问，通过集群实现高可用性。

注意：在撰写本文时，Microsoft Azure 并不支持虚拟硬盘的 VHDX 格式。

3.5.1　虚拟硬盘类型

在创建虚拟硬盘时，可选择不同的类型和格式。所选的硬盘类型因需求和支持而异。虚拟硬盘类型包括：

固定大小：虚拟硬盘立即分配所有指定的空间。

动态扩展：虚拟硬盘根据需要分配空间。具有 VHDX 格式的磁盘也可动态收缩；然而，当虚拟机被关闭时，会出现收缩。

直通：提供对物理磁盘的直接访问。

差分：虚拟硬盘可配置为将数据存储在两个文件中：父磁盘和差分磁盘，当数据与父磁盘相比发生变化时，就存储在差分磁盘中。这类磁盘减少了用于测试和评估的物理存储器的数量。

3.5.2　虚拟硬盘推荐

在决定使用哪种类型的虚拟磁盘时，应该首先阅读要部署在虚拟机中的特定产品的建议，如 Exchange Server、Skype for Business Server 或域控制器。某些类型的虚拟硬盘在特定产品中不支持，例如 Exchange Server 的差分磁盘。

如果虚拟磁盘必须与运行在 Windows Server 2008 或 Windows Server 2008 R2 上的旧虚拟化技术兼容，则应使用 VHD 格式；否则，应该使用 VHDX 格式。

如果连接多个差分磁盘，就应该预料到性能会下降。小心不要修改父虚拟硬盘；否则，差分磁盘将不再有效。

现在，可将至多四个 Hyper-V Fibre Channel 虚拟硬件组件加到虚拟机中，这样，虚拟机就能访问存储区域网络

(SAN)上的 Fibre Channel 存储器。

虚拟硬盘应该位于高性能存储区。此外，存储器应该是有冗余的，这样存储解决方案就不会成为一个故障点。即使某些物理硬盘出现故障或被替换，虚拟机也应该继续工作。

Hyper-V 支持存储虚拟机数据 SMB 3.0 文件共享。尽管对于某些组织来说，该功能很方便，但该功能仅限于 Windows Server 2012 或更新的操作系统。

3.6 配置 Hyper-V

一旦安装了 Hyper-V 服务器角色，就需要在 Hyper-V 主机和 Hyper-V 客户服务器上配置多个设置。例如，需要配置磁盘存储器的类型和虚拟磁盘文件所在的路径，分配给每个虚拟机的内存量，处理器的数目，允许虚拟机相互通信的网络参数，和物理网络上的服务器相互通信的网络参数。每个设置都应该仔细配置，以便为在虚拟机上运行的解决方案提供最佳性能。因此，关于在虚拟机上运行时如何配置，每个产品(例如域控制器、Exchange Server、Skype for Business Server)都有自己的建议以及支持的场景。

3.6.1 Hyper-V 网络

与物理机器一样，虚拟机使用网络资源与其他计算机、设备、内部组织网络和 Internet 通信。虚拟交换机配置了虚拟机中的网络设置。虚拟交换机控制着 Hyper-V 服务器上的虚拟机和组织网络其余部分之间的网络通信流。使用 Virtual Switch Manager 可创建三种虚拟交换机：外部、内部和私有。

- 外部虚拟交换机将网络映射到 Hyper-V 主机上的特定网络适配器，该适配器允许虚拟机访问连接主机的网络。
- 内部虚拟交换机用于 Hyper-V 主机上的虚拟机之间以及虚拟机与 Hyper-V 主机之间的通信。
- 私有虚拟交换机仅用于 Hyper-V 主机上虚拟机之间的通信。

在配置外部或内部虚拟网络时，还可配置其他网络特性，包括：

- 可配置一个 VLAN ID，来划分网络流量。
- 虚拟网络应提供足够的带宽，以确保虚拟机的性能最佳。因此，可考虑部署物理网络接口卡组合。
- 可以配置带宽的分配，来保证每个虚拟机都分配了足够的带宽。
- 支持虚拟机队列(Virtual Machine Queue，VMQ)的网络适配器使用硬件包过滤，直接向虚拟机交付网络流量，提高了性能。
- 可使用 QoS 保证虚拟机的最小带宽。
- 远程直接内存访问(Remote Direct Memory Access，RDMA)也称为 SMB Direct，是一个需要网络适配器中的硬件支持的功能。带有 RDMA 的网络适配器，在连接到 Hyper-V 交换机的网络适配器上以低资源利用率全速运行。
- Windows Server 2016 包括一个新的 NAT 虚拟交换机类型，所以不需要创建虚拟机来执行 NAT。

3.6.2 Hyper-V 虚拟机配置

每个操作系统版本都支持特定的虚拟机配置版本。表 3.3 列出了可在不同版本 Windows 操作系统中运行的虚拟机配置版本。

表 3.3 Hyper - V 虚拟机配置

Windows 版本的 Hyper-V 主机	配 置 版 本
Windows Server 2016	8.0, 7.1, 7.0, 6.2, 5.0
Windows 10 Anniversary Update	8.0, 7.1, 7.0, 6.2, 5.0
Windows 10 build 10565 或更新版本	7.0, 6.2, 5.0
早于 10565 的 Windows 10 构建版本	6.2, 5.0
Windows Server 2012 R2	5.0
Windows 8.1	5.0

要检查虚拟机的配置版本，请使用以下 Windows PowerShell 命令提示符：

```
Get-VM * | Format-Table Name, Version
```

如果决定更新虚拟机的配置版本，它将被更新到运行它的 Hyper-V 主机所支持的最高配置级别。

要更新单个虚拟机的版本，可使用以下 Windows PowerShell 命令：

```
Update-VMVersion <vmname>
```

虚拟机配置的每个版本都有不同的特性，所以在升级 Windows Server 2016 的配置版本之前，无法使用新的 Hyper-V 特性。

Windows Server 2012 R2 引入了一种新型虚拟机，称为第二代虚拟机。在 Windows Server 2012 和 Windows Server 2008 R2 Hyper-V 等平台上创建的所有虚拟机都是第一代虚拟机。在创建虚拟机时，将选择第一代或者第二代虚拟机。因为客户操作系统必须支持从 UEFI(而不是 BIOS)引导，所以支持第 2 代虚拟机的只有 x64 版本的 Windows 8 和更新版本，以及 Windows Server 2012 和更新的客户操作系统。

Hyper-V 包含一个动态内存特性，允许分配可变数量的内存，可选择从最小值到最大值的内存量。但有些应用程序(如 Microsoft SQL Server 或 Microsoft Exchange Server)不支持动态内存，因为它们利用可用内存进行缓存，以优化性能。

3.6.3 虚拟机屏蔽

Windows Server 2016 引入了屏蔽的虚拟机，它们是 BitLocker 加密的，以便在直接访问虚拟硬盘时保护数据(见图 3.4)。例如，如果有人复制了一个虚拟硬盘并将其移出站点，则无法访问它。解密虚拟硬盘的密钥由主机守护服务(Host Guardian Service，HGS)控制。

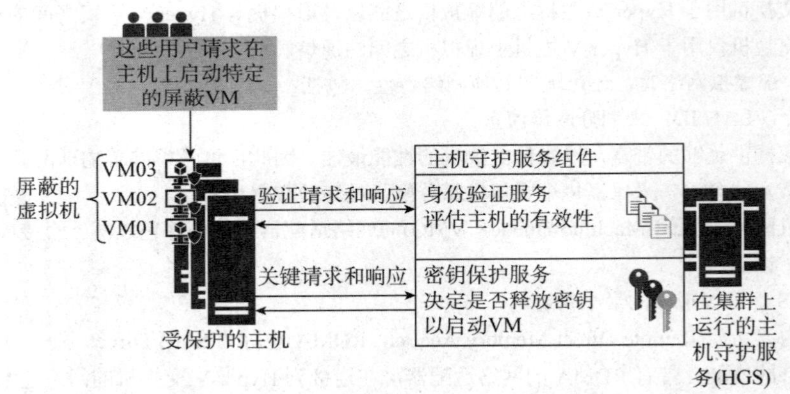

图 3.4 屏蔽的虚拟机的体系结构

屏蔽的虚拟机必须是包含虚拟 TPM 的第 2 代虚拟机，这意味着它不需要服务器包含硬件 TPM。为实现屏蔽虚拟机，需要实现一个受保护的结构，它需要主机监护服务。屏蔽虚拟机只能在授权主机上启动。

主机守护服务通过以下两种方式授权主机：

- 可信 Active Directory(AD)。
  - 可信 Hyper-V 主机的计算机账户放在 Active Directory Domain Services 安全组，其配置比较简单，但安全级别较低。
- 可信 TPM 身份验证。
  - 可信 Hyper-V 主机基于其 TPM 的身份获得批准，其安全级别较高，但配置比较复杂。主机必须具有 TPM 2.0 和 UEIF 2.3.1，且启用了安全引导。

3.6.4 虚拟机设置

Hyper-V 管理员必须擅长配置虚拟机，这样，即使所在公司决定虚拟化整个基础架构，也能完成任务。如果是这样，几乎所有的服务器都需要虚拟化，这需要经过精心规划、部署和管理。虚拟机的设置包括以下组件。

◆ 集成服务为客户操作系统提供了 Hyper-V 专用的设备驱动程序。这允许客户操作系统使用 Hyper-V 提供的虚拟硬件。
◆ 虚拟机启动时，如果需要的内存比主机可分配的内存更多，智能分页功能就可以为额外的临时内存使用磁盘分页功能。
◆ 资源计量度量 CPU 和内存使用量、磁盘分配和网络流量。
◆ 分配离散设备允许客户虚拟机直接与 PCI Express(作为 PCIe)设备通信。
◆ Linux 和 FreeBSD 虚拟机需要安全引导。

3.6.5 虚拟机状态

虚拟机可以有多种状态，如下所示：

关闭： 虚拟机是关闭的，不使用任何内存或处理资源。

启动： 虚拟机正在启动，在分配资源之前验证这些资源是否可用。

运行： 虚拟机正在运行，并使用分配给它的资源，例如虚拟处理器、内存、存储器和网络服务。

暂停： 暂停的虚拟机仍然消耗内存，但它不消耗任何处理资源。

保存： 保存的虚拟机不消耗任何资源。一旦虚拟机再次启动，就会消耗资源。

3.6.6 虚拟机检查点

检查点允许管理员对虚拟机制作时间点快照。但是，这些检查点可能影响虚拟机的性能，某些应用程序(如 Exchange Server、SQL Server 和 Skype for Business)可能不支持它。因此，检查点应该只用于支持它们的服务器应用程序。

可在 Virtual Machine Connection 窗口的 Actions 窗格或 Hyper-V Manager 控制台中创建检查点。每个虚拟机最多有 50 个检查点。

不能使用检查点作为备份的替代。由于检查点数据与虚拟硬盘存储在同一卷中，如果没有备份，物理磁盘将成为一个故障点。

创建标准的检查点时，Hyper-V 会创建一个 VHD 文件(差分磁盘)，该文件存储将检查点与前一个检查点或父虚拟硬盘区分开来的数据。删除标准检查点时，这些数据要么被丢弃，要么合并到上一个检查点或父虚拟硬盘中。

在应用检查点后，虚拟机返回到创建检查点时的状态。但如前所述，需要根据部署在虚拟机上的应用程序，确保支持虚拟机的恢复。另外注意，创建的检查点越多，对性能的影响就越大，因为多个 VHD 文件会创建虚拟磁盘链。

3.6.7 导入和导出虚拟机

如果在虚拟机上运行的应用程序支持这个过程，就可以使用 Hyper-V 导入和导出功能在 Hyper-V 主机之间传输虚拟机。

在导入过程中，Windows Server 2016 中的 Hyper-V 在配置上执行验证，以识别任何问题，如缺少组件。

在 Windows Server 2016 中，可以从已经导出的虚拟机、虚拟机配置副本、检查点和虚拟硬盘文件中导入虚拟机。

在虚拟机导入过程中，可以选择以下选项：

◆ 就地(使用现有的唯一 ID)注册虚拟机，使用现有的文件位置创建一个虚拟机。
◆ 恢复虚拟机(使用现有的唯一 ID)，把虚拟机文件复制回导出位置，然后使用复制的文件创建一个虚拟机。
◆ 复制虚拟机(新建一个唯一的新 ID)，将虚拟机文件复制到指定的新位置，然后使用复制的文件创建一个新的虚拟机。

可在机器运行或关闭时导出虚拟机。在虚拟机导出过程中，可选择以下选项：

◆ Export a Checkpoint 会创建一个导出的虚拟机，因为创建检查点时它是存在的。导出的虚拟机没有检查点。
◆ Export Virtual Machine with Checkpoints 会导出虚拟机，以及与该虚拟机相关的所有检查点。

3.6.8 实时迁移

如果虚拟机正在生产中，就应该选择实时迁移，而不是导出和导入过程。实时迁移是在虚拟机仍在运行时，将虚拟机从一个 Hyper-V 主机移动到另一个主机的过程。然而，用户不会受影响，因为虚拟机的状态在实时迁移期间得到维护，到虚拟机的网络连接也得到维护。

如果虚拟机存储在 Hyper-V 本地主机上，所有虚拟机数据都复制到新的 Hyper-V 主机上。但是，如果虚拟机存储在 SMB 共享中，则只会移动虚拟机的配置数据。3.7 节“虚拟机迁移”将介绍有关实时迁移的更多信息。

3.6.9 PowerShell Direct

Windows Server 2016 引入了新功能 PowerShell Direct。此功能允许连接到虚拟机上，并运行 Windows PowerShell cmdlet，而不必通过网络从主机连接到客户虚拟机。它还提供了一种方式，运行在 Hyper-V 主机上的多个虚拟机可以轻松地运行自动化脚本。

要启用 PowerShell Direct，应该满足以下要求：

- 主机操作系统必须是 Windows Server 2016 或 Windows 10。
- 客户操作系统必须是 Windows Server 2016 或 Windows 10。
- 必须运行提升了权限的 Windows PowerShell 控制台。
- 必须使用证书验证虚拟机的身份。
- 虚拟机配置版本必须更新。

要在虚拟机上输入会话，请使用以下命令：

```
Enter-PSSession -VMName <VM1>
```

要在虚拟机上调用命令，请使用以下命令：

```
Invoke-Command -VMName <VM1> -ScriptBlock {<Windows PowerShell commands>}
```

3.7 虚拟机迁移

虚拟化的最大好处之一是虚拟机的灵活性，这样可以随时编辑它们的资源，也可以很容易地将它们移动或迁移到另一个主机上。有几种场景需要将虚拟机从一个位置迁移到另一个位置。例如，希望将虚拟机的虚拟硬盘从一个物理驱动器移动到同一主机上的另一个物理驱动器。另一个示例是，可将虚拟机从一个主机移到另一个主机。

以下选项可用于 Windows Server 2016 中的虚拟机迁移：

Virtual Machine and Storage Migration：通过 Hyper-V Manager 中的 Move Virtual Machine Wizard，将运行的虚拟机从一个位置移到另一个位置，或从一个主机移到另一个主机。本选项不需要故障转移集群，也不需要其他任何高可用性技术。

Live Migration：能将虚拟机从一个主机迁移到另一个主机，而不会停机。在 Windows Server 中，还可执行 Shared Nothing Live Migration，这不需要故障转移集群。此外，对于这种类型的迁移，主机不需要共享任何存储器。

Quick Migration：这种方法也适用于较老的操作系统版本，比如 Windows Server 2008。它要求安装和配置故障转移集群。在迁移过程中，虚拟机处于保存状态。这将导致停机，直到将内存的内容复制到另一个节点，并从保存状态中恢复机器。

Exporting and Importing Virtual Machines：此过程包括在一台主机上导出虚拟机，然后在另一台主机上执行导入操作。它要求在导出和导入期间关闭虚拟机。在 Windows Server 2016 中，可将虚拟机导入 Hyper-V 主机，而不必在导入之前导出它。

图 3.5 显示了虚拟机的迁移。

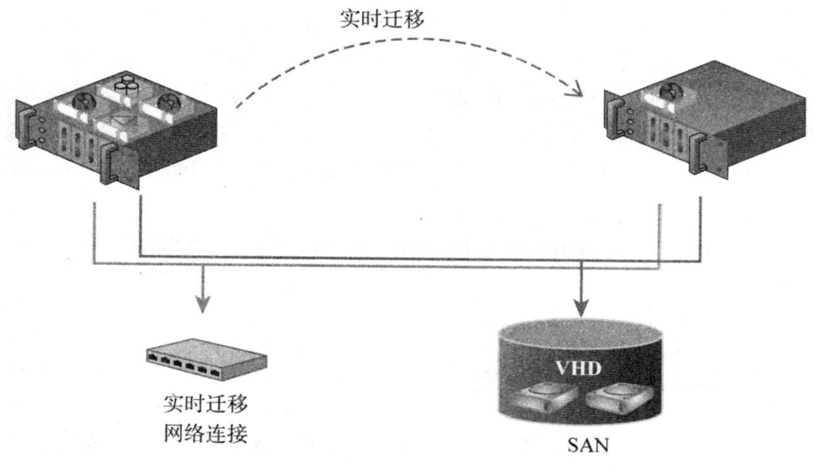

图 3.5　虚拟机的迁移

3.7.1　实时迁移概述

Windows Server 2016 Hyper-V 允许在物理 Hyper-V 节点之间移动虚拟机，而不必关闭虚拟机。这个过程称为实时迁移，可在集群或非集群环境中执行它。在故障转移集群中使用实时迁移时，可将运行的虚拟机从一个故障转移集群节点移到另一个节点。如果不使用集群，则称为无共享实时迁移。实时迁移可在 Failover Cluster Management 控制台、System Center Virtual Machine Manager (VMM) Administrator 控制台或 Windows PowerShell 中执行。

实时迁移过程包括四个步骤：

(1) **迁移的设置。**当管理员启动虚拟机的故障转移时，源节点创建与目标物理主机的 TCP 连接。这个连接把虚拟机配置数据转移到目标物理主机上。实时迁移在目标物理主机上创建一个临时的虚拟机，并将内存分配给目标虚拟机。迁移准备工作还要检查是否可以迁移虚拟机。

(2) **客户内存转移。**当虚拟机仍然在源主机上运行时，客户内存会以迭代方式转移到目标主机上。源物理主机上的 Hyper-V 监视工作集中的页面。当系统修改内存页面时，它会跟踪页面，并将之标记为正在修改。在此阶段，迁移的虚拟机继续运行。Hyper-V 多次迭代内存复制过程，每次都将少量修改过的页面复制到目标物理计算机。最后的内存复制进程将修改后的剩余内存页复制到目标物理主机。一旦脏页面的数量降至阈值以下或完成 10 次迭代，复制就会停止。

(3) **状态转移。**为将虚拟机迁移到目标主机，Hyper-V 停止源分区，把虚拟机的状态(包括剩余的脏内存页)传输到目标主机，然后恢复目标主机上的虚拟机。Hyper-V 必须在最后的状态传输期间暂停虚拟机。

(4) **清理。**清理阶段通过去除源主机上的虚拟机、终止工作线程，发出迁移完成信号。

在 Windows Server 2016 中，可使用 Server Message Block (SMB) 3.0 作为传输工具，来执行虚拟机的实时迁移。这意味着可利用关键的 SMB 特性，例如流量压缩、SMB Direct(远程直接内存访问)和 SMB 多通道，它们提供高速迁移和低 CPU 利用率。

3.7.2　实时迁移的要求

要执行实时迁移，必须配置主机。另外，必须满足 Windows Server 2016 实时迁移的具体要求：

◆ 应该启用实时迁移；默认情况下不启用。
◆ 主机电脑应该有相同的处理器架构。
◆ 用户账户必须是本地 Hyper-V 管理员组的成员，或两台虚拟机的主机上的管理员组成员。
◆ 源主机和目标主机必须安装 Hyper-V 角色。
◆ 源主机和目标主机必须是同一个域的成员，或彼此信任的两个域的成员。
◆ 如果在源主机或目标主机上运行 Hyper-V 管理工具，则该工具应安装在源主机和目标主机上。否则，应该在运行 Windows Server 2016 或 Windows 10 的计算机上安装管理工具。

- 应该为实时迁移通信配置身份验证协议。可以选择以下身份验证协议：
  - Kerberos 需要配置一个受限的委托。当启用 Kerberos 时，不需要登录到服务器。
  - Credential Security Support Provider (CredSSP)不需要配置受限的委托，但需要管理员登录到服务器。
- 可选择配置实时迁移的性能选项，以减少网络和 CPU 利用率；这样做可能会提高实时迁移的速度。
- 应该在一个单独的网络上执行实时迁移，并可能使用加密协议，如 Internet Protocol security (IPsec)，在实时迁移期间保护主机之间的通信。
- 可使用 Windows PowerShell cmdlet Set-SMBbandwidthlimit，为实时迁移配置带宽限制，以优化动态迁移过程中的网络带宽。

3.8 Hyper-V Replica

Hyper-V Replica 在 Windows Server 2012 中引入，允许把主站点上运行的虚拟机复制到二级站点上。Hyper-V Replica 用于灾难恢复场景，在这种场景中，一个虚拟机的两个实例驻留在不同主机上，一个作为主副本或实时副本，另一个作为副本，或者脱机副本。这些副本定期同步，可在 Windows Server 2016 中配置该时间间隔。也可在任何时候实现故障转移。

在主站点发生故障时，管理员可使用 Hyper-V 管理器执行生产工作负载的故障转移，以在数分钟内在辅助位置上复制服务器，从而减少停机时间。稍后，当主站点中的故障被修复时，Hyper-V Replica 允许管理员返回虚拟化的工作负载。

Hyper-V Replica 技术由几个组件组成(见图 3.6)，如下所示：

- 复制引擎管理复制配置细节，处理初始复制、delta 复制、故障转移和测试故障转移操作。复制引擎也监控虚拟机和存储流动性事件，并执行相应的操作。
- Change Tracking 跟踪在虚拟机的主副本上执行的更改。
- 网络模块允许在主要主机和副本主机之间转移虚拟机副本。它还默认支持数据压缩；支持 HTTPS 和基于证书的身份验证来保护复制流量。
- 即使所复制的虚拟机具有高可用性，可从一个集群节点移到另一个集群节点，Hyper-V Replica Broker 角色也允许使用 Hyper-V Replica 功能。

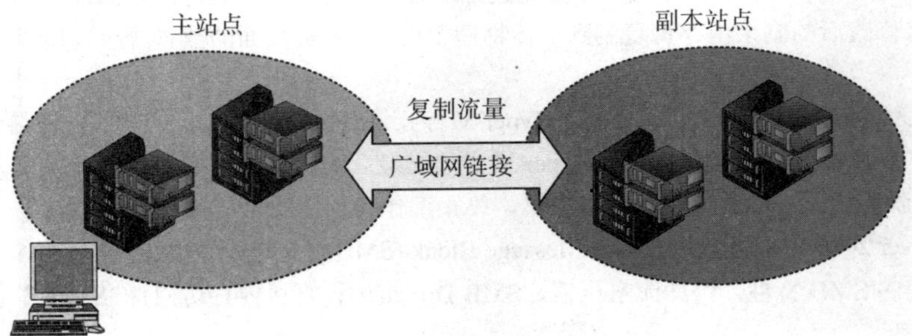

图 3.6 Hyper-V Replica 体系架构

Hyper-V Replica 不必使用相同的服务器或存储硬件。但灾难恢复位置中的物理主机应该有足够的资源，在执行故障转移时运行副本。

需要知道的是，Hyper-V Replica 不是一种高可用性技术，而是一种灾难恢复技术。它不提供自动故障转移。

3.8.1 计划 Hyper-V Replica

Hyper-V Replica 在 Windows Server 2016 中有以下特性：

- 可改变复制的频率。在 Windows Server 2016 中，可以将复制间隔设置为 30 秒、5 分钟或 15 分钟。
- 可将一个虚拟机复制到两个独立的服务器上，运行虚拟机的活跃副本的服务器复制到副本服务器上，然后副本服务器复制到扩展的副本服务器上。

◆ Hyper -V Replica 可以利用 Microsoft Azure 实例作为副本存储库，这比构建灾难恢复站点更方便。

3.8.2 实现 Hyper-V Replica

在实现 Hyper-V Replica 技术之前，请确保满足以下先决条件：

◆ 在主服务器和副本服务器上有足够的存储空间，以驻留复制的虚拟机所使用的文件。

◆ 驻留主服务器和副本服务器的位置之间存在网络连接。这可以是 WAN 或 LAN 链接。

◆ 正确配置防火墙规则，来启用主站点和副本站点之间的复制操作(默认流量是通过 TCP 端口 80 或 443 端口进行的)。

◆ 有一个 X.509v3 证书，来支持 Mutual Authentication(如果需要)。

要启用 Hyper-V Replica 技术，请完成以下步骤：

(1) 在选项的 Replication Configuration 组中，将 Hyper-V 服务器作为副本服务器启用。

(2) 配置 Hyper-V 服务器设置。选择身份验证和端口选项，并配置授权选项。

(3) 配置副本文件的位置。应该在充当副本服务器的每个服务器上配置这些设置。

(4) 指定副本服务器名称和连接选项。

(5) 选择要复制的虚拟硬盘驱动器；将复制间隔配置为 30 秒、5 分钟(这是 Windows Server 2016 中的默认设置)或 15 分钟。

(6) 在 Windows Server 2016 中创建初始副本之后，还可以对运行 Hyper-V 的第三个物理实例或基于云的实例进行扩展复制。

3.8.3 Hyper-V Replica 中的故障转移选项

可以使用 Hyper-V Replica 来执行三种故障转移：测试故障转移、计划好的故障转移和故障转移。

测试故障转移：这种类型的故障转移执行一个无干扰的任务，在主虚拟机运行时，该任务允许在副本服务器上测试虚拟机，并且不会中断复制。测试虚拟机没有启动。默认情况下，它是断开连接的，以避免与正在运行的主虚拟机发生潜在冲突。

计划好的故障转移：这种类型的故障转移将主虚拟机转移到一个副本站点——例如，在执行站点维护之前。计划好的故障转移确认，在执行故障转移之前关闭主虚拟机。在故障转移期间，主虚拟机将它尚未复制的所有数据发送到副本服务器。然后，计划好的故障转移过程将虚拟机故障转移到副本服务器，并启动副本服务器上的虚拟机。在计划的故障转移后，虚拟机在副本服务器上运行，不复制其更改。如果想再次建立复制，就应该反向复制。

故障转移：只有当主虚拟机不可用或关闭时，才在复制的虚拟机上执行故障转移。故障转移是一种计划外事件，可能导致数据丢失，因为在灾难发生之前，主虚拟机的更改可能没有复制。在故障转移期间，虚拟机在副本服务器上运行。恢复主站点后，可反转复制方向，以重新建立复制。

3.9 Windows Server 2016 中故障转移集群的高可用性

虚拟化为组织的 IT 解决方案和计算能力提供了许多好处。但它不能提供开箱即用的高可用性。因此，应该为虚拟机提供高可用性解决方案。大多数组织都有对业务至关重要且必须高度可用的应用程序。要使应用程序具有高可用性，必须将其部署到为应用程序需要的所有组件提供冗余的环境中。

高可用性解决方案取决于在虚拟机上运行的应用程序的类型。应该仔细阅读给定应用程序的高可用性解决方案的最佳实践方式。根据所运行的应用程序，高可用性解决方案可能完全不同。例如，在虚拟环境中运行的 Exchange Server、Skype for Business Server 和 File Server 的高可用性解决方案是完全不同的。

假设在虚拟机中运行的应用程序支持在虚拟机级别部署高可用性解决方案。这种情况下，应该在 Hyper-V 主机上实现故障转移集群，这意味着在虚拟机上运行的应用程序本身并不知道在 Hyper-V 主机上运行的故障转移集群。

要使虚拟机高度可用，可从几个选项中进行选择。可将虚拟机实现为集群角色(称为主机集群)，也可在虚拟机中实现集群(称为客户集群)。

3.9.1 主机集群

主机集群是通过在 Hyper-V 主机服务器上安装故障转移集群特性来部署的。在这个场景中，虚拟机配置为高度可用的资源。这意味着在虚拟机中运行的客户操作系统和应用程序不需要知道集群。然而，虚拟机仍然高度可用。

如果控制虚拟机的主机节点因为意外而不可用，则次要主机节点将接管控制权，并尽快重新启动或恢复虚拟机。还可以采用受控方式将虚拟机从集群中的一个节点移到另一个节点。例如，可在主机操作系统上安装更新时，将虚拟机从一个节点移到另一个节点。

在集群的虚拟机中运行的应用程序或服务，不必与故障转移集群兼容，也不必知道虚拟机采用了集群方式。故障转移位于托管集群中的虚拟机级别；因此，在虚拟机上安装的软件没有依赖性。

3.9.2 客户集群

客户故障转移集群是在虚拟机上配置的。在此场景中，创建两个或多个虚拟机，并在客户操作系统中启用故障转移集群。然后，就可为虚拟机之间的高可用性启用应用程序或服务。

此外，作为集群成员的虚拟机应该位于不同的 Hyper-V 主机上，因为将它们放在同一台主机上代表单个故障点。在主机和虚拟机级别上实现故障转移集群时，无论失败的节点是虚拟机还是主机，资源都可以重新启动。这种配置也称为跨主机的客户集群。在生产环境中运行关键任务应用程序的虚拟机上，它是最佳的高可用配置。

在实现客户集群时，应该考虑以下几个因素：

- **应用程序或服务必须支持故障转移集群**。这包括支持集群的任何 Windows Server 2016 服务和任何应用程序，如集群的 Microsoft SQL Server 和 Microsoft Exchange Server。
- **应该在主机计算机和虚拟机上部署多个网络适配器**。理想情况下，如果使用此方法连接到存储器上，则应该将网络连接专门用于 iSCSI 连接。还应该在主机之间指定专用网络，并指定客户机使用的网络连接。

3.9.3 网络负载平衡

网络负载平衡(NLB)从最早的版本开始就是一个 Windows Server 特性(见图 3.7)。它将 IP 流量分配给 TCP/IP 主机的多个实例——例如，在安装 NLB 的主机上运行的 Web 服务器。NLB 在主机之间透明地分发客户机请求，它允许客户机使用虚拟主机名或虚拟 IP (VIP)地址访问集群。从客户机的角度看，集群似乎是响应这些客户端请求的单个服务器。随着企业流量的增加，可向集群添加另一个服务器。

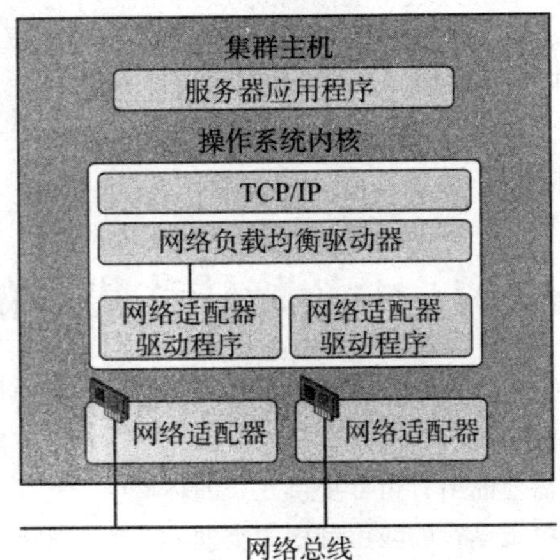

图 3.7 Windows 网络负载平衡

因此，NLB 是一种适用于资源的解决方案，这些资源不需要处理独占的读写请求，也不需要托管数据库。适用于 NLB 的应用程序示例包括基于 Web 的前端应用程序和服务。

在配置 NLB 集群时，必须在参与 NLB 集群的所有虚拟机上安装和配置应用程序。老版本的 Windows Server 也支持 NLB；但是，应该在一个 NLB 集群中使用相同的操作系统版本。与跨主机的客户集群类似，在不同的 Hyper-V 主机上定位虚拟机节点时，NLB 资源通常会从总体上增加的 I/O 性能中获益。与旧版本的 Windows Server 一样，不应该在同一个操作系统中实现 Windows Server 2016 NLB 和故障转移集群，因为这两种技术相互冲突。

3.9.4　什么是故障转移集群?

高可用性代表了一组技术，它们共同工作，以提供连续的功能和对服务和数据的访问，即使在某些计算机或网络组件发生意外故障的情况下也是如此。Windows Server 2016 中的故障转移集群为许多服务器角色和应用程序提供了高可用性解决方案。通过实现故障转移集群，如果故障转移集群中的一台或多台计算机发生故障，就可以维护应用程序或服务的可用性。

故障转移集群是一组独立的计算机，它们一起工作，以提高应用程序和服务的可用性。物理电缆和软件连接到集群服务器，称为节点。如果其中一个集群节点失败，另一个节点就开始提供服务。这个过程称为故障转移。通过故障转移，可以最小化服务中断。

在故障转移集群中，集群中的每个节点都具有以下属性：

- 与集群中的其他节点完全连接起来并通信。
- 知道另一个集群节点何时加入或离开。
- 连接到一个网络上，通过该网络，客户端计算机可以访问该集群。
- 通过共享总线或 iSCSI 连接，连接到共享存储器。
- 知道在本地运行的服务或应用程序，以及在所有其他集群节点上运行的资源。

集群存储器通常指所有集群节点通过共享总线连接到的逻辑设备(通常是驱动器或逻辑单元 LUN)。共享磁盘存储集群管理的应用程序和文件共享等资源。

故障转移集群通常定义至少两个数据通信网络：

- 一个网络支持集群与客户端沟通。
- 第二个独立的网络允许集群节点成员彼此直接沟通。

如果不使用直接连接的共享存储，则可在集群节点和数据存储网络之间建立第三个网络段(用于 iSCSI 或 Fibre Channel)。

大多数集群的应用程序及其相关资源一次分配给一个集群节点。提供对这些集群资源访问的节点是活动节点。如果节点检测到集群应用程序的活动节点故障，或者活动节点脱机进行维护，集群的应用程序就在另一个集群节点上启动。

图 3.8 显示了典型的集群体系结构。

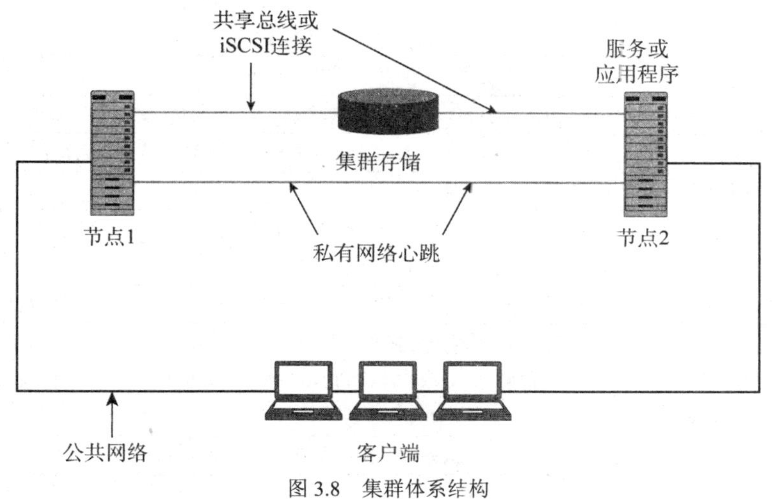

图 3.8　集群体系结构

3.9.5　故障转移集群的高可用性

故障转移集群提供了在不同的故障场景中可用的数据、应用程序和服务，来满足组织对高可用性的业务需求。但是，应该安装特定硬件配置，以满足故障转移集群的先决条件。此外，应该安装特定的操作系统特性和应用程序组件，作为部署故障转移集群的先决条件。

在为特定技术部署故障转移集群之前，请阅读关于该特定技术的故障转移集群规划和部署指南，以及最佳实践文档。针对不同应用程序的高可用性部署可能有所不同。例如，Microsoft Exchange Server 在 Windows Server 操作系统中使用了故障转移集群特性；但是，可以使用 Exchange Server 管理工具来执行高可用性部署和故障转移集群安装的过程。为部署 Hyper-V 的高可用性，必须在 Server Manager 控制台或 Windows Server 操作系统的 Windows PowerShell 中安装故障转移集群特性。

应用程序必须对用户故障转移集群具有集群意识。Windows 服务器操作系统中的故障转移集群为以下应用程序和特性提供了高可用性：

- DFS 名称空间服务器
- DHCP 服务器
- 分布式事务协调器(DTC)
- 文件服务器
- 通用应用程序
- 通用的脚本
- 通用服务
- Hyper-V Replica Broker
- iSCSI 目标服务器
- Internet Storage Name Service (iSNS)服务器
- 消息队列
- 其他服务器 (仅创建客户端访问点和存储，创建集群后将添加一个应用程序)
- 虚拟机
- WINS 服务器

3.9.6 集群术语

要部署故障转移集群，应该了解集群术语。故障转移集群的术语在 Windows Server 和第三方故障转移集群产品中都类似。

表 3.4 定义了故障转移集群术语。

表 3.4 故障转移集群术语

术 语	定 义
节点	一台 Windows Server 2016 计算机，作为故障转移集群的一部分，安装了故障转移集群功能
服务或应用程序	可在集群节点之间移动的服务(例如，集群的文件服务器可在任何节点上运行)
共享存储	所有集群节点都可访问的外部存储
仲裁数量	集群继续运行时必须在线的元素数量。当集群节点投票时，将确定仲裁数量
见证	当节点数为偶数时，参与集群投票的服务器
故障转移	由于节点故障或管理员的操作，将集群资源从第一个节点转移到第二个节点的过程
故障恢复	由于第一个节点再次联机或管理员的操作，将集群资源从第二个节点转移回第一个节点的过程。如果服务或应用程序因为故障从 Node1 转移到 Node2，当 Node1 再次可用时，服务或应用程序就返回到 Node1
客户机	连接到故障转移集群，且不知道服务运行在哪个节点上的计算机

3.9.7 集群类别和类型

集群技术包括不同类型的集群，这取决于需要为高可用性配置的应用程序类型。集群部署可能因集群节点的位置而异。此外，集群功能可根据在每个集群成员节点上执行的活动而有所不同。

考虑根据组织的特定业务需求部署不同类别和类型的集群。集群类别和类型包括：

- 集群的类型。例如，通过部署故障转移集群可以实现 Hyper-V 高可用性，而使用 NLB 集群可为 Web 服务器实现高可用性。
  - 为有状态的应用程序部署故障转移集群，如 SQL Server 和 Exchange Server。有状态的应用程序具有长时间运行的内存状态，或者具有频繁更新的数据状态。其他类型的故障转移集群应用程序包括 Hyper-V、文件服务器和打印服务器。
  - 为无状态的应用程序部署 NLB，比如 Web 服务器。无状态的应用程序没有长时间运行的内存状态，只能处理只读或不经常更改的数据。无状态的应用程序将每个客户机请求视为独立的操作，它们可以独立地均衡每个请求的负载。无状态的应用程序包括 Web 服务器、虚拟专用网(VPN)、文件传输协议(FTP)服务器以及防火墙和代理服务器。NLB 集群支持基于 TCP 或 UDP 的不同服务和应用程序。
- 单站点集群和多站点集群。集群部署可以包括所有节点都位于一个数据中心的场景。但是，有些公司希望扩展应用程序的可用性，以防主数据中心不可用。因此，组织部署可伸缩集群，即在多个数据中心部署节点。多站点集群还可包括组织在云环境(如 Azure)中定位一些集群节点或见证服务器的场景。
- 主动-主动和主动-被动集群。在主动-主动集群配置中，例如外扩文件服务器集群，多个节点运行集群应用程序资源，并接受客户端连接。在主动-被动集群配置中，一个节点运行集群应用程序，而其他节点是被动的，不接受客户端连接。如果某个活动节点因任何原因失败，则剩余的一些被动节点将成为活动节点，并运行应用程序，接受客户端连接。

3.9.8 故障转移集群组件

故障转移集群解决方案由几个组件组成，如表 3.5 所示。

表 3.5 故障转移集群组件

组 件	定 义
节点	这些计算机是故障转移集群的成员，它们运行集群服务，以及与集群相关的任何资源和应用程序
网络	集群节点可以相互通信、也可以与客户端通信的网络
资源	节点承载资源。集群服务管理资源，可以启动、停止资源，并将其移动到另一个节点
集群存储	集群节点共享的存储系统。在某些场景中，例如运行 Exchange Server 的服务器集群，不需要共享存储
仲裁数量	集群继续运行时必须在线的元素数量。当集群节点投票时，将确定仲裁数量
见证	见证可以是文件共享或磁盘，用来维护仲裁数量。理想情况下，见证应该位于逻辑上和物理上都与故障转移集群使用的网络不同的网络上。但是，见证必须能被所有集群节点成员访问
服务或应用程序	微软提供给客户、由客户使用的软件实体
客户	使用集群服务的计算机(或用户)

组织部署用于数据保护、高可用性、站点恢复和灾难恢复的不同技术。然而，没有一种技术能够覆盖所有的故障或数据丢失场景。因此，组织应该知道哪些技术组合可以保护它们免受不同失败场景的影响。

例如，故障转移集群保护组织不受服务器硬件故障的影响，但它不能保护组织不受数据删除或数据损坏造成的数据丢失的影响。Windows Server Backup 保护组织不受数据删除或数据损坏造成的数据丢失的影响，但它不保护组织不受服务器硬件故障的影响。因此，组织应该使用故障转移集群保护它们的应用程序不受服务器硬件故障的影响，还应该使用 Windows Server Backup 保护数据不受数据删除和损坏的影响。

表 3.6 列出了多个 Windows Server 技术，以及它们如何应对不同的故障。

表 3.6 故障转移

	无停机	硬件故障	站点故障	数据删除或损坏	自动故障转移
实时迁移	是	否	否	否	否
集群	视应用程序而定	是	视应用程序而定	否	是
Hyper-V Replica	否	是	是	视应用程序而定	否
Windows Server Backup	否	是	视应用程序而定	是	否

3.9.9 实现故障转移集群的硬件需求

为集群节点选择硬件时，必须了解硬件需求。为满足可用性和支持需求，故障转移集群必须满足以下硬件标准。

- 应该使用 Windows 服务器身份验证的硬件。
- 应该在每个故障转移集群节点上安装相同或相似的硬件。例如，如果选择特定型号的网络适配器，就应该在每个集群节点上安装此适配器。这有助于避免兼容性和容量问题。
- 如果使用 iSCSI 存储连接，就应该确保每个集群服务器都有一个或多个网络适配器或主机总线适配器，专用于集群存储。不应该给非存储网络通信使用用于 iSCSI 存储连接的网络。在所有集群的服务器中，用于连接 iSCSI 存储目标的网络适配器应该是相同的，建议使用 GB 以太网或更快的适配器。
- 用硬件配置服务器后，应该确保服务器通过 Validate a Configuration Wizard 中的所有测试，之后考虑微软支持的集群配置。

为集群节点选择基础设施时，必须确保故障转移集群满足以下硬件条件，以满足可用性和支寺需求，包括以下内容：

- 应该运行 Active Directory 域控制器的支持版本，它们应该使用 Windows Server 2008 或更新版本。
- 域功能级别和森林功能级别应该使用 Windows Server 2008 或更新版本。
- 应该运行域名系统(DNS)服务器的受支持版本，它们应该使用 Windows Server 2008 或更新版本。
- 配置高可用性的应用程序应该支持 Windows Server 2016 操作系统。

Windows Server 2016 包含与 Windows Server 2008 和较新操作系统相同的仲裁(quorum)模式，但是对于配置仲裁数量的流程和建议有一些改变。然而，大多数投票仍然决定集群是否达到仲裁数量。节点可以投票，磁盘见证(集群存储中的磁盘)、文件共享见证(文件共享)或 Azure 云见证(在适当情况下)也可以投票。

在 Windows Server 2012 之前，只有 4 种仲裁模式：

Node Majority：每个参与通信的可用节点都可以投票。集群仅在多数或者超过半数的节点可以投票时起作用。如果集群由奇数个服务器节点组成，且不需要见证人来维护或实现仲裁，则首选此模型。

Node and Disk Majority：每个节点都可以投票，集群存储中的指定磁盘(磁盘见证器)也可以投票，只要它们是可用的并处于通信状态。集群功能只在大多数(超过一半)节点可以投票时起作用。此模型的基础是，偶数个服务器节点可以彼此通信，也可以与磁盘见证器通信。

Node and File Share Majority：每个节点都可以投票，管理员创建的指定文件共享(文件共享见证)也可以投票，集群的功能只在大多数节点可以投票时起作用。此模型的基础是，集群的服务器节点的偶数可以相互通信，也可以与文件共享见证器通信。

No Majority:Disk Only：如果一个节点可用，并且与集群存储中的特定磁盘通信，则该集群达到了仲裁数量。只有与该磁盘通信的节点才能加入集群。

3.9.10 动态仲裁

在 Windows Server 2012 中，引入了一种新的模式，称为动态仲裁，即根据在线服务器的数量动态调整仲裁票数。例如，如果有一个 5 节点的集群，让两个节点处于暂停状态，剩余的节点之一崩溃，则集群就无法达到仲裁数量，在任何旧配置中脱机。但是，前两个服务器脱机时，动态仲裁模式将调整集群的投票，因此，集群的仲裁数量需要两票而不是三票。好处是具有动态仲裁模式的集群可以一直在线。

Windows Server 2012 R2 引入了基于动态仲裁模式的动态见证。动态见证是根据集群的节点数量进行动态投票的见证。如果有偶数个节点，见证器就有投票权。如果节点数为奇数，见证器就没有投票权。集群的建议配置是，只在节点数量为偶数时才创建见证器。然而，动态见证器可以移除投票，使集群总是有奇数票，因此应当为所有集群配置见证器。这是配置的默认模式，也是大多数 Windows Server 2016 和 Windows Server 2012 R2 场景的最佳实践。在 Windows Server 2016 中，唯一建议的仲裁模式是动态仲裁，这是默认配置。

在 Windows Server 2016 中，可以选择使用文件共享见证、磁盘见证或 Azure 云见证，如下所示：

磁盘见证：磁盘见证是在大多数场景(尤其是本地集群场景)中使用的主要见证。在此配置中，所有节点都可以访问共享磁盘。这种配置的最大好处之一是集群将集群数据库的副本存储在磁盘见证上。

文件共享见证：当共享存储不可用或集群跨越地理位置时，文件共享见证是最理想的。此选项不存储集群数据库的副本。

Azure 云见证：Azure 云见证是 Windows Server 2016 的新产品，是运行互联网连接的拉伸集群时的理想选择。这种技术不需要在第三方数据中心位置或云 VM 中配置文件共享见证。相反，此选项内置在故障转移集群中，不存储集群数据库的副本。云见证使用 Microsoft Azure 作为仲裁点。可使用 Configure a Cluster Quorum 向导将云见证配置为仲裁见证。云见证使用公开可用的 Microsoft Azure Blob Storage 来读取/写入 Blob 文件，然后将其用作仲裁点，以解决脑裂问题，消除公共云中托管的 VM 的额外维护开销。可以为多个集群使用相同的 Microsoft Azure Storage Account，每个集群使用一个 blob 文件，blob 文件名就是集群的唯一 ID。因为故障转移集群在集群节点的状态变化期间在每个 blob 文件中写入非常小的数据，Azure 云见证不为 Storage Account 创建高成本的存储账户。

还应该考虑集群节点的容量，并考虑它们支持故障转移到该节点的服务和应用程序。例如，集群有四个节点和一个磁盘见证器，则在两个节点失败后，该集群仍然具有仲裁能力。但是，如果在集群上部署多个应用程序或服务，则剩余的每个集群节点都可能没有能力提供服务。

3.9.11　计划迁移和升级故障转移集群

Windows Server 2016 有一个新的进程来升级故障转移集群，称为 Cluster Operating System Rolling Upgrade。如果当前正在执行集群操作系统升级，那么在升级集群的功能级别之前，先要升级集群操作系统(OS)。例如，如果使用 Windows Server 2012 R2 中的两节点集群，就可将其升级到 Windows Server 2016，方法是从一个节点抽取角色，使节点脱机，然后从集群中删除它。接着可将该节点升级到 Windows Server 2016，并将该节点添加回集群。集群继续在 Windows Server 2012 R2 的 Windows 功能级别上运行。然后，可将角色提取回 Windows Server 2016 节点。接着从集群中删除 Windows Server 2012 R2 节点，升级它，并将其添加回集群。最后，两个节点都运行 Windows Server 2016，可以运行以下 Windows PowerShell 命令，来升级功能级别：

```
Update-ClusterFunctionalLevel
```

例如，假设需要升级一个 Hyper-V 故障转移集群。此任务可在 Windows Server 2016 中执行，不必停机。

集群中每个节点的升级步骤包括：

(1) 移动在集群节点上运行的所有虚拟机，然后暂停集群节点。

(2) 执行一个干净的安装，用 Windows Server 2016 替换集群节点操作系统。

(3) 将现在运行 Windows Server 2016 操作系统的节点添加回集群。

(4) 接下来，将所有节点升级到 Windows Server 2016。

(5) 最后，使用 Windows PowerShell cmdlet Update-ClusterFunctionalLevel 将集群功能级别升级到 Windows Server 2016。

3.9.12　验证向导和集群支持策略要求

验证向导和集群支持策略要求验证向导对不同的故障转移集群硬件配置和设置执行多个测试。可以在配置故障转移集群之前和之后运行向导，它将验证故障转移集群节点的每个组件是否满足硬件、网络、基础设施和软件需求。向导必须验证 Windows Server 2016 故障转移集群的每个集群节点组件。

验证向导帮助执行多种类型的测试，例如：

- 集群
- 库存
- 网络
- 存储
- 系统

此外，它帮助：

- 发现与硬件或配置设置相关的任何问题
- 验证对集群的硬件或配置设置的更改
- 对集群进行诊断测试

还可以使用 Test-Cluster cmdlet 运行验证测试。有些测试要求在测试开始之前执行管理操作。例如，在集群角色使用的磁盘或存储池上运行存储测试之前，必须运行 Stop-ClusterGroup cmdlet 来停止集群角色。测试完成后，可以重新启动集群角色。

如果在验证过程中出现任何问题和错误，请使用 Cluster Validation Wizard 生成的报告来分析和执行故障排除。还可将报告发送给产品支持团队。

在配置任何故障转移集群角色之前，必须安装故障转移集群特性。要实现服务器角色的集群，执行以下过程：

(1) 安装故障转移集群特性。使用 Server Manager 或 Windows PowerShell 在所有将成为集群成员的计算机上安装故障转移集群特性。

(2) 验证配置，并使用适当的节点创建集群。使用 Failover Cluster Management 管理单元验证配置，然后使用它创建具有所选节点的集群。

(3) 在所有集群节点上安装角色。使用 Server Manager 安装要在集群中使用的服务器角色。

(4) 使用 Failover Cluster Management 管理单元创建集群角色。

(5) 配置集群角色。在集群使用的应用程序上配置选项。

(6) 使用 Failover Cluster Management 管理单元，故意将服务从一个节点移动到另一个节点，来测试故障转移。

3.9.13 配置角色

故障转移集群支持集群多个 Windows Server 角色，如 File Services、DHCP 和 Hyper-V。在计划配置为故障转移集群节点的服务器上安装故障转移集群特性之后，应该使用 Cluster Manager 或 Windows PowerShell 安装集群角色。

表 3.7 列出了可在故障转移集群节点上配置的集群角色以及每个角色需要安装的组件。

表 3.7 集群角色

集 群 角 色	角色或特性的先决条件
DFS 名称空间服务器	DFS 名称空间(文件服务器角色的一部分)
DHCP 服务器	DHCP 服务器角色
分布式事务协调器(DTC)	无
文件服务器	文件服务器角色
通用应用程序	不适用
通用脚本	不适用
通用服务	不适用
Hyper-V Replica 代理器	Hyper-V 角色
iSCSI 目标服务器	iSCSI 目标服务器(文件服务器角色的一部分)
iSNS 服务器	iSNS 服务器服务功能
消息队列	消息队列服务特性
其他服务器(只创建客户端访问点和存储)	无
虚拟机	Hyper-V 角色
WINS 服务器	WINS 服务器特性

要在 Cluster Manager 中配置集群节点，应该展开集群名称，然后右击 Roles 并单击 Configure Role，按照向导中的步骤操作。完成安装后，应该确保在 Failover Clustering 控制台中的所有节点上，该角色的状态是 Running。

3.9.14 故障转移集群的管理

可执行几个故障转移集群管理任务，包括添加和删除集群节点，修改仲裁设置等。一些最常用的配置任务包括：

管理集群节点：对于集群中的每个节点，可以暂时停止集群服务，向节点发起远程桌面会话，或将节点从集群中移除。还可以选择删除集群中的所有节点，比如执行维护工作或安装更新。这个功能是支持 Cluster-Aware Updating

(CAU)的基础设施的一部分，用于修补集群的节点。

管理集群网络：可添加或删除集群网络，还可配置专门用于集群间通信的网络。

管理权限：如果管理权限，可以委托权限来管理集群。

配置集群仲裁设置：如果配置仲裁设置，就确定如何实现仲裁，以及谁可以在集群中投票。

将服务和应用程序迁移到集群中：可将现有的服务实现到集群中，并使它们高度可用。

配置新的服务和应用程序，以在集群中工作：可在集群中实现新的服务。

删除集群：如果要将服务移到另一个集群，则可删除集群。但是，首先必须删除正在集群中使用的服务。

可以使用 Failover Cluster Management 控制台或 Windows PowerShell 执行这些管理任务。

3.9.15 配置集群属性

集群节点对于每个集群都是必需的。在创建集群并将其移动到产品中之后，可能需要配置集群属性，这可以通过 Failover Cluster Manager 控制台来完成。

右键单击 Failover Cluster Manager 中的集群对象，然后单击 Prcperties，可配置集群属性。属性窗口中可用的选项卡包括：

General：显示集群的名称，管理集群组属性。在 Cluster Group 属性中，可为核心集群资源组选择首选所有者，并配置故障转移和故障恢复设置。

Resource Types：允许管理当前集群资源类型，添加新的集群资源类型。

Balancer：允许配置虚拟机平衡。

Cluster Permissions：允许配置集群安全权限。

3.9.16 管理集群节点

管理集群节点有三个方面：

添加节点：要向已建立的故障转移集群添加节点，可以在 Failover Cluster Management 控制台的 Actions 窗格中选择 Add Node，Add Node 向导会提示用户输入所添加节点的信息。

暂停节点：可以暂停节点，以防止资源失效或转移到该节点。当一个节点已在进行维护或故障排除时，通常会暂停它。

删除节点：可以删除节点，对于集群节点来说，这是一个不可逆转的过程。删除节点后，必须将其添加回集群。当节点受损、无法修复或集群不再需要它时，就删除该节点。如果删除了一个损坏的节点，可以修复或重新构建它，然后使用 Add Node 向导将其添加回集群。在 Failover Cluster Manager 控制台的 Actions 窗格和 Windows PowerShell (见图 3.9)中可使用这些配置操作。

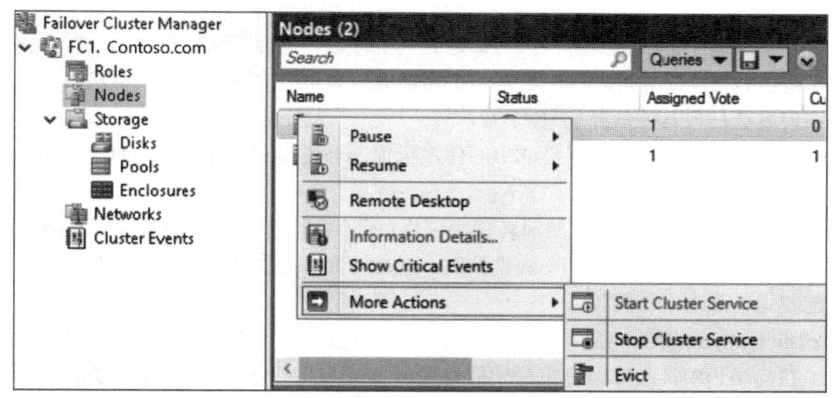

图 3.9　管理集群节点

故障转移将提供对集群资源访问的责任从一个节点转移到另一个节点。当一个节点由于硬件故障而出现计划外停机时，或者活动节点上的服务故障可以向另一个节点发起故障转移时，就会发生故障转移。当管理员有意将资源转移到另一个节点进行维护时，也会发生故障转移。

故障转移尝试包括以下步骤：

(1) 集群服务按照实例的依赖层次结构决定的顺序，使所有的实例资源脱机。依赖资源首先脱机，然后依赖它们的资源脱机。例如，如果应用程序依赖于物理磁盘资源，集群服务首先将应用程序脱机，这样应用程序能在磁盘脱机之前向磁盘写入更改。

(2) 集群服务尝试将实例转移到实例首选所有者列表中的下一个节点。这发生在所有资源脱机之后。

(3) 如果集群服务成功地将实例移动到另一个节点，它就尝试使所有资源联机。它以依赖层次结构的倒序开始。在这个示例中，集群服务首先尝试将磁盘恢复到联机状态，然后是应用程序。当新节点上的所有资源都联机时，故障转移就完成了。

这条规则也有例外。一个例外是，当运行 Windows Server 2012 R2 或更新版本的 Hyper-V 服务故障转移时，该角色不会脱机。相反，它写入到源位置和资源所有者的目的地，直到故障转移完成。然后将 I/O 移动到新的故障转移集群节点。

可将集群服务预配置为故障恢复实例，这些实例最初驻留在脱机节点上，该脱机节点再次激活后，就让集群服务故障恢复到实例。此时，集群服务使用与故障转移期间相同的过程，这意味着集群服务将所有实例的资源脱机，移动实例，然后将实例中的所有资源重新联机。

1. 计划故障转移与非计划故障转移

故障转移集群在完成计划好的故障转移时，会执行前面讨论的步骤。对于计划外的故障转移，故障恢复步骤与计划好的故障转移相同。然而，当一个节点在没有任何计划的情况下脱机时，通常会发生计划外的故障转移。因此，服务在拥有它们的节点上突然关闭。这导致 Failover Cluster Manager 跳到第 3 步，然后节点试图尽快将脱机服务重新联机。

2. 配置集群联网

联网和网络适配器是每个集群实现的重要部分。如果不配置集群使用的网络，就无法配置集群。网络可以执行集群中的三个角色之一，包括：

私有网络： 私有网络承载内部集群的通信。使用这种类型的网络时，集群节点交换心跳，并检查其他节点。故障转移集群对所有内部通信进行身份验证。然而，考虑到安全性，管理员可能希望将内部通信限制到物理上安全的网络。

公共网络： 公共网络为客户计算机提供对集群应用服务的访问。故障转移集群应用程序在网络上创建 IP 地址资源，为客户机提供对集群服务的访问。

公共和私有网络： 公共和私有网络也称为混合网络，承载内部集群通信，并将客户端连接到集群应用服务。

3.9.17 配置仲裁属性

集群仲裁是故障转移集群中的关键资源，因为如果丢失了仲裁，集群节点将不会响应客户机请求。因此，必须正确配置集群仲裁。适当的集群配置可确保集群资源在集群成员关系更改期间处于联机状态，例如计划内的或计划外的节点关闭、网络问题或任何其他故障场景。

要修改 Windows Server 2016 故障转移集群中的仲裁配置，可使用 Configure Cluster Quorum 向导或 Windows PowerShell cmdlet。可用的三个仲裁配置选项如下：

Use Typical Settings： 使用此选项时，故障转移集群将自动为每个节点分配投票，并动态管理节点投票。如果硬件配置包含集群共享存储，集群将选择一个磁盘见证。在此场景中，故障转移集群软件将自动选择仲裁和见证配置，为特定的集群配置提供最高的可用性。

Add or Change the Quorum Witness： 在使用此选项时，可以添加、更改或删除一个见证资源。见证资源可以是文件共享或磁盘。在此场景中，故障转移集群软件将自动为每个节点分配投票，并动态地管理节点投票。

Advanced Quorum Configuration and Witness Selection： 只有当应用程序或站点位置对仲裁配置有特定要求时，才需要此选项。在此场景中，要手动修改仲裁见证，添加或删除节点投票。还可以选择该集群动态管理节点投票。默认情况下，投票分配给所有节点，节点投票是动态管理的。

3.9.18 什么是支持集群的更新?

对集群的节点应用操作系统更新时，必须小心。在早期的 Windows Server 版本中，可为集群角色提供零停机时间，但必须手动更新集群节点，每次更新一个。此外，还必须将资源从要更新的节点移到另一个节点。这个过程非常耗时。在 Windows Server 2012 中，微软实现了支持集群的更新(CAU)，这是一种用于自动更新集群节点的功能。

CAU 功能允许管理员自动更新集群节点，在更新过程中很少或没有损失可用性。在更新过程中，CAU 透明地将每个集群节点脱机，安装更新和任何相关的更新，在必要时重新启动，使节点重新联机，然后移动到集群中的下一个节点，进行更新。

对于许多集群角色，这个自动更新过程会触发计划内的故障转移，并可能导致连接的客户端出现短暂的服务中断。然而，对于 Windows Server 2016 中持续可用的工作负载，例如带有实时迁移的 Hyper-V 或带有 SMB 透明故障转移的文件服务器，CAU 可在不影响服务可用性的情况下编排集群的更新。

CAU 以下列两种模式之一编排完整的集群更新：

远程更新模式：在这种模式下，可以配置一台运行 Windows Server 2012 R2、Windows 8.1 或更新版本的计算机作为 CAU 协调器。要将计算机配置为 CAU 协调器，必须安装故障转移集群管理工具。协调器计算机不应该是要更新的集群成员。在协调器计算机中，管理员使用默认或自定义的 Updating Run 配置文件，触发按需更新。远程更新模式适于监控 Updating Run 期间的实时进度，以及在 Windows Server 2016 的 Server Core 安装上运行的集群。

自更新模式：在这种模式中，将 CAU 集群角色配置为要更新的故障转移集群上的工作负载，然后定义一个关联的更新计划。这种情况下，CAU 没有专用的协调器计算机。集群使用默认或自定义的 Updating Run 配置文件，在预定时间更新自己。在 Updating Run 期间，CAU 协调器流程从目前拥有 CAU 集群角色的节点上启动，在每个集群节点上依次执行更新。

在自更新模式中，CAU 可以使用完全自动化的端到端更新进程来更新故障转移集群。管理员也可在这种模式下按需要触发更新，或使用远程更新。在自更新模式中，管理员可以连接到集群，并运行 Windows PowerShell Get-CauRun cmdlet，来访问 Updating Run 的摘要信息。

要使用 CAU，必须先在 Windows Server 2016 中安装故障转移集群特性，然后创建故障转移集群。支持 CAU 功能的组件随后会自动安装在每个集群节点上。

还必须安装 CAU 工具，其中包括故障转移集群工具。这些工具也是远程服务器管理工具(RSAT)的一部分。CAU 工具包括 CAU GUI 工具和 Windows PowerShell cmdlet。在安装故障转移集群特性时，故障转移集群工具默认安装在每个集群节点上。还可在运行 Windows Server 2016 或 Windows 10 的本地或远程计算机上安装这些工具，这些计算机具有到故障转移集群的网络连接。

如果组织的集群具有大量节点，或组织具有许多不同类型集群，管理就更具挑战性。因此，对于管理员来说，使用 Windows PowerShell 能更有效地创建和管理集群，也便于排除故障。

管理和故障转移集群的一些常见 cmdlet 包括：

Get-Cluster：返回给定域中一个或多个故障转移集群的信息。

Get-ClusterAccess：返回控制故障转移集群的访问权限的信息。

Get-ClusterDiagnostics：对包含虚拟机的集群返回诊断信息。

Get-ClusterGroup：返回故障转移集群中的一个或多个集群角色(资源组)的信息。

Get-ClusterLog：为故障转移集群中的所有节点或特定节点创建一个日志文件。

Get-ClusterNetwork：返回故障转移集群中的一个或多个网络的信息。

Get-ClusterResourceDependencyReport：生成一个报告，列出故障转移集群中资源之间的依赖关系。

Get-ClusterVMMonitoredItem：返回虚拟机中监视的服务和事件列表。

Test-Cluster：为故障转移集群的硬件和设置运行验证测试。

Test-ClusterResourceFailure：模拟集群资源的失败。

3.9.19 什么是拉伸集群?

拉伸集群在多个位置提供高度可用的服务。尽管拉伸集群可以解决几个特定问题，但它们也提出了特定挑战。

拉伸集群的存储复制功能允许每个站点独立，并提供对本地磁盘的快速访问。对于单独的存储系统，不能在站点之间共享磁盘(见图 3.10)。

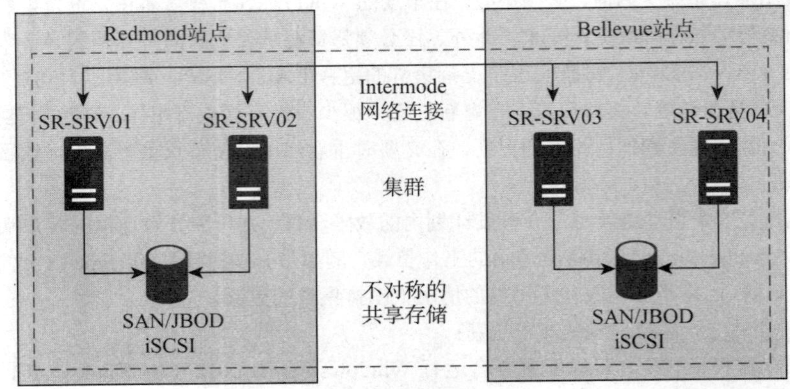

图 3.10　拉伸集群的体系结构

与远程服务器相比，拉伸集群在故障转移站点上有三个主要优势。这些优势包括：

◆ 当一个站点失败时，拉伸集群可将集群的服务或应用程序自动转移到另一个站点。

◆ 因为集群配置自动复制到拉伸集群的每个节点上，所以管理开销比使用备用服务器少，备用服务器需要手动复制更改。

◆ 拉伸集群的自动流程减少了人为错误的可能性，而人为错误是手动过程所固有的。

但是，由于拉伸-故障转移集群的成本和复杂性在增加，它可能不是每个应用程序或业务的理想解决方案。在考虑是否部署拉伸集群时，应该评估应用程序对业务的重要性、所使用的应用程序类型以及任何替代解决方案。有些应用程序可使用日志传送或其他过程轻松地提供扩展冗余，实现足够的可用性，而成本和复杂性仅稍有提高。

拉伸集群较为复杂，需要比单站点集群更详细的体系结构和硬件计划。它还要求开发定期测试集群功能的业务程序。

实现拉伸集群与实现单站点集群有不同的先决条件。理解这些差异以及如何为实现多站点集群做好准备是非常重要的。

在实现多站点故障转移集群之前，必须确保以下内容：

◆ 在每个站点上必须有足够的节点和投票，这样，即使一个站点停机，集群也能联机。这种设置需要额外的硬件，会显著增加成本。

◆ 所有节点必须有相同的操作系统和服务包版本。

◆ 必须在网站之间提供至少一个低延迟、可靠的网络连接。这对于集群心跳很重要。默认情况下，无论子网如何配置，心跳频率或子网延迟是每秒钟(或 1000 毫秒)一次。对于心跳频率，在公共子网上的范围是每 250 到 2000 毫秒一次，在子网之间是 250 到 4000 毫秒一次。默认情况下，节点错过 5 个心跳构成的一个系列时，另一个节点就启动故障转移。这个值的范围或子网阈值是 3～10 个心跳。

◆ 必须提供存储复制机制。故障转移集群不提供存储复制机制。还需要多个存储解决方案，每个创建的集群有一个解决方案。

◆ 必须确保用于集群的所有其他必要服务(如 AD DS 和 DNS)，在另一个网站均可用。还必须确保当发生故障转移时，客户端连接可重定向到新的集群节点。

3.10　Hyper-V 的故障转移集群

实现故障转移集群，并将 VM 配置为高度可用的资源时，故障转移集群将 VM 视为其他任何应用程序或服务。例如，如果主机发生故障，故障转移集群会在集群中的另一台主机上尽快恢复对 VM 的访问。每次只有一个节点运行 VM。但是，作为计划迁移的一部分，还可将 VM 移动到同一集群中的其他任何节点。

故障转移过程将提供对集群中资源的访问的责任从一个节点转移到另一个节点。当管理员出于维护或其他原因，故意将资源转移到另一个节点时，或者由于硬件故障或其他原因导致某个节点的计划外停机时，可能发生计划好的故障转移(也称为 switchover)。

故障转移过程包括以下步骤：

(1) VM 运行的节点拥有 VM 的集群实例，控制对共享总线的访问或到集群存储的 iSCSI 连接，并拥有分配给 VM 的任何磁盘或逻辑单元号(LUN)的所有权。集群中的所有节点都使用专用网络互相发送常规信号，称为心跳信号。心跳指示一个节点在网络上运行和通信。默认心跳配置指定，每个节点每秒(或 1000 毫秒)通过 TCP/UDP 端口 3343 发送一个心跳。

(2) 当承载 VM 的节点没有通过网络向其他节点发送常规心跳信号时，就会启动故障转移。默认情况下，连续 5 次错过心跳(或 5000 毫秒)，就会启动故障转移。故障转移可能由节点故障或网络故障引起。当不再接收故障节点发出的心跳信号时，集群中的其他节点就开始接管 VM 使用的资源。

配置 Preferred Owner 和 Possible Owners 属性，可定义能接管资源的一个或多个节点。如果资源有多个可能的故障转移节点，Preferred Owner 属性就指定所有权的层次结构。默认情况下，所有节点都是 Possible Owners 的成员。因此，删除一个作为 Possible Owner 的节点，该节点就不会在故障情况下接管资源。

例如，假设用四个节点来实现故障转移集群。但只将两个节点配置为 Possible Owner。在故障转移事件中，如果两个 Preferred Owner 都不在线，则资源仍可能被第三个节点接管。尽管没有将第四个节点配置为 Preferred Owner，但如果它仍然是 Possible Owner 的成员，故障转移集群将使用它在必要时恢复对资源的访问。

资源是按依赖顺序联机的。例如，如果 VM 引用 iSCSI LUN，就按顺序存储对适当的主机总线适配器(HBA)、网络和 LUN 的访问。当新节点上的所有资源都联机时，故障转移就完成了。对于与资源交互的客户端，存在一个短期的服务中断，大多数用户可能不会注意到这一点。

(3) 还可配置集群服务，使其在再次激活后将故障返回到脱机节点。当集群服务失败时，它使用的过程与故障转移期间相同。这意味着集群服务将该实例关联的所有资源脱机，移动实例，然后将实例中的所有资源重新联机。

自 Windows Server 2008 引入 Hyper-V 以来，Hyper-V 的故障转移集群功能有了诸多改进。Windows Server 2016 继续基于 Hyper-V 的故障转移集群，且在以下领域有一些更新的特性和改进：

- **支持最大节点和 VM。**故障转移集群最多支持 64 个节点，每个集群支持 8000 个 VM(每个节点支持 1024 个 VM)。
- **文件共享存储。**Windows Server 2012 允许在文件服务器集群中的服务器消息块(SMB)文件共享上存储 VM。这是一种提供可由多个集群访问的共享存储的方法，允许在集群之间移动 VM 而不移动存储器。要启用此功能，请部署文件服务器集群角色，并为应用程序数据选择外扩文件服务器。
- **共享虚拟磁盘。**Windows Server 2012 R2 允许使用 vhdx 作为客户集群的共享虚拟磁盘。Windows Server 2016 为共享磁盘提供了改进的特性，并引入了一种新的磁盘格式.vhds(VHD Set)。
- **Hyper-V 集群滚动升级。**在 Windows Server 2016 中，当从 Windows Server 2012 R2 升级时，可以一次升级一个节点。升级 Hyper-V 集群中的所有节点后，可以升级整个集群的功能级别。
- **VM 配置版本。**Windows Server 2016 基于滚动升级，不会自动更新 VM 的配置版本。现在可以手动更新 VM 配置版本。这允许 VM 在 Windows Server 2016 和 Windows Server 2012 R2 之间来回迁移，直到完成滚动升级为止。现在就准备好升级到 Windows Server 2016 版本，利用 Windows Server 2016 Hyper - V 的新特性。

3.10.1 实现 Hyper-V 故障转移集群

要为 Hyper-V 实现故障转移集群，必须完成以下高级步骤：

(1) 安装和配置所需的 Windows Server 2016 版本。完成安装后，配置网络设置，将计算机连接到 Active Directory 域中，然后配置到共享存储的连接。

(2) 配置共享存储。必须使用磁盘管理器在共享存储上创建磁盘分区。

(3) 在主机服务器上安装 Hyper-V 和故障转移集群特性。可使用 Microsoft Management Console(MMC)中的 Server Manager 或 Windows PowerShell 来完成此任务。

(4) 验证集群配置。Validate This Cluster 向导检查创建集群需要的所有必要组件，并在任何组件不满足集群需求时，提供警告或错误。在继续之前，解决 Validate This Cluster 向导标识的任何问题。

强烈建议在创建集群并将其投入生产之前，运行 Validate This Cluster 向导，并解决所有问题。

(5) 创建集群。当组件通过 Validate This Cluster 向导的验证后，就可以创建一个集群。在配置集群时，给集群分配名称和 IP 地址。在 AD DS 中使用集群名称，在 DNS 中注册 IP 地址，可创建一个计算机对象(也称为集群名称对象(CNO))。在 Windows Server 2012 R2 或更高版本中，可创建一个与 Active Directory 分离的集群，它允许在 DNS 中创建集群名称对象；但并不要求在 AD DS 中具有集群名称对象。

只有在创建集群并向其添加合适的存储后，才能为集群启用 Clustered Shared Storage。如果想使用 CSV，就应该在进行下一步之前配置 CSV。

(6) 在一个集群节点上创建 VM。创建 VM 时，确保与 VM 相关的所有文件(包括虚拟硬盘和 VM 配置文件)都存储在共享存储中。也可在 Hyper-V Manager 或 Failover Cluster Manager 中创建和管理 VM。建议使用 Failover Cluster Manager 控制台来创建 VM。使用 Failover Cluster Manager 创建 VM 时，VM 自动高度可用。

(7) 使 VM 仅对现有的 VM 具有高可用性。如果在实现故障转移集群前创建了一个 VM，就需要手动使其高度可用。要使 VM 高度可用，在 Failover Cluster Manager 中，选择一个新的服务或应用程序。Failover Cluster Manager 会列出能高度可用的服务和应用程序。选择使 VM 高度可用的选项时，可选择在共享存储上创建的 VM。

使 VM 高度可用时，会看到所有集群节点上托管的所有 VM 的列表，包括不在共享存储上存储的 VM。如果使不位于共享存储上的 VM 高度可用，则会收到警告，但 Hyper-V 将 VM 添加到服务和应用程序列表中。然而，试图将 VM 迁移到另一个主机时，迁移将失败。

(8) 测试 VM 故障转移。使 VM 高度可用后，可将计算机迁移到集群中的另一个节点。可以选择执行快速迁移或实时迁移。大多数情况下，应该执行实时迁移，以减少停机时间。稍后将讨论这些差异。

在 Windows Server 2016 故障转移集群中，CSV 允许集群中的多个节点同时对作为 NTFS 卷提供的相同磁盘具备读写访问权限，而 Windows Server 2016 故障转移集群将它们作为存储添加到集群中。在使用 CSV 时，集群角色可更快地从一个节点转移到另一个节点，而不需要更改驱动器所有权或卸载和重新安装卷。CSV 还有助于简化故障转移集群中大量 LUN 的管理。

CSV 提供了通用的集群文件系统，可在 NTFS 上分层。Windows Server 2016 没有将 CSV 限制到特定的集群工作负载；它只支持 Hyper-V 集群和外扩文件服务器集群。

虽然 CSV 提供了额外的灵活性。减少了停机时间，但在 Hyper-V 中为 VM 实现高可用性时，不需要考虑和使用 CSV。还可使用常规方法(使用未分配为 CSV 的磁盘)在 Hyper-V 上创建集群。然而，建议使用 CSV，因为它们提供了以下优点：

减少磁盘的 LUN：可使用 CSV 来减少 VM 所需的 LUN 数量。在配置 CSV 时，可在单个 LUN 上存储多个 VM，多个主机计算机可并发访问相同的 LUN。

改进了对磁盘空间的使用：不是将每个.vhd 文件放在有空闲空间的单独磁盘上，以便.vhd 文件可以扩展，而可在同一个 LUN 上存储多个.vhd 文件，来超额订阅磁盘空间。

VM 文件的单个位置：可跟踪 VM 使用的.vhd 文件和其他文件的路径。可以指定路径名，而不是使用驱动器字母或 GUID 来标识磁盘。

实现 CSV 时，所有添加的存储都显示在\ClusterStorage 文件夹中。\ClusterStorage 文件夹是在集群节点的系统文件夹上创建的，不能移动它。这意味着所有属于集群的 Hyper-V 主机都必须使用与其系统驱动器相同的驱动器盘符，否则 VM 故障转移会失败。

没有特定的硬件需求：实现 CSV 没有特定的硬件需求。可在任何支持的磁盘配置上、在 Fibre Channel 或 iSCSI SAN 上实现 CSV。

增强的弹性：CSV 增强了弹性，因为即使一个节点和 SAN 之间的连接中断，或者部分网络宕机，集群也可以正确响应。集群通过 SAN 或网络的正常运行部分重新路由 CSV 流量。

3.10.2 实现 CSV

创建故障转移集群后，可为集群启用 CSV，然后将存储添加到 CSV 中。

在 Windows Server 2012 R2 及以后的版本中，在 Hyper-V 主机上启动关闭时，该 VM 采取的操作取决于为每个

VM 设置的操作。选择 Automatic Stop Action 选项卡，可在 VM 设置中找到这些选项。

VM 关闭主机时的操作选项如下：

保存虚拟机状态：此选项是第一个选项，也是默认选项。在 Windows Server 2012 R2 和以后的版本中，这个选项创建一个.bin 文件；为使 VM 处于保存状态，需要保存内存，而该文件为止保留了空间。如果主机开始关闭，Hyper-V 虚拟机管理服务(VMMS)就开始将 VM 的内存保存到硬盘上，并将 VM 置于保存状态。

关闭虚拟机：第二个选项允许 VMMS 以优雅的方式为 Hyper-V 关闭 VM，并进入关闭状态。然而，VM 操作系统认为，这与拔掉物理机器上的电源没有区别。

关闭客户操作系统：与其他两个选项不同，第三个(也是最后一个)选项要求集成服务在 VM 上正常工作，确切地讲，在客户 VM 上选择并安装 Operating System Shutdown。然而，与“关闭虚拟机”选项不同的是，这个选项允许从主机的角度优雅地关闭虚拟机(包括客户机)。使用集成服务，VMMS 会触发客户机上的关闭操作。一旦启动，VM 将关闭客户操作系统，并进入关闭状态。

如果 Hyper-V 主机意外脱机，VMMS 进程就不会收到关于关机的任何信息；因此，这些操作都不会发生。只有在 Hyper-V 主机上启动关机时这才有用。

3.11　本章要点

专注于设计解决方案：本章介绍了 Windows Server 2016 中的计算功能。然而，为充分利用新技术，应该在设计上花费足够的时间，以使解决方案满足业务需求，为组织提供投资回报。在设计 Hyper-V 解决方案时，总是从“虚拟机上托管哪些应用程序？”这个问题开始。一旦回答了这个问题，就应该继续问“应用供应商推荐的最佳实践和首选部署策略是什么？”例如，在虚拟环境中运行 Web 服务器的建议完全不同于在虚拟环境中运行 Exchange Server 的建议。同样的问题也存在于高度可用的解决方案中，每个应用程序都有自己的首选和优化部署模型。

一旦完成了设计过程，就可对近期的性能和可伸缩性进行评估。

问题　为组织设计虚拟化解决方案的主要目标是什么？设计过程中采用的方法是什么？对于解决方案支持、可伸缩性和高可用性，有长期计划吗？

答案　虚拟化解决方案设计包括以下组件：

- 用户数量：应该估计虚拟服务器的适当性能。这将帮助估计主机的硬件。
- 高可用性：需要为组织提供对虚拟机的连续访问。这将帮助设计虚拟机的高可用性。
- 服务器位置和灾难恢复解决方案：需要优化数据中心和分支机构之间的 WAN 链接。这将帮助设计 Hyper-V Replica，作为灾难恢复解决方案。

为在 VM 环境中运行的特定产品定制 Hyper-V 解决方案：在虚拟机的设计和部署阶段，会遇到与网络、安全、数据库或 Hyper-V 中托管的任何其他应用程序相关的不同问题。邀请特定产品的专家加入，听一下他们对新虚拟化解决方案的看法。这样可为解决方案提供最佳性能、高可用性和安全性的优化设计。

问题　需要在 Hyper-V 中为组织设计 Exchange Server。在选择最适合组织的拓扑时，应考虑哪些参数？

答案　邀请 Exchange 管理员、网络管理员和安全专家讨论 Exchange 虚拟化项目。这样可为 Exchange Server 设计最优的虚拟化解决方案。工作成果可能包括以下几点：

- 需要为 Exchange Server 虚拟机配置的虚拟机容量，如虚拟 CPU、RAM、网络和存储。
- 必须考虑 Exchange Server 虚拟化的支持场景。例如，没有为 Exchange Server 虚拟机提供对动态内存、差分硬盘和检查点的支持。
- Exchange Server 虚拟机的高可用性和灾难恢复解决方案。
- Exchange 数据库、虚拟硬盘和在传输中的数据的安全性。

自动化虚拟化环境中的配置过程：我们的任务是将物理基础设施迁移到 Hyper-V 虚拟化解决方案。然而，组织由数百台服务器组成。需要创建相同数量的虚拟机，以优化它们的工作。此外，需要定期为测试和开发创建一些虚拟机。

问题　需要创建 Windows PowerShell 脚本，以同时提供和管理大量虚拟机。

答案 首先提供虚拟机的单个脚本。保存脚本，并创建一个副本，该副本将针对不同类型的虚拟机。然后为不同类型的管理活动创建一个库，例如提供虚拟机，管理虚拟机属性，删除不需要的虚拟机，收集日志以监视虚拟机的性能。一段时间后，就能有效地应对任何请求，例如：

- 需要一个新的虚拟机：能够在几分钟内提供它，而不是几小时。
- 需要为所选虚拟机的 Hyper-V Replica 执行故障转移测试：能在很短时间内运行任何任务。
- 需要为应用程序服务器农场的每个成员改变虚拟机参数。使用 Windows PowerShell，这可在几分钟内完成，而不是几个小时。

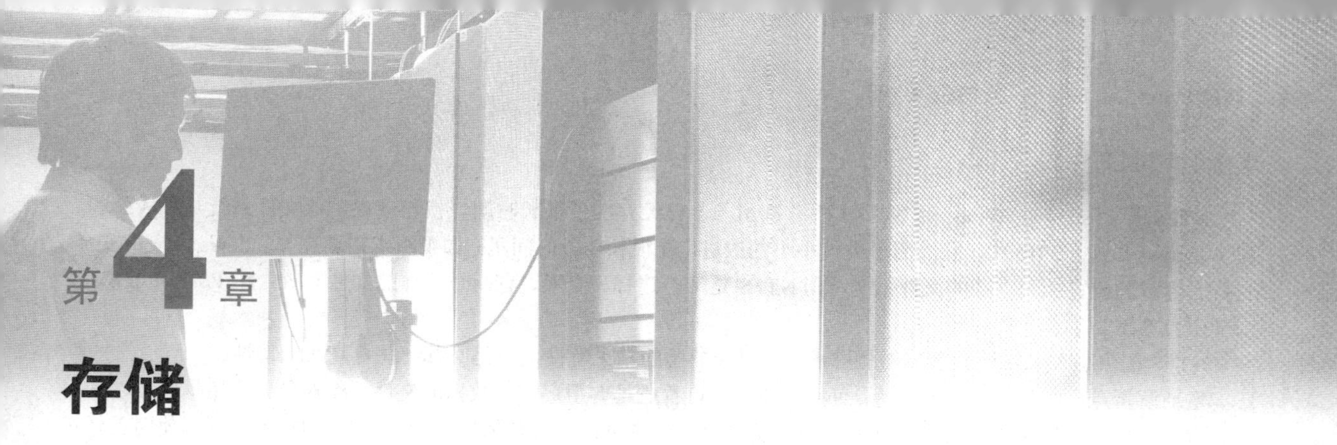

第4章 存储

在最近的两个版本中，微软在扩展 Windows Server 的存储功能上投入了大量资金。微软一直拥有核心存储技术，能够连接到存储区域网络(SAN)或充当文件服务器。如今，随着 Windows Server 2016 的推出，Windows Server 拥有了企业级的基础存储技术，许多公司可绕过或补充传统的专用存储解决方案。本章将关注一些较新的存储技术。

本章内容包括：

- 了解 Windows Server 2016 中新存储技术的定义/使用原因/用法
- 了解 Windows Server 存储技术的部署注意事项
- 维护和支持 Windows Server 存储环境

4.1 Windows Server 2016 存储概述

对于在 Windows Server 的前两个版本中没有花太多时间研究存储技术的管理员来说，了解其功能非常重要。因此，在深入了解这些技术的细节之前，本章首先介绍这些技术和关键术语。

文件系统：在谈论 Windows Server 的文件系统时，指的是 NTFS(New Technology File System，新技术文件系统)和 ReFS(Resilient File System，弹性文件系统)。

数据去重：数据去重是 Windows Server 2012 中引入的一种新的数据压缩技术。与 NTFS 压缩或 WinZip 中内置的技术类似，数据去重消除了多余的数据副本。在引入“数据去重”一词之前，有时使用“单实例存储”一词。实际上，单实例存储(Single Instance Store，SIS)是微软在 Windows Storage Server 2008 R2 中实现的单实例存储。在此之前，它是 Microsoft Exchange 服务器上的一个特性。

存储空间：存储空间是一种存储虚拟化技术，允许从存储池中创建虚拟磁盘。可根据需要定制存储的弹性和可用性。

存储副本：存储副本是一种存储复制技术，允许将数据从一个服务器复制到另一个服务器，从一个服务器复制到自身(使用其他卷)，以及从一个故障转移集群复制到另一个故障转移集群。

存储服务质量：与基于网络的服务质量(QoS)一样，存储 QoS 可根据需要提供定制的存储性能。Hyper-V 支持该技术。

现在详细说明每个技术。分布式文件系统(DFS)和工作文件夹与存储密切相关，将在第 6 章中介绍。

4.2 文件系统

在 Windows Server 2016 中使用的两个主要文件系统是 NTFS 和 ReFS。读者可能很熟悉 NTFS，但是还没有部署 ReFS。本节将概述这两个文件系统以及典型的用例，还介绍文件系统的一些高级概念。

4.2.1 NTFS

NTFS 于 1993 年在 Windows NT 3.1 中首次引入，已经存在了很长时间。换句话说，该文件系统是很成熟的。在 Windows Server 2016 中，它经历了大大小小的改进。在很长一段时间里，如果组织需要在 Windows 上提供安全、支持大容量和内置加密支持的文件系统，则 NTFS 是唯一选择。今天，有两个这样的文件系统：NTFS 和 ReFS。下一节研究 ReFS。

NTFS 提供了大量特性。本节不会描述读者已经熟悉的常见特性，而是回顾一些更高级的特性：

重新解析点：用于扩展 I/O 功能。可将重新解析点看成具有用户定义数据的文件系统对象。应用程序可以使用重新解析点扩展文件系统的功能。例如，将未使用的文件移动到低成本存储(如存储分层)的技术，可以使用重新解析点来标识数据的新位置。使用挂载点(将存储附加到已有卷上的文件夹)时，也会使用重新解析点。开发人员可利用重新解析点为应用程序及其数据的处理提供额外功能。可使用带有 reparsepoint 参数的 fsutil 命令检查文件上的重新解析点。

更改日志：用于跟踪在 NTFS 卷上添加、删除和修改的文件。这个特性是在 NTFS 5.0 (Windows 2000)中引入的。

稀疏文件支持：这个特性只在需要时占用磁盘空间，从而节省存储空间。例如，如果有一个大文件(比如 100GB 的文件)包含了 80GB 的实际数据(其余数据由数据中的零占用)，那么 NTFS 可使用 80GB 的空间来存储该文件。但是，只有启用稀疏文件支持，才能这么做。启用后，稀疏操作就会在后台透明地进行。应用程序不需要知道它。可使用 fsutil 命令行工具将单个文件标记为稀疏。例如，要标记 D:\Data\HugeFile.csv 为稀疏文件，可运行命令：fsutil sparse setflag D:\Data\HugeFile.csv。

有关 NTFS 的详细信息，请访问 https://msdn.microsoft.com/en-us/library/cc781134(v=ws.10).aspx。虽然这个材料是很久以前制作的，但它很好地概述了 NTFS 的工作原理，详细介绍了 NTFS 体系结构。

4.2.2 ReFS

当 ReFS 首次引入 Windows Server 2012 时，许多管理员认为它将取代 NTFS 成为默认文件系统。但是，ReFS 只是补充了 NTFS。由于一些最初的限制，ReFS 很少使用，或者有时在非常小的用例中使用。仍然存在的最大限制之一是 ReFS 不能用于系统卷(这是因为 ReFS 不是可引导的文件系统，至少现在是这样)。它只能与数据卷一起使用。然而，Windows Server 2016 中的 ReFS 现在是第 2 版——它已经得到了改进，许多限制和问题已经删除或修复。ReFS 提供了卓越的数据完整性、可伸缩性(支持大容量)和性能(尤其是在处理大容量时)。ReFS 的主要用例是 Storage Spaces Direct(如果需要的话)、存储空间、非常大的卷(大于 256 TB)、带有 Hyper-V 的虚拟化场景以及一些备份场景。

ReFS 有几个突出的特性：

块克隆：块克隆是一种用于复制数据的方法，且没有通常与副本相关联的读写开销。对于标准的 NTFS 文件副本，文件系统会读取数据，然后将其写入新位置。文件越大，复制时间越长。使用 ReFS 块克隆，复制是一种高性能操作，只将文件重新映射到新位置。

完整性流：ReFS 完整性流是一个可选特性，可在单个文件、文件夹和卷上启用它。完整性流使用校验和来帮助维护数据的完整性。这不同于元数据的默认 ReFS 校验和(因为这只涉及元数据，而不涉及实际数据)。从性能角度看，这是有影响的。因此，对于性能敏感的系统或具有低延迟性能需求的系统，应该在启用完整性流之前进行充分测试。

4.2.3 比较 NTFS 和 ReFS

了解了文件系统和它们的一些高级特性后，接下来了解细节。使用 fsutil 工具可以查看支持的文件系统特性。例如，要查看 F:卷的文件系统特性，可运行 fsutil fsinfo volumeinfo F 命令。表 4.1 回顾了文件系统的特性，并显示了文件系统之间的一些差异。

表 4.1　文件系统特性的比较

文件系统特性	NTFS 中的特性	ReFS 中的特性
文件名区分大小写	是	是
保存文件名的大小写	是	是
保存和强制 ACL	是	是
基于文件的压缩	是	否
磁盘配额	是	否
稀疏文件	是	是
重新解析点	是	是
对象标识符	是	否
加密文件系统	是	否
命名的流	是	是
事务处理	是	否
硬链接	是	否
扩展属性	是	否
打开文件的 FileID	是	是
USN 日志	是	是
完整性流	否	是
块克隆	否	是
稀疏 VDL	否	是
文件重影	否	是

对许多管理员来说，有几个关键的差异，阻止了 ReFS 的广泛部署：

- **ReFS 是不能引导的。**这是更多管理员不使用 ReFS 的首要原因。因为它只能用于数据卷，如果想使用 ReFS，就必须在每个服务器上部署这两个文件系统。如果部署的是高性能的虚拟化或备份解决方案，就可以忽略这一点，利用 ReFS 的性能和可伸缩性。
- **不能压缩。**压缩并不总是可用，但压缩在基于 Windows 的文件服务器上很流行。即使没主动使用压缩，当卷空间不足时，压缩也会有所帮助。
- **配额并不可用。**配额通常用于基于 Windows 的文件服务器，例如用户主文件夹。但如果没有配额，管理员将很难在服务器上为用户主文件夹部署 ReFS，因为配额几乎总是用于此类场景。

有关 ReFS 特性和其他信息的完整列表，请参阅“Resilient File System (ReFS) Overview”，网址是 https://docs. microsoft.com/en-us/windows-server/storage/refs/refs-overview。

4.3　数据去重

Windows Server 2016 中的数据去重优化了存储空间的容量。它支持 NTFS 和 ReFS 文件系统。数据去重的结果与其他压缩技术的结果类似，但实现节省空间的方法往往不同。表 4.2 比较了常用的空间节省技术。

表 4.2　空间节省技术的比较

空间节省技术	空间节省的方法	空间节省的潜力
单实例存储(SIS)	存储准确的文件副本一次。在 Exchange Server 中，仅限于电子邮件消息和附件	有限，用途小。在 Exchange Server 2010 中，Microsoft Exchange 删除了该技术
NTFS 数据压缩	单独压缩每个文件	有限，用途小。非常适合基于文本的文件
文件压缩工具，如 WinZip	复制文件，然后压缩到存档文件。只有删除压缩才能处理文件	中等，基于文件类型(非常适合基于文本的文件)。不像其他技术那样透明地节省空间
数据去重	在后台透明地节省空间。识别重复的模式，消除重复的模式	非常优秀，具体取决于数据类型(VDI 文件，优秀的软件安装文件)

与其他节省空间的技术一样，对于特定的数据类型，数据去重技术能极大地优化空间，但不适合其他数据类型。以下几点总结了数据类型和典型的空间节省率。

虚拟化文件：具体来说，它可以优化 VDI(虚拟桌面基础结构)使用的虚拟硬盘。这是一种非常适合数据去重的数据类型。通常可节省 80%的空间。假定在一个卷中有 25 个虚拟硬盘用于 VM(虚拟机)。它们都运行 Windows 10。数据中有大量的重复，这就允许数据去重节省大量空间。微软的官方说法是，除了 VDI 之外，不支持 Hyper-V 上 VM 的数据删除。然而，可在这样的场景中实现出色的空间节省效果。但由于它不受支持，应该将此类用途限制在非生产或实验室环境中。

共享文件夹：为用户处理主文件夹时，通常可节省 25%～50%的空间。用户通常存储对节省空间技术不友好的数据(如视频和音乐文件)。

软件安装数据：在处理安装文件、ISO 文件(尤其是系统文件)和其他软件安装文件时，通常可节省 50%～75%的空间。

使用 ddpeval.exe 工具可估计一个卷的总空间节约量。一旦安装了 Data Deduplication 角色服务，就会将此工具添加到服务器。要估计 G:\卷节省的空间，应运行 ddpeval.exe G:命令。

很多时候，应该避免使用数据去重。例如，在 Exchange Server 和 SQL Server 上要避免数据去重。在部署应用程序前，请与软件供应商联系，以确保应用程序支持(并很好地处理)数据去重。

4.3.1 如何优化数据

数据去重的优化过程很有趣，如果它没有完成期望的工作，了解它的工作原理将有助于排除故障。图 4.1 显示了优化过程中的高级步骤。

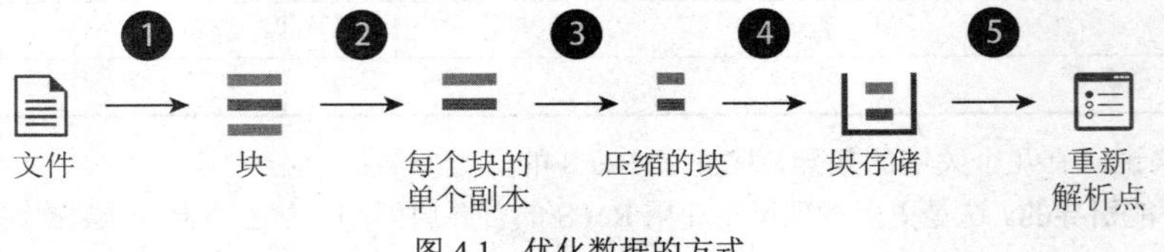

图 4.1 优化数据的方式

下面的步骤详细描述图 4.1 中的数据去重过程。

(1) 当数据去重优化数据时，首先将数据分解成更小的块。这些块大小不一，通常为 32～128 KB。

(2) 一旦数据分解成更小的数据块，数据去重就寻找重复的数据块。在图 4.1 中，可看到两个块是相同的(如图所示，两个块是绿色或较暗，另一个块为红色或较浅)。重复的块用一个指针替换，该指针指向剩余的块的单个副本。

(3) 剩余的块(所有唯一的块)被压缩。压缩任务是可选的，但默认启用。某些情况下，例如删除不易于压缩的文件类型(如多媒体数据)时，可禁用压缩。在图 4.1 中可以看到，块更小了，就像对压缩的期望一样。

(4) 块发送到块存储区。块存储区是优化卷的 System Volume Information 文件夹中的 Dedup 文件夹下的特殊容器文件。有多个数据去重文件夹。然而，它们被系统用于数据去重，所以在处理数据时应该小心。

(5) 将优化后的文件替换为重新解析点。重新解析点是一个指示文件系统如何查找数据的指针。对于数据去重，重新解析点将文件系统定向到块存储区(优化后存储数据的地方)。

优化数据后，读取数据的方式与未优化数据的读取方式不同。接下来了解如何读取优化数据。

4.3.2 如何读取优化数据

一旦数据得到优化，就会采用一种独特方法来处理数据访问。这个过程对用户来说是完全透明的。图 4.2 显示了读取优化文件的过程。

以下步骤更详细地描述了图 4.2 所示的过程：

(1) 在这个场景中，用户试图打开一个优化的文件。当用户打开文件时，重新解析点会拦截读取请求，并将该请求发送给数据去重文件系统过滤器(dedup.sys)。

(2) 文件系统过滤器 dedup.sys 将读取请求重定向到包含优化数据的块存储区。

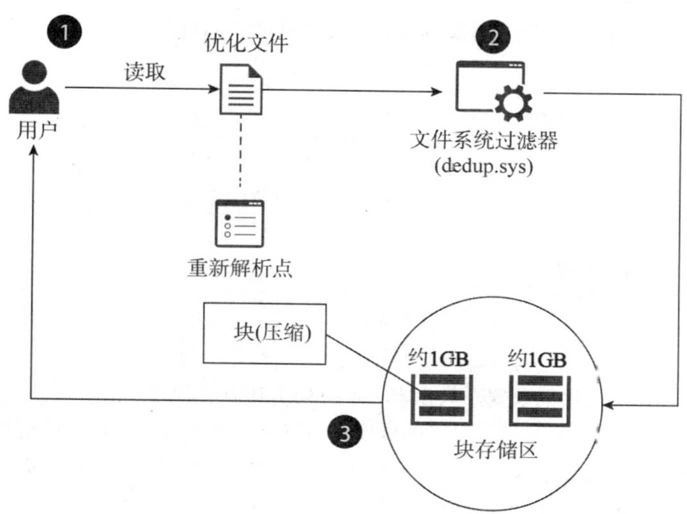

图 4.2　读取优化的数据

(3) 文件系统通过向用户提供数据来完成读取操作。如果用户更改了任何数据并保存了它，文件系统将像标准保存(未优化)操作那样保存该数据。稍后，在下一次预定的数据去重作业中，将根据配置优化数据。

4.3.3　数据去重是如何在后台工作的

与其他 Windows 服务一样，数据去重在后台透明地运行。它使用预定的任务来执行数据去重作业。以下几点描述了数据去重工作：

背景优化：这是数据去重的主要工作。默认情况下，该任务每小时运行一次；执行数据去重的核心功能(将数据分解为块，检查重复的块，压缩块，并将数据移动到块存储区)。

每周垃圾收集：这个任务每周运行一次，如果在块存储区中发现不需要的块(通常与数据删除相关联)，就重新分配磁盘空间。

每周擦除：此任务一周运行一次，并查找由于卷或磁盘问题导致的块存储损坏。

通过 Task Scheduler 可查看任务的详细信息。还可定制任务的时间表。如有必要，可手动运行作业和任务(无论使用 Task Scheduler 还是 PowerShell)。

4.3.4　如何启用数据去重

可在支持的卷上快速打开数据去重。在为卷打开数据去重之前，必须先安装 Data Deduplication 角色服务。此后，可在 Server Manager 中执行以下步骤：

(1) 在 Server Manager 中，单击左侧窗格中的 File And Storage Services。

(2) 在 File And Storage Services 窗格中，单击 Volumes。

(3) 在右侧的 Volume 窗格中，右击要删除的卷，然后单击 Configure Data Deduplication。注意，不支持数据去重的卷将使 Configure Data Deduplication 项变灰(不可用)。

(4) 对于服务器使用情况，选择 General Purpose File Server、Virtual Desktop Infrastructure (VDI) Server 或 Virtualized Backup Server。如果这些都与服务器类型不匹配，可选择 General Purpose File Server 选项并自定义设置(如有必要)。

(5) 配置其他设置或接受默认设置。准备好打开数据去重功能时，单击 OK。

还可使用 PowerShell 启用数据去重。例如，要在 F:\上启用数据去重，可运行 enable - dedupvolume 'F:'命令。注意，这将使用 General Purpose File Server 模式中的默认设置。

一旦为某些卷启用了数据去重，它大多是一个“设置后就忘记”的技术。但在此之前，需要确保它能起作用并执行其工作(节省空间)。检查现有的数据去重配置，确定是否所有操作都按预期进行时，可使用以下命令获得 F:卷，并报告节省的空间：

```
Get-DedupVolume F:
```

获得所有配置了数据去重的卷，并报告详细信息，以及节省的空间百分比：

```
Get-DedupStatus | FL
```

显示数据去重计划(如果定制了计划，这特别有用)：

```
Get-DedupSchedule
```

接下来了解一些高级设置。它们是可选的，但在特定场景中可能有用。

4.3.5 数据去重的高级设置

许多数据去重的实现都使用了默认设置。为典型的工作负载(如 VDI 文件或通用文件服务器)使用数据去重时，默认设置是有效的。但在某些情况下，配置高级设置或更改默认设置将帮助实现方案获得更好的结果。本节将讨论一些高级设置，但不会涵盖所有可用的设置，只在本节末尾列出其他信息的链接。

调度：可使用 PowerShell 来检查和更改现有的调度。不仅可更改调度，还可更改调度任务的参数。例如，如果想更改 ThroughputOptimization 调度任务，以使用最多 75%的内存(而不是默认的 50%)，应该运行 Set-DedupSchedule 'ThroughputOptimization' - memory 75 命令。

从数据去重中排除文件：可手动选择从数据去重中排除指定的文件类型。数据去重不适用于 edb 或.jrs 文件。但如果其他类型的文件无法从数据去重中获益，也可以排除这些类型。要在 F:\卷上排除扩展名为.IGES 的文件类型，可运行 Set-DedupVolume F: - ExcludeFileType IGES 命令。

更改最小文件大小：可配置数据去重，以便在文件的大小未达下限时跳过它们。如果有许多小文件，即使进行去重处理，也不会节省很多空间，那么这是非常有用的。要将数据去重操作设置为处理 F:\卷上最小为 64 KB 的文件，运行 Set - Dedupvolume F: - MinimumFileSize 65536 命令。

可以修改许多设置，来满足组织的特定需求。要查看其他设置，请参阅 https://docs.microsoft.com/en-us/windows-server/storage/ data-deduplication/advanced-settings。

4.4 存储空间

存储空间是内置于 Windows 服务器中的虚拟化存储解决方案。它最初是在 Windows Server 2012 引入的。随后，在 Windows Server 2012 R2 中进行了改进，在 Windows Server 2016 中进一步完善。它是一个企业级存储解决方案，用于各种要求的工作负载。微软甚至将其推销给云托管公司。不像旧版本的 Windows Server 中基于软件的磁盘弹性解决方案仅用于满足小型企业偶尔使用的需求，存储空间是一个功能齐备的存储解决方案，其中包括不同级别的弹性、存储分层和许多高度可用的特性。它集成了故障转移集群和用于扩展文件服务器的集群共享卷(Cluster Shared Volumes，CSV)。

图 4.3 显示了存储空间的高级视图。

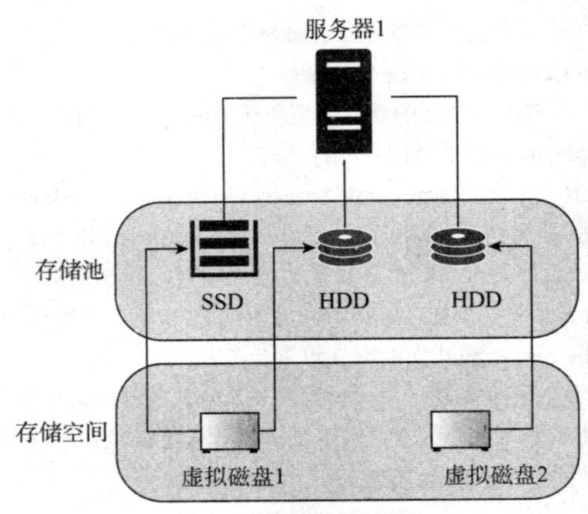

图 4.3 存储空间的概述

图 4.3 是存储空间的概览。以下几点描述了图表中的组件。

服务器 1：图中显示了一个物理服务器。服务器有多个硬盘驱动器；有些硬盘是固态硬盘(SSD)，有些是标准硬盘(HDD)。

存储池：图中显示了硬盘驱动器的表示形式。存储池是由硬盘驱动器创建的。存储池表示可用存储的虚拟化视图。不必针对单个磁盘驱动器或卷，而可以针对特定的一组硬盘驱动器(甚至混合硬盘驱动器类型)。

存储空间：术语“存储空间”指由存储池创建的虚拟磁盘。在存储空间级别，可指定虚拟磁盘的属性，例如磁盘是否具有弹性和存储分层。

下一节将介绍虚拟存储的一些配置选项。

4.4.1 存储空间的配置选项

在部署存储空间时，必须在部署期间做出特定的选择，而这些选择对存储的性能和弹性有很大影响。在开始配置之前，理解组织(或项目)的需求和用例是很重要的。例如，可选择不同的配置选项，为单个位置的小团队提供存储，而不是为整个公司提供存储。

其中一个主要的配置选项是要使用的弹性类型。弹性指的是存储在磁盘不可用的情况下继续可用的能力。有三种设置：

简单：所谓简单弹性，就是没有弹性！这种配置类似于 RAID 0 数组，它将数据分散到所有可用的磁盘上。没有额外的数据副本，也没有奇偶校验信息，在驱动器失败的情况下，奇偶校验信息可用来重建数据。从好的方面来说，简单弹性提供了优秀性能。因此，如果需要最高级别的性能，而不需要任何弹性，这个配置选项是最佳选择。

奇偶校验：奇偶校验有时称为“擦除编码”。通过奇偶校验，数据散布在所有可用的磁盘上。除了数据外，奇偶校验信息也写入磁盘。如果有足够的磁盘，可选择将奇偶信息写入一个或两个磁盘。将奇偶信息写入两个磁盘，可以防止两个磁盘同时发生故障。奇偶校验的缺点是因为奇偶信息写入磁盘，写入性能会受到影响。如果工作负载要求出色的写入性能，请避免此选项。但对于大量的读取操作，这个选项可能是最理想的。这个配置类似于 RAID 5。

镜像：在这个配置中，数据散布在多个磁盘上。此外，数据的一个或两个额外副本也写入磁盘。根据向磁盘写入的数据的额外副本数量，镜像可支持一个或两个同时发生的磁盘故障。镜像就像 RAID 1。镜像是部署最广泛的弹性选项，因为它提供了良好的通用性能，并支持磁盘故障。

除了弹性外，还有其他配置选项。以下几点描述了其他一些选项。这里没有列出所有选项，只讨论一些使用最广泛的选项。

存储分层：在讨论存储选项时，通常会为特定级别的性能分配一个层。例如，第 0 层存储代表了“优中选优”(如在企业首次引入 SSD 时)。第 5 层位于最底层，通常表示可用的最慢存储(S-ATA 存储的性能通常最低，但有大量空闲空间)。组织根据需要将数据手工放在各种层中。例如，关键应用程序可能使用第 1 层或第 2 层存储。来自邮箱的存档数据放在第 4 层或第 5 层存储中。手动管理数据是一项艰巨任务。有了存储空间，分层就是自动化的。存储空间将 SSD(高性能)与 HDD(低或较低性能)结合在一起，并将常用数据(“热数据”)自动重新定位到 SSD，而将不常访问的数据(“冷数据”)重新定位到 HDD。存储分层提高了存储性能。

连续可用性：存储空间使用故障转移集群来交付高度可用的存储。可创建一个池，并使其可用于多个节点。

回写缓存：回写缓存将随机数据写入 SSD 存储的一个特殊位置，来提高存储性能。后来，这个存储透明地重新定位到 HDD。没有回写缓存，所有数据从一开始就写入 HDD，降低了性能。

4.4.2 Storage Spaces Direct

Windows Server 2016 发布了两个与存储相关的新特性：这里讨论的 Storage Spaces Direct 和第 6 章中讨论的工作文件夹。Storage Spaces 允许一台服务器提供虚拟化存储，而 Storage Spaces Direct 允许多台服务器(及其本地存储)组合起来提供虚拟化存储。不需要专门的网络来连接服务器(通常与存储区域网络连接)，Storage Spaces Direct 利用的是现有网络。Microsoft 为 Storage Spaces Direct 确定了两个特定用例：组合存储和计算(使用 Hyper-V 服务器或 SQL 服务器等)，以及分离存储和计算。在分离存储和计算中，使用扩展文件服务器为远程服务器(例如 Hyper-V 服务器)提供文件共享。图 4.4 是 Storage Spaces Direct 的概览。

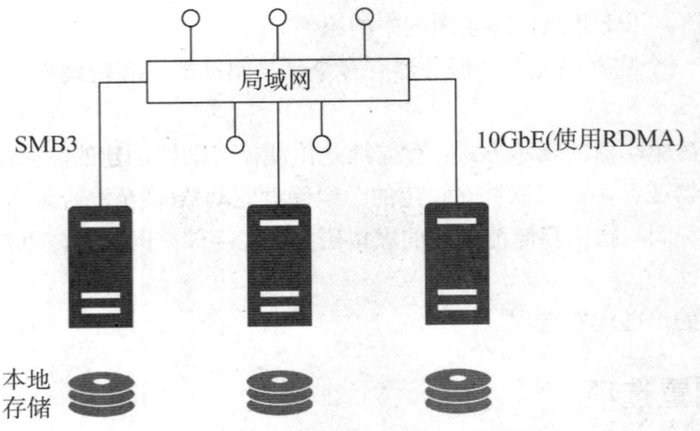

图 4.4　Storage Spaces Direct 概览

图 4.4 展示了一个小型的存储空间目录环境，这里介绍组件：

服务器：三个服务器参与其中。Storage Spaces Direct 支持多达 16 台服务器。

本地存储：在图中，每个服务器都显示了本地存储。它可以是驱动器类型(如 SSD 和 HDD)的混合。Storage Spaces Direct 支持最多 400 个驱动器和最多 1PB 的存储。

SMB：服务器通过 SMB3 进行通信。SMB3 最初是在 Windows Server 2012 中引入的，它提供了更高的性能和更好的安全性。Storage Spaces Direct 利用了 SMB Direct 和 SMB 多通道，两者都是在 SMB3 中引入的。

局域网：Storage Spaces Direct 使用现有网络。这意味着需要评估网络，看看引入 Storage Spaces Direct 是否有意义。最小推荐的 NIC 是 10Gbps，用于集群通信。许多组织还没有部署 10Gbps 的 NIC，或者网络本身不支持这种速度。但随着企业获得新的硬件或公共云资源，这种情况正在迅速改变。

这就是 Storage Spaces Direct 涉及的高级组件。图 4.5 显示了聚合部署选项，有时称为分项部署。

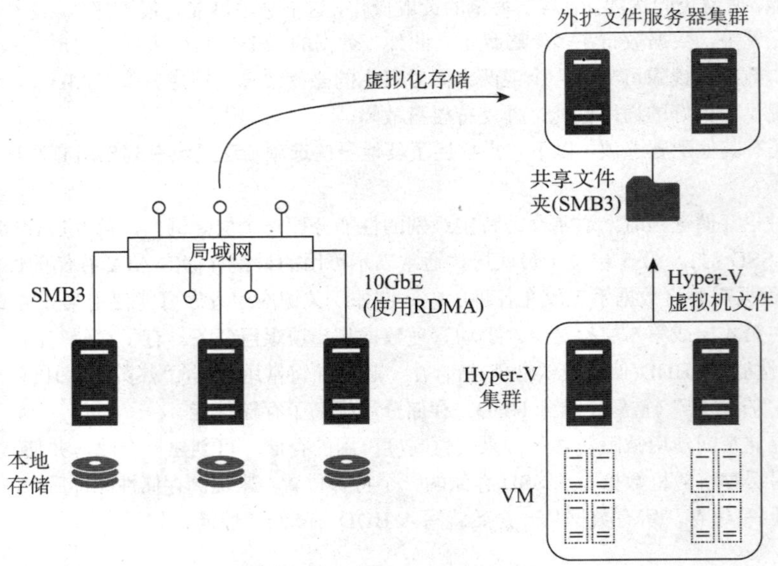

图 4.5　聚合的 Storage Spaces Direct

在图 4.5 中，在聚合组件中使用了图 4.4 和层：

外扩文件服务器：在图 4.5 中，两个服务器作为一个集群。

共享文件夹：在图 4.5 中，通过 SMB3 访问一个共享文件夹。

Hyper-V 主机：在图 4.5 中，两个 Hyper-V 主机各自有 VM。Hyper-V VM 文件存储在 SMB 文件共享中。

图 4.5 所示的聚合部署与超聚合部署之间的主要区别在于，超聚合部署将所有内容组合在一起。在某种程度上，这简化了工作，部署和管理更简单。然而，外扩选项比较有限，整体性能也下降了。超聚合部署通常用于较小的组织和部署到次要数据中心或分支办公室的组织。

对使用 Windows Server 2016 VM 尝试 Storage Spaces Direct 感兴趣吗？看看这个来自微软故障转移集群和网络负载平衡团队博客的分步指南：https://blogs.msdn.microsoft.com/clustering/2015/05/27/testing-storage-spaces-direct-using-windows-server-2016-virtual-machines/。

4.5 Storage Replica

Storage Replica 是 Windows Server 2016 中引入的一种功能，是一种数据复制技术，可将数据从服务器同步到服务器，或者从一个集群同步到另一个集群。Storage Replica 的主要用例是：

- 将数据从主数据中心同步到次数据中心。例如，出于灾难恢复的目的，将最重要的数据复制到次数据中心。
- 替换环境中的分布式文件系统(DFS)。选择 Storage Replica 可能是因为它提供了与 DFS 相比性能更高的同步功能。
- 部署一个故障转移集群，其节点位于不同的数据中心(“延伸集群”)。在 Windows Server 2016 的 1709 版，延伸集群提供了自动故障转移功能。

Storage Replica 通常用于在两个独立服务器之间、两个集群之间以及延伸集群的节点之间复制卷。另一种用法虽然不那么流行，是使用 Storage Replica “服务器自我复制”模式。这种模式下，可将卷从服务器复制到自身(使用不同的目标卷)。

图 4.6 是显示一个四节点延伸集群的高级图表。两个节点在站点 1 中，两个节点在站点 2 中。

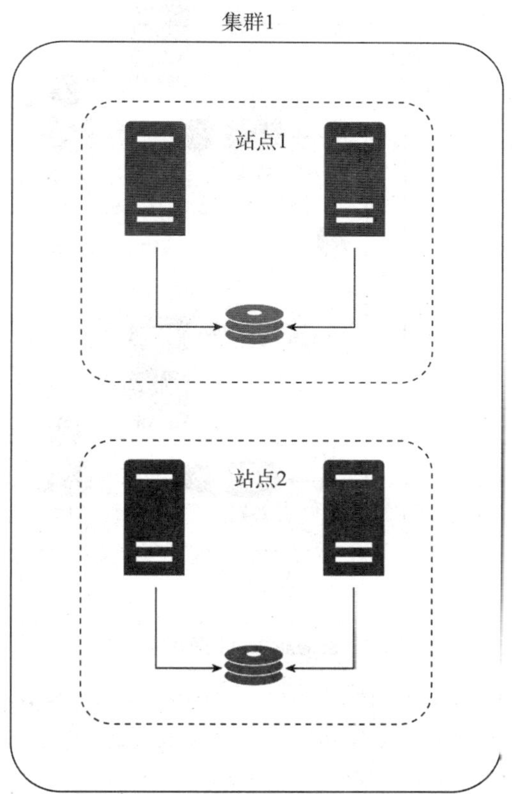

图 4.6　Storage Spaces 延伸集群

在图 4.6 所示的延伸集群中，每个站点都有自己的本地共享存储。存储不在所有集群节点上共享时，如图所示，就称为不对称存储。相反，如果集群中的每个节点都可访问存储(并获得其所有者)，则该存储称为对称存储。每个站点中的两个节点从本地共享存储中读写数据。共享存储使用 Storage Replica 保持同步。

4.5.1 复制类型

Storage Replica 基于网络拓扑结构，提供两种形式的复制。第一种形式是同步复制，适用于局域网或校园环境(高性能、低延迟)。同步复制是配置 Storage Replica 时的默认复制。第二种形式是异步复制，它没有延迟要求，适用于广域网(WAN)或具有高延迟的网络。表 4.3 比较了两种复制形式。

表 4.3 复制选项的比较

复制特性	同步	异步
适用于重要任务的数据	是	否
在失败的情况下，零数据丢失	是	否，数据丢失接近于零
性能开销	是	否
需要低延迟网络	是的，5 毫秒往返时间，或更好	否，延迟是未知的

图 4.7 显示了同步复制过程的步骤。

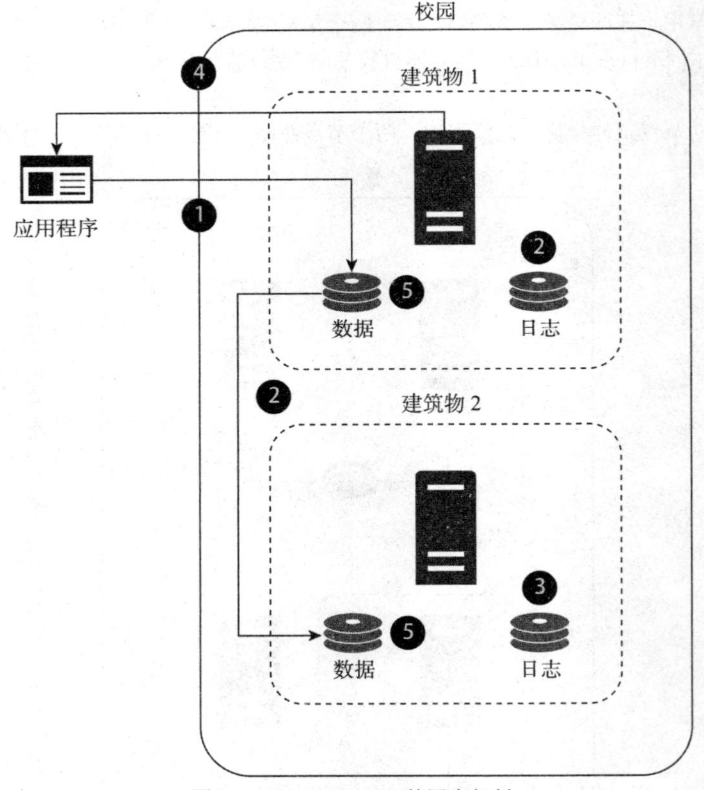

图 4.7 Storage Replica 的同步复制

下面的步骤描述了图 4.7 中编号的步骤。因此，列表中的数字 1 对应于图表中的数字 1。

(1) 数据由应用程序(可以是应用程序、服务、脚本、用户或其他进程)写入复制卷。

(2) 日志数据写入源站点，数据复制到远程位置。这是同时发生的。

(3) 日志数据写入远程站点。请注意，在将数据写入数据卷之前，总是先写入日志。

(4) 通知应用程序，数据已成功写入。此时，数据存在于两个不同的位置。这使同步复制适合最重要的工作负载。

(5) 数据(从日志)写到源位置和远程位置的数据卷中。

由于同步复制的写入时间较长，因此需要使用高性能网络(低延迟、高带宽)以及高性能的存储子系统(如 SSD)。这将有助于尽量降低同步复制对性能的影响。接下来分析异步复制的过程。图 4.8 显示了异步复制步骤。

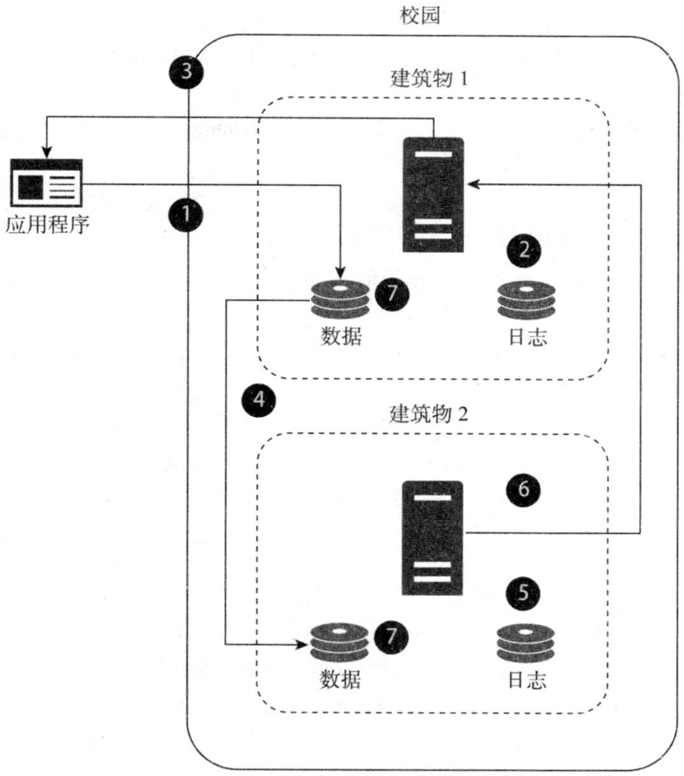

图 4.8　Storage Replica 的异步复制

在下面的列表中，步骤中的数字对应于图 4.8 中的数字。

(1) 数据由应用程序(可以是应用程序、服务、脚本、用户或其他进程)写入复制卷。

(2) 日志数据写入源站点。

(3) 通知应用程序，数据已成功写入。通知应用程序的顺序与同步复制不同。对于异步复制，在确认数据传输到远程位置之前，通知应用程序。在发出通知时，数据只有一个副本。这使异步复制不太适合用于最重要的工作负载。

(4) 数据复制到远程位置。

(5) 将日志数据写入远程位置。

(6) 远程位置证实了数据的传送。

(7) 数据(从日志)写入源位置和远程位置的卷中。

4.5.2　部署 Storage Replica

Storage Replica 有几个先决条件。在开始部署之前，需要密切关注先决条件。充足的计划有助于确保部署符合组织的需求。本章将重点讨论服务器到服务器复制的先决条件和部署。在使用集群到集群复制(例如拥有集群磁盘)或延伸集群时，有一些额外的需求和步骤，但基本需求是相同的。

以下是所有服务器到服务器存储复制的先决条件：

Active Directory 域服务(AD DS)：需要有一个现有的 AD DS 森林和域，服务器必须连接到域。

网络连接：要复制的服务器必须能够通过网络进行通信。在服务器之间的两个方向都需要 ICMP、SMB (TCP 端口 445)、SMB Direct (TCP 5445)和 WS-MAN (TCP 端口 5985)。

存储：可复制系统卷。源服务器和目标服务器至少需要两个卷——一个用于数据(将进行复制)，一个用于日志(用于 Storage Replica)。卷的大小必须相同，所有数据磁盘上的扇区大小必须相同。磁盘必须初始化为 GPT 磁盘。日志卷至少要有 9GB，不过为避免对存储空间和空闲空间进行微观管理，增大内存通常是更好的选择。

Windows Server 2016 的数据中心版：要使用 Storage Replica，必须在源服务器和目标服务器上拥有 Windows Server 2016 的数据中心版本。

Storage Replica 特性：源服务器和目标服务器必须安装 Storage Replica 特性。

2GB 或更多内存：至少要有 2GB 内存。对于大多数现代服务器来说，这不是问题。在实验室或测试环境中，有时可能使用较少的 RAM。

如果使用带有动态内存的 VM，可能需要调整启动 RAM(在 Windows Server 2016 Hyper-V 中仅显示为 RAM)。2GB 是绝对的最小值，建议使用 4GB 或更高的内存，以获得最佳性能。

除了前面列表中的核心需求之外，还有一些对复制的性能非常重要的要求(能满足这些要求会更好)：

高速网络：虽然典型的以太网网络就足够了，特别是对于低使用率的小卷，就更是如此，但是应该尝试使用 RDMA(远程直接内存访问)来满足高性能需求。还应该考虑给复制使用专用的网络，就像在环境中部署 iSCSI 采用的方法那样。

低延迟网络：如果使用同步复制，就需要低延迟。往返时间需要 5 毫秒或更短。如果延迟较长，则必须使用异步复制。

高速日志卷：为提高性能，应该对日志卷使用 SSD 存储。至少应该对日志卷使用最快的存储。

在配置环境并检查其是否满足先决条件后，就可以使用 Test-SRTopology cmdlet 验证环境了。下例在 Server1(源)和 Server2(目标)之间运行一个 30 分钟的测试，数据卷 J:和 K:是日志卷。将结果保存到 D:\Temp。使用管理 PowerShell 提示符(必选)从源服务器中运行命令。

```
Test-SRTopology -SourceComputerName Server1 -SourceVolumeName J: -SourceLogVolumeName K:
-DestinationComputerName Server2 -DestinationVolumeName J: -DestinationLogVolumeName K:
-DurationinMinutes 30 -ResultPath D:\Temp
```

如果满足先决条件，命令将完成测试，并将结果保存到指定的结果路径。因为持续时间是 30 分钟，所以命令测试的是性能。可以选用-IgnorePerfTests 参数来避免性能测试(如果已经测试了性能，这是非常有用的)。有 20 个测试。许多测试都很简单，例如检查以确保卷存在，检查分区是否使用 GPT。结果文件是一个 HTML 文件，应该将该文件与任何相关的项目文件一起保存，以备将来引用。

如果测试成功，现在就可以建立存储复制了。下面的示例使用相同的源和目标服务器以及相同的卷。命令中唯一比较陌生的部分是-SourceRGName 参数。在本例中，RG 表示复制组(Replication Group)。建立存储复制时，会命名复制组。本例将复制组命名为 RGJ(用于复制组 J，因为要复制 J:卷)。

```
New-SRPartnership -SourceComputerName Server1 -SourceRGName RGJ -SourceVolumeName J:
-SourceLogVolumeName K: -DestinationComputerName Server2 -DestinationRGName RGJ
-DestinationVolumeName J: -DestinationLogVolumeName K:
```

在建立和运行存储副本后，可使用 Get-SRPartnership 和 Get-SRGroup cmdlet 进行基本管理。此外，可在 Event Viewer 中查看专用的存储副本日志。打开 Event Viewer，扩展 Applications and Services Logs，扩展 Microsoft，扩展 Windows，然后扩展 StorageReplica。就会显示管理日志和操作日志。操作日志包含关于正在进行的复制的关键细节，而管理日志包含关于初始设置和配置更改的关键细节。

如果对设置集群到集群的复制感兴趣，请参阅 https://docs.microsoft.com/en-us/windows-server/storage/storage-replica/cluster-to-cluster-storage- replication 获得步骤指令。如果对建立拉伸集群感兴趣，请参阅 https://docs.microsoft.com/en-us/windows-server/storage/storage-replica/ stretch-cluster-replication-using-shared-storage。

4.6 存储服务质量

假设有一个 Hyper-V 环境，其中一个 VM 正在降低存储的性能。这也会影响同一主机上的其他 VM。或者，假设有一个应用程序团队，在任何时候都需要最少量的存储 I/O。在这两个场景中，都可以使用存储的服务质量(存储 QoS)。存储质量最小化了单个 VM 消耗所有可用存储 I/O 的机会。它还可以用来帮助确保指定的应用程序具有指定的最小 I/O 量。这就像基于网络的 QoS 的工作方式(例如，与数据流量相比，语音流量有给定的优先级/更高的性能)。存储 QoS 是微软软件定义的存储解决方案的一部分。

存储 QoS 支持两个用例。这两个用例涉及 Hyper-V。一个用例是在故障转移集群中使用 Hyper-V，为存储使用扩展文件服务器集群。另一个用例是在故障转移集群中使用 Hyper-V，为存储使用集群共享卷(CSV)。

存储 QoS 的需求非常少。所有参与的服务器必须运行 Windows Server 2016。除此之外，只需要拥有 Hyper-V、故障转移集群和前面描述的存储。不必安装角色，不必安装功能。实际上，甚至不需要启用存储 QoS！默认情况下，一旦构建了具有所需组件的环境，就会启用它。

使用存储 QoS

如果决定在环境中使用存储 QoS，则需要创建存储 QoS 策略。策略分配给虚拟磁盘(VHD 或 VHDX)。这意味着对于同一 VM 上的多个磁盘，可以使用以下两种策略：

专用策略：专用策略采用为 IOPS 分配的最小值和最大值，并将它们应用于指定的虚拟磁盘。例如，可为 Server1 和 Server2 设置至少 500 个 IOPS、最多 1000 个 IOPS。专用策略易于管理，通常是高性能工作负载的适当选择。

聚合策略：聚合策略采用为存储 IOPS 分配的最小值和最大值，并将它们应用于一组虚拟磁盘。虚拟磁盘组有一个共享的 IOPS 池。例如，如果为 Server1、Server2、Server3 和 Server4 上的虚拟磁盘设置了最少 500 IOPS、最多 1000 IOPS，那么所有服务器共可使用最多 1000 IOPS(它们之间的访问权限最少为 500 IOPS)。如果所有 VM 都有相似的性能需求，那么它们的 IOPS 也相似。在这个场景中，每个磁盘至少有 125 IOPS。聚合策略是非生产工作负载、实验室环境或不需要高性能存储的 VM 的适当选择。

创建策略后，可将它们与虚拟磁盘相关联。为此，可用 Set-VMHardDiskDrive cmdlet 来实现。使用 Get-StorageQosFlow cmdlet 确保应用了策略。可使用 Get-StorageQosPolicy cmdlet(不带任何参数)查看所有存储 QoS 策略。

4.7　本章要点

了解 Windows Server 2016 中的新存储技术。在 Windows Server 中存储的变化速度非常快。要利用最新的特性，需要了解功能、先决条件和部署注意事项。除了阅读它们之外，还应在实验室环境中实现它们，以进行测试驱动。

问题　我们正在 Windows Server 2016 上部署一个新的文件服务器。数据完全由非结构化数据组成。一些数据将定期使用，例如 Word 和 Excel 文件，这些文件仍然由用户创建和编辑。其他数据将存储起来，用于历史目的，很少阅读或编辑。需要选择一种存储技术来最大化定期使用的数据的性能。

答案　这种情况下，存储分层为定期使用的数据提供了最佳性能。这是因为这些数据存储在最快的驱动器上，而很少使用的数据将存储在性能最低的驱动器上。在这个场景中，使用混合了 SSD 和 HDD 的存储空间，启用了存储分层，所以可提供满足需求的解决方案。

了解 Windows Server 存储技术的部署注意事项。有时，某项技术会有一些很酷的新特性，或者提供非常卓越的性能。但仅凭这些理由还不足以帮助你做出部署决策。还需要了解其他部署注意事项。例如，如果部署了一种新的存储技术，就不再能执行其他操作吗？或者，它是否与服务器上的其他所有内容兼容？该技术适用于你的用例吗？这些是在选择部署策略之前需要回答的问题。

问题　我们计划部署存储副本，在不同数据中心的服务器之间复制数据。服务器通过广域网连接。延迟期不长也不短，在这个场景中应该使用哪种类型的复制?

答案　复制有两种选择：同步和异步。同步复制有低延迟要求，通常部署在 LAN 或 MAN(城域网)中。在这个场景中，对于 WAN 和中等延迟，需要使用异步复制(它没有延迟需求)。

维护和支持 Windows Server 存储环境。在部署新的存储技术后，需要使它们持续运行。维护存储技术与规划或部署它们有很大不同。它需要完全不同的技能和知识。确保团队在准备部署新技术时，就已经准备好支持它们。最好将新技术部署到实验室或非生产环境中，允许支持团队在进入生产环境前获得一些经验。

问题　环境中安装了 Windows Server 2012 R2 和 Windows Server 2016，希望比较 NTFS 和 ReFS 在 Windows Server 2012 R2 和 Windows Server 2016 中的特性。如何在服务器中进行比较?

答案　有人可能在想，“哦，在服务器上打开一个浏览器，在互联网上找到一个比较图表。”好主意！但是，这里其实是在寻找一种使用内置工具进行比较的方法。在这个场景中，可使用 fsutil 工具查看服务器上现有卷中 NTFS 和 ReFS 的特性。例如，运行 fsutil fsinfo volumeinfo D:查看 D:卷的特性。然后，比较 Windows Server 2012 R2 和 Windows Server 2016 支持的特性，还比较 NTFS 和 ReFS 的特性。

第5章 网络

Windows Server 2016 的大部分核心网络功能与 Windows Server 的之前版本相同。然而，尽管变化不大，网络仍然是一个重要功能。Windows Server 2016 用于为网络上的客户端提供网络服务。域名服务(DNS)几乎总在域控制器上安装和配置，以支持 Active Directory 的使用。动态主机配置协议(Dynamic Host Configuration Protocol，DHCP)经常在 Windows Server 2016 上配置，为桌面电脑和其他设备提供 IP 地址配置。

可将 Windows Server 2016 配置为远程访问服务器，允许客户端从 Internet 连接到内部网络。还可以选用 NLB，为某些应用程序提供高可用性。最后，可使用 SDN(软件定义网络)增强使用 Hyper-V 的虚拟环境的灵活性。

本章内容：

- 在 Windows Server 2016 中配置网络
- 使 DNS 高度可用
- 为新的子网配置 DHCP
- 配置 VPN 服务器
- 识别负载平衡的解决方案

5.1 Windows Server 2016 网络配置

需要为所有运行 Windows Server 2016 的计算机考虑一些网络配置设置。不管服务器的角色是什么，都需要考虑常见的设置，比如 IP 地址和 Windows 防火墙。

域加入

首次安装 Windows Server 2016 时，它是名为 WORKGROUP 的工作组的一部分。当多台计算机是同一工作组的成员时，就没有安全集成。一个工作组成员上的用户账户没有在其他工作组成员上使用资源的权限。每个服务器都有一个具有独立用户和组的本地 SAM(安全账户管理)数据库。

要将安全性与 Active Directory 域服务(AD DS)中的其他服务器和用户账户集成，需要将 Windows Server 2016 加入域。加入域后，DA 组就成为本地管理员组的成员，域用户组就成为本地用户组的成员。

将服务器连加入域后，就可修改安全设置，并为想要的任何组提供权限。例如，应用程序管理员通常可访问作为应用程序一部分的服务器。要给应用程序管理员授予访问权限，可让他们成为服务器上的本地管理员组的成员。最好只给应用程序管理员授予应用程序中特定服务器的访问权限，而不是让他们成为 DA 的成员。

5.1.1 IP 配置

要为服务器配置 IPv4 和 IPv6 设置，请使用与配置桌面计算机相同的过程。主要区别是服务器通常有一个静态 IP 地址，而桌面计算机通常有动态 IP 地址。图 5.1 显示了网络适配器的 IPv4 配置。

至少，服务器应该配置：

- IPv4 地址

- 子网掩码
- 默认网关
- DNS 服务器
- 启用 IPv6

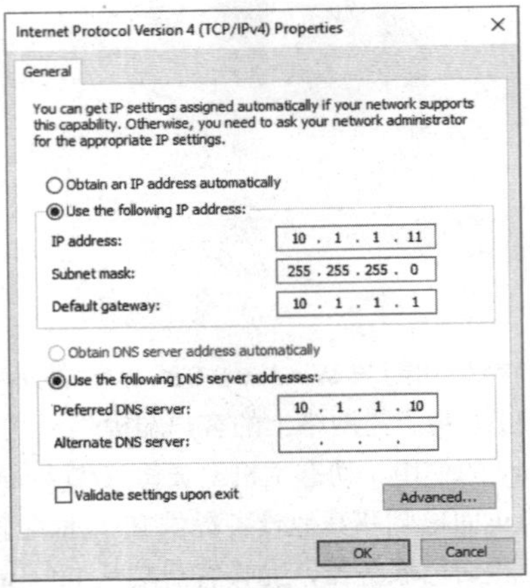

图 5.1 IPv4 配置

虽然在服务器上使用动态 IPv4 地址在技术上是可能的，但通常分配静态 IPv4 地址。这样做是因为如果 DNS 解析失败，管理员可完全控制 IPv4 地址的分配和访问服务器。

为提高 IPv4 地址的长期可管理性，一些组织使用 DHCP 预订。DHCP 预订是根据服务器的 MAC 地址来定义的。然后，DHCP 服务器在每次更新时向服务器分发相同的 IPv4 配置。如果将来 IPv4 配置信息(如 IPv4 地址范围或 DNS 服务器)发生了变化，则可在 DHCP 中更新信息，而不必直接在每个服务器上更改配置。

成员服务器应该只使用内部 DNS 服务器，其中包含 AD DS 连接所需的资源记录。在较小的组织中，一个常见错误是将一个 DNS 服务器配置为主服务器，将一个外部 DNS 服务器(如 Internet Service Provider (ISP))配置为辅助服务器。但是，ISP DNS 服务器没有必需的记录来找到用于身份验证的域控制器。如果网络短时间中断，主 DNS 服务器不可用，服务器就开始使用辅助 DNS 服务器，当用户访问服务器上的资源时，就开始出现身份验证错误。当 Windows Server 2016 开始使用辅助 DNS 服务器时，没有自动机制重新开始使用主 DNS 服务器，所以可能需要禁用并重新启用网卡，或者重新启动服务器以解决问题。

在大型和小型组织中，另一个常见错误是禁用 IPv6。这主要是因为许多管理员不了解 IPv6，认为禁用 IPv6 是安全的。然而，实际上，用 IPv6 会带来风险。

微软不测试禁用 IPv6 的应用程序，也不更新。因此，在禁用 IPv6 时，应用程序或更新可能无法正确执行。在禁用 IPv6 时，有些应用程序实例(如 Exchange Server)会出现错误。

另外，在网络配置中取消选中 IPv6 复选框时，不会完全禁用 IPv6。相反，它只是部分关闭。如果真想禁用 IPv6，需要进行额外的注册表修改。但不建议这样做。

当 IPv6 被启用但没有配置时，唯一的 IPv6 连接是通过本地生成的链接-本地地址执行的。链接-本地地址类似于 IPv4 的自动私有 IP 地址(APIPA)。链接-本地地址是不可路由的，但可用于本地网络上的通信。

使用 ping 和特定的 IP 版本

ping 实用程序用于确认到远程主机的连接。对 ping 缺乏响应并不能保证远程主机是无法访问的，因为防火墙可能会阻止 ping 请求。但对 ping 的响应确认主机是可访问的。

使用 ping 时，它将使用 IPv4 或 IPv6，具体取决于 DNS 是如何配置的。如果它包含一个名称的 IPv4 和 IPv6 地址，那么 IPv6 是首选。要使用特定的 IP 协议确认连接，可将其指定为运行 ping 实用程序的一部分。

- 要使用 IPv4 ping 主机，使用 ping -4 主机名。
- 要使用 IPv6 ping 主机，使用:ping -6 主机名。

可使用 Windows PowerShell 在 Windows Server 2016 中管理网络。表 5.1 列出一些可用来管理网络配置的 cmdlet。

表 5.1 用于网络配置的 Windows PowerShell cmdlet

cmdlet	描述
New-NetIPAddress	在接口上配置新的 IP 地址、子网掩码和默认网关。这不会删除现有的 IP 地址
Set-NetIPAddress	修改分配给接口的 IP 地址和子网掩码
Remove-NetIPAddress	移除分配给接口的 IP 地址和子网掩码
Get-NetRoute	查看本地路由表，包括 0.0.0.0，这是默认网关
New-NetRoute	在路由表中创建新路由
Remove-NetRoute	移除路由表中的路由
Set-DnsClientServerAddress	修改计算机使用的 DNS 服务器

使用 Windows PowerShell cmdlet 进行联网时，注意对 Active 策略存储区和 Persistent 策略存储区的引用。Active 策略存储区是查找操作系统当前使用的设置的地方。Persistent 策略存储区存储了操作系统重新启动时应用的设置。大多数 cmdlet 都会修改 Active 和 Persistent 策略存储区，但可指定只修改其中一个。

有关为网络配置使用 Windows PowerShell cmdlet 的详细信息，请参见 Windows PowerShell cmdlet for Networking，网址是 https://technet.microsoft.com/en-us/library/jj717268(v=ws.11).aspx。

5.1.2 网络适配器组合

网络适配器组合(Network Adapter Teaming)将多个网络适配器的容量连接起来，以单个单元的形式发挥作用。配置包含两个适配器的组合时，可同时使用它们来提高吞吐量。网络组合也是容错的，因为如果组合的一个成员失败，剩余的适配器将继续工作。

用于虚拟化主机的网络适配器组合

通常，网络适配器组合适用于希望减少因网络故障而停机或需要增加网络吞吐量的场景。运行 Hyper-V 的计算机是虚拟化主机，可利用这两种优势。

虚拟化主机上的网络故障导致在该主机上运行的所有虚拟机的服务中断。即使将虚拟机配置为高可用性，也会出现意外故障，导致停机。当一个虚拟化主机可承载 10 到 20 台虚拟机时，其结果将对用户产生很大影响。连接到单独交换机的组合式网络适配器为交换机故障提供了容错能力。

虚拟化主机还可利用网络适配器组合时增加的网络吞吐量。对于许多虚拟机，一个 1Gbps 的网络适配器可能导致网络性能瓶颈。而组合两个 1Gbps 的网络适配器时，该组合的总吞吐量将为 2Gbps，从而降低网络吞吐量成为性能瓶颈的风险。

使用网络适配器制造商提供的软件或在 Windows Server 2016 中使用 NIC 组合(NIC Teaming)功能可配置网络适配器组合。如果选择使用来自网络适配器制造商的软件，就必须拥有多端口网络适配器或相同类型的网络适配器。Windows Server 2016 中的 NIC 组合功能可使用不同类型的网络适配器执行，但速度应该是相同的。可在一个 NIC 组合中安装至多 32 个网络适配器。

要配置 NIC 组合，请执行以下步骤：

(1) 在 Server Manager 的 Navigation 窗格中，单击 Local Server。

(2) 在 Properties 区域中，单击 NIC Teaming 旁的 Disabled。

(3) 在 NIC Teaming 窗口的 Teams 区域，单击 Tasks 并单击 New Team。

(4) 在 NIC Teaming 对话框(如图 5.2 所示)中，在 Team name 框中输入新组合的名称。

(5) 选择要包含在组合中的网络适配器，并单击 OK。

创建 NIC 组合后，将删除单个网络适配器的网络配置。唯一仍然绑定到 NIC 组合中每个网络适配器的协议是 Microsoft 网络适配器多路复用协议。重新创建一个新的网络适配器来表示 NIC 组合，并将典型的网络协议绑定到 NIC 组合。可在网络适配器的属性中为组合配置 IP 地址和其他网络设置。

如图 5.3 所示，NIC Teaming 窗口显示了 NIC 组合和每个网络适配器的状态。在这里可以查看、修改 NIC 组合和网络适配器的属性。

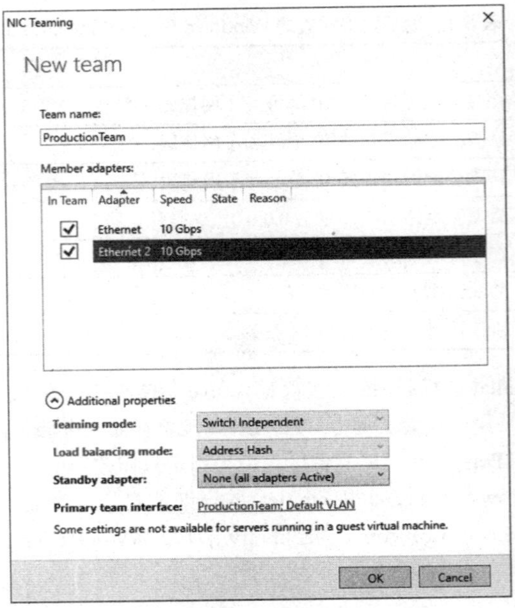

图 5.2　配置新组合

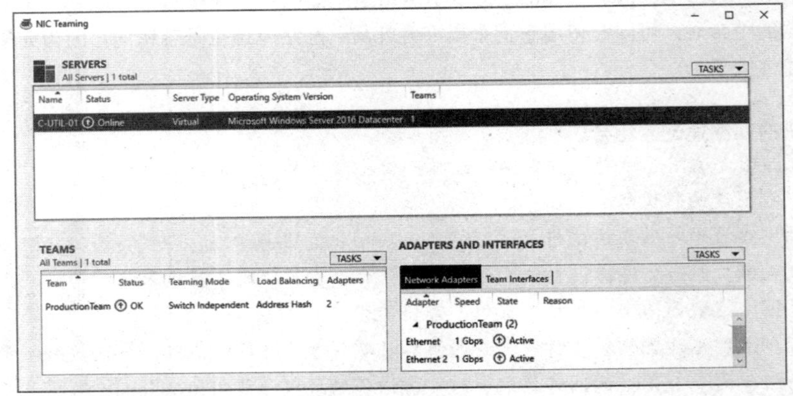

图 5.3　NIC Teaming 窗口

大多数情况下，NIC 组合的默认配置是比较合适的。它提供了最好的性能和最少的错误体验。但是，如果合适，可以调整组合模式、负载平衡模式、备用适配器和主组合接口。

组合模式可以是 Switch Independent、Static Teaming 或 Link Aggregation Control Protocol(LACP)。使用 Switch Independent 模式时，Windows Server 将控制负载平衡过程，可将网络适配器附加到单独的交换机上。Static Teaming 和 LACP 都是依赖于交换机的模式，在这些模式中，交换机做出负载平衡决策，NIC 组合中的所有网络适配器都必须连接到同一个交换机(或堆栈)上。Static Teaming 模式需要静态配置交换机端口。LACP 是一种自动配置的交换协议。

组合中网络适配器之间数据传输的负载平衡由所选的负载平衡模式控制。表 5.2 描述了负载平衡模式。

表 5.2　NIC 组合的负载平衡模式

模　式	描　述
地址散列	源和目标 TCP 端口以及 IP 地址用于为每个网络连接创建唯一标识符，然后将其分配给组合中的特定网络适配器
Hyper-V 端口	为 Hyper-V 主机设计的带有虚拟机的 Hyper-V 端口，每个虚拟机都有一个用于网络通信的唯一 MAC 地址。根据虚拟机的 MAC 地址标识网络连接，并将每个虚拟机分配给一个网络适配器
动态	前两种负载平衡模式的组合。出站通信使用地址散列模式。入站通信使用 Hyper-V 端口模式。这是所有组合模式中推荐的负载平衡模式

除非 NIC 组合中的网络适配器失败，否则不会使用 NIC 组合中的备用适配器。大多数 NIC 组合都配置为不使用备用适配器。此配置使用所有可用的成员适配器。

只有在网络上使用 VLAN，主组合接口才相关。这将 VLAN 配置为用于未标记为 VLAN 的传入数据包。如有必要，可配置特定的 VLAN。

有关 NIC Teaming 选项的详细描述，请参见 Create a New NIC Team on a Host Computer of VM，网址是 https://docs.microsoft.com/en-us/windows-server/networking/technologies/nic-teaming/create-a-new-nic-team-on-a-host-computer-or-vm。

5.1.3　Windows 防火墙

网络安全是一个多层次的过程，而不是一个特定的产品或功能。安全是用于保护的战术组合。更多的层就意味着更好的安全性。然而，需要平衡安全性和可用性。如果为了达到最好的安全，使资源访问变得非常笨拙，令用户或管理员望而却步，这种安全就毫无意义。

每个人都知道，需要在企业网络和 Internet 之间设置网络防火墙来控制访问。一些较大网络在内部网络中也利用网络防火墙来控制不同区域之间的通信。遗憾的是，许多组织禁用 Windows 中包含的基于主机的防火墙。这是一个不应该禁用的重要安全层。

Windows Server 2016 默认启用 Windows 防火墙。默认配置允许所有的出站通信，但根据规则限制入站通信。入站通信需要遵循特定规则。可使用控制面板中的简化界面(如图 5.4 所示)来管理 Windows 防火墙，或者使用 Advanced Security 工具来管理 Windows 防火墙。具有 Advanced Security 的 Windows 防火墙为配置规则提供了更高级的选项。

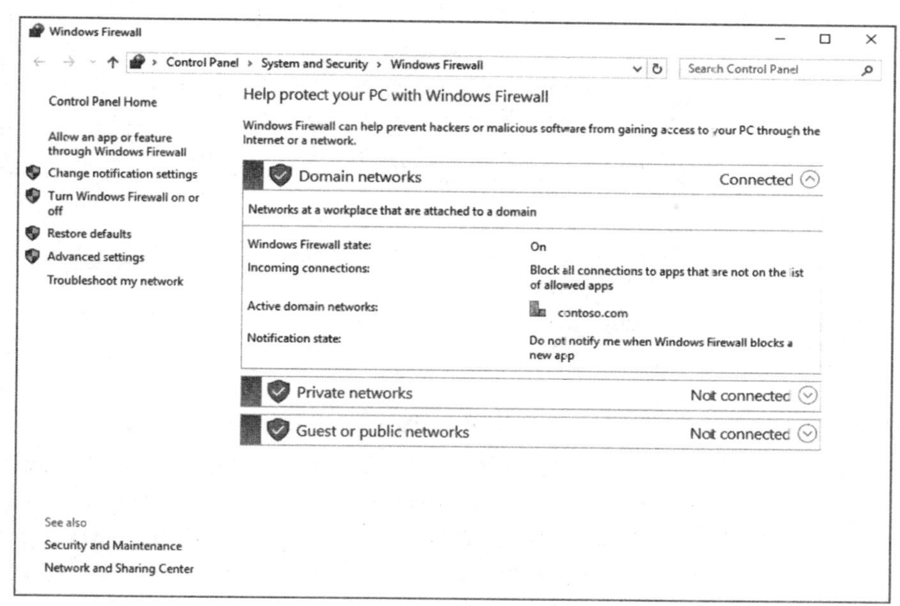

图 5.4　Windows 防火墙

1. 配置文件

Windows 防火墙中的配置文件用于根据计算机的位置调整设置。每个配置文件都有不同的 Windows 防火墙配置。可对每个配置文件分别启用或禁用 Windows 防火墙，且可对每个配置文件启用不同的规则。

当域连接的计算机能与域控制器通信时，将自动使用域配置文件。这是域连接服务器最常用的配置文件。

如果计算机连接到域网络以外的网络上，它就归类为公共网络或私有网络。公共网络比私有网络的限制更多。连接到一个新网络时，系统会提示对其进行分类，选择适合场景的配置文件非常重要。

具有多个网络接口的服务器可为每个网络适配器使用不同的配置文件。例如，配置为 VPN 服务器的服务器可以把一个网络适配器连接到内部网络，一个网络适配器连接到 DMZ。内部网络上的网络适配器将使用域配置文件，与 DMZ 网络连接的网络适配器将使用私有配置文件。

在域网络上使用的公共配置文件

在排除错误时，有时会发现服务器的网络连接归类为公共网络，而不是域网络。使用错误的配置文件将导致使用另一个防火墙规则集，可能会阻止用户或应用程序所需的通信。

不能与域控制器通信的服务器将阻止内部网络正确地识别域网络。有时，在最近一次启动服务器时发生的临时错误可通过重新启动服务器来解决。其他情况下，出错的原因可能是防火墙更改或 DNS 查找错误。需要调查并解决通信错误。

2. 防火墙规则

Windows 防火墙预先配置了适用于大多数 Windows 服务的规则。例如，文件和打印机共享、iSCSI、网络发现、远程桌面和 Windows 远程管理都有规则。对于不同的配置文件，这些规则是启用或禁用的。可选择在每个配置文件中启用和禁用规则。图 5.5 显示了具有 Advanced Security 的 Windows 防火墙中的入站规则。

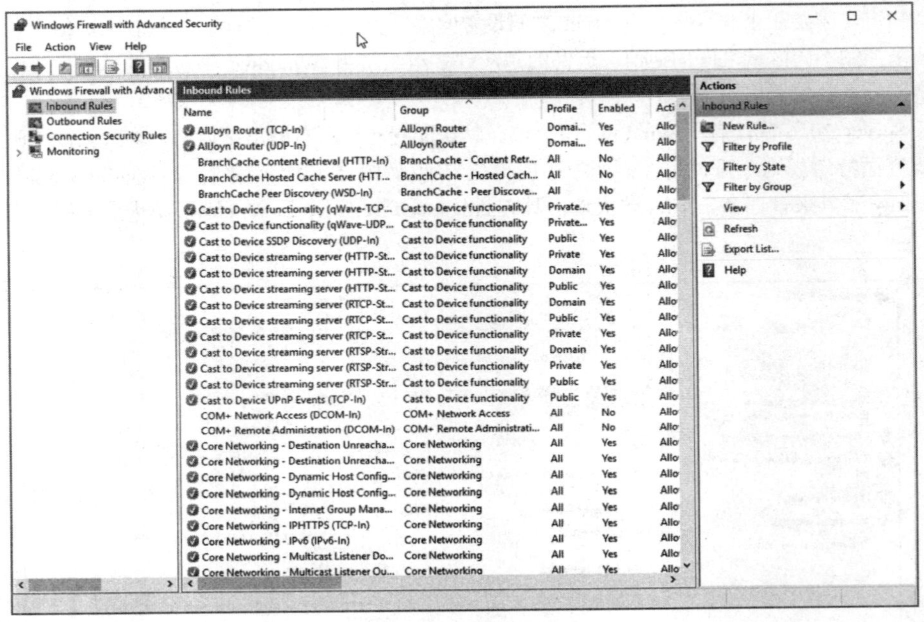

图 5.5 入站规则

以前，当 Windows 防火墙首次在许多版本中引入时，它阻止了许多应用程序的工作。然后，有必要修改防火墙规则，以使应用程序再次工作。大多数现代应用程序都希望安装 Windows 防火墙，并在安装过程中添加应用程序所需的规则。例如，在 Windows Server 2016 上安装 Exchange Server 时，在安装期间将创建所有必要的客户机访问和邮件传递规则。但是，应该与应用程序的供应商一起检查，看看是否需要对规则进行修改。

启用文件和打印机共享(Echo Request - ICMPv4-In)规则是经常对成员服务器执行的一项防火墙更改。该规则允许服务器从网络接收 ping 请求。许多管理员使用 ping 来验证网络连接；如果不启用此规则，则成员服务器不会响应 ping 请求，因为 Windows 防火墙默认会阻止传入请求。在域控制器上以及在成员服务器上安装了一些服务器角色时，启用此规则。

还可以使用具有 Advanced Security 的 Windows 防火墙来创建自己的防火墙规则。应用程序供应商提供了防火墙规则所需的配置信息。下面列出一些可纳入规则的准则：

- TCP 或 UDP 端口
- 程序(可在网络上执行的通信)
- 协议类型
- 源和目标 IP 地址
- 允许或拒绝
- 配置文件

多台计算机的防火墙更改

大多数防火墙规则更改是针对服务器组而不是单个服务器进行的。应该使用 Group Policy 部署防火墙更改，而不是手动调整每个服务器上的防火墙规则。放在 Group Policy 对象中的设置可部署到服务器组中，极大地提高了实现速度。另一个好处是，可在一个地方执行将来的任何修改。

5.2 DNS

由于客户端使用 DNS 来查找域控制器，因此 DNS 是 Windows 网络的关键服务。DNS 也用于将服务器名解析为 IP 地址。大多数组织使用运行在 Windows Server 上的 DNS 来支持 AD DS。因此，了解如何在 Windows Server 中实现和维护 DNS 是很重要的。

所有 Windows 客户机和服务器都使用动态 DNS 来注册其 DNS 名称。注册是由 DNS 客户机服务在启动期间执行的，如果 IP 地址发生更改，则稍后再次注册。计算机的名称在该计算机所在的域中注册。例如，如果 C-UTIL-01 是 contoso.com 域的成员，就用其 IP 地址注册 C-UTIL-01.contoso.com。

域控制器注册额外的 DNS 记录，允许 Windows 客户端定位域控制器，如图 5.6 所示。注册 Kerberos 和 LDAP 等服务的服务位置(SRV)记录。SRV 记录位于子域中，例如_msdcs、_sites、_tcp 和_udp。这些额外的 DNS 记录由 netlogon 服务注册，并包含提供服务的服务器的名称。客户端将该名称解析为一个 IP 地址，以访问服务。

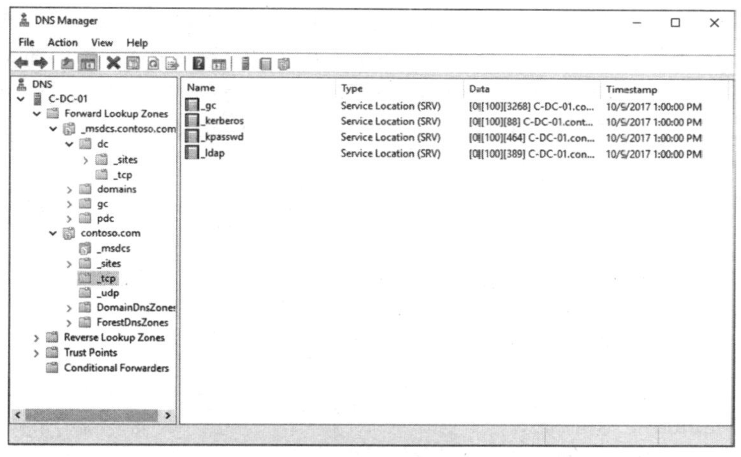

图 5.6　域控制器的 SRV 记录

5.2.1 DNS 区域

用于 AD DS 的 DNS 区域是正向查找区域。正向查找区域可以有多个记录类型，但最常用的是将主机名转换为 IP 地址。如果 AD DS 域名为 contoso.com，就需要一个名为 contoso.com 的 DNS 区域以支持域。表 5.3 列出一些可在正向查找区域中创建的 DNS 记录类型。

表 5.3　DNS 记录类型

记录类型	描　述
A(主机)	将名称解析为 IPv4 地址
AAAA(主机)	将名称解析为 IPv6 地址
CNAME(别名)	将名称解析为另一个名称
MX(邮件交换器)	标识接收该域电子邮件的主机
NS(名称服务器)	标识该域的权威服务器
SRV(服务位置)	标识可以联系服务的位置
TXT(文本)	提供了应用程序可以使用的文本字符串

作为最佳实践，还应该在网络上实现反向查找区域。反向查找区域将 IP 地址解析为名称。当该信息可用时，各种实用程序和应用程序都使用它。例如，将 Tracert 实用程序与 IP 地址一起使用时，它将查找该 IP 地址，并将它解析为一个名称。

反向查找区域的名称基于计算机所在的 IP 网络，以 in-addr.arpa 结尾。例如，如果 IP 网络是 172.16.5.0/24，反向查找区域就是 5.16.172.in-addr.arpa。在反向查找区域内是 PTR(指针)记录，用于将网络上的 IP 地址解析为主机名。

谁控制区域？

前向查找区域由注册 DNS 域名的人控制。永远不应该在内部网络上使用由别人在互联网上注册的域名。过去，一些组织在内部使用无法在互联网上注册的本地域名，但这不再是最佳做法。相反，应该确保自己注册了域。

反向查找区域由对网络具有路由控制权的人控制。对于内部网络，具有路由控制权的人就是自己。因此，根据需要为内部网络创建反向查找区域。通常，对于可公开访问的 IP 地址，ISP 创建并管理反向查找区域。然而，对于一些大型组织，ISP 可能将解析过程委托给其他组织。

因为 DNS 是网络上的一个关键服务，它不应该有单个失败点。传统上，为使 DNS 高度可用，使用主区和辅助区。所有更新都是针对主 DNS 区域进行的，更改会定期复制到辅助区域。当与基于 Linux 的 DNS 或 DNS 设备集成时，仍然使用这个系统。

在 Windows Server 2016 中，可使用 DNS 服务器的主区域和辅助区域，但是有一个问题。Windows 客户机和服务器使用动态 DNS，只能在主区域进行更改。这意味着只有一个 DNS 服务器可以执行更新。为解决这个问题，基于 Windows 的 DNS 服务器具有在 AD DS (集成 Active Directory)中存储 DNS 区域的独特功能。

因为它存储在 AD DS 中，而不是本地区域文件，所以多个 DNS 服务器可更新一个集成 Active Directory 的 DNS 区域。实际上，这意味着每个 DNS 服务器都有一个主 DNS 区域。AD DS 负责将更改复制到所有域控制器，其中数据可用于需要它的所有 DNS 服务器。在基于 Windows 的网络上，典型的 DNS 部署使用 Active Directory 集成区域来处理所有正向查找区域。

只有同为 DNS 服务器的域控制器才能访问和更新 Active Directory 集成区域。因此，域控制器通常也是 DNS 服务器。

DNS 作为服务器角色安装在 Windows Server 2016 中，名为 DNS Server。安装 DNS 后，可使用以下步骤创建一个 Active Directory 集成区域：

(1) 在 Server Manager 中，依次单击 Tools 和 DNS。

(2) 在 DNS Manager 中，如有必要，展开服务器，右键单击 Forward Lookup Zones，然后单击 New Zone。

(3) 在 New Zone Wizard 中，单击 Next。

(4) 在 Zone Type 页面上，如图 5.7 所示，选中 Primary zone。

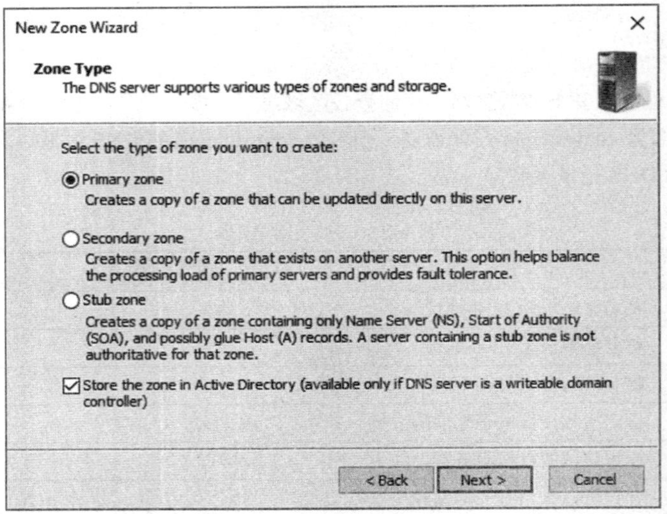

图 5.7　选择 Zone Type

(5) 选择 Store the zone in Active Directory (available only if DNS server is a writable domain controller)复选框，并单击 Next。

(6) 在 Active Directory Zone Replication Scope 页面上，如图 5.8 所示，选择适合网络的复制选项，并单击 Next。

(7) 在 Zone Name 页面的 Zone Name 框中，输入要创建的区域的名称，并单击 Next。

(8) 在 Dynamic Update 页面上，选择 Allow only secure dynamic updates(recommended for Active Directory)，然后单击 Next。安全动态更新防止未经授权的计算机覆盖现有 DNS 记录。

(9) 在 Completing the New Zone Wizard 页面上，单击 Finish。

创建新区域后，验证新区域在本地服务器的 DNS Manager 中可见，在它应该复制到的任何服务器上都是可见的。在单一位置，复制应该在几分钟内完成。在物理位置之间，复制可能需要较长时间，这取决于 AD DS 复制的配置。

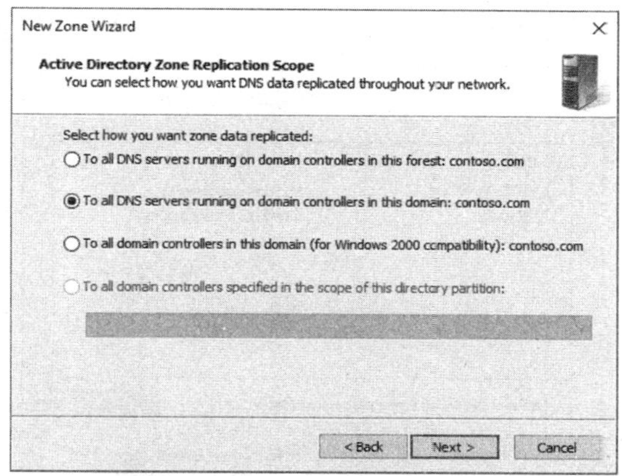

图 5.8　Active Directory Zone Replication Scope 页面

5.2.2　名称解析的处理

当 DNS 服务器对域具有权威性时，这意味着它有该域的专区副本。当 DNS 服务器接收到该域的请求时，它可以权威方式响应，包括表示记录不存在的答案。DNS 服务对域是权威性的，但客户端的 DNS 解析并非仅限于内部 DNS。客户机还需要为 Internet 上的服务和合作伙伴组织解析 DNS 名称。对于不具有权威性的 DNS 服务器，可配置多个方法来解析 DNS 请求。

根提示用于识别负责某个域的 DNS 服务器。在 Windows Server 2016 中安装 DNS 服务器时，会自动配置根提示，如图 5.9 所示。这些根提示可能由 Windows Updates 更新，但不需要手动更新根提示。注意，这些服务器都在 Internet 上，DNS 服务器必须能够访问 Internet，才能使用根服务器。

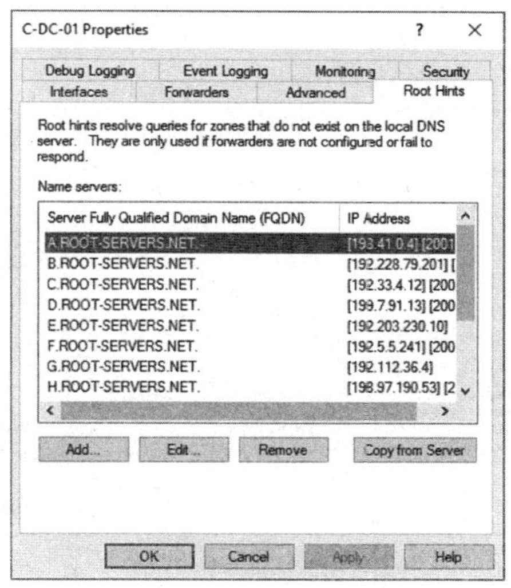

图 5.9　根提示

1. 非权威性解析

许多组织阻止其内部 DNS 服务器(通常是域控制器)直接与 Internet 通信。这是一般安全策略的一部分，旨在保护内部服务器免受 Internet 上的威胁。因此，使用根提示来解析 Internet DNS 记录对于内部 DNS 服务器是无效的。相反，必须将 DNS 服务器配置为将请求转发给可访问 Internet 的其他 DNS 服务器。一些组织在其 DMZ 中保留一组 DNS 服务器作为转发器。一些较小的组织在 ISP 上使用 DNS 服务器作为转发器。

在 DNS 服务器的属性中配置转发器，如图 5.10 所示。配置转发器时，DNS 服务器会转发它不具备权威性的任何请求。需要在每个 DNS 服务器上分别配置转发器。当启用转发器时，不会使用根提示。

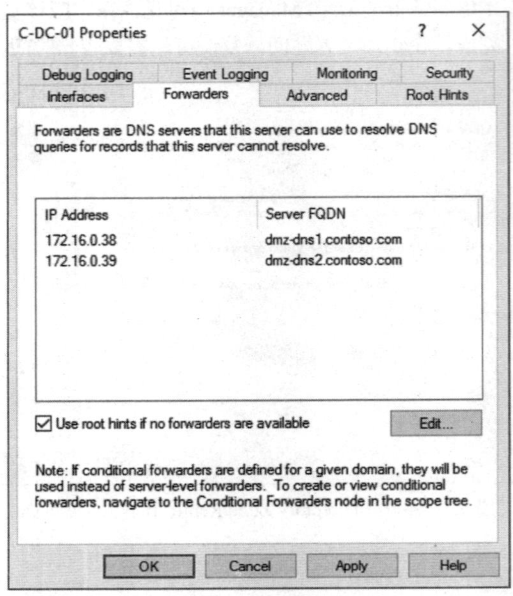

图 5.10　配置转发器

如果有合作组织，可对特定 DNS 域使用条件转发器。创建条件转发器时，它将配置 DNS 服务器，以使用合作伙伴的 DNS 服务器仅解析指定域的记录。其他 DNS 记录仍然使用根提示或标准转发器来解析。与合作组织有直接的网络连接或 VPN 连接时，使用条件转发器尤其有用。

创建条件转发器(如图 5.11 所示)时，可选择将转发器存储在 Active Directory 中。在 Active Directory 中存储条件转发器时，它会自动用于所选的 DNS 服务器。理想情况下，为了容错，每个条件转发器中应该有两个 DNS 服务器。

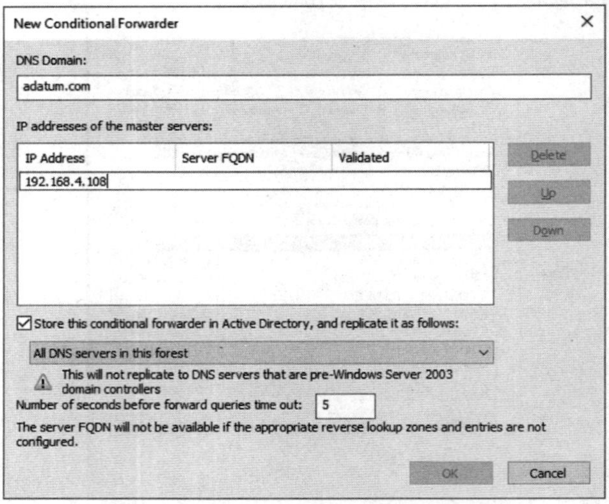

New Conditional Forwarder
DNS Domain:
adatum.com
IP addresses of the master servers:
IP Address | Server FQDN | Validated
192.168.4.108
Delete
Up
Down
Store this conditional forwarder in Active Directory, and replicate it as follows:
All DNS servers in this forest
This will not replicate to DNS servers that are pre-Windows Server 2003 domain controllers
Number of seconds before forward queries time out: 5
The server FQDN will not be available if the appropriate reverse lookup zones and entries are not configured.
OK
Cancel

图 5.11　创建条件转发器

非权威 DNS 域的最后一种方法是为特定域使用存根区域。域的存根区域包含域的名称服务器记录。配置了存根区域的 DNS 服务器使用 NS 记录来标识域的 DNS 服务器。在功能上，存根区域的行为类似于条件转发器。但存在以下区别：

◆ 存根区域可自动更新 NS 记录，适应 DNS 服务器随时间的改变。
◆ 存根区域配置一个主服务器，用来查询名称服务器的列表。

如果希望名称服务器随时间变化，就应该使用存根区域而不是条件转发器。如果需要直接控制请求被转发到哪个 DNS 服务器，就应该使用条件转发器。例如，防火墙可能只允许访问合作域的一个 DNS 服务器子集。

2. 缓存

为减少网络上 DNS 查找的次数，需要缓存 DNS 请求的结果。缓存可发生在 DNS 客户机和非权威的 DNS 服务器上。例如，如果客户机请求 www.contoso.com 的 IP 地址，而内部 DNS 服务器也在 DMZ 中使用转发 DNS 服务器，那么结果将缓存在客户机、内部 DNS 服务器和 DMZ 中的 DNS 服务器上。

缓存的 DNS 查找保留权威 DNS 服务器上配置的生存时间(TTL)。每个前向查找区域都设置了默认的 TTL，但在特定的 DNS 记录上设置一个 TTL，就可覆盖这个设置。在 Internet 上，DNS 记录的 TTL 值曾经是 24 或 48 小时，但现在 TTL 值更常见的是 30 或 60 分钟。在排除 DNS 解析的故障时，查看或清除 DNS 缓存可能很有用。

要查看 Windows 计算机上的 DNS 客户机缓存，可使用 ipconfig /displaydns 或 Get-DnsClient Cache。为避免等待缓存条目超时，可使用 ipconfig/flushdns 或 Clear-DnsClientCache。

对于运行 DNS 的 Windows Server 2016 服务器，DNS 服务器中有一个单独的缓存可供查看和清除。在 Windows PowerShell 中，可使用 Show-DnsServerCache 和 Clear-DnsServerCache。还可使用 DNS Manager 查看和清除缓存。

在 DNS Manager 中查看 Cached DNS Lookups 节点：

(1) 在 DNS Manager 的 Navigation 窗格中，单击 DNS 或单击 DNS 服务器。
(2) 单击 View 菜单，然后单击 Advanced，使 Cached Lookups 节点在 DNS Manager 中可见。
(3) 选择 Cached Lookups 节点并浏览。

要清除 DNS Manager 中所有缓存的 DNS 查找，右键单击 Cached Lookups 或 DNS 服务器，然后单击 Clear Cache。还可以浏览缓存的 DNS 查找列表，然后删除单个条目。重新启动 DNS 服务也会清除缓存。

3. 高级名称解析设置

DNS 服务器的 Advanced 选项卡上有一些与名称解析相关的设置，如图 5.12 所示。大多数情况下，不需要修改这些设置，但为了保险起见，了解这些设置是很有用的。

图 5.12　高级 DNS 设置

名称解析的高级设置包括：

- **Disable recursion。**启用此选项时，DNS 服务器仅响应其具有权威性的请求。不使用根提示或转发器。默认情况下禁用此选项。
- **Enable round robin。**当启用此选项时，单个主机名可以解析为多个 IP 地址。DNS 服务器将向请求客户机提供主机的所有可用 IP 地址。DNS 轮询用于实现一种简单类型的负载平衡，以便在服务器故障时提供高可用性。大多数大型组织都使用基于硬件的负载平衡器，具有更高级的特性，而不是 DNS 轮询。默认情况下启用 DNS 轮询。
- **Enable netmask ordering。**当启用此选项时，使用 DNS 轮询时提供的结果将根据 DNS 客户机的 IP 地址进行排序。最接近客户端 IP 地址的 IP 地址在列表的顶部。理论上，这允许客户端联系最近的可用主机。如果不启用此选项，则列表的顺序是随机的。此选项默认为启用。

4. DNS 策略

DNS 策略是 Windows Server 2016 中的一个新特性，它允许 DNS 服务器根据请求的特征对 DNS 查询提供不同的响应。可以基于以下特征创建策略：

- 客户子网
- 服务器接口的 IP 地址
- 正在查询的名称
- 查询类型
- 一天中的时间

能够使用客户子网作为特征，就允许创建对位置敏感的 DNS。如果没有 DNS 策略，要创建对位置敏感的 DNS，就可能要创建多个 DNS 服务器，并配置 DNS 客户机，来使用正确的 DNS 服务器。现在可以拥有一个 DNS 服务器，它根据客户机位置提供不同的响应。例如，有一个记录 wsus.contoso.com，客户端使用它来下载更新。可将该记录配置为给每个位置解析最近的 Windows Server Update Server (WSUS)。

默认情况下，一个区域范围用于解析 DNS 请求。为了提供替代的响应，需要做以下工作：

- 创建额外的区域范围。
- 创建引用区域范围的策略。
- 创建 DNS 记录，分配给区域范围。

DNS Manager 中没有可用的 DNS 策略管理。需要使用 PowerShell cmdlet，例如 Add- DnsServerClientSubnet、Add-DnsServerZoneScope、Add-DnsServerResourceRecord 和 Add-DnsServerQuery ResolutionPolicy。

有关实现 DNS 策略的详细信息，请参阅 DNS Policy Scenario Guide，网址是 https://docs.microsoft.com/en-us/windows-server/networking/dns/deploy/dns-policy-scenario-guide。

5.2.3 删除陈旧的 DNS 记录

随着时间的推移，计算机将在退役时从网络中删除。默认情况下，为这些计算机注册的动态 DNS 名称不会从 DNS 中删除。需要启用清除功能来删除不再需要的旧动态 DNS 记录。默认情况下，手动创建的静态 DNS 记录不会在清除过程中自动删除。选择 Delete this record when it becomes stale 选项，可为静态 DNS 记录启用清除功能。

要启用清除功能，需要在主 DNS 服务器和 DNS 区域上启用它。如果使用 Active Directory 集成专区，就只需要在一个 DNS 服务器和 DNS 区域中启用清除功能。该服务器所做的更改将通过 AD DS 复制到其他 DNS 服务器。可在多个 DNS 服务器上启用清除功能，以提供清除功能的容错能力，但这并不重要。

清除过程的时机并不直观。表 5.4 列出了三个相关时间段。

表 5.4 清除过程的时间段

时 间 段	描 述
无刷新间隔	创建动态 DNS 记录后，无刷新间隔定义了一个时间段，在此期间记录上的时间戳不会更新。这避免了 AD DS 中不必要的更改。默认值是 7 天

(续表)

时 间 段	描　述
刷新间隔	在无刷新间隔过期后，刷新间隔是记录上的时间戳可以更新的时间段。如果 DNS 客户机在此期间执行动态 DNS 更新，则会更新时间戳，并重新开始无刷新间隔。如果刷新间隔到期而没有更新，则可以清除记录。刷新间隔的默认值是 7 天
清除期间	清除期间定义了 DNS 服务器检查 DNS 记录的频率，以找到可用的清除记录。当发现可用的清除记录时，将删除这些记录。默认的清除周期是 7 天

可使用 DNS Manager 修改老化和清除的设置。还可使用 Set-DnsServerScavenging 和 Set-DnsServerZoneAging。

5.2.4　保护 DNS

应该实现的最基本安全级别是针对 Active Directory 集成 DNS 区域的安全动态更新。打开此选项，可确保只有注册了主机名的原始客户机才能更新该主机名的 IP 地址。

如果使用辅助区域作为 DNS 配置的一部分，就应该在主要区域的属性上配置区域传输的安全性。默认情况下，是不允许区域传输的。启用区域传输时，应该将它们限制为允许的合法 DNS 服务器。可将区域传输限制为特定的 IP 地址，或域的名称服务器列出的服务器。

为防止 DNS 欺骗(未经授权的 DNS 服务器拦截和响应 DNS 请求)，可实现域名系统安全扩展(DNSSEC)。实现 DNSSEC 时，来自权威 DNS 服务器的响应将经过数字签名以证明其真实性。DNS 记录的数字签名存储在相应的资源记录签名(RRSIG)记录中。

与其他需要从证书颁发机构获得证书的加密方法不同，DNSSEC 所需的加密密钥是由 Windows Server 2016 中的 DNS 服务器生成的。对于每个区域，一个 DNS 服务器被指定为负责管理签名密钥的主要掌控者。

主要掌控者为每个区域生成至少一个主签名密钥(KSK)和一个区域签名密钥(ZSK)。ZSK 用于为区域中的记录生成 RRSIG。KSK 用来在 ZSK 上进行数字签名。图 5.13 显示了在 Windows Server 2016 中为 DNS 服务器创建 ZSK 时可用的选项。

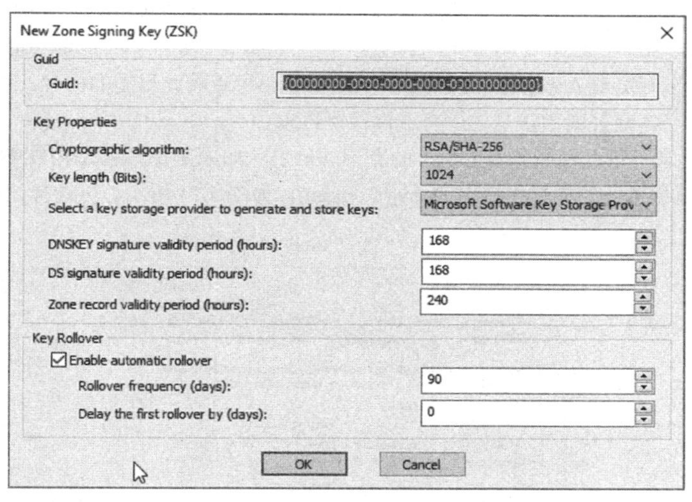

图 5.13　ZSK 选项

需要验证数字签名有效性的客户端和非权威 DNS 服务器使用另外两种 DNS 记录类型。DNSKEY 记录包含 KSK 和 ZSK 的公钥。这些 DNSKEY 记录添加为信任点，以表明它们是有效的，应该被信任。这类似于指定应该信任自签名证书。

签署内部使用区域的步骤如下：

(1) 打开 DNS Manager。

(2) 在 DNS Manager 中，如有必要，展开服务器，然后展开 Forward Lookup Zones。

(3) 右键单击要签署的区域，指向 DNSSEC，并单击 Sign The Zone。

(4) 在 Zone Signing Wizard 中，单击 Next。

(5) 在 Signing Options 页面上，单击 Use default settings to sign the zone，并单击 Next。

(6) 检查配置并单击 Next。

(7) 当区域签名完成时，单击 Finish。

(8) 在 DNS Manager 中，注意签署的区域现在有一个锁定图标。

(9) 右键单击签名的区域，指向 DNSSEC，并单击 Properties。

(10) 在区域的 DNSSEC properties 对话框中，单击 Trust Anchor 选项卡，选择 Enable the distribution of trust anchors for this zone 复选框，然后单击 OK。

(11) 在 Warning 对话框中，单击 Yes。

(12) 在 Updating Your Zone 对话框中，单击 OK。

(13) 在 Trust Points 文件夹中，验证区域现在出现了两个 DNSKEY 记录。可能需要按 F5 来刷新数据。

(14) 关闭 DNS Manager。

有关 DNSSEC 及其在 Windows Server 2016 中的实现的详细描述，请参见 DNSSEC in Windows Server 2012，网址是 https://technet.microsoft.com/en-us/library/dn593694(v=ws.11).aspx。这个功能在 Windows Server 2016 中还没有更新。

5.2.5 监视 DNS 并排除故障

与 DNS 相关的大多数问题不会是 DNS 服务器中的功能问题。当主机名没有像预期的那样解析时，很可能出现配置错误。

要验证 DNS 服务器的基本功能，可以使用 DNS 服务器中内置的监视工具。在 DNS Manager 的 Monitoring 选项卡上查看服务器的属性时，可选择执行简单查询和递归查询。简单查询验证 DNS 服务器是否响应对其权威区域的请求。递归查询确认 DNS 服务器可解析它不具有权威性 DNS 记录。简单查询和递归查询可以按需执行或按计划执行，但通常只按需执行。

还可以使用 Performance Monitor 监视 DNS 服务器的性能计数器。这允许查看区域传输、动态更新请求和递归查询等项的详细性能统计数据。这些性能计数器通常只在试图解决特定的性能问题时使用。

默认情况下，Windows Server 2016 中的 DNS 服务器配置为将错误、警告和其他事件记录到 DNS 服务器的事件日志中。使用 Event Viewer 浏览到 Applications and Services Logs，可查看此日志的内容。还可将记录的事件限制为错误，或错误和警告。然而，最好的做法是为所有事件保留日志。

DNS 服务器的事件日志不包含在服务器上执行的查询的信息。如果需要跟踪针对 DNS 服务器的单个查询，以排除故障，就需要在 DNS 服务器的属性中启用 Debug Logging，如图 5.14 所示。可选择记录有关 DNS 服务器正在执行的操作的详细信息。

图 5.14 DNS 调试日志

调试日志可生成大量数据。默认的日志文件大小为 500MB，如果想查看一段时间内的 DNS 查询，那么这个大小通常是必需的。确保选择足够大的文件大小以捕获所需的数据。由于生成了大量数据，调试日志记录通常只在试图解决特定问题时才启用。

快速 DNS 故障排除工具

如果需要测试 DNS 名称解析，验证名称解析是否正确的最简单方法是使用 ping 实用程序。通过名称链接主机时，该名称会解析为进程的第一部分。即使对 ping 请求没有响应，仍然可以看到名称已解析。

要快速测试反向 DNS 查找，可使用带有-选项的 ping 实用程序。为 IP 地址运行 ping -a 时，ping 实用程序执行反向 DNS 查找，以查找主机名。如果主机名未显示，就说明反向 DNS 查找失败了。

用于 DNS 故障诊断的最常用工具是 Nslookup。使用 Nslookup 可为任何想要的域查询各种记录类型。使用 Nslookup 的另一个重要优点是能选择要查询的 DNS 服务器。图 5.15 显示的 Nslookup 在 Internet 上查询 DNS 服务器 8.8.8.8，以解析 www.microsoft.com。

```
Administrator: Command Prompt
Microsoft Windows [Version 10.0.14393]
(c) 2016 Microsoft Corporation. All rights reserved.

C:\Users\Administrator>nslookup
Default Server:  UnKnown
Address:  192.168.0.1

> server 8.8.8.8
Default Server:  google-public-dns-a.google.com
Address:  8.8.8.8

> set type=a
> www.microsoft.com
Server:  google-public-dns-a.google.com
Address:  8.8.8.8

Non-authoritative answer:
Name:    e1863.dspb.akamaiedge.net
Address:  23.45.128.111
Aliases:  www.microsoft.com
          www.microsoft.com-c-2.edgekey.net
          www.microsoft.com-c-2.edgekey.net.globalredir.akadns.net

> exit

C:\Users\Administrator>
```

图 5.15　Nslookup

Dig 是一个类似于 Nslookup 的工具，用来查询 DNS 信息。Dig 通常在 Linux 环境中使用，一些管理员喜欢在 Windows 中使用它。然而，Dig 并未包括在 Windows Server 2016 中，需要从互联网下载它。

DCDiag 是一个测试域控制器的许多配置方面的工具。它可以做的一件事是验证在 DNS 中创建了正确的记录，可以定位域控制器。要特别测试 DNS 功能，运行 dcdiag /test: dns。

最后，对于详细的故障排除，可能需要使用包嗅探器。包嗅探器监控通过网络发送的数据包，并把它们解码成一个可读格式的软件。调试日志仅允许查看服务器级别的活动，而使用包嗅探器可从单个客户端的角度查看活动。微软有一个比较老的包嗅探器 Network Monitor，现在仍然很流行，有一个更新的包嗅探器 Microsoft Message Analyzer，还有一种流行的开源包嗅探器 Wire Shark。这三个包嗅探器都可供免费下载。

5.3　DHCP

动态主机配置协议(DHCP)用于为客户端动态提供 IP 地址配置。虽然可以使用 DHCP 配置服务器，但它更多地用于客户机。

当计算机配置为使用动态 IP 地址时，在启动时按以下步骤进行：

(1) 客户端发送 DHCPDiscover 包。这是所有可用 DHCP 服务器都可以响应的广播。

(2) 所有 DHCP 服务器都发送 DHCPOffer 包。这个包中包含客户端可使用的 IP 寻址信息。

(3) 客户端发送 DHCPRequest，表明它接受 DHCPOffer。接收的第一个 DHCPOffer 是被接受的。所有 DHCP 服务器都能识别哪个 DHCPOffer 被接受，这样它们就不会把地址保留太久。

(4) DHCP 服务器使用 DHCPAck 响应。这表明 DHCP 知道 DHCPOffer 被接受，客户端可开始使用 DHCPOffer 中的 IP 地址信息。

由于路由器几乎总是阻止广播包在网络之间传递，DHCP Discover 包通常不能通过路由器从一个网络跨到另一个网络。为允许一个 DHCP 服务器为多个子网服务，需要实现 DHCP 中继。DHCP 中继侦听子网上的 DHCP 包，并通过 DHCP 服务器将 DHCP 包转发到子网。DHCP 服务器使用 DHCP 中继的 IP 地址来识别发出请求的子网，并在子网上提供 DHCPOffer。

实现 DHCP 中继

Windows Server 2016 包括 DHCP 中继代理作为路由和远程访问的一部分。将服务器放在要服务的子网上，并向 DHCP 中继代理提供 DHCP 服务器的 IP 地址。在大型组织中，可能有许多子网需要 DHCP 服务，而将 Windows 服务器放在每个子网上作为 DHCP 中继是不切合实际的。

大多数路由器也有 DHCP 中继功能。大多数组织使用它们的路由器进行 DHCP 中继，因为路由器已经连接到所有子网。这个特性在路由器配置中通常称为 IP 助手，而不是 DHCP 中继。

要在 Windows Server 2016 中安装 DHCP 服务器角色，请完成以下步骤：

(1) 在 Server Manager 中，单击 Manage 并单击 Add Roles And Features。

(2) 在 Add Roles and Features Wizard 中，单击 Next。

(3) 在 Select Installation Type 页面上，单击 Role-Based Or Feature-Based Installation，然后单击 Next。

(4) 在 Select Destination Server 页面上，选择要安装 DHCP Server 角色的服务器并单击 Next。

(5) 在 Select Server Roles 页面上，选择 DHCP Server 复选框，单击 Add Features，然后单击 Next。

(6) 在 Select Features 页面上，单击 Next。

(7) 在 DHCP Server 页面上，读取信息，然后单击 Next。

(8) 在 Confirm Installation Selections 页面上，单击 Install。

(9) 在 Installation Progress 页面上，等待安装完成，然后单击 Close。

在 DHCP 服务器安装好后，需要经过授权才能开始为请求提供服务。授权是 DHCP 服务器在 AD DS 中读取的一个设置。这样做是为了防止 DHCP 服务器意外地为请求提供服务，并向客户端提供不正确的配置信息。

流氓 DHCP 服务器

当未授权的 DHCP 服务器连接到网络时，可向客户发送不正确的配置信息。基于 Windows 的 DHCP 服务器可以通过授权控制，但非微软 DHCP 服务器没有授权机制。

大多数情况下，当一个或多个客户机配置了不正确的 DHCP 地址时，就会识别出一个流氓 DHCP 服务器。在网络上建立一个基于 Linux 的 DHCP 服务器是很罕见的，除非建立测试实验室的 IT 工作人员偶然为之。更常见的场景是网络用户添加未经授权的网络设备，如具有 DHCP 功能的无线接入点(AP)。

跟踪流氓 DHCP 服务器是很难的，因为需要根据 DHCP 服务器的 MAC 地址来执行。但是，通过使用 MAC 地址，以及查看交换机路由表中的 MAC 地址，应该能够识别附加流氓 DHCP 的特定交换机端口。

DHCP 服务器可为 IPv4 和 IPv6 提供 IP 寻址信息。然而，在内部使用 IPv6 相对少见，本节主要讨论使用 IPv4。如果选择实现 DHCPv6，有两种模式：

- **无状态的**。这种模式下，DHCP 客户端基于本地路由器的路由器广告，在网络上生成自己的 IPv6。DHCP 服务器仍然提供 DNS 服务器等 DHCP 选项。
- **有状态的**。这种模式下，DHCP 客户端配置了来自 DHCP 服务器的 IPv6 地址。这类似于 DHCPv4 的工作方式。

5.3.1 DHCP 范围

要将 DHCP 服务器配置为开始向客户机分发地址，需要创建一个范围。该范围定义了 IP 地址范围，以及子网掩码和默认网关等选项。

要创建 IPv4 范围，可执行以下步骤：

(1) 在 DHCP 管理控制台上，如有必要，展开服务器然后单击 IPv4。

(2) 右键单击 IPv4，然后单击 New Scope。

(3) 在 New Scope Wizard 中，单击 Next。

(4) 在 Scope Name 页面上的 Name 框中，输入范围的名称，然后单击 Next。这个名称应该有意义，以便理解它在哪里使用。

(5) 在 IP Address Range 页面中，如图 5.16 所示，输入正确的开始 IP 地址、结束 IP 地址和子网掩码，然后单击 Next。

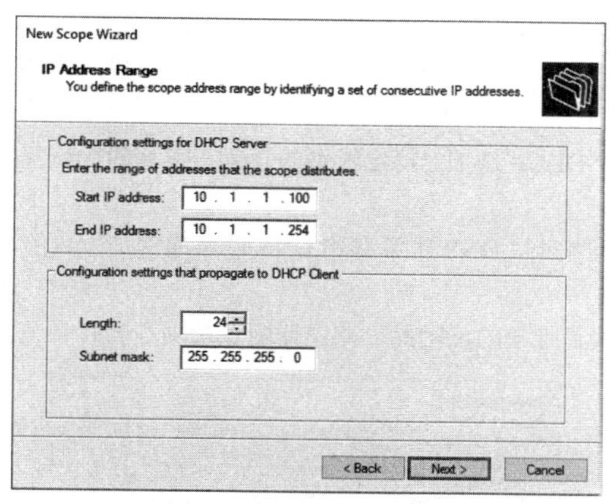

图 5.16　设置 IP 地址范围

(6) 在 Add Exclusions and Delay 页面上，输入范围内不应该提供给客户的任何 IP 地址。例如，可能有一个为打印机保留的 IP 地址范围。

(7) 在 Subnet Delay In Millisecond 框中，可输入此范围在响应之前应该等待的毫秒数，然后单击 Next。延迟在一些高度可用的场景中使用，但通常不使用。

(8) 在 Lease Duration 页面上，输入希望客户能够使用 IP 地址的时间，然后单击 Next。

(9) 在 Configure DHCP Options 页面上，单击 No，I will configure these options later 然后单击 Next。

(10) 在 Completing the New Scope Wizard 页面上，单击 Finish。

(11) 在 DHCP 管理控制台上，右键单击范围然后单击 Activate。正如 DHCP 服务器需要激活一样，范围也需要激活。

创建一个范围时，默认租期长度是 8 天。客户端将尝试以 50%的租期(4 天)与原始 DHCP 服务器续签租约，如果不成功，则以 87.5%的完成率续签(7 天)。如果租约到期时还不能续约，客户端就会丢失其 IP 地址配置，可能会从另一台 DHCP 服务器上获得租约，或者开始使用 APIPA 地址。

虽然 8 天确保客户机可在较长时间内使用 IP 地址，但这也会使网络更改变得困难。例如，如果想为一个范围更改子网掩码，它最早可能在 4 天内生效，因为客户端在续签之前不会得到更新信息。为便于执行网络更改，应该使用更短的租用时间。许多组织使用一天的租赁时间。在变化非常大的网络上，例如客户无线网络，可将租用时间控制在一小时以内。

在创建范围后，可选择创建预订。预订是在范围内提供给特定 DHCP 客户机的 IP 地址。DHCP 服务器根据客户机的 MAC 地址标识客户机。因此，需要在预订之前识别客户端的 MAC 地址。或者，可选择现有的租约，并将其转换为预订。预订的 IP 地址必须位于范围内配置的 IP 地址池中。

在客户端需要一致 IP 地址的任何情况下，都可以使用预订。有些组织为与客户计算机位于同一子网上的打印机使用预订。对于需要特定防火墙规则来访问安全资源的计算机，也可以为其配置预订。

当使用预订而不是静态 IP 地址时，更改计算机或设备的 IP 地址比较容易。静态 IP 地址通常需要通过访问每个设备来更改。可在 DHCP 管理控制台集中更改 DHCP 预订。

这里列出了两种很少使用的特殊范围类型：

- **超级范围**。超级范围将两个现有范围合并成一个逻辑范围。将第二个子网添加到现有网络时，将使用此类型。例如，网络最初可能只有 192.168.2.0/24 网络段，但由于缺少 IP 地址，将 192.168.3.0/24 添加到同一段中。

- **多播范围**。有些应用程序使用多播地址同时向多台计算机发送网络数据包。例如，将操作系统映像部署到新计算机。如果应用程序可使用 DHCP，就可以配置一个多播范围，为应用程序提供多播地址。

5.3.2 DHCP 选项

DHCP 范围的最基本配置只向客户端提供 IP 地址和子网掩码。然而，要实现功能，大多数客户机至少还需要默认网关和 DNS 服务器。DHCP 可通过配置 DHCP 选项，将附加信息作为租约的一部分。

这里列出最常见的 DHCP 选项：

- 003 路由器
- 006 DNS 服务器
- 015 DNS 域名

可为服务器、范围或预订配置 DHCP 选项。特定级别的设置有很高的优先级。例如，为预订配置的选项将覆盖为范围配置的选项。

在 DHCP 服务器服务的整个网站上，DNS 服务器和 DNS 域名通常是一致的。因此，通常在服务器级别配置这些选项。

每个子网中计算机的默认网关是唯一的。因此，路由器配置选项是为每个范围配置的，如图 5.17 所示。

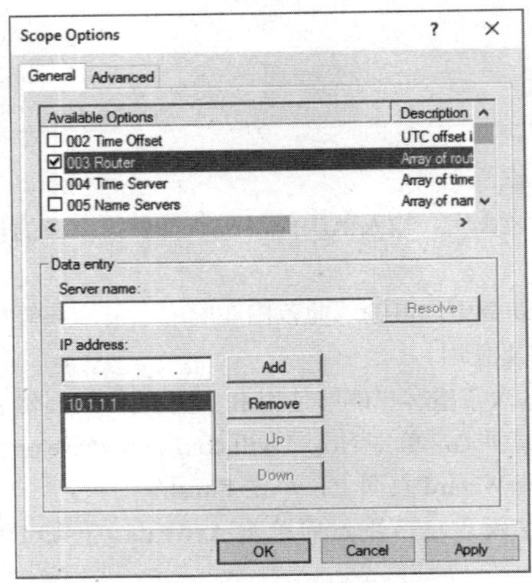

图 5.17　Scope Options 对话框

5.3.3 DHCP 策略和过滤器

还可以使用 DHCP 过滤器和策略来控制如何将设置传递给 DHCP 客户端。每个服务器要分别配置过滤器。可在服务器或范围级别配置策略。

过滤器只定义客户机是被允许的还是被拒绝的。不能使用过滤器为客户定义选项。有单独的 Allow 和 Deny 列表，它们在默认情况下是禁用的。每个列表根据 MAC 地址标识客户。过滤行为不同，具体取决于启用了哪个过滤列表：

- 只启用 Allow 列表时，所有客户机都会被拒绝，除非它们在 Allow 列表中。
- 只启用 Deny 列表时，所有客户机都被允许，除非它们在 Deny 列表中。
- 启用 Allow 和 Deny 列表时，所有客户端都会被阻塞，除非它们在 Allow 列表中。但是，如果客户机在 Allow 和 Deny 列表中，则客户机被阻塞。

用于通配符的过滤器

在只需要控制几个客户机的情况下，可为过滤器使用单个 MAC 地址，但如果要排除大量的客户机，这种方法会很繁杂。例如，如果想确保 IP 电话永远不会从 DHCP 服务器获得 IP 信息，就需要输入每个 IP 电话的 MAC 地址。

为了简化过滤器配置，可以使用通配符。由于硬件供应商有特定的 MAC 地址范围，因此可以使用通配符阻塞来自特定供应商的客户机。例如，如果 IP 电话供应商的 MAC 地址都以 AA-AA-AA 开头，就可以在 Deny 过滤器中使用 AA-AA-AA-*来阻塞所有 IP 电话。

策略包含一组条件和 DHCP 选项。条件定义了应用策略的客户端。给匹配条件的客户端提供策略中定义的 DHCP 选项。这可用于为运行独特软件的客户机提供该软件所需的额外选项。

这里列出了用于构建条件的标准：

- 供应商类
- 用户类
- MAC 地址
- 客户标识符
- 完全限定的域名
- 中继代理信息

5.3.4 高可用性

DHCP 协议不包含任何高可用性的功能。部分原因是，当 DHCP 在短时间内无法使用时，影响有限。有时，DHCP 服务器可以重新启动，并且不会影响任何客户端，因为它们已经有了租约。

有些环境使用两个 DHCP 服务器来提供高可用性。但是，由于 DHCP 服务器不进行协调，因此需要在作用域中为每个 DHCP 服务器配置一个独立范围的 IP 地址。当客户请求租赁时，两个 DHCP 服务器都会响应。在一台 DHCP 服务器上为作用域添加延迟，有效地将该 DHCP 服务器指定为作用域的辅助服务器，因为客户机选择了提供的第一个租约。该作用域通常被分为 80/20，主 DHCP 服务器配置为分发 80%的 IP 地址。

这种老式的高可用性方法只是权宜之计，它不是很有效，因为 20%的地址是保留的。它也没有复制配置信息，如选项或 DHCP 预订。为解决这些问题，在 Windows Server 2012 中，DHCP 服务器角色增加了真正的高可用性，它仍然是 Windows Server 2016 中 DHCP 角色的一部分。DHCP 的高可用性可在热备份模式或负载平衡模式下配置。

在热备份模式中，一个 DHCP 服务器是作用域的主要服务器，另一个 DHCP 服务器是备用节点。如果主节点失败，备用节点就开始为请求提供服务。当站点中有一个本地 DHCP 服务器，另一个 DHCP 服务器在另一个站点上时，这种配置非常有用。本地 DHCP 服务器配置为主 DHCP 服务器。DHCP 中继是在两个站点之间配置的。

在负载平衡模式下，两个 DHCP 服务器都响应客户的租用请求。然而，两个 DHCP 服务器要相互协调，以防止重复的 DHCPOffer。例如，如果作用域分为 50/50，每个 DHCP 服务器将响应 50%的租约请求。如果其中一个 DHCP 服务器出现故障，另一个 DHCP 服务器将接管整个作用域，并发出租约。这种模式最适用于两个 DHCP 服务器位于同一站点(如大型办公室)的情况。

要配置 DHCP 的高可用性，需要创建 DHCP 故障转移关系。每个 DHCP 服务器最多可以有 31 个故障转移关系。一个故障转移关系可用于多个 DHCP 作用域。

虽然术语“故障转移关系”听起来类似于 Windows Server 的故障转移集群特性，但是 DHCP 中的故障转移关系是完全独立的技术。还可在故障转移集群中配置 DHCP 服务器以获得高可用性，但不建议这样做，因为它比在 DHCP 中使用故障转移关系要复杂。

要创建故障转移关系，可执行以下步骤：

(1) 在 DHCP 控制台中，右键单击 IPv4 节点或作用域，然后单击 Configure Failover。

(2) 在 Configure Failover 向导的 Introduction to DHCP failover 页面中，选择希望高度可用的范围，并单击 Next。默认情况下，所有范围都被选中。

(3) 在 Specify the partner server to use for failover 页面上，单击 Add Server。

(4) 在 Add Server 对话框的 This server 框中，输入合作伙伴的服务器名称，然后单击 OK。或者，可浏览特定的服务器。

(5) 在 Specify the partner server to use for failover 页面上，单击 Next。

(6) 在图 5.18 所示的 Create a new failover relationship 页面上，配置适当的设置，并单击 Next。

(7) 在 Summary 页面上，单击 Finish。

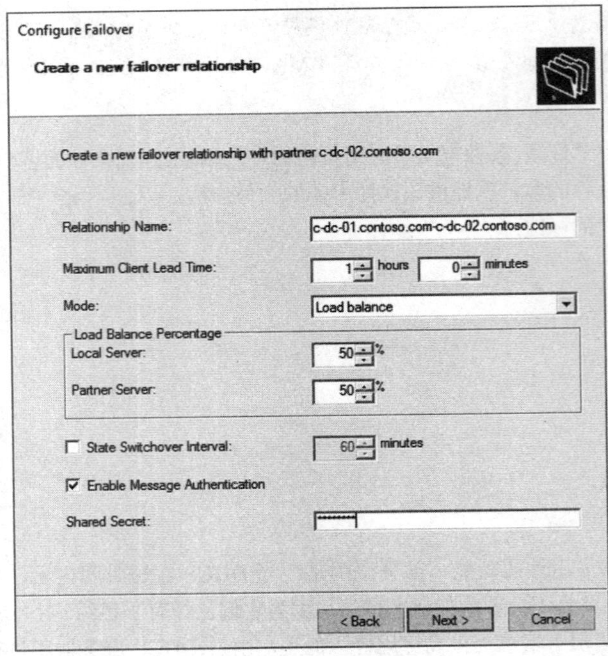

图 5.18 创建一个新的故障转移关系

(8) 在 Configure Failover 对话框中，读取任务状态，并单击“关闭”。

(9) 现在，验证配置的作用域在两个服务器上都存在。

5.3.5 DHCP 数据库

Windows DHCP 服务器的配置信息存储在数据库中。除了进行备份外，不需要管理或维护这个数据库。默认情况下，DHCP 数据库位于 C:\Windows\System32\dhcp。

如果在修改 DHCP 作用域或预订时出错，备份 DHCP 数据库非常有用。默认情况下，DHCP 配置每 60 分钟自动备份一次。可使用 Get-DhcpServerDatabase cmdlet 来查看 DHCP 数据库的配置，如图 5.19 所示。

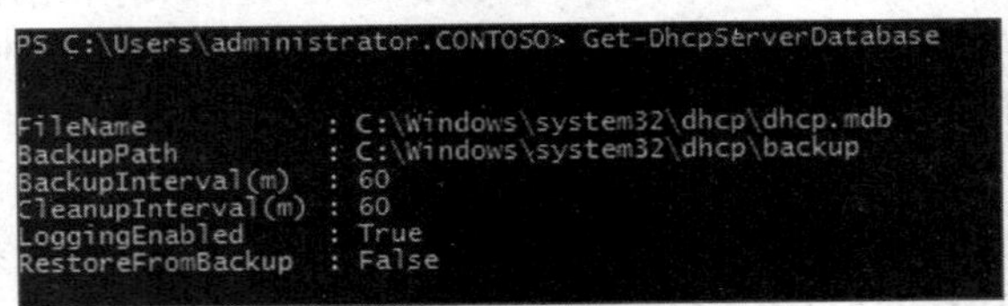

图 5.19 DHCP 数据库配置

在旧的 Windows 服务器版本中，备份和恢复 DHCP 数据库是将 DHCP 配置迁移到新服务器的最佳方法。但是，现在故障转移已经可用，故障转移是将 DHCP 配置迁移到新服务器的首选方法。

5.4 远程访问

今天网络上的用户希望工作的时间和地点都可以自由选择。也就是说，他们期待流动性。第一个常见的移动应用程序是电子邮件，现在每个人的笔记本电脑、手机和平板电脑上都有。几乎所有的应用程序都可以提供给移动用户。问题在于为每个应用程序选择正确的方法。通常，可用于远程访问的选项是虚拟专用网(VPN)、远程桌面服务(RDS)和 Web 应用程序。

VPN 通过 Internet 为远程客户端提供到内部网络的连接。当客户机连接到 VPN 时，可为它们提供对文件服务器、数据库和其他网络资源的访问。加密通过 Internet 传输的所有数据，可以保护到公司网络的连接。当数据到达公司网络时，将被解密并传递到适当的内部服务器。

使用 VPN 的一个关键考虑因素是延迟。延迟是指数据通过网络传输所用的时间。即使 Internet 连接具有最高的速度(带宽)，当应用程序来回执行大量通信时，高延迟会导致性能下降。与公司网络上的计算机相比，VPN 的延迟时间较长。因此，许多应用程序在 VPN 连接上运行得很差。VPN 最适合于简单的通信场景(如打开文档)，而不是运行与数据库通信的应用程序。

要远程运行桌面应用程序，RDS 提供了良好性能。RDS 允许在 RDS 服务器或虚拟桌面上运行应用程序，只把屏幕绘制命令发送回远程客户端。因为应用程序运行在存储数据的数据中心中，所以延迟对应用程序来说不是问题。

为本地支持远程用户，许多应用程序现在创建为基于 Web 的应用程序。基于 Web 的应用程序在 Web 服务器上运行应用程序代码，并将屏幕信息作为 Web 页面发送回客户机。通过这种方式，基于 Web 的应用程序可以避免延迟问题。基于 Web 的旧应用程序的用户界面非常有限，但现代基于 Web 的应用程序有非常丰富的功能。例如，Web 上的 Outlook For Exchange Server 电子邮件几乎具有与桌面 Outlook 客户机相同的功能。此外，作为 Office 365 的一部分，微软提供了基于 Web 的 Word、Excel 和 PowerPoint 版本。

Windows Server 2016 中的 Remote Access 服务器角色包括以下角色服务：

- **DirectAccess 和 VPN(RAS)**。此角色服务允许将服务器用作 VPN 服务器。DirectAccess 是一个专门的 VPN 服务器。
- **路由**。此角色服务允许将服务器配置为路由器。虽然不是常用于局域网(LAN)，但这对于测试环境中的虚拟机很有用。
- **Web 应用程序代理(WAP)**。这个角色将基于 Web 的应用程序与 Internet 隔开，来保护它们。WAP 是一个反向代理，控制 Internet 客户机和基于 Web 的应用程序之间的通信。

5.4.1　VPN

Windows Server 2016 可用于向客户端提供 VPN 连接。大多数防火墙还可配置为向客户端提供 VPN 连接。大多数大型组织在防火墙中使用专门的设备或功能。不使用 Windows Server 2016 作为 VPN 服务器时，可能需要安装特定于供应商的 VPN 客户端软件。

除了提供客户机到服务器的 VPN 连接外，还可以提供站点到站点的 VPN 连接。站点到站点的 VPN 通常用于连接到 Internet 上的分支位置。尽管可将 Windows Server 2016 用于站点到站点的 VPN，但很少这样做。防火墙通常用于配置站点到站点的 VPN。

1. VPN 协议

Windows Server 2016 支持几种不同的 VPN 协议。VPN 协议定义了如何执行身份验证以及如何加密数据。Windows Server 2016 仍然支持旧协议，但新协议更安全。表 5.5 描述了可用的 VPN 协议。默认情况下，将 Windows Server 2016 作为 VPN 服务器启用时，所有这些协议都是启用的。

表 5.5　VPN 协议

VPN 协议	描　述
点对点隧道协议(PPTP)	PPTP 是一种较旧的协议，不再被认为是安全的。不应该使用 PPTP，因为它太容易捕获用于身份验证的用户名和密码。一些组织继续使用 PPTP，因为它很容易实现，并且受到防火墙的广泛支持。 要允许 PPTP 通过防火墙，需要允许 TCP 端口 1723 和 GRE 包。GRE 数据包是 IP 协议类型 47
第 2 层隧道协议(L2TP)	L2TP VPN 实际上是用于隧道挖掘的 L2TP 和用于加密的 IPsec 的组合。这个 VPN 协议比 PPTP 更安全，但也更难配置，因为 L2TP 和 IPsec 都需要经过身份验证。 L2TP 通过用户名和密码进行身份验证。但是，IPsec 有三个身份验证选项： ◆ 预共享密钥(密码)可在客户机和 VPN 服务器上配置。然而，由于所有客户端计算机共享相同的密钥，因此这是相对不安全的。 ◆ 可信的证书可在客户机和 VPN 服务器上配置。为证书恰当维护的公共密钥基础设施(PKI)非常安全，但将证书分发给非域连接的客户机可能很麻烦。

(续表)

VPN 协议	描　述
第 2 层隧道协议(L2TP)	◆ 计算机与 VPN 服务器位于相同的域时，可使用 Kerberos 身份验证。域上的计算机在加入域时已经使用了 Kerberos 身份验证。 要允许 L2TP VPN 连接通过防火墙，需要允许 UDP 端口 5000、UDP 端口 4500 和 IP 协议类型 50。IP 协议类型 50 是 IPsec 用于加密的 ESP(封装安全负载)类型
安全套接字隧道协议(SSTP)	SSTP 优于 PPTP 和 L2TP，因为它安全，配置简单。SSTP 使用与 Web 服务器相同的传输层安全(TLS)协议进行加密。身份验证基于用户名和密码。 要允许 SSTP VPN 通过防火墙，需要允许 TCP 端口 443。这是安全网站使用的端口。因此，这个协议几乎可在任何地点工作。而在公共网络(如酒店)上，其他 VPN 协议可能会被屏蔽。 此协议可在 Windows Vista SP1 及以后版本中使用
Internet 密钥交换 v2 (IKEv2) 隧道协议	IKEv2 使用 IPsec 进行数据加密;但与 L2TP 不同，它不需要单独配置 IPsec 身份验证。只有提供用户名和密码才能执行身份验证。 IKEv2 优于 SSTP 的要点是 VPN 重新连接功能。当 IKEv2 用于不稳定的网络连接时，它可以自动重新连接。对于其他 VPN，需要在 VPN 中断时手动重新连接。 因为 IKEv2 基于 IPsec，所以需要允许与 L2TP VPN 相同的端口和协议类型。需要允许 UDP 端口 5000、UDP 端口 4500 和 IP 协议类型 50。 该协议可在 Windows 7 和更新的客户机上使用

2. 配置 VPN 服务器

配置 VPN 服务器的第一步是安装来自 Remote Access 服务器角色的 DirectAccess 和 VPN (RAS)角色服务。要配置 VPN 服务器，请执行以下步骤：

(1) 在 Server Manager 中，单击 Tools，再单击 Remote Access Management。

(2) 在 Remote Access 管理控制台的 Navigation 窗格中，单击 DirectAccess And VPN，然后单击 Run The Getting Started Wizard。

(3) 在 Configure Remote Access Wizard 中，单击 Deploy VPN Only。

(4) 在 Routing and Remote Access 窗口中，右键单击服务器，单击 Configure And Enable Routing And Remote Access。

(5) 在 Routing and Remote Access Server Setup Wizard 中，单击 Next。

(6) 在 Configuration 页面上，单击 Remote Access(Dial-Up Or VPN)，再单击 Next。

(7) 在 Remote Access 页面上，选择 VPN 复选框，并单击 Next。

(8) 在 VPN Connection 页面，如图 5.20 所示，选择连接到 Internet 的网络接口，然后单击 Next。许多情况下，此适配器位于 DMZ 中，而非直接连接在 Internet 上。

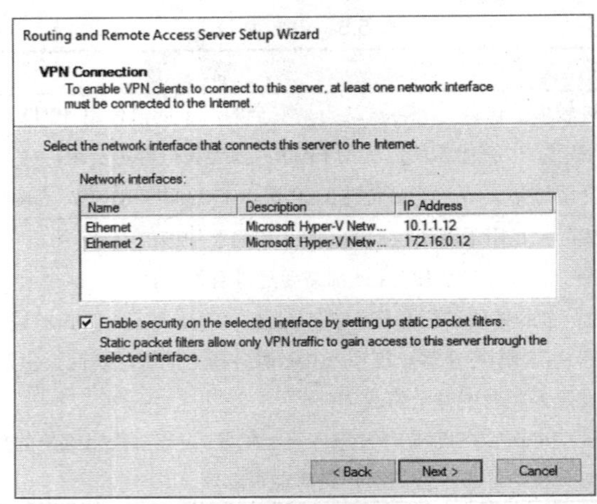

图 5.20　选择网络接口

(9) 在 IP Address Assignment 页面上，选择希望如何将 IP 地址分配给客户端，然后单击 Next。可以选择 Automatically，让 VPN 服务器租用 DHCP 服务器中的 IP 地址，并分发给客户端。也可在 VPN 服务器上配置特定范围的 IP 地址，这些 IP 地址将分发给客户机。

(10) 在 Managing Multiple Remote Access Servers 页面上，选择 VPN 服务器本身是否执行身份验证，或者是否使用 RADIUS 服务器进行身份验证，然后单击 Next。RADIUS 服务器允许为多个 VPN 服务器集中处理身份验证请求。

(11) 在摘要页面上，单击 Finish。

(12) 在 Routing and Remote Access 对话框中，单击 Yes 以确认需要使用 DHCP 服务器的 IP 地址配置 DHCP 中继代理，以服务 VPN 客户机请求。只有选用 DHCP 服务器来分发 IP 地址，才会出现此对话框。

配置好 VPN 服务器后，使用 Routing and Remote Access 工具进行管理，如图 5.21 所示，在 Server Manager 中可以访问该工具。在 Server Manager 中也可访问 Remote Access Management 控制台，该控制台具有有限的 VPN 角色监控信息。

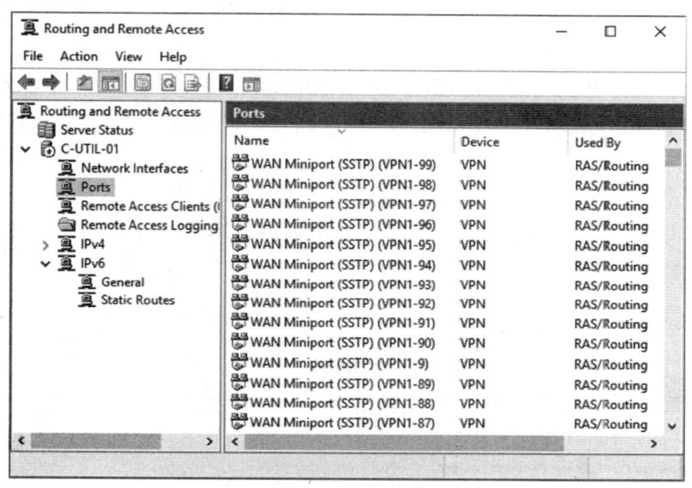

图 5.21　Routing and Remote Access 对话框

配置 VPN 服务器时，默认情况下没有用户可访问它。可为单个用户启用访问，或者通过配置网络策略来启用访问。为允许单个用户登录到 VPN，需要配置用户账户的 Dial-in 属性，如图 5.22 所示。尽管该名称表示拨号，但它也适用于 VPN 访问。默认的网络访问权限是通过 NPS 网络策略控制访问。要允许 VPN 访问，请选中 Allow access。

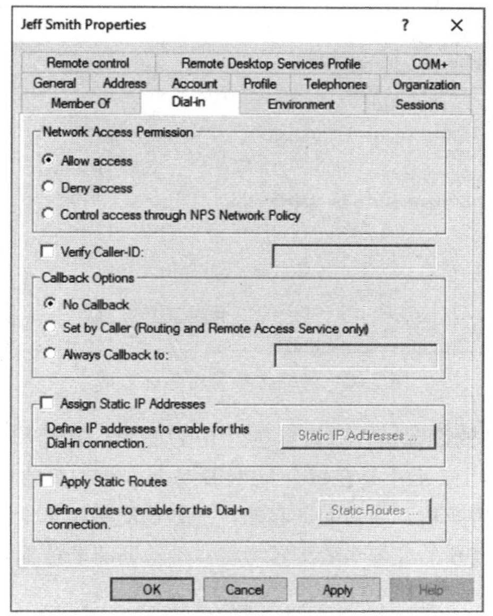

图 5.22　网络访问权限

3. 网络策略服务器

在较小的组织中，为每个用户单独启用 VPN 访问并不需要完成太多工作。然而，在更大的组织中，需要一种更易于管理的方式来控制 VPN 访问。大型组织在网络策略服务器(Network Policy Server，NPS)中使用网络策略。在配置 VPN 服务器时安装 NPS。

远程访问拨号用户服务(RADIUS)是一个协议，用于将身份验证请求从服务转发到执行身份验证的 RADIUS 服务器。该协议最初用于拨号服务器，但也用于 VPN 服务器、无线接入点和交换机上的 802.1x 身份验证。Windows Server 2016 中的 NPS 提供 RADIUS 服务器功能。

NPS 中的网络策略是定义哪些用户可以连接到网络的规则。默认的网络策略会阻塞所有连接，因此需要创建额外的网络策略来允许访问。可以基于 IP 地址或日期和时间限制等各种特性允许访问。然而，最常用的特征是组员身份。

作为网络策略的一部分，还需要选择可接受的身份验证方法。默认情况下启用了一些较旧的、安全性较差的身份验证方法，如图 5.23 所示。强烈建议使用可扩展身份验证协议(EAP)方法。EAP 本身不是一种身份验证协议，但它允许使用不同的身份验证方法。EAP 可用的方法包括：

- **保护密码(EAP-MSCHAPv2)**。此方法允许用户使用用户名和密码登录。不需要证书。
- **保护 EAP(PEAP)**。此方法允许用户以用户名和密码登录，但必须在 NPS 服务器上安装证书以确保通信安全。
- **智能卡或其他证书**。此方法需要用户身份验证和服务器上的证书。

还可在每个网络策略上配置约束。它们会执行限制，如超时或日期和时间限制。如果配置了多个约束，就必须匹配所有约束，否则将拒绝连接请求。

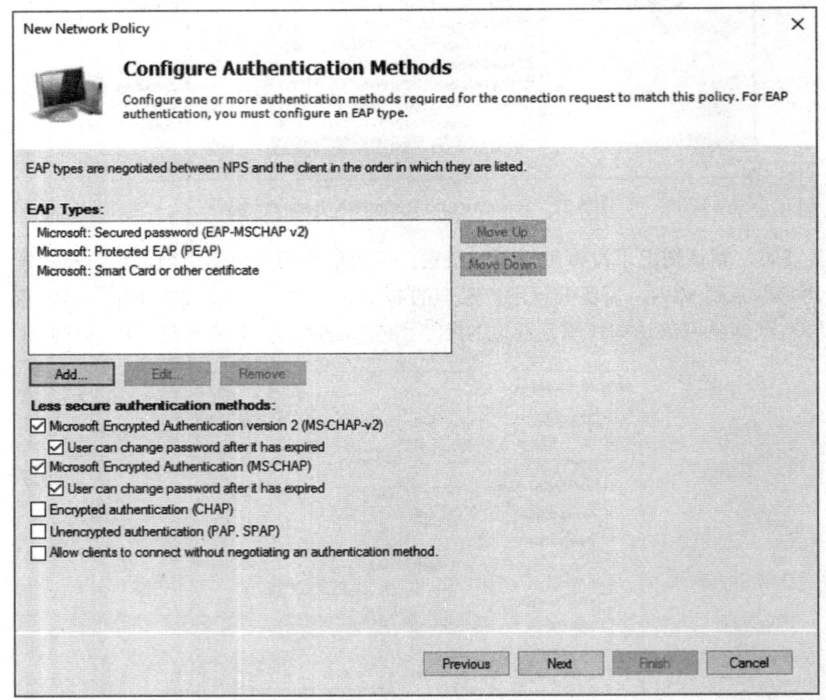

图 5.23 网络策略身份验证方法

最后，可配置应用于网络策略中的设置。一些设置包括 IP 过滤器、加密和 RADIUS 属性。

可将策略集中在一个 NPS 服务器上，而不是在每个 VPN 服务器上维护单独一组网络策略。为此，需要修改 VPN 服务器的属性，使其充当 RADIUS 客户机。身份验证和账户的默认配置在本地执行。在图 5.24 中，给账户提供者 Windows Accounting 显示了这一点。身份验证提供者配置为将身份验证请求转发到 RADIUS 服务器。

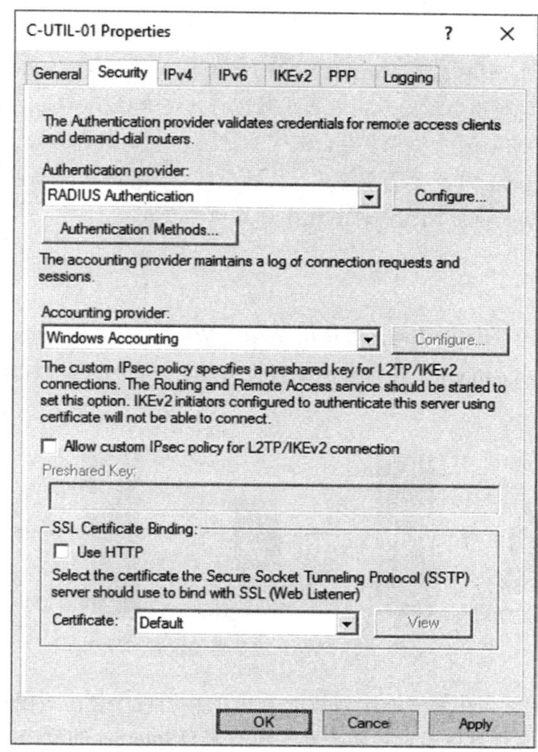

图 5.24 配置 VPN 服务器，以使用 RADIUS

RADIUS 代理

大多数情况下，配置 VPN 服务器(RADIUS 客户端)以使用特定的 RADIUS 服务器(NPS 服务器)就足够了。但是，如果环境比较复杂，包含多个 Active Directory 森林或域，就可能希望实现 RADIUS 代理，以便将身份验证请求路由到正确的 RADIUS 服务器。

NPS 可使用连接请求策略充当 RADIUS 代理。默认连接请求策略在本地验证所有请求。可以创建附加的连接请求策略，将某些域的身份验证请求发送到另一个域中的 RADIUS 服务器。例如，可基于身份验证请求的用户 UPN 中的域来路由请求。

4. Always On VPN

对于移动用户而言，最好的情况是在内部网络和漫游之间无缝移动。如果客户端使用的是 Windows 10 (构建版 1607 或更高版本)，就可以使用 Always On VPN 来提供这种体验。当移动用户连接到 Internet 时，会自动向 VPN 进行身份验证，并能够访问网络服务，包括域控制器上的身份验证服务。

Always On VPN 提供了一些好处，包括：

- ◆ 允许用户简化 VPN 访问
- ◆ 避免要求在移动电脑缓存凭证
- ◆ 避免密码在移动电脑缓存的凭证中不同步

Always On VPN 实现的功能包含在 Windows 10 中。Windows Server 2016 需要正确配置为 VPN 服务器，但客户端负责连接。Always On VPN 上的首选 VPN 协议是 IKEv2，但如果 IKEv2 不能连接，则使用 SSTP。

要在用户登录之前自动进行身份验证，身份验证就要基于计算机。给每个计算机颁发一个证书，并将该证书提交给 VPN 服务器进行身份验证。对于非域连接的计算机，可使用 Microsoft Intune 分发证书。

有关 Always On VPN 部署的详细信息，请参阅 Remote Access Always On VPN Deployment Guide for Windows Server and Windows 10，网址是 https://docs.microsoft.com/en-us/windows-server/remote/remote-access/vpn/always-on-vpn-deploy/always-on-vpn-deploy。

> DirectAccess
>
> 在 Windows Server 2008 R2 中，微软引入 DirectAccess，提供与 Always On VPN 类似的优点。实现 DirectAccess 后，客户端可从内部网络无缝漫游到移动位置。在未来，微软将始终专注于 Always On VPN，以获得这些好处。但是，如果已经有了 DirectAccess，它将被支持很多年，还可用于支持较老的客户端。
>
> DirectAccess 的配置比 Always On VPN 要复杂得多。此外，只有企业版本的 Windows 客户端可用作 DirectAccess 客户端。Windows 10 Pro 支持 Always On VPN，许多较小的组织都使用它。

5.4.2 WAP

要提供对基于 Web 的应用程序的远程访问，可使用 WAP。WAP 是驻留在 Internet 客户机和基于 Web 的应用程序之间的反向代理，如图 5.25 所示。Internet 客户端从不直接与基于 Web 的应用程序通信。相反，WAP 隔离了 Web 应用程序，以保护它免受攻击。

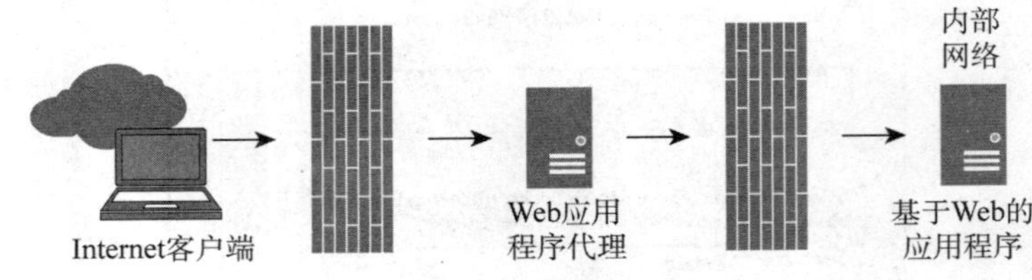

图 5.25 WAP 服务器的位置

为提高安全性，可将 WAP 配置为在允许连接到基于 Web 的应用程序之前对用户进行预身份验证。将请求发送到应用程序的登录屏幕前，要求进行身份验证可防止几乎所有来自 Internet 的攻击。

WAP 依赖于 Active Directory 联合服务(AD FS)。有关 WAP 的更多信息，请参阅第 11 章。

5.5 网络负载平衡

负载平衡是允许将应用程序的处理负载分布在多个服务器上的系统。例如，可在两个服务器上安装一个网站应用程序，负载平衡把客户机请求指向两个服务器。这提供了高可用性，因为如果其中一个服务器发生故障，剩下的服务器仍然可以响应客户机请求(还可临时删除一个节点以进行维护)。负载平衡还提供了可伸缩性，因为可以添加更多服务器。

负载平衡的一个关键考虑是负载平衡集群中的每个节点都需要具有相同的信息。否则，客户机将得到不一致的信息，这些信息取决于与它们通信的节点。对于简单网站，这意味着需要将相同的网站复制到所有服务器。对于更复杂的应用程序，如基于 Web 的应用程序，这意味着应用程序的所有前端 Web 服务器都需要使用单个共享数据源，如 SQL Server 数据库。

有些应用程序需要在内存中维护会话状态。例如，有购物车的网站可能将购物车的内容保存在内存中，直到支付为止。客户端需要在整个会话期间与包含购物车的节点保持通信。需要身份验证的应用程序还需要连接到一致的节点。将客户端连接到一致的节点称为关联。

可在 Windows Server 2016 中使用 Windows 网络负载平衡(NLB)特性来执行负载平衡。然而，这种负载平衡特性与大多数负载平衡解决方案的操作方式不同。大多数负载平衡解决方案都是作为设备实现的，所有客户机请求都指向设备。然后，设备将请求发送到节点进行服务。NLB 作为分布式服务运行，所有节点都看到所有请求，但只有正确的节点响应请求。所有节点都使用一种算法来计算哪个节点响应请求。图 5.26 显示了每种负载平衡响应方式的差异。

在配置 NLB 集群时，可为客户机设置关联性。如果应用程序不保留任何会话状态信息，则可完全不使用关联。如果需要关联，可基于源 IP 地址或整个源子网进行关联。大多数情况下，首选使用源 IP 地址进行关联，因为它提供了跨节点的更均匀的负载分布。

尽管 NLB 对于较小环境是有效的解决方案，但大多数需要负载平衡的组织都使用专门的设备。这是因为 NLB 具有以下缺点：

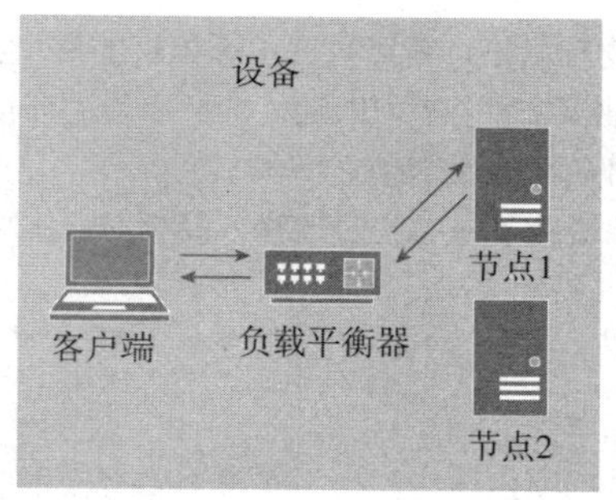

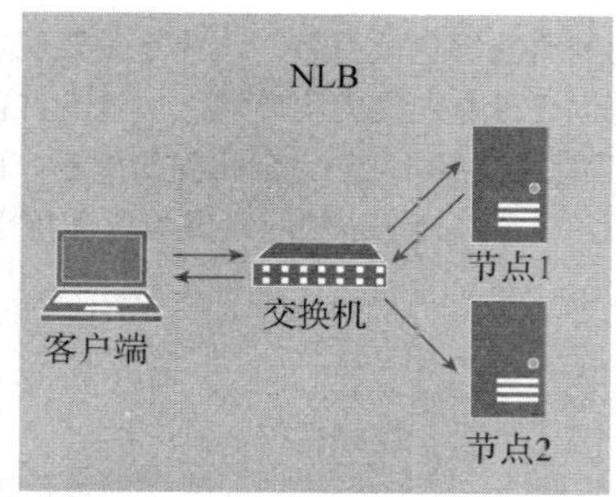

图 5.26　负载平衡方法

- **可伸缩性有限**。NLB 适用于少量节点，但不适用于需要大量节点的大型环境。负载平衡设备更具可伸缩性。
- **不兼容故障转移集群功能**。NLB 特性不能安装在已经使用故障转移集群特性的节点上。对于使用数据库可用性组(DAG)实现高可用性的 Exchange Server 部署来说，这是一个问题。负载平衡设备通过从服务器中删除所需的功能来避免这个问题。
- **不支持应用程序**。NLB 停止向不响应心跳的节点分发请求，但它不监视应用程序的健康状况。如果应用程序处于失败状态，但操作系统仍然健康，NLB 仍会向失败的服务器发送请求，导致用户出错。负载平衡设备可配置为监视应用程序，并在应用程序失败时让节点退出服务。

有关配置 NLB 的详细信息，请参阅“网络负载平衡”，网址是 https://docs.microsoft.com/en-us/window-sserver/networking/technologies/network-load-balancing。

5.6　软件定义网络

软件定义网络(SDN)实现了网络配置的虚拟化，以提供更大的灵活性。SDN 为运行 Hyper-V 的环境提供了类似云的网络配置。Windows Server 2016 中 SDN 的许多特性(如软件负载平衡器)等最初都出现在 Windows Azure 上。

在实现 SDN 时，网络配置从物理网络和 Hyper-V 主机中抽象出来。可以创建一个新网络，将虚拟机连接到该网络，而不考虑虚拟机运行在哪个 Hyper-V 主机上。不需要通过 Hyper-V 主机手动创建单独的 Hyper-V 网络，以支持网络隔离。

本章概述 SDN。要获得关于 SDN 和如何部署它的详细信息，请参阅“软件定义网络(SDN)”，网址是：https://docs.microsoft.com/en-us/windows-server/networking/sdn/software-defined-networking。

要观看 SDN 的演示，可访问 https://youtu.be/f501zUUcXD0 的“Windows Server 2016 软件定义网络简介”。

5.6.1　网络控制器

网络控制器是用于配置网络设备的组件。当执行配置更改时，这些更改将提供给网络控制器。然后网络控制器对 Hyper-V 主机进行必要的配置更改。

为使用网络控制器更改配置，并监视现有配置，需要使用 Northbound 应用程序编程器接口(API)。网络控制器用于配置和监视网络设备的通信路径称为 Southbound API。理解术语 Northbound API 和 Southbound API 很重要，因为一些 Microsoft 文档引用了它们。

可使用 Windows PowerShell 在网络控制器上更改配置。然而，这样做比较复杂。使用系统中心虚拟机管理器(VMM)处理 SDN 要简单得多。VMM 是为管理 Hyper-V 环境而设计的系统中心应用程序套件的一部分。它可以部署和管理虚拟机、Hyper-V 主机和 SDN。

网络控制器是 SDN 中的一个关键组件，应该通过创建网络控制器集群使其高度可用。微软推荐安装了“网络控制器”角色的三个虚拟机。

5.6.2　Hyper-V 网络虚拟化

Hyper-V 网络虚拟化是在后台运行的技术，允许 SDN 在私有云中动态创建和管理网络。在不同的 Hyper-V 主机上，移动虚拟机的网络数据包被封装，这样不需要配置物理网络，就可以路由虚拟机的 IP 地址。

在私有云中，可创建没有连接的隔离网络。这允许创建多个不存在 IP 地址冲突风险的环境。应用程序的开发环境可使用与生产环境(包括 IP 地址)完全相同的配置，而不存在网络冲突的风险。

从虚拟机管理的角度看，Hyper-V 网络虚拟化支持虚拟机跨子网的实时迁移。没有 Hyper-V 网络虚拟化，虚拟机只能在同一子网的 Hyper-V 主机之间进行实时迁移。

5.6.3 RAS 网关

RAS 网关是 SDN 的路由器。它在物理网络和虚拟机之间路由通信。由于在整个私有云中应用了网络虚拟化，RAS 网关可对任何虚拟机的流量进行路由，而不管承载它的 Hyper-V 主机是什么。

为简化物理网络和租户之间的路由更新，RAS 网关使用了边界网关协议(Border Gateway Protocol，BGP)。BGP 是一种能对路由信息进行广播和接收的路由协议。这样就不需要手动更新路由表，因为 RAS 网关可以接受并提供来自其他路由器的路由表更新。

RAS 网关的其他特性包括:

- **站点到站点的 VPN**。站点到站点的 VPN 通过公共基础设施(如 Internet)将两个位置连接到单个私有网络。可使用此特性连接多个数据中心，或将数据中心与 Microsoft Azure 租户连接，以用于混合环境。
- **点到站点的 VPN**。点到站点的 VPN 允许个人客户端连接到私有网络。可用它来允许管理员和工作人员连接到私有云，并访问资源。
- **GRE 隧道**。通用路由封装(GRE)是一种轻量级隧道协议，可用于在私有云中的租户之间或租户内部的虚拟网络之间移动数据包。

要为 RAS 网关功能提供高可用性，可创建网关池。在 Windows Server 2012 R2 中，只能使用一个网关池。在 Windows Server 2016 中，可拥有多个网关池。这提供了更大的灵活性，可将池专用于单个用途，例如 VPN 访问或单个租户。

5.6.4 数据中心防火墙

可使用数据中心防火墙让 SDN 对单个虚拟机或整个网络应用防火墙策略。可以实现防火墙规则来保护面对 Internet 或内部网络上的主机。在多租户环境中，租户管理员可在自己的租户中创建规则。防火墙策略中的规则可以基于：

- 协议
- 源 IP 地址和目标 IP 地址
- 源端口号和目标端口号

5.6.5 软件负载平衡

SDN 软件负载平衡(SLB)是 Windows Server 2016 的一个特性，用于提供负载平衡。SLB 的功能类似于负载平衡设备，而不是 Windows Server 2016 中的 NLB 特性。这意味着 SLB 对于部署来说是灵活的，并具有高度的可伸缩性。SLB 还具有基于 TCP 端口或特定 URL 的 HTTP 探测的健康监控。对于 SLB 的高可用性，可让多个虚拟机运行 SLB。表 5.6 列出为理解 SLB 而应该熟悉的一些术语。

表 5.6 SLB 术语

术 语	描 述
虚拟 IP 地址(VIP)	客户端用来访问负载平衡资源的 IP 地址
动态 IP 地址(DIP)	私有云中虚拟机的 IP 地址，它承载负载平衡的资源。如果有三个虚拟机承载资源，就有三个 DIP
SLB Multiplexer (MUX)	一个或多个运行 SLB 的虚拟机的逻辑集合。MUX 是使用负载平衡策略来配置的，负载平衡策略为特定工作负载定义 VIP 和 DIP。客户机请求被发送到 MUX，MUX 将请求转发到 DIP

因为整个 SDN 作为一个单元运行，所以 SLB 比传统的负载平衡设备更高效。来自 SDN 外部的入站请求由 MUX 处理，但响应不是。Hyper-V 主机上的虚拟交换机执行必要的网络地址转换(NAT)，以便虚拟机直接响应客户机。当客户端位于 SDN 内时，在初始连接后，甚至客户端请求都会绕过 MUX，直接发送到 DIP。

SLB 中的 NAT 功能可在不实现负载平衡的情况下使用。可用它来允许 SDN 上的虚拟机访问外部资源，而不必为它们分配一个外部可访问的 IP 地址。还可使用此功能来允许外部客户端访问 SDN 上的虚拟机。可以配置 NAT 规则，只允许访问特定的 TCP 或 UDP 端口。

有关 SLB 功能的视频，请参见“Windows Server 2016 中的软件定义网络负载平衡器”，网址是：https://channel9.msdn.com/Blogs/windowsserver/ Software-defined-Networking-Load-Balancer-in-Windows-Server-2016。

5.6.6　交换机嵌入式组合

Windows Server 2016 中的交换机嵌入式组合(SET)是在 Hyper-V 主机上使用网络适配器组合的另一种选择。没有 SDN，可将多个物理网络适配器组合到一个小组中，并创建一个使用该组合的虚拟网络。这使虚拟网络高度可用，但它只有在 Hyper-V 主机级别才可管理。

在使用 SDN 时，应该使用 SET 而不是网络适配器组合。SET 通过 SDN 网络控制器进行管理。SET 还支持远程直接内存访问(RDMA)，这允许更快速的数据连接。

使用 SET 的一些注意事项包括：

- 所有网络适配器必须相同。
- 不能使用 802.1 身份验证，因为 EAP 数据包被丢弃。
- 不支持接收端扩展(RSS)，因为它被虚拟机队列(VMQ)和虚拟机多队列(VMMQ)代替。
- 虚拟机的服务质量(VM-QoS)启用时，会造成不可预期的结果。

5.6.7　内部 DNS 服务

SDN 的内部 DNS 服务允许集中处理所有租户的 DNS。所有租户都可访问 iDNS 服务器，不需要租户托管自己的 DNS 服务器。每个租户都可以使用 iDNS 在 Internet 上或自己的租户内部解析 DNS 记录。

iDNS 服务器不能从租户网络中直接访问。相反，每个虚拟机都运行一个 iDNS 代理服务，它允许与 iDNS 服务器通信，从而进行名称解析和注册。要将虚拟机配置为使用 iDNS，必须将其配置为从 DHCP 获取 IP 地址和 DNS 服务器。网络控制器为虚拟机提供正确的 IP 地址和 iDNS 代理配置。

5.7　本章要点

在 Windows Server 2016 中配置网络。Windows 防火墙是一个基于主机的防火墙，包含在 Windows Server 2016 中。为了避免 Windows 防火墙首次引入时出现的配置问题，大多数现代应用程序自动配置 Windows 防火墙作为安装过程的一部分。只有在测试可能存在问题的连接性时，才应该禁用 Windows 防火墙。

问题　有一个正常运行了几个月的应用服务器。在安装应用程序时，Windows 防火墙已正确配置。然而，在最近一次断电后，不可中断电源供应(UPS)失败了，应用服务器拒绝了来自客户端的网络请求。当禁用 Windows 防火墙时，应用程序将正常工作。什么导致了 Windows 防火墙的错误配置?

答案　Windows 防火墙对域、工作和公共配置文件有不同的规则集。Windows Server 2016 通常使用域配置文件，因为服务器可与域控制器通信，所以要识别域配置文件。在停机期间，应用服务器可能无法在启动期间与域控制器通信，不使用域配置文件进行网络连接。因为使用了错误的配置文件，所以使用了错误的防火墙规则集。现在网络已经从故障中恢复，重新启动服务器应该允许它正确地检测网络配置文件。

使 DNS 高度可用。DNS 是基于 Windows 网络的关键资源。如果 DNS 不可用，所有网络服务将不可用。客户端登录到 Active Directory 需要使用 DNS。用户访问互联网也需要 DNS。

问题　组织有一个拥有 500 名用户的分支机构。这个分支机构现在已经足够大，可以容纳自己的一些资源了。希望在此站点中放置域控制器和文件服务器。如何为这个站点配置 DNS？

答案　当域控制器位于远程站点时，它将自动获得安装 DNS 服务器角色时支持 Active Directory 的 DNS 区域的副本。不需要额外配置。如果主办公室和分支办公室之间的连接中断，分支办公室的客户端可以继续使用本地 DNS 服务器，而不会中断。分支办公室的 DNS 服务器需要配置为不需要访问主办公室就可以执行 Internet DNS 解析。

为新的子网配置 DHCP。大多数客户机和许多网络设备(如打印机)都配置为从 DHCP 中获取 IP 地址。使用 DHCP 可简化这些设备的网络配置，并在部署新设备时避免 IP 冲突。除了分发 IP 地址之外，DHCP 还分发诸如默认网关和 DNS 服务器等选项。

问题 组织已经在当前的建筑中扩展到包括另一个楼层。网络团队将这个新楼层上的网络配置为 10.100.38.0/24 的新子网。Windows Server 2016 已经配置为可给其他楼层提供高度可用的 DHCP。需要对新的楼层和子网进行哪些配置更改?

答案 需要为新的子网创建一个新的作用域。在此作用域内，需要配置 Router 选项，以便为子网上的客户机提供正确的默认网关。还应该验证已在服务器级别正确配置了 DNS 服务器选项。最后，需要与网络团队确认，他们在新子网上配置了本地路由器接口，以充当 DHCP 中继(IP 助手)。

配置 VPN 服务器。可使用远程访问服务器角色将 Windows Server 2016 配置为 VPN 服务器。VPN 服务器允许移动客户端访问内部资源，如文件共享，但它不太适合运行数据库应用程序。

问题 组织决定添加两个运行 Windows Server 2016 的 VPN 服务器，以使 VPN 访问高度可用。同时将两个服务器上的 NPS 规则配置为相同的。这似乎会在更新时容易出错；是否有更好的方法来配置新的 VPN？

答案 可以把 VPN 服务器配置为使用 RADIUS 服务器，来集中进行 VPN 身份验证。Windows Server 2016 中的 NPS 服务器角色可作为 RADIUS 服务器执行。然而，NPS 服务器将成为单点故障。

为将 NPS 解析为单点故障，需要对两个 NPS 服务器进行负载平衡访问(不能使用 Windows NLB)。还要同步两个 NPS 服务器之间的配置，需要使用 Windows PowerShell 导出配置，然后在其他 NPS 服务器上导入。理想情况下，应编写同步过程的脚本。

确定负载平衡解决方案。负载平衡可用于使应用程序和服务具有高可用性和可伸缩性。Windows Server 2016 包含 NLB 和 SLB 用于负载平衡。还可以获得第三方负载平衡设备。

问题 组织需要给基于 Web 的应用程序提供一个负载平衡解决方案。如果基于 Web 的应用程序在某个服务器上失败，负载平衡解决方案不能再将客户机请求定向到失败的服务器实例。虚拟化基础设施使用 Hyper-V。实现负载平衡的最佳解决方案是什么?

答案 因为需要应用程序级的监视，所以不能使用 NLB 进行负载平衡。但是，如果实现了 SDN，则可以使用 SLB 实现负载平衡。要使用 SLB，必须实现 SDN，包括网络控制器。如果不想为虚拟化基础架构实现 SDN，就需要使用第三方负载平衡设备。

第6章 文件服务

文件服务为在不同地点的电脑上工作的用户提供了访问日常工作所需的公司文件和访问不同类型文档的能力。多年来，在不同的 Windows 服务器版本中，文件服务一直在发展，以便为组织提供更高的性能、生产率和可用性。在 Windows Server 2016 中，所有版本都包含文件服务，包括 GUI、Server Core 和 Nano 服务器。根据 Windows Server 版本的不同，可使用 Server Manager 控制台或 Windows PowerShell 安装文件服务。

本章内容：

- 安装和配置文件服务
- 为组织的不同文件访问和打印场景提供各种简便的解决方案
- 总是从组织的业务需求出发来考虑问题
- 用 BranchCache 节省网络带宽
- 使用 File Server Resource Manager 支持自动化流程

6.1 文件服务概述

在 Windows Server 2016 中，文件服务包含多个组件，可帮助所有组织(从简单的小型企业到地理上分散的大型企业)有效地访问文档。Windows Server 2016 中的文件服务分类为文件和存储服务。

要查看 Windows Server 2016 的文件和存储服务中包含哪些组件，最直接的方法是使用 Server Manager。从“开始”菜单中选择 Server Manager，然后启动 Add Roles and Features 向导。选择适当的复选框，就会显示 Server Manager 中服务器角色所在的两个位置，如图 6.1 所示。

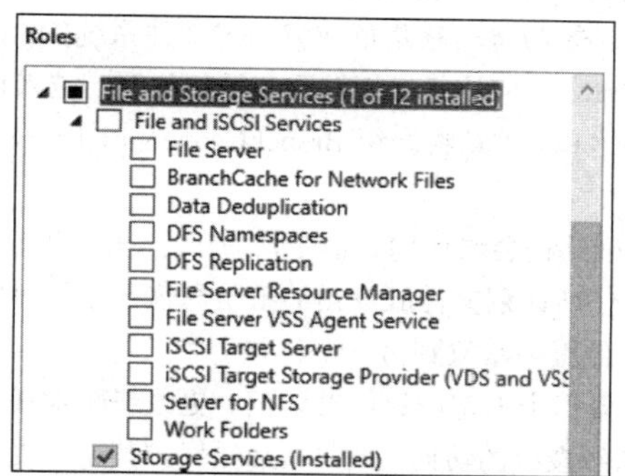

图 6.1 Server Manager 中服务器角色所在的两个位置

在 File and Storage Services 服务下，有两个组件。第一个组件名为 File and iSCSI Services，它使用 iSCSI 技术将服务器配置为文件服务器和存储服务器。第二个组件是 Storage Services，它提供了存储管理功能。它是默认安装的，不能删除。

下面快速浏览一下 File and iSCSI Services 子组件，它们位于 File and Storage Services 角色之下：

- File Server(文件服务器)可以创建、管理和保护共享文件夹，为用户提供访问。

- BranchCache for Network Files(用于网络文件的 BranchCache)是一个 WAN 网络优化技术，用于在当地分支机构的计算机上缓存文件。
- Data Deduplication(数据去重)技术只存储卷中重复部分的一份副本，优化了卷中的自由空间。
- DFS Namespaces(DNS 名称空间)技术会创建文件服务器逻辑结构，其中的文件夹物理存储在不同的服务器上。
- DFS Replication(DFS 复制)技术复制 DFS 名称空间基础设施中的多个物理文件夹。
- File Server Resource Manager(文件服务器资源管理器)提供了各种自动化文件管理任务，可用于创建存储报告，配置配额，检查文件和文件夹，以及进行分类等。
- File Server VSS Agent Service(文件服务器 VSS 代理服务)为要创建的数据提供了卷阴影副本。
- iSCSI Target Server(iSCSI 目标服务器)允许使用 iSCSI 技术，把服务器当作存储解决方案。
- iSCSI Target Storage Provider(VDS and VSS Hardware Providers)，即 iSCSI 目标存储提供商(VDS 和 VSS 硬件提供商)。允许应用程序连接到 iSCSI 目标服务器，执行卷阴影副本。
- Server for NFS(用于 NFS 的服务器)为使用 NFS 协议的客户端提供文件共享，如基于 UNIX 的操作系统。
- Work Folders(工作文件夹)技术允许在任何类型的工作或个人设备上，通过本地网络或因特网访问服务器上的文件夹。

存储服务在第 4 章中讨论过，但涵盖所有服务角色需要比本书长得多的篇幅。因此，本章不会覆盖文件服务的所有内容。

6.2 文件服务器

文件服务器组件安装在需要从组织的不同位置访问文件的服务器上。以前所有 Windows Server 版本都有文件共享。多年来，许多先进技术(包括 Exchange 中的 SharePoint 和公共文件夹，以及 One Drive for Business)已经开发出来，以取代文件服务器功能，但文件服务器仍然存在，仍然在许多组织中使用。

与任何其他 IT 解决方案一样，应该在部署文件服务器之前设计文件服务解决方案。设计理念包括：

用户数：有多少用户连接到文件服务上？这对于缩放很重要。在测试环境中，10 个用户可能连接良好；然而，在工作环境中，用户数达到一千或更多，响应可能会很缓慢。因此，需要估计连接到文件服务器的实际客户机数量对性能的影响。扩展可能包括添加更多内存、添加更快的磁盘驱动器，添加更多服务器。为了进行缩放估计，需要额外的信息，包括用户连接到文件服务器的频率以及位于文件服务器上的文件的大小。

高可用性：如果安装了操作系统或驱动程序更新，就可能需要重新启动服务器。这将导致用户在停机期间断开连接。无论服务器的重启速度有多快，总有一些用户需要在停机期间访问文档。此外，一些服务器组件(如电源或内存芯片)可能最终停止工作，在替换前，会导致服务器不可用。因此，建议在每个组织中部署高度可用的文件服务器。文件服务器的高可用性可通过部署故障转移集群或分布式文件系统(DFS)来实现，见本章后面的内容。

服务器的放置：在分布式组织场景中，应该仔细规划服务器的位置；越来越多的服务器请求可能会使数据中心和分支机构之间的广域网(WAN)连接饱和。本章将介绍 BranchCache 和 DFS 技术，提供关于如何优化基础设施的服务器位置的信息。

灾难恢复：没有人会认为 IT 基础结构会出问题。但是，有一个适当的灾难恢复计划将有助于尽快将服务器和数据从灾难中恢复过来。因此，应该仔细计划文件服务器的备份和恢复过程。此外，如果主位置在较长时间内不可用，就应该设计一个计划，将关键文件服务器放到另一个位置上。

安全：共享文件服务器并不意味着每个人都应该能够访问、更改或删除任何文档。安全是每个组织最关心的问题之一，IT 团队负责防止数据受到未经授权的访问。此外，必须保护数据不受任何内部或外部攻击、恶意软件或勒索软件的攻击。有关 Windows Server 2016 安全特性的更多信息，可参见第 8 章。

6.2.1 安装文件服务器

在 Server Manager 中安装 File Server 组件非常简单。只需要选中 File Server 复选框，并完成向导。更简单的方法是在希望用户访问的服务器上共享一个文件夹，以便自动安装文件服务器组件。如果喜欢使用 Windows PowerShell，请输入以下 cmdlet：

```
Install-WindowsFeature File-Services
```

安装 File Server 组件后，在 Server Manager 导航菜单上会添加一个新项。在 File and Storage Services 下，注意出现了 Shares 项，如图 6.2 所示。

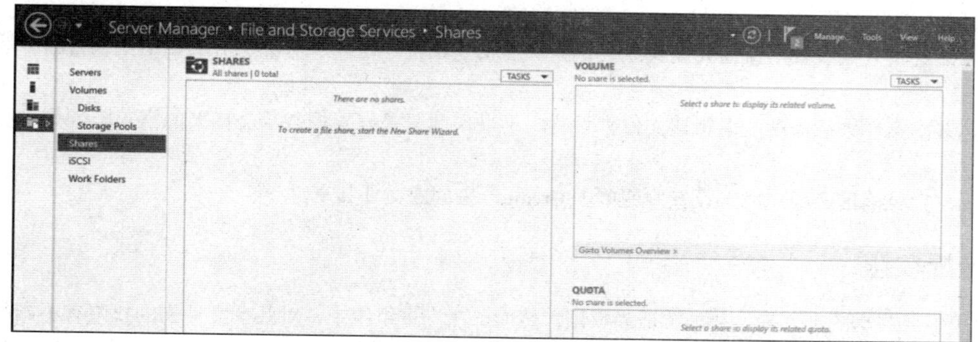

图 6.2 Server Manager 中的 Shares 项

6.2.2 创建文件共享

从 Shares 指示板中，可选择 Tasks 来创建新的共享。New Share Wizard 会指导用户完成创建新文件共享的步骤(参见图 6.3)。

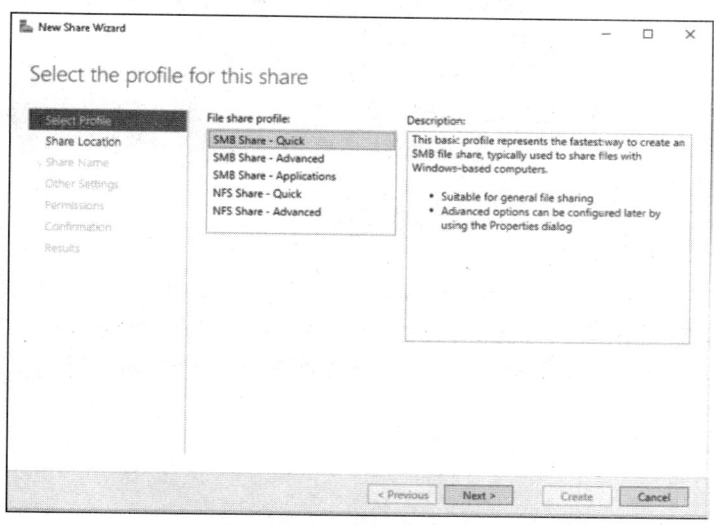

图 6.3 为共享选择配置文件

(1) 选择此共享的配置文件：

- SMB Share-Quick 用于常见的文件共享，其中，定制可在以后配置——打开文件夹的 Properties 窗口即可配置。
- SMB Share-Advanced 用于配置高级特性，例如用于帮助“访问-拒绝”的文件夹所有者、数据分类、访问策略和配额。此配置文件需要以前安装的 File Server Resource Manager 组件。这是小企业为获得最大灵活性的典型选择。
- SMB Share-Applications 用于服务器应用程序，如 Hyper - V。
- NFS Share-Quick 用于为运行 UNIX 操作系统的客户端提供常见的文件共享场景。
- NFS Share-Advanced 用于为运行 UNIX 操作系统的客户端配置高级共享特性，如前面讨论的高级 SMB 共享。这个配置文件需要预先安装 Server for NFS 和 File Server Resource Manager 组件。

(2) 为共享的文件夹位置选择服务器和路径名。

(3) 编辑或确认为共享名和位置选择的值。

(4) 系统会提示从以下设置中选择：

- 是否启用基于访问的枚举，这个过程隐藏了用户没有权限访问的文件和文件夹。
- 启用共享的缓存和 BranchCache。
- 启用共享的加密。

(5) 一旦配置了其他设置，就需要编辑或确认默认的安全设置。这一步对于保护文档不受来自网络的未经授权访问非常重要。

(6) 创建共享文件夹后，就能编辑该文件夹设置。不过，此时最好根据共享文件夹的需求验证是否已配置所有内容。

(7) 最后，如果确信已经完成了设置，就单击 Create，来创建文件共享。

6.2.3 分配权限

可添加更多要共享的文件夹，并配置适当权限。然而，在许多组织中，对共享文件夹的权限有不同的误解。因为磁盘驱动器是用 NTFS 格式化的，所以所有文件和文件夹都配置了 NTFS 权限。此外，共享文件夹有自己的权限。现在，应用哪些权限，采用什么顺序？

下面是它的工作原理：

- 如果在当地登录文件服务器，就只有 NTFS 权限(当然，不允许非管理员用户在本地登录到文件服务器)。
- 如果登录到客户端电脑上，试图访问文件共享上的文件夹，共享权限和 NTFS 权限就会相结合，应用最严格的权限。例如，如果用户拥有的 NTFS 权限是 Full Control，但共享权限是 Read Only，那么在通过网络访问时，用户就只有 Read Only 权限，因为该权限更严格。

可以这样规划权限：

- 给组(而不是用户)分配权限。如果为一个拥有数千用户的公司工作，就可能永远无法为每个员工单独配置权限。给组分配权限，只需要配置组成员资格，用户将根据组成员资格获得权限。如果用户是多个组的成员，则给该资源应用限制性较低的权限。
- 将共享文件夹的权限分配给每一个人：Full Control。
- 在共享文件夹上分配受限制的 NTFS 权限，并再次检查：
  - 如果用户在本地连接，则应用受限制的权限。
  - 如果用户通过网络连接，则共享和 NTFS 权限结合起来，应用更严格的权限。
- 小心 Deny 权限。拒绝的优先级最高。即使是对某些资源拥有完全控制权的多个组的成员，Deny 权限也不允许访问该资源。

有关安全最佳实践的更多信息，可参见第 8 章。

6.3 用于网络文件的 BranchCache

BranchCache 技术可为通过广域网访问文件的用户优化网络流量。它是在 Windows 7 和 Windows Server 2008 R2 操作系统中引入的。BranchCache 的主要优点是节省网络带宽，因为最初通过网络访问的内容缓存在分支机构中——因此，对内容的每次后续请求都是在本地访问的。

现实世界中的 BranchCache 部署

洛杉矶的一家手机游戏公司发展迅猛，决定在 Phoenix 开设办事处。Phoenix 的用户使用了洛杉矶所有的基础设施。后来，该公司在纽约和迈阿密开设了分店。很快，远程员工报告说，从洛杉矶获取数据的性能很差。然而，在每个地点增加更多服务器来创建新的数据中心是一项非常昂贵的投资。因此，该公司在其所有办公室部署了 BranchCache，这样，需要通过网络访问的许多文件都被缓存，并在本地访问。

操作的 BranchCache 模式

BranchCache(如图 6.4 所示)有两种配置选项，用于可在本地存储的内容：放在客户机上或者位于分支办公室的服务器上。当内容存储在客户机时，BranchCache 在分布式缓存模式下工作。当内容存储在分支办公室的服务器上时，BranchCache 以托管缓存模式工作。

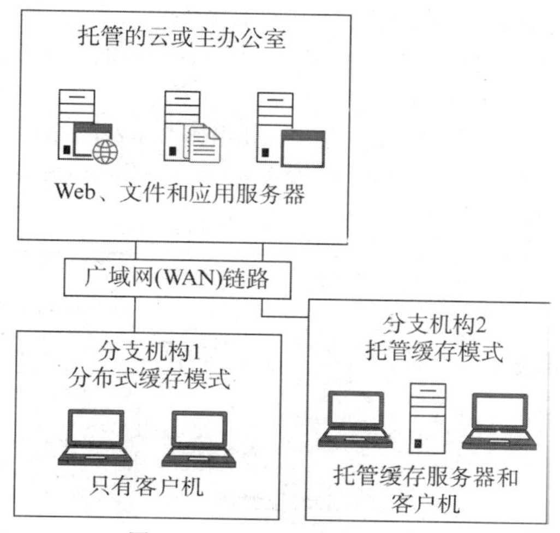

图 6.4 BranchCache 操作模式

根据业务场景和 IT 基础结构拓扑，可为不同的分支机构使用不同的模式。

注意，分布式缓存模式仅限于客户机所在的子网。例如，来自伦敦子网的客户机缓存了纽约总部服务器的内容。在分布式缓存模式下，来自巴黎子网的客户机无法从伦敦子网中发现和检索缓存的内容。伦敦客户机需要直接从纽约总部的服务器中检索内容。另一方面，托管缓存模式不受子网限制；如果托管的缓存服务器位于伦敦，那么巴黎的客户机能从伦敦服务器中检索缓存的内容。

可缓存哪些类型的数据？Windows Server 2016 配置为使用 BranchCache 技术，提供了不同类型的可缓存数据：

- 文件服务器的数据位于运行 File Services 服务器角色和 BranchCache for Network Files 角色的服务器上。缓存的数据包括文件夹，需要通过网络访问数据的用户可以适当权限共享此类文件夹。内容是通过 SMB 协议访问的。
- Web 服务器的内容数据位于运行 Web 服务器角色和 BranchCache for Network Files 的服务器上。内容是通过 HTTPS 协议访问的。
- 应用服务器的内容数据位于运行应用程序(如 WSUS 服务器)和 BranchCache for Network Files 的服务器上。内容是通过 BITS 协议访问的。

假设分公司办公室的用户需要公司总部文件服务器上的文件，该文件通过一个缓慢的 WAN 链接连接。该文件服务器需要安装 BranchCache 组件。

- 用户首先需要有合适的 NTFS 和共享权限来访问文件。文件服务器验证权限，然后生成数据和段机密的信息散列，用于加密内容。内容信息被发送到客户机。
- 客户端使用内容信息来定位请求的内容：
  - 如果 BranchCache 在托管模式下运行，在托管缓存服务器中搜索内容，而客户机在托管缓存服务器中配置了托管缓存服务器名称。
  - 如果 BranchCache 运行在分布式模式下，就在分支机构的客户机上搜索内容，其上使用了 Web 服务的动态发现协议。
- 定位内容后，客户机就开始检索内容。如果完整内容不在一个位置，客户机将尝试从多个来源收集内容。如果客户机无法收集完整的内容或者无法定位内容，就直接联系总部的文件服务器。
- 内容最后下载到客户机时，根据 BranchCache 模式，执行以下操作：
  - 在分布式缓存模式下，内容缓存到客户机上。
  - 在托管缓存模式下，内容缓存到托管缓存服务器和客户机上。客户机使用托管缓存协议更新托管缓存服务器的内容。

在网络环境中，多个用户访问和编辑多个共享文档。那么，既然内容被缓存了，用户是否总是访问文件的最新版本？答案是肯定的：BranchCache 技术会更新用户对文件缓存副本的所有编辑。例如，如果用户修改了以前缓存的文档，编辑将直接写入总部的服务器。如果另一个客户机请求相同的文件，就从总部服务器下载已编辑的文件片段，并添加到托管缓存服务器上的缓存内容或托管缓存内容的客户机上。

可使用 Server Manager 或 Windows PowerShell 安装 File Server 角色的 BranchCache 组件。BranchCache 部署包括以下步骤：

(1) 配置 BranchCache 内容服务器。在位于公司总部、要用作 BranchCache 内容服务器的文件服务器上，安装 File Server 角色的 BranchCache for Network Files 组件，如图 6.5 所示。如果 BranchCache 用于 Web 服务器或应用服务器，还应该安装 BranchCache 特性，如图 6.6 所示。

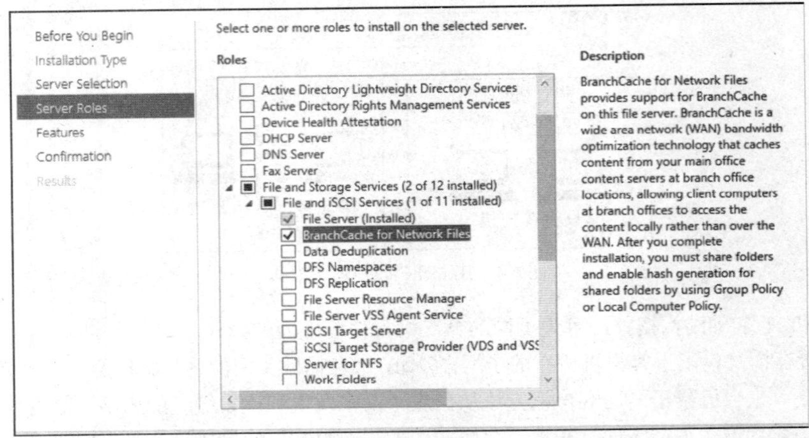

图 6.5　在 Server Manager 中安装 BranchCache for Network Files

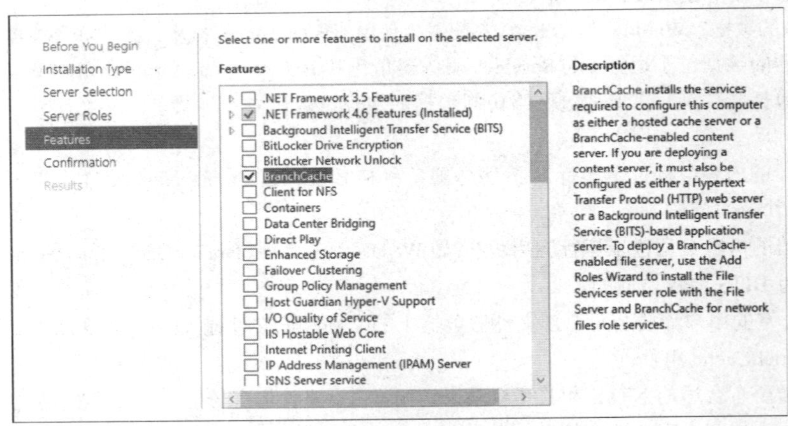

图 6.6　在 Server Manager 中安装 BranchCache 特性

(2) 创建应用于 BranchCache 内容服务器的 Group Policy 对象。选择 Hash Publication for BranchCache 下的 Enabled 单选按钮，如图 6.7 所示。此设置位于 Computer Configuration/Policies/Administrative Templates/Network/Lanman Server/ Hash Publication for BranchCache 下。

Hash Publication for BranchCache
Hash Publication for BranchCache　Previous Setting　Next Setting
Not Configured　Comment:
Enabled
Disabled　Supported on: At least Windows Server 2008 R2 or Windows 7

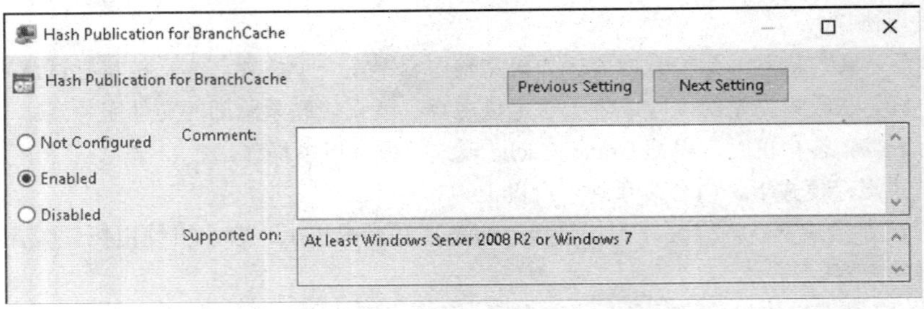

图 6.7　启用 Hash Publication for BranchCache

(3) 使用缓存设置 Enable BranchCache，来配置共享文件夹属性。

(4) 配置 BranchCache 托管缓存服务器：

◆ 为在分支机构部署 BranchCache 托管缓存服务器，在 Server Manager 中安装 BranchCache 特性，如图 6.6 所示。

◆ 为了配置 BranchCache，在托管缓存服务器模式下操作，运行以下 cmdlet：

```
Enable-BCHostedServer -RegisterSCP
```

(5) 配置 BranchCache 客户端：

◆ 为在客户机上启用 BranchCache，并配置不同 BranchCache 设置，应创建一个 Group Policy 对象，将其应用到使用 BranchCache 功能的客户机上。这些设置位于 Computer Configuration\Policies\ Administrative Templates\Network\BranchCache 下。各种设置包括：打开 BranchCache，指定托管缓存服务器，指定缓存内容使用的磁盘空间百分比，如图 6.8 所示。

Setting	State	Comment
Turn on BranchCache	Not configured	No
Set BranchCache Distributed Cache mode	Not configured	No
Set BranchCache Hosted Cache mode	Not configured	No
Enable Automatic Hosted Cache Discovery by Service Conn...	Not configured	No
Configure Hosted Cache Servers	Not configured	No
Configure BranchCache for network files	Not configured	No
Set percentage of disk space used for client computer cache	Not configured	No
Set age for segments in the data cache	Not configured	No
Configure Client BranchCache Version Support	Not configured	No

图 6.8 在客户机上配置 BranchCache 设置的 Group Policy 对象

6.4 DFS 名称空间和 DFS 复制

许多组织分布在多个不同位置。有些在一个城市里，有些在全国甚至全世界都有分支机构。这种情况下，提供对文档的一致访问是具有挑战性的，因为文件服务器的数量可以达到数百，共享文件夹的数量可达到数十万甚至更多。

分布式文件系统(DFS)是在 Windows Server 2000 中引入的，并不断改进，以帮助组织有效地管理分布式组织场景中的共享文件夹。DFS 向用户提供对最近服务器中的文件夹和文件的访问，同时通过在不同位置的服务器上安装副本，来提供高可用性。此外，用户将不需要记住几十甚至几百个文件服务器名称。

DFS 名称空间是文件和存储服务的组件。它为用户提供了对分布在不同服务器上的共享文件夹的访问，在这些服务器上，物理位置对终端用户是不可见的。相反，用户使用方便的、用户友好的命名约定来查看共享文件夹的逻辑基础结构。当访问文件夹时，DFS 自动将用户连接到最近的物理服务器。此外，可将 DFS 配置为复制共享文件夹的内容，这样，如果因某种原因，无法使用最近的文件服务器，请求就会重定向到另一个文件服务器上的文件夹副本。图 6.9 显示了 DFS 体系结构的一个示例。

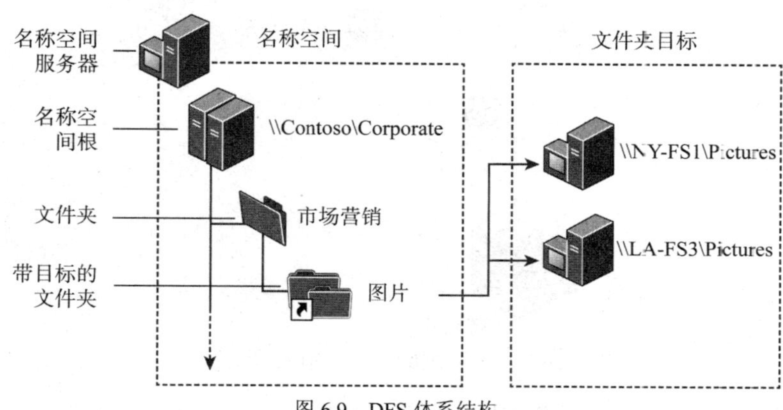

图 6.9 DFS 体系结构

DFS 名称空间由以下组件组成：

名称空间服务器：用户使用名称空间约定来访问共享文件夹基础结构。名称空间由名称空间服务器托管。

名称空间根：与物理共享文件夹层次结构一样，根表示每个文件夹和子文件夹的起始位置，例如\\ \Contoso\HR\。

文件夹：DFS 中的每个文件夹都由位于不同服务器上的物理文件夹的副本表示。

文件夹目标：与 DFS 中的文件夹相关联的物理文件夹表示文件夹目标。例如，文件夹\\ \Contoso\HR 可能匹配文件夹目标\\NY-FS07\Shares\Departments\HR。

可从两种类型的 DFS 名称空间中选择：

- 基于域的名称空间，它具有以下特点：
  - 使用 Active Directory 域服务的组织。
  - 名称空间信息存储在 Active Directory 中。
  - 多个名称空间服务器用于高可用性。
  - 名称空间通过以下路径访问：\\ NetBIOSDomainName\RootName。
- 独立名称空间具有以下特点：
  - 组织不使用 Active Directory 域服务。
  - 名称空间信息存储在注册表和内存缓存中。
  - 故障转移集群用于名称空间的高可用性。
  - 如果不使用 Active Directory 域服务，则 DFS 复制功能不能用于复制。
  - 名称空间通过以下路径访问：\\ ServerName\RootName。

6.4.1 访问 DFS 中的共享文件夹

这里描述了在基于域的 DFS 基础结构中访问共享文件夹的过程，如图 6.10 所示。

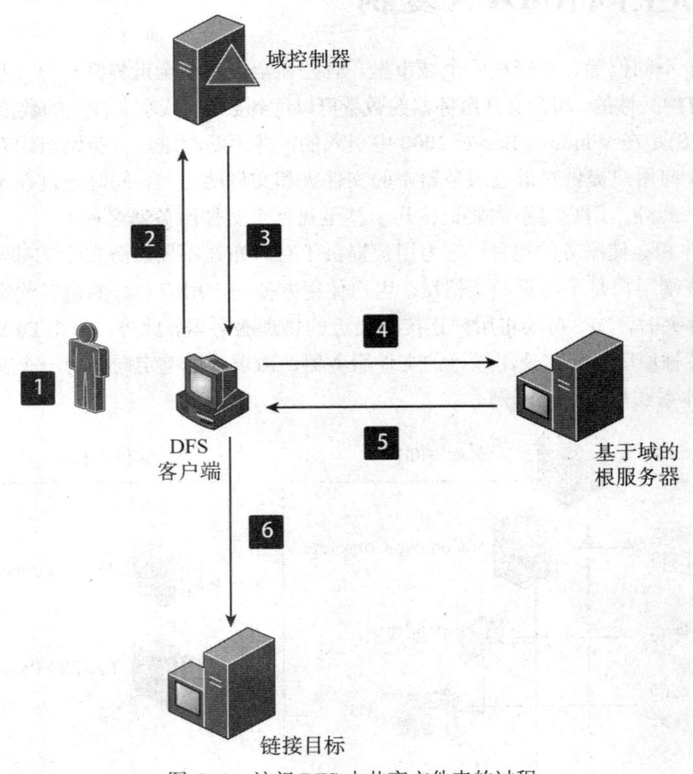

图 6.10 访问 DFS 中共享文件夹的过程

(1) 用户在客户机上键入 DFS 路径，例如\\ \Contoso.com\HR。

(2) 客户机向域控制器查询 DFS 根目标的列表。

(3) 域控制器返回根目标的列表。

(4) 客户机选择第一个根目标，并为请求的 DFS 路径发送查询。

(5) 根服务器返回链接目标列表。

(6) 客户端连接到列表中的第一个链接目标。

DFS 名称空间可以用 GUI 或 Windows PowerShell 安装。对于 GUI 安装，打开 Server Manager 并启动 Add Roles and Features 向导。浏览文件和存储服务，选择 DFS Namespaces，并完成向导，如图 6.11 所示。

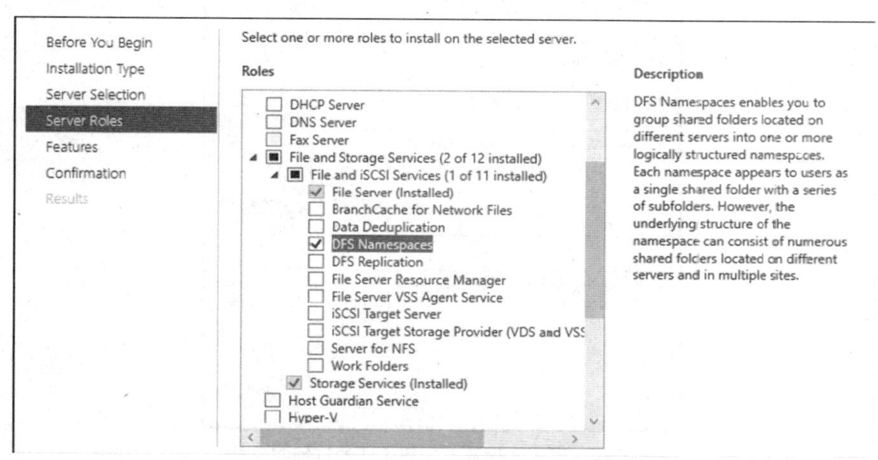

图 6.11　在 Server Manager 中安装 DFS Namespace

接下来，应该创建一个 DFS Namespace，这是使用 DFS Management 控制台完成的。从 Server Manager 的 Tools 菜单中选择 DFS Management 控制台，可以启动它。DFS Management 控制台如图 6.12 所示。

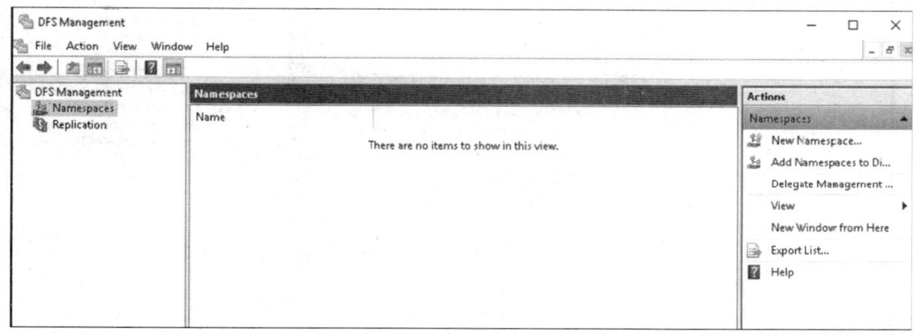

图 6.12　DFS Management 控制台

启动 New Namespace 向导，输入承载名称空间的服务器和名称空间的名称。因为前面解释了基于域的名称空间和独立名称空间之间的区别，所以下一步是在这两种类型的名称空间中选择一种。建议选择 Windows Server 2008 名称空间模式。最后检查设置，并确认名称空间的创建。创建名称空间后，单击控制台的 Details 窗格中的选项卡，可以编辑设置(如有必要)。

如果喜欢使用 Windows PowerShell，可运行以下命令，创建一个新的 DFS Namespace：

```
New-DfsnRoot -TargetPath "\\FS\Corporate" -Type DomainV2 -Path \\Contoso\Corporate
```

该命令将创建一个 DFS Namespace，其中\\Contoso\Corporate 是路径的根，\\FS\ Corporate 是共享文件夹，用作根路径的目标文件夹。值为 DomainV2 的开关选项意味着名称空间类型是 Windows Server 2008 模式。

一旦创建了名称空间，就该创建共享文件夹层次结构了。右击名称空间，并选择 New Folder，可创建文件夹和文件夹目标。注意，名称空间预览是\\DomainName\Namespace\FolderName，而文件夹目标包含实际的服务器名称\\ServerName\FolderName\。如图 6.13 所示，文件夹目标是特定服务器上共享文件夹的 UNC 路径。可在 DFS 管理控制台中使用此向导继续构建文件夹层次结构。

创建新文件夹的 Windows PowerShell 命令如下。

```
New-DfsnFolder -Path "\\Contoso\Corporate\Departments" -TargetPath "\\FS\Corporate\
Departments"
```

在构建完文件共享层次结构后，可以部署 DFS 复制功能，来配置 DFS 的高可用性和可伸缩性。DFS 复制(DFS Replication)也是文件和存储服务的一个组件，应该另外安装它，如图 6.14 所示。

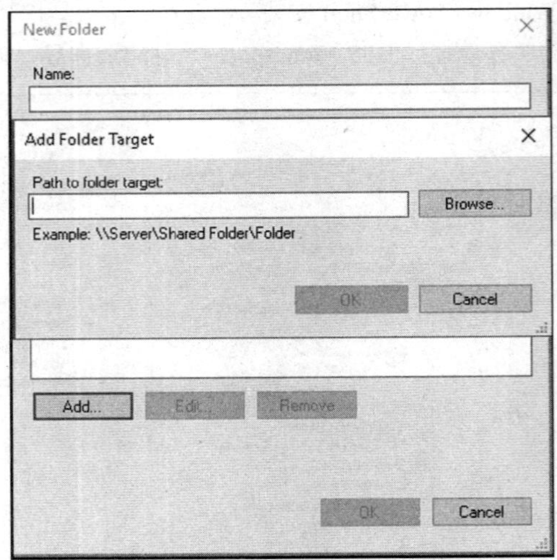

图 6.13　创建文件夹名称和文件夹目标的路径

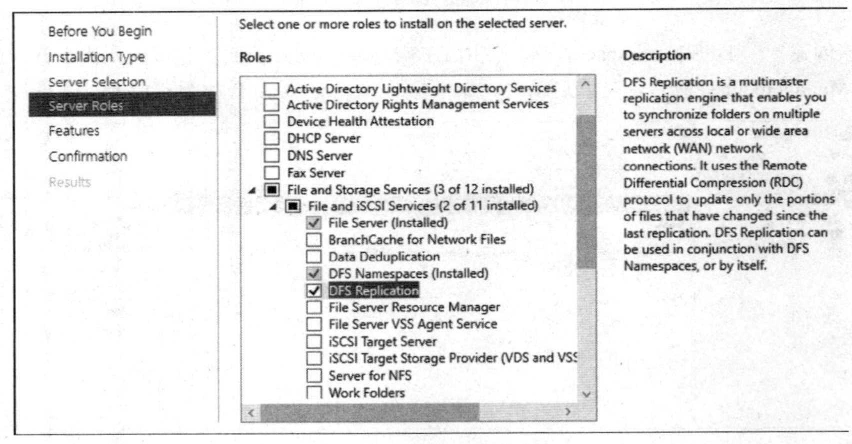

图 6.14　安装组件

6.4.2　配置 DFS 复制

DFS 复制允许创建多个文件夹目标，并配置复制，以确保各个目标的内容都相同。文件夹目标可使用排序方法来配置，以进行引用，这意味着当客户机试图连接共享文件夹时，会从名称空间服务器中接收目标列表。客户机尝试访问列表中的第一个目标。如果该目标不可用，客户机将尝试访问下一个目标。为优化带宽的利用率，应该配置 Active Directory 站点，因为默认情况下，客户机站点中的目标总在引用中首先列出。还可以定制其他站点中的目标的顺序。

运行 Replicate Folder Wizard(如图 6.15 所示)，可在 DFS Management 控制台的 DFS Namespace 中配置文件夹上的 DFS 复制。向导会创建一个复制组，其中包含存放文件夹目标的服务器。使用向导输入的参数包括：

- ◆ 复制组名称和复制文件夹的名称。
- ◆ 开始复制的主要成员。
- ◆ 复制拓扑类型。

- Hub and spoke：它需要三个或更多的成员，发言的成员连接到一个或多个中心服务器。当内容来自 hub 成员时，建议使用此拓扑，然后将其复制到发言的成员。
- Full Mesh：每个成员与其他所有成员相互复制。如果组中有至多 10 个成员，则推荐使用此拓扑。
- No topology：这个选项允许以后创建拓扑，在创建拓扑之前，不会开始复制。

◆ Replication Group Schedule and Bandwidth。这个向导提供了两个选项：
- 持续复制，在 16 kbps 到 Fuall 之间选择合适的带宽。
- 在指定的日期和时间进行复制。

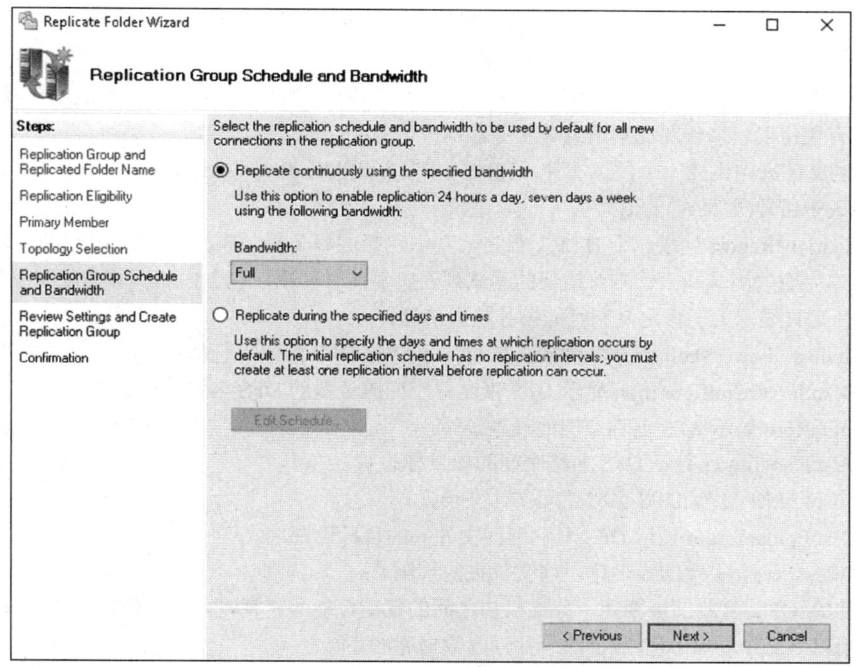

图 6.15　配置 DFS 复制

向导完成后，会显示一个带有任务状态信息的确认页面。可随时编辑复制组——例如，可向组中添加更多成员。可使用 DFS 管理控制台或 Windows PowerShell 进行编辑。默认情况下，所有 DFS 管理任务都可由域管理组的成员执行。但右击名称空间，并选择 Delegate Management Permissions 选项，可以定制权限。

要使用 Windows PowerShell 配置文件夹复制，运行以下命令：

```
New-DfsReplicatedFolder -GroupName "Departments" -FolderName "HR"
```

还可启动 New Replication Group 向导，来创建复制组，该向导提供了两种类型的复制组：

◆ 多用途复制组。用于在两个或多个服务器之间配置复制，以便发布和共享内容。

◆ 用于数据收集的复制组。配置两个服务器之间的双向复制，例如分支办公室服务器和中心服务器。此组类型用于收集中心服务器上的数据，并备份中心服务器的数据。

要编辑名称空间属性，请右击名称空间，然后选择 Properties。默认情况下，客户机将缓存名称空间引用300 秒。可将客户站点以外目标的排序方法为：

◆ 低成本

◆ 随机顺序

◆ 排除客户站点以外的目标

在操作过程中，名称空间服务器会轮询域控制器，以获得当前名称空间的元数据。可在两种轮询类型中进行选择：Optimized for Consistency 和 Optimized for Scalability。选择 Optimized for Consistency 轮询时，每次名称空间更改时，名称空间服务器使用 PDC 模拟器角色轮询域控制器。选择 Optimized for Scalability 时，每个名称空间服务器会定期轮询其最近的域控制器。还可为名称空间配置基于访问的枚举，这是隐藏用户无权访问的文件和文件夹的过程。

配置后，右击文件夹，并选择 Properties，可以进一步编辑文件夹属性。客户端默认将文件夹引用缓存 1800 秒。引用设置是从根节点继承的，在故障转移和故障恢复场景中，客户端可配置为故障恢复到首选目标。

由于业务的需求，有一天可能需要重新组织 DFS 文件夹层次结构中的文件夹。如果出现这种情况，可以重命名或把文件夹移到 DFS 名称空间中。确保将文件夹名称空间中的所有更改通知用户，以便他们可以正确访问文件夹。

6.4.3 DFS 监视和故障排除

与组织中部署的任何其他技术一样，应该监视 DFS，并在必要时对其进行故障排除，以防止任何潜在问题。DFS 管理控制台提供了监视 DFS 和排除 DFS 故障所需的工具。这些工具包括：

- Diagnostic Reports 向导允许运行以下报告和测试：
  - Health Report 生成关于复制健康和效率的 HTML 报告，包括错误、警告、不能用于报告的服务器，还包括有关错误、警告和提示消息等服务器细节。
  - 在复制文件夹中生成一个测试文件，完成关于复制进度的 Propagation Test 测试，最后，显示测试的状态和关于错误(如果有)的信息。
  - Propagation Report 生成一个 HTML 报告，其中包括：每个复制成员的复制进度信息、已完成的测试列表、未完成的测试列表、带有错误的测试列表、复制时间图、包含在测试中的复制成员服务器列表。
- 验证拓扑工具显示关于特定复制组的拓扑状态信息。
- 一些 Windows PowerShell 命令可用来监测 DFS 和排除 DFS 故障，包括：
  - Get-DfsnServerConfiguration 显示 DFS 根名称空间服务器的 DFS 名称空间设置。
  - Get-DfsnRoot 显示 DFS 名称空间的设置。
  - Get-DfsnRootTarget 显示 DFS 名称空间的根目标设置。
  - Get-DfsnFolder 显示 DFS 名称空间文件夹设置。
  - Get-DfsnFolderTarget 显示 DFS 名称空间文件夹的目标设置。
  - Get-DfsnAccess 显示 DFS 名称空间文件夹的权限。

注意，在最初的 DFS 复制部署期间，分支机构之间的复制可能非常耗时。为加快速度，可选择为初始复制克隆数据库。可使用以下命令导出 DFS 数据库，并创建数据库的克隆：

```
Export-DfsrClone -Volume C: -Path "C:\DFSClone"
```

该命令创建一个 DFS 数据库克隆，并将其存储在 C:\DFSClone 文件夹中。接下来，可将克隆的数据库复制到分支办公室 DFS 服务器上一个名为 C:\DFSClone 的文件夹中，并使用以下命令导入克隆的数据库：

```
Import-DfsrClone -Volume C: -Path "C:\DFSClone"
```

处理 DFS 部署的管理员应该与网络团队共享一个网络端口列表，以便打开适当的端口，让 DFS 正常工作。表 6.1 列出了 DFS 使用的所有端口以及涉及 DFS 通信的计算机。

表 6.1 DFS 网络端口列表

服务名称	计算机	UDP	TCP
NetBIOS 名称服务	域控制器；不是域控制器的根服务器；充当链接目标的服务器；作为链接目标的客户机	137	137
NetBIOS 数据报服务	域控制器；不是域控制器的根服务器；充当链接目标的服务器；作为链接目标的客户机	138	
NetBIOS 会话服务	域控制器；不是域控制器的根服务器；充当链接目标的服务器；作为链接目标的客户机		139
LDAP 服务器	域控制器	389	389
远程过程调用(RPC)端点映射器	域控制器		135
服务器消息块(SMB)	域控制器；不是域控制器的根服务器；充当链接目标的服务器；作为链接目标的客户机	445	445

6.5 FSRM

Windows Server 2016 文件和存储服务的另一个组件是 FSRM(File Server Resource Manager)，文件服务器资源管理器。它在 Windows Server 2008 R2 中作为角色服务引入，允许用户对存储在文件服务器上的数据进行分类和管理。FSRM 适用于现代文件服务器数据管理中的多个场景；例如控制提供给用户的磁盘配额，控制什么类型的数据可保存在文件服务器上，分类用于数据保护和安全目的的数据，以及自动完成与文件服务器进程相关的不同类型的通知服务。

FSRM 包括以下特性：

文件分类基础结构：文件分类基础结构自动执行数据分类过程。可根据不同标准进行分类。每个符合管理员定义的标准的文件都会分配一个特定分类。

文件管理任务：文件管理任务自动基于分类执行文件管理功能。一旦对数据进行了分类，就可以创建基于文件分类执行特定操作的策略。例如，可应用一个策略，该策略只允许在财务部门工作的用户访问具有金融数据分类的文件。

配额管理：配额管理对于控制用户使用多少磁盘空间以及在文件服务器上保留多少磁盘空间非常有用。用户每天上传的文件，加上文件大小不断增加的趋势，可能会迅速填满文件服务器的硬盘。管理员可为应用于文件夹或卷的不同场景创建配额模板。

存储报告：存储报告帮助管理员监视磁盘的使用情况，并确定磁盘可能耗尽空闲空间的任何潜在情况。如果组织的用户要使用大量数据，就可为这些用户定义监视，因为文件服务器上的大多数文件都是由这些用户上传的。

文件筛选管理：很多管理员常常发现，文件服务器几乎没有空闲的磁盘空间。经过检查，管理员经常会指出，大部分磁盘空间是由非业务的私人数据占用的，特别是包含音乐和视频内容的文件。文件筛选将检测用户不允许存储在文件服务器上的任何文件类型。

在 Server Manager 的文件和存储服务中选择 FSRM 组件，可安装它，如图 6.16 所示。也可在 Windows PowerShell 中运行以下命令来安装它：

```
Install-WindowsFeature -Name FS-Resource-Manager -IncludeManagementTools
```

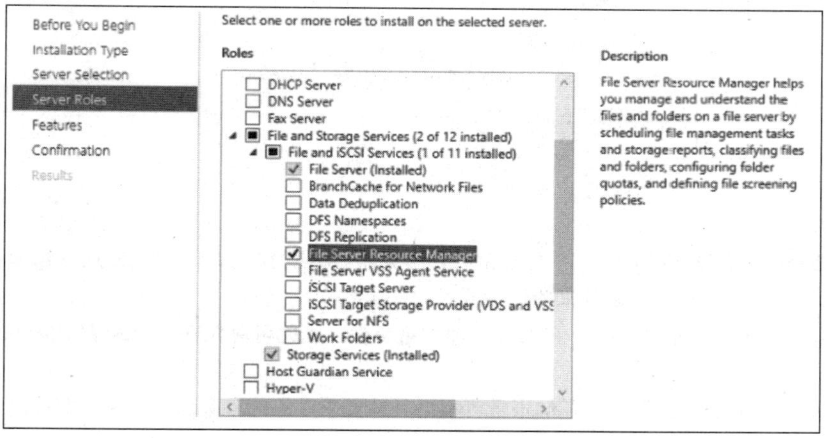

图 6.16　在 Server Manager 中安装 FSRM

注意，只有 NTFS 卷支持 FSRM。

6.5.1 FSRM 功能部署

FSRM 包含多个特性，但每个特性的部署类型取决于组织的业务需求。安装 FSRM 组件后，可在 Server Manager 的 Tools 菜单中运行 File Server Resource Manager 控制台，开始配置 FSRM 特性，如图 6.17 所示。

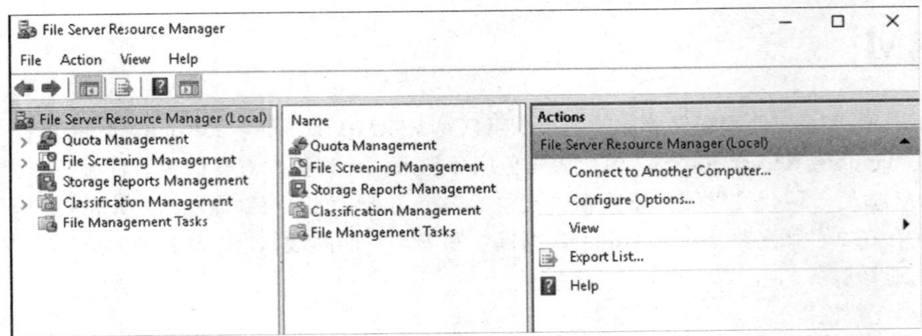

图 6.17 配置 FSRM 特性

6.5.2 配置常规 FSRM 选项

在配置每个 FSRM 选项之前，在 FSRM 控制台的 Actions 窗格中选择 Configure Options，来配置常规选项，如图 6.18 所示。

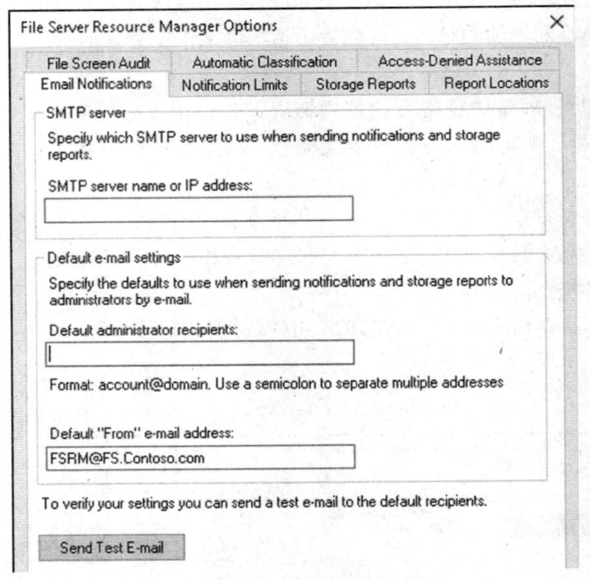

图 6.18 FSRM 选项

FSRM 选项包括：

Email Notifications(电子邮件通知)：可配置 SMTP 服务器名称或 IP 地址，用于发送通知和存储报告，配置发送方和接收方，并通过发送测试电子邮件来验证设置。

Notification Limits(通知限制)：应防止 FSRM 创建大量事件，因此可对在特定间隔(默认为 60 分钟)创建事件的通知应用限制。

Storage Reports(存储报告)：发送的存储报告可根据具体要求用不同参数进行定制。例如，可定制文件的最小字节数，来编辑 Large Files 报告。

Report Locations(报告位置)：默认情况下，不同类型的存储报告位于 C:\ StorageReports 文件夹。可自定义此文件夹及其子文件夹。

File Screen Audit(文件筛查审核)：如果筛查活动需要记录，以备日后检查，FSRM 可选择在审核数据库中记录筛查活动。稍后可通过运行 File Screen Auditing Report 来检查活动。默认情况下不启用此选项。

Automatic Classification(自动分类)：此选项卡包含有关调度和运行文件分类的设置。此外，还可配置时间限制、生成日志文件、配置日志文件类型。

Access-Denied Assistance(拒绝访问帮助)：如果用户被拒绝访问文件，他们可向组织中的支持团队请求帮助。

这个选项卡中配置了有关帮助的信息，例如通用支持和共享权限支持。默认情况下不启用此选项。

6.5.3　分类管理

文件分类根据定制的标准对文件进行评估和分类。例如，将文档分类为机密文档、内部文档或公共文档。可以使用不同类型的文件和文件夹属性来执行分类。此外，分类任务可以自动完成，如果管理大量文件服务器，并且组织对安全性比较关注，这将非常方便。

在 FSRM 控制台中导航到 Classification Management，可启用文件分类，其中配置选项包括以下两个组件：

- **分类属性：** 可定义分类属性和值，运行分类规则。就可以把属性值分配给文件。分类属性可以包括不同类型，例如是/否、日期-时间、数字、多项选择列表、有序列表、单选选项、字符串和多字符串。默认包含三个本地属性，如 Access-Denied Assistance Message、Folder Owner Email 和 Folder Usage。
- **分类规则：** 可基于已配置的分类属性创建分类规则。需要为分类规则提供以下设置：
  - **常规：** 输入规则名，选择是否应该启用规则。
  - **范围：** 它包括特定类型的数据，如应用程序文件、备份和归档文件、组文件和用户文件。还可在范围中包含特定文件夹。
  - **分类：** 可以选择分类方法，如内容分类器、文件夹分类器或用 Windows PowerShell 脚本创建的分类器。此外，应该配置分配给文件的属性和分类方法所需的任何额外参数。
  - **评价类型：** 配置是否重新评价现有的分类属性，因为默认情况下，如果它们过去已设置，就忽略它们。

6.5.4　文件管理任务

文件管理任务对满足文件分类要求的文件执行特定操作。管理任务是自动完成的，并根据计划执行多个处理操作。在 FSRM 控制台中导航到 File Management Tasks，并选择 Create File Management Task Action，就可以创建它们。

要创建文件管理任务，需要配置以下选项：

成功： 在这里输入任务名称，并选择是否启用任务。

范围： 与分类管理一样，范围将包括特定类型的数据，如应用程序文件、备份和归档文件、组文件和用户文件，以及特定文件夹。

操作： 要执行的操作类型包括：

- **文件过期：** 将过期目录配置为文件要移动到的位置。在移动过期文件后，管理员可能会备份文件，并从过期目录中删除它们。为避免创建迭代循环，过期目录不应该在管理任务的范围内。
- **自定义：** 运行可执行命令，并选择在 Local Service、Network Service 或 Local System 账户运行命令。
- **权利管理服务(RMS)加密：** 选择 RMS 模板或手动配置，使用户具有读取、更改或完全控制权限。第 8 章包含有关 Active Directory 权限管理服务(AD RMS)的更多信息。

通知： 在这个选项卡中，可为在文件上执行的操作创建一个通知通道。可选择以下类型的通知：

电子邮件： 如果选择电子邮件作为通知通道，应该指定管理员发送电子邮件的电子邮件地址。此外，应该为受影响的文件的用户指定电子邮件主题和正文。例如，电子邮件消息可能包含邮件到期前的天数，消息正文应该有更多的细节来解释即将到来的操作。还有一个选项，其中邮件附加执行操作的文件列表。

事件日志： 如果选择此选项，就向事件日志写入一条警告消息。可以使用自己的文本自定义消息的内容，并添加一些变量，如 Admin Email 和 Days Before File Action。在变量的下拉列表中可以找到完整的变量列表。

命令： 可以选择运行一个命令或脚本，该脚本给用户生成特定的通知。可以配置命令、命令使用的参数和命令安全性(即该命令在哪个安全账户下运行：Local Service、Network Service 或 Local System)。

报告： 此选项卡允许在日志文件、错误日志文件和审计日志文件中记录信息。还可生成不同格式的报告，包括 DHTML、HTML、XML、CSV 和文本。此外，报告可发送到选定管理员的电子邮件地址。

条件： 此选项卡配置为使任务按顺序运行需要满足的条件。配置设置包括：

- **属性条件：** 可以选择属性条件、操作符(相等、不相等、存在、不存在)和值(是/否)。
- **文件创建、最后一次修改和最后一次访问后的天数。** 该任务将仅应用于未在指定的天数内创建、修改或访问的文件。

- **有效开始**：在这里，可以设置文件管理任务的开始日期。

计划：可以修改文件管理任务的默认计划，并将文件管理任务配置为每天、每周、每月或连续运行。

6.5.5 配额管理

FSRM 中的配额管理是控制卷或文件夹可以使用多少磁盘空间的有效方法。FSRM 在配额管理中提供了自动化，因此不必尝试手动找出为什么某些卷比其他卷更快速地填满，或者为什么某些文件服务器总是比其他服务器缺少空闲磁盘空间。

在 FSRM 控制台中导航到 Quota Management，可以管理 FSRM 中的配额。配额管理的配置选项包括两个组件：

- **配额**：在创建配额时，应该输入配额路径。接下来，应该在以下选项中选择：
  - 在路径上创建一个配额。
  - 自动应用模板，在现有的和新的子文件夹中创建配额。

也应该从配额模板中选择派生属性，定义定制的配额属性。

- **配额模板**：默认情况下，FSRM 控制台包含多个配额模板。可选择从这个模板中创建配额，编辑现有的模板，或创建自己的自定义模板。配额模板包括以下设置：
  - **模板名称。**
  - **空间限制。**
  - **硬配额**：用户不允许超过限制。
  - **软配额**：用户可以超过限制，但管理员将通知超过配额限制。
  - **通知阈值**：当磁盘空间分别达到 85%、95%和 100%的容量时，三个默认通知阈值会发送警告。可以编辑这些阈值，或添加更多自定义的阈值。如果超过限额，还可以配置不同的通知通道，如电子邮件、事件日志、命令或报告。

6.5.6 用于监视磁盘使用情况的模板

因为组织中有多个文件服务器，如果有一个工具，可以定期生成关于组织中文件服务器的存储使用情况的报告，那将非常方便。FSRM 控制台允许管理员创建存储报告任务，来管理存储报告。存储报告可以安排在特定的日期运行，如果立即需要报告，可以手动运行它。

在创建存储报告任务时，可以在四个不同的选项卡中配置以下属性：

设置(Settings)：在此选项卡中，应该输入报告名称，选择要生成的预定义报告类型。有 10 个预定义的报告，包括重复文件、文件筛选审计、配额使用情况等。可编辑每个预定义的报告，以满足组织的业务需求。例如，可以编辑重复文件报告，为每个报告配置重复组中的最大文件数量。报告可采用不同文件格式生成，例如 DHTML、HTML、XML、CSV 和文本。

范围(Scope)：可以选择应该包含在报告中的数据类型，例如应用程序文件、备份和归档文件、组文件和用户文件。

交付(Delivery)：可以将报告发送到管理员的电子邮件地址。默认情况下，报表保存在 C:\StorageReports\Scheduled 中。

计划(Schedule)：可以安排报告何时运行，并限制时间。如果希望在计划之外运行报告，请在 FSRM 控制台的 Details 窗格中选择报告，然后单击 Actions 窗格中的 Run Report Task Now。

6.5.7 文件筛查管理

员工通常会将他们最喜欢的个人文档、音频和视频文件保存在公司的文件服务器上。这个习惯会导致磁盘驱动器很快就被填满，没有为公司文档留下空间。文件筛查管理为管理员提供了必要的工具，以阻止用户在文件服务器卷或文件夹层次结构中保存特定的文件类型。要配置文件筛查，应该在 FSRM 控制台中导航到 File Screening Management。

文件筛查管理有三个组件：文件筛查、文件筛查模板和文件组。下面了解这些组件，看看它们是如何使用的。

文件筛查：这个组件允许创建文件筛查和文件筛查异常。在创建文件筛查时，应该提供文件筛查路径、使用模板的文件筛查属性或自定义文件筛查属性。可用的模板包括：阻止音频和视频文件，阻止可执行文件，阻止图像文件，阻止电子邮件文件，监控可执行文件和系统文件。

文件筛查模板： 可以使用下列设置创建或编辑文件筛查模板：

在主动筛查(不允许用户保存未经授权的文件)和被动筛查(允许用户保存未经授权的文件，但要监视该文件)之间选择。

在不同的预定义文件组之间选择，例如音频和视频文件、可执行文件、电子邮件文件和其他文件。

可以指定通知通道，例如电子邮件、事件日志、命令和报告。可将电子邮件配置为发送给管理员以及受文件筛查任务影响的用户。可以用自己的文本和预定义的变量来定制电子邮件内容。存储报告的预定义位置是 C:\StorageReports\Incident。

文件组： 此组件显示预定义的文件类型。例如，音频和视频文件组包含扩展名 aac、.aif .mp3 等文件。可以添加更多类型的文件扩展名来编辑文件组。此外，可创建具有自定义文件或文件扩展名的新文件组。新文件组可能包含要包含的文件以及要排除的文件。

6.6 工作文件夹

工作文件夹是一种支持 BYOD(自带设备)的技术，人们可以安全地在公司环境中工作，同时使用自己的电脑和设备，而不损害公司安全。工作文件夹允许用户从任何设备和位置连接到文件服务器，并安全地处理公司文档。该技术在 Windows Server 2012 R2 中引入，在 Windows Server 2016 中得到改进。

部署工作文件夹的一些主要优点包括：

- 安全地从任何设备和任何位置访问公司网络中位于文件服务器的公司文件。
- 文件可以在线和离线访问。一旦设备建立了本地网络或 Internet 连接，所有离线的文档更改都会同步。
- 支持当前文件服务技术，如 FSRM、离线文件、文件夹重定向和主文件夹。

在部署工作文件夹之前，应该首先准备好基础设施。工作文件夹部署所需的组件和需求包括：

- 承载工作文件夹的服务器必须用 NTFS 文件系统格式化磁盘。
- 工作文件夹需要证书，因为客户端和服务器之间的通信是加密的。证书可以从内部 CA 服务器发出；但是，建议从一个公众信任的 CA 购买证书。
- 建议 Active Directory 域服务运行在 Windows Server 2012 R2 森林和域功能级别。可以选择使用 Windows Server 2012 R2 模式更新来更新 Active Directory 模式。这个更新允许在 Active Directory 中的每个用户对象上配置 msDS-SyncServerURL 属性，以便用户被自动定向到适当的同步服务器。
- 如果用户需要从互联网访问工作文件夹，网络团队就需要配置反向代理服务器或防火墙，以允许从互联网访问部署工作文件夹的服务器。此外，需要创建一个 A (Host) DNS 记录，该记录将工作文件夹服务器的 Internet 名称解析为公共 IP 地址。
- 如果打算给工作文件夹使用 ADFS 身份验证，就可以在组织中部署 Active Directory Federation Services (ADFS)。为在连接 Internet 时同步工作文件夹，可使用反向代理，包括 Web Application Proxy 或 Azure Application AD Proxy。Web Application Proxy 充当反向代理，它包含在 Windows Server 2016 中，ADFS 对连接 Internet 的用户进行预身份验证。参见第 11 章中关于 ADFS 和 Azure AD 应用程序代理的更多信息。关于如何使用 ADFS 配置工作文件夹的详细信息，可以在以下链接中找到：https://docs.microsoft.com/en-us/Windows-server/storage/work-folders/deploy-work-folders-adfs-overview。
- 可在服务器上部署工作文件夹，使其作为 Microsoft Azure 中的虚拟机运行。

在部署工作文件夹时，可以选择三种主要拓扑：

单站点部署： 在这种拓扑中，工作文件夹部署在总部数据中心的文件服务器上，分支机构不在总部数据中心上驻留任何工作文件夹服务器。单站点部署假定，组织在总部数据中心和分支机构之间具有快速可靠的广域网连接。

多站点部署： 在这种拓扑结构中，部署了工作文件夹的文件服务器在总部数据中心和分支机构中以多次方式驻留。这个场景假设，组织需要优化没有高速连接的 WAN 链。

托管部署： 此拓扑使用 Work Folders 文件服务器，它们是位于云解决方案(如 Microsoft Azure)中的虚拟机。该场景假设具有高可用性和快速的 Internet 链接。

一旦确定了工作文件夹的拓扑设计，完成了基础设施的准备工作，就可以继续在组织中部署工作文件夹。可以使用 Server Manager 在文件服务器上部署工作文件夹，如图 6.19 所示，或者使用 Windows PowerShell，运行以下命令：

```
Add-WindowsFeature FS-SyncShareService
```

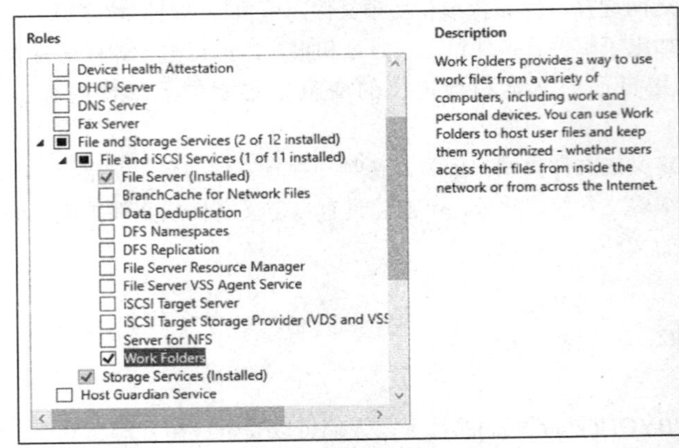

图 6.19　在 Server Manager 中安装工作文件夹

工作文件夹使用 HTTPS 协议在客户机和工作文件夹服务器之间通信。因此，需要获得在工作文件夹服务器上导入的证书。根据部署的工作文件夹服务器的数量，可以在单个证书(如果部署了一台服务器)和 SAN 或通配符证书(如果部署了多台服务器)之间选择。可信的公共 CA 发出的证书将确保所有设备都信任证书，从而避免潜在的通信问题。

连接 Internet 时，客户机将使用 URL 格式约定——例如：

```
https://workfolderserver.contoso.com
```

因此，应该在一个 Internet 可访问的 DNS 区域中创建 A (Host)记录，该区域将主机名 workfolderserver.conotos.com 解析为公共 IP 地址，分配给工作文件夹服务器。如果要部署多个服务器，就可以选择创建多个 A 记录，该记录会解析为多个 IP 地址(DNS 轮询)，或选择创建一个 A 记录，该记录解析为一个 IP 地址，分配给网络负载平衡解决方案。

每个组织都有自己的业务场景来定义访问共享文件夹的权限。因此，工作文件夹也会使用权限，为用户提供对数据的安全访问。在设计过程中，应该定义安全组以及对不同工作文件夹的访问级别。安全组在 Active Directory Users and Computers 控制台或 Windows PowerShell 中创建。每个同步共享需要一个安全组。

创建了安全组和配置组成员关系之后，下一步是为用户数据创建同步共享。如果使用 Server Manager，应该导航到文件和存储服务，然后导航到工作文件夹。从 Tasks 菜单中选择 New Sync Share，然后按照 New Sync Share Wizard 的指示进行，如图 6.20 所示。

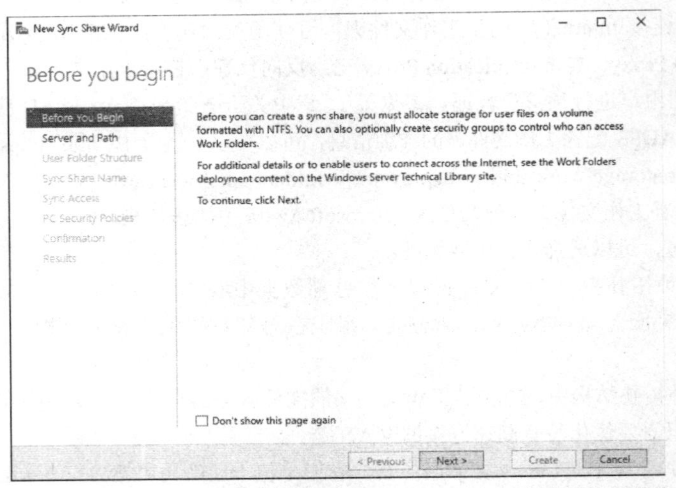

图 6.20　在 Server Manager 中使用 New Sync Share Wizard 创建新的同步共享

获得以下选项：

- **选择服务器和路径：**在这个步骤中，需要提供文件共享或本地路径。
- **指定用户文件夹的结构：**在这个步骤中，需要选择文件夹命名格式。有两种选择：
  - **用户别名：**这种格式不包含域名。它维护了与仅对名称使用别名的现有用户文件夹的兼容性。
  - **用户 alias@domain：**这种格式包含域名，消除了不同域中相同的用户别名之间的矛盾。
- **只同步以下文件夹：**如果只想分享特定的子文件夹，就使用此选项。
- **输入同步共享名称：**在这个步骤中，需要输入同步共享的名称和一个可选的描述。
- **给组授予同步访问权限：**这里应该添加前面为这个特定的同步共享创建的安全组。默认情况下，会选择 Disable Inherited Permissions 选项，该选项将授予用户对其文件的独家访问权。
- **为 PC 指定安全策略：**在这个步骤中，可选择 Encrypt Work Folders(默认不启用该选项)，自动锁定屏幕，并需要一个密码(默认启用该选项)。
- **确认：**最后一步是查看设置，并选择 Create 按钮。
- **查看结果：**显示创建同步分享的进度和状态。如果成功，状态应该显示 Completed。

注意：不要混淆文件共享和同步共享。同步共享默认不能通过文件共享访问来获得。如果想通过文件共享访问获得同步共享，应该使用本章开头介绍的步骤来共享文件夹。

对想要部署的所有同步共享完成向导后，可以在 Server Manager 中配置其他设置，方法导航到 File and Storage Services/Servers，然后右击 Work Folder 服务器，选择 Work Folder 设置。Work Folder 设置中可用的选项包括：

- **身份验证：**可以在 Windows 身份验证和 ADFS 之间选择。如果选择 ADFS，还应该提供到联合服务 URL 的路径。
- **支持电子邮件：**可以提供支持团队的电子邮件地址，如果用户在设备上选择 Tech Support 链接，该电子邮件地址就会提供给用户。
- **暂停组：**可以配置哪些组应该暂停同步其工作文件夹。

部署了多个同步服务器的组织可以选择配置自动发现服务器。这个过程需要更新 Active Directory 中的一个用户账户属性。属性名是 msDS-SyncServerURL，它是一个具有 URL 格式的多值属性。

对于有效的域连接的客户端配置，可以使用 GPO(Group Policy Object)，如图 6.21 所示，导航到以下路径：

- **用户配置：**User Configuration\Policies\Administrative Templates\ Windows Components\ WorkFolders。
- **计算机配置：**Computer Configuration\Policies\Administrative Templates\Windows Components\ WorkFolders。

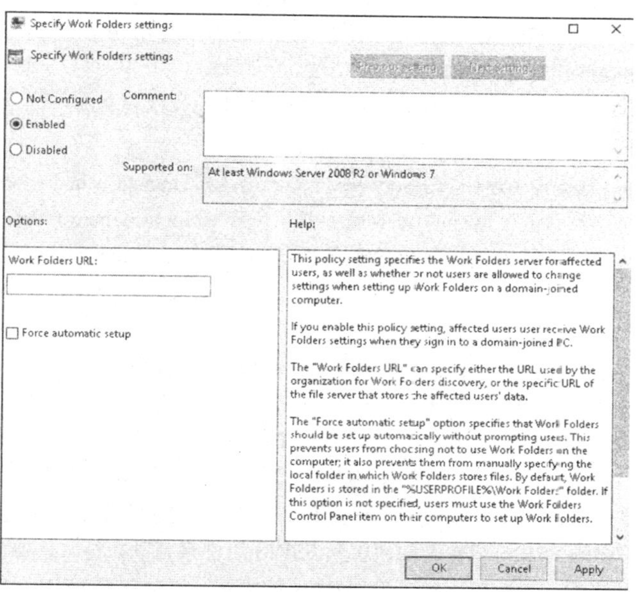

图 6.21　配置 GPO

如果升级了组织的基础架构，Windows 10 和 Windows Server 2016 中工作文件夹的改进功能包括：

- **更快速的更改复制。**在 Windows Server 2016 的工作文件夹中，文档的任何编辑都会立即向所有与这些工作文件夹同步的设备发出通知。在早期版本中，这些设备可能要等待 10 分钟才能得到更改通知。
- **企业数据保护(EDP)策略集成。**如果部署了 EDP，工作文件夹将加密 PC 上的数据。
- **Microsoft Office 集成。**在 Microsoft Office 应用程序最近打开或保存的文件中，工作文件夹可以添加到位置列表中。

6.7 本章要点

始终从组织的业务需求出发。本章介绍了许多不同的文件和存储服务技术。并不是所有的文件服务都适用于每个组织，也不是所有文件服务都应该部署在同一个组织中。一旦确定需要哪种服务，请仔细查看部署指南，了解可能不支持的场景，比如在 Exchange Server 上部署数据去重。

一旦浏览了部署指南，尽最大努力估计解决方案的系统性能。有时，在测试环境中表现良好的部署，在生产环境中无法提供合理的性能。

对于每个解决方案，检查高可用性建议。就可伸缩性和性能而言，即使是设计最好的服务，有时也会遇到停机问题，无论它是计划的(因为安装了更新而重新启动)还是计划外的(某些硬件或软件组件出现故障)。在这些场景中，高可用性将为用户提供对服务和数据的持续访问。

问题 为组织设计文件和存储服务解决方案时，主要目标是什么？设计过程采用的方法是什么？对于解决方案支持、可伸缩性和高可用性，有长期计划吗？

答案 文件服务器设计包括以下组件：

- **用户数量：**因为应该估计文件服务的合理性能。
- **高可用性：**因为需要为文件服务和组织文档提供连续访问。
- **服务器位置：**因为需要优化数据中心和分支机构之间的 WAN 链路。
- **灾难恢复：**因为需要一个恢复计划，如果发生任何意外的服务器停机时间，该计划会让服务器和数据尽快重新上线。
- **安全：**因为 IT 团队负责确保，不会未经授权就访问数据，数据不受任何内部或外部的攻击。

使用 BranchCache 保存网络带宽。用户经常听到这样的语句:“我们有快速 WAN 链路。”然而，WAN 链路并非仅用于分支机构之间的文件共享。想想组织中所有使用 WAN 带宽的应用程序，例如 Active Directory 复制、Exchange Server、SharePoint、Skype for Business 等。由于 WAN 带宽的使用非常广泛，为什么不尝试优化网络带宽，以提供更高效、更好的网络和应用程序响应呢?

问题：需要为组织设计一个 BranchCache 解决方案。在为组织选择最合适的拓扑时，应考虑哪些参数?

答案：BranchCache 技术可以提供不同类型的可缓存数据：

- 文件服务器的内容数据位于运行 File Services 服务器角色和 BranchCache for Network Files 角色的服务器上。
- Web 服务器的内容数据位于运行的 Web 服务器角色和 BranchCache for Network Files 角色的服务器上。
- 应用服务器的内容数据位于运行 WSUS 服务器等应用程序和 BranchCache for Network Files 角色的服务器上。

分支缓存可配置为在以下模式工作：

- 当内容都存储在客户机上时，BranchCache 工作在分布式缓存模式下。
- 当内容存储在分支机构的服务器上时。BranchCache 工作在托管缓存模式下。

使用 FSRM 让自动化过程起作用。即使阅读了本章的 FSRM 部分，用户可能仍然想知道组织是否需要它。当然，组织肯定需要它！无论只有两个文件服务器，还是有一个服务器集群分布在世界各地，自动化过程都会起作用。它们会提供存储报告、对数据进行分类、筛查企业环境不需要的文件以及保护关键信息。

问题 需要评估组织的 FSRM 组件。如何引入 FSRM 组件来自动执行文件服务器管理过程?

答案 从 FSRM 解决的一个业务场景开始。在隔离的测试环境中尝试 FSRM。然后将其部署到生产环境中，并监视其工作过程。如果需要，可以定制它。完成业务场景后，检查组织需要的任何其他业务场景。不要同时部署多个组件。如果一次部署一个组件，那么排除潜在问题就会容易得多。

第7章 Windows Server 容器

容器是 Windows Server 2016 引入的一种新的虚拟化形式。它们不是虚拟机和 Hyper-V 的替代品，但可以作为补充。使用容器的关键是理解正确的用例，因此只在适当的时候使用它们。对于服务器端应用程序，容器可以提供比虚拟机更大的灵活性。

本章内容：

- 识别容器功能
- 创建容器映像
- 配置容器
- 评估应用程序是否适合容器

7.1 容器概述

容器是一种操作系统虚拟化，允许应用程序在隔离的环境中操作。从应用程序的角度看，每个应用程序都是安装在操作系统实例中的唯一应用程序。还可以在每个容器中以不同方式配置操作系统。例如，Internet 信息服务(IIS)可安装在一个容器中，但不能安装在另一个容器中。然而，主机上的所有容器共享一个操作系统内核。

> **内核版本**
>
> 容器的一个关键考虑因素是，需要在同一级别上为容器主机和容器维护操作系统内核。这是必需的，因为它们共享同一个内核。
>
> 在使用内核版本 1709 部署运行 Windows Server 的容器主机后，该主机上的容器还需要使用内核版本 1709 的操作系统映像来构建。这意味着需要创建一个集成的更新过程，其中包括容器主机，而不仅是容器。

使用容器而不是虚拟机的驱动力之一是它们更有效地使用硬件。因为容器是在更高级别虚拟化的，所以在给定的硬件集上，可以拥有比虚拟机更多的容器。部署容器的密度比虚拟机更高，需要购买的硬件也就更少，从而降低经营成本。表 7.1 列出了使用容器而不是虚拟机的一些具体好处。

表 7.1 使用容器胜过虚拟机的好处

优　点	描　述
更高效的内存利用率	每个虚拟机都有一个完全独立的操作系统需要加载到内存中。每个容器都有自己的一组进程在内存中运行，但是由于使用的是单个内核，所以容器之间实现了内存共享。因此，进程可能在多个容器中独立运行，而可执行文件只加载到内存中一次
更高效的存储利用率	容器共享相同的操作系统基础映像。所以，所有容器只存储内核操作系统文件一次。根据配置容器的方式，其他文件也可在容器之间共享。这类似于 Hyper-V 中虚拟硬盘的基础映像和差分映像。大多数虚拟机部署都有每个虚拟机完全独立的操作系统实例
启动速度更快	当启动虚拟机时，虚拟机需要加载所有操作系统组件，包括内核。由于容器与主机操作系统共享内核，因此容器的内核已经在运行，这缩短了启动时间。某些情况下，容器可在不到一秒钟的时间内启动并发挥作用

图 7.1 显示了容器和虚拟机的体系结构的区别。对于虚拟机，虚拟机监控程序在硬件上运行并虚拟化对硬件的访问。对于容器，容器引擎在主机操作系统中运行，并虚拟化对操作系统内核的访问。

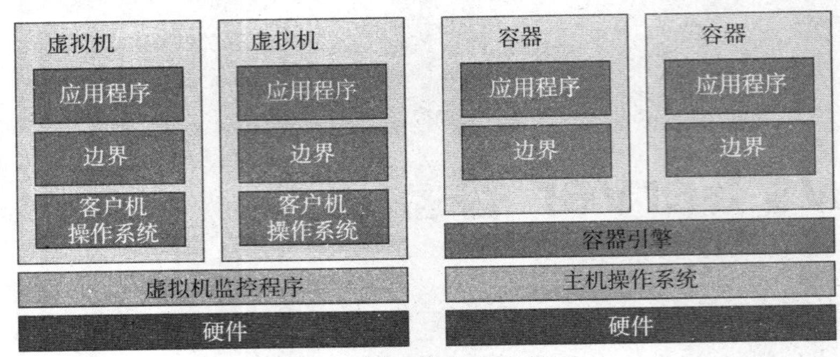

图 7.1 虚拟机和容器体系结构

7.1.1 容器的局限性

需要注意，容器不是虚拟机的直接替代品。容器不允许访问图形用户界面(GUI)。微软仅为 Server Core 和 Nano Server 提供容器映像。因此，任何需要 GUI 的应用程序都不适合容器。例如，容器不能用于远程桌面会话主机(RD 会话主机)或虚拟桌面基础设施(VDI)。

部署容器时，它有一个随机生成的计算机名称，是独立的服务器。容器没有设计为域成员。容器可以配置为对域进行身份验证以访问数据，但这与成为域成员不同。因此，容器不适用于域控制器、DNS 服务器或 DHCP 服务器。此外，不能将 GPO 应用于容器。

容器是为快速和灵活的部署而设计的。另外，配置需要自动化。因此，它们不适用于需要更新的特定硬件或驱动程序场景。例如，对于容器来说，打印服务器不是很好的工作负载。

为支持更简单的部署和更新，容器不应该包含应用程序数据。例如，在容器中运行的 SQL 服务器不应该包含数据库文件。相反，数据库文件应该存储在容器外部的文件共享或容器主机上。这将允许在不丢失数据的情况下部署已更新的容器。

7.1.2 容器的术语

在 Linux 中使用容器已经有一段时间了，但只能在 Windows Server 2016 和 Windows 10 及以后的版本上使用。幸运的是，当处理 Windows 容器或 Linux 容器的文档时，使用了相同的术语。表 7.2 列出了常用术语。

表 7.2 容器术语

术　语	描　述
容器主机	这是安装了容器特性的操作系统，并在其中运行容器。容器主机可以是物理服务器或虚拟机
容器映像	这是一个或多个包含容器数据的文件。容器映像类似于虚拟机中的虚拟硬盘驱动器。在容器主机上部署容器时，容器映像将复制到容器主机。如果使用相同的容器映像创建多个容器，则所有容器在主机上共享一个容器映像副本
沙箱	每个容器都有一个沙箱，其中包含自容器启动以来发生的文件和注册表更改。当容器停止时，可以丢弃沙箱内容或创建包含沙箱内容的新容器映像。 沙箱的操作方式与虚拟机快照非常类似。丢弃沙箱内容就像还原虚拟机快照一样。沙箱类似于 AVHD 文件，在获取虚拟机快照后捕获更改
容器操作系统映像	这是用于创建容器映像的基本操作系统映像。可以创建自己的操作系统映像，但建议下载 Microsoft 给 Server Core 和 Nano Server 提供的映像
容器存储库	每个容器主机都有一个本地容器存储库。本地容器存储库是一个文件系统位置，存储容器主机上部署的容器映像
层	对容器进行更改，然后合并到一个新映像中，称为层。例如，初始操作系统映像是第一层，安装 IIS 将创建第二层。在部署容器时，选择一个包含所需层的映像。不需要选择多个层并将它们合并在一起

(续表)

术　语	描　述
名称空间隔离	容器为应用程序提供名称空间隔离。名称空间是容器中的本地文件系统和注册表
微服务	当应用程序划分为最小的逻辑部分时，就会创建微服务。每个微服务都部署在自己的容器中，以便为更新和可伸缩性提供最佳控制

7.1.3 Hyper-V 容器

Hyper-V 容器结合了 Hyper-V 虚拟机中较高的隔离级别和部署容器的能力。这种额外的隔离级别在需要额外安全性的多租户环境中非常有用。为了允许每个容器在自己的 Hyper-V 环境中运行，每个 Hyper-V 容器都运行自己的内核，内核独立于容器主机。图 7.2 显示了 Hyper-V 容器的体系结构与标准 Windows 容器的体系结构之间的区别。

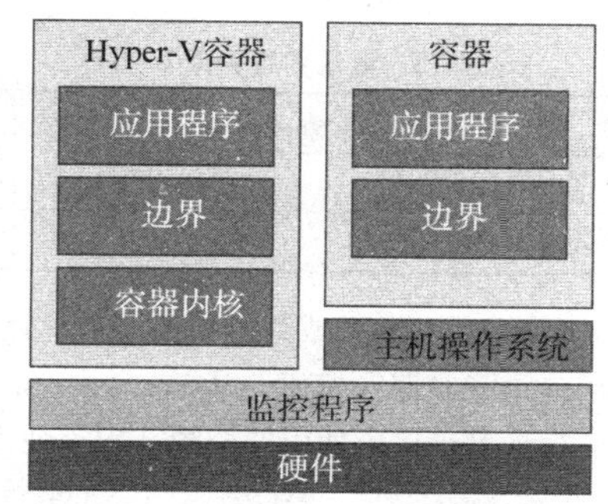

图 7.2 Hyper-V 容器和 Windows 容器的体系结构

运行 Hyper-V 容器，会失去容器通常提供的一些效率。例如，让每个容器运行自己的内核，会增加每个容器所需的内存。此外，每个容器的启动时间也增加了，因为内核也需要启动。但是，容器映像只存储一次，仍然可以保持存储的高效率。

每个 Hyper-V 容器中的独立内核提供了额外的部署灵活性。当使用 Hyper-V 容器时，容器中的内核不需要匹配容器主机操作系统中的内核。这意味着可以独立地将更新部署到容器和主机。

Linux 容器

许多组织都有在 Windows Server 和 Linux 上运行的服务器应用程序。过去，为这些应用程序运行容器需要 Linux 和 Windows Server 容器主机。这需要单独的过程来管理每种类型的容器主机。为简化管理，可在 Windows Server 上运行 Windows 和 Linux 容器。

从 Windows Server 2016 版本 1709 开始，Hyper-V 容器也在 Windows 上支持 Linux 容器。在撰写本文时，这个特性还处于预览阶段，没有完全开发出来。有关 Linux 容器和新开发的更多信息，请参见 Linux 容器，网址是:

https://docs.microsoft.com/en-us/virtualization/windowscontainers/deploy-containers /Linux-container

7.2 创建和维护容器

Windows Server 2016 提供了承载容器的操作系统功能，但它不包含容器的管理接口。Docker 提供了用于创建和管理容器的容器引擎。Docker 既是一个公司，也是一个用来创建和管理容器的软件。微软与 Docker 合作，在 Windows Server 2016 上实现容器。然而，Docker 并不包含在 Windows Server 2016 中。相反，需要在容器主机下载并部署 Docker。

Windows Server 2016 上的 Docker 使用的命令与 Linux 上的 Docker 相同。熟悉 Linux 上 Docker 的人在 Windows 上部署容器就比较简单。不过，这两种操作系统的功能各不相同。例如，Hyper-V 容器在 Linux 上不可用。

7.2.1 硬件和软件需求

在尝试实现 Windows 容器之前，应该确保容器主机满足硬件和软件需求。容器主机可以是物理计算机或虚拟机。

如果计划使用 Hyper-V 容器，则需要安装 Hyper-V 服务器，并满足 Hyper-V 的要求。如果在虚拟机中启用了嵌套虚拟化，就可以在虚拟机中运行 Hyper-V 容器。要启用嵌套虚拟化，Windows Server 2016 容器主机中的处理器需要启用 Intel VT-x 扩展。

容器主机至少要有两个处理器内核。所有现代物理处理器都有多个内核。然而，许多虚拟环境默认在创建新虚拟机时分配一个处理器内核。如果使用的是虚拟容器主机，就应该验证已经分配了两个或多个虚拟核心。

在 Windows Server 2016 中，启用容器特性没有特定的最小内存需求。相反，需要根据容器主机上的容器所生成的预期负载分配内存。需要考虑操作系统和应用程序所需的内存。表 7.3 显示了容器中操作系统内存的大致利用率。

表 7.3 容器内存利用率

操作系统	Windows 容器	Hyper-V 容器
Nano Server	30MB	110MB
Server Core	45MB	360MB

可在容器主机上使用 Windows Server 2016 标准版或数据中心版。这两个版本都可以使用完整的桌面体验和 Server Core。Nano Server 刚发布时，可用来承载容器；然而，从 Windows Server 1709 版开始，Nano Server 就只支持在容器内运行，而不是作为容器主机。为了最小化所使用的资源，应该使用 Server Core。

容器的许可

在开始部署容器时，需要考虑现有的 Windows Server 许可是否适合容器。如果只使用 Windows 容器，就不需要任何额外的许可。Windows Server 2016 的许可证允许运行无限数量的 Windows 容器。

如果需要 Hyper-V 容器，则需要确定容器主机的许可证是标准版还是数据中心版。与 Hyper-V 的虚拟化许可一样，如果给容器主机操作系统使用 Windows Server 2016 标准版，就可以运行两个 Hyper-V 容器。如果使用 Windows Server 2016 数据中心版，就将获得 Hyper-V 容器的无限数量许可。

7.2.2 安装 Docker

要在 Windows Server 2016 中安装 Docker，需要在 Windows PowerShell 中使用包管理功能。首先，下载一个提供程序，然后使用该提供程序下载 Docker 包。微软和 Docker 都有用于此目的的提供程序，它们都可以在 PowerShell Gallery 中找到。来自微软的提供程序是 DockerMsftProvider。来自 Docker 的提供程序是 DockerProvider。

要下载提供程序，请使用以下 Windows PowerShell 命令：

```
Install-Module DockerMsftProvider
```

要安装 Docker，使用以下 Windows PowerShell 命令：

```
Install-Package Docker -ProviderName DockerMsftProvider
```

当安装 Docker 包时，如果还没有启用它，服务器上的容器特性将自动安装。包安装程序还会下载 Docker Enterprise Edition Basic 的当前版本，并将其安装为服务。安装之后，可能会提示重新启动。

要更新 Docker 已经运行的实例，请使用以下 Windows PowerShell 命令：

```
Install-Package Docker -ProviderName DockerMsftProvider -Update
```

没有 Internet 连接的容器主机

大多数组织不允许其服务器访问 Internet，因为这样做会带来安全风险。缺乏访问权限意味着需要将 Docker 包手动复制到容器主机。要下载 Docker 包，请在运行 Windows 10 的计算机上使用以下命令，该计算机具有 Internet 访问权限，以便将 Docker 包保存到 temp 文件夹中：

```
Install-Module DockerMsftProvider
Save-Package Docker -ProviderName DockerMsftProvider -Path C:\temp
```

zip 文件名根据包的版本而变化。因此，在保存包之后，需要验证文件名。

对每个容器主机执行以下步骤：

(1) 把包 zip 文件的内容复制到 C:\Program Files\Docker 中。

(2) 设置环境变量。

```
# Add path to this PowerShell session immediately
$env:path += ";$env:ProgramFiles\Docker"

# For persistent use after a reboot
$existingMachinePath = [Environment]::GetEnvironmentVariable("Path",[System.
EnvironmentVariableTarget]::Machine)
[Environment]::SetEnvironmentVariable("Path", $existingMachinePath +
";$env:ProgramFiles\Docker", [EnvironmentVariableTarget]::Machine)
```

(3) 将 Docker 注册为 Windows 服务。

```
dockerd --register-service
```

(4) 启动 Docker 服务。

```
Start-Service Docker
```

应该定期检查微软更新的安装说明。这个过程的说明保存在如下网址中：

https://docs.microsoft.com/en-us/virtualization/windowscontainers/manage-docker/configure-docker-daemon

7.2.3　在 Docker Hub 中检索容器映像

Docker Hub 是 Docker 为容器映像存储库提供的云服务。为简化产品的部署，许多软件供应商都维护着官方容器映像。微软提供了 Server Core 和 Nano Server 的容器映像。不需要花时间学习如何创建操作系统容器映像。相反，可以下载由 Microsoft 构建的映像并定制它，以满足需求。当新的操作系统更新发布时，Microsoft 就会更新容器映像。

还可在 Docker Hub 中拥有自己的公共或私有存储库。私有存储库可用作多个数据中心的中心分发点。公共存储库可用于与合作伙伴组织协作。还可以配置自己的内部存储库来管理容器映像。

可以在 Docker Hub 中浏览微软提供的容器映像，网址是 https://hub.docker.com/r/microsoft/。要访问 Docker Hub 并浏览映像，需要创建一个账户并登录。

微软官方存储库中提供的一些容器映像包括：

◆ microsoft/windowservercore
◆ microsoft/nanoserver
◆ microsoft/iis
◆ microsoft/dotnet
◆ microsoft/powershell

要将映像从 Docker Hub 复制到本地容器主机，请使用命令 docker pull <*imagename*>，其中 *imagename* 是 Docker Hub 中列出的容器映像名称。图 7.3 显示了下载 microsoft/servercore 映像的命令。

```
PS C:\Users\administrator.CONTOSO> docker pull microsoft/windowsservercore
Using default tag: latest
latest: Pulling from microsoft/windowsservercore
3889bb8d808b: Pull complete
ead9f4ead3c5: Pull complete
Digest: sha256:c2ab4a537f6f312fe147e259011025561f8a1c4ee3bcc2c62f688b528ea57b28
Status: Downloaded newer image for microsoft/windowsservercore:latest
PS C:\Users\administrator.CONTOSO> _
```

图 7.3　从 Docker Hub 中提取映像

注意，图 7.3 中的 pull 命令显示，已经下载了两个层。每个层由 12 位标识符标识，状态为 Pull complete。一层是 Server Core 的最新迭代，另一层是已经应用的累计更新。Docker Hub 提供的其他映像可以有更多的层，这取决于它们是如何创建的。

从 Docker Hub 中检索图像时，只下载所需的层。例如，microsoft/iis 映像基于 microsoft/windowsservercore 映像。如果已经检索了 microsoft/windowsservercore 映像文件，就只会下载额外的层。可以在图 7.4 中看到，microsoft/windowsservercore 映像中两个层的状态是 Already exists。

```
PS C:\Users\administrator.CONTOSO> docker pull microsoft/iis
Using default tag: latest
latest: Pulling from microsoft/iis
3889bb8d808b: Already exists
ead9f4ead3c5: Already exists
1a9fc5e44b61: Pull complete
bc6b84b5fe4d: Pull complete
7c7fde321573: Pull complete
94e2c059f9d1: Pull complete
Digest: sha256:1242bf545abc4043c7f8a232e3ebe803668b48a201aaeebd9dfb125cc8e18faa
Status: Downloaded newer image for microsoft/iis:latest
PS C:\Users\administrator.CONTOSO>
```

图 7.4　拉取第二个映像

7.2.4　创建和运行容器

获得基本映像后，就可以创建一个容器。要查看已拉取容器主机的映像，可使用如图 7.5 所示的 docker images 命令。注意，CREATED 列是在创建映像时列出的，而不是从存储库中提取它时列出的。

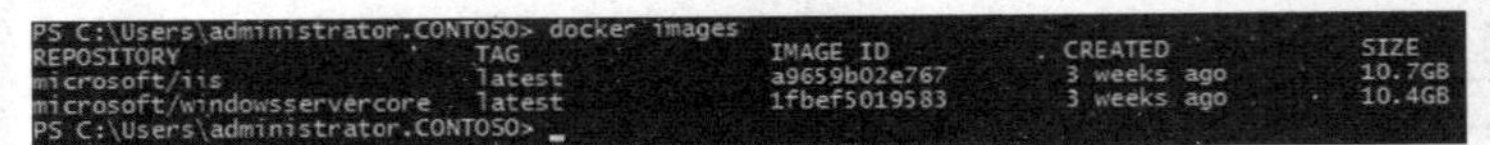

```
PS C:\Users\administrator.CONTOSO> docker images
REPOSITORY                    TAG       IMAGE ID        CREATED       SIZE
microsoft/iis                 latest    a9659b02e767    3 weeks ago   10.7GB
microsoft/windowsservercore   latest    1fbef5019583    3 weeks ago   10.4GB
PS C:\Users\administrator.CONTOSO>
```

图 7.5　列出映像

需要考虑以一种与虚拟机完全不同的方式来创建和运行容器。当启动虚拟机时，它仍在运行并等待与它交互。在创建和运行容器时，需要指定在该容器中运行的进程。这个进程称为入口点。当入口点进程停止时，容器退出，因为任务已经完成。

docker run 命令用于创建启动容器。其语法如下：

```
Docker run [options] image [command]
```

命令是要在容器中启动的可执行文件的名称。例如，如果指定 app.exe，就会创建容器，并在其中运行 app.exe。当 app.exe 结束时，容器就会关闭。

IIS 的入口点

在容器中运行的许多应用程序都是基于 Web 的。对于某些 Web 服务器(如 Apache)，当容器开始将流程指定为容器的入口点时，可以运行 Web 服务器可执行文件。但是，如果使用 IIS 作为 Web 服务器，那么万维网发布服务(World Wide Web Publishing Service)已经启动，并不是特定的可执行文件。万维网发布服务由 svchost.exe 启动，其他一些服务也是如此。

要为 IIS 中基于 Web 的应用程序解决这个问题，需要一个替代入口点。幸运的是，微软创建了 IIS ServiceMonitor GitHub 项目，该项目位于 https://github.com/Microsoft/IIS.ServiceMonitor。可使用 ServiceMonitor 作为容器中的 IIS 入口点。遗憾的是，需要下载源代码并自己编译它。

当使用 ServiceMonitor 作为入口点时，它监视万维网发布服务，并在状态不再是“运行”时退出。需要把 ServiceMonitor.exe 复制到映像中，以使用它。微软已经在 Docker Hub 上的 IIS、ASP.NET 和 WCF 映像中包含了 ServiceMonitor.exe。要在启动容器时使用 ServiceMonitor 作为入口点，请使用以下语法：

```
docker run <image> C:\\ServiceMonitor.exe w3svc
```

在使用 docker run 创建容器时，可使用许多选项来配置容器。使用 docker　run　--help 命令可查看所有可用的选项。这些选项都需要在选项名称前加两个短划线。

一个常用选项是--detach。该选项允许启动容器，并允许它在后台独立运行，而不依赖于用来启动容器的提示符。如果不使用该选项，则用于启动容器的提示符将等待容器停止，然后才能再次控制它。当不需要使用提示符直接与容器交互时，可以使用该选项。当容器被分离时，仍然可以通过网络与它进行交互。

另一个常用的选项是--name。该选项允许为容器指定一个名称，在运行 Docker 命令时可以引用该名称。通常在引用容器名称而不是容器 ID 时，更容易使用名称。如果不指定名称，Docker 会自动创建一个名称。自动名称由两个随机选择的单词组成，用下划线隔开。例如，自动生成的名称可以是 optimistic_galileo。

通过以下步骤，可使用命令提示符检查容器的默认配置，如图 7.6 所示：

(1) 打开 Windows PowerShell 或以管理员身份运行命令提示符。

(2) 如果需要，使用 Docker 下载 microsoft/windowsservercore 容器映像。

(3) 输入 docker run --interactive microsoft/windowsservercore cmd.exe 并按回车键。交互式选项使本地提示符连接到在容器中运行的命令提示符。

(4) 在命令提示符下，输入 hostname 并按 Enter 键。这将得到一个 12 个字符长的随机生成的名称。

(5) 在命令提示符下，输入 ipconfig 并按 Enter 键。IP 地址在安装 Docker 时自动创建的虚拟网络上。

(6) 输入 exit 并按 Enter 键。这将停止容器。

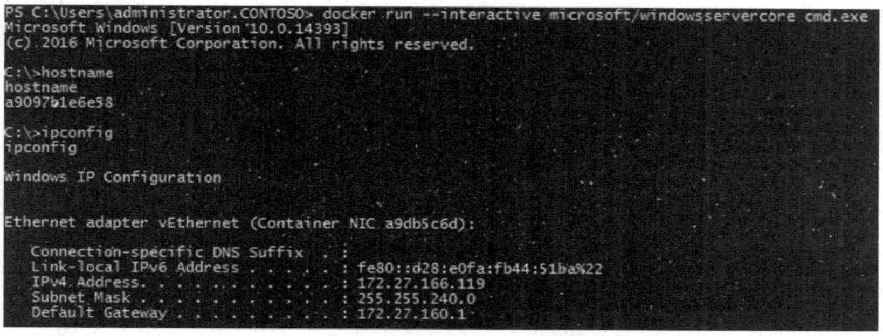

```
PS C:\Users\administrator.CONTOSO> docker run --interactive microsoft/windowsservercore cmd.exe
Microsoft Windows [Version 10.0.14393]
(c) 2016 Microsoft Corporation. All rights reserved.

C:\>hostname
hostname
a9097b1e6e58

C:\>ipconfig
ipconfig

Windows IP Configuration


Ethernet adapter vEthernet (Container NIC a9db5c6d):

   Connection-specific DNS Suffix  . :
   Link-local IPv6 Address . . . . . : fe80::d28:e0fa:fb44:51ba%22
   IPv4 Address. . . . . . . . . . . : 172.27.166.119
   Subnet Mask . . . . . . . . . . . : 255.255.240.0
   Default Gateway . . . . . . . . . : 172.27.160.1
```

图 7.6　检查容器的默认配置

在使用容器时，一些附加的 Docker 命令可能很有用。它们列于表 7.4。

表 7.4　附加的 Docker 命令

Docker 命令	描　述
attach	将当前提示符附加到正在运行的容器上
ps	列出了所有正在运行的容器。与--all 一起使用时，它列出已停止和正在运行的容器
create	用于在不运行容器的情况下创建容器。这个命令的选项与 run 相同
start	启动已停止的容器。例如，在创建容器之后，可以启动它
stop	停止正在运行的容器
pause	暂时停止容器中的所有进程
unpause	在容器中重新启动暂停的进程
exec	在运行的容器中运行一个命令
rm	在容器停止后移除它。这就释放了 scratchpad 为容器使用的磁盘空间

7.2.5　手动自定义映像

要使用容器部署应用程序，需要定制容器。无论何时，都应该尝试使用一个包含所需组件的正式容器。例如，不使用 microsoft/windowsservercore 并添加 IIS，而是下载包含两者的 microsoft/iis 映像。但是，仍然应根据应用程序的需要定制配置。

很多时候，需要在定制映像时为应用程序复制其他文件。例如，基于 Web 的应用程序可能包括多个 HTM 或 ASP 文件和一个 web.config 文件。HTM 文件是静态 Web 页面。ASP 文件是具有动态内容的网页，web.config 文件有网站配置信息。

可使用 docker cp 命令将文件从容器主机复制到容器，反之亦然。使用以下语法将文件复制到容器：

```
docker cp <src_path> <container>:<dest_path>
```

还可以使用命令提示符或 Windows PowerShell 定制映像。例如，要启用其他特性，可以使用容器内部的 dism.exe 或 Enable- WindowsFeature。

以下示例提供了使用 microsoft/ iis 映像创建简单网站的步骤：

(1) 以管理员身份打开 Windows PowerShell 或命令提示符。

(2) 如有必要，使用 Docker 下载 microsoft/iis 容器映像。

(3) 在容器主机上创建 C:\newweb 文件夹，以便将文件复制到容器中。

(4) 输入"<p>Simple Web Page</p>" | Out-File C:\newweb\mypage.htm，按 Enter 键。

(5) 输入 docker run --name newweb --detach microsoft/iis 并按回车键。这将启动一个新的容器，以供自定义。容器分离后，它就在后台运行。

(6) 输入 docker cp C:\newweb\mypage.htm newweb:C:\inetpub\wwwroot\mypage.htm 并按 Enter 键。这个命令将 mypage.htm 文件复制到容器中。

(7) 输入 docker exec --interactive newweb powershell.exe 并按回车键。这个命令在新 Web 容器中创建一个交互式 Windows PowerShell 提示符。这是在不更改容器入口点的情况下完成的。注意，提示符现在使用 C:\作为当前文件夹。

(8) 输入 dir C:\inetpub\wwwroot 并按回车键。使用此输出验证是否复制文件。

(9) 输入 ipconfig 并按 Enter 键，查看容器的 IP 地址。请注意这个用于访问 Web 页面的 IP 地址。

(10) 在容器主机上，打开 Internet Explorer 并浏览到 http://newwebIPaddress/ mypage.htm。这将显示已创建并复制到容器的 Web 页面。

(11) 在 Windows PowerShell 提示符下，输入 exit 并按 Enter 键。这将关闭容器中的 Windows PowerShell 提示符，但容器仍在运行。

(12) 输入 docker stop newweb 并按回车键。这将停止容器。

(13) 输入 docker commit newweb webappimage 并按回车键。这将合并所做的更改，并创建一个名为 webappimage 的新映像。所做的配置更改添加为依赖 microsoft/iis 映像的新层。

(14) 输入 docker images 并按回车键。这将显示容器主机上的所有映像，现在包括 webappimage。

(15) 输入 docker history webappimage 并按回车键。这将显示映像中的所有层，如图 7.7 所示。在图 7.7 中，仅根据这个过程的更改就创建了最新的层。下面两层来自 microsoft/windowsserver 映像。其余的层是 microsoft/iis 映像的一部分。

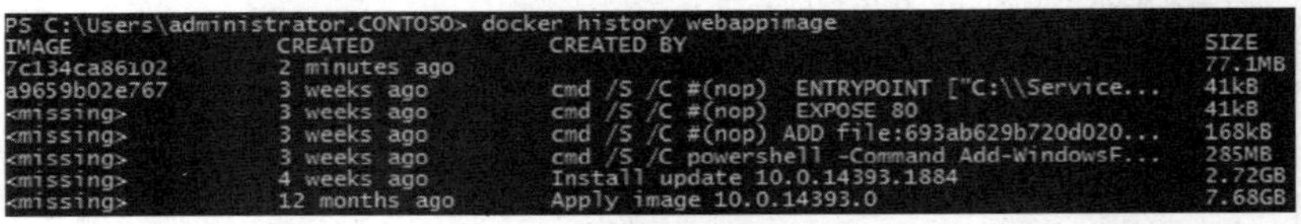

```
PS C:\Users\administrator.CONTOSO> docker history webappimage
IMAGE               CREATED             CREATED BY                                      SIZE
7c134ca86102        2 minutes ago                                                       77.1MB
a9659b02e767        3 weeks ago         cmd /S /C #(nop)  ENTRYPOINT ["C:\\Service...   41kB
<missing>           3 weeks ago         cmd /S /C #(nop)  EXPOSE 80                     41kB
<missing>           3 weeks ago         cmd /S /C #(nop) ADD file:693ab629b720d020...   168kB
<missing>           3 weeks ago         cmd /S /C powershell -Command Add-WindowsF...   285MB
<missing>           4 weeks ago         Install update 10.0.14393.1884                  2.72GB
<missing>           12 months ago       Apply image 10.0.14393.0                        7.68GB
```

图 7.7 映像中的所有层

7.2.6 自动创建映像

应该尽可能自动执行容器中应用程序的部署过程。这对于简化更新过程至关重要。与将更新应用于现有虚拟机不同，当操作系统更新时，使用容器创建新映像。例如，假设使用 microsoft/iis 映像创建对 Web 应用程序映像。当发布 Windows 累积更新时，Docker Hub 会更新 microsoft/iis 映像，但不能将更新后的 microsoft/iis 映像应用于现有的 Web 应用程序映像。相反，需要使用新的 microsoft/iis 映像重新构建 Web 应用程序映像。

如果自动执行映像的构建过程，那么更新映像以包含更新的基本操作系统所涉及的工作就很少了。自动化构建过程也使其更加可靠。可以使用 dockerfile 和 docker build 命令来自动完成构建过程。

dockerfile 是一个包含命令列表的文本文件。dockerfile 中的命令可执行连接到容器时执行的任何操作。例如，dockerfile 可复制文件并配置 Windows 角色和特性。dockerfile 中的一些常用命令列在表 7.5 中。

表 7.5 dockerfile 命令

dockerfile 命令	描　述
#	#在任何一行的开头，表示注释。注释用于 dockerfile 中的文档和描述，不更改映像
FROM <image>	定义初始映像，用于创建新映像
RUN ["*<executable>*","*<param1>*","*<param2>*"]	运行一个命令，该命令创建添加到新映像中的更改

(续表)

dockerfile 命令	描　述
COPY ["<*source*>","<*destination*>"]	将文件从容器主机复制到新映像。源路径相对于 dockerfile。不可能指定绝对路径。因此，最好将 dockerfile 和所有必要的源文件保存在一个单独的文件夹中，如有必要，可以使用子文件夹。而且，路径中的所有斜杠都必须是斜杠(/)，而不是反斜杠(\)。反斜杠通常用于 Windows 中的路径。如果路径中没有空格，可以省略方括号、引号和逗号
ADD ["<*source*>","<*destination*>"]	将文件从容器主机或 URL 复制到新映像。与 COPY 命令类似，文件路径的源路径相对于 dockerfile。此外，路径和 URL 中的斜杠必须是斜杠。如果路径中没有空格，可以省略方括号、引号和逗号
CMD ["<*executable*>","<*param*>"]	此命令嵌入一个命令，在使用 docker run 创建容器时，可能使用该命令。这定义了入口点。在创建容器时，在 docker run 命令指定命令，来覆盖映像中指定的值
ENTRYPOINT ["<*executable*>","<*param*>"]	这个命令具有与 CMD 相似的功能，但它覆盖了 CMD 命令。这有助于防止创建容器的用户重写映像中的默认入口点。在创建容器时，使用--entry-point 选项覆盖映像中指定的入口点

有关可以在 dockerfile 中使用的选项的详细信息，请参阅 dockerfile 参考资料，网址是：https://docs.docker.com/engine/reference/builder/。

要使用 dockerfile 创建映像，请执行以下步骤：

(1) 创建一个文件夹，在其中存储构建过程中使用的文件。应该为这些文件夹使用一致且易于遵循的命名约定，以便参与构建过程的每个人都能理解它。例如，可以使用 C:\builds\ webappimage2。

(2) 将必要的文件复制到刚才创建的文件夹中。复制到映像的文件应该放在这个文件夹或子文件夹中。

(3) 使用构建过程的命令创建 dockerfile。这个文件必须命名为 dockerfile，且没有文件扩展名。图 7.8 显示了 dockerfile 的一个示例。

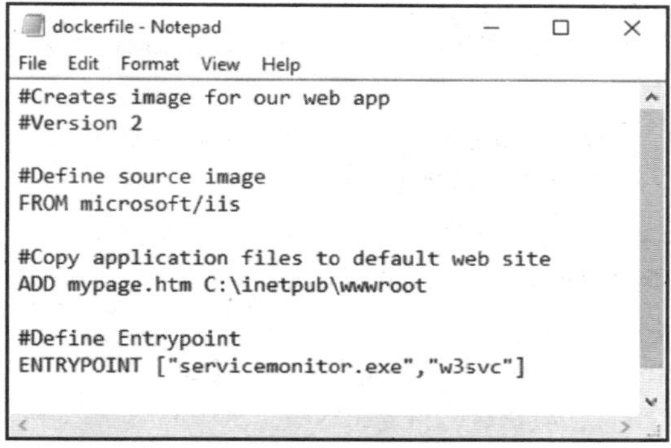

图 7.8　dockerfile 示例

(4) 运行 docker build 命令，如图 7.9 所示。--tag 选项定义了映像的新名称。还需要为 dockerfile 指定路径。在图 7.9 中，路径是.\(句点反斜杠)，它表示当前目录。注意，为 dockerfile 中的每个命令创建了一个新层。

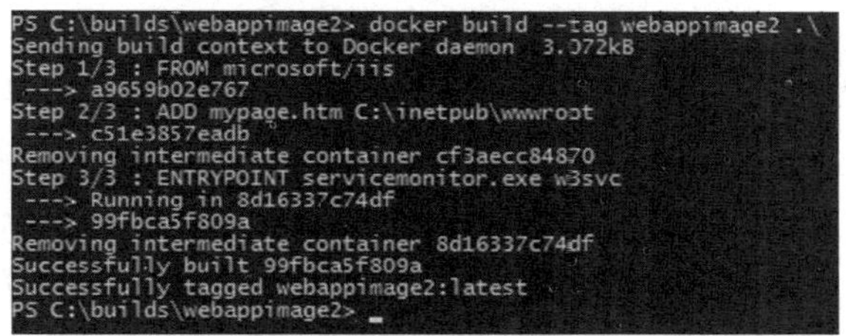

图 7.9　建立映像

在 dockerfile 中使用 Windows PowerShell

Windows PowerShell 已经成为 Windows Server 管理和配置最常用的脚本语言。使用 Windows PowerShell 可以配

置 Windows Server 的几乎所有方面。利用 Windows PowerShell 中的技能来使用 dockerfile 是可行的。

dockerfiles 没有任何特定的 Windows PowerShell 支持，但是可以同时运行 Windows PowerShell 命令和脚本。命令可以是带有管道和多个 cmdlet 的复杂命令。要运行 Windows PowerShell 命令，可以使用以下语法：

```
RUN powershell.exe -command <powershellcommand>
```

如果复杂的任务需要作为配置映像的一部分运行，那么使用 Windows PowerShell 脚本而不是许多单独的命令是有意义的。还可以选择为其他映像重用脚本。要将脚本作为构建过程的一部分使用，需要在运行脚本文件之前，使用 COPY 或 ADD 命令将脚本文件放入新映像中。使用以下语法运行 Windows PowerShell 脚本：

```
RUN powershell.exe -executionpolicy bypass <scriptpath>
```

在前面的示例中，使用-executionpolicy 绕过选项来确保脚本可以运行，而不考虑为映像中的脚本配置的 Windows PowerShell 执行策略。

7.2.7 管理容器映像

从 Docker Hub 中下载容器映像时，它们存储在本地容器主机上。大多数情况下，我们都拥有多个容器主机，因此将 Docker Hub 中的图像下载到每个容器主机上并不很高效。事实上，许多容器主机可能无法访问 Internet。

另一个考虑因素是存储定制的映像。可以使用 Docker Hub 私自存储定制的映像。然而，一些组织希望尽可能多地保留现场数据，以最小化数据泄露的风险。

可以创建自己的现场注册表，作为使用 Docker Hub 进行图像存储和检索的替代方法。在创建自己的注册表之后，可以使用 docker pull 和 docker push 命令来检索和存储图像。遗憾的是，Docker Hub 中提供的注册表容器使用的是 Linux 内核。Docker 提供了关于如何为注册表构建 Windows 容器的说明，网址是 https://github.com/docker/labs/tree/master/windows/registry。

使用小型 C:驱动器

在容器主机上，映像和容器的默认存储位置是 C:\ProgramData\ docker。根据拥有的映像和容器数量，该存储位置可能保存大量数据。

在许多组织部署的服务器中，C:驱动器相对较小，仅用于托管操作系统，而不是应用程序数据。如果 C:驱动器太小，可以使用以下过程指定另一个路径来存储映像和容器：

(1) 在 C:\ ProgramData \ docker\config 中创建一个名为 daemon.json 的文件。

(2) 编辑 daemon.json，并添加代码{"graph": "e:\\docker"}。

(3) 重新启动 Docker 服务。

(4) 使用 docker info 命令来验证 Docker Root Dir 属性是否已更新。

当指定一个新的位置来存储 Docker 数据时，指定的路径需要使用\\分隔文件夹名。另外注意，配置文件的目录不会更改——只有数据位置发生了变化。最后，请注意，现有的容器和映像不会移动到新的存储位置。在修改存储位置后，需要再次检索映像。

如果使用 Hyper-V 容器，则 daemon. json 中的图形设置不控制容器的位置。相反，需要修改默认文件夹，以将虚拟磁盘存储在 Hyper-V 中。

7.3 配置容器

由于容器是动态的，不适合持久配置，因此配置容器带来了独特的管理挑战。在部署新的虚拟机时，希望配置在较长一段时间内是持久的。因此，在部署后需要执行一些手动配置更改，比如配置 IP 地址。对于容器来说，需要更好的方式来做到这一点，因为容器通常是随着时间的推移而构建和销毁的。

7.3.1 存储

容器不是为长期存储数据而设计的。容器应该包含应用程序的文件，而不是数据。如果存在任何持久数据(如数据库)，则需要将其存储在容器之外。幸运的是，容器提供了几种外部存储数据的方法。

如有可能，将应用程序配置为使用文件共享上的数据，而不是本地文件系统。例如，可以使用数据库引擎配置容器，以便将数据库存储在文件共享中。然后，当更新或重新部署该容器时，它将自动重新连接文件共享，并访问数据库文件。

Docker 允许容器使用容器主机上的文件存储进行持久数据存储。Docker 使用术语“卷”来指代容器主机上分配的存储，但这与在 Windows 内创建卷不同。相反，Docker 在容器中创建了一个挂载点，该挂载点链接到容器主机上 C:\ProgramData\docker\volumes 中的文件夹。可以在容器中定义作为挂载点的路径。例如，可以让 C:\SQLData 作为挂载点。

可在 dockerfile 中使用 VOLUME 命令为映像创建卷。此命令将容器中的一个空文件夹或不存在的文件夹链接到 C:\ProgramData\docker\volumes 中的子文件夹。这个命令的语法是：

```
Volume <MountPointPath>
```

对于单个容器，可以在使用 docker run 命令时创建卷。此方法允许指定容器主机上的路径，而不仅是 C:\ProgramData\docker\volumes。在启动容器时，定义卷的语法是：

```
Docker run --volume <hostpath>:<containerpath> <imagename>
```

容器中的私有数据

如果使任何映像在 Docker Hub 上公开可用，需要非常注意存储在这些映像中的任何私有数据。意外包含在映像中的最常见私有数据类型之一是包含私有密钥的证书。许多 Web 应用程序需要安全的 HTTPS 协议，它使用一个证书来执行加密。该证书包含一个不应该对公众开放的私钥。永远不要上传包含证书的映像，并使其公开可用。

要允许在容器中访问不同的存储类型，可将 Docker 配置为使用卷插件。卷插件由不同存储类型的供应商提供，可用于连接到云存储或存储区域网络。如果这个特性很重要，那么应该在购买新的存储系统时，验证插件是否可用。供应商提供了关于如何使用插件的说明。

7.3.2 网络

容器可用的网络类似于 Hyper-V 的网络功能。可以根据需要选择多种类型的网络。默认情况下，安装 Docker 时会创建一个名为 nat 的网络。

默认的 nat 网络为容器提供了网络地址转换(NAT)。这允许容器在局域网(LAN)上与主机和服务进行通信，如果防火墙规则允许，还可与 Internet 进行通信。来自容器的所有通信都使用容器主机的 IP 地址作为源 IP 地址。

为允许容器主机在 nat 网络上通信，创建了一个新的虚拟网络接口。这个虚拟网络接口称为 vEthernet (HNS Internal NIC)。

在 172.16.0 /16 网络上给连接到默认 nat 网络的容器提供一个 IP 地址。容器还配置了默认网关和 DNS 服务器。默认网关是此网络上容器主机的 IP 地址，因为容器主机充当 LAN 的路由器。DNS 服务器包括容器主机的 IP 地址和容器主机配置使用的 DNS 服务器。在 nat 网络上 IP 地址信息的自动配置类似于动态主机配置协议(DHCP)，但配置过程不使用 DHCP。静态 IP 地址配置由容器主机分配给容器。

如果应用程序的所有容器都运行在同一个容器主机上，那么使用默认的 nat 网络就可以很好地工作。所有容器都可以在 nat 网络上进行通信，并且在定义的几个特定端口上为客户端提供到前端服务的有限连接。

还可以创建其他网络类型：

- **透明。**这类网络的行为就像容器在 LAN 上一样。这种网络类型上的容器可以从 LAN 上的 DHCP 分配 IP 地址，也可以静态分配。要使用 DHCP 预订，请使用这种类型的网络，因为 DHCP 预订基于容器的 MAC 地址。
- **L2bridge。**这种类型的网络要求容器与容器主机在同一子网上。从容器发出的数据包保留自己的 IP 地址，但与容器主机共享 MAC 地址。由于共享的 MAC 地址，因此不能将 DHCP 用于此网络类型的容器。
- **覆盖。**这种类型的网络用于群模式(跨多个容器主机管理)下的容器。覆盖网络允许不同主机上的容器表现得像在同一个网络上一样。

要创建新的网络，使用以下语法：

```
docker network create -d <networktype> -o <option> <networkname>
```

例如，创建一个连接到以太网接口的新透明网络：

```
docker network create -d transparent -o com.docker.network.windowsshim.
interface="Ethernet" TransparentNet
```

要查看容器主机上可用的网络，可运行 docker network ls，如图 7.10 所示。

图 7.10 网络清单

因为容器的设计是为了快速部署，所以 IP 配置信息不应该嵌入容器映像中。相反，可以配置容器，从 DHCP 中获取地址或定义一个静态 IP 地址。可将静态 IP 配置定义为 docker run 命令的一部分。表 7.6 列出了一些可用于为容器配置网络的选项。

表 7.6 网络配置的 docker run 选项

选　项	描　述
--ip="<*ipv4address*>"	设置容器使用的 IPv4 地址
--dns=<*dnsserver,dnsserver*>	为容器设置一个或多个 DNS 服务器。如果这个设置未定义，就从主机上复制 DNS 服务器
--network=<networkname	指定要连接容器的网络
--mac-address="<*macaddress*>"	指定容器的特定 MAC 地址。如果这个设置没有定义，就基于 IP 地址自动生成 MAC 地址。此设置对于静态 DHCP 预订非常有用

为支持给容器分配静态 IP 地址，网络需要同时分配子网和网关。为此，应该在创建所有透明和 L2bridge 网络时，为它们分配子网和网关。子网和网关应该与透明网络所连接的局域网相匹配。使用以下语法：

```
docker network create -d transparent --subnet=10.1.1.0/24 --gateway=10.1.1.1
```

要使在容器内的服务对在其他容器中运行的用户和应用程序组件可用，需要显式地配置这些容器中的网络。公开容器中的网络端口允许连接到该网络端口。理解这一点的简单方法是把每个容器看作被完全保护起来，不允许任何外部端口连接到该容器。公开容器中的一个端口，就像在防火墙中打开一个端口一样。例如，为了允许连接到运行在容器中端口 80 上的 Web 服务器，需要公开容器的端口 80。

要公开容器上的端口，可在 dockerfile 中使用 EXPOSE 命令，或在 docker run 中使用--expose 命令。docker run 使用的--expose 选项添加到映像中的 EXPOSE 命令。例如，如果映像中的 EXPOSE 命令用于端口 80，docker run --expose 用于端口 443，则公开端口 80 和 443。

如果容器连接到一个透明的网络，该网络在 LAN 上有自己的 IP 地址，那么公开一个端口就足以让客户机访问它。如果容器连接到 nat 网络，则需要在主机上发布端口。发布容器中的端口后，可以通过主机的 IP 地址访问该端口。

如果使用带-p 选项的docker run，容器中的所有公开端口都将以随机端口号在主机上自动发布。例如，microsoft/iis 映像已经公开了端口 80。如果使用-p 运行 microsoft/iis 映像，就把主机上的一个随机端口号(比如 48056)映射到该容器的端口 80。使用 docker ps 命令或 docker inspect <container>可以查看所选的外部端口。

随机化端口很难处理，因为它们是不可预测的。如果希望对主机上发布的端口进行精确控制，可以使用 docker run 中的-p 选项。使用以下语法：

```
docker run -p <hostport>:<containerport> <image>
```

容器网络陷阱

对于容器联网，一些考虑事项虽然不是很明显，但仍然很重要：

- 必须在容器的主机上启用 IPv6。
- 如果容器主机是一个虚拟机，则创建一个透明的网络，需要在虚拟机设置的网络适配器中启用 MAC 地址欺骗。

- 容器主机中的每个网络适配器只能分配一个透明网络或 L2bridge 网络。
- 只有 NAT 网络是第一个 NAT 网络的子网，才能创建多个 NAT 网络。例如，如果第一个 NAT 网络是 172.16.0.0/16，就可以创建一个额外的 NAT 网络 172.16.1.0/24。这允许分割更大的 NAT 网络。
- docker run 的一些网络选项(如--ip6)不能用于 Windows 容器。

要查看关于 Windows 容器联网的最新文档，请参阅 Windows Container Networking，网址是：https://docs.microsoft.com/en-us/virtualization/windowscontainers/manage-containers/Container-networking。

7.3.3 资源约束

默认情况下，对于任何单个容器可在容器主机上使用的资源都是没有限制的。为了防止单个容器影响其他容器的性能，可能需要使用资源约束。可以为内存、CPU 和存储配置约束。Docker 中没有限制网络利用率的功能。表 7.7 列出了 docker run 中可用的一些约束。

表 7.7 资源约束选项

选　项	说　明
--memory	指定分配给容器的最大内存
--memory-reservation	指定分配给容器的最小内存
--cpu-shares	定义了 CPU 分配的相对权重。默认值是 1024。当处理能力为 100%时，指定大于 1024 的值会使容器有更多 CPU 时间
--cpus	指定可分配给容器的最大 CPU 内核数。实际上，这是 CPU 资源的百分比。例如，如果容器主机有 4 个 CPU，可分配两个 CPU，以获得最高 50%的 CPU。可以使用小数分配 CPU 的一部分
--cpu-percent	指定容器可使用的最大 CPU 百分比。这比--cpus 更容易使用，因为不需要知道容器主机中的 CPU 数量
--blkio-weight	定义了磁盘活动的相对权重。默认值是 500。指定大于 500 的值，容器就比其他容器具有更高的优先级来访问存储
--io-maxbandwidth	基于数据吞吐量，指定磁盘存储的最大通信速率
--io-maxiops	基于 IOPS，指定与磁盘存储的最大通信量

有大量资源约束可用。其完整列表请参阅 Docker Run Reference 中的 Runtime Constraints on Resources 部分，网址是 https://docs.docker.com/engine/reference/run/ # runtime-constraints-on-resources。

7.3.4 对 AD 进行身份验证

拥有对资源的适当访问权限是 Windows Server 容器需要解决的挑战之一。在传统的 Windows 环境中，应用程序服务器连接到 Active Directory (AD)域，AD 为服务器之间的协作提供身份验证服务。这就是允许在一个服务器上运行的服务访问另一个服务器上的资源的原因。

Windows 容器从未与 AD 连接。服务在容器中运行，需要访问网络资源(如文件共享)时，这会导致身份验证问题。

用于访问网络资源、对容器进行 AD 身份验证的解决方案是在 AD 中使用组管理服务账户(gMSA)。使用以下步骤：

(1) 在 AD 中创建 gMSA。

(2) 在容器主机上安装 ActiveDirectory PowerShell 模块：

```
Add-WindowsFeature RSAT-AD-PowerShell
```

(3) 安装 CredentialSpec 模块，其网址是 https://github.com/microsoftDocs/virtualization-Documentation/tree/live/windows-server-container-tools/ ServiceAccounts。

(4) 使用 New-CredentialSpec 创建 CredentialSpec，并将其存储为 JSON 文件。

```
New-CredentialSpec -Name <nameoffile> -AccountName <gMSA>
```

(5) 使用凭证运行容器：

```
Docker run --security-op "credentialspec=file://<nameoffile>.json" <image>
```

将 gMSA 分配给容器后，容器中作为 LocalSystem 或 NetworkService 运行的所有服务在通过网络访问资源时都使用 gMSA。在传统的 Windows 环境中，这些服务使用计算机账户，通过网络访问资源。

根据应用程序类型的不同，使用容器的 gMSA 进行身份验证可能需要额外的步骤。例如，IIS 需要为容器配置服务主体名称。请参阅有关配置 IIS 和容器的详细信息，网址是 https://blogs.msdn.microsoft.com/containerstuff/2017/07/31/getting-iis-winauth-to-work-in-a-container/。

有关使用 SQL 服务器和容器的示例，请参阅 https://github.com/artisticcheese/artisticcheesecontainer/wiki/Using-Group-Managed-Service-Account-(GMSA)-to-connect-to-AD-resources。

7.4 应用程序的开发和部署

虽然可以简单地将一些现有的小应用程序移到容器中，但这并不是容器真正的优点所在。当开始为容器开发应用程序时，容器的全部优点就会体现出来。如果操作得当，容器可以很容易地从开发环境转移到测试环境，然后转移到生产环境。容器不包含持久数据的事实使这成为可能。

在开发中创建映像时，它内部没有任何应用程序数据。相反，应用程序数据存储在映像之外的一个集中可访问的位置，如文件共享。映像内部也没有定义 IP 地址。在使用 docker run 创建容器时定义网络配置。在开发中完成映像后，可以轻松地在测试环境中部署它，并从中创建新容器。只需要确保有适当的数据存储位置可用，并为测试环境设置适当的 IP 地址。当测试完成时，相同的映像就转移到生产环境中，在那里创建新容器。

将配置数据保存在容器映像之外，还可以轻松实现可伸缩性。例如，如果基于 Web 的应用程序将数据存储在 SQL 数据库中，则可以使用基于 Web 的应用程序的映像创建额外的容器，进行扩展。创建新容器时，可以给每个容器指定新的 IP 地址。还必须为与 Web 服务器通信的客户机提供负载平衡，以便客户机与实际的 Web 服务器隔离。

最后，由于容器中缺乏持久数据，这简化了更新。以一个具有 SQL 数据库的映像为例，该数据库存储在文件共享中。在创建包含操作系统更新或 SQL 引擎更新的新映像之后，可以创建使用相同 IP 地址的新容器。新映像将自动访问文件共享上的数据，客户机将继续在相同的 IP 地址上与 SQL 引擎通信。

可以看出，容器并不意味着是静态配置。它们允许持续更新，自动构建过程促进了这一点。但是，如果应用程序划分为微服务(即划分为尽可能小的逻辑组件)，那么就更容易维护应用程序的容器。只要应用程序各部分之间的通信定义得很好，就允许开发人员在不破坏整个应用程序的情况下，不断更新每个微服务及其相关容器。这允许对应用程序进行持续改进。

DevOps 是一个较新的应用程序开发和维护过程，它关注应用程序的持续改进和软件部署的自动化。Windows 容器支持这个过程。

部署自动化不仅使用 dockerfile 来构建映像。自动化可用于跨多个容器主机部署容器。这称为容器编排。

最广泛用于 Windows 容器的两种容器编排工具是：

◆ Docker Swarm

◆ Kubernetes

使用容器编排工具将容器主机集从独立的、隔离的宿主环境更改为单个集成环境。在某些方面，这会在组织中创建自己的私有云资源集。

以下是编制工具可以帮助完成的一些任务：

◆ 确保应用程序的实例分布在多个容器主机，以提供容错功能。

◆ 自动启动额外的容器，以服务高负载。

◆ 创建和删除新的容器时，自动为微服务配置负载平衡。

有关 Docker Swarm 的更多详细信息，请参阅 Getting Started with Swarm Mode，网址是 https://docs.microsoft.com/en-us/virtualization/windowscontainers/ manage-containers/swarm-mode。

有关 Kubernetes 的详细信息，请参阅 Kubernetes on Windows，网址是 https://docs.microsoft.com/en-us/virtualization/ windowscontainers/kubernetes/ getting-started-kubernetes-windows。

7.5 本章要点

识别容器的特性。容器为应用程序提供了一种新的虚拟化类型。虚拟机是为操作系统虚拟化硬件，而容器是为应用程序虚拟化操作系统。

问题 组织正在评估使用容器来支持新的应用程序开发。一位同事担心自己会被锁定在所有容器上运行单个 Windows 内核版本。Windows Server 上的容器有什么特性可以减缓这个问题？

答案 如果实现了 Hyper-V 容器，那么每个容器都是隔离的，运行自己的内核。这样就不需要同步容器主机上的操作系统更新和运行在该主机上的容器。甚至可使用 Linux 容器和 Hyper-V 容器。

创建容器映像。通常，从 Docker Hub 中下载映像，来创建容器映像，然后修改它们，以满足需要。微软使映像可用于常用配置(如 Nano Server、Server Core 和 IIS)。微软还会在新的操作系统更新可用时更新这些容器映像。

问题 学习如何更好地使用容器时，组织只对几个应用程序使用容器。由于操作系统和应用程序更新，需要的更新越来越多，这让组织不堪重负。如何减少工作量？

答案 管理容器更新的关键是尽可能自动完成部署过程。至少，应该在容器更新后使用 dockerfile 创建映像。使用 dockerfile，可以安装 Windows 特性，将文件复制到映像中，并运行配置脚本。

配置容器。在使用 docker run 命令创建容器时，可以配置容器的许多方面。可以配置对存储、网络连接、资源约束和 AD 身份验证的访问权限。让这个配置在运行时配置，更容易更新容器映像。

问题 安装 Docker 并将 Windows Server 2016 配置为容器主机后，会发现只有默认的 NAT 网络可用。在连接到该网络的端口 443 上创建一个运行站点的容器。然而，客户无法连接到网站。如何解决这个问题？

答案 原因很可能是忘记发布容器端口。对于 NAT 网络上的容器，要从 LAN 接收连接，需要发布容器上的端口。发布就是将容器上的服务端口与容器主机上的端口链接在一起。发布端口后，LAN 上的客户机可以通过容器主机的 IP 地址访问端口。

如果使用 microsoft/iis 映像，端口 80 将自动公开。但是，端口 443 不会自动公开。当容器连接到 NAT 网络时，不会自动发布端口。

评估应用程序对容器的适用性。并不是所有应用程序都适合在容器中运行。至少，需要确保应用程序在 Nano Server 或 Server Core 上运行。然而，应用程序体系结构也是一个考虑因素。应用程序需要设计成支持 DevOps，因为应用程序经常在 DevOps 中更新。

问题 一个内部定制的应用程序在一个容器中测试。该应用程序有多个服务，似乎每天都需要更新容器。如何简化更新过程？

答案 与 DevOps 一起出现的是术语“微服务”，其中应用程序被分割为其最小的逻辑部分。容器的最佳配置是将每个服务拆分成自己的容器。这样，容器的更新更简单、更容易自动化。

第8章 安全机制

从计算机技术的早期开始，安全就已成为 IT 专业人士和开发人员的一个重要问题。如何保护计算机、操作系统、软件、网络和通信？这些都是计算机专业人员一直被问及的问题——每个组织中的许多项目都在尽可能高的级别上配置安全设置。从第一批电脑问世至今已历经多年，问题依然如故。技术在不断发展，遗憾的是，计算机攻击也在不断演变。

本章内容：

- 识别组织的数据和服务的安全风险
- 部署和配置多项技术，为组织的 IT 资源提供保护
- 保护账户不受攻击
- 保护组织的数据
- 使用最佳实践来监控和保护网络免受任何潜在的安全威胁

8.1 安全概述

从 Windows Server 2003 开始，微软为操作系统引入了一种新策略：“按默认方式的安全”和“按设计方式的安全”。这意味着许多安全设置在默认情况下是启用的。例如，具有 Advanced Security 的 Windows 防火墙默认启用，而 Windows 更新也默认启用。从那个版本至今， Windows Server 操作系统中引入并包含了许多新技术，组织可以使用这些技术将安全性提高到最高级别。此外，操作系统功能的开发考虑到安全设计。但是，为组织的 IT 资源提供保护从来都不是，将来也不会是“设置并忘记它”的事情。每个组织都必须了解最新的安全威胁，并采取适当行动保护其 IT 资源。

8.2 从哪里开始呢？

即使从未用过安全解决方案，在将专家引入组织或在开始自己的安全技术和技能培训之前，也可以做一些事情。我们已经确定了操作系统安全的几个重要组成部分，它们是很好的起点，可以保护组织免受恶意行为和攻击的威胁。

Windows 防火墙 应该始终运行 Windows 防火墙，并且只打开特定服务器的网络通信所需的端口。最佳实践是与其他部门的同事(如网络管理员和 AD 管理员)密切合作，请他们指出基础设施服务器(如域控制器和 DNS 服务器)、应用程序和数据库服务器(如内部网应用程序、Exchange Server、SQL Server、Skype for Business 和 SharePoint)正在使用哪些端口。

Windows 更新 过去，大多数病毒式网络攻击在互联网上传播得如此之快，是因为计算机没有更新最新的操作系统。此外，可以防止这些攻击的更新不是新发布的；发布它们的时间远早于实际的攻击。记住，因为服务器运行的是不同软件，所以最佳实践是先在非生产环境中测试新的 Windows 更新，再将它们部署到产品服务器。

反恶意软件 根据服务器的类型，必须启用反恶意软件保护，并更新最新的恶意软件定义。最佳实践是要知道反恶意软件(如 Exchange Server)的应用程序限制，这种情况下，需要配置排除项，以避免扫描某些文件夹或文件类

型。此外，确保网络中的所有其他客户端和设备都安装并更新了反恶意软件。

用户权限 用户(包括管理员)必须有足够的权限执行与作业相关的活动，仅此而已；这也称为“最小特权原则”。

管理员权限 甚至管理员都应该作为标准用户工作，只是运行管理权限较高的任务，因为试图使用用户权限的任何恶意软件都被限制在用户级权限。

用户凭证 用户凭证的安全最佳实践在本书的其他章节有介绍，本书会讨论到，密码需要满足复杂性要求，才能更安全。此外，密码锁定策略必须到位，以防止暴力攻击，即攻击者尝试多个单词组合来猜测用户密码。

定期了解最新的安全威胁；对于在组织中使用的设备和解决方案，阅读软件和硬件供应商提供的建议和最佳实践。

现在有了学习的基础，下面开始详细规划 Windows Server 的安全性。

8.3 有哪些风险？

在每个组织中，确定每个企业所依赖的关键资源是极其重要的。在防止恶意软件、攻击和未授权访问的列表中，这些资源应放在最前面。然而，同样重要的是确定这些关键业务资源的依赖关系。例如，如果电子邮件对业务很重要，但攻击者成功地关闭了 DNS 服务，Exchange Server 就无法解析不同类型的记录，这意味着它将无法发送和接收电子邮件。

确定了关键资源和依赖项后，应该知道哪些类型的威胁会损害组织的关键资源。

8.3.1 像攻击者一样思考

有这样的说法：“为了防止攻击者，应该像攻击者一样思考”。攻击者使用所谓的攻击媒介，这种活动导致攻击者可对组织的资源进行未授权访问。另一方面，组织的资源需要最小化攻击面(即可能被攻击的资源)。关闭不需要的服务将最小化攻击面。此外，Windows Server 的 Server Core 安装、Nano Server 等技术进一步减少了攻击面。然而，有些服务必须运行，并且可用于业务过程，因此需要对它们进行保护。

攻击者使用许多不同的方法来破坏组织的安全。攻击向量可能包含多个组件，包括：

- **攻击网络组件、防火墙、路由器和 VPN 网关。**网络部门应该已经知道如何通过网络设备供应商发布的定期软件更新来保护设备。
- **攻击操作系统。**这些攻击包括发现和利用服务器或客户端操作系统中的漏洞。
- **攻击软件产品和定制的应用程序。**这些攻击包括利用应用程序中的漏洞。
- **对虚拟化基础设施的攻击。**如果攻击者危及虚拟化主机，那么所有虚拟机都可能受到攻击。
- **恶意软件。**恶意软件可分为几种类型，包括：
  - **病毒。**感染电脑的自我复制的恶意软件。
  - **木马。**允许攻击者远程访问受感染系统的恶意软件。
  - **勒索软件。**一种新的、越来越先进的恶意软件，它加密重要的数据。组织只有向恶意软件的作者支付赎金，才能得到解密密钥。
- **网络钓鱼。**通过访问专门创建的网站或打开专门创建的电子邮件，个人无意中使计算机感染了恶意软件的攻击。网络钓鱼是一种电子邮件，它试图说服大量收件人执行一个触发感染的操作(如打开电子邮件或访问网站)。
- **社会工程。**这也许是最被低估的、也是最危险的威胁之一。这类攻击的目标是欺骗组织内的人，诱使他们暴露有助于攻击者访问公司数据和服务的安全信息(如用户名、密码和 IP 地址)。例如，有人可以冒充总经理，联系支持部门，要求立即更改密码。

8.3.2 道德黑客

发现安全漏洞需要操作系统、应用程序、网络连接和安全技术的知识。许多组织雇用 IT 安全专业人员作为全职员工，或雇用外部顾问，让他们负责保护基础设施、数据和服务。安全专业人员定期进行道德黑客攻击，包括运行应用程序、执行过程，试图破坏组织的安全系统，但希望得到的结果是修复测试过程中发现的潜在安全问题。道德黑客程序可能包括渗透测试，即安全专业人员试图从互联网上攻击并进入内部 IT 基础设施。一些过程只包括扫描，以确定本不应打开的哪些端口却打开了，成为潜在的攻击面。

钓鱼攻击仿真

一家金融机构意识到，世界各地正在实施大量的网络钓鱼攻击。这些针对金融机构的攻击通常使用电子邮件，其中包括与金融机构原始标识非常相似的标识。由于内部应用程序的更新，邮件要求收件人点击链接，并输入用户名和密码。安全部门的计划是向所有公司员工发送含有钓鱼内容的电子邮件，来模拟钓鱼攻击。为了检查用户的安全意识，他们计划数一数几天内点击链接的用户数量。然而，就在计划发送钓鱼邮件的同一天，IT 部门正与外部消息传递顾问一起优化电子邮件服务器的基础设施。发送“钓鱼邮件”后，消息传递团队和顾问发现了钓鱼邮件，并警告所有人不要打开它，这破坏了测试员工安全意识的计划。从这个实际案例中得到的教训有两个。第一，业务用户没有机会做出反应，所以下一次他们计划进行测试时，需要把安全部门的钓鱼模拟告知 IT 部门，这样他们就不会警告用户。第二，IT 部门的准备非常充分，反应迅速，防止钓鱼攻击在整个组织中传播。

8.4　保护账户

用户账户是最具吸引力的攻击对象之一。为什么？因为正确输入的用户账户信息提供了必要的权限，来访问用户可以访问的所有资源。因此，攻击者开发了许多类型的技术来窃取用户的凭证，访问数据和服务。

下面介绍各种技术，来帮助最大化用户账户的安全性和保护。

8.4.1　访问权限

很长一段时间以来，保护Windows 服务器基础设施的最佳原则之一是向用户和管理员授予执行日常活动所需的最低权限。这样，如果账户受到攻击，攻击者只能获得分配给该账户的最小权限集。

因此，管理员和开发人员需要为日常活动(如阅读电子邮件和浏览互联网内容)使用独立的账户，只有在执行需要这些特定权限的任务时，他们才应该使用特权账户。

如何实现这一点？如果将权限分配给组而不是用户，则会更方便；一旦定义了组的安全权限，管理员就可以在这些组中添加或删除用户，其中，组成员关系将通过资源和管理工具自动定义用户权限。

此外，可以使用 Group Policy 在 Group Policy 编辑器中分配用户账户权限，Group Policy 编辑器位于 Computer Configuration\Policies\Local Policies\User Rights Assignment 下。这些设置如表 8.1 所示。

表 8.1　Group Policy 编辑器中的用户账户权限

用户权限分配策略	功　能
作为受信任的调用者访问凭证管理器	在备份和恢复期间由凭证管理器使用
从网络上访问这台计算机	定义了哪些用户和组可以连接到网络上的计算机
作为操作系统的一部分	在未经身份验证的情况下，允许进程模拟用户
向域添加工作站	允许将工作站连接到域
调整进程的内存配额	定义哪些安全主体可以调整分配给进程的最大内存量
允许本地登录	定义哪些用户可以本地登录到计算机
允许通过 Remote Desktop Services 登录	定义哪些用户和组可以使用 Remote Desktop 远程登录
备份文件和目录	授予备份文件、目录和注册表的权限
绕过遍历检查	允许具有此权限的用户遍历他们无权访问的目录
更改系统时间	允许具有此权限的用户更改系统时间
更改时区	允许具有此权限的用户更改时区
创建页面文件	允许具有此权限的用户创建和修改页面文件
创建令牌对象	定义流程可以使用哪些用户账户来创建允许访问本地资源的令牌
创建全局对象	定义哪些用户账户可以创建对所有会话可用的全局对象

(续表)

用户权限分配策略	功　能
创建永久的共享对象	定义哪些用户账户可使用对象管理器创建目录对象
创建符号链接	定义哪些用户账户可从登录的计算机中创建符号链接
调试程序	定义哪些用户账户可将调试器附加到操作系统内核中的进程
拒绝从网络上访问这台计算机	阻止指定的用户和组从网络上访问该计算机
拒绝作为批作业登录	阻止指定的用户和组作为批作业登录
拒绝作为服务登录	阻止服务账户将流程注册为服务
拒绝本地登录	阻止账户在本地注册
拒绝通过 Remote Desktop Services 登录	阻止账户通过 Remote Desktop Services 登录
允许信任计算机和用户账户，以进行委托	定义是否可以配置用户或计算机对象上的 Trusted For Delegation 设置
强迫从远程系统上关机	分配了这个权限的用户可从远程网络位置关闭计算机
生成安全审计	定义哪些账户可由生成安全日志的进程使用
身份验证后模拟客户端	允许代表用户运行的应用程序模拟客户端
增加过程工作集	分配了这个权利的账户可增加或减少对内存中的进程可见的内存分页数
增加调度优先级	账户可改变进程的调度优先级
加载和卸载设备驱动程序	账户可在内核模式下动态加载和卸载设备驱动程序
锁定内存中的页面	账户可使用进程将数据存储在物理内存中，阻止数据分页到虚拟内存中
作为批作业登录	用户可通过批处理队列工具登录到计算机。此权限仅适用于比 Windows 10 及 Windows Server 2016 旧的版本
登录为服务	允许安全主体登录为服务
管理审计和安全日志	用户可为文件、文件夹和 AD DS 对象等资源配置对象访问审计选项；它们还可以查看安全日志中的事件，清除安全日志
修改对象标签	用户可以修改对象的完整性级别，包括文件、注册表项或进程
修改固件环境值	定义了哪些用户可以修改固件环境变量
为同一会话中的另一个用户获取模拟令牌	将此权限分配给用户时，代表该用户运行的所有程序都可获得同一会话中交互式登录的其他用户的模拟令牌
执行卷维护任务	定义哪些用户账户可以执行卷上的维护工作。分配此权限有安全风险，因为具有此权限的用户可能访问存储在卷上的数据
配置单个流程	定义了哪些用户账户可利用性能监视工具来监视非系统进程
配置系统性能	定义哪些用户账户可利用性能监视工具来监视系统进程
将计算机从停靠站移开	分配该权限后，用户账户可从停靠站上移除便携式计算机，而不必登录
替换进程级别令牌	分配该权限后，用户账户可调用CreateProcessAsUser应用程序编程接口(API)，以便一个服务触发另一个服务
恢复文件和目录	允许用户绕过对文件、目录和注册表的权限，用恢复的数据覆盖这些对象
关闭系统	给本地注册用户分配关闭操作系统的能力
同步目录服务数据	分配了同步 AD DS 数据的能力
取得文件或其他对象的所有权	分配该权限后，用户账户可取得任何安全对象的所有权，包括 AD DS 对象、文件、文件夹、注册表项、进程和线程

8.4.2 保护用户账户

组织中的用户账户是攻击者想要获取的最敏感对象之一。要配置用户账户的安全性，可在 Active Directory Users and Computer 中打开用户账户的 Properties 窗口，并选择 Account 选项卡，如图 8.1 所示。

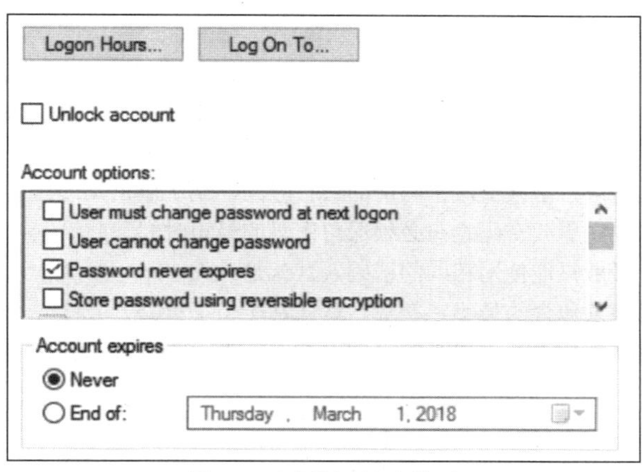

图 8.1　配置用户账户设置

可以为账户配置以下安全选项：

- **Logon Hours(登录时间)。**Logon Hours 设置可用于配置用户何时可以使用账户。例如，可以配置账户，使用户只能从周一到周五早上 7 点到晚上 8 点使用它。默认情况下，用户总是可以登录。
- **Log On To(登录到)。**Log On To 设置可用于限制账户可以登录的计算机。默认情况下，用户可以使用账户登录到域中的任何计算机。
- **Unlock account(解锁账户)。**用于解锁因多次输入错误密码，并达到 Account Lockout Policy 阈值而被锁定的账户。
- **User must change password at next logon(用户必须在下次登录时修改密码)。**管理员创建新账户或重置密码时，可以使用此设置，以便用户可以选择其他人不知道的密码。
- **User cannot change password(用户无法更改密码)。**不建议配置此选项，因为定期更改密码会增加安全性。
- **Password never expires(密码永不过期)。**不建议配置此选项，因为它使账户更容易被攻破。
- **Store password using reversible encryption(使用可逆的加密方法存储密码)。**除非存在使用协议进行密码验证的旧应用程序需求，否则不建议使用此选项，因为它允许对密码进行解密。
- **Account Is Disabled(禁用账户)。**用于禁用或启用用户账户。
- **Smart card is required for interactive logon (需要智能卡进行交互式登录)。**当启用此选项时，就确保必须提供智能卡，才能进行账户登录。
- **Account is sensitive and cannot be delegated (账户很敏感，不能委托)。**当启用此选项时，就确保受信任的应用程序不能将账户的凭证转发给网络上的其他服务或计算机。
- **Use only kerberos des encryption types for this account (只为此账户使用 Kerberos DES 加密类型)。**此选项配置账户，只使用数据加密标准(DES)加密。
- **This account supports kerberos aes 128-bit encryption (此账户支持 Kerberos AES 128 位加密)。**此选项允许使用 Kerberos AES 128 位加密。
- **This account supports kerberos aes 256-bit encryption (此账户支持 Kerberos AES 256 位加密)。此**选项打开 Kerberos AES 256 位加密。
- **Do not require kerberos preauthentication (不需要 Kerberos 预先身份验证)。**不建议启用此选项，因为这会降低登录过程的安全性。
- **Account expires (账户到期)。**此选项配置到期日期，在不再需要账户后，这些账户就不再保留在 AD DS 中。

8.4.3　配置账户策略设置

账户策略分为密码策略和账户锁定策略。域密码和账户锁定策略应用于域级别。使用位于 Computer Configuration\Policies\Security Settings\Account Policies 下的 Group Policy 管理编辑器，可以通过默认域 Group Policy Object(GPO)配置它们。

配置适用于安全组成员或单个用户账户的细粒度密码策略，可覆盖域密码策略。使用 Active Directory 管理中心控制台可以配置细粒度密码策略。

密码策略定义了：

- 以前的密码记住了多少个。默认值是记住 24 个密码。这意味着在更改密码时，用户不能使用之前 24 个密码中的任何一个。
- 密码的最大年龄。这是用户必须更改密码前的最长时间。默认值是 42 天。
- 密码的最小年龄。用户在更改密码之前必须保留密码的最短时间。此设置可确保用户不会不断更改密码，耗尽密码历史记录，最后只能使用相同的密码。默认是一天。
- 最小密码长度。密码必须包含的最小字符数。默认是 7 个字符。
- 密码是否必须符合复杂性要求。密码必须包含以下四元素中的三种：大写字母、小写字母、数字和符号。这是默认启用的。

域账户锁定策略定义了：

- 用户输入指定次数的错误密码时，账户被锁定多久。默认情况下没有锁定。
- 在 Windows 锁定账户前的特定时间范围内，用户可能连续输入多少次错误密码。
- 必须经过多长时间，账户锁定计数器才能复位。

8.4.4 受保护的用户、身份验证策略和身份验证策略 silo

经常发生的攻击是散列传递攻击，攻击者使用用户密码的 NTLM 哈希来进行身份验证。自从 Windows Server 2012 R2 之后，有了新的特性来防止这些类型的攻击。通过限制安全性和身份验证选项较低的账户，受保护的用户组用来帮助保护拥有高度特权的用户账户，以防止发生危害。受保护的用户组与其他用户不同，因为 Windows 不会在本地缓存他们的凭证。属于此组的用户账户不能使用：

- 默认凭证委托
- Windows Digest
- NTLM
- Kerberos 长期密钥
- 离线登录

如果域功能级别为 Windows Server 2012 R2 或更高，则属于受保护用户组的用户账户不能：

- 使用 NT LAN Manager(NTLM)进行身份验证
- 为 Kerberos 预先身份验证使用 DES
- 为 Kerberos 预先身份验证使用 RC4 密码套件
- 使用受限委托
- 使用无约束委托
- 除了第一个 240 分钟的生存期外，更新 TGT

只有用户账户应该添加到受保护的用户组。计算机和服务账户不应添加到受保护的用户组。

使用身份验证策略，允许配置设置，例如 TGT 生存期和访问控制条件，这些条件指定用户在登录到计算机之前必须满足的条件。例如，可以配置一个身份验证策略，该策略指定 TGT 生命周期为 180 分钟，并限制用户账户，使用户只能在特定设备上使用它。身份验证策略要求将域功能级别设置为 Windows Server 2012 R2 或更新版本。

身份验证策略 silo 允许管理员定义用户、计算机和托管服务账户之间的关系，仅验证账户属于单个身份验证策略 silo。可将身份验证策略 silo 中的账户与 silo 声明关联起来，然后可以使用此 silo 声明来控制对支持声明的资源的访问。例如，必须将能够访问特别敏感服务器的账户与特定声明关联起来。

8.4.5 委托权限

在组织中计划安全权限分配时，作为管理员，可能希望从具有特定特权集的默认内置组中进行选择。例如，域 Admins 组的成员可以执行一组特定的管理任务，模式 Admins 组的成员可以执行另一组管理任务。

然而，在许多情况下，默认的安全组不符合组织的安全要求。因此，可以创建新的安全组，并将特定的和自定义的安全权限委托给它们。为此，可以使用 Delegation of Control 向导来委托特定的权限。Delegation of Control 向导允许委托以下权限。

- 创建、删除和管理用户账户
- 重置用户密码，下次登录时强制更改密码
- 读取所有用户信息
- 创建、删除和管理组
- 改变组成员
- 管理 Group Policy 链接
- 生成 Resultant Set of Policy (规划)
- 生成 Resultant Set of Policy (日志)
- 创建、删除和管理 inetOrgPerson 账户
- 重置 inetOrgPerson 密码，下次登录时强制更改密码
- 读取 inetOrgPerson 的所有信息

该向导还可用于创建可委托的自定义任务。完成此操作后，在要委托控制的组织单元(OU)或文件夹中指定对象，在要委托控制的对象上指定权限。

8.4.6 凭证的保护

凭证保护使用基于虚拟化的安全措施来隔离缓存的凭证，从而保护组织不受票据传递和散列传递攻击，这样只有特殊权限的系统软件才能访问它们。凭证保护可以限制对特殊进程和内存的访问，这些进程和内存负责管理、存储与授权及身份验证相关的数据。

凭证保护包括以下特性和解决方案：

- 凭证保护利用硬件安全性能，包括安全引导和虚拟化，从操作系统中隔离所有凭证。
- 凭证保护使用 Group Policy、Windows 管理规范(WMI)或 Windows PowerShell 来管理。

凭证保护只能部署在满足某些硬件需求的计算机上，例如 64 位 CPU、CPU 虚拟化扩展和扩展页表以及 Windows 监控管理程序。如果受保护的操作系统在虚拟机上运行，Hyper-V 主机必须运行 Windows Server 2016 或至少 Windows 10 版本 1607。虚拟机必须是第 2 代。不支持在域控制器上启用凭证保护。

要启用凭证保护，可以使用 Group Policy 管理编辑器的 Computer Configuration\Administrative Templates\System\Device Guard 节点，并启用 Turn On Virtualization Based Security 设置，如图 8.2 所示。

图 8.2 在 Group Policy 管理编辑器中配置凭证保护

在配置此策略时，首先必须将其设置为启用，然后将执行安全级别设置为 Secure Boot 或 Secure Boot and DMA Protection。此后，必须将凭证保护配置选项设置为 Enabled With UEFI Lock 或 Enabled Without Lock。

8.5 保护静止数据

静止数据表示存储在客户机、服务器、数据库或备份介质上的所有数据。静止数据也是攻击者的一个流行目标，因为如果成功访问，它可以被复制、传输，然后用于不同类型的非法活动。新闻媒体报道了世界各地个人用户信息和信用卡号码被盗的大量事例。所有这些例子都表明，应该认真对待对静止数据的保护。下面将解释一些技术，这些技术将帮助保护存储在组织中多个位置的数据。

8.5.1 加密文件系统

加密文件系统(EFS)在 Windows 操作系统中已经存在多年了。部署 EFS 的唯一先决条件是，磁盘需要使用 NTFS

文件系统进行格式化。它对文件和文件夹进行加密，只允许经过授权的用户解密数据，并防止未经授权的用户查看其内容。无论用户对文件拥有何种权限，加密和解密过程对用户和应用程序都是透明的。加密文件或文件夹时，用户只需要选择一个复选框来加密内容，以保护数据，如图 8.3 所示。

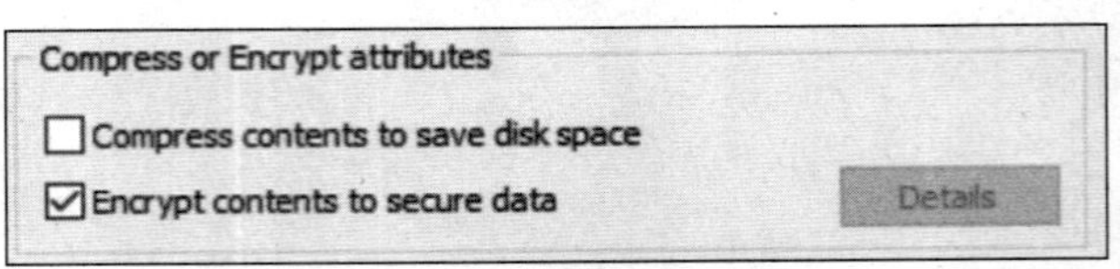

图 8.3　在文件夹编辑器上配置 EFS

当用户访问加密文件或加密文件夹时，他们会像打开非加密文件一样打开它们。当未经授权的用户试图打开文件时，他们将收到一条消息，声明访问被拒绝。

EFS 加密和解密过程包括以下步骤，如图 8.4 所示。

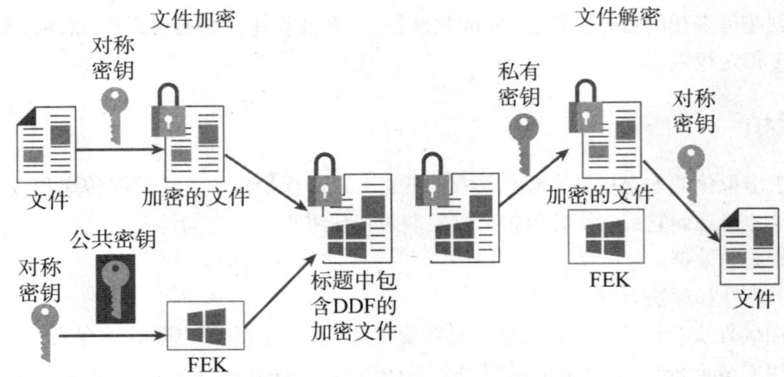

图 8.4　加密和解密的过程

(1) 当用户想要加密文件时，EFS 首先为每个必须加密的文件生成一个随机的对称文件加密密钥(FEK)。然后 EFS 用生成的 FEK 加密文件，并使用用户的公钥加密 FEK。EFS 将加密的 FEK 与用户的公钥存储在数据解密字段(DDF)中。这确保只有拥有匹配私钥的用户才能解密 FEK，然后使用 FEK 解密文件。

(2) 如果定义了一个恢复代理，EFS 就创建一个数据恢复字段(DRF)。DRF 包含由数据恢复代理的公钥加密的 FEK。EFS 从恢复代理文件的恢复证书(存储在 Group Policy)中，自动获得恢复代理的公钥。

(3) 如果用户至少具有对文件的读取访问权限，则可以解密文件。用户只有拥有与存储在 DDF 或 DRF 中的公钥匹配的私钥，才能解密该文件。为解密文件，EFS 使用用户的私钥解密 FEK。如果 EFS 成功解密了 FEK，那么 EFS 使用它来解密文件内容。

8.5.2　BitLocker

EFS 保护的是文件和文件夹，而 BitLocker 是一种卷加密技术，它加密整个卷，以保护数据不受未经授权的访问。BitLocker 首次在 Windows Vista 操作系统上引入；它具有以下特点：

- BitLocker 加密整个卷或只加密卷中已使用的部分。
- BitLocker 可使用可信平台模块(TPM)保护 Windows 启动过程的完整性。BitLocker 验证所需的引导文件没有被篡改或修改。如果验证过程发现该文件被修改——例如，被 rootkit 或引导扇区病毒修改——Windows 就不会启动。
- BitLocker 需要多因素身份验证，如 PIN 或 USB 启动键。
- 可为 BitLocker 配置 Network Unlock at Startup(启动时网络解锁)。通过网络解锁，当连接到受信任的公司网络时，BitLocker 保护的设备将自动启动；否则，就需要提供启动 PIN。
- BitLocker 提供了一个恢复机制、48 位恢复键或恢复代理，如果 TPM 失败或密码丢失，就使用该恢复机制来访问卷数据。
- BitLocker 保护整个卷不受离线攻击。在 Windows 设备启动，用户获得对受保护卷的访问权之后，授权用户如果具有适当的文件权限，就可以访问 BitLocker 加密卷上的数据。

◆ 可将 BitLocker 和 EFS 合并起来。BitLocker 在卷级加密，而 EFS 在文件级加密数据。

◆ BitLocker 的性能开销是最小的。对于大多数安装而言，性能影响并不明显。BitLocker 驱动器加密体系结构如图 8.5 所示。

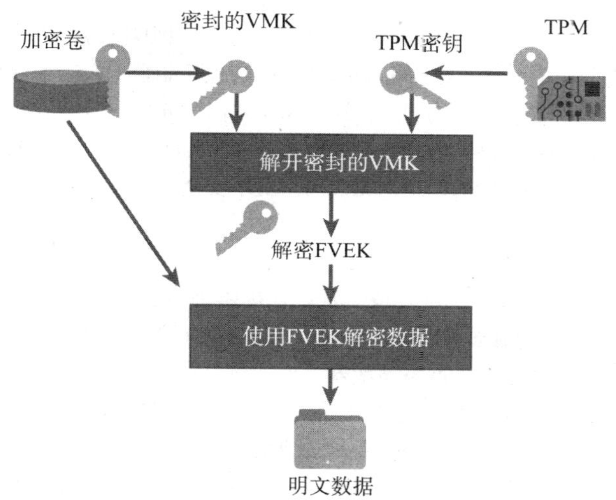

图 8.5 BitLocker 驱动加密的体系结构

扇区由全卷加密密钥(FVEK)加密。FVEK 通过卷主密钥(VMK)进一步加密。FVEK 必须安全地存储，因为它有解密卷的能力。FVEK(用 VMK 加密)作为卷元数据的一部分存储在磁盘上。VMK 还通过一个或多个密钥保护器加密(或保护)。默认的密钥保护器是 TPM，但是可以配置其他保护器，例如 PIN 和 USB 启动密钥。如果设备没有 TPM，可以配置 BitLocker，在 USB 驱动器上存储密钥保护器。

有关 BitLocker 的更多信息，请访问以下链接：

https//docs.microsoft.com/en-us/windows/device-security/BitLocker/BitLocker-overview

BitLocker 默认情况下使用 AES 算法进行 128 位密钥加密。可使用 Group Policy 修改此设置，例如，配置使用 256 位密钥。BitLocker 分别对每个卷扇区进行加密，部分加密密钥来自扇区编号。因此，即使两个扇区有相同的未加密数据，但每个扇区都有不同的加密数据。Group Policy 管理编辑器中的设置如图 8.6 所示。

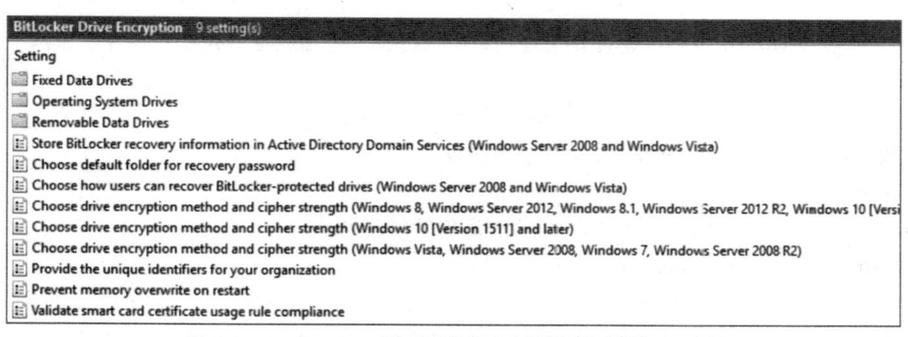

图 8.6 Group Policy 管理编辑器中配置的驱动器加密过程

8.6 传输数据的保护

传输数据包括客户机和服务器在通信过程中传输的所有信息。传输数据可能只限于局部区域网络、组织总部和分支机构之间的网络，甚至组织和互联网之间的网络。如果没有得到很好保护，所有这些不同类型的网络通信都会提供各种攻击的机会。了解在传输过程中保护数据的技术，将能成功地规划和部署网络通信的安全性。

8.6.1 具有高级安全性的 Windows 防火墙

具有 Advanced Security 的 Windows 防火墙是在 Windows Server 2008 中引入的，在较新的操作系统中仍存在。它为组织提供了管理在客户机和服务器操作系统上使用的端口和协议的能力。尽管许多网络管理员只喜欢使用硬件防火墙，但根据最小化攻击面的原则，从来不建议关闭 Windows 防火墙。

具有 Advanced Security 的 Windows 防火墙使用由设置、防火墙规则和连接安全规则组成的防火墙配置文件，这些规则适用于同一安全级别的相关网络。在 Windows 防火墙管理控制台上有三种网络配置文件：

- **域网络。**表示工作场所中连接到域的网络，这意味着它们与域控制器通信。
- **私人网络。**代表可信的非域网络，如与公司合作的商业伙伴配置的网络连接。
- **客户或公共网络。**代表公共场所的网络，比前两个更不安全。

每个网络位置都有以下信息：

- **Windows 防火墙状态。**指 Windows 防火墙是打开还是关闭。
- **入站连接。**提供了对入站连接(如 Allow 或 Block 连接)执行的操作的状态。
- **出站连接。**提供了对出站连接(如 Allow 或 Block 连接)执行的操作的状态。
- **保护网络连接。**指定将应用设置的网络适配器。
- **设置。**指定了控制 Windows 防火墙行为的设置，如使用 Group Policy 配置的通知和合并规则。
- **日志记录。**这指定日志的名称、大小以及要记录的数据。

Windows Server 2016 允许多个防火墙配置文件同时在服务器上活动。例如，服务器具有两个网络适配器，连接到内部网络和外围网络，就可将域防火墙配置文件应用到内部网络，将公共防火墙配置文件应用到外围网络。

带有 Advanced Security 属性窗口的 Windows 防火墙如图 8.7 所示。

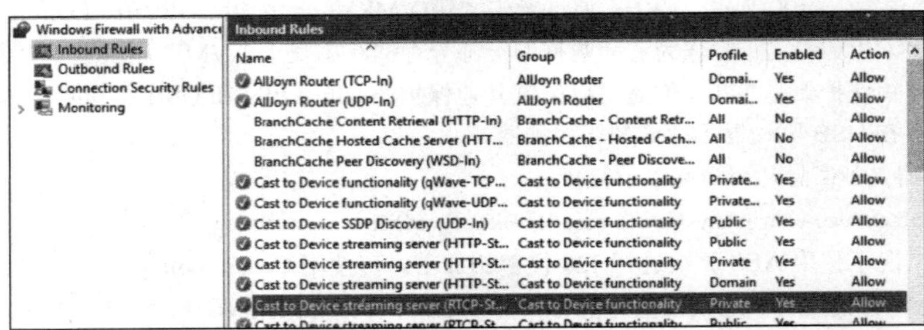

图 8.7　带有 Advanced Security 属性窗口的 Windows 防火墙

导航窗格(左窗格)为防火墙规则、连接安全规则和监控提供了更细粒度的控制。在导航窗格中选择 Windows Firewall with Advanced Security on Local Computer 对象时，结果窗格将显示防火墙配置的概述，并提供到各种配置窗格和对话框的链接。最后，Actions 窗格(右窗格)提供了以下选项：

- **导入策略。**允许使用以前导出的策略覆盖当前设置。
- **导出策略。**允许保存当前配置。
- **恢复默认策略。**重置对 Windows 防火墙设置所做的任何更改。
- **诊断/维修。**启动网络和 Internet 故障排除向导。

属性对话框中的最后一个选项卡是 IPsec Settings。这个选项卡允许为 IPsec 配置指定自定义值。

与其他网络防火墙技术一样，具有 Advanced Security 的 Windows 防火墙将规则作为标准集合，来定义允许、阻止或使用防火墙进行安全保护的 IP 地址、端口和协议，如图 8.8 所示。

- 入站和出站规则明确根据规则中的标准，允许或阻止流量通过。例如，可以配置一条规则，如果 HTTP 流量来自内部网络，就允许它通过防火墙，但如果流量来自 Internet，则阻塞它。
- 对于 Windows Server 角色和功能，未必需要创建规则。例如，启用 Microsoft Internet Information Services (IIS)可自动调整 Windows 防火墙，以允许适当的流量通过。可更改默认操作，以允许或阻止所有连接，而不考虑任何规则。

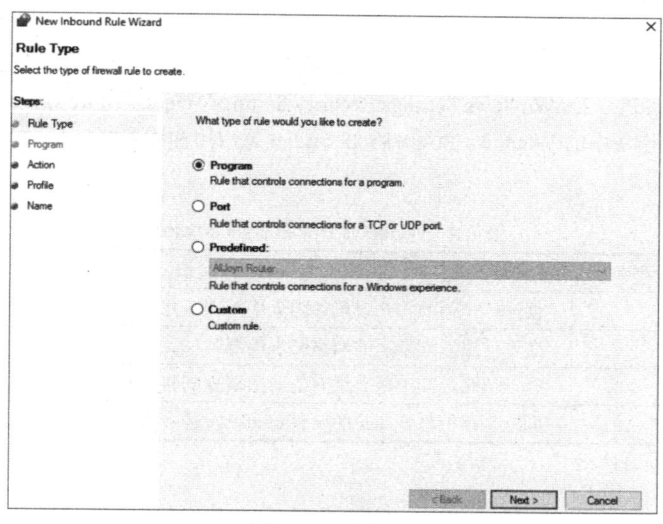

图 8.8　配置规则

1. 入站和出站规则类型

存在以下几种入站和出站规则：

- **程序规则。**这些规则可以控制程序的连接，而不管它使用的端口号是什么。使用这种防火墙规则，基于正在尝试连接的程序确定是否建立连接。当不确定端口或其他必需的设置时，这些规则非常有用，因为只指定程序可执行文件(exe 文件)的路径。
- **端口规则。**这些规则可控制 TCP 或 UDP 端口的连接，而不考虑应用程序。使用这种防火墙规则，允许基于 TCP 或 UDP 端口号进行连接(计算机正试图通过相应的端口号进行连接)。该规则需要指定协议和单个或多个本地端口。
- **预定义的规则。**这些规则可控制 Windows 组件的连接——例如，文件、打印共享或 Active Directory 域服务。使用这种防火墙规则，通过从列表中选择一个服务来允许连接。这类 Windows 组件通常会在设置或配置期间，自动将自己的条目添加到这个列表中。可启用和禁用一个或多个规则(作为一个组)。
- **自定义规则。**这些规则可以是其他规则类型(如端口规则和程序规则)的组合。
- **连接安全规则。**这些规则有助于使用 IPsec 保护网络流量。使用连接安全规则指定两个计算机之间必须通过身份验证或加密建立连接。在图 8.9 中，可以看到连接安全规则是如何配置的。

Windows 防火墙使用监控界面显示当前防火墙规则、连接安全规则和安全协会(SA)的信息。

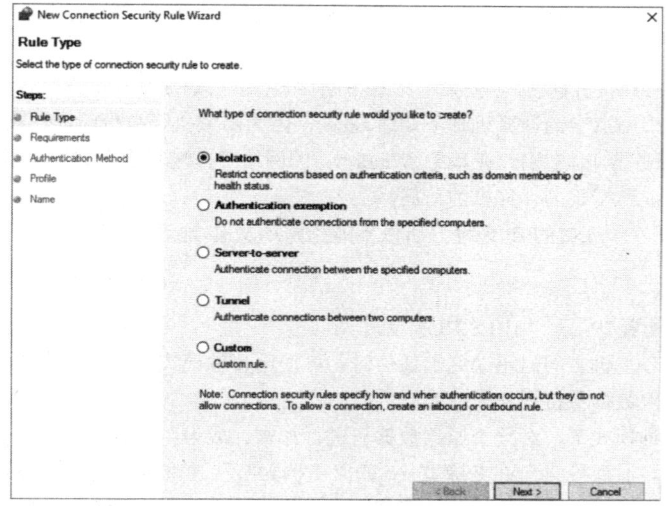

图 8.9　配置连接安全规则

2. 额外的配置选项

可在每台计算机上分别配置 Windows 防火墙的设置，或在 Group Policy 管理控制台中访问以下位置：

Computer Configuration\Policies\Windows Settings\Security Settings\Windows Firewall with Advanced Security

可以使用 NetSecurity 模块中的 Windows PowerShell cmdlet 来启用和配置 Windows 防火墙。表 8.2 描述了这些 cmdlet。

表 8.2　Windows PowerShell cmdlet

Windows PowerShell cmdlet	说　明
New-NetFirewallRule	创建一个新的入站或出站防火墙规则，并添加到目标计算机
Enable-NetFirewallRule	允许使用以前禁用的网络防火墙规则
Show-NetFirewallRule	显示策略存储中所有现有的防火墙规则和关联对象
Get-Help *Net*	列出名称中包含 Net 的所有 cmdlet。这将返回所有的 Windows 防火墙 cmdlet

8.6.2　IPsec

IPsec是一组协议，通过提供身份验证、完整性检查和加密，可以帮助保护通过网络传输的数据。IPsec 是一组行业标准、基于加密的保护服务和协议。

它最初的目的是保护公共网络上的通信安全，但是许多组织选择实现 IPsec，来消除其私有网络中容易被利用的弱点。

如果正确地实现 IPsec，IPsec 会提供一个私有通道，用于发送和交换可能敏感或脆弱的数据，通过网络进行通信的应用程序不知道 IPsec，因为只有端点负责执行身份验证和加密/解密过程。

IPsec 具有以下特点：

- 提供了通信之前和通信期间的相互身份验证。
- 迫使双方在沟通过程中标识自身。
- 支持通过 IP 传输加密和数字数据包身份验证来保密。

1. 何时使用 IPsec

有些网络环境非常适合将 IPsec 作为一种安全解决方案，而另一些则不然。建议在以下场景中使用 IPsec：

- 保护特定路径上主机到主机的流量。可使用 IPsec 为服务器之间的通信提供保护。例如，IPsec 可以在需要最大安全性的网络中保护计算机之间的通信。
- 保护到服务器的流量。可以为访问服务器的所有客户机要求 IPsec 保护。另外，可以设置限制，指定哪些计算机可以连接到运行 Windows Server 2016 的服务器。
- 给 VPN 连接使用 L2TP / IPsec。对于所有 VPN 场景，可以使用第 2 层隧道协议(L2TP)和 IPsec (L2TP/IPsec)的组合。
- 站点到站点(网关到网关)通道。当需要与第三方路由器(即网关)交互式操作时，可通过通道模式使用 IPsec。这种情况下，每个站点中的计算机都不知道 IPsec，因为网关执行身份验证、数据的加密和解密。
- 执行逻辑网络(服务器/域隔离)。在基于 Windows 的网络中，逻辑上可将服务器和域资源隔离开，这将限制对经过身份验证和授权的计算机的访问。
- IPsec 取决于建立安全连接的 IP 地址，所以不能指定动态 IP 地址。

2. IPsec 模式

可在两种模式之一中配置 IPsec，如图 8.10 所示。

- **传输模式。**在两台主机之间启用端到端通信时，可使用传输模式。在这种模式(默认模式)下，数据有效负载被加密，但标题数据保持不变。
- **通道模式。**在这种模式下，对整个原始数据包进行加密，成为新数据包的有效负载，然后在支持 IPsec 的路由器之间传输。通道模式允许支持 IPsec 的路由器封装和加密来自不支持 IPsec 的主机的网络流量，通过不安全的网络传输该流量，然后将其解密，在目标网络上供不支持 IPsec 的其他主机使用。

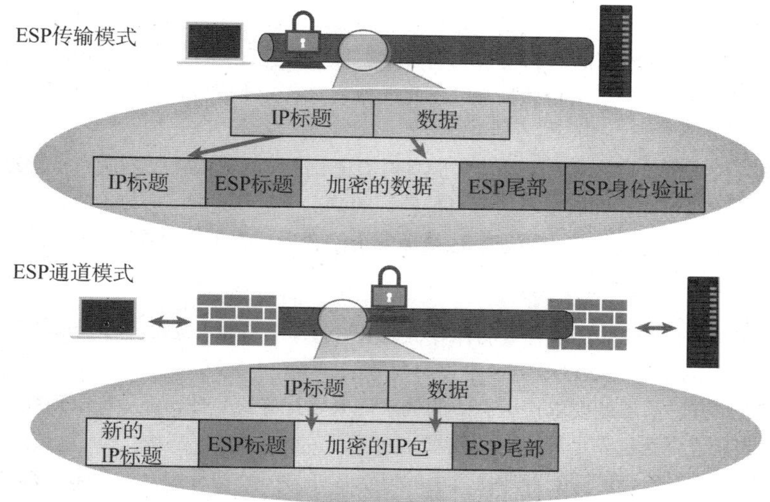

图 8.10　IPsec 中的传输和通道模式

3. 连接安全规则的设置

可使用连接安全规则在具有 Advanced Security 的 Windows 防火墙中配置 IPsec。通过这些连接安全规则，可将 IPsec 规则与 Windows 防火墙网络配置文件相关联。结合 IPsec 和 Windows 防火墙的优点是，可以避免重叠可能冲突的规则和策略，还可简化保护计算机免受未经授权访问的过程。

可配置的连接安全规则包括：

- **隔离。**隔离规则根据凭证(如域成员资格或健康状态)限制计算机的连接，来隔离计算机。
- **验证豁免。**可使用身份验证豁免来指定不需要身份验证的连接。可以通过特定的 IP 地址、IP 地址范围、子网或预定义组(如网关)来指定计算机。
- **服务器到服务器。**服务器到服务器规则有助于保护特定计算机之间的连接。
- **通道。**通道规则有助于保护网关计算机之间的连接。当通过互联网在两个安全网关之间连接时，一般使用通道规则。必须指定作为通道端点的 IP 地址，然后指定要使用的身份验证方法。
- **自定义。**当无法使用 New Connection Security Rule 向导中可用的其他规则来设置必要的身份验证规则时，可使用自定义规则对两个端点之间的连接进行身份验证。

在启用和配置连接安全规则时，必须定义以下属性：

- **需求。**可以选择规则是请求入站连接和出站连接的身份验证，需要入站连接的身份验证和请求出站连接的身份验证，以及同时需要入站连接和出站连接的身份验证。
- **身份验证方法。**可以选择几种身份验证方法。New Connection Security Rule 向导中的选项如下：
  - **默认。**使用 IPsec 设置中指定的身份验证方法。
  - **计算机和用户(Kerberos V5)。**将通信限制为来自加入域的用户和计算机的连接。
  - **计算机(Kerberos V5)。**限制来自加入域的计算机的通信。
  - **高级。**将自定义身份验证方法指定为第一和第二身份验证方法。
- **配置文件。**可将规则与适当的网络配置文件相关联。可以选择下面的一个或多个：域配置文件、私有配置文件或公共配置文件。
- **免除计算机。**对于身份验证豁免规则，可通过指定豁免计算机的 IP 地址、IP 地址范围或 IP 子网，来定义豁免的计算机。
- **端点。**对于服务器到服务器的规则，可以定义受规则影响的 IP 地址。
- **通道端点。**仅对于通道规则，可以定义受规则影响的通道端点。

在通过 New Connection Security Rule 向导创建新的连接安全规则时，就在 Requirements 和 Authentication Method 页面上配置规则的主要选项。

需求页面

在“需求”页面上，可以使用下面的选项来配置何时进行身份验证：

- 请求入站连接和出站连接的身份验证。选择此选项意味着，计算机将尽可能进行身份验证，但身份验证不是必需的。
- 需要入站连接的身份验证，请求出站连接的身份验证。选择此选项将强制所有试图连接到计算机的客户端进行身份验证，但允许计算机在不进行身份验证的情况下进行连接。
- 同时需要入站和出站连接的身份验证。这是最安全的选项，因为所有连接都必须进行身份验证。

身份验证方法

计算机证书：该方法请求或要求使用有效的计算机证书进行身份验证；必须至少有一个证书颁发机构(CA)才能这样做。如果计算机不属于同一个 AD DS 域，可使用此方法。

只接受健康证书：此方法请求或要求使用有效的健康证书进行身份验证。健康证书声明，计算机满足系统健康要求，例如所有软件和其他更新包满足网络访问要求。

高级选项：如果选择此选项，可以配置任何可用的方法，并为第一种身份验证和第二种身份验证指定方法。以下部分详细介绍了可用的身份验证方法。

在建立 IPsec 连接时，计算机总是使用第一种身份验证方法。可以指定多种身份验证方法，计算机将按照指定的顺序尝试身份验证方法，直到身份验证成功。这里列出了第一种身份验证方法的可用选项：

- **计算机(Kerberos V5)。**此身份验证方法请求或要求计算机使用 Kerberos V5 身份验证协议进行身份验证。只有当两台计算机都是域成员时，才能使用 Kerberos V5 身份验证协议。
- **计算机(NTLMv2)。**这种身份验证方法使用 Microsoft 质询/响应身份验证协议。两台计算机都必须是域成员。
- **来自证书颁发机构(CA)的计算机证书。**这与前面“计算机证书”一段所描述的方法相同，只是增加了一个要求。如果使用此方法，可以选择 Enable Certificate To Account Mapping 复选框。这将从计算机的 AD DS 中检索访问令牌。这包括分配给计算机的用户权限列表；它允许根据需要，使用 Group Policy 安全设置，把 Access This Computer From The Network 用户权限或 Deny Access To This Computer From The Network 用户权限赋予单台或多台计算机，来控制访问。
- **预共享密钥。**此方法允许指定明文密钥。每台计算机必须配置相同的密钥。如果使用预共享密钥方法，则无法配置第二种身份验证方法。

第二种身份验证方法：可使用第二种身份验证方法验证用户。还可以选择 Computer Health Certificate From The Certification Authority(CA)作为第二种认证方法。如果为第一个身份验证方法选择了预共享密钥，就不能使用任何第二种身份验证方法。无论第一个身份验证方法是什么，都不能为第二种身份验证方法选择预共享密钥。第二种身份验证方法的选项如下：

- **用户(Kerberos V5)。**这种身份验证方法请求或要求用户使用 Kerberos V5 身份验证协议进行身份验证。只有当用户是域成员时，才能使用 Kerberos V5 身份验证协议。
- **用户(NTLMv2)。**这种身份验证方法使用 Microsoft 质询/响应身份验证协议。只有当用户是域成员时，才能使用此身份验证协议。
- **来自证书颁发机构(CA)的用户证书。**此身份验证方法请求或要求使用有效的用户证书进行身份验证，并且必须至少有一个 CA 才能进行身份验证。此方法支持 Enable Certificate To Account Mapping 选项，该选项基于映射的账户为用户生成访问令牌。
- **来自证书颁发机构(CA)的计算机健康证书。**这种身份验证方法使用计算机健康证书，支持 Enable Certificate To Account Mapping 选项。

根据环境和目标，有多种配置 IPsec 的方法。最终，IPsec 将配置和部署为策略。作为域成员的计算机可以通过 GPO 配置 IPsec。通过 GPO，可以配置 IPsec 策略和 Windows Firewall with Advanced Security 连接安全规则。域和非域成员可以使用 Windows Firewall with Advanced Security 管理控制台的 Windows 防火墙，在本地配置 IPsec。此外，可以使用 Windows PowerShell 编写创建 IPsec 规则的脚本。

IPsec 默认设置在 Windows Firewall with Advanced Security on Local Computer Properties 对话框的 IPsec Settings 选项卡上。单击 Customize，以配置希望 IPsec 使用的方法：

- **密钥交换(主模式)。**这将设置会话。
- **数据保护(快速模式)。**这将加密网络流量。
- **身份验证方法。**这将验证计算机身份。

4. IPsec 配置

配置 IPsec 有多种方法。可以使用 GPO、防火墙规则或 Windows PowerShell。

使用 GPO

使用 GPO 配置 IPsec 策略时，在 Computer Configuration\Policies\Windows Settings\Security Settings\IP Security Policies on Active Directory (Domain)节点上定义 IPsec 设置。尽管可以使用 GPO 为不同的计算机组分配不同的策略，但对于所有 IPsec 策略，只有一个存储库。有三个预定义的 IPsec 策略，但没有一个被分配。所有 GPO 都会显示所有已定义的 IPsec 规则，在 GPO 中，分配希望 GPO 应用的 IPsec 规则。每个 GPO 都可以独立于其他 GPO 分配 IPsec 策略。但是，只能在单个 GPO 中分配一个 IPsec 策略。此外，客户端一次只能应用一个 IPsec 策略。这里列出三个预定义策略：

- **客户(仅回应)。**该策略配置计算机在需要时协商安全性和身份验证方法。在策略中，可以定义允许的安全和身份验证方法。
- **服务器(请求安全)。**该策略使用 Kerberos V5 身份验证协议对所有 IP 通信进行配置，使计算机始终请求安全性，并且允许不安全的通信。
- **安全服务器(需要安全性)。**此策略将计算机配置为始终需要对所有 IP 通信进行安全连接，并阻止不受信任的计算机。默认情况下，该规则只使用 Kerberos V5 身份验证协议。

可创建自己的 IPsec 策略。这里列出在创建自己的 IPsec 策略时可使用的一些选项：

- **IP 过滤列表。**允许定义以下内容：
  - **IP 流量来源。**选项包括任何 IP 地址、我的 IP 地址、特定的 DNS 名称、特定的 IP 地址或子网等。
  - **IP 流量的目的地。**选项包括任何 IP 地址、我的 IP 地址、特定的 DNS 名称、特定的 IP 地址或子网等。
  - **IP 协议类型。**选项包括 Any、ICMP、TCP、UDP、Other 等。
  - **IP 协议端口。**如果将 IP 协议类型定义为 TCP 或 UDP，可以指定源端口和目标端口。
- **过滤操作。**允许定义：
  - **过滤器操作常规选项。**指定允许、阻止或协商安全性的过滤器。
  - **与不支持 IPsec 的计算机通信。**此选项仅在操作是 Negotiate Security 时可用。当尝试与不支持安全连接的计算机进行通信时，可以使用此选项来定义要执行的操作。

使用防火墙规则

使用防火墙规则来定义 IPsec 比使用 GPO 具有更细的粒度。首先，必须创建一个连接安全规则来定义身份验证方法。在配置了连接安全规则之后，可以配置入站规则和出站规则，以启用 Allow The Connection If It Is Secure 选项。有些规则(如 ICMPv4 规则)不支持此选项。如果选择在入站或出站规则上要求安全，可以使用以下策略：

- **如果对连接进行验证，并保护其完整性，就允许连接。**此策略不需要加密。
- **需要加密的连接。**这个策略需要加密所有连接。如果选择 Allow The Computer To Dynamically Negotiate Encryption 复选框，则可在安全协商期间使用未加密的流量。
- **允许连接使用 null 封装。**此策略要求身份验证，但不提供完整性或隐私保护。
- **覆盖块规则。**这个复选框允许指定不需要验证或加密即可连接的计算机——例如，运行远程管理工具的服务器。

当使用防火墙规则配置 IPsec 加密时，总是使用两个系统之间的协商来找到两个系统都支持的最安全加密方法。

使用 Windows PowerShell 管理 Windows 防火墙

可以使用以下命令来管理 Windows 防火墙。

要启用防火墙，在 Windows PowerShell 命令提示符下输入以下命令，然后按 Enter。

```
Set-NetFirewallProfile -Profile Domain,Public,Private -Enabled True
```

要创建防火墙规则，在 Windows PowerShell 命令提示符下输入以下命令，然后按 Enter。

```
New-NetFirewallRule -DisplayName "Allow Inbound Telnet" -Direction Inbound
-Program %SystemRoot%\System32\tlntsvr.exe -RemoteAddress LocalSubnet -Action
Allow
```

要修改现有规则，在 Windows PowerShell 命令提示符下输入以下命令，然后按 Enter。

```
Set-NetFirewallRule -DisplayName "Allow Web 80" -RemoteAddress 192.168.0.2
```

要删除现有规则，在 Windows PowerShell 命令提示符下输入以下命令，然后按 Enter。

```
Remove-NetFirewallRule -DisplayName "Allow Web 80"
```

从逻辑上讲，隔离区将网络分隔为可以相互验证的计算机和无法验证的计算机。IPsec 是这些网络隔离区域的基础，可使用 Windows Firewall with Advanced Security 连接安全规则实现这些隔离区域。

要创建独立的网络，必须根据希望这些计算机具有的访问权限，将组织网络中各种类型的计算机分开。

下列因素适用于隔离网络：

- 隔离网络中的计算机可以向任何计算机发起通信，不考虑它们是否被隔离。
- 不在隔离网络中的计算机：
  - 可向不在隔离网络中的计算机发起通信。
  - 不能向隔离网络中的计算机发起通信。

一定要记住，隔离网络中的计算机会忽略，从非隔离网络的计算机发起的所有请求。Windows Server 2016 支持两种类型的隔离：域隔离和服务器隔离。

可通过 IP Security Monitor 管理单元来监视 IPsec，或者通过 Windows Firewall with Advanced Security 管理控制台中的 Monitoring 节点来监视 IPsec。IP Security Monitor 显示了与本地或通过 GPO 应用的 IPsec 策略相关的其他详细信息。Windows Firewall with Advanced Security 管理控制台中的 Monitoring 节点不显示与策略相关的信息。

在使用 Windows Firewall with Advanced Security 管理控制台监视配置的 IPsec 时，可查看的两个顶级节点是 Connection Security Rules 和 Security Associations。在 Security Associations 节点中，有用于主模式监视和快速模式监视的节点。其中的每个节点都显示相关配置项的详细信息。

5. 监控 IPsec

为确保 IPsec 正常工作，应该监视 IPsec 是如何工作的。因此，可使用 IP Security Monitor 管理单元，其中可以使用两个视图：主模式(Main Mode)和快速模式(Quick Mode)。

主模式

主模式(或第一阶段的 IKE 协商)在两个系统之间建立一个安全通道，称为 ISAKMP SA。ISAKMP SA 保护建立快速模式连接的对等计算机之间的密钥交换。在建立安全通道时，主模式协商确定两个系统都使用的一组公共密码套件，建立系统将使用的共享密钥，并验证计算机的身份。

Monitoring Main Mode SA 提供当前连接到计算机的对等方的信息，包括：

- **本地地址。**这是当前监视的计算机的 IP 地址。
- **远程地址。**这是远程计算机的 IP 地址。
- **第一种身份验证方法。**这是系统用于建立其标识的身份验证方法。
- **第二种身份验证方法。**如果配置了一种辅助方法，这将显示系统使用的第二种方法。
- **加密。**这显示了系统用来加密会话的密码算法。
- **完整性。**这显示了系统用来确保会话没有发生篡改的哈希函数。
- **密钥交换。**这显示了系统用来交换安全密钥的方法。

快速模式

快速模式IKE 协商建立两个系统之间的安全通道，有助于保护传输过程中的数据。快速模式 IKE 在此阶段协商的 SA 是用于 IPsec 服务的 IPsec SA。快速模式可使用现有的密钥内容或根据需要生成新密钥。在此协商过程中，Quick Mode IKE 选择一个通用的保护性套件，用于应用此规则的 IP 通信。

Monitoring Quick Mode SA 可提供有关当前与计算机连接的对等方的信息，它们显示的信息包括：

- **本地地址。**被监视计算机的 IP 地址。
- **远程地址。**远程计算机的 IP 地址。
- **本地端口。**此会话中的流量可使用的本地端口。
- **远程端口。**此会话中的通信可使用的远程端口。
- **协议。**本会话中的协议。
- **AH 完整性。**对等通信使用的特定于 AH 协议的数据完整性方法。
- **ESP 完整性。**对等通信使用的特定于 ESP 协议的数据完整性方法。
- **ESP 加密。**对等通信使用的特定于 ESP 协议的加密方法。

8.7　保护管理访问

在许多攻击场景中，管理员身份是攻击者最想得到的，因为可借此访问企业管理员和域管理员账户。攻击者可能试图访问管理员的用户名、密码，甚至工作站或笔记本电脑。因此，管理员必须敏锐地意识到，他们在组织的安全中扮演着最重要的角色之一。学习和运用以下一些技术，可进一步增强凭证的安全性。

8.7.1　特权访问工作站

降低攻击管理员凭证风险的一种方法是使用特权访问工作站(PAW)——或安全管理主机——它表示只用于执行管理任务的计算机。

PAW 配置如下选项：

- 只有经过授权的用户才能登录到 PAW。
- 设备保护和 AppLocker 策略应该配置为只允许授权的应用程序运行在 PAW 上。
- 凭证保护应该配置为保护凭证。
- BitLocker 应该配置为保护引导环境和硬盘数据。
- 使用防火墙配置 PAW 来控制访问。

还可将 PAW 配置为跳转服务器，表示可以通过远程桌面协议远程访问的 PAW。万一没有安全地配置，跳转服务器如果被受损计算机访问，就可能受到危害。

保护域控制器

域控制器也是最易受到攻击的目标。如果攻击者获得对域控制器的访问权，就能够访问所有域对象。保护域控制器的步骤包括：

- 定期用最新的操作系统更新域控制器。
- 在 Server Core 安装上部署域控制器，以减少域控制器的攻击面。
- 配置 Windows Firewall with Advanced Security，防止对域控制器上的端口进行未经授权的访问。
- 为尽量减少未经授权的可执行文件和脚本在计算机上运行的机会，使用 AppLocker 和设备保护来控制可执行文件和脚本在域控制器上的执行。
- 在包括可信平台模块(TPM)芯片的硬件上部署域控制器，用 BitLocker 驱动器加密配置所有卷。
- 考虑在分支机构上把域控制器配置为只读域控制器(RODC)。注意，有些应用程序(如Exchange Server)不支持 RODC。
- 虚拟化的域控制器应该运行在独立的虚拟化主机上，或在受保护的光纤上作为虚拟机运行。
- 通过分配到域控制器 OU 的 Group Policy，配置远程桌面协议(RDP)，来限制 RDP 连接，使它们只能在 PAW 上连接。

8.7.2　本地管理员

每台计算机都有一个本地管理员账户。如果 IT 操作人员无法建立到域的连接，或计算机不是域成员，本地管理员账户就允许 IT 操作人员登录到计算机。为组织中的每台计算机管理本地管理员账户的密码是很有挑战性的，当计算机的数量非常大时，尤其如此。

本地管理员密码解决方案(LAPS)为组织提供了一个中央存储库，来存储域成员计算机的本地管理员密码，它具有以下功能：

- 在每台计算机上用 LAPS 管理的唯一本地管理员密码。
- 随机排列并定期修改本地管理员密码。
- 在 AD DS 中安全地存储本地管理员密码和机密。
- 配置权限，控制访问密码和机密。
- LAPS 检索加密的密码，并传输到客户端。

LAPS 从 Microsoft 下载中心下载，并通过 Group Policy 客户端扩展来配置。LAPS 需要运行 UpdateAdmPwdADSchema cmdlet，对所执行的 Active Directory 架构进行更新，这包含在一个 Windows PowerShell 模块中，在计算机上安装 LAPS 时，该模块就可用。更新架构的安全权限需要架构管理员组的成员身份，这个 cmdlet 应该在计算机上执行，该计算机与森林中 Schema Master 角色所在的计算机位于同一个 Active Directory 站点。LAPS 需求还包括安装.NET Framework 4.0 和 Windows PowerShell 2.0 或更新版本。

每次 Group Policy 刷新时，运行 LAPS 进程，包括以下步骤：

(1) LAPS 确定本地管理员账户的密码是否过期。

(2) 如果密码过期，LAPS 将执行以下步骤：

a. 根据为本地管理员密码配置的参数，将本地管理员密码修改为新的随机值。

b. 向 AD DS 传输新密码，AD DS 将新密码存储在一个特定的机密属性中，该属性与已更新其本地管理员账户密码的计算机账户相关联。

c. 将新的密码过期日期发送到 AD DS，并将其存储在一个特定的机密属性中，该属性与已更新其本地管理员账户密码的计算机账户相关联。

授权用户可从 AD DS 中读取密码，授权用户可在特定计算机上发起本地管理员密码的更改操作。

使用 LAPS 需要采取几个步骤来配置和管理密码。第一组步骤涉及配置 AD DS。它首先将希望使用 LAPS 管理密码的计算机账户移动到 OU 中。将计算机账户转移到 OU 后，使用 Set-AdmPwdComputerSelfPermission cmdlet 给 OU 中的计算机分配在其本地管理员账户到期时更新其密码的能力。

例如，为让伦敦 OU 中的计算机在密码过期时使用 LAPS 更新密码，应该使用以下命令：

```
Set-AdmPwdComputerSelfPermission -Identity "London"
```

默认情况下，属于域管理员和企业管理员组的账户可以访问和查看存储的密码。可以使用 Set-AdmPwdReadPasswordPermission cmdlet，允许自定义组访问本地管理员密码。

例如，为让 LondonAdmins 组能在伦敦 OU 中的计算机上查看本地管理员密码，应该使用以下命令：

```
Set-AdmPwdReadPasswordPermission -Identity "London" -AllowedPrincipals
"LondonAdmins"
```

下一步是在 AD DS 中安装 GPO 模板。安装模板后，可配置以下策略：

- 启用本地管理员密码管理。此策略启用 LAPS，允许集中管理本地管理员账户密码。
- 密码设置。此策略允许配置本地管理员密码的复杂性、长度和最大年龄。默认使用大写和小写字母、数字和特殊字符。默认密码长度为 14 个字符，默认密码的最长使用时限为 30 天。
- 不允许密码过期时间超过需要的时间。当启用时，密码将根据域密码过期策略进行更新。
- 管理管理员账户的名称。使用此策略识别自定义的本地管理员账户。

可使用下列方法查看分配给计算机的密码：

- 在 Active Directory Users and Computers 中，检查 ms-Mcs-AdmPwd 属性，查看启用了 Advanced Features 的计算机账户的属性。
- 使用 LAPS 用户界面(UI)应用程序。
- 使用 Windows PowerShell cmdlet Get-AdmPwdPassword；在安装 LAPS 时，可通过 AdmPwd.PS 模块使用该 cmdlet。

8.7.3 最小管理权限

前面提到，用户的最佳实践之一是拥有执行任务所需的最小安全权限。最小的管理权限(Just Enough Administration，JEA)是一门帮助管理员实现这种安全最佳实践的技术——通过运行 Windows PowerShell 命令，来精确定义特定资源上允许的操作。一旦配置了 JEA，授权用户就可以连接到特定定义的端点，并使用一组特定的 Windows PowerShell cmdlet、参数和参数值。例如，可将 JEA 端点配置为允许授权用户重新启动特定的服务(如 IIS)，但不允许重新启动其他任何服务或执行其他管理操作。

JEA 使用虚拟账户(而不是用户账户)来执行任务。这种方法的好处包括：

- 用户的凭证不保存在远程系统上，所以用户的凭证不会受到损害。
- 用于连接到端点的用户账户不需要管理权限。它只需要允许远程连接的权限。
- 虚拟账户仅限于托管它的系统。虚拟账户不能用于连接远程系统。攻击者不能使用受损的虚拟账户访问其他受保护的服务器。
- 虚拟账户只有本地管理员权限，但仅限于执行 JEA 定义的活动。虚拟账户可以配置为本地管理员组以外的组的成员，以进一步减少特权。

JEA 在 Windows Server 2016 和 Windows 10 版本 1511 或更高版本的操作系统上得到支持。如果安装了 Windows Management Framework 5.0，那么 JEA 最低在 Windows 7 和 Windows Server 2008 R2 操作系统上起作用。JEA 还需要 PowerShell，可在运行 Windows Server 2012 或更高版本的每台计算机上启用 PowerShell。或者，可启用 PowerShell 模块和脚本块，如本章前面所述。

8.7.4 角色功能文件

JEA 需要角色功能(Role-Capability)文件才能指定可以在 Windows PowerShell 会话中执行的操作。只允许执行在此文件中列出的操作。

使用 New-RoleCapabilityFile cmdlet 可创建角色功能文件，该 cmdlet 创建一个扩展名为.psrc 的文件。一旦创建，角色功能文件就可以根据需要进行编辑。

角色功能文件支持表 8.3 所示的组件。

表 8.3 角色功能

功 能	描 述
ModulesToImport	允许导入自定义模块
VisibleAliases	列出 JEA 会话中可用的别名
VisibleCmdlets	列出会话中可用的 Windows PowerShell cmdlet
VisibleFunctions	列出会话中可用的 Windows PowerShell 函数
VisibleExternalCommands	允许用户连接到会话上，运行外部命令
VisibleProviders	列出会话中可用的 Windows PowerShell 提供程序
ScriptsToProcess	配置 Windows PowerShell 脚本在会话开始时自动运行
AliasDefinitions	定义 JEA 会话的 Windows PowerShell 别名
FunctionDefinitions	定义 JEA 会话的 Windows PowerShell 函数
VariableDefinitions	定义 JEA 会话的 Windows PowerShell 变量
EnvironmentVariables	指定 JEA 会话的更好变量
TypesToProcess	配置要为 JEA 会话加载的 Windows PowerShell 类型文件
FormatsToProcess	配置要为 JEA 会话加载的 Windows PowerShell 格式
AssembliesToLoad	指定为 JEA 会话加载的程序集

下面看一些例子。例如，为使 Restart-Service cmdlet 仅用于 DNS 服务，应该在角色功能文件中提供以下条目：

```
VisibleCmdlets = @{ Name = 'Restart-Service'; Parameters = @{ Name='Name';
ValidateSet = 'DNS'}}
```

8.7.5 会话配置文件

在部署 JEA 时，应该注册并配置端点。在配置端点时，应该定义谁有权访问 JEA 端点、将哪些角色分配给访问端点的对象，并定义端点的名称。

要创建一个新的会话配置文件，应该使用 New-PSSession-ConfigurationFile cmdlet，它将创建一个带有.pssc 扩展名的文件。

会话配置文件的组件如表 8.4 所示。

表 8.4 会话配置文件的组件

字　段	说　明
SessionType	配置会话的默认设置。如果设置为 RestrictedRemoteServer，就可以使用 Get-Command、Get-FormatData、Select-Object、Get-Help、Measure-Object、Exit-PSSession、Clear-Host 和 Out-Default cmdlet。会话执行策略设置为 RemoteSigned。例如： SessionType ='RestrictedRemoteServer'
RoleDefinitions	将角色功能分配给特定的安全组。例如： RoleDefinitions =@{'CONTOSO\DNSOps' =@{RoleCapabilities='DNSOps'}}
RunAsVirtualAccount	将 JEA 配置为使用仅为 JEA 会话创建的特权虚拟账户。这个虚拟账户在成员服务器上具有本地管理员的特权，并且是域控制器上域管理员组的成员
TranscriptDirectory	指定了存储 JEA 活动转录本的位置
RunAsVirtualAccountGroups	如果不想让虚拟账户成为本地管理员组或域管理员组的成员，就可以使用这个字段，而不是指定虚拟账户所在的组

一台服务器可以有多个 JEA 端点，每个 JEA 端点可以用于不同的管理任务。例如，可以使用一个端点来执行 IIS 管理任务，而使用另一个端点来执行 DNS 管理任务。用户不必具有连接到端点的管理权限。连接之后，用户就会获得在会话配置文件中给虚拟账户配置的管理权限。

JEA 端点是使用 Register-PSSessionConfiguration cmdlet 创建的。使用这个 cmdlet 时，指定端点名称和驻留在本地机器上的会话配置文件。

例如，要使用 IISManagement.pssc 会话配置文件创建名为 IISManagement 的端点，可运行以下命令：

```
Register-PSSessionConfiguration -Name 'IISManagement' -Path IISManagement.pssc
```

在 Windows PowerShell 会话中使用 Enter-PSsession cmdlet 来连接 JEA 端点。例如，为了连接到计算机 NY-DC1 上名为 IISManagement 的 JEA 端点，使用 Contoso 域中用户 Paul 的凭证，运行以下命令：

```
Enter-PSSession -ComputerName NY-DC1 -ConfigurationName IISManagement -Credential
Contoso\Paul
```

完成管理任务后，可使用 Exit-PSSession cmdlet 来结束交互会话。

部署 JEA 的第一步是测试配置。如果测试成功，则将角色功能文件和会话配置文件复制到目标计算机，并在该计算机上创建 JEA 端点，可以将配置部署到其他计算机上。可以使用 JEA 预期状态配置(Desired State Configuration, DSC)，它允许将 JEA 集中部署到组织内由 DSC 维护其配置的计算机。此外，使用 DSC，用户和角色映射可以集中管理。

8.8 保护 Active Directory 基础设施

Active Directory 是每个基于 Windows 的服务器基础设施的基础。它存储用户账户、计算机账户和组。许多应用程序(例如 Exchange、SharePoint、Skype for Business 和 SQL Server)使用 Active Directory 存储信息，并进行身份验证和授权。对 Active Directory 的攻击是对所有依赖于 Active Directory 的应用程序的攻击。保护 Active Directory 是安全管理员最重要的任务之一。

8.8.1 增强的安全管理环境

增强的安全管理环境(ESAE)森林是设计 Active Directory 基础设施的一种特定体系结构方法。在 ESAE 中，专用的管理 Active Directory 森林托管具有管理权限的特权访问工作站、安全组和账户，而资源和非管理员用户账户位于单独的生产森林中。ESAE 森林配置了从生产森林到管理森林的单向信任关系，这意味着管理森林账户将有权访问生产森林资源。

ESAE 森林应该是一个单域 Active Directory 森林，以避免复杂性。此外，ESAE 森林只托管少量账户，必须对这些账户应用严格的安全策略。ESAE 森林中没有部署任何应用程序，因为它仅用于托管管理账户。

ESAE 森林服务器需要按照以下方式配置：

- 应验证安装介质。
- 服务器应该运行最新版本的 Windows Server 操作系统。
- 服务器应该自动更新安全性。
- 安全合规管理基本原则应该用作服务器配置的起点。
- 服务器应配置安全引导、BitLocker 卷加密、凭证保护和设备指南。
- 服务器应该配置块 USB 存储。
- 服务器应该是孤立的网络。应阻塞入站和出站 Internet 连接。

ESAE 森林具有以下好处：

锁定账户：ESAE 森林中的标准非特权用户账户可以配置为生产森林中的高度特权用户账户。例如，ESAE 森林中的标准用户账户，在生产森林中就变成域中 Domain Admins 组的成员。可以锁定托管在 ESAE 森林中的标准用户账户，使其不能登录到 ESAE 森林中的主机，只能用于登录到生产森林中的主机。如果一个账户在生产森林中使用时遭到攻击，则此设计更加安全，因为攻击者不能使用该账户在 ESAE 森林中执行管理任务。

选择性身份验证：ESAE 森林的设计允许组织利用信任关系的选择性身份验证特性。例如，来自 ESAE 森林中的登录仅限于生产森林中的特定主机。这是另一种有助于限制凭证泄露的方法。例如，在配置选择性身份验证时，可限制凭证公开，这样生产森林中的特权账户只能在特权访问工作站或跳转服务器上使用。

8.8.2 特权访问管理

特权访问管理(PAM)是一种技术，在有限的时间内(而不是永久地)向管理用户授予管理权限。它使用被授予特权的安全组的临时成员身份，而不是安全组的永久成员身份。PAM 提高了安全性，因为权限是临时分配的，而不是永久分配的；可以配置 PAM，仅在请求并获得批准之后才分配特权。

实现之后，PAM 可提供以下安全改进：

- 需要管理员权限的所有账户都是标准的用户账户。只有在请求并获得批准之后才能授予特权。如果管理员团队使用的用户账户受到攻击，攻击者除了分配给标准用户账户的权限外，不会获得其他权限。
- 所有对权限的请求都会记录下来。
- 特权都是暂时的。这样 IT 操作团队的成员更难执行未经授权的活动。

一旦授予了权限，用户就必须打开新的 Windows PowerShell 会话，或退出、再次登录，建立一个新会话，才能利用为其账户配置的新组成员关系。

为了部署 PAM 解决方案，还需要部署 Microsoft Identity Manager (MIM) 2016。MIM 功能包括管理组织中的用户、凭证、策略和访问，包括混合和跨森林场景。

在组织中部署 PAM 的体系结构如图 8.11 所示。

PAM 部署包括以下组件：

- **管理森林。**管理(或堡垒)森林配置为 ESAE 管理森林。
- **Microsoft Identity Manager(MIM)2016。**用于管理来自所谓堡垒森林的账户和组成员的产品。堡垒森林是一个独立的森林，包括管理生产森林的账户。
- **生产森林。**这是承载组织资源的森林。
- **PAM 客户机。**与 MIM PAM 功能交互的客户端软件，用于请求访问 PAM 角色。
- **PAM 组件服务。**管理特权账户的生命周期。

◆ **PAM 监控服务。**监视生产森林，将对生产森林的更改复制到管理森林或 MIM 服务。
◆ **PAM REST API。**可用于启用自定义客户端，与 PAM 交互。
◆ **MIM 服务。**MIM 服务器负责特权账户的管理过程。
◆ **MIM 门户。**MIM 门户是一个 SharePoint 站点。它提供管理和配置功能。
◆ **MIM 服务数据库。**MIM 服务数据库可以托管在 SQL Server 2012 或 SQL Server 2014 上。它保存 MIM 服务使用的配置和标识数据。

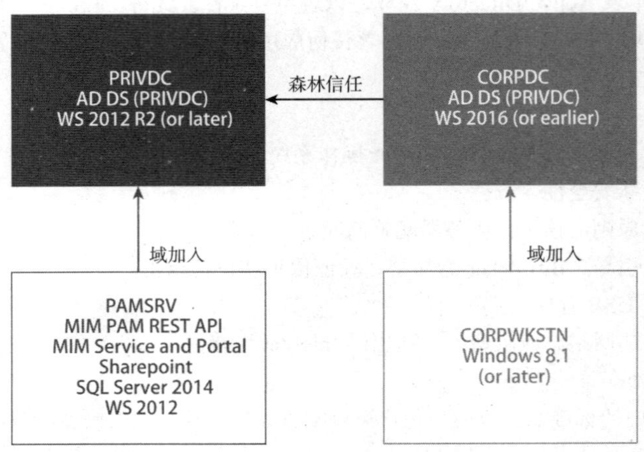

图 8.11　PAM 体系结构

PAM 使用影子账户和影子组，它们分别代表生产森林中的账户和组的副本。将用户添加到 PAM 角色时，MIM 将用户在管理森林中的影子账户添加到管理森林的影子组中。当用户使用这个账户登录时，他们的 Kerberos 令牌就包含一个安全标识符，它与生产森林中原始组的安全标识符匹配。

可使用 New-PAMUser cmdlet 创建影子用户，其中生产森林和堡垒森林之间必须存在信任关系。还必须指定源域和源账户名称。例如，要基于 Contoso.com 域中的 George 账户创建一个新的影子用户，应该使用以下命令：

```
New-PAMUser -SourceDomain Contoso.com -SourceAccountName George
```

可使用 MIM 门户的 Web 界面配置以下 PAM 角色设置：

显示名称：PAM 角色的名称。

PAM 特权：一个安全组的列表，被授予该角色访问权的用户会临时添加到这些安全组中。

PAM 角色 TTL(sec)：这是成员被授予此角色的最长时间。默认值是 3600 秒(1 小时)。

启用 MFA：MIM 的 PAM 功能可与 Azure 多因素身份验证集成。MFA 需要两种形式的身份验证。第二种形式的身份验证可以包括短信或电话。

批准请求：可以配置 PAM 角色成员资格，只有在 PAM 管理员批准请求时才授予该成员资格。

启用可用性窗口：配置该选项时，PAM 角色只能在特定时间内使用。

描述：提供了 PAM 角色的描述。

最后，结合 PAM 与 JEA，可以最大化安全级别，方法是限制谁可以执行管理任务，精确地控制哪些任务允许执行，将特权用户账户隔离在独立的森林中，来保护这些账户，限制分配管理权限的时间。然而，这种基础结构增加了管理和维护该解决方案的复杂性。因此，应该仔细分析组织的业务需求，并决定将部署什么样的安全场景和解决方案。

8.9　恶意软件保护

自从个人电脑问世以来，恶意软件就一直存在。遗憾的是，恶意软件不断被开发出来，攻击者不断寻找新的方法来损害操作系统。我们不时听到新的病毒在互联网上传播，“勒索软件攻击”加密用户和组织的数据。

Windows Server 2016 包括 Windows 防御器，帮助保护用户的电脑免受各种恶意软件的攻击。Windows 防御器使用反恶意软件定义，来确定它检测到的软件是否存在恶意，并提醒用户存在潜在的风险。由于每天都有新的威胁出现在互联网上，Windows 防御器会自动检查新的定义，并在它们发布时及时安装。当 Windows 防御者检测到潜在的恶意软件活动时，它会根据威胁的类型提高到不同的警戒级别。如果任何软件试图更改重要的 Windows 操作系统设置，Windows 防御器也会发出警告。为了防止恶意软件和其他不需要的软件在电脑上运行，打开 Windows 防御实时保护。

Windows 防御器有三个扫描选项，列在表 8.5 中。

表 8.5 Windows 防御扫描选项

扫描选项	说明
快速	检查区域，如系统文件夹和注册表，恶意软件最可能攻击那里
全面	检查硬盘上的所有文件和所有运行的程序
自定义	允许用户扫描特定的驱动器和文件夹

当 Windows 防御器检测到潜在的有害文件时，就将文件移动到隔离区域；不允许运行它，也不允许其他进程访问它。用户可以检查被隔离的文件，并决定是否应该使用 Remove or Restore Quarantined Items 选项来删除或恢复这些文件。此外，用户可以维护 Allowed 列表，选择将文件放在允许列表中。

验证微软是否支持 Windows 防御器

在 Windows Server 2016 操作系统上启用 Windows 防御器之前，请检查该场景是否得到微软的支持。例如，如果运行 Exchange Server，Windows 防御器不支持 Exchange，因此它将扫描 Exchange 数据库作为常规文件。由于 Windows 防御器不了解数据库结构，因此存在破坏数据库文件的潜在风险。因此，建议在运行 Exchange Server 的机器上禁用 Windows 防御器，或者至少配置 Windows 防御器，不扫描 Exchange Server 使用的文件和文件夹。作为一种最佳实践，在启用 Windows 防御器之前，应该始终检查 Microsoft 的支持状态，这取决于运行在 Windows 服务器上的不同产品(如 Skype for Business、SQL Server、域控制器和其他类型的服务器角色)。

8.9.1 软件限制策略

软件限制策略(SRP)是在 Windows Server 2003 操作系统中引入的，它们为管理员提供了指定哪些应用程序可在客户机上运行的功能。SRP 包含规则和安全级别，并通过 Group Policy 进行配置。

该规则控制 SRP 如何回应正在运行或安装的应用程序，并基于以下条件之一：

- **散列。**文件的加密指纹。
- **凭证。**对文件进行数字签名的软件发行商证书。
- **路径。**存储文件的本地或 UNC (通用命名约定)路径。
- **区域。**互联网的区域。

每个应用的 SRP 都可以配置一个安全级别，该级别决定操作系统如何响应不同类型的应用程序。这里列出了三个可用的安全级别：

- **不允许。**不管用户的访问权限如何，规则识别的软件都不会运行。
- **基本用户。**标准用户可以运行“规则识别的软件”。
- **无限制。**规则识别的软件的运行可以不受 SRP 的限制。

SRP 可在 Group Policy 管理编辑器中的以下位置配置：Computer Configuration\Policies\Windows Settings\Security Settings\ Software Restriction Policies，如图 8.12 所示。

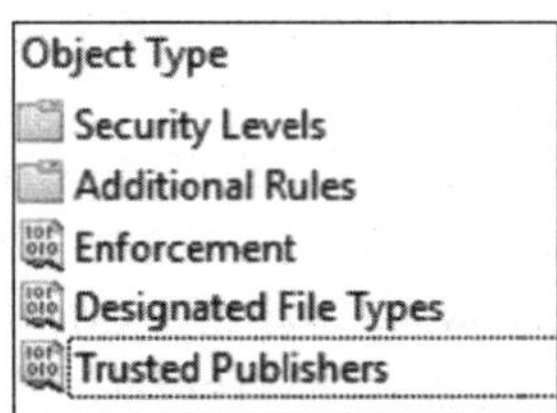

图 8.12 在 Group Policy 管理编辑器中配置软件限制策略

8.9.2 AppLocker

AppLocker 在 Windows Server 2008 R2 操作系统中引入，它控制用户可以运行哪些应用程序。AppLocker 通过 Group Policy 应用于组织单元(OU)中的计算机对象。单个 AppLocker 规则可以应用于独立的 Active Directory 域服务(AD DS)用户或组。AppLocker 可用于监视或审计规则的应用。使用 AppLocker 技术，管理员可以控制用户如何访问和使用文件，例如 exe 文件、脚本、Windows 安装程序(msi 和 msp 文件)、动态链接库(DLL)和打包应用程序(如 Windows Store 应用程序)等。

AppLocker 可用于限制公司内不允许的软件、公司内不再支持或使用的文件，或仅在特定部门使用的软件。

在 Group Policy 管理编辑器中，AppLocker 设置在以下位置配置：Computer Configuration\Policies\Windows Settings\Security Settings\Application Control Policies，如图 8.13 所示。

图 8.13　在 Group Policy 管理编辑器中配置 AppLocker

AppLocker 使用应用程序标识服务来验证文件的属性。应该将此服务配置为在应用 AppLocker 的每台计算机上自动启动。

AppLocker 中的规则是基于文件属性来定义的，这些文件属性从文件的数字签名中派生。数字签名中的文件属性包括：

- 出版商的名字
- 产品名称
- 文件名称
- 文件版本

“允许和拒绝”是规则，基于配置的应用程序列表，允许或禁止应用程序的执行。如果选择 Allow Action，组织的计算机将只运行那些专门允许的应用程序。如果选择 Deny Action，组织的计算机将运行所有应用程序，但拒绝应用程序列表中的应用程序除外。

AppLocker 策略有两种执行模式：Enforce 和 Audit Only。如果选择 Enforce，AppLocker 将强制执行所有规则，审计所有事件。如果选择 Audit Only，AppLocker 将只评估规则，并将事件写入 AppLocker 日志。可以使用 Audit Only 选项来帮助评估 AppLocker 配置了 Enforce 选项时会发生什么，因此可以在实际执行之前测试场景。

8.9.3 设备保护

设备保护是 Windows Server 2016 中引入的一个新特性，它是硬件和软件组件的组合，确保只允许可信和授权的应用程序在计算机上运行。设备保护使用基于虚拟化的安全性来隔离代码完整性服务，并在一个受管理程序保护的容器中与 Windows 内核一起运行。管理员可以配置在实现设备保护的计算机上运行哪些应用程序。为此，要使用代码完整性策略来保护环境。代码完整性策略的位置在文件 C\Windows\System32\CodeIntegrity\sipolicy.p7b 中。

设备保护包括以下技术：

虚拟安全模式：虚拟安全模式是隔离本地安全子系统服务 LSASS.exe 进程与操作系统的虚拟外壳。在 Windows 10 和 Windows Server 2016 中，虚拟机监控程序位于硬件之上，它直接与硬件交互，允许与虚拟客户端共享硬件。

可配置的代码完整性(CCI)：CCI 验证 Windows 操作系统正在执行的代码。它不允许启动未经授权的应用程序。

虚拟安全模式保护的代码完整性：可配置的代码完整性策略有两个组件：用户模式代码完整性(UMCI)和内核模式代码完整性(KMCI)。与以前的 Windows 版本相比，KMCI 提供了内存管理方面的改进，并且允许组织指定自己的 KMCI 和 UMCI 设置。可配置的代码完整性应该与其他安全解决方案一起运行，比如杀毒软件或 AppLocker。

平台和统一可扩展固件接口(UEFI)安全引导：该安全引导在 Windows 8 中引入，确保引导加载程序代码和固件不被恶意代码篡改。这个特性需要在 UEFI 中启用 UEFI booting and Secure Boot 选项。

配置设备保护

要在 Windows 10 或 Windows Server 2016 中启用虚拟安全模式，必须执行以下步骤：

(1) 在 BIOS 中启用安全引导和 UEFI。

(2) 启用可信平台模块(TPM)。

(3) 安装 Microsoft Hyper-V 监控程序。不需要 Hyper-V 服务和管理工具。

(4) 启用隔离用户模式。

(5) 启用名为 Enable Credential Guard 的虚拟安全模式策略。可以在 Computer Configuration\Administrative Templates\System\ Device Guard\Turn on Virtualization Based Security 策略中找到这个设置。

(6) 以管理员身份运行以下命令，然后重新启动计算机，将启动配置数据(BCD)配置为启动虚拟安全模式：

```
bcdedit /set vsmlaunchtype auto
```

(7) 在事件查看器的系统日志中验证，当前运行的是虚拟安全模式；在任务管理器中验证运行了安全系统进程。

为了确保服务器上只有受信任的发布程序签名的软件，应该在服务器上创建代码完整性文件，该文件具有预先配置的设置，只运行需要的软件。运行 New-CIPolicy cmdlet，可以创建代码完整性文件，如下所示：

```
New-CIPolicy -Level Publisher -FilePath C:\CI\audit-publisher.xml -UserPEs -audit
```

该命令扫描用户模式和内核模式文件，然后找到所有签名程序，并将它们放入使用 New-CIPolicy cmdlet 创建的代码完整性策略 XML 文件中。一旦创建了 XML 文件，需要运行以下命令，将其转换为二进制文件：

```
ConvertFrom-CIPolicy .\software.xml .\software.bin
```

创建.bin 文件后，需要使用图形界面或运行以下命令，将其复制到 Windows System32 下的 CodeIntegrity 文件夹中，然后重新启动计算机：

```
Copy-Item .\software.bin C:\Windows\System32\CodeIntegrity\sipolicy.p7b
```

启用设备保护后，就开始以审计模式工作。一旦管理员检查了审计日志，确信代码完整性策略是正确的，设备保护就可以在使用 Windows 10 和 Windows Server 2016 操作系统的计算机上从审计模式切换到强制模式。使用-Audit 参数，New-CIPolicy cmdlet 允许基于审计日志构建策略。此外，可以从多个服务器上捕获策略，使用 Merge-CIPolicy cmdlet 合并它们。例如，可以将从审计日志中创建的策略与初始策略合并起来。ConvertFrom-CIPolicy cmdlet 将 XML 格式的策略转换为二进制格式。在策略转换为二进制格式之后，可以将它复制到 CodeIntegrity 文件夹，如下例所示，然后重新启动计算机：

```
ConvertFrom-CIPolicy C:\CI\MergedPolicy.xml c:\CI\software.bin
cp C:\CI\software.bin c:\Windows\System32\CodeIntegrity\SIPolicy.p7b
```

可配置的代码完整性策略包括不同的规则选项。要检查设备保护的各种规则选项，可使用以下命令：

```
Set-Ruleoption - Help
```

前面的命令将显示以下选项：

- 0 启用：UMCI
- 1 启用：启动菜单的保护
- 2 要求：WHQL
- 3 启用：审计模式
- 4 禁用：飞行签署
- 5 启用：继承默认策略
- 6 启用：未签名系统完整性的策略
- 7 允许：调试策略增强
- 8 要求：EV 签名程序
- 9 启用：高级启动选项菜单

◆ 10 启用：引导审计失败
◆ 11 禁用：脚本执行

要将设备保护从审计模式改为强制模式，可使用 Set-RuleOption cmdlet，并从前面的列表中选择适当的选项，如下例所示：

```
Set-RuleOption -Option 5 -FilePath [file location] -Delete
```

完整的场景如下：

```
Set-RuleOption -FilePath C:\ci\newci.xml -Option 3 -Delete
ConvertFrom-CIPolicy .\newci.xml .\newci.bin
Copy-Item .\ newci.bin C:\Windows\System32\CodeIntegrity\sipolicy.p7b.
```

重新启动计算机后，代码完整性策略将处于强制模式。如果试图执行设备保护策略不允许的文件，就会显示“系统无法执行指定的程序”的消息。

设备保护支持使用不同类型的应用程序，包括签名和没有任何数字签名的应用程序。支持的两类数字签名如下：

嵌入式签名：二进制文件和签名信息是自包含的，这些签名对于启动驱动程序或运行时检查是必需的。

类别签名：是一个经过签名的文件，它标识了一个或多个二进制文件。这些类别位于[System32]\CatRoot 文件夹中。它们是驱动程序包或安装时检查所需的。类别签名的管理和部署可以独立于包二进制文件，并且它们保留任何现有的签名。

8.10 用额外的微软产品加强操作系统的安全性

我们经常遇到与标准操作系统技术相比具有额外特性的工具。其中一些工具是由微软开发的，还有一些是由第三方供应商开发的。本节将学习 Advanced Threat Analytics(高级威胁分析)，这是微软开发的一种安全工具，可以帮助管理员监视基础设施，以防范潜在的安全威胁。

Advanced Threat Analytics

Advanced Threat Analytics(ATA)是微软的一个独立产品，可以在 Windows Server 上安装，它有入侵检测系统(IDS)的功能。IDS 系统检测攻击并警告安全管理员。不同的供应商提供被称为入侵防御系统(IPS)的安全产品，它不仅可以检测攻击，而且可以防止攻击。

ATA 是一种基于网络的入侵检测系统(NIDS)，它同时使用基于签名和基于异常的检测。ATA 使用基于签名的方法，帮助识别已知的恶意攻击和技术、安全问题和风险。此外，基于异常的检测分析、学习和识别正常和异常实体(用户、设备和资源)行为。ATA 是一个监视 Active Directory 活动的现场解决方案。它检查 Active Directory 域服务(AD DS)流量，以了解身份验证模式。ATA 是一种行为分析工具，这意味着恶意黑客不能再隐藏在有效的用户账户后面。攻击者不知道账户的正常用户行为在基线中捕获，因此即使他们试图缓慢地执行一些更改，ATA 也会检测到该用户模式中的更改。

ATA 安装后，系统处于分析阶段；这是一个简单的、无干扰的端口镜像配置，它复制与 Active Directory 相关的所有通信流，而不会被攻击者看到。它研究所有 AD DS 流量，收集 SIEM 和其他来源的相关事件。

分析阶段之后是学习阶段。在这个阶段，ATA 自动开始学习，概述对象行为。它识别对象的正常行为，并不停地学习，以更新用户、设备和资源的活动。

第三阶段是检测阶段；它在没有用户参与的情况下自动进行。它查找异常行为，识别可疑活动。只有当异常活动在上下文环境下被聚合时，才会发出危险信号。

最后一个阶段是警戒阶段。在这个阶段，ATA 在一个简单的、功能性的和可操作的时间线上报告所有可疑的活动。它标识了参与者、内容、时间和方式。对于每一项可疑活动，ATA 都提供调查和补救建议。

部署 ATA 是无干扰的，不会影响生产系统。ATA 根据它所监视的流量侦听并给出报告，因此对网络没有影响。

有关 Advanced Threat Analytics 的更多信息，请访问以下链接：https://docs.microsoft.com/en-us/ advanced-threat-analytics/what-is-ata。

8.11　攻击的证据

漏洞检测包括在系统上发现攻击者已经入侵的证据。大多数情况下，攻击者会将证据留在受损的计算机上。为找到证据，需要对操作系统、应用程序和网络基础结构的工作原理有深入了解；还需要使用不同的安全产品，如入侵检测系统(IDS)。例如，Microsoft 的 Advanced Threat Analytics 有自动的程序来寻找这些证据。然而，如果知道去哪里找，就可能会在发生违规行为时找到证据。通常情况下，发现系统有问题时，会怀疑出现了漏洞。例如，注意到服务器在办公时间以外上传了大量数据，或者当前使用的处理器资源或内存的数量有异常。

事件日志用于记录计算机上发生的活动。当审计配置计算时，它记录几乎所有具有安全意义的事件。这使事件日志成为在确定计算机是不是安全漏洞的目标时的第一个检查点。IDS 还使用事件日志来识别恶意活动。事件日志应该定期从计算机中移出，因为老练的攻击者会清除事件日志，以隐藏攻击。Windows Server 有转发事件日志的选项；这是一种内置技术，允许配置为在另一个位置自动转发和存储事件日志。此外，管理员应该创建事件日志的存档，以便在发现攻击时，调查人员可以在攻击被识别之前查看事件日志，找出攻击者对系统造成危害的时间有多长。管理员还应该确保配置事件日志，使之在日志满时不会覆盖事件。

攻击者经常在攻击的特权升级阶段危害用户、计算机和服务账户。某些情况下，可通过识别账户中的更改或特权组(如域管理员组)成员关系的更改。来发现安全漏洞。

如果发现新账户突然出现的证据，组织就可能遭受了安全攻击。它们可以是本地账户或 Active Directory 中的账户。组织应该有一个流程来控制何时创建账户、由谁创建以及出于什么原因创建账户。攻击者创建的新账户不太可能具有名称，这表明账户是可疑的。此外，准备充分的攻击者可能使用账户名与他们从社会工程中了解到的组织名相关联，例如以不再为组织工作的前雇员的名字生成账户。

权限的增加通常表明攻击者向已受损害的账户添加了权限。当攻击者处于攻击的特权升级阶段时，这通常发生在标准用户账户、服务账户和计算机账户上。例如，如果发现与会计部门关联的用户账户是 Domain Admins 组的成员，就可能会怀疑发生了安全攻击。安全攻击的一些证据可能包括：

- 特权组的成员发生变化。攻击者将组(如域管理员组和本地管理员组)作为目标，因为它们提供了升级权限的简单路径。
- 创建新组。准备充分且经验丰富的攻击者会危害组织的 Active Directory 环境，创建的组具有与内置特权组(如域管理员和本地管理员组)类似的特权。

为检测到这些变化，应该确保对账户管理活动进行定期审计。

审计

Windows Server 操作系统包括用于分析包含安全审计信息的日志的工具。这些工具提供了审计功能，可以使用这些功能来检测任何异常活动或未经授权的访问尝试。

审计策略监视与安全相关的不同活动，并将监视结果存储在审计日志中。在 Computer Configuration 节点下使用 Group Policy 编辑器，在域级别上管理审计策略。在 Computer Configuration 中，展开 Policy\Windows Settings\Security Settings\Local Policies，然后单击 Audit Policy，如图 8.14 所示。

Policy	Policy Setting
Audit account logon events	Not Defined
Audit account management	Not Defined
Audit directory service access	Not Defined
Audit logon events	Not Defined
Audit object access	Not Defined
Audit policy change	Not Defined
Audit privilege use	Not Defined
Audit process tracking	Not Defined
Audit system events	Not Defined

图 8.14　Group Policy 管理编辑器中的 Audit Policy 设置

表 8.6 定义了 Windows Server 2016 域控制器上的每个审计策略。

表 8.6 审计策略设置

审计策略设置	说　明
Audit account logon events(审计账户登录事件)	当用户或计算机登录时，使用 Windows Server Active Directory 账户进行身份验证，生成事件
Audit account management (审计账户管理)	审计事件，包括用户、组或计算机账户的创建、删除或修改，以及用户密码的重置
Audit directory service access (审计目录服务访问)	用户试图访问 SACL(系统访问控制列表)中指定的 Active Directory 对象时的审计事件，可在 Active Directory 对象的 Properties Advanced Security Settings 对话框中看到该列表
Audit logon events(审计登录事件)	用户以交互方式(本地)登录到计算机或通过网络(远程)登录时，生成事件
Audit object access(审计对象访问)	审计对具有自己 SACL 的文件、文件夹、注册表项和打印机等对象的访问。除了启用这个审计策略之外，还必须配置对象的 SACL 中的审计条目
Audit policy change(审计策略更改)	审计对用户权限分配策略、审计策略或信任策略的更改
Audit privilege use(审计权限的使用)	审计权限或用户权限的使用。请参阅 Group Policy 管理编辑器中有关此策略的说明文本
Audit process tracking(审计过程跟踪)	审计事件，如程序激活和进程退出。请参阅 Group Policy 管理编辑器中有关此策略的说明文本
Audit system events(审计系统事件)	审计系统重启、关闭，审计影响系统或安全日志的更改

当然，每个组织都应该根据自己的安全和法规来定制自己的审计策略。除了审计登录事件之外，组织还可能选择审计文件服务器上不同级别的访问，比如访问特定文件夹及其内容的成功或失败尝试。

要配置文件级审计，必须完成以下三个步骤：

(1) 指定审计设置。

(2) 启用审计策略。

(3) 评估安全日志中的事件。

向文件或文件夹的 SACL 中添加审计条目，可以审计对文件或文件夹的访问。为此，必须执行以下步骤，如图 8.15 所示。

(1) 打开文件或文件夹的属性对话框，然后单击 Security 选项卡。

(2) 在 Security 选项卡上，单击 Advanced。

(3) 点击 Auditing。

(4) 要添加条目，单击 Edit。Auditing 选项卡将在编辑模式下打开。

(5) 单击 Add，然后选择要审计的用户、组或计算机。

(6) 在 Auditing Entry 对话框中，选择审计访问的类型。

审计成功和失败

一家从事全新产品开发的软件开发公司希望在不同的文件服务器上安全地存储他们的项目数据。为了审计对安全敏感文档的访问，配置为在其文件服务器的所有数据文件夹上进行成功尝试和失败尝试的审计。然而，过了一段时间，他们意识到安全日志文件中有数千个条目，这些条目很难分析，因为他们选择审计文件服务器上所有的文件夹，而不是只审计包含新项目关键数据的文件夹。

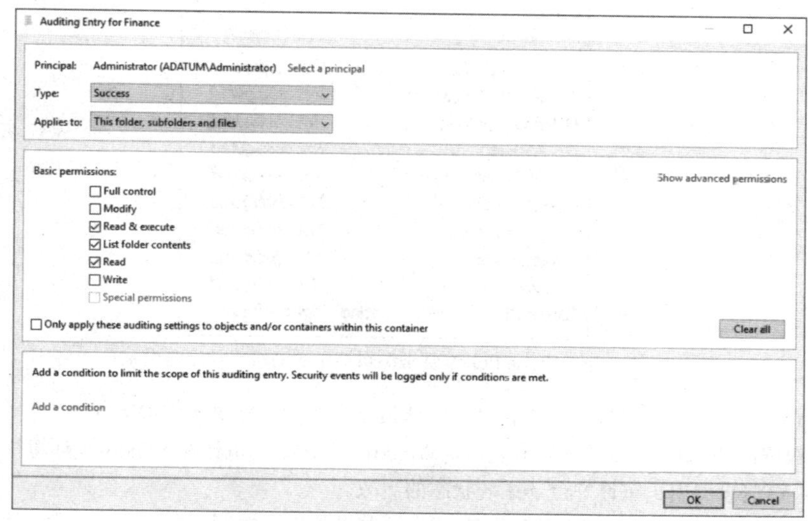

图 8.15 审计文件夹上的安全设置

使用一个或多个访问级别，可以在指定用户、组或计算机试图访问资源时，对成功或失败进行审计。

可以审计成功的原因如下：

◆ 审计成功的访问，以验证安全权限，不允许一些用户对特定文件夹的权限比他们需要的更多。
◆ 审计成功的访问，来确定访问用户不应该被允许访问，这可能表明一个未经授权的特权。
◆ 审计失败的访问，以监控未经授权的用户访问资源的尝试。
◆ 审计失败的访问，来确定一个需要访问权限的用户访问文件或文件夹的失败尝试。这表明权限不足以满足业务需求。

在文件或文件夹的安全描述符中完成设置后，应该启用审计。必须在 Group Policy 中定义适当的审计策略设置。策略设置必须应用于包含被审计对象的服务器。

现在，已经完成了 Group Policy 设置，可监视和解析服务器安全事件日志中的事件，这些事件位于事件查看器控制台的 Windows log\security 中。

这些安全审计改进可以通过跟踪精确定义的活动，帮助组织遵守与业务相关和与安全相关的重要规则。定义的活动有：

◆ 管理员修改包含敏感信息的服务器上的设置或数据。
◆ 员工访问一个重要文件。
◆ 在计算机或文件共享上，给每个文件、文件夹、注册表项应用正确的 SACL。

高级审计策略设置

Windows Server 2016 还在 Group Policy 管理编辑器的 Computer Configuration\Policies\Windows Settings\ Security Settings 包含高级审计策略设置，如图 8.16 所示。

设置如下：

Account Logon(账户登录)：这些设置允许审计凭证的验证事件以及与 Kerberos 相关的其他身份验证和票据操作事件。域环境中的凭证验证发生在域控制器上，这意味着审计条目记录在域控制器上。

Account Management(账户管理)：可对具有这些设置的用户账户、计算机账户和组的相关修改事件进行审计。这组审计设置还记录密码更改事件。

Detailed Tracking(详细跟踪)：这些设置控制对加密事件、Windows 进程创建和终止事件，以及 RPC (远程过程调用)事件的审计。

DS Access(DS 访问)：这些审计设置涉及对 AD DS 的访问，包括一般访问、更改和复制。

Logon/Logoff(注册/注销)：这组设置审计标准登录和注销事件。还审计其他特定于账户的活动，例如 Internet 协议安全性(IPsec)、网络策略服务器以及其他未分类的登录和注销事件。

Object Access(对象访问)：这些设置允许审计对 AD DS、注册表、应用程序和文件存储的任何访问。

Categories	Configuration
Account Logon	Not configured
Account Management	Not configured
Detailed Tracking	Not configured
DS Access	Not configured
Logon/Logoff	Not configured
Object Access	Not configured
Policy Change	Not configured
Privilege Use	Not configured
System	Not configured
Global Object Access Auditing	Not configured

图 8.16　Group Policy 管理编辑器中的高级审计策略设置

Policy Change(策略更改)：在配置这些设置时，审计策略设置的内部更改将被审计。

Privilege Use(权限的使用)：当配置这些设置时，Windows Server 会审计在 Windows 环境中使用权限的尝试。

System(系统)：这些设置用于审计安全子系统状态的更改。

Global Object Access Auditing(全局对象访问审计)：这些设置用于控制一台或多台计算机上所有对象的 SACL 设置。当使用 Group Policy 配置和应用这个组中的设置时，策略设置的配置决定了 SACL 的成员资格，而 SACL 是直接在服务器上配置的。

部署了动态访问控制的组织可以利用基于表达式的审计，这将为它们带来额外的审计功能，例如根据特定的分类、用户或操作对文件和文件夹进行审计。例如，基于文件夹分类进行自动审计，以进行安全访问。

AuditPol

AuditPol (AuditPol.exe)是一个命令行工具，可使用以下功能管理高级审计策略设置：

- 审计个人电脑的配置。例如，可以使用 AuditPol 管理未连接到 Active Directory 域的个人计算机上的审计设置。
- 获得当前审计设置。运行 auditpol /get /category:* command，可以跨所有高级审计类别验证当前的审计设置。
- 审计设置的备份和恢复。可以使用 AuditPol 从一台计算机上备份审计设置，并在另一台计算机上恢复它们。

事件日志转发

分析许多不同服务器上的安全日志可能是一项难以执行的任务。因此，可在 Windows Server 中使用事件转发，其中远程计算机转发事件。事件转发有两种类型：源发起的转发和集合发起的转发。为从计算机中收集安全事件，必须验证 winrm 服务是以管理员身份运行的。在 Windows PowerShell 中使用以下命令：

```
winrm qc
```

配置事件源计算机后，作为管理员，应该在收集器计算机的高级命令提示符下，在 Windows PowerShell 中运行以下命令：

```
wecutil qc
```

然后，必须使用 Add-ADGroupMember cmdlet，将计算机添加到 Event Log Readers Active Directory 组，从而将收集器计算机账户添加到每个源计算机上的 Event Log readers 组。

```
Add-ADGroupMember -identity 'Event Log reader'-members AuditSRV$
```

配置完成后，就准备创建一个新的订阅，以指定希望事件源转发给事件收集器的事件。要创建一个新的订阅，可执行以下步骤：

(1) 以管理员身份运行事件查看器。

(2) 在控制台树中，单击 Subscriptions。

(3) 在 Actions 菜单上，单击 Create Subscription 并输入所请求的信息，如图 8.17 所示。

(4) 在 Subscription name 中，键入订阅所需的名称。

(5) 在 Description 框中，输入可选的描述信息。

(6) 在 Destination log 框中，选择要存储收集事件的日志文件。

(7) 单击 Add，然后选择要从其中收集事件的计算机。单击 Select Events，以显示 Query Filter 对话框。使用 Query Filter 对话框中的控件指定事件必须满足的收集条件。

(8) 在 Subscription Properties 对话框中，单击 OK。订阅将被添加到 Subscriptions 窗格中，如果操作成功，订阅的状态将是 Active。

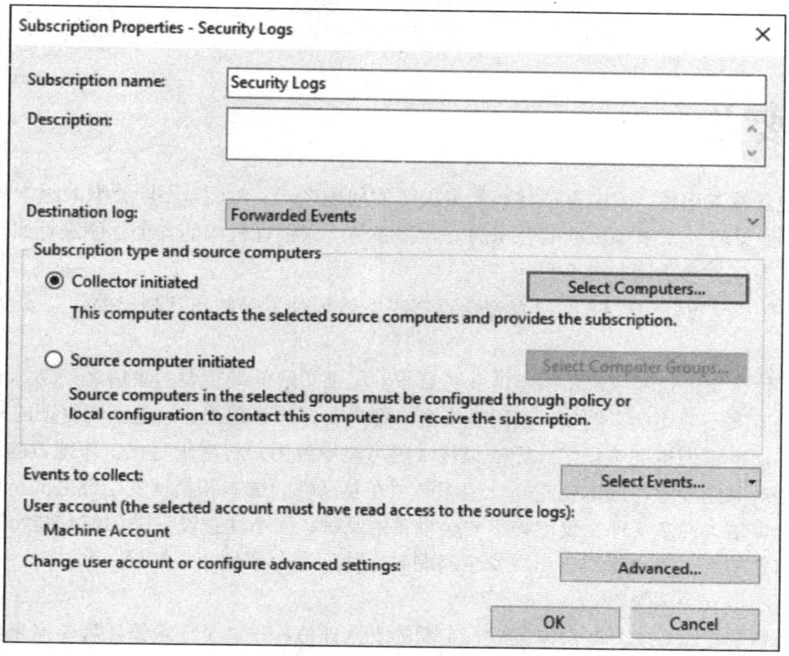

图 8.17 在事件查看器中配置订阅

如今，IT 部门依靠 Windows PowerShell 来自动管理任务。因此，可使用 Windows PowerShell，它为安全审计和分析审计日志提供了 cmdlet，如表 8.7 所述。

表 8.7 用于管理审计日志的 Windows PowerShell cmdlet

Windows PowerShell cmdlet	说 明
Clear-EventLog	从本地或远程计算机上指定的事件日志中删除所有条目
Get-Event	获取事件队列中的事件
New-Event	创建一个新事件
New-EventLog	在本地或远程计算机上创建新事件日志和新事件源
Remove-Event	从事件队列中删除事件
Remove-EventLog	删除事件日志或注销事件源
Show-EventLog	显示事件查看器中本地或远程计算机的事件日志
Write-EventLog	将事件写入事件日志
Limit-EventLog	设置限制事件日志大小和条目年龄的事件日志属性

Windows PowerShell 允许基于特定的标准来检索特定的事件。例如，如果想检索最新的 50 个安全事件，可以运行以下命令：

```
Get-EventLog -Newest 50 -LogName "Security"
```

如果安全部门要求将所有管理命令登录到一个独立的日志中，可以使用 PowerShell 模块的 LogPipelineExecutionDetails 属性，并将其设置为值$true，从而启用日志记录。还可在 Administrative Template/Windows Components/Windows PowerShell 中配置 Group Policy，来启用日志记录，如图 8.18 所示。

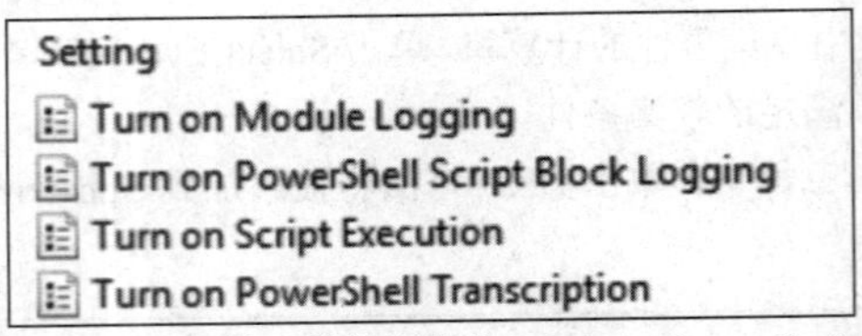

Setting
Turn on Module Logging
Turn on PowerShell Script Block Logging
Turn on Script Execution
Turn on PowerShell Transcription

图 8.18　Group Policy 管理编辑器中的 Windows PowerShell 日志设置

8.12　本章要点

总是从组织的业务需求出发。安全是任何组织最关心的问题之一。然而，不同类型的组织需要不同级别的保护和安全策略。例如，如果将一家出售报纸的公司的安全程序与一家银行机构的安全程序进行比较，就会注意到存在巨大的差异。本章学习了许多不同的安全技术。

问题：组织有安全策略吗？IT 部门有安全程序吗？做记录了吗？本章列出的哪些安全技术最适合满足组织需求？

答案：选择什么安全技术取决于组织的业务要求。需要了解的最重要的事情之一是，安全性与成本和用户友好的解决方案不成比例。例如，密码越安全，用户友好性就越差。这是因为复杂的密码对攻击者来说更难猜到；然而，它们也更难记忆。无法记住密码可能导致用户将密码写在工作地点的笔记上。说到成本，部署的安全产品越专业，成本就越高。组织必须在复杂性、成本和最佳安全性之间折中。

执行定期的安全评估。许多管理员仅依赖于安全设备的品牌，而不注意设备是如何安装和配置的。他们不会更新操作系统或恶意软件的定义。当组织中出现安全漏洞时，他们也会感到非常惊讶。

问题：如何防范安全漏洞?

答案：我们总是建议对安全解决方案进行定期的安全评估——甚至让道德黑客专家来模拟不同的攻击，并生成关于组织的基础设施安全漏洞级别的报告。

尽可能自动化流程。IT 部门每天都在增长，对于必须管理和监视公司部署的不同安全解决方案的管理员来说，缺乏自动化工具(例如 Windows PowerShell 和 Group Policy)是一个非常大的挑战。

问题：如何熟练使用自动化工具?

答案：创建一个有用的 Windows PowerShell 脚本库，它有助于轻松地执行必要的命令。了解 Windows PowerShell 和 Group Policy 是如何工作的，这样就可以(例如)一次在 100 台计算机上配置防火墙设置。在当今世界，手工配置一个系统即使不是不可能的，也是不切实际的。使用自动化工具，可以在报告安全问题时关闭多个攻击面，或者在不同的客户机和服务器上同时扫描恶意软件。

第9章 Active Directory 域服务

Active Directory 域服务(AD DS)最早是在 Windows 2000 Server 中引入的(它存在于 Windows NT 中，称为 Windows NT 域)。Active Directory 是兼容 LDAP 的目录服务。目录服务可以追溯到 Windows 操作系统出现之前。本章将讨论 Windows Server 2016 中的 Active Directory。因为 Active Directory 是一个非常大的主题，所以我们跳过概述性的内容，介绍管理员经常处理的主题。这意味着本章不详细介绍某些主题(甚至是某些新特性)。

本章内容：

- 设计 Active Directory 森林和域
- 设计组织单元结构
- Group Policy 的实现和故障排除

9.1 特性概述

每个新版本的 Windows Server 都为 Active Directory 引入了新功能。用户应该熟悉这些特性，以解决环境中的挑战。尽管本节中的列表并不详尽，但它们确实涵盖了主要的新特性。

9.1.1 Windows Server 2016 中 AD DS 的改变

在 Windows Server 2016 中，引入了以下新功能和改变：

Privileged Access Management (特权访问管理，PAM)：PAM 将特权用户账户与 Active Directory 环境的其他部分隔离开来。为此，它引入了 Active Directory 森林和域、Microsoft Identity Manager (MIM)、工作流和按需升级特权等新功能。

Windows Server 2003 即将终结：换句话说，不支持 Windows Server 2003。因此，如果仍在环境中运行它，需要远离它。Windows Server 2003 森林功能级别和域功能级别现在都不赞成使用了。这意味着目前仍支持它们，但很快就不再支持它们了。

9.1.2 Windows Server 2012 R2 中的功能

如果还没有机会了解 Windows Server 2012 R2 中引入的新功能，下面介绍这些新的或改进的功能，它们继续在 Windows Server 2016 中使用：

Workplace Join：这一特性允许用户将个人设备与 Active Directory 域相关联。这与身份验证有关，因为可将其用于条件访问。例如，假设有一个雇员 Web 应用程序。只有用户拥有公司的设备或与域相关联的个人设备，才能被授予访问权限。有了 Workplace Join，就可以这样做了！

条件访问：这个特性与 Active Directory 联合服务(AD FS)紧密相连，第 11 章专门介绍该服务。通过条件访问，可以根据访问控制列表(ACL)和其他因素(如源网络和用户的设备类型)，来决定是否授予用户访问权。

多因素身份验证：这个特性还依赖于 AD FS。这里列出它是因为它是对身份验证的增强，而身份验证最终由 Active Directory 处理。

9.1.3 Windows Server 2012 中的功能

如果还没有机会了解 Windows Server 2012 引入的新功能，下面介绍了这些新的或改进的功能，它们继续在 Windows Server 2016 中使用：

虚拟化增强：从 Windows Server 2012 开始，可以对域控制器使用检查点(快照)。还可以克隆域控制器。这两种增强都允许组织接受域控制器的虚拟化。

动态访问控制(DAC)：有了 DAC，就可以动态计算资源的权限。例如，如果用户在 HR 部门工作，并使用公司的设备，就可以访问共享文件夹。

Active Directory 回收站：我们很熟悉 Windows 回收站。Active Directory 回收站实际上是相同的特性，只是用于目录对象(如用户对象、组对象和计算机对象)。

细粒度的密码策略：管理员应该拥有比定期终端用户更强的密码吗？通常，答案是肯定的。但在 Windows Server 2012 之前，在没有第三方软件的情况下，Active Directory 并未提供实现这一目标的途径。自 Windows Server 2012 以来，可以拥有多个密码策略，每个策略都有唯一的设置。

9.2 回顾 PAM

虽然第 8 章讨论了 PAM(Privileged Access Management，特权访问管理)，但是这里从一个稍微不同的角度来讨论它。如前所述，PAM 帮助保护网络免受攻击，特别是凭证攻击。

PAM 是由多种技术组成的概念，为 IT 管理提供更好的安全性。PAM 的关键组件包括：

- 新森林中新的 Active Directory 域。
- 从现有森林到新森林的单向信任。
- Microsoft Identity Manager(MIM)实现。
- 及时管理(JIT)：JIT 是一个有时间限制的功能，允许管理员临时提升其访问权限，以执行特定任务。与其总是拥有访问权限，不如在短时间内(当需要时)获得它们。
- Just Enough Administration (JEA)JEA 是一个基于 PowerShell 的工具包，它允许定义可接受的管理命令和计算机，管理员可以将它们用作工作的一部分。

图 9.1 显示了具有关键组件的高级 PAM 实现。

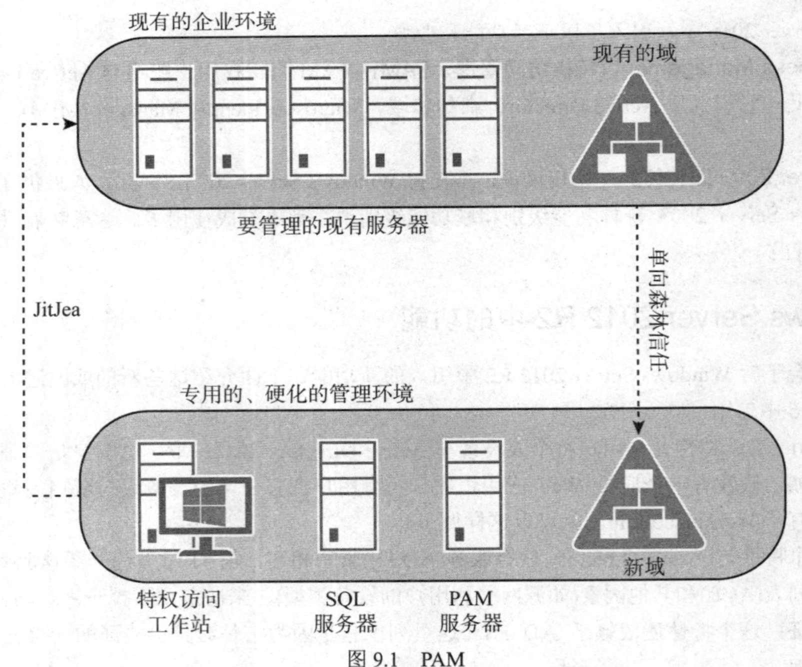

图 9.1 PAM

在图 9.1 中，现有的环境显示在顶部。有一个现有的 Active Directory 环境和一个服务器环境。底层是一个新环境。它专门用于管理功能(IT 人员从事管理工作)，并通过增强的安全性(无论是配置还是其他软件)强化功能。在新环境中，构建了所有新的服务器和服务：

部署新的服务器。 不要使用现有环境中的介质、更新、脚本、补丁或部署服务。这遵循了“假定被破坏”的思维模式，这种思维模式要求假定现有环境已经暴露了足够长的时间，被秘密地破坏了。在不依赖现有环境的情况下进行部署，在部署过程中，可以尽量减少新环境受到破坏的机会。

部署一个新的单域森林。 此森林将包含管理 IT 账户，但不包含一般用户账户。

让现有域信任新域，实现单向信任。 信任可以是森林信任或域信任。

在新域中部署 Microsoft Identity Manager (MIM)环境。 在许多环境中，这可能由多个服务器组成。需要 MIM 服务器、MIM 门户的服务器(基于 SharePoint)和数据库服务器(SQL Server)。

在新域中部署特权访问工作站(PAW)。 管理员使用这些工作站执行管理任务。与部署服务器一样，不要使用依赖于现有领域中的任何技术或服务的部署方法。

一旦配置好，下面是 PAM 的工作方式。如果遇到麻烦，需要在公司环境的 DNS 服务器上对问题进行故障排除。首先在管理域中登录到 PAM 上。然后请求访问，以便在 DNS 服务器上执行管理工作。可以通过 PowerShell (New-PAMRequest)，或通过 API 或 REST 端点发出请求。根据配置，请求将由管理员自动批准或手动批准，然后将一个管理账户添加到必要的组，以解决 DNS 服务器的问题。所有这些都可能在几秒钟内发生。然而，对于许多管理员来说，这是一种新的工作方式，在实现它之前权衡它带来的开销是很重要的。在高安全性的环境中，即使管理开销很高(因为安全性高于一切)，这种类型的实现通常也很简单。

9.3 设计注意事项

本节讨论如何规划 Active Directory 环境，无论是为了全面检查、重新设计还是全新构建(greenfield)。有几个重要的设计元素需要考虑。许多厂商在设计时都着眼于简洁，现在已经有了改变。但是简洁是一件好事，不仅对管理员是这样，对其他 IT 团队和最终用户也是这样；这些人员希望 Active Directory 始终可用、性能最佳，并为安全环境提供基础。微软现在正将简洁构建到其偏爱的体系结构中，并鼓励倾向于简洁性的设计。

9.3.1 森林和域

森林是 Active Directory 环境中最顶层的容器。下面是域(至少一个域)。在这些域之下是对象，如用户、计算机和组。森林有两个专用的命名上下文：模式命名上下文和配置命名上下文。命名上下文只是单独复制的整个目录的一部分。第三个命名上下文——域命名上下文——是每个域的一部分。

森林是安全的边界。这是 Windows Server 2000 的一个变化，当时域被认为是安全边界。如果听到有人说安全边界，他们指的是完全分隔的独立森林。一个森林可以拥有一组管理员，另一个森林则拥有另一组管理员，它们可以只管理自己的森林。对于单个森林中的多个域，一个域中的管理员可以对另一个域进行未经授权的访问。因此，在需要边界的高度安全环境中使用森林。

域是森林中最上层的容器。域是一个逻辑边界，将域特定的对象与森林中的其他域分隔开来。例如，有一个域用于欧洲的用户，另一个域用于北美的用户。森林中至少有一个域。另外，还可以有更多的域。其他域下的域称为子域。子域以上的域称为父域。最上面的域称为森林根域。图 9.2 显示的域 contoso.com 具有多个子域。

知道森林和域是什么后，该如何确定需要多少森林和域？下面分析这个过程。

首先要注意：总是从一个森林和一个域开始。直到找到一个好的理由拥有更多的森林或域。很多情况下，回顾了需求和“好处”之后会发现，只使用一个森林和一个域通常可以满足需求或超过需求。如果可以满足需求，就可以幸运地维护简单的环境。下面是需要考虑多个森林的一些现实因素。

出于法律、兼容或安全方面的考虑，需要分开管理 Active Directory 部分。 这种情况下，多重森林可能是唯一可行的选择。因为森林是安全边界，可能需要有多个森林来满足组织的需求。微软提倡使用安全、专用的森林，用于凭证分配。这称为增强安全管理环境(ESAE)，有时也称为红树林设计。在这种环境中，所有管理工作都通过专用的管理客户机在安全森林中执行。

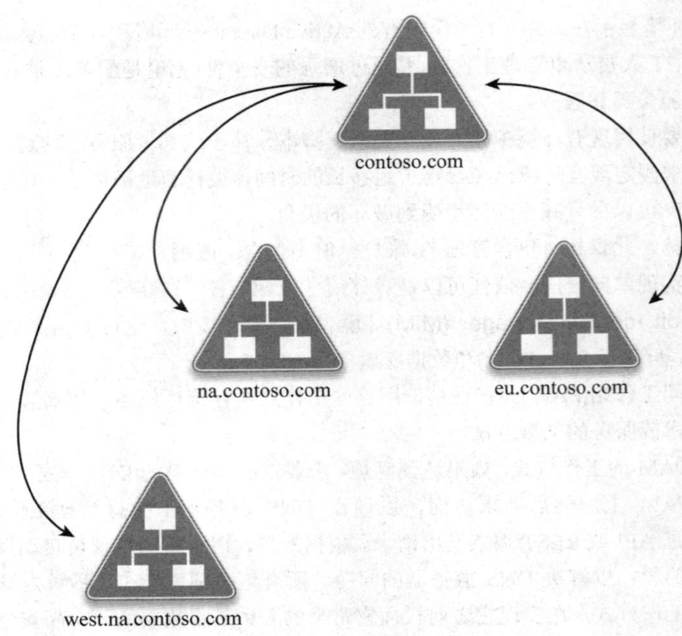

图 9.2　森林和域

需要运行应用程序或服务的独立实例，每个实例都需要自己的森林。例如，Microsoft Exchange Server 可以在森林中拥有一个 Exchange 组织。如果公司的两个部门有一个单独的 Exchange 组织，每个部门就需要有一个森林。当应用程序修改模式，并需要部署应用程序的独立实例时，这种场景很常见。

正在进行合并、收购或剥离。如果公司与另一家公司合并，收购另一家公司，或将一个部门拆分成独立的实体，可能会发现必须拥有多个森林。某些情况下(如合并)，多个森林可能是暂时的(最终目标是让合并后的新公司拥有一个森林)。

接下来，看看一些现实世界中的注意事项，它们可能促使我们考虑多个域(在单个森林中)。

希望对公司部门进行逻辑分离，以便将用户、组和计算机分隔开来。可能有一组管理员来管理一个域，另一组管理员管理另一个域。注意，为了真正实现安全隔离，应该使用独立的森林。在具有多个域的单个森林中，所有管理员都必须信任整个 Active Directory 环境。

在拥有数十万用户的大型环境中，可能需要有多个域来支持 Active Directory 复制。如果没有多个域，由于带宽限制，可能最终无法持续成功地复制。这种情况下，可部署多个域来控制复制，并减少复制的网络需求。

不要忘记考虑非生产需求。至少要有一个非生产森林，该森林至少要有一个域来支持非生产需求，比如开发和测试。

9.3.2　Active Directory 信任

Active Directory 信任是两个森林中或两个域之间的关系，允许用户在它们之间进行无缝的身份验证。在一个简单环境中，例如只有一个森林和一个域的环境中，不需要信任。只有当拥有多个域或多个森林时，信任才会起作用。下面看看需要信任的最常见原因。

需要一个森林中的账户来访问另一个森林中的资源。尽管可以在没有信任的情况下这样做，但用户体验会下降。如果没有信任，用户在访问其他森林中的资源时必须提供凭证。有了信任，用户可以无缝地对其他森林中的资源进行身份验证，就好像资源与它们的用户账户位于同一森林中一样。

需要每个森林中的管理员能够管理两个森林中的对象和资源。这在合并场景中很常见。假设有两家公司合并。每家公司都有支持整个环境的管理员(将来的打算是所有管理员都在一个合并后的公司的同一个团队中工作)。虽然有两个森林，但是信任支持无缝的跨森林身份验证。

一个森林有多个域。树结构有多个子域，当来自其中一个子域的用户需要使用其他树中的子域进行身份验证时，需要最优的性能。请参阅图 9.3，了解一个快捷信任的示例。

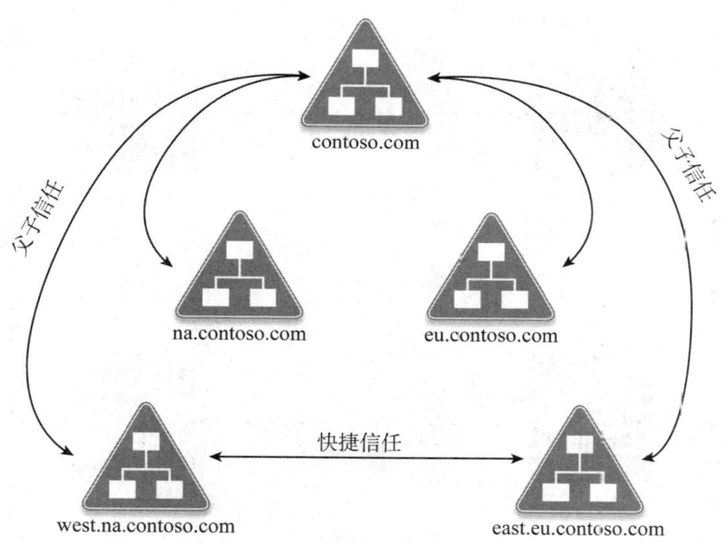

图 9.3　信任

在图 9.3 中，有一个森林具有多个域。假设在 west.na.contoso.com 上的用户需要对 east.eu.contoso.com 进行身份验证。这种情况下，如果没有快捷信任，用户必须向上遍历域树(west.na.contoso.com、na.contoso.com、contoso.com)，然后向下遍历另一个域树(contoso.com、eu.contoso.com、east.eu.contoso.com)进行身份验证。通过快捷信任，身份验证可以直接在 west.na.contoso.com 和 east.eu.contoso.com 之间进行。这大大提高了身份验证的性能。

9.3.3　Active Directory 网站

在设计森林和域之后，需要转向站点设计。站点和站点的链接是 Active Directory 复制的基础。在 Active Directory 中，站点是物理位置(如办公室或数据中心)或一组连接良好(可靠和快速连接)的位置(办公室、数据中心)的逻辑指定。网站用来方便 Active Directory 复制，让客户找到最接近的域控制器或其他站点支持的服务。当正确地设计站点拓扑时，可以确保复制是高效的，优化使用广域网带宽。例如，当波士顿的用户需要进行身份验证时，该用户可以在波士顿进行身份验证，而不必通过 WAN 去往几千英里以外的位置。

下面看看站点设计的注意事项。

- 应该为任何容纳至少一个域控制器的位置创建 Active Directory 站点。这允许位于同一位置的客户端使用本地域控制器。
- 应该为基于 Active Directory 站点定位的应用程序服务器创建一个站点。例如，使用 Active Directory 站点可找到分布式文件系统名称空间(DFS-N)。如果将 DFS-N 服务器放在某个位置，则该位置应该有一个关联的站点，以确保用户可以根据其位置定位服务器。
- 如果站点有可靠、快速的连接，且站点之间的延迟小于 10 ms，就应该考虑把它们结合成一个站点。但是，如果出于其他原因想分隔站点，那么单独的站点也是可以的。例如，如果在这两个位置都有 DFS-N 服务器，即使这些站点的连接速度快、可靠且延迟低，也可能希望确保一个位置的用户在他们的位置使用 DFS-N 服务器。

下面使用一个具有四个站点的虚构组织来讨论一些场景。首先查看图 9.4。

该组织有四个站点：站点 1(总部)、站点 2、站点 3 和站点 4。我们正在基于这些物理位置设计 Active Directory 站点。

站点 1：这是总部站点。这是大多数工人居住的地方。它也是主数据中心的所在地。站点 1 需要一个 Active Directory 站点和至少两个域控制器。

站点 2：这是一个分公司的网站。它直接连接到站点 1，具有高带宽、低延迟的连接。站点 2 没有任何服务器。因此，我们应该考虑没有关联的 Active Directory 站点。相反，可将站点 2 子网与站点 1 相关联。因此，站点 2 中的用户将通过站点 1 执行身份验证和服务。

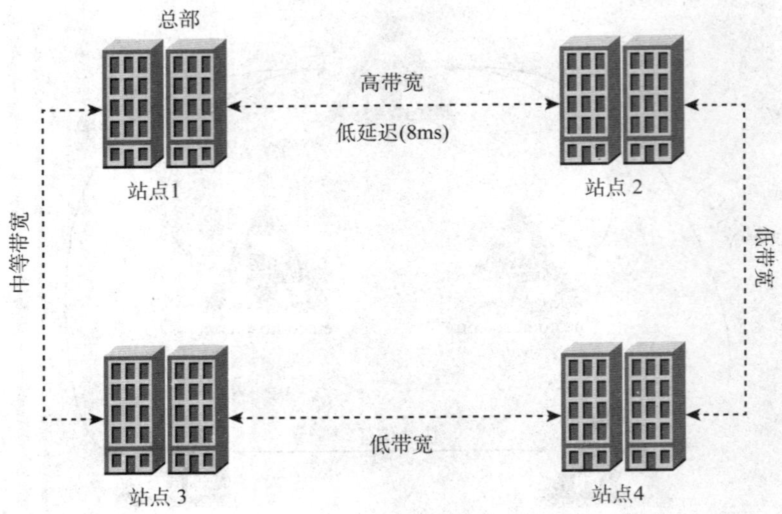

图 9.4　网站设计

站点 3：这是一个分支办公室，是用中等带宽连接到站点 1 的目录。如果站点 3 将拥有服务器或站点 3 拥有超过 100 个用户，则应该为站点 3 创建一个关联的 Active Directory 站点。如果站点有少量用户，比如 25 人，那么可以选择不拥有关联的站点或任何域控制器。相反，可以将站点的子网与站点 1 相关联。然而，关键指标是延迟。如果延迟很长，则建议将域控制器部署到站点。

站点 4：这是一个销售办公室，但是没有直接连接到站点 1。站点 4 与站点 2 和站点 3 直接相连，但两者连接的带宽都很低。在这个场景中，应该有一个 Active Directory 站点和两个域控制器。这允许站点 4 的用户在本地工作，而不必依赖于低带宽(以及到总部的双跳连接)。用户也很可能需要访问站点 1 中的资源，但是如果能够在本地执行身份验证和一些服务，这将有助于改善用户体验。如果站点 4 有直接的 Internet 连接(特别是如果该连接好于办公室之间的连接)，那么使用基于云的域控制器对于站点 4 是可行的。可将两个域控制器部署到公共云上，并通过持久 VPN 或类似的方式与这些域控制器进行连接。

网站链路的设计

设计站点布局后，需要将注意力转向站点链路设计。站点链路将 Active Directory 站点连接在一起以启用复制。每个站点都应该有一个站点链路。看看前面的图，用站点链路信息进行了修改，这次主要关注站点链路和成本。图 9.5 显示了站点链路信息。

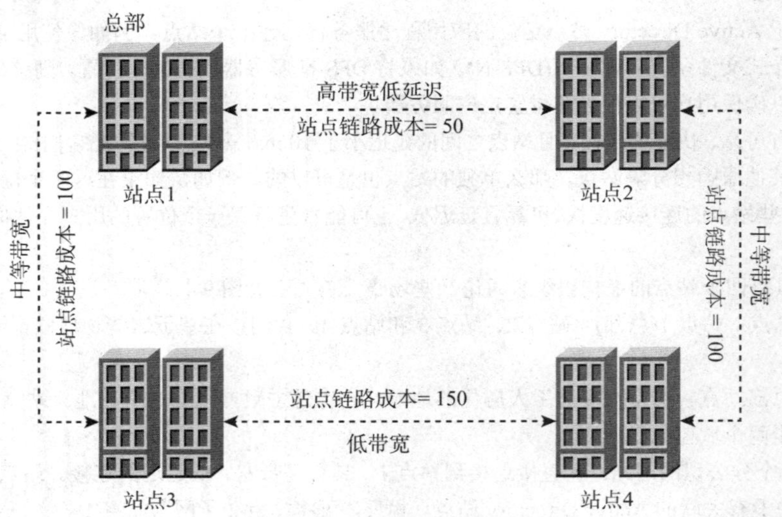

图 9.5　网站链路的设计

在图 9.5 中，有 4 个站点，我们选择将一个 Active Directory 站点关联到每个站点上。现在，必须计算出站点链路和站点链路成本。下面看看每个站点并讨论细节。

站点 1：这是总部站点。它实际连接到站点 2 和站点 3。但是请记住，站点链路并不意味着是物理网络连接的逻辑表示。虽然有时是这样，但在这个网络上，到站点 4 有两条路径：通过站点 2 或通过站点 3。由于站点 3 和站点 4 之间的带宽较低，因此应该选择通过站点 2 进行复制。默认情况下，站点链路是桥接的。这意味着它们是可传递的。虽然该图没有显示站点 1 和站点 4 之间的站点链路，但是复制仍然是可能的(通过增加可用路径的成本)。

站点 2：站点 2 和站点 3 之间的复制是如何进行的？有两条路。如果站点链路的成本相等(或者站点链路成本更倾向于站点 2 到站点 4，而不是站点 3 到站点 4)，复制流量就通过低带宽连接进行。这并不理想。相反，确保站点链接成本更倾向于站点 2 到站点 1，而不是站点 3 到站点 1 (如图 9.4 所示)。

站点 3：站点 3 和站点 2 很像，但是带宽更少，对站点 1 的延迟也更高。在这个场景中，希望确保到其他站点的复制不会通过连接到站点 4 的低带宽进行。

站点 4：由于站点 4 与站点 3 之间的带宽连接较低，因此将站点链路成本配置得较高，以确保该路由不是复制的首选。当用户试图在附近找到一台 DFS-N 服务器时，还会使用站点链路成本。如果 DFS-N 服务器位于站点 4 中，就希望将其他站点中的用户使用这些服务器的机会降到最低(如果其他站点中有其他 DFS-N 服务器可用)。

9.3.4 Active Directory 复制

虽然 Active Directory 在构建复制基础结构和管理复制方面通常做得很好，但应该对其工作原理有很好的了解，以便为故障排除和解决问题做好准备，或者设计一个满足特定公司需求的环境。某些情况下，可能不得不更改复制配置，以获得最佳结果。

默认的 Active Directory 复制拓扑由一个名为 KCC(知识一致性检查器)的组件生成。KCC 在森林中的每个域控制器上运行。它使用配置的站点和站点链接数据来生成复制拓扑。KCC 负责管理 Active Directory 复制配置和数据，如站点、域控制器、全局目录服务器和站点链接。作为一名管理员，如果某些站点之间的连接有限；或者如果多条路径可用，需要强制沿着某个网络路径复制；或者如果需要使用计划复制或 SMTP 复制，则需要调整 KCC 生成的复制拓扑。

Active Directory 有三个目录分区。这些分区通常称为命名上下文。每个命名上下文都是一个复制单元。

模式：模式命名上下文定义了类、对象和属性。这个命名上下文由森林中的所有域共享。它被复制到森林中的所有域控制器。

配置：配置命名上下文处理森林拓扑、森林设置和域设置。例如，它包含所有域、域控制器和全局目录服务器的列表。在名为 contoso.com 的域中，配置命名上下文的 DN 是 CN=Configuration，DC=contoso，DC=com。这个命名上下文是森林范围的，并且复制到森林中的所有域控制器。

域：域命名上下文包含单个域的用户、组、计算机和其他对象。例如，用户和计算机对象存储在域分区中。域命名上下文包含域的完整副本，但不包含森林中其他域的副本。全局目录服务器包含域的完整副本和森林中所有其他域的部分副本。

有两种复制类型：

RPC over IP：这种类型的复制是站点内(intrasite)复制和站点间(intersite)复制的默认机制。这是首选，因为它是一个高速的协议。默认情况下，使用 Kerberos，它为复制数据提供身份验证和数据加密。

SMTP：这种类型的复制可以用于站点间的复制，但不适用于站点内的复制。它只处理不同域之间的复制。只有在必要时才应该使用 SMTP，因为存在连接问题。

1. 高级复制步骤

下面看看复制是如何工作的。本示例将展示，当名为 DC01 的域控制器更新了一个名为 Bob 的用户对象，并将更改复制到位于同一站点的 DC02 时，执行的高级复制步骤。

(1) 用户对象在 DC01 上更新。

(2) DC01 检查复制配置，以查找其当前的复制伙伴。

(3) DC01 向其复制伙伴发送更改通知，告诉他们有更新。

(4) 复制伙伴(在本例中是 DC02)向 DC01 请求所有需要的更改。

(5) DC01 将更新发送到 DC02。

(6) DC02 更新其 Active Directory 数据库的副本。

注意，默认情况下，更改通知不支持站点间复制。但是，可以启用该特性，在中型和大型组织上使用它是很常见的。默认情况下，域控制器在一个计划中相互轮询以查找更新。默认情况下，这种情况每 180 分钟发生一次，用于站点间复制。这个默认设置通常比公司想要的高得多，所以很少使用默认设置。许多组织选择将默认复制间隔设置为 15 分钟，这是 Active Directory 站点和服务工具允许的最短时间。可以通过编辑注册表进一步缩短复制间隔，但在大多数环境中都不应该这样做。

2. 使用 PowerShell 管理复制

可以使用 PowerShell 来检查和配置复制。以下 cmdlet 可用于查看配置：

- Get-ADReplicationAttributeMetadata
- Get-ADReplicationConnection
- Get-ADReplicationFailure
- Get-ADReplicationPartnerMetadata
- Get-ADReplicationQueueOperation
- Get-ADReplicationSite
- Get-ADReplicationSiteLink
- Get-ADReplicationSiteLinkBridge
- Get-ADReplicationSubnet
- Get-ADReplicationUpToDatenessVectorTable
- New-ADReplicationSite
- New-ADReplicationSiteLink
- New-ADReplicationSiteLinkBridge
- New-ADReplicationSubnet
- Remove-ADDomainControllerPasswordReplicationPolicy

以下命令可用于配置复制：

- Set-ADReplicationConnection
- Set-ADReplicationSite
- Set-ADReplicationSiteLink
- Set-ADReplicationSiteLinkBridge
- Set-ADReplicationSubnet

9.3.5 灵活的单个主操作角色

Active Directory 是一个多主数据库，支持由环境中的任何域控制器进行更新。多主系统提供了许多好处，比如更强的弹性和更高的性能。然而，多主系统有时会发生冲突：两个域控制器试图在同一时间对同一对象进行不同的更改。对于常规的更新，比如对用户对象的更新，有一个内置的冲突解决过程，可以很好地工作。对于更复杂的情况，微软选择尽量避免冲突。为此，他们提出了特殊的 Active Directory 角色，即灵活的单个主操作角色(FSMO 角色)。对于每个角色处理的特定任务，更新是以单个主角色的方式处理。无论哪个域控制器是主控制器，都要处理更新。这里列出五个 FSMO 角色：

架构主角色：架构主角色持有者是处理对 Active Directory 架构的更新的域控制器。例如，如果更新 Exchange 2016 的模式，更新将进入架构主机，然后复制到其他所有域控制器。架构主角色是森林范围的，因此每个森林只有一个。

域命名主机：域命名主机角色持有者负责从森林中添加和删除域，以及域之间的对象移动。它是一个森林范围的角色，所以每个森林只存在一个角色持有者。

RID 主机：每当域控制器创建新对象时，都会将域安全标识符(SID)和相对 ID (RID)组合在一起。RID 主机角色持有者将 RID 池分配给其他域控制器。因为 RID 主机角色持有者负责它的域，所以每个域都有一个 RID 主机角色持有者。

PDC 模拟器：PDC 模拟器角色持有者的主要工作是为域管理时间。角色持有人还处理密码更改、由于错误密码导致的身份验证失败和账户锁定。在多域森林中，根域中的 PDC 模拟器角色持有者负责整个森林的时间管理。

基础设施主机：基础设施主机角色持有者交叉引用不同领域中的对象。在单域森林中，基础设施主机角色持有者无事可做！

默认情况下，部署的第一个域控制器将包含所有五个角色。作为实现的一部分，应该计划分离角色，以提高角色的性能和可用性。将一个域控制器上的森林角色和另一个域控制器上的域角色组合在一起是很常见的。

9.3.6 设计组织单元结构

组织单元(OU)是 Active Directory 中的逻辑对象，用于存储 Active Directory 对象，如用户、计算机和组。还有其他对象，但这些现在并不重要。默认情况下，Active Directory 具有非常有限的 OU 结构和一些默认容器。在几乎所有的环境中，都需要创建 OU 来满足需求。

创建 OU 有两个主要原因：

- **促进管理的委托。**例如，如果有一个管理所有客户机的桌面支持团队，可以创建一个名为“客户机”的 OU。可将客户机的计算机对象存储在客户机 OU 中，然后将该 OU 委托给桌面支持团队。这允许该小组重置计算机对象，删除旧的对象，甚至在 OU 中创建新的计算机对象。但它们不能管理其他 OU 或容器中的对象。
- **促进 Group Policy 的应用。**Group Policy 使计算机的应用和计算机的用户设置自动化。本章后面将详细讨论。现在，请理解每个 Group Policy 对象(GPO)都需要链接到 OU。GPO 适用于 OU 中的对象。如果有一个对 Group Policy 友好的 OU 结构，它将简化环境。这进而意味着减少管理开销、更容易进行故障排除以及更有可能实现稳定性。

真实的 OU 布局

下面看看一个虚构组织的 OU 布局，并讨论一些设计决策。图 9.6 展示了 OU 布局。

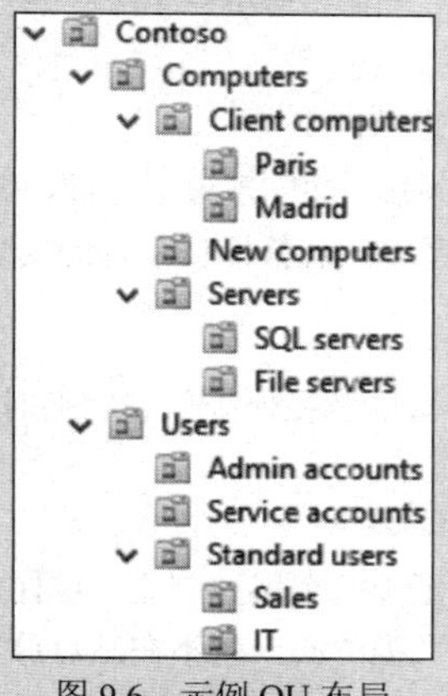

图 9.6 示例 OU 布局

这是部分 OU 结构。在本例中，名为 Contoso 的顶级 OU，以及默认的容器和 OU 位于 OU 布局的根目录中。在这个设计中，需要创建的每个 OU 都应该在 Contoso 结构下创建。下面看看这个布局的一些关键属性：

- 所有计算机，无论是服务器还是客户机，都存储在计算机 OU(客户机的 OU 或服务器的 OU)中。这允许将 GPO 定向到所有计算机(例如，针对所有计算机，与安全相关的 GPO 可链接到 Contoso/Computers OU)。
- 所有客户机都存储在名为“客户机”的 OU 中。这允许将客户机管理员委托给管理客户机的团队，而不必让他们访问其他计算机(他们不管理的计算机)。此外，基于位置的 OU 还用来根据位置进一步细分客户机。如果在巴黎有一个桌面支持团队，可以只委托巴黎客户机的管理。如果有一个 GPO 来启用巴黎计算机的特定设置，可将它链接到 Contoso/Client computers/Paris OU。
- 所有服务器都存储在 Servers OU 或 Servers OU 下的一个子 OU 中。这允许方便地链接服务器 GPO，并给委托使用最小特权原则。服务器根据功能进一步划分。使用这种结构，可将 SQL 服务器的管理任务委托给数据库团队。可将功能性 GPO 链接到功能性 GPO——或者对于服务器范围的 GPO，可将它们链接到服务器 OU。某些情况下，可能选择按位置(和功能)划分服务器。如果组织结构需要这样做(例如，如果有特定于站点的管理员，或者需要根据 SQL 服务器的位置对其应用不同的 GPO)，就可以这样做。

- 用户账户根据功能来分隔：普通用户账户在一个 OU 中，服务账户在另一个 OU 中，管理账户在一个单独的 OU 中。这允许根据功能将 GPO 面向用户。还可按位置划分用户，特别是如果有特定于站点的用户支持，这允许将密码重置等用户功能委托给站点特定的用户管理员。

前面展示了一个示例布局，介绍了设计决策的一些好处，但是还有其他许多功能性 OU 布局也得到了支持。当设计(或重新设计)OU 布局时，请记住以下几点：

不要把 OU 用作文件夹。一些管理员使用 OU 作为文件夹。他们组织 Active Directory 对象的方式就像组织文件服务器上的数据一样。这可能导致 OU 蔓延，以至于有太多的 OU，难以管理，故障排除也非常耗时。

在创建 OU 之前，问问自己 OU 是否用于链接 GPO 或委托管理权限。如果两者都没有，就可能不需要 OU。与往常一样，也会有例外情况。

为 OU 指定有意义的名字。如果另一位管理员浏览 OU 结构，就应该能够根据名称理解哪些对象存储在 OU 中。

向每个 OU 添加描述(使用 Description 属性)。当第一次创建 OU 设计时，可能认为描述没什么用处。因为用户在设计 OU 时会记住整个结构，而且用户一直在做设计，对它感到很舒服。但再过几年，到另一家公司工作，而新的管理人员没有 OU 设计信息。这时描述就变得特别有用了。

防止 OU 被意外删除。防止意外删除是一些 Active Directory 对象(如 OU)的一个特性。可将 ProtectedFromAccidentalDeletion 设置为$true，防止 OU 被意外删除。例如，为保护示例结构中的 Madrid OU，运行如下 PowerShell 命令：

```
Set-ADOrganizationalUnit -Identity 'OU=Madrid,OU=Client computers,OU=computers,
DC=Contoso,DC=com' -ProtectedFromAccidentalDeletion $true
```

如果脚本或管理员无意中或错误地删除了 OU，这个可选设置是有帮助的，可以保护 OU。这种保护常使管理员三思而行。虽然他们可以删除保护并删除 OU，但他们经常会联系团队的其他成员，看看是否可以在继续之前删除它。

9.3.7 域控制器

下面要关注的最后一个设计元素是域控制器。在实现设计之前，需要做出一些关键的设计决策。下面确定需要多少域控制器、将它们放在哪里，选择操作系统，选择操作系统的安装类型，以及配置硬件和软件组件。

1. 域控制器的计数和位置

本节将介绍在确定环境需要多少域控制器以及在何处放置它们时需要考虑的关键问题。本主题与硬件分级相关，硬件分级将在本章稍后讨论。

以下是一些要点：

- 总在每个需要域控制器的网站放置至少两个域控制器。这样，站点就会有冗余。
- 如果站点没有安全的服务器机房或数据中心，就不在站点放置读写域控制器。相反，使用只读域控制器，它们不会在计算机上本地存储 Active Directory 数据库的副本。
- 如果站点有服务器，通常最好把域控制器放在站点。对于依赖 Active Directory 的应用服务器，如 Microsoft Exchange Server，这一点尤其重要。
- 如果站点的用户有 100 或更多，应该考虑把域控制器放在站点。这是一般的经验法则，因此也有例外(例如，如果有 50 个用户，还有 6 个或 8 个成员服务器)。

关于位置，还需要考虑其他因素。

把森林根域控制器放在哪里？无论是使用单域森林还是多域森林，都应该将森林根域控制器放置在主数据中心中。主数据中心通常是具有关键基础结构和高度可用的组件(如网络和存储)的数据中心，通常最接近其他服务器。

将全局目录服务器放在哪里？全局目录服务器是一个域控制器，它具有其域信息的完整副本和森林中其他域对象的只读部分副本。在许多环境中，所有域控制器都配置为全局目录服务器。应该考虑在每个具有域控制器的站点中都放置全局目录服务器。在主数据中心和关键位置中，至少应该有两个全局目录服务器。如果站点使用 Microsoft Exchange 或其他严重依赖 Active Directory 和/或全局目录服务的应用程序，就可能需要额外的全局目录服务器。

除了自己的数据中心和办公地点之外，还应该考虑公共云，如 Amazon Web Services 和 Microsoft Azure。可将域控制器部署到公共云的 Infrastructure as a Service (IaaS)环境中。这允许部署域控制器，而不必担心基础设施、站点安全或服务器硬件。当公共云提供商的数据中心离用户很近时，使用公共云尤其引人注目，因为这会优化最终用户体验。

2. 选择操作系统

理想情况下，只使用最新的操作系统。在今天，这就是 Windows Server 2016。在现实世界中，所使用的操作系统经常会落后最新版本一两个版本。许多环境的域控制器都包含不同的操作系统。本书讨论的是 Windows Server 2016。可以想象，这就是我们为所有域控制器推荐的操作系统。下面看看为什么要选择使用 Windows Server 2016，而不是以前的版本 Windows Server 2012 R2。

- Windows PowerShell 5.0 是内置的。Windows PowerShell 5.0 增强了 PowerShell 的安全性和可用性，使其更容易用于全面管理环境。
- Windows Server 2016 引入了 Just Enough Administration (JEA)。JEA 允许给特定管理员授权特定的命令、记录 PowerShell 事务，对任何可以使用 PowerShell 管理的资源提供基于角色的细粒度访问，来保护管理。
- Windows Server 2016 引入了 Credential Guard。当管理员通过远程桌面协议(RDP)连接到服务端时，他们的凭证不会存储在目标服务器上。这可以防止 Pass-the-Hash (PtH)攻击。
- 遮蔽的虚拟机可用于运行在 Windows Server 2016 的 Hyper -V。遮蔽的 VM 保护虚拟化的域控制器和其他 VM 不受被破坏的虚拟化基础设施的攻击。
- Windows Server 2016 引入了网络增强。TCP 性能的改进可以加快通信速度，还有一个名为软件定义网络(Software-Defined Networking)的新特性，它允许划分工作负载。
- Windows Server 2016 引入了增强 Active Directory 证书服务(AD CS)和 Active Directory 联合服务(AD FS)。这里不会介绍这些增强功能，而是在 AD CS 和 AD FS 的专门章节中介绍它们。

尽管 Windows Server 2016 的增强功能列表并不是所有新功能的完整列表，但它确实提供了一个值得考虑的增强功能列表。有关 Windows Server 2016 的完整更改列表，请参见 What's New in Windows Server 2016，网址是 https://technet.microsoft.com/en-us/windows-server-docs/get-started/what-s-new-in-windows-server-2016。

3. 选择安装类型

对于 Windows Server 2016，安装类型有两种选择：

- Windows Server 2016 完整安装(GUI)
- Windows Server 2016 Server Core(GUI)

Windows Server 2016 的默认安装类型是 Server Core 安装(默认在 Windows Server 2012 中启动)。可以选择使用 GUI 完整安装。在现实世界中，我们经常看到完整的安装。然而，在大型企业或高安全性的环境中，常常偏好 Server Core 安装类型。本书的目标读者应该已经知道完整安装类型。本节将研究 Server Core 安装类型，说明它的不同之处，以及为什么应该将其用于域控制器。

- Server Core 没有浏览器，不支持图形化浏览器。这提高了安全性，因为域控制器不受基于 Web 的恶意软件的影响。此外，浏览器中常见的漏洞不会影响 Server Core。
- 因为 Server Core 没有浏览器，不必担心浏览器附加组件，如 Java 和 Adobe(Flash 和 Shockwave)。浏览器插件因存在安全漏洞而臭名昭著，管理员通常会花大量时间管理热修复程序和版本。
- Server Core 没有图形用户界面。这减少了域控制器的攻击面，还减少了需要部署的热修复程序的数量。
- Server Core 需要较少的 CPU、RAM 和磁盘空间。虽然这些组件不再成本高昂，但与在相同硬件/虚拟硬件上进行完整安装相比，使用 Server Core 可以获得更好的性能。
- Server Core 鼓励远程管理，管理员在远程计算机(而不是域控制器)上执行所有管理任务。这提高了安全性，特别是如果选择使用专用的和安全的管理计算机。它还从域控制器中删除了远程 RDP 会话，在本地运行管理工具，以提高性能。

尽管这里没有列出所有优点，但它清楚地说明了为什么应该考虑给域控制器选择 Server Core 安装类型。下面看看现实世界的情况。我们已经将 Server Core 安装部署到许多组织中，从一开始就使用它，并定期听取社区的意见。下面是 Server Core 安装类型的一些缺点：

一些管理任务更难执行。通常，有些任务需要更长时间才能完成。这是因为一些管理任务非常适合使用 GUI 完成。例如，使用 Certificates MMC 可以快速方便地处理证书。但是如果没有 GUI，就会比较困难。在 GUI 中使用 DCOM 权限很简单。而没有 GUI，就没有那么容易。用户可以习惯其中的一些内容，但结果仍然是一样的——当使用 Server Core 时，一些管理工作的效率会有所降低。

一些第三方代理和客户可能无法工作。大多数人可能在域控制器上运行了杀毒代理、监视代理、管理代理和安全代理。有些代理可能无法在 Server Core 上使用。好消息是大多数代理在默认情况下都是有效的。某些情况下，可能丢失域控制器上代理的 GUI(否则将保持完整的功能)。大多数主流供应商都支持 Server Core。但这是在决定环境的安装类型之前应该研究的一个领域。

关于安装类型的最后一点是，安全不是简化管理或使工作更容易完成。现实情况是，大多数可用的安全技术都使管理变得更复杂，使我们的工作更困难。但这是运行安全环境的一部分。这是一种权衡。每个组织都必须决定他们想要的安全级别，而这个决定通常基于行业、数据的重要性和敏感性，以及与客户和合作伙伴的协议。我们的工作是确保环境安全满足或超过组织的要求。Server Core 可能是更接近该目标的一种方式。

4. 调整域控制器的大小

有一个好消息：不必花费太多时间来设置域控制器的大小。这是因为，对于大多数环境来说，运行在现代操作系统(Windows Server 2012 R2 或更高版本)上的现代服务器(过去两年内构建的)可以轻松地运行 Active Directory 域服务，甚至对于中等规模的组织也是如此。例如，在撰写本书时，我们回顾了主要服务器供应商的服务器产品。默认的机架服务器有两个 6 核 Intel Xeon 处理器和 16GB 的 RAM。可以定制它，以包含 22 核处理器和最多 3TB 的 RAM。当然，应该考虑除 Active Directory 之外的其他应用程序和服务。一些应用程序(例如 Microsoft Exchange)可在 Active Directory 上布置大量工作负载。一定要在计划期间考虑到所有工作负载！

如果组织一直在努力提高域控制器的性能，或者在大型组织中工作，那么应该花一些时间计划域控制器的大小。在高层次上，应该执行以下任务：

- 审核现有环境。目前的尺寸可以接受吗？表现不佳吗？是否存在任何性能问题？如果不确定，应该收集性能统计数据。那将是起点。然后，继续下一个任务，也就是评估公司的发展方向。
- 公司即将进行重大收购？增长率是 20%吗？公司是否要拆分成两个独立的公司？这些是需要考虑的领域，因为它们可能会影响规模(无论需要扩大还是缩小目前的规模)。使用从前两个步骤中获得的信息进入最后一步——调整域控制器的大小。
- 调整域控制器(CPU、内存、存储)的大小。

前面介绍了大小，下面分析各个组件：CPU、内存和存储。

CPU

今天的处理器非常强大，可轻松地处理大量工作负载。但这仅适用于使用现代硬件或现代虚拟化基础架构的情况。如果默认物理服务器带有 4 个 22 核的 Intel Xeon 处理器，就不必担心处理器的大小。然而，如果新域名控制器被虚拟化，虚拟化团队为每个新 VM 分配一个虚拟 CPU (vCPU)，就需要准备好申请更多的虚拟 CPU。可以使用在现有环境评审中收集的信息来获得帮助。需要显示当前正在使用的是什么，预计使用的是什么，以及需要多少处理能力来支持这种使用。还应该知道，其他应用程序，比如 Microsoft Exchange Server，通常都有自己的域控制器大小需求。例如，Microsoft Exchange 要求，每 8 个 Microsoft Exchange Server CPU 内核中必须至少有一个域控制器 CPU 内核可用。如果将多个 Exchange 服务器(以及功能强大的服务器)部署到单个数据中心，可能会影响域控制器的大小。除了 Microsoft Exchange，还有大量的应用程序依赖于域控制器。有时，这些应用程序“表现不好”。这可能意味着应用程序查询 Active Directory 的效率不高——可能太频繁，也可能搜索整个目录，而不是在树中指定一个更低的搜索基数。还需要注意指向单个域控制器的许多应用程序，而不是分散负载。这些会对域控制器的处理器造成压力。

内存

对于域控制器，内存在环境中扮演着关键角色。如果有足够的内存，那么整个 Active Directory 数据库就可以容纳到该内存中，从而缓解存储环境的压力。如果数据库不适合内存，那么存储性能就变得非常重要。为了确定域控制器需要多少内存，需要添加操作系统所需的内存，需要根据 Active Directory 数据库的总大小(NTDS.DIT)、SYSVOL 的大小添加内存，还需要考虑第三方应用程序代理(防病毒、防恶意软件、监控、管理、备份等) 需要的内存。下面看一个例子，它代表了 Windows Server 2016 的一个典型环境。表 9.1 表示本例中所有组件的内存需求。

表 9.1 域控制器的内存大小调整示例

组 件	所需内存
操作系统(桌面体验)	2GB
SYSVOL	200MB
Active Directory 数据库	2GB
管理代理	125MB
防病毒代理	300MB
监控代理	100MB
防恶意软件代理	175MB
备份代理	124MB
最低 RAM 需求	5GB

在表 9.1 中可以看到域控制器各个组件所需的最小内存布局。在某些环境中，有更多代理。但请注意，这是所需的最小内存量。在评估环境时，需要考虑峰值、增长、管理工作和未知因素。因此对于这个示例域控制器，比较好的最小目标是 8GB，更保守的目标是 12GB。在调整域控制器的大小时，需要依赖在查看现有环境时收集的数据。应该执行以下任务来获得帮助：

- 审查现有的域控制器，来确定它们在一天的不同时期(尤其是在高峰时期)使用多少内存。
- 使用性能监视器来收集数据，验证假设。
- 添加估计的增长和公司变更(合并等)。
- 上升到下一个内存量。换句话说，如果计算出域控制器需要 9GB 的 RAM，RAM 就上升到 12GB。这主要适用于物理服务器，在这些服务器中添加 RAM 既不快速又不容易。在虚拟环境中，可以安全地接近需要的实际 RAM，可以相对快速地进行假设的更改(如果需要的话)。

关于域控制器的内存还有最后一个关键考虑因素。如果使用的是虚拟环境，最好避免在虚拟化主机上过度使用内存。如果这样做，那么当内存耗尽时，域控制器就有可能依赖虚拟磁盘而不是内存。这会对域控制器的性能产生负面影响。

存储

域控制器的存储考虑主要局限于存储性能和冗余，而不是存储空间。这是因为域控制器的总数据量非常有限，通常只有几 GB 或更少(加上操作系统和程序文件)。因此，本节将关注性能。存储性能的最终目标是确保域控制器具有足够的性能来服务于环境。这可能看起来很普通，但事实的确如此。但其思想是确定每秒所需的 I/O 操作数(IOPS)，并设计存储以满足或超过需求。后面将介绍一个基于物理域控制器和 DAS(直接附加存储)的存储布局。其中一些信息在大型存储区域网络或虚拟环境中相关性有限，但它代表了所有部署的良好起点。使用物理域控制器，通过分离系统存储的读、写和操作，可以最大限度地提高域控制器的总体性能。表 9.2 显示了一个存储布局，它将整体性能最大化。虽然由于预算、时间或人力的原因，这种布局在每个组织中并不总是可行的，但是应该努力在物理环境中接近它。

表 9.2 域控制器的存储布局

RAID 级别	卷
RAID 1	系统卷
RAID 0、5 或 10	数据库卷+ SYSVOL
RAID 1	日志卷

下面先看一下数据库卷的详细信息。对数据库卷的大多数活动都是读取操作。据估计，Active Directory 中 90%

的输入/输出(I/O)都与读取数据有关。对于大多数环境，在 RAID 0、RAID 5 或 RAID 10 上，读操作的性能是足够的。如果客户不能对每个卷进行精确的 RAID 级别选择，我们通常会建议客户先进行卷分离，然后进行特定的 RAID 级别选择。除了数据库之外，数据库卷还应该包含 SYSVOL 数据。默认情况下，SYSVOL 数据将存储在操作系统卷上，如果卷耗尽了空间，就有出问题的风险。

现在，讨论一下日志卷。日志卷是存储数据库事务日志的地方，有大量的写活动。因此，需要选择一个存储布局和 RAID 级别来最大化写性能。在许多磁盘(主轴)上写入通常会提高性能。在多个磁盘(主轴)上多次写入一个事务会降低性能。一些 RAID 级别，如 RAID 5，具有必须写入磁盘的奇偶校验信息。这增加了开销，特别是对有大量写操作的卷。对于日志卷，RAID 1 或 RAID 10 在提供冗余的同时提供了良好的性能。如果性能是唯一的考虑因素，那么 RAID 0 是最好的选择。因为 RAID 0 没有任何开销，所以它提供了最好的整体性能。RAID 0 最适合于服务器丢失可以忽略不计的特定场景(例如大型 Web 服务器群)。对于域控制器，我们通常不推荐 RAID 0，因为它增加了数据丢失和停机的机会。

5. 配置审计和日志

捕获审计信息和记录操作信息在整个环境中都很重要。然而，对于域控制器来说，这是至关重要的。由于域控制器处理身份验证和授权，因此它们通常是恶意用户的主要目标。需要确保域控制器配置为捕获与组织安全相关的数据。

在 Windows Server 2016 中有两种审计类型：

基本安全审计：基本安全审计提供了 9 类审计。这种类型的审计存在于 Windows Server 的几个版本中。它可以满足需要简单配置的小型环境，但其粒度还不足以满足高级安全组织的要求。

高级安全审计：高级安全审计提供了 61 个审计设置。它最初是在 Windows Server 2008 中引入的，但直到 Windows Server 2008 R2 才被纳入 Group Policy。高级安全审计提供了粒度。这允许捕获所需的内容，而不必捕获大量数据。

注意，如果基本审计和高级审计都配置为捕获所有内容，那么它们捕获的数据完全相同。高级审计的好处是减少捕获的数据、简化数据管理和减少存储需求。如果配置了这两种审计类型，则优先使用高级审计策略设置。这是因为它们是最后应用的，现有的审计设置在高级审计策略设置应用之前被清除。

基本审计分为 9 类。每个都代表一个高级类别，如图 9.7 所示。

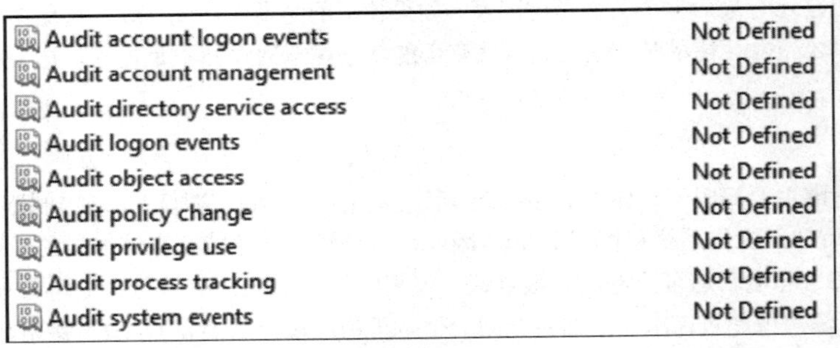

Audit account logon events	Not Defined
Audit account management	Not Defined
Audit directory service access	Not Defined
Audit logon events	Not Defined
Audit object access	Not Defined
Audit policy change	Not Defined
Audit privilege use	Not Defined
Audit process tracking	Not Defined
Audit system events	Not Defined

图 9.7　基本审计设置

对于高安全性环境中的基本安全审计，应该跨所有审计类别启用成功和失败审计。但是，这会生成大量审计数据，管理这些数据需要管理开销。必须弄清楚把它放在哪里，如何存档，以及如何轻松地搜索它。此时可能不得不使用第三方产品。在大多数环境中，应该查看捕获的审计数据，并确定组织不需要捕获哪些审计类别(如果有的话)。然后，相应地调整审计设置。在理想情况下，应配置审计，来捕获所需要的数据，而不捕获其他内容。

有 61 个高级审计策略设置。有 10 个高级分类，每个都包含特定的高级审计策略设置，如图 9.8 所示。

在高度安全的环境中，应该在所有审计类别中实现成功和失败审计。但如前所述，需要找到处理所有数据的方法。考虑使用高级审计策略设置，来捕获需要的所有信息，而不必捕获不需要的信息。这是高级审计的最大卖点——只获取需要的东西。

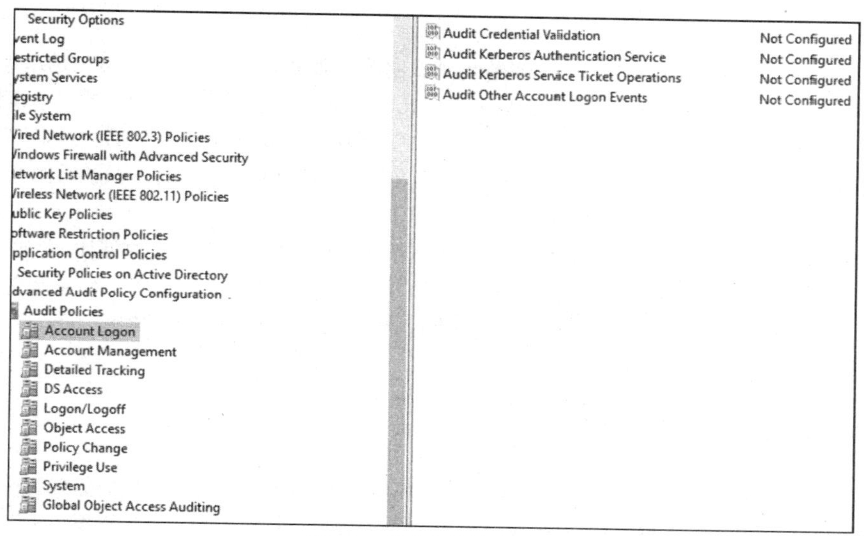

图 9.8　高级审计策略设置

除了审计数据之外，还希望在 Windows 事件日志中捕获数据。如果使用默认设置，安全事件日志将不会大到足以容纳超过一两个小时的数据(在中型到大型生产环境中的域控制器上)。如果要将所有事件数据归档到数据库中，并使用第三方工具检查事件日志条目，这可能就足够了，但是仍然最好在域控制器上查看一两天的数据。否则，如果存档系统不起作用，或者如果实时地进行故障排除，该怎么办？应该使用 Group Policy 来控制域控制器的事件日志设置。表 9.3 显示了 Group Policy 中的适用设置以及为高安全性环境推荐的设置。

表 9.3　事件日志设置

策 略 设 置	建议的设置值
最大应用程序日志大小	262 144
最大安全日志大小	4 194 240
最大系统日志大小	262 144

注意事件日志的大小设置。在 Windows 的早期版本(如 Windows Server 2003)中，操作系统不支持大型事件日志，这样的设置可能导致不稳定或错过事件。

除了审计事件和维护足够大的事件日志大小之外，还需要确定希望保留日志多长时间以及如何保留日志。具有 4GB 数据的安全事件日志似乎包含多个星期的活动，但在繁忙的环境中通常只有几天或更少时间的活动。当日志被填满时，需要一个解决方案来获取这些日志并将其存档。可使用第三方事件日志归档解决方案，或者可选择内置在 Windows Server 中的(免费)事件日志归档功能。在大多数环境中，建议将所有域控制器的所有事件日志存档至少 6 个月。在高度安全的环境中，建议将所有服务器(包括域控制器)的所有事件日志存档至少 12 个月。维护日志的确切时间应该根据公司的要求而定。公司的需求通常基于他们对各种法律、法规和规章的遵守。

6. 配置操作系统组件

在许多环境中，管理员对服务器提供了一个标准的操作系统部署。它们使用一个映像，以便每个服务器都具有类似的配置(至少在最初部署时是这样)。应该为域控制器执行类似的操作。有许多操作系统组件和设置可提高域控制器的安全性、性能或稳定性。一旦对设置进行了标准化，就应该将它们添加到服务器映像中，然后使用 Group Policy 强制进行设置。下面看看建议在域控制器上配置的一些关键组件。

Windows 防火墙：除非使用另一个基于主机的防火墙，否则应该在域控制器上使用内置的 Windows 防火墙。它为初始部署和正在进行的管理和故障排除增加了一些管理开销，但它为基础结构的关键部分增加了另一个安全层。

远程管理：在默认情况下启用远程管理时，应该一直启用它。对于域控制器，几乎所有的管理操作都应该远程执行。只有当不能远程执行管理操作时(例如，在故障排除时，远程管理不起作用)，才应该在域控制器上执行本地管理。

远程桌面：远程桌面的最佳设置不像其他一些设置那么明确。通过禁用它，可以高度鼓励远程管理(这很好)。然而，在故障排除的情况下，可能不得不远程或从控制台(或虚拟控制台)启用远程桌面。建议继续使用它，但在一些环境下，不使用它也是有意义的(在大多数高安全性环境中，安全的重要性胜过了正常运行和管理开销)。

Windows 防御器：这是默认开启的。除非在域控制器上使用另一个反恶意软件产品，否则应该一直启用它。和 Windows 防火墙一样，它提供了另一个保护环境的安全层。

用户账户控制(UAC)：默认为开启状态，设置为当应用程序试图对计算机进行更改时通知。管理员通常希望 UAC 设置为永远不通知。然而，对于域控制器，建议采用另一种方式，将其配置为始终通知。这意味着，每当对计算机设置进行任何修改，安装应用程序，或者应用程序试图进行修改，UAC 都会通知管理员。

9.4 计算机、用户和组管理

一旦设计并部署了 Active Directory(或为大多数在现有环境中工作的人)，日常管理任务就会转移到对象管理。要管理的主要对象是计算机、用户和组。本章的这一部分将重点讨论计算机管理、用户管理和组管理。我们将为每个部分提供一些初始信息，但主要关注的是管理对象的操作任务。

9.4.1 计算机管理

Active Directory 中的计算机对象与用户对象类似。它们共享一组常见的属性，但计算机对象有一些用户对象没有的属性。有些管理员不知道，计算机对象有密码！计算机也可以获得资源的被访问权限。本节介绍的一些概念适用于计算机和用户，因为它们有相似之处。但是注意，PowerShell cmdlet 会根据使用的对象类型稍有变化。

在 Active Directory 模式中，计算机是其中一个类。类是存储在目录中的唯一对象的描述。有三种类型的类。计算机对象是结构类之一。计算机是用户类的子类。这是有趣的背景信息，下面看看日常处理的一些信息。

默认情况下，当创建新的计算机对象而不指定位置(例如，将计算机连接到域)时，该对象将存储在默认 Computers 容器中。因为 Computers 是一个容器，不能将 GPO 连接到它。因此，最好使用 OU 作为新计算机对象的默认位置。这允许将 GPO 面向 OU，以便在新计算机加入域时获得一些 GPO。从安全角度看，这一点很重要。首先，为新的计算机对象创建新的 OU。这是新加入的计算机的临时位置。永久位置将基于其位置和角色(以及创建的 OU 结构)。接下来的示例将使用图 9.6 的 OU 示例布局中的 Contoso/Computers/New Computers OU。然后，使用 Redircmp 命令(在添加 Active Directory 管理工具时将此命令添加到 Windows 中)来更新默认位置，如下所示：

```
Redircmp 'OU=New computers,OU=Computers,OU=Contoso,DC=Contoso,DC=com'
```

一旦有了用于新计算机的新 OU，应该将与安全相关的 GPO 链接到那个 OU。这使新计算机在重新定位到最终 OU 之前能够接收与安全相关的设置。

手动管理计算机对象

在许多组织中，大多数计算机对象是在将计算机连接到域时创建的。在安装操作系统后，将计算机本地连接到域。或者，有一个自动化的操作系统部署解决方案，安装操作系统并将计算机连接到域(以及其他定制)。不过，有时也需要手动创建计算机对象。

非 Windows 计算设备或要加入域的设备。在这个场景中，是另一个团队管理设备。它们会遍历域加入过程。但这些管理员没有将计算机加入域的权限。在此场景中，Active Directory 管理员可提前为设备创建一个计算机对象。在此创建过程中，一般指定将设备加入到域的团队或管理员。这使他们有权将该设备加入到域。计算机对象的创建通常称为计算机账户的预准备。

在 Active Directory 中没有管理权限的管理员部署新的故障转移集群。在此场景中，故障转移集群向导将自动创建必要的计算机对象，但前提是运行该对象的管理员在 Active Directory 中拥有权限。在这个场景中，管理员没有这个权利。作为 Active Directory 管理员，可以在 Active Directory 中预先创建一个计算机对象，而其他管理员可以在故障转移集群的创建过程中引用该对象。

要创建名为 Corp-FS-01 的新计算机，请运行命令：New-ADComputer -Name Corp-FS-01。

计算机对象在默认位置创建(如果没有更新默认位置，就是 Computers 容器；否则，就是配置为默认位置的 OU)。它有与名称匹配的 sAMAccountName(在本例中为 CORP-FS-01)。计算机账户密码是自动分配的，启用并准备使用计算机。

除了创建计算机对象之外，还需要偶尔删除计算机对象，重置计算机账户密码，移动计算机对象。这些任务大部分是使用 Active Directory 用户和计算机或 Active Directory 管理中心直接转发的。右键单击一个计算机对象，可以单击 Reset Account、Move 或 Delete。

还可以使用 PowerShell。使用以下命令重置本地计算机账户密码(在登录并运行命令的服务器上)：

```
Test-ComputerSecureChannel -Repair
```

使用以下命令将 Computers 容器中名为 Server1 的计算机对象移动到服务器 OU：

```
Move-ADObject -Identity 'CN=Server1,OU=Containers,DC=Contoso,DC=com' -TargetPath
'OU=Servers,DC=Contoso,DC=com'
```

使用以下命令删除名为 Server1 的计算机对象：

```
Remove-ADObject 'CN=Server1,OU=Containers,DC=Contoso,DC=com'
```

对于计算机管理，还有一个熟悉的管理任务：处理“陈旧”的计算机账户。陈旧的计算机账户是域中不再使用的计算机账户。换句话说，计算机对象仍然在目录中，但是计算机本身已经退休、退役或永久脱机。在理想情况下，每当一台计算机退役或退出服务时，这个过程将包括从 Active Directory 中删除相关的计算机账户——但这种情况并不经常发生。最终，在 Active Directory 中会出现许多陈旧的计算机对象。作为一名管理员，需要知道如何找到这些计算机对象，以及之后如何使用它们。以下是我们建议的处理陈旧计算机账户的高级流程：

(1) 定义组织中的陈旧计算机对象。这是一台 180 天没有任何活动的电脑吗？90 天？45 天？在现实世界中，90 天是一个非常典型的数字，但也可能有理由把这个数字变得更小或更大。

(2) 运行 PowerShell 查询，以查找所有陈旧的计算机对象。将查询结果输出到.cs 文件。将结果发送给 IT 部门的关键人员，通知他们陈旧的计算机对象被设置为删除。给他们提供计划删除的日期，给他们大约两周的时间来检查电脑。

(3) 禁用所有陈旧的计算机对象，并将它们移动到专用 OU 中。通常，OU 用于等待永久删除的对象。将陈旧的计算机对象移到 OU 中，并等待几天。这是在永久删除计算机对象之前的最后一个安全网。因为在这一步中，计算机对象是被禁用的，所以我们经常听到与计算机对象相关的问题(因为一旦计算机被禁用，就不能使用它，并且经常发现使用了没有人想到或记住的计算机对象)。

(4) 等待一两周。建议至少等几天。在等待期之后，永久删除陈旧的计算机对象。

(5) 每年重复这个过程两次。

有一些命令有助于找到陈旧的计算机对象并移动它们。使用以下命令查找 90 天未登录的计算机账户：

```
Search-ADAccount -ComputersOnly -AccountInactive -TimeSpan '90'
```

注意给时间段使用了单引号。虽然引号通常是可选的，但是它们在使用-TimeSpan 参数时是强制性的。

使用以下命令查找 90 天内未注册的计算机账户，然后将其移动到 New computers OU：

```
Search-ADAccount -ComputersOnly -AccountInactive -TimeSpan '90' | Move-ADObject
-TargetPath 'OU=Stale computers,OU=Contoso,DC=Contoso,DC=com'
```

9.4.2 用户管理

在 Active Directory 模式中，一个关键的结构类是 User。用户对象代表 User 类。在大多数组织中，单个用户对象与单个雇员、承包商或任何其他需要在网络上进行身份验证和授权的实体相关联。例如，当新员工开始在公司工作时，为他们创建新的用户对象。用他们的标识信息填充对象属性，比如工作地址、工作电话号码和经理的姓名。在日常管理工作中，会定期处理用户对象。无论创建新用户对象、重置密码或删除用户对象，都需要非常熟悉这些常见任务。

与计算机对象一样，新创建的用户账户有一个默认位置。默认位置是树根中的 Users 容器。因为 Users 是一个容器，所以不能将 GPO 链接到它。因此，从安全角度看，应该尽量不将用户对象(甚至是新创建的用户对象)存储在那里。因为 Users 容器中的用户对象不会应用任何 GPO，所以可以使用 Redirusr 命令更改新创建的用户对象的默认位置——应该这样做。要将用户对象的默认位置更改为树根的 Contoso OU 下的 New users，运行如下命令：

```
Redirusr 'OU=New users,OU=Contoso,DC=Contoso,DC=com'
```

与 Active Directory 中的其他对象一样，模式定义了关于用户对象的规则。例如，用户对象具有一组强制的特定属性。换句话说，在创建用户对象时，必须根据用户对象的模式规则填充属性。否则，就不能创建新的用户对象。除了强制属性之外，还有许多可选属性。可选属性允许填充有关用户账户的其他信息，如联系信息、职位名称和账户是否到期。图 9.9 显示了用户对象的强制属性列表。请注意，此清单是来自 Active Directory 模式管理控制台的一个片段。

Name	Type	System	Description	Source Class
sAMAccountName	Mandatory	Yes	SAM-Account-Name	securityPrincipal
objectSid	Mandatory	Yes	Object-Sid	securityPrincipal
cn	Mandatory	Yes	Common-Name	mailRecipient
cn	Mandatory	Yes	Common-Name	person
objectClass	Mandatory	Yes	Object-Class	top
objectCategory	Mandatory	Yes	Object-Category	top
nTSecurityDescriptor	Mandatory	Yes	NT-Security-Descriptor	top
instanceType	Mandatory	Yes	Instance-Type	top

图 9.9　强制属性

强制属性就是强制的。好消息是，管理工具通常会自动处理其中的一些属性。例如，当使用 GUI 工具中的向导执行新用户创建过程时，这些工具将填充 objectClass、objectCategory、nTSecurityDescriptor、objectSid 和 instanceType 属性。表 9.4 列出了一些自动填充的属性。

表 9.4　自动填充的属性

属　性	默　认　值	描　　述
objectSid	<Unique, per domain>	域前缀+域内唯一的相对标识符(RID)
objectClass	User	根据管理工具或命令计算
objectCategory	CN=Person,CN=Schema,CN=Configuration,DC=Contoso,DC=com	在模式中定义对象类别
nTSecurityDescriptor	Schema + Inherited	合并可继承权限和用户对象模式中的默认权限
instanceType	4	对象可在目录中写入
sAMAccountName	<none>	用于登录的字符串，例如 Brian

这涵盖了目录中用户对象的一些信息。现在浏览一下与用户账户相关的一些管理任务，如用户创建和用户管理。

可以使用 PowerShell 创建一个新的用户账户，并填充一些属性：

```
New-ADUser -Name 'Brian Svidergol' -GivenName 'Brian' -Surname 'Svidergol'
-SamAccountName 'bsvidergol' -UserPrincipalName 'bsvidergol@contoso.com'
-AccountPassword (ConvertTo-SecureString 'Df7838&^3duyreieWWX' -AsPlainText
-Force) -Enabled $true
```

如果没有指定账户密码，将无法启用该账户。

可使用 PowerShell 批量创建新的用户账户。首先创建一个.csv 文件，其中包含用户账户具有的属性以及用户账户信息。下面的文本是一个示例.csv 文件，其中显示了名、姓、显示名、姓名、sAMAccountName、密码和用户主体名(UPN)。有两个用户——Brian Svidergol 和 Jack Jackson。请注意，每个用户的信息都在一行上显示，但本书会添加换行符。

```
First,Last,Display,Name,SAM,Password,UPN
Brian,Svidergol,Brian Svidergol,Brian Svidergol,bsvidergol,Df7838&^3duyreieWWX,bs
vidergol@contoso.com
Jack,Jackson,Jack Jackson,Jack Jackson,jjackson,fIEU873#$feiACOVieu8,jjackson@
contoso.com
```

有了.csv 文件后，运行以下命令，从输入文件中创建新用户账户：

```
Import-Csv .\import.csv | foreach {New-ADUser -GivenName $_.First -Surname $_.
```

```
Last -DisplayName $_.Display -Name $_.Name -SamAccountName $_.SAM -
AccountPassword (ConvertTo-SecureString $_.Password -AsPlainText -Force)
-UserPrincipalName $_.UPN -Enabled $True}
```

批量用户创建方式也可以变得更加复杂。可以使用包含员工信息的现有电子表格，并将其映射到 Active Directory 属性，然后将其用于初始批量用户的创建。在中型和大型组织中，通常有一个用于跟踪雇员和承包商的人力资源软件解决方案。人力资源软件解决方案通常是员工身份信息(法定名称、头衔、部门、员工 ID 等)的权威来源。人力资源软件通常与 Active Directory 同步。当人力资源部门在人力资源软件中创建新的员工记录时，在下一次同步期间就会创建一个新的 Active Directory 用户账户。这是自动配置的。有些组织还会自动解除配置，当员工离开组织时，该功能也起类似的作用。

除了创建用户之外，还需要定期修改用户对象。虽然可以轻松地使用 GUI 工具查找用户，更新文本字段中的信息，但是如果需要修改许多用户，这就很低效。下面看几个这样的场景。

对于第一个场景，使用 PowerShell 将部门为 Inside Sales、Outside Sales 或 Sales Department 的所有用户账户更改为 Sales & Marketing 部门：

```
Get-ADUser -Filter {Department -like '*Sales*' -or Department -like 'Marketing'}
| Set-ADUser -Department 'Sales & Marketing'
```

注意，我们可在管道的第一部分(在 Get-ADUser 命令中)或在检索用户(在使用 Set-ADUser 命令之前)之后过滤检索出来的用户。通过在管道的早期进行过滤，命令可以更高效地运行。我们不必检索每个用户，然后查找所需部门的用户，只需要检索属于这些部门的用户(示例中所做的工作，这样效率更高)。

1. 使用 PowerShell 创建用户账户报告

从组织的各个部分收到的常见请求之一是请求所有 Active Directory 用户的列表。各部门都要使用这些信息。例如，有时每个用户账户都有软件授权。有时，信息安全团队希望确保所有用户都是经过授权和有效的。其他时候，另一个 IT 人员可能希望使用账户在其他应用程序中自动授予权利。无论如何，都需要知道如何生成有用的报告。最简单的方法是使用 PowerShell。在下面的命令中，所有用户账户都导出到包含指定信息的.csv 文件中。

```
Get-ADUser -Filter * -Properties
DisplayName,Department,Title,Office,City,SamAccountName,EmployeeID | Select
DisplayName,Department,Title,Office,City,SamAccountName,EmployeeID | Export-Csv
-NoTypeInformation users.csv
```

该报告的缺点是，它导出了所有用户对象的列表，即使这些对象是禁用的，或者在专用于服务账户的 OU 中。通常，应该使用过滤器来减少导出的用户对象，或者只导出特定的用户对象。在下面的命令中，导出所有启用的、而不在 Service Accounts OU 中的用户账户。

```
Get-ADUser -Filter {Enabled -eq 'True'} -Properties
DisplayName,Department,Title,Office,City,SamAccountName,EmployeeID | Where
DistinguishedName -NotLike '*Service Accounts*' | select
DisplayName,Department,Title,Office,City,SamAccountName,EmployeeID | Export-Csv
-NoTypeInformation users.csv
```

在此命令中，使用过滤器只检索启用的用户账户。然后，使用 Where-Object (Where 是别名)来确保导出的用户账户不在 Service Accounts OU 中。因为在检索完所有对象后对位置进行过滤，所以查询性能会降低。有时需要使用 Where-Object 进行过滤。

2. 使用 PowerShell 管理陈旧的用户账户

自从在 Windows Server 2008 R2 中引入 Search-ADAccount cmdlet 以来，查找陈旧的用户账户就大大简化了。与本章前面讨论的计算机对象一样，用户对象也可能变得陈旧。陈旧的用户是最近没有注册的用户。“最近”有点模糊，但它通常意味着 60 天、90 天或 180 天。陈旧的用户对象代表着对环境的一种风险。它们一直都在，可以启用，随时可以使用。用户账户可以访问公司数据。最好每季度运行过期的用户账户查询，这样就可以修复账户。在下面的命令中，得到了所有 90 天没有登录的用户账户。

```
Search-ADAccount -UsersOnly -AccountInactive -TimeSpan '90' | where LastLogonDate
-ne $NULL | select Name,LastLogonDate
```

请注意，使用一个过滤器来清除从未注册的账户。这是可选的。我们可能希望查找从未登录过的账户，但这个操作通常与陈旧用户报告分开执行。现在有了一个陈旧用户账户的列表，应该如何处理它们呢？以下是我们的建议：

(1) 禁用陈旧账户。

(2) 将陈旧的账户移到专用的 OU(如 Pending Deletion)或类似命名的 OU。

(3) 将带有陈旧账户名称的通知发送到 IT 部门的一个子集，以便检查账户。有时，需要一个陈旧的用户账户，所以这种通知很重要。

(4) 等待七天。

(5) 删除陈旧的账户。

3. 使用 PowerShell 恢复已删除的账户

可使用 PowerShell 恢复已删除的用户账户，但只有在启用了 Active Directory 回收站(并且在删除想要恢复的用户账户之前)时才可以。如果没有回收站，被删除的用户对象会标记为墓碑并移动到 Deleted Objects 容器。大多数已填充的属性都被清除(例如，组成员关系)。因此，从 Deleted Objects 容器中恢复对象并不是很有帮助。但是，当启用回收站时，被删除的用户对象不会标记为墓碑。相反，它在逻辑上被删除，但属性数据得到维护，以便将用户对象恢复到删除时的状态。

使用以下命令，可以查看 Deleted Objects 容器中已删除对象的完整列表。

```
Get-ADObject -SearchBase 'CN=Deleted Objects,DC=contoso,DC=com'
-IncludeDeletedObjects
```

注意-IncludeDeletedObjects 参数的使用。没有它，就不会得到任何被删除的对象！命令的输出包括用户和计算机。在大型的活动环境中，需要使用过滤器来减少输出。

一旦验证了要恢复的对象存在，就可以使用Restore-ADObject 使其恢复。在下面的示例中，使用 PowerShell 恢复一个名为 Mary 的用户账户。

```
Get-ADObject -SearchBase 'CN=Deleted Objects,DC=contoso,DC=com' -Filter {Name
-Like 'Mary*'} -IncludeDeletedObjects | Restore-ADObject
```

请记住，这只在启用回收站时有效。默认情况下不启用。要为 contoso.com 域启用它，可运行如下命令：

```
Enable-ADOptionalFeature
-Identity 'CN=Recycle Bin Feature,CN=Optional Features,CN=Directory
Service,CN=Windows NT,CN=Services,CN=Configuration,DC=contoso,DC=com' -Scope
ForestOrConfigurationSet -Target 'contoso.com'
```

9.4.3 组管理

Active Directory 用于身份验证和授权。授权部分允许用户访问资源。在配置授权时，最好使用组。例如，与其单独授予用户对共享文件夹的读取访问权，还不如创建一个组并对组授予访问权。这样，在将来，当用户需要访问共享文件夹时，可以向组中添加用户。作为管理员，要定期处理组。在讨论组的处理之前，先回顾一下有关 Active Directory 组的一些关键概念。

1. 组的类型

在 Active Directory 中可以使用两种类型的组：安全组和分发组。安全组用于允许或拒绝访问。分发组用于电子邮件(通常与 Microsoft Exchange 结合使用)。本章将关注安全组。

2. 组的作用域

有三个组作用域。每个作用域都与一些不同的用例和场景相一致。然而，也有一些重叠。表 9.5 定义了作用域。

表 9.5　组的作用域

组的作用域	可以拥有成员	可以被授予权限	注　意
本地域	森林中的任何域(除非必须在同一域中的某个域本地组)	同一域	该域对信任的环境有用，因此可以从可信的域中添加全局组作为成员
全局	同一域	森林中的任何域	经常用作角色组，然后嵌套到域本地组中
通用		森林中的任何域	

许多管理员选择使用基于角色的访问控制(RBAC)，给用户和其他管理员授予访问权限。有了 RBAC，角色就有了组。角色经常与工作职能联系在一起。例如，有一个名为 Email Administrator 的角色，还有一个名为 Email Administrators 的组，用于该角色。使用远程桌面，可以给 Email Administrators 组授予连接到电子邮件服务器的权限。在这种情况下，通常使用域本地组进行权限授予。在这个场景中，可以创建一个名为 RDP-Email 的域本地组并分配权限。然后，将 Email Administrators 角色组添加到 RDP-Email 组。大多数角色都合并了很多权限，许多管理员都有多个角色。了解组作用域和每个作用域的限制，为在环境中实现和支持 RBAC 做好准备。

3. 组和令牌大小

当用户登录计算机时，本地安全机构(LSA)就生成一个访问令牌。对于用户所属的每个组(包括嵌套组)，该令牌用于获得对资源的访问权限，其中包含安全标识符(SID)。它工作得很好，大多数用户(甚至许多管理员)都不熟悉访问令牌的创建过程。那是因为没有太多的需求。但是，如果访问令牌的规模太大，事情就会迅速改变。访问令牌最多可容纳 1024 个 SID。然而，默认使用 9 个 SID。剩下 1015 个 SID。这个数字在文档中可能有所不同，有时显示为 1010 个 SID。如果用户的访问令牌超过 SID 的最大数量，则 LSA 可能无法创建访问令牌。这将导致用户无法登录！这个问题在大型企业环境(或复杂环境)中称为令牌膨胀，令牌膨胀通常是一场永无止境的战斗。

前面描述了一个用户无法登录的场景，因为他加入了太多的组(并且无法生成访问令牌)。然而，在到达无法生成访问令牌的临界点之前，还会出现一些其他问题。看看下面两种情况：

- 用户是几百个组的成员。他可以注册，但不能访问 IIS 里的一些网站。这是因为在 Windows Server 2012 之前，IIS 默认情况下为身份验证缓冲区分配了 12 000 字节。Windows 7 和 Windows Server 2008 R2 也有 12 000 字节的默认缓冲区。好消息是，Windows 8 及以后版本，以及 Windows Server 2012 及以后版本的默认缓冲区大小为 48 000 字节。
- 用户是几百个组的成员。他可以注册，但在获取一些依赖 RPC 的资源方面，遇到了一些问题。这种情况下，RPC 依赖于与 IIS 相同大小的身份验证缓冲区。最大的影响是运行 Windows 8 之前的客户机操作系统，或者运行 Windows Server 2012 之前的服务器操作系统。

对于 Windows 8 和 Windows Server 2012 之前的操作系统，可以设置 Registry 设置，以增加默认缓冲区的大小。控制缓冲区大小的设置是：

HKEY_LOCAL_MACHINE\SYSTEM\CurrentControlSet\Control\Lsa\Kerberos\Parameters\MaxTokenSize。

在许多环境中，需要添加 MaxTokenSize DWORD(32 位)值(REG_DWORD)。将值设置为 48 000(十进制)。

对于 IIS，可创建两个新值：MaxFieldLength 和 MaxRequestBytes。它们可以在 HKEY_LOCAL_MACHINE\System\CurrentControlSet\Services\HTTP\参数中创建。将 MaxFieldLength 设置为 32 768(注意，最大值为 65 534)。将 MaxRequestBytes 设置为 32 768，以匹配 MaxFieldLength 值。在创建 Registry 项之后，重新启动服务器。

对于大多数环境，应该使用 Group Policy 来设置 Registry 设置。这有助于减少管理开销，并确保所有计算机都有相同的设置。

4. 创建新组

在 ADUC 或 ADAC 中创建新组非常简单。可以右击要创建组的 OU，然后使用上下文菜单启动 New Group Wizard。输入名称并选择组的类型，就完成了。本节将重点介绍如何使用 PowerShell 创建组。

下面的命令将创建一个新的全局安全组，名为 Finance department。

```
New-ADGroup -Name 'Finance Department' -GroupCategory Security -GroupScope Global
-Description 'All members of the Finance department'
```

一次创建一个组时，通常会使用 ADUC 或 ADAC，因为它们使用起来快速而简单。但一次创建许多组时，就要使用 PowerShell。假设有一个由 50 个组组成的列表，要创建它们，应将组名放入一个文本(.txt)文件中(每行一个组名)，保存为 Groups.txt。然后，运行以下命令来创建 50 个组：

```
$Groups = Get-Content .\Groups.txt
foreach ($Group in $Groups) {
New-ADGroup -Name $Group -GroupCategory Security -GroupScope Global }
```

可以添加更多的复杂性来满足需求。例如，可以使用.cs 文件作为输入，让许多不同的组拥有不同的作用域和不同的 OU 位置。

5. 向组添加成员

创建组之后，通常需要向组中添加一些成员。添加单个成员非常简单。在 ADUC 中，获取组的属性，进入 Member 选项卡，然后添加成员！在 PowerShell 中，要将名为 Brian 的用户添加到名为 Server Administrators 的组，可以运行以下命令：

```
Add-ADGroupMember -Identity 'Server Administrators' -Members Brian
```

如果有一个包含 50 个用户的列表，要添加到 Server Administrators 组中，该怎么办？这也很简单。将用户(每行一个)添加到名为 Users.txt 的文本文件中。然后运行以下命令：

```
Get-Content .\Users.txt | foreach ($User in $Users) {Add-ADGroupMember -Identity
Group2 -Members $User}
```

请注意，与创建新组相比，这里使用的方法略有变化。它只是一行代码。前面的方法使用了几行代码。在 PowerShell 中，通常有多种方法来完成同样的工作。有些更有效，有些更容易理解或记忆。下面是另一个向组中添加成员的场景。假设有一个包含 50 个用户的列表，每个用户需要添加到 50 个组。则应该把组添加到名为 Groups.txt 的文件中，每行一个组。再把用户添加到名为 users .txt 的文件中，每行一个用户。然后，运行以下命令：

```
$Groups = Get-Content .\Groups.txt
foreach ($Group in $Groups) {
Add-ADGroupMember -Identity $Group -Members (Get-Content .\Users.txt)}
```

注意，这个示例没有检查用户是否已经是组的成员。但是，如果打算定期执行这种批量更新，应该添加检查和错误处理，以使脚本具有完整的功能。

9.5 Group Policy

前面讨论了设计 Active Directory 环境、域控制器和对象管理，但是几乎没有涉及 Active Directory 中的一项关键技术：Group Policy。大多数人都知道什么是 Group Policy，还可能经常使用它。

Group Policy 在大多数 Active Directory 环境中起着关键作用。这是因为 Group Policy 通常是用于保护服务器和客户机的配置管理技术之一。如果 Group Policy 配置不正确，计算机可能不像需要的那样安全——这可能导致渗透或更糟的结果。

在研究 Group Policy 的一些操作方面之前，先了解体系结构的一些细节。Group Policy 对象(GPO)在一组文件和 Active Directory 数据库中定义。Group Policy 模板文件具有核心配置，例如 GPO 设置。名为 GPT.INI 的文件提供了 GPO 的版本号(每次更新 GPO 时，版本号都会递增)。该文件存储在每个域控制器上的 SYSVOL\<yourdomain>\Policies 目录中。每个 GPO 在 Policies 目录中都有一个单独的目录。目录名是 GPO 的 GUID，如图 9.10 所示。

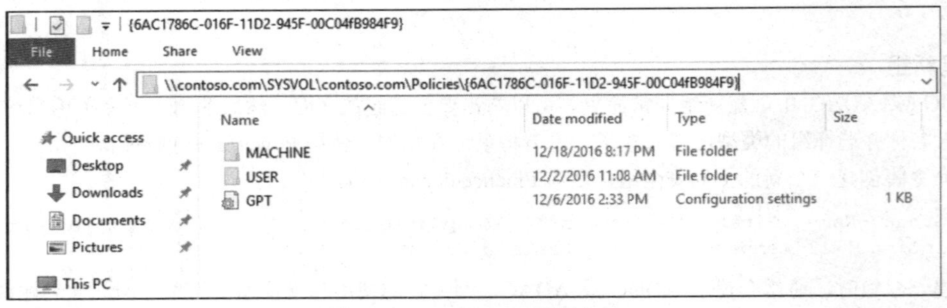

图 9.10　Group Policy 模板文件

在图中，注意文件的路径。可以看到，以 GUID 命名的目录当前位于 GPO 的主目录中。名为 MACHINE 的子目录包含 GPO 的任何配置计算机设置。名为 USER 的子目录包含 GPO 的任何配置用户设置。

在 Active Directory 数据库中，有一个 Group Policy 容器，用于存储关于 GPO 的其他信息，例如 GPO 文件的文件路径和 GPO 的显示名称。但是 Group Policy 信息还存储在哪里呢？Group Policy 链接作为属性值存储在诸如 OU 的对象上。例如，如果有一个 GPO 链接到 OU，那么 OU 的 gPLink 属性值就是 GPO 的 LDAP 路径。例如：

```
[LDAP://CN={6AC1786C-016F-11D2-945F-00C04fB984F9},CN=Policies,CN=System,DC=contoso,DC=
com;0]
```

有趣的是，Group Policy是通过两种不同的机制复制的。一种机制是DFS-R(分布式文件服务复制)复制Group Policy模板文件。在Windows Server的旧版本中(偶尔在更新或升级域的Windows Server新版本中)，使用FRS(文件复制服务)。但是，DFS-R更受欢迎，因为它具有更好的性能和稳定性。Group Policy复制的第二部分是通过常规的Active Directory复制处理的(在大多数情况下使用RPC over IP，尽管RPC over SMTP是可选的，但是降级了)。

9.5.1 Group Policy 的继承和执行

对一些人来说，这些信息可能是快速的复习。如果非常熟悉链接、继承和强制，请跳到下一节。

Group Policy链接是获取GPO并将其与Active Directory中的一个或多个位置关联起来的过程。GPO可以链接到域、站点或OU。在本节稍后的部分中，将展示如何将GPO与PowerShell链接起来。

Group Policy继承与NTFS继承类似。与父OU(或更高级别的OU)相关的策略由其子OU(或更低级别的OU)继承。假设有一个名为Servers的OU。在Servers OU下面，有一个名为SQL Server的OU。如果把一个GPO链接到Servers OU，SQL Server OU会自动继承它。这通常是需要的，因为它减少了管理开销(想象一下必须将GPO显式地链接到需要它链接到的每个OU！)，但继承偶尔也会产生问题。看看图9.11中的一个场景。然后讨论它。

在图9.11中，有一个名为Server Config的GPO。GPO为Windows服务器指定事件日志设置。由于继承关系，GPO还将设置应用于SQL Server子OU中的SQL Server计算机。稍后，数据库团队报告，事件日志不够大，无法容纳数据库服务器上的大量事件日志条目。应该怎么做？可以使用Group Policy继承阻塞！继承阻塞是在OU级别配置的。在本例中，可在SQL Server OU上配置继承阻塞。那么，Server Config GPO将不应用于SQL Server OU中的计算机。但是请注意，这将增加环境的复杂性，并使故障排除变得更加复杂。建议只有在必须时才使用继承阻塞(例如，更改OU布局或使用WMI过滤器时，不能使用继承阻塞)。关于使用继承阻塞还有几个要点需要讨论。

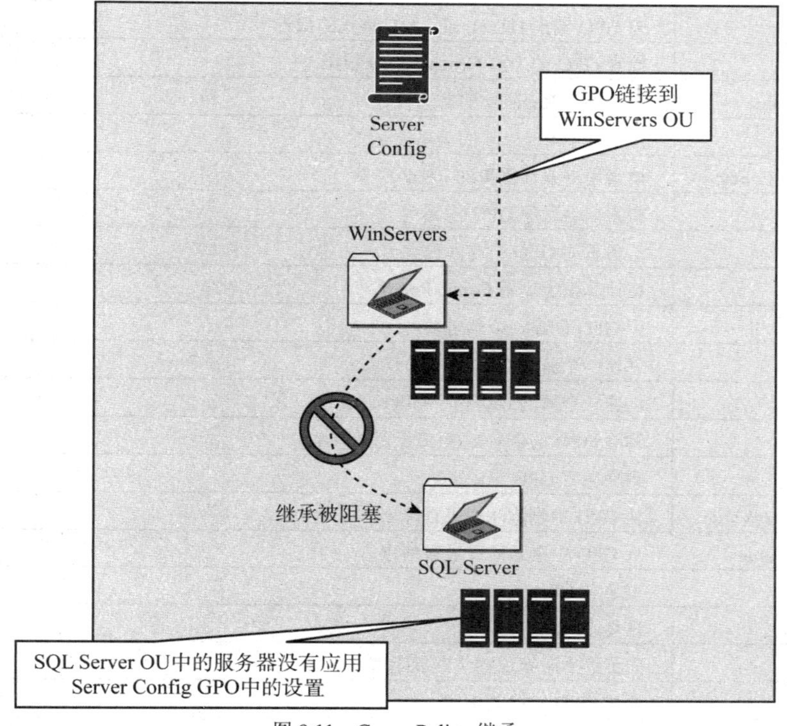

图 9.11 Group Policy 继承

◆ 使用继承阻塞时，不要选择不继承哪些 GPO。相反，在父级或更高级别链接的所有 GPO 都被阻塞。

◆ GPO 链接可以强制执行。当一个链接被强制执行时，它会覆盖继承阻塞。这意味着即使启用了继承阻塞，也会应用强制的 GPO。

如何确定环境是否充分使用了继承阻塞或 GPO 强制执行？下面看看如何使用 PowerShell 快速找到答案。以下命令检查所有的 OU，只返回配置为阻止继承的 OU：

```
Get-ADOrganizationalUnit -Filter * | Get-GPInheritance | where
GpoInheritanceBlocked -eq 'Yes' | Select Name,Path,GpoInheritanceBlocked
```

下面的命令检查环境中的强制 GPO 链接，返回 GPO 显示名、链接目标和强制配置(如果为 true)：

```
$OUs = Get-ADOrganizationalUnit -Filter *
foreach ($OU in $OUs) {
(Get-GPInheritance -Target $OU).GpoLinks | where Enforced -eq 'True' |
FL DisplayName,Target,Enforced}
```

有时，查找关于 Group Policy 的信息需要创新，如最后一条命令所示。

9.5.2 Group Policy 的日常工作

回顾一下 Active Directory 管理员的一些常见任务，尤其是关于 Group Policy 的常见任务。在了解这些任务之前，先看看 GroupPolicy PowerShell 模块。这个模块包含下面要使用的核心 Group Policy cmdlet。表 9.6 显示了 Group Policy cmdlet。

表 9.6 Group Policy cmdlet

cmdlet 名称	cmdlet 说明
Backup-GPO	在一个命令中备份一个 GPO 或所有 GPO
Copy-GPO	将 GPO 及其设置复制到域中或森林的另一个域中的新 GPO
Get-GPInheritance	获取域或 OU 的继承配置
Get-GPO	检索 GPO 的属性
Get-GPOReport	为 GPO 输出 HTML 或 XML 格式的报告
Get-GPPermission	检索 GPO 的当前 Group Policy 权限
Get-GPPrefRegistryValue	检索基于 Registry 的首选设置
Get-GPRegistryValue	检索基于 Registry 的策略设置
Get-GPResultantSetOfPolicy	检索用户或计算机的 RSoP 信息
Get-GPStarterGPO	检索启动程序 GPO 的属性
Import-GPO	从备份的 GPO 中导入设置
Invoke-GPUpdate	在计算机上刷新 Group Policy
New-GPLink	为 GPO 创建一个新链接
New-GPO	创建一个新的 GPO
New-GPStarterGPO	创建一个新的启动程序 GPO
Remove-GPLink	删除 GPO 的现有链接(但保留 GPO)
Remove-GPO	删除现有 GPO
Remove-GPPrefRegistryValue	从 GPO 中删除注册表首选项
Remove-GPRegistryValue	从 GPO 中删除注册表策略项
Rename-GPO	重命名 GPO
Restore-GPO	恢复 GPO
Set-GPInheritance	配置继承阻塞或删除继承阻塞
Set-GPLink	更改 GPO 链接的配置
Set-GPPermission	更改 GPO 的权限
Set-GPPrefRegistryValue	配置注册表首选项

1. 发现现有的 GPO

可以使用 Get-GPO 来获得 GPO 的属性。要获得所有 GPO，可以运行 Get-GPO -All 命令。注意，它只返回一些信息，如显示名、所有者、GPO 状态和版本信息。有些东西缺失了，包括链接。要获得链接，需要查看可以链接到的对象：OU、站点和域。例如，运行以下命令以获得到 Contoso 域中名为 Servers 的 OU 的任何 GPO 链接：

```
Get-ADOrganizationalUnit -Identity 'OU=Servers,DC=contoso,DC=com' -Properties * |
FL Name,gPLink
```

输出显示 OU 的名称和链接的任何 GPO。例如，下面是 Servers OU 的一个链接 GPO：

```
[LDAP://cn={788624D2-11E0-40A6-9024-03EACD67D460},cn=policies,cn=system,DC=contos
o,DC=com;0][LDAP://cn={1307DA17-1787-42BA-BF65-F61134FDAA7A},cn=policies,cn=syste
m,DC=contoso,DC=com;0]
```

GPO 的名称在哪里？该命令不会检索它。它会检索 GPO 的 GUID。要获得名称，可使用 GUID 获得 GPO 的详细信息，例如显示名称：

```
Get-GPO -Guid '{788624D2-11E0-40A6-9024-03EACD67D460}' | Select DisplayName
```

有没有更好的方法？有！可使用 Get-GPInheritance cmdlet。例如，如果想知道哪些 GPO 链接到 contoso.com 域中的 Servers OU，请运行以下命令：

```
Get-GPInheritance -Target 'ou=Servers,dc=contoso,dc=com'
```

这个命令的优点是它报告了链接 GPO 的显示名。此外，还显示了继承的 GPO，该 GPO 在更高的级别链接，但仍然适用于 Servers OU(如默认域策略)。输出如下所示：

```
Name                    : Servers
ContainerType           : OU
Path                    : ou=Servers,dc=contoso,dc=com
GpoInheritanceBlocked   : No
GpoLinks                : {Server-Config, Windows Firewall}
InheritedGpoLinks       : {Server-Config, Windows Firewall, Default Domain Policy}
```

2. 在现有 GPO 设置上运行报告

如果要确定 GPO 配置的设置，应该运行 GPO 报告。为此可以在 Group Policy 管理控制台上运行，或使用 PowerShell。要使用 PowerShell 为名为 Server-Config 的 GPO 运行报告，运行以下命令：

```
Get-GPOReport -Name Server-Config -ReportType HTML -Path C:\Users\Brian-admin\
Desktop\Server-Config-report.htm
```

输出非常好，允许快速、轻松地浏览设置。图 9.12 显示了 HTML 输出片段。

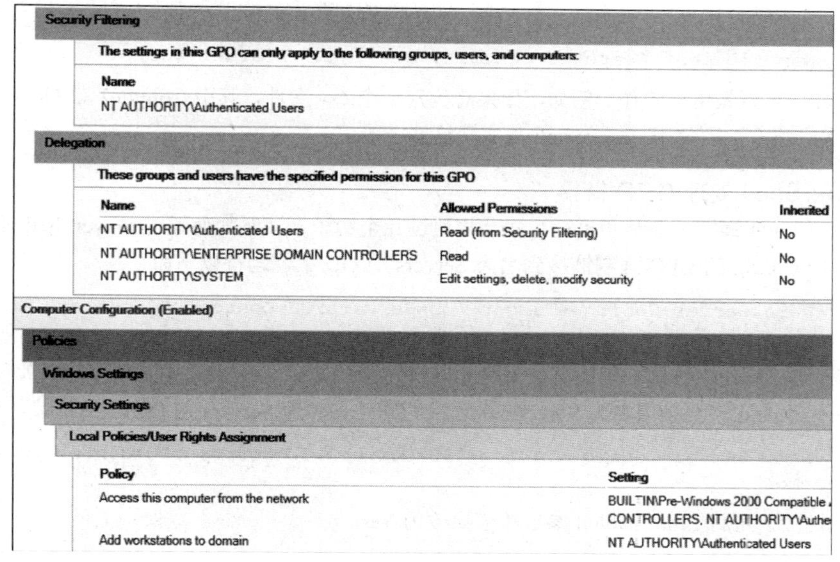

图 9.12　HTML 输出片段

还可将设置导出到 XML 文件中，如果希望给脚本重用设置，这将很有帮助。

3. 使用 PowerShell 修改 GPO 的一些设置

大多数管理员使用 Group Policy 管理编辑器修改 GPO 设置。这是因为 GUI 工具是有效修改 GPO 中大多数设置的唯一方法(除了第三方工具)。随着 Set-GPRegistryValue cmdlet 的引入，现在可以使用 PowerShell 修改 GPO 中基于注册表的设置。它不大有效，因为只有调用该值的整个路径，知道值名、值类型和值设置，才能创建命令。但是想象一下，客户机有 35 个 GPO(每个分支机构有一个 GPO)，还有几个用于 Internet Explorer 的注册表设置要放入所有 35 个 GPO 中。这时可使用 Set-GPRegistryValue 和 PowerShell 使这个过程更简单(也更快)。下面看看是如何做到的。首先将 35 个 GPO 的显示名称输入一个名为 GPOs.txt 的文本文件(每行一个 GPO 显示名称)。如果 35 个 GPO 以 Client Computer 开头(例如 Client Computer Dallas 和 Client Computer NYC)，可以运行以下命令创建输入文件：

```
Get-GPO -All | where DisplayName -Like 'Client Computer*' | select DisplayName -ExpandProperty
DisplayName | Out-File GPOs.txt
```

接下来，运行以下命令来添加一个注册表项，以禁用 Internet Explorer 中的 Adobe Flash(这只是一个注册表项的示例)。这些命令假定是从 GPOs.txt 文件所在的目录中运行它们。如果没有，就在第一个命令中指定 GPOs.txt 文件的完整路径。

```
$GPOs = Get-Content .\GPOs.txt
foreach ($GPO in $GPOs) {
Set-GPRegistryValue -Name $GPO -Key 'HKLM\Software\Policies\Microsoft\Internet
Explorer' -ValueName 'DisableFlashinIE' -Type String -Value '1'}
```

虽然 PowerShell 在修改 GPO 设置方面有一些限制，但在刚才描述的场景下使用它仍是有效的。

4. 使用 PowerShell 链接 GPO

与许多 GPO 设置一样，如果只做了一些更改或添加，那么 GUI 工具可能是最简捷的链接方法。但是一旦有多个任务(或者需要每天或每周多次执行相同的任务)，应该求助于 PowerShell 来最小化管理开销。在 Group Policy 管理控制台和 PowerShell 中，链接 GPO 非常简单。

要将名为 Client Computers NYC 的 GPO 链接到 contoso.com 域中名为 NYC 的子 OU(在名为 Contoso 的父 OU 中)，运行以下命令：

```
New-GPLink -Name 'Client Computers NYC' -Target 'OU=NYC,OU=Contoso,DC=contoso,DC=com'
```

要将名为 Client Computer Security Settings 的 GPO 链接到以 Client Computers 开头的所有 OU (如 Client Computers NYC 和类似名称)，运行以下命令：

```
$OUs = Get-ADOrganizationalUnit -Filter {Name -like 'Client Computers*'}
foreach ($OU in $OUs) {
New-GPLink -Name 'Client Computer Security Settings' -Target $OU}
```

有了 PowerShell，可以做更多工作。例如，如果想构建一个.csv 文件，其中 Column1 是 GPO 的名称，Column2 是要链接的 OU DN，那么可以使用 PowerShell 来实现这些链接。

5. 使用 PowerShell 处理 GPO 链接

本章前面讨论了 GPO 链接、继承和执行。本节将通过几个例子来演示如何通过 PowerShell 使用 GPO。

要将名为 Server-Config 的 GPO 强制链接到名为 Servers 的 OU 上，运行以下命令：

```
Set-GPLink -Name Server-Config -Target 'OU=Servers,OU=Contoso,DC=contoso,dc=com'
-Enforced Yes
```

有时，可能需要禁用 GPO 链接。例如，如果将 GPO 链接到 OU，但结果并不是期望的，就可能希望禁用该链接，直至能够解决问题为止。要禁用名为 Server-Config 的 GPO 到名为 Servers 的 OU 上的链接，运行以下命令：

```
Set-GPLink -Name Server-Config -Target 'OU=Servers,OU=Contoso,DC=contoso,dc=com'
-LinkEnabled No
```

要再次启用该链接，可将 LinkEnabled 参数的值更改为 Yes。

6. 诊断 Group Policy 的故障

Group Policy 是一个复杂的主题。在某些环境中，Group Policy 的实现也很复杂。当没有应用 GPO，或者错误的 GPO 设置应用于某些计算机时，需要能够排除问题，并找到解决方案。本节会解释一些常见原因，说明为什么 Group Policy 没有做它应该做的事情。

首先回顾一下背景。Group Policy 依赖于 Active Directory 复制。对于 Group Policy 模板(SYSVOL 中的文件)，复制由 DFS-R 处理(在旧环境或未配置 DFS-R 的环境中由 FRS 处理)。对于 Group Policy 容器配置，复制由标准的 Active Directory 复制技术来处理。因此，可使用内置工具(如 Repadmin.exe)来解决复制问题。例如，可以运行 Repadmin /ShowRepl 命令来查看复制状态。

接下来，看看什么时候处理 Group Policy。默认情况下，成员服务器和客户机在启动、用户登录或通过命令(如 GPUpdate)刷新策略时应用 Group Policy。每 90 分钟在成员服务器和客户机上刷新一次 Group Policy(尽管有至多 30 分钟的随机偏移量)。因此，从上次刷新开始，最多 120 分钟刷新一次。域控制器稍有不同。虽然它们也在与成员服务器和客户机相同的情况下应用 GPO，但它们每 5 分钟刷新一次 GPO(没有随机偏移量)。

现在分析一些最常见的原因，解释为什么名为 GPO1 的 GPO 没有做它应该做的事情：

禁用 GPO 设置。每个 GPO 都有两组设置：基于用户的设置和基于计算机的设置。默认情况下，所有设置都是启用的(因此是适用的)。但可以禁用基于用户的设置或基于计算机的设置(或所有设置)。当禁用设置时，它们就不适用。在排除故障时，要检查是否禁用了设置。

另一个 GPO 的设置优先于 GPO1 中的设置。最后一个 GPO 应用的设置优先于以前应用的 GPO 设置。因此，当多个 GPO 应用相同的设置时，最后一个 GPO 将“获胜”。应用 GPO 的因素有两个。第一个因素是处理顺序。首先使用本地 GPO，其次是链接到站点级别的 GPO，其三是链接到域级别的 GPO，其四是链接到 OU 级别的 GPO，最后的 GPO 链接到子 OU 级别。记住这一点的一个简单方法是，链接级别越低，处理顺序就越靠后。首字母缩略词 LSDOU 涵盖了 Local、Site、Domain, OU。这个首字母缩略词没有考虑子 OU，但它是一个很好的记忆辅助工具。第二个因素是链接顺序。当多个 GPO 链接到同一个 OU 时，使用链接顺序来确定 GPO 应用的顺序。最低链接顺序是最后应用的，因此“获胜”。例如，链接顺序为 1 的 GPO 在链接顺序为 2 的 GPO 之后应用。

安全过滤不包括目标用户或计算机。默认情况下，GPO 的安全过滤器有 Authenticated Users 组。这包括所有用户和所有计算机。但管理员通常会删除 Authenticated Users 组，使用其他组来缩小 GPO 的范围。在排除故障时，检查安全过滤，并将其与用户或计算机组成员身份进行比较，以确定安全过滤配置是否正确。

有一些内置的工具可帮助跟踪 Group Policy 问题。应该从 Group Policy Operational 事件日志开始。它有一个日志，详细地记录了本地计算机的 Group Policy 活动。图 9.13 显示了日志中的一个条目。注意同时捕获的事件数量。这便于我们了解在 Group Policy 处理期间捕获的详细级别。

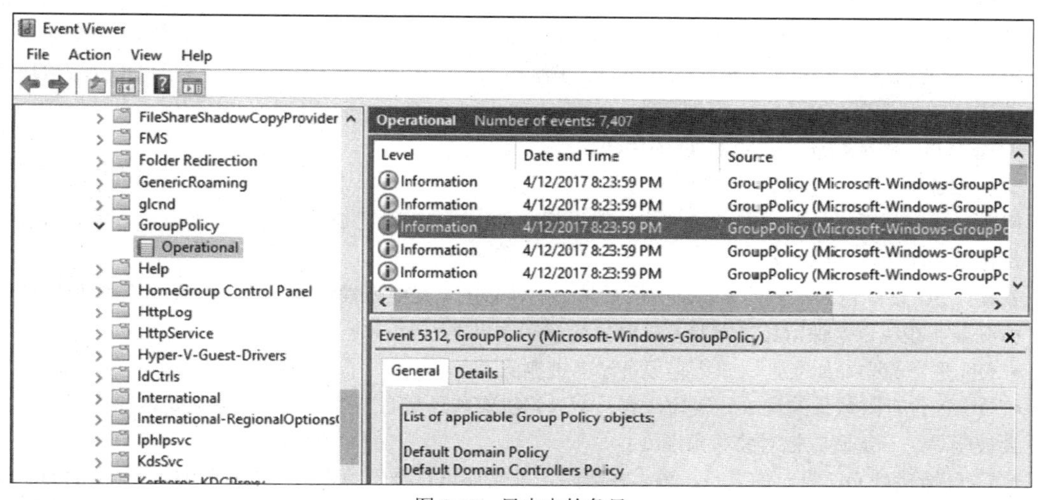

图 9.13 日志中的条目

在 Group Policy 管理控制台中，可使用 Group Policy Results Wizard，基于当前的 Group Policy 配置，来评估用户或计算机的设置。可为本地用户、本地计算机、远程用户或远程计算机运行它。它显示 GPO 的设置和详细信息。

Group Policy 管理控制台中还有一个名为 Group Policy Modeling Wizard 的工具。它允许模拟 GPO 部署，而不必部署 GPO。这个工具显示，如果将 GPO 部署在环境中，用户或计算机应使用哪些设置。它评估慢链路处理、环回处理、组成员关系和 WMI 过滤器。

在命令行上可使用 GPResult.exe 为用户或计算机(本地或远程)显示策略信息的结果集(RSoP)。例如，可运行 GPResult /r /z 命令，查看本地计算机上登录用户的详细 RSoP 信息。为便于搜索信息，可将输出导入文本文件(例如 GPResult /r /z >output.txt)。在文本文件中有了输出后，可在其中搜索关键字，例如 fail、error、denied 或类似的术语。

最后来看在研究 Group Policy 问题时的高级故障排除步骤：

◆ 查明是否应用了 GPO。可使用事件日志来查找，也可使用 GPResult 工具。

◆ 找出是否应用了 GPO 设置。可获得 RSoP 信息，以查看是否应用了设置。使用 GPResult 工具或 GPMC 中的 Group Policy Results 功能，检查应用的设置。

◆ 如果没有应用 GPO(因此没有应用设置)，则查看配置问题是否阻碍应用程序。检查安全过滤器和 WMI 器，查找禁用的设置或空的 GPO，并确保 GPO 链接到正确位置)。

◆ 如果没有应用 GPO，但 GPO 的配置是正确的，就查看后端。Active Directory 复制健康吗？最近的 GPO 变更完成复制了吗？目标计算机能与域控制器通信吗？尝试使用 GPUpdate/Force 或 Invoke-GPUpdate 来强制刷新 Group Policy。

9.6 本章要点

设计 Active Directory 森林和域。在许多组织中，管理员过快地进入项目的实现阶段。通常情况下，他们会在设计之前先实现，想要在实现过程中进行调整(或“稍后进行调整”)。但其实根本没有调整，组织只剩下实现。它可能不能满足业务需求，或者不能充分满足需求。

Active Directory 设计应该反映组织的需求。例如，如果分支机构的性能要求高，应该考虑在分支机构中放置域控制器。如果组织要求站点具有高可用性，应该在每个站点中放置多个域控制器。

问题 公司最近收购了另一家公司。每个公司都有自己的 Active Directory 环境。长期计划是把它们迁移到单个 Active Directory 森林和域。但在短期内，管理团队要求使环境尽可能无缝地协同工作。对于这个场景，应该考虑哪个 Active Directory 特性？

答案 在合并或收购场景中，应该考虑使用 Active Directory 信任机制连接森林和/或域。通常，信任是临时性解决方案，公司会最终确定 IT 基础设施的长期策略。在这个场景中，双向森林信任提供了最佳解决方案。

设计组织单元(OU)结构。我们继承了公司的 Active Directory 实现。但发现有成千上万个 OU。许多都是空的，似乎没有用过。多个命名约定和几个包含对象的 OU 子结构似乎正在使用中。请记住以下有关 OU 管理的良好做法：

◆ 为 OU 使用一个命名约定，简化管理。

◆ 为每个 OU 添加描述，说明 GPO 的用法。

◆ 保护 OU 免于意外删除。

问题 决定重新设计公司的 OU 结构。对于每个 OU，需要决定是保留它还是删除它。哪些因素用于决定是保留 OU 还是删除它？

答案 OU 设计包含许多因素。有些因素是公司特有的。其他因素基于 IT 管理员认定的良好实践。在这种情况下，在决定是保留还是删除 OU 时，应该考虑以下因素：

- OU 是空的吗？如果是，那么它很可能会被删除。
- OU 包含有限数量的对象？例如，有一个计算机对象还是有三个组对象？如果是这样，那么 OU 很可能会被删除。一定要先把对象移到别处！
- GPO 链接到 OU 吗？如果是，那么在删除之前需要进行额外调查。考虑将与 GPO 链接的 OU 放在长期清单上，做进一步调查。
- 应用程序通过 DN 引用 OU 吗？如果是，就需要进行额外调查，可能需要安排删除或移动 OU。

实现 Group Policy 和故障排除。Group Policy 是一个庞大而复杂的技术。然而，实现它不一定很复杂。应该努力配置一个满足公司需求的简单 Group Policy 环境。给 Group Policy 运用以下的最佳实践：

- 使用命名约定，允许其他管理员了解 GPO 的主要用途。
- 添加 GPO 的描述，详细说明 GPO 的用法。
- 在可能的情况下减少使用 WMI 过滤器。
- 使用安全过滤限制 GPO 的范围。
- 减少使用继承阻塞和 GPO 强制执行。

问题 我们要解决一个 GPO 问题。现有的 OU 结构有一个 Contoso-Users OU。它的下面有五个子 OU。其中一个子 OU 名叫 Sales。名为 User Configuration 的 GPO 配置用户设置，并链接到 Contoso-Users OU。然而，销售用户报告说，GPO 破坏了关键功能，因为它们经常与公司网络断开连接。这就需要确保 GPO 不应用于 Sales OU。实现这个目标的两种方法是什么？

答案

在这个场景中，有两个主要选项：

- 在 Sales OU 上阻塞继承。如果在 Sales OU 上阻止继承，Sales OU 就不会继承 User Configuration GPO。虽然这解决了问题，但可能产生其他问题。例如，如果其他 GPO 连接到 Contoso-Users OU，这些 GPO 也会被阻塞。
- 可以使用 GPO 安全过滤。默认情况下，所有 GPO 都对 Authenticated Users 进行安全过滤，所以所有用户和计算机都可以读取和应用 GPO 设置。在这个场景中，可以创建一个新的安全组，名为 All Contoso Except Sales。将除 Sales 用户之外的所有用户添加到组中。然后为 All Contoso Except Sales 组配置 GPO 安全过滤。这确保 Sales 用户不会受到 GPO 的影响。这解决了问题，但也给环境带来一些管理开销。例如，如何维护组成员关系？可以手动执行操作，也可以使用自动化操作，但两者都会额外增加管理开销。

第10章 Active Directory 认证服务

AD CS 是一种在网络中管理证书的公钥基础设施(PKI)解决方案。微软通过 Windows Server 的许多主要版本增强和扩展了 AD CS。最近一次主要的更新在 Windows Server 2012 R2 中进行，而在 Windows Server 2016 中只做了少量增强。本章将讨论 Active Directory 认证服务，因为它存在于 Windows Server 2016 中。与 Active Directory 域服务一样，Active Directory 认证服务也是一个庞大的主题，需要一整本书的篇幅。我们将关注大多数管理员在规划和实现 AD CS 时必须处理的最相关的内容。这意味着本章将不详细介绍一些主题，以便集中讨论最重要的内容。

本章内容：

- 理解 AD CS 在 Windows Server 2016 中的新特性
- 理解公钥基础设施和 AD CS
- 设计的规划
- 实现一个两层的层次结构
- 使用认证模板
- 了解自动化环境的优点

10.1 AD CS 在 Windows Server 2016 中的新特性

大多数新版本的 Windows Server 为 AD CS 引入了新功能。我们应该熟悉这些特性，特别是当它们帮助解决环境中的挑战时。尽管以下列表并不全面，但涵盖了 Windows Server 2012、Windows Server 2012 R2 和 Windows Server 2016 中 AD CS 的主要更改。在 Windows Server 2016 中，AD CS 通过 bug 修复和一些小的改进有了一些增强，引入了以下新功能和变化：

网络设备注册服务支持密钥认证注册的实施：网络设备可以利用这个功能，而在过去，只有证书颁发机构(CA)可以利用它。

密钥认证的改进：Windows Server 2016 允许客户端在已经支持的可信平台模块(Trusted Platform Module，TPM)中生成密钥对，或者使用智能卡密钥存储提供程序。这提供了一定的灵活性，特别是对于没有部署或正在使用 TPM 的组织。

10.1.1 Windows Server 2012 R2

以下是从 Windows Server 2012 R2 和 Windows Server 2012 以来新增的 AD CS 功能，在 Windows Server 2016 中继续可用：

验证证书的私钥受基于硬件的 TPM 保护：这个功能验证私钥受 TPM 保护，并确保认证机构(CA)信任 TPM。

可使用 PowerShell 备份和恢复 CA 数据库：这个功能引入了两个新的 PowerShell cmdlet。Backup-CARoleService 备份 CA 数据库，Restore-CARoleService 恢复 CA 数据库。

增强了对无线注册的支持：AD CS 增强了对第三方策略模块的支持，来支持自带设备(BYOD)场景。这种情况下，个人拥有的设备可从 AD CS 中请求证书，即使该设备没有加入域。可通过在外围网络中部署 Network Device

Enrollment Service(NDES)服务器，来支持 Internet 上的无线注册。

10.1.2 Windows Server 2012

以下 AD CS 功能是从 Windows Server 2012 以来新增的，在 Windows Server 2016 中继续可用：

增强的 PowerShell 支持：在 Windows Server 2012 之前用 PowerShell 管理 AD CS 是比较困难的，因为没有用于 AD CS 的 PowerShell 模块。在 Windows Server 2012 中，微软为 AD CS 引入了部署和管理 cmdlet。

对 Version 4 证书模板的支持：Version 4 模板适用于 Windows 8 和以后的 Windows 客户端操作系统，以及 Windows Server 2012 和以后的 Windows Server 操作系统。使用 Version 4 模板，可以指定支持的最低操作系统版本(如 Windows Server 2012 R2)，可以要求进行一个认证更新，来使用相同的密钥。还有对加密服务提供程序和密钥服务提供程序的支持。

AD DS 站点识别：虽然这个新功能在默认情况下没有启用，但可以启用它，以便客户机在 Active Directory 中查询带有 CA 的最近站点，这可以提高性能，比如基于模板的证书注册。

使用 Group Protection 保护 PFX 文件：在 Windows Server 2012 之前，Windows Server 只对 PFX 文件提供密码保护。在 Windows Server 2012 中，可选择指定 Active Directory 组(甚至用户)而不是密码。这确保只有组成员(或直接指定的用户)才能使用 PFX 文件。

10.2 公钥基础设施和 AD CS 的介绍

如果这是第一次部署或管理公钥基础设施(PKI)，就应该开始检查密码学(PKI 的基础)。在较高级别上理解密码学，可以更好地实现和维护功能良好的 PKI。

在研究 PKI 的一些组件前，先回顾一下部署 PKI 的主要原因。以下是一些最常见的原因(注意，这个列表并不完整)：

使用 HTTPS 保护内部网站(管理网站、内部网网站)：为保护网站，需要向 Web 服务器颁发证书。

为 Active Directory 域控制器提供安全通信(LDAP)：默认情况下，轻量级目录访问协议(Lightweight Directory Access Protocol，LDAP)通信在端口 389 上未加密。通过向域控制器颁发证书，应用程序可通过端口 636 上的加密连接与域控制器通信。

向用户颁发证书：用户可使用证书加密电子邮件(如 S/MIME)，使用加密文件系统(Encrypting File System，EFS)保护数据，或使用身份验证因子(有时作为多因素身份验证的第二个身份验证因子)。

Active Directory 认证服务是微软的 PKI 解决方案。它是一种功能齐全的解决方案，它与行业标准的 PKI 方法相一致，这种方法首先在各种 Request for Comments(RFC)文档中描述。图 10.1 显示了 AD CS 环境的主要组件。

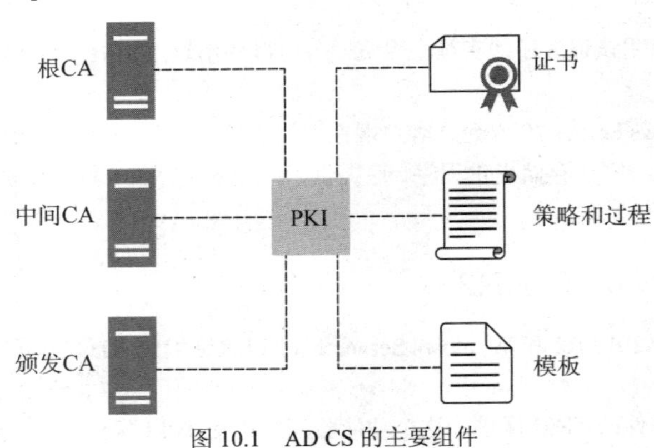

图 10.1 AD CS 的主要组件

主要组件如下：

根 CA：根 CA 是 PKI 中最高的 CA。它是 PKI 的基础，因为它向 PKI 中的其他 CA 颁发证书。根 CA 的证书是自己颁发的。在小型环境中，单个 CA 执行所有 CA 角色，尽管这样的设计并不遵循 PKI 的最佳实践。在高度安全的环境中，根 CA 通常是脱机 CA，联机仅用于维护。这提高了 PKI 的安全性。

中间 CA：中间 CA，有时称为从属 CA，是从属于另一个 CA(通常是根 CA)的 CA。它的工作是向其他 CA 颁发证书(通常是颁发 CA)。中间 CA 是可选的 CA。一些组织选择有一个根 CA，并颁发 CA，而没有中间 CA。

颁发 CA：颁发 CA 是签发证书的 CA。颁发的 CA 通常从属于中间 CA 或根 CA，这取决于 PKI 是两层还是三层层次结构。

证书：证书是一个数字签名的文件，包含关于用户、计算机或设备的标识信息，以及关于签发 PKI 的信息。

策略和过程：作为 PKI 的一部分，策略和过程在几个文档中定义。安全策略定义组织的安全标准，认证策略概述组织将如何验证证书的主题和证书的用法，认证实践声明是一个公共文档，列出了 PKI 是如何管理和操作的。

模板：证书模板用于预先定义证书配置项(例如，有效期、最小密钥长度和密钥使用情况)。然后，当使用模板请求新证书时，请求者不必指定预定义的信息。模板可以帮助维护安全标准，执行特定的证书配置，简化请求证书的过程。

除了主要组件外，还需要熟悉 Active Directory 认证服务中的六个角色服务，如图 10.2 所示。

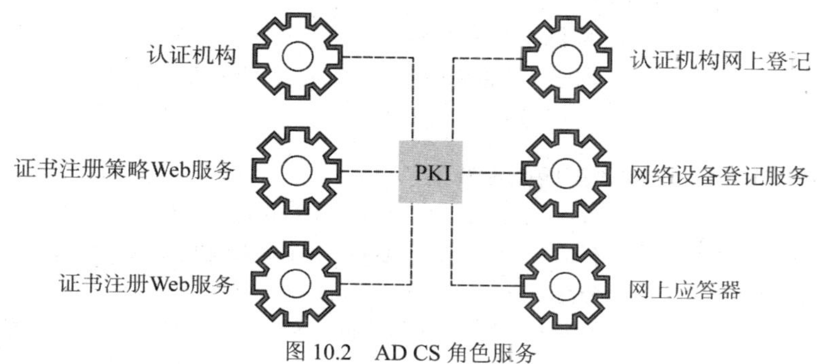

图 10.2 AD CS 角色服务

AD CS 角色服务如下：

认证机构：认证机构是 PKI 中的主要角色服务。在某些环境中，它是唯一的 PKI 角色服务。根 CA 和中间 CA 运行这个角色服务，向用户和设备颁发证书。

证书注册策略 Web 服务：证书注册策略 Web 服务向用户和计算机提供证书注册策略信息。它通常与证书注册 Web 服务相结合，使用户和计算机能够通过 Web 浏览器获得证书。

证书注册 Web 服务：证书注册 Web 服务允许用户和计算机通过 Web 浏览器获得证书。当计算机不是 Active Directory 域的一部分时，这很有用。将此角色服务与证书注册策略 Web 服务相结合，可为用户和计算机启用自动证书注册。

认证机构网上登记：该角色服务为用户提供基于 Web 的方法来请求证书。如果没有它，用户可以使用证书 MMC 或命令行工具来请求证书。

网络设备登记服务：网络设备登记服务(Network Device Enrollment Service，NDES)允许路由器、交换机和其他网络设备获得证书，即使没有关联的用户账户，也是如此。

网上应答器：该角色服务负责向请求者(通常是计算机)提供证书撤销信息。

10.3 规划及设计考虑

在开始安装和配置任何技术之前，最好先完成预实现任务。例如，希望从业务中收集需求。应该收集技术需求，以确保实现方案满足安全性和体系结构需求。应该了解组织的业务连续性以及灾难恢复需求和能力。虽然本章没有时间深入讨论这些主题，只是挑选一些与实现 AD CS 直接相关的主题，但这并不意味着应该回避其他话题；只是本章不讨论它们。考虑下面的问题，看看如何回答它们。

◆ 需要概述 PKI 安全性和配置的文档吗？

◆ 需要证书策略和证书实践声明(Certificate Practice Statement，CPS)吗？

◆ 需要多少层？

◆ 谁来管理环境？
◆ 使用什么技术来集成证书？
◆ 需要多少台服务器？
◆ 应该将 PKI 服务器放在哪里？

1. 是否需要 PKI 的安全性和配置的概述文档

是的，需要！尽管答案很明显，但许多组织选择不使用文档，这是很遗憾的。在中型和大型组织中，通常有现成的安全策略。因此，在部署 PKI 时，通常可以使用这些策略作为文档的起点。有时，可能需要修改策略，以覆盖 PKI。小型组织可能没有现有的安全策略，也没有时间或人员来创建它们。至少考虑草拟一份基本的安全策略，概述 PKI 的目标，例如：

◆ 实现 PKI 的原因
◆ 打算使用 PKI 保护什么技术
◆ 计划如何在较高层次上保护 PKI
◆ 打算如何处理私钥(无论是备份/归档或支持导出)

尽管许多技术可以在部署后进行文档记录(在最糟的情况下)，但是应该尽量避免在 PKI 中这样做。PKI 是关键的安全技术之一，许多情况下，它保护整个计算环境。因此，计划、测试、文档和实现对网络安全性至关重要。

2. 是否需要证书策略和证书实践声明(CSP)

证书策略和 CSP(Certificate Practice Statement，证书实践声明)在小型组织中并不常见，但是即使在小型环境中工作，也应该考虑它们，在中型和大型环境中，考虑强制执行证书策略和 CSP，才能有效地满足组织的需求(在某些场景中，是客户的需求)，并最大化安全性。下面定义这些概念：

证书策略：证书策略指示组织如何处理证书分配的关键方面，例如请求者的身份、证书的使用和私钥的存储。在许多环境中，证书策略所涵盖的范围不止这些领域。其目标是为客户(无论是内部的还是外部的)提供足够的信息，让他们知道是否使用 PKI 及其已颁发的证书。

证书实践声明(CSP)：CSP 记录 PKI 的安全配置。例如，它通常概述了组织的实践是如何看待证书撤销的，以及组织如何处理 PKI 的审计。RFC 2527 的标题为"Internet X.509 公钥基础设施证书策略和证书实践框架"，详细介绍了如何构建 CSP 和证书策略。更多细节请访问 https://www.ietf.org/rfc/rfc2527.txt。CSP 通常是公开可用的，因此其他组织可以确定 PKI 是否满足他们的安全要求(记住这一点，避免敏感信息进入文档)。在大型组织中，其他分支机构或部门也可以审查 CSP，以确保它满足他们的个人需求。对于向公众销售证书业务的组织来说，CSP 非常重要，必须非常详细。例如，可从 https://www.thawte.com/cps/上查看 Thawte 的 CPS。

一般来说，证书策略更短，更简略。CSP 通常是一个非常长的、精确的文档，它涉及组织围绕证书分发和安全性的操作细节。

3. 需要多少层

作为规划和设计的一部分，需要弄清楚 PKI 中需要多少层。一层表示 PKI 的一个级别。例如，在图 10.3 中，有三层：一层有根 CA，一层有中间(从属)CA，一层有颁发 CA。

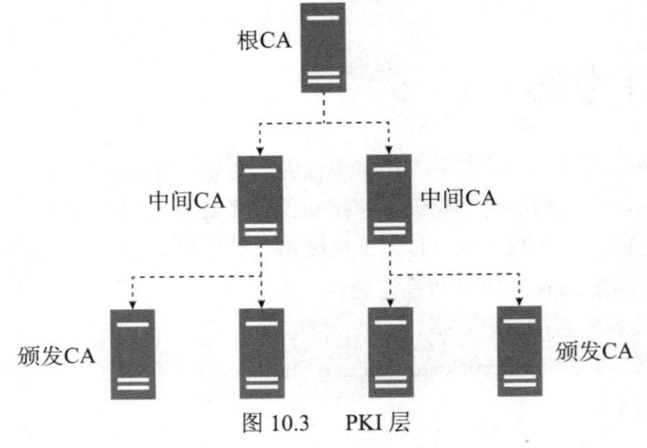

图 10.3　PKI 层

下面看看可用的层，以及它们在 PKI 部署中通常是如何使用的：

单层层次结构：单层层次结构通常出现在小型组织中。例如，假定一家律师事务所有 50 个律师和 150 个支持人员。在这样一个环境中，可能只有一个 IT 人员，这个人必须部署和管理一切！需要易于部署和易于维护的 PKI。单层层次结构可能是最好的选择。它由一个颁发证书的企业 CA 组成。这是一个单一的失败点，但在小型组织中，这是可以接受的。

双层层次结构：双层层次结构是许多中型和大型组织中常见的部署方式。它代表了最小和最简单的 PKI 层次结构，提供了安全性和可用性的额外层次，这是许多组织结构都需要的，但是没有三层或四层层次结构的复杂性和开销。双层层次结构通常包括一个离线的根 CA 和一个或多个颁发 CA。本章的后面将逐步演示双层层次结构的部署。双层层次结构允许为组织提供高度可用的 PKI。这一点，以及离线根 CA 的附加安全性，将双层层次结构与单层层次结构区分开来。

三层层次结构：三层层次结构提供了双层层次结构的功能，并提供了额外的安全性和灵活性。它不是把颁发 CA 作为第二层，而是把策略 CA 作为第二层。这就允许定义不同的策略和不同的 CSP。例如，假定有一个针对北美的策略和 CPS，以及一个针对欧洲的不同策略和 CPS。在三层层次结构中，通常有离线的根 CA 和离线的策略 CA。这将进一步保护 PKI 免受基于网络的攻击。

四层层次结构：四层层次结构是最少见的 PKI 层次结构。这是因为每添加一个层，都会增加复杂性和开销，而许多组织更喜欢尽量降低复杂性和开销。在四层层次结构中，第三层和第四层用于颁发 CA。多个层拥有颁发 CA，可以更好地控制哪些 CA 给用户组或计算机组颁发证书。在需要高度安全的复杂组织中，如政府分支机构或跨国企业集团，可能需要这样做。

那么需要多少层呢？需要尽可能少的资源来满足组织的安全和操作需求(以及 PKI 需求)。建议从两层开始，并查看特征，看它是否满足组织的需求。如果不满足，就选择三层。必须经过仔细检查，才能选择 4 层。只有管理的环境很小，能够接受 CA 被损害的风险，能够接受潜在的计划外停机，才能选择单层。

4. 谁来管理环境

当考虑谁管理 PKI 时，需要考虑两个因素。首先，哪个团队将拥有它——信息安全团队、服务器管理团队还是另一个团队？其次，在复杂的 PKI 中，通常会有多个团队来管理它(通常是它的不同部分)。在大型组织中，PKI 通常由信息安全团队拥有，而 PKI 由服务器管理团队操作。作为初始文档的一部分，需要遍历所有管理场景，以确定谁拥有什么。

5. 使用哪些技术与证书集成

部署 PKI 的想法通常始于应用程序团队(或 IT 中的另一个团队)需要为其应用程序或服务提供证书。也许组织一直都在使用第三方证书。例如，在局域网中，购买了用于管理服务的第三方证书。这可能会很昂贵，而且获取第三方证书有时是一个缓慢的过程。然而，许多第三方证书提供商具有企业级服务，允许组织立即请求和接收第三方证书。通常，在内部部署 PKI 会降低成本和/或安全性。与 PKI 集成的一些最常见的技术包括：

电子邮件服务：发送安全的电子邮件需要一个证书。启用电子邮件服务器之间的安全通信需要一个证书。确保客户端通过浏览器检查电子邮件的通信安全需要一个证书。因此，电子邮件服务是一种使用 PKI 的常用技术手段。

Web 服务：无论是拥有内部网站点还是应用程序管理站点，都需要使用证书来保护站点。如今，许多大型组织或具有安全意识的组织在所有 Web 服务上都使用 HTTPS。与使用第三方证书相比，PKI 为 Web 服务器提供证书的成本效益更高。

加密：许多加密技术都要求使用证书。例如，加密文件系统(EFS)使用客户端证书进行加密。这种情况下，内部 PKI 几乎总是最好的选择，因为需要大量的证书(当使用第三方证书时，成本成倍增长)。

作为最初的 PKI 设计工作的一部分，需要与 IT 团队协作，以确保他们当前的使用和满足未来的需求。这将有助于确保所设计的 PKI 能够满足或超过组织的所有要求。

6. 需要多少台服务器

一旦确定了 PKI 中有多少层，就可以计算出需要多少服务器。对于根 CA，需要一台服务器。对于颁发 CA，应该部署两个或多个服务器，以提供冗余和高可用性。在三层层次结构中，可能有两个策略 CA 和四个颁发 CA(共有 7 个服务器，其中一个是离线的根 CA)。四层层次结构通常至少有 8 台服务器。使用更多服务器的环境并不少见，特别是环境中有有限的虚拟化选项，就更是如此。但是，有了强大的虚拟化环境，可以减少服务器的总数，而依赖虚拟化的高可用性和站点弹性。

7. 应该把 CA 放在哪里

位置通常是由组织决定的。例如，如果组织有两个数据中心，就可以将 CA 部署到两个数据中心。如果有一个数据中心，就可以将服务器部署到该数据中心。对于大型组织，不会将 CA 部署到每个可用的数据中心。例如，假设一家公司在全球拥有 15 个数据中心，但可能只需要两个或三个数据中心中的 CA。通过维护满足需求的最简单设计，可以最小化成本和开销。数据中心越少，通常意味着设计越简单。

10.4 实现双层层次结构

本章的这一节将展示如何从一开始就实现双层层次结构。只需要一个现有的 Active Directory 域、一个运行 Windows Server 2016 的成员服务器和一个运行 Windows Server 2016 的独立服务器。对于这个过程，使用以下设置：

- 现有的 Active Directory 域 contoso.com。
- 计算机 C-OFFLINE-ROOT 是独立服务器，用作离线的根 CA。
- 计算机 C-PKI-01 是企业级下属 CA。
- 计算机 C-UTIL-01 是实用服务器，承载 CRL 分配点(CRL Distribution Point，CDP)和权威信息访问(Authority Information Access，AIA)的信息。

读者应该使用实验室环境来跟进。考虑使用现有的域(如果有)，并相应地调整步骤。如果没有现有的域，请考虑使用 contoso.com 和本章介绍的配置。

1. 在 C-OFFLINE-ROOT 上安装 CA 离线根

本节将介绍离线根 CA 的安装。在双层层次结构中，离线的根 CA 代表其中一个层(第一层)。对于离线的根 CA 来说，使用独立服务器(不连接到域)是一个良好的、通用的实践，这是因为服务器大多是关闭的，由于缺乏连接而有丢失域成员资格的风险。建议每月为维护任务(如安装安全更新，安装反病毒和反恶意软件更新，以及收集日志)启动一次离线的根 CA。本节使用名为 C-OFFLINE-ROOT 的服务器。它是一台独立的计算机，没有连接到域。在 contoso.com 专区手动创建了一个 DNS 条目，以便使用 C-OFFLINE- ROOT contoso.com 完全限定的域名引用服务器。

(1) 作为本地管理员登录到 C-OFFLINE-ROOT。

(2) 单击 Start，然后单击 Server Manager。

(3) 单击 Manage，在下拉菜单中单击 Add Roles and Features。

(4) 如果 Before You Begin 页面出现，选择 Skip This Page By Default 复选框，然后单击 Next。

(5) 在 Select Installation Type 页面上，确保选择了 Role-Based or Feature-Based 安装选项，并单击 Next。

(6) 在 Select Destination Server 页面上，确保选择了 C-OFFLINE-ROOT 并单击 Next。通常，要使用管理服务器，而不是直接在目标服务器上执行此任务，从这里的列表中选择服务器的名称。

(7) 在 Select Server Roles 页面上，选择 Active Directory Certificate Services 复选框。当提示添加 Active Directory 认证服务所需的特性时，单击 Add Features，然后单击 Next。这将确保在角色中安装了所有需要的依赖项。

(8) 在 Select Features 页面上，单击 Next。

(9) 在 Active Directory Certificate Services 页面上，单击 Next。

(10) 在 Select Role Services 页面上，确保选中了 Certification Authority 复选框，然后单击 Next。因为创建的是离线的根服务器，所以不需要任何其他服务，比如在线响应器或 Web 服务。这些服务用于与客户交流注册或撤销细节。

(11) 在 Confirm Installation Selections 页面上，选择 Restart The Destination Server Automatically If Required 复选框，并单击 Install。等待安装完成。

(12) 安装完成后，在 Installation Progress 页面上，单击目标服务器上的 Configure Active Directory Certificate Services。

(13) 在 Credentials 页面上，确保列出的凭证是本地管理员组的成员，也是域的 Enterprise Admins 组的成员。然后单击 Next。

(14) 在 Role Services 页面上，选中 Certification Authority 复选框，然后单击 Next。

(15) 在 Setup Type 页面上，单击 Standalone CA，然后单击 Next。服务器在大多数情况下是离线的，没有连接到网络或没有连接到 Active Directory 时，使用独立的 CA。企业 CA 用于与 Active Directory 集成。

(16) 在 CA Type 页面上，确保选择了 Root CA，然后单击 Next。根 CA 用作 PKI 层次结构的基础。这与从属 CA 不同，从属 CA 只能在根 CA 下使用。

(17) 在 Private Key 页面上，确保选择了 Create A New Private Key 选项，然后单击 Next。使用这个选项，因为它是组织中的第一个 CA。如果已经有了 CA，就可以使用现有的密钥。

(18) 在 Cryptography for CA 页面中，将哈希算法设置为 SHA512，将密钥长度设置为 4096，然后单击 Next。哈希算法和密钥长度建议每隔几年就改变一次。建议使用 SHA512 和长度为 4096 的密钥，以备将来的离线根 CA 验证(至少几年)。

(19) 在 CA Name 页面上，接受此 CA 的公共名称的默认值，将 Distinguished Name Suffix 设置为 DC=contoso、DC=com，然后单击 Next。注意，如果这个服务器连接到域，它将自动填充域的专有名称后缀。

(20) 在 Validity Period 页面上，接受 5 年的默认有效期，然后单击 Next。

(21) 在 CA Database 页面上，接受证书数据库及其日志的默认位置，然后单击 Next。在生产环境中，最好使用非系统卷来存储数据库和数据库日志。

(22) 在 Confirmation 页面上，确保设置了需要的值，然后单击 Configure(参见图 10.4)。

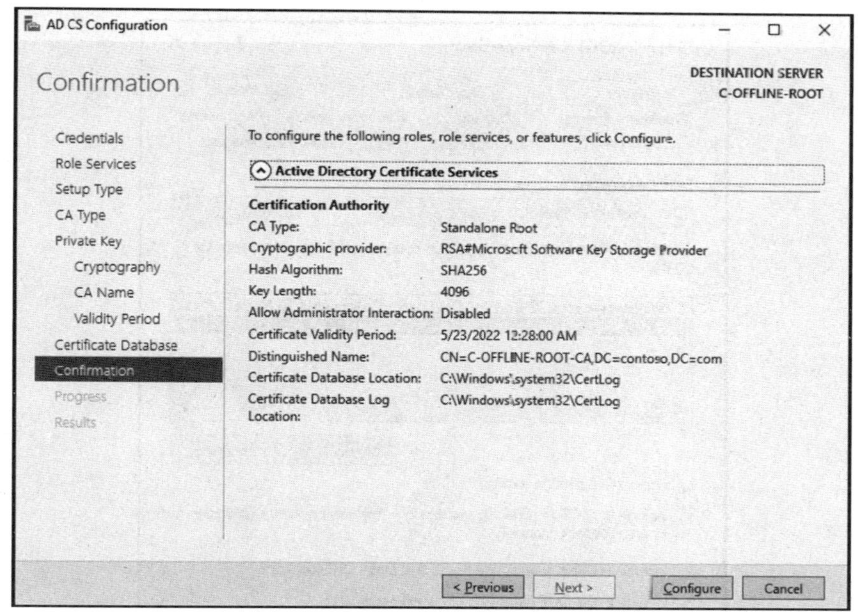

图 10.4　AD CS 配置

(23) 在 Results 页面上，等待配置完成，然后单击 Close。

(24) 在 Installation Progress 页面上，单击 Close。

现在，根 CA 就安装好了。但是，在准备处理第二层之前，需要执行一些安装后的任务，以便为生产准备根 CA。

2. 离线根 CA 的 C-OFFLINE-ROOT 安装后配置

本节配置离线的根 CA。这就为 CA 开始支持计划中的从属 CA 做好了准备。

(1) 在 C-OFFLINE-ROOT 中，右键单击 Start，然后单击 Command Prompt (Admin)。

(2) 在 Administrator: Command Prompt 窗口中，在 HKLM\SYSTEM\CurrentControlSet\services\CertSvc\Configuration\C-OFFLINE-ROOT-CA\注册表密钥下配置 CA 注册表项，并重新启动 Active Directory Certificate Services 服务。在命令中，设置了有效期和所有审计选项。要继续，运行以下命令：

```
certutil.exe -setreg ca\DSConfigDN CN=Configuration,DC=contoso,DC=com
```

```
certutil.exe -setreg ca\DSDomainDN "DC=contoso,DC=com"
certutil.exe -setreg ca\ValidityPeriodUnits 5
certutil -setreg CA\CRLPeriodUnits 2
certutil -setreg CA\CRLPeriod "Years"
certutil -setreg CA\AuditFilter 127
net stop certsvc
net start certsvc
```

(3) 在 Start 菜单中，展开 Windows Administration Tools 文件夹，并双击 Certification Authority。

(4) 在 Certification Authority 控制台中，右键单击 C-OFFLINE-ROOT-CA 节点，在弹出的菜单中单击 Properties。

(5) 在 C-OFFLINE-ROOT-CA Properties 对话框中，单击 Extensions 选项卡，确保 CRL Distribution Point (CDP)条目出现在 Select extension 下拉列表中，然后单击 Add。

(6) 在 Add Location 对话框的 Location 文本框中，指定 http://c-util-01.contoso.com/certdata/<CaName><CRLNameSuffix><DeltaCRLAllowed>.crl，然后单击 OK。必须添加有效的位置，确保客户能够访问它们。

(7) 在 Extensions 选项卡上，选择新添加的 CDP 条目，单击 Include in the CDP extension of issued certificates 复选框。

(8) 在用户可从中获得证书撤销列表的位置列表中，删除第二个(以 ldap://开头)、第三个(以 http://<serverdnsname>开头)和第四个(以 file://开头)条目；对于每个条目，单击 Remove，然后在提示确认时单击 Yes。一旦完成，列表应该只包含两个条目：第一个条目引用本地文件系统(以 C:\Windows\system32\CertSrv\CertEnroll 开始)，第二个条目使用 HTTP(以 http://c-util-01.contoso.com/CertData 开始)。如图 10.5 所示。

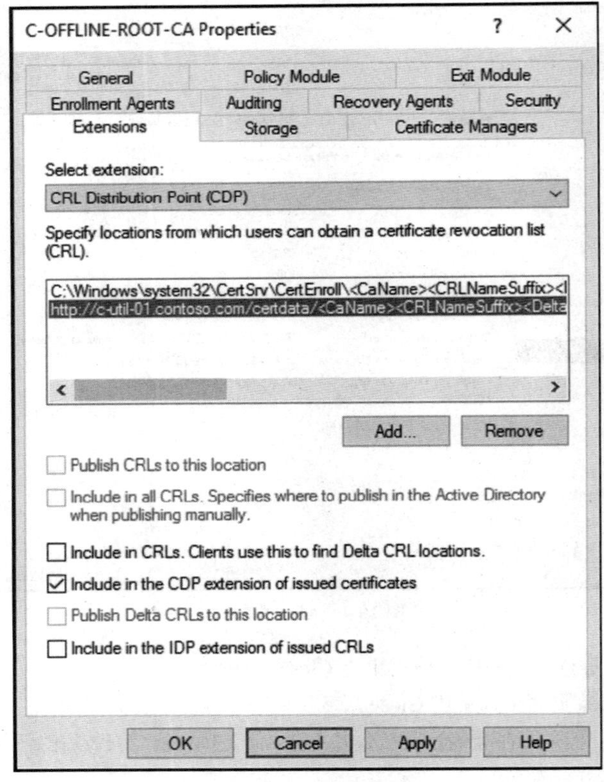

图 10.5　CDP 扩展

(9) 在 Select extension 下拉列表中，单击 Authority Information Access (AIA)条目并单击 Add。

(10) 在 Add Location 对话框的 Location 文本框中，指定 http://c-util-01.contoso.com/certdata/<ServerDNSName><CaName><CertificateName>.crt，然后单击 OK。

(11) 在 Extensions 选项卡上，选中新添加的 AIA 条目，单击 Include in the AIA extension of issued certificates 复选框。

(12) 在用户可从中获取此 CA 证书的位置列表中，删除第二个(以 ldap://开头)、第三个(以 http://<ServerDNSName>开头)和第四个(以 file://开头)条目(对于每个条目，单击 Remove，然后在提示确认时单击 Yes)。一旦完成，列表应该只包含两个条目：第一个条目引用本地文件系统(以 C:\Windows\system32\CertSrv\CertEnroll 开头)，第二个条目使用 HTTP(以 http://c-util-01.contoso.com/certdata 开头)。如图 10.6 所示。

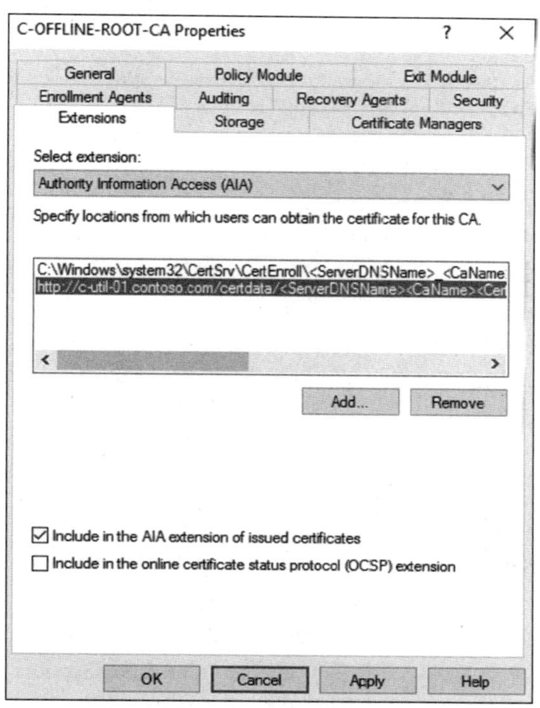

图 10.6　列表只包含两个条目

(13) 单击 OK。当提示重新启动 Active Directory Certificate Services 时，单击 Yes。

(14) 在 Certification Authority 控制台中，展开 C-OFFLINE-ROOT-CA 节点，右键单击 Revoked Certificate 文件夹，单击 All Tasks，然后单击 Publish。下面把 CRL 发布到新添加的位置。

(15) 在 Publish CRL 对话框中，单击 OK 以发布一个新的 CRL。

(16) 在命令提示符中，运行如下命令，将*.crl 和*crt 文件从 C:\Windows\system32\CertSrv\CertEnroll 复制到 C 驱动器的根目录下：

```
Robocopy C:\Windows\system32\CertSrv\CertEnroll C:\ *.cr?
```

(17) 在命令提示符中，运行 certlm.msc 命令，启动 Certificates-Local Computer 控制台。

(18) 在 Certificates-Local Computer控制台上，展开 Personal 文件夹及其 Certificates 子文件夹，右击 C-OFFLINE-ROOT-CA 证书，单击 All Tasks，然后单击 Export。

(19) 在 Certificate Export Wizard 窗口中，在 Welcome to the Certificate Export Wizard 页面上，单击 Next。

(20) 在 Export Private Key 页面上，确保选中了 No, Do not Export the Private Key 选项，然后单击 Next。

(21) 在 Export File Format 页面上，确保选择 DER Encoded Binary X.509 (.CER)选项，然后单击 Next。

(22) 在 File to Export 页面的 File Name 文本框中，键入 C:\C-OFFLINE-ROOT.cer，然后单击 Next。

(23) 在 Completing the Certificate Export Wizard 页面上，单击 Finish，在通知导出成功的对话框中单击 OK。

这就完成了离线根 CA 的后配置任务。现在应配置一台服务器，以承载 CDP。之后部署和配置企业级的从属 CA。

3. 配置服务器以承载 CDP

要配置服务器以承载 CDP，请执行以下步骤：

(1) 作为域管理员组的成员登录到 C-UTIL-01。

(2) 在 C-UTIL-01 上，启动一个管理 Windows PowerShell 控制台。

(3) 从 PowerShell 控制台，创建一个名为 CertData 的文件共享，运行以下命令，将文件夹上的 Read and Change Permissions 共享级权限和 Full Control 文件系统权限授予 CA-PKI-01 计算机账户：

```
New-Item -Path C:\CertData -ItemType Directory
New-SMBShare -Name CertData -Path 'C:\CertData' -ChangeAccess 'CONTOSO\C-PKI-01$'
Grant-SmbShareAccess -Name CertData -AccessRight Change -AccountName
'Administrators' -Force
$acl = Get-Acl C:\CertData
$car = New-Object System.Security.AccessControl.FileSystemAccessRule(
"CONTOSO\C-PKI-01$", "FullControl", "Allow")
$acl.SetAccessRule($car)
Set-Acl C:\CertData $acl
```

(4) 单击 Start，然后单击 Server Manager。

(5) 单击 Manage。在下拉菜单中，单击 Add Roles And Features。

(6) 如果 Before You Begin 页面出现，选择 Skip This Page By Default 复选框，然后单击 Next。

(7) 在 Select Installation Type 页面上，确保选择了 Role-Based or Feature-Based 安装选项，并单击 Next。

(8) 在 Select Destination Server 页面上，确保选择了 C-UTIL-01，并单击 Next。

(9) 在 Select Server Roles 页面上，选择 Web Server (IIS)复选框。当提示添加 Web Server(IIS)所需的特性时，单击 Add Features，然后单击 Next。

(10) 在 Select Features 页面上，单击 Next。

(11) 在 Web Server Role(IIS)页面上，单击 Next。

(12) 在 Select Role Services 页面上，接受默认设置并单击 Next。

(13) 在 Confirm Installation Selections 页面，选择 The Restart The Destination Server Automatically If Required 复选框；当提示确认时，单击 Yes，然后单击 Install。

(14) 在 Installation Progress 页面上，单击 Close After The Installation Succeeds。

(15) 在 Server Manager 中，单击 Tools，然后单击 Internet Information Services (IIS) Manager。

(16) 在 Internet Information Services(IIS)管理器控制台，展开 Sites 文件夹，右击 Default Web Site，然后单击 Add Virtual Directory。

(17) 在 Add Virtual Directory 对话框中，将 Alias 设置为 CertData，Physical Path 设置为 C:\CertData，然后点击 OK。

4. 安装企业级从属 CA C-PKI-01

配置并运行了离线的根 CA 后，下面在名为 C-PKI-01 的计算机上完成企业级从属 CA 的初始安装。这个 CA 从属于刚部署和配置的离线根 CA。

(1) 作为 Enterprise Admins 组的成员登录到 C-PKI-01。

(2) 单击 Start，然后单击 Server Manager。

(3) 单击 Manage，在下拉菜单中单击 Add Roles and Features。

(4) 如果 Before You Begin 页面出现，单击 Skip This Page By Default 复选框，然后单击 Next。

(5) 在 Select Installation Type 页面上，确保选择了 Role-Based or Feature-Based 安装选项，并单击 Next。

(6) 在 Select Destination Server 页面上，确保选择了 C-PKI-01 并单击 Next。

(7) 在 Select Server Roles 页面上，单击 Active Directory Certificate Services 复选框。当提示是否添加 Active Directory 认证服务所需的特性时，单击 Add Features，然后单击 Next。

(8) 在 Select Features 页面上，单击 Next。

(9) 在 Active Directory Certificate Services 页面上，单击 Next。

(10) 在 Select Role Services 页面上，确保选中了 Certification Authority 复选框，并单击 Certification Authority Web Enrollment。当提示添加 Certification Authority Web Enrollment 所需的特性时，单击 Add Features，然后单击 Next。

(11) 在 Select Role Services 页面上，单击 Next。注意，这次选择了不同的选项，以指示正在服务器上安装的角色服务。

(12) 在 Web Server Role(IIS)页面上，单击 Next。

(13) 在 Select Role Services 页面上，单击 Next。现在已经添加了必要的 IIS 角色服务，它们将支持此服务器上的 AD CS 部署。

(14) 在 Confirm Installation Selections 页面上，单击 Restart The Destination Server Automatically If Required 复选框。当提示确认时，单击 Yes，然后单击 Install。

(15) 安装完成后，在 Installation Progress 页面上，单击 Configure Active Directory Certificate Services On The Destination Server。

(16) 在 Credentials 页面上，确保列出的凭证是 Local Administrators 组和域的 Enterprise Admins 组的成员，然后单击 Next。

(17) 在 Role Services 页面上，单击 Certification Authority and Certification Authority Web Enrollment 复选框，然后单击 Next。

(18) 在 Setup Type 页面上，单击 Enterprise CA，然后单击 Next。

(19) 在 CA Type 页面上，单击 Subordinate CA 选项，然后单击 Next。

(20) 在 Private Key 页面上，确保选择了 Create A New Private Key 选项，然后单击 Next。

(21) 在 Cryptography For CA 页面中，将哈希算法设置为 SHA512，将密钥长度设置为 4096，然后单击 Next。注意，这些选项与根 CA 匹配。

(22) 在 CA Name 页面上，接受 Common Name for this CA 的默认值，确保将 Distinguished Name Suffix 设置为 DC=contoso、DC=com，然后单击 Next。

(23) 在 Certificate Request 页面上，单击 Save A Certificate Request To File On Target Machine 选项，接受默认文件 C:\C-PKI-01.contoso.com_contoso-C-PKI-01-CA。然后单击 Next。

(24) 在 CA Database 页面上，接受证书数据库及其日志的默认位置，然后单击 Next。如部署根 CA 时所述，应该在生产环境中使用非系统卷。

(25) 在 Confirmation 页面上，单击 Configure，如图 10.7 所示。

图 10.7　Confirmation 页面

(26) 等待配置完成，注意关于安装 Active Directory Certificate Services 的警告，然后单击 Close。警告通知指示，从属 CA 需要来自父 CA 的证书，如图 10.8 所示。下一节将详细介绍从根 CA 中获取证书的过程。

(27) 在 Results 页面上，单击 Close。

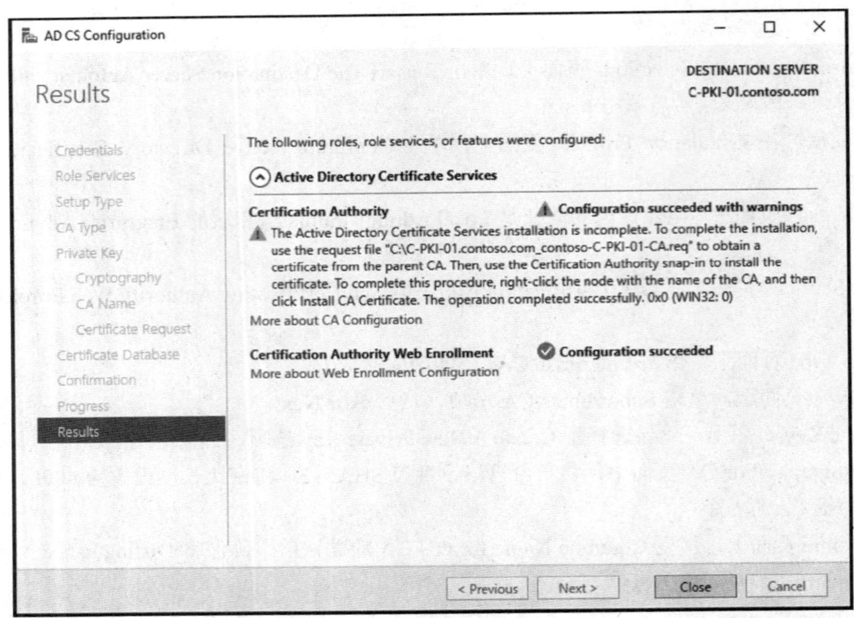

图 10.8 AD CS 配置结果

5. 安装企业级从属 CA C-PKI-01 后的配置

本节为企业级的从属 CA 执行安装后的配置步骤，例如配置 CDP 和 AIA 信息，安装 CA 证书。

(1) 在 C-PKI-01 上，右键单击 Start，然后单击 Command Prompt (Admin)。

(2) 在命令提示符中，运行如下命令，创建到 C-OFFLINE-ROOT 上 C:驱动器的驱动器映射(如果提示的话，提供本地管理员账户的密码)。

```
net use Z: \\C-OFFLINE-ROOT.contoso.com\C$ /u:C-OFFLINE-ROOT\Administrator
```

(3) 在命令提示符中，运行 Robocopy Z:\ C:\ C-OFFLINE-ROOT.cer 命令，把 C-OFFLINE-ROOT.cer 文件从 C-OFFLINE-ROOT 的 C 驱动器复制到本地 C 驱动器的根目录。注意，Robocopy 命令的语法为：

```
<source> <destination> <filename>(filename 是可选的)
```

(4) 启动文件资源管理器，浏览到 C 驱动器的根目录，右击 C-OFFLINE-ROOT.cer 文件，在弹出的菜单中，单击 Install Certificate。

(5) 在 Welcome to the Certificate Import Wizard 页面上，选择 Local Machine 选项并单击 Next。

(6) 在 Certificate Store 页面上，选择 Place All Certificates In The Following Store 选项，使用 Browse 命令按钮将 Certificate Store 设置为 Trusted Root Certification Authorities，并单击 Next。这一步确保根 CA 是可信的。

(7) 在 Completing the Certificate Import Wizard 页面上，单击 Finish。在确认窗口中单击 OK，指示导入成功。

(8) 在命令提示符中，运行如下命令，将在 C-OFFLINE-ROOT 的 C:驱动器上生成的 CRL 和 AIA 文件复制到 C-UTIL-01 的 CertData 共享上。

Robocopy Z:\ Windows\System32\certsrv\CertEnroll \\C-UTIL-01\CertData *.cr?

(9) 在命令提示符下，运行 Robocopy C:\ Z:\ C-pki-01.contoso.com_contoso-C-pki-01-ca.req 命令，将生成的请求文件复制到 C-OFFLINE-ROOT 中。

(10) 在 C-OFFLINE-ROOT 的 Certification Authority 控制台上，右击 C-OFFLINE-ROOT-CA 节点；在弹出的菜单中，单击 All Tasks，然后单击 Submit New Request。

(11) 在 Open Request File 对话框中，浏览到 C:\C-PKI-01.contoso.com_contoso-C-PKI-01-CA.req 文件并单击 Open。

(12) 在 Certification Authority 控制台中，单击 Pending Requests 文件夹并右击请求的条目；在弹出的菜单中，单击 All Tasks，然后单击 Issue。

(13) 在 Certification Authority 控制台中，单击 Issued Certificates 文件夹，然后双击新颁发的证书。

(14) 在 Certificate 窗口中，单击 Details 选项卡，然后单击 Copy To File。

(15) 在 Certificate Export Wizard 窗口的 Welcome to the Certificate Export Wizard 页面上，单击 Next。

(16) 在 Export File Format 页面上，单击 Cryptographic Message Syntax Standard-PKCS #7 Certificates (.P7B)选项，单击 Include All Certificates In The Certification Path If Possible 复选框，然后单击 Next。

(17) 在 File to Export 页面的 File Name 文本框中，键入 C:\C- pki -01.p7b，然后单击 Next。

(18) 在 Completing the Certificate Export Wizard 页面上，单击 Finish，并在通知导出成功的对话框中单击 OK。

(19) 在命令提示符窗口中，运行 Robocopy Z:\ C:\ *.P7B 命令，把 C-PKI-01 上的*.P7B 文件复制到 C 驱动器。

(20) 在 C-PKI-01 上，从 Server Manager 上单击 Tools，然后单击 Certification Authority。

(21) 在 C-PKI-01 上，在 Certification Authority 控制台上，右击 contoso-C-PKI-01-CA 节点，单击 All Tasks，然后单击 Install CA Certificate。

(22) 在 Select File To Complete CA Installation 窗口中，浏览到 C:\C- PKI-01.p7b 文件，然后单击 Open。

(23) 在 Certification Authority 控制台中，右击 contoso-C-PKI-01-CA 节点，单击 All Tasks，然后单击 Start Service。

(24) 在 Certification Authority 控制台，右击 contoso-C-PKI-01-CA 节点，在弹出的菜单中，单击 Properties。

(25) 在 Properties 对话框中，切换到 Extensions 选项卡，确保 CRL Distribution Point(CDP)条目出现在 Select Extension 下拉列表中，然后单击 Add。

(26) 在 Add Location 对话框的 Location 文本框中，输入 http://c-util-01.contoso.com/CertData/ <CaName><CRLNameSuffix><DeltaCRLAllowed>.crl，单击 OK。

(27) 选中新添加的 CDP 条目后，单击 Include in the CDP extension of issued certificates 和 Include in CRLs 复选框。客户端使用此功能来查找 Delta CRL 位置选项。

(28) 单击 Add，添加另一个位置。

(29) 在 Add Location 对话框的 Location 文本框中，指定以下路径：file://c-util-01.contoso.com/CertData/<CaName><CRLNameSuffix><DeltaCRLAllowed>.crl，然后单击 OK。

(30) 选中新添加的 CDP 条目后，单击 Publish CRLs To This Location 和 Publish Delta CRLs To This Location 选项。

(31) 在位置列表中，删除以“http://<ServerDNSName>”开头的条目和以“file:// <ServerDNSName>”开头的条目。一旦完成，列表就应该包含四个条目，第一个条目引用本地文件系统(以 C:\Windows\system32\CertSrv\CertEnroll 开头)，第二个条目以“ldap://”开头，第三个条目以“http://c-util-01.contoso.com/certdata”开头，第四个条目以“file://c-util-01.contoso.com/certdata”开头。

(32) 在 Select Extension 下拉列表中，单击 Authority Information Access (AIA)条目，并单击 Add。

(33) 在 Add Location 对话框的 Location 文本框中，指定 http://c-util-01.contoso.com/CertData/ <ServerDNSName><CaName><CertificateName>.crt，然后单击 OK。

(34) 选择新添加的 CDP 条目后，单击 Include in the AIA extension of issued certificates 选项。

(35) 在位置列表中，删除以“http://<ServerDNSName>”开头的条目和以“file://<ServerDNSName>”开头的条目。一旦完成，列表应包含三个条目，第一个条目引用本地文件系统(从 C:\Windows\system32\CertSrv\CertEnroll 开头)，第二个条目以“ldap://”开头，第三个条目以“http://c-util-01.contoso.com/certdata”开头，如图 10.9 所示。

(36) 单击 OK。当提示重新启动 Active Directory Certificate Services 时，单击 Yes。

(37) 在 Certification Authority 控制台中，展开 contoso-C-PKI-01-CA 节点，右击 Revoked Certificates 文件夹，单击 All Tasks，然后单击 Publish。

(38) 在 Publish CRL 对话框中，确保选中了 New CRL 单选按钮，然后单击 OK。

(39) 作为本节的最后一步，删除服务器文件系统上所有复制的证书文件和证书请求文件。

现在有了一个功能完备的双层 PKI。此时，通常会关闭离线的根 CA，直到下一个月的维护周期。本章剩余部分将讨论管理 PKI 的一些操作方面。

除了规划和设计 PKI、部署 PKI 之外，还需要知道如何执行与 PKI 相关的常见任务，来操作 PKI。下一节将介绍几个用于管理的关键领域，包括使用证书模板和配置自动证书注册。虽然这不是唯一需要知道如何处理的两项任务，但它们代表了关键的起点。

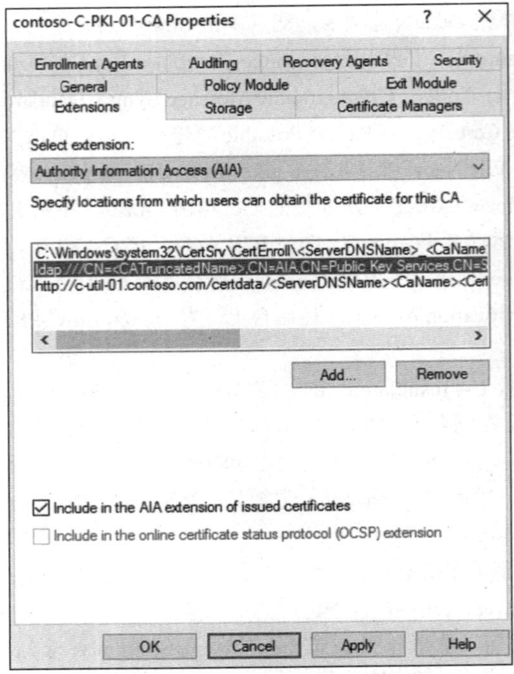

图 10.9　Extensions 选项卡

10.5　使用证书模板

证书模板简化了部署证书的过程。模板不仅可以帮助管理员确保在其环境中证书的一致部署，还可以帮助简化用户和其他管理员的证书请求过程。这是因为证书模板可以大大减少在证书请求期间请求者需要知道或输入的信息量。不是由请求者选择密钥长度或确定证书的私钥是否可以导出，而是由一个模板来指定这些信息。

只能在 Enterprise CA 中使用证书模板。因此，不会在根 CA 上找到模板。Windows Server 附带了许多内置模板。可使用模板部署证书，但不应该这样做，因为默认设置没有提供高安全性。相反，最好复制一个内置模板，根据组织的需求调整设置，然后使用复制的模板部署证书。稍后将介绍证书模板的关键属性，并解释需要理解和考虑的重要选项。然后详细介绍这个过程。下面从内置的模板开始，如图 10.10 所示。

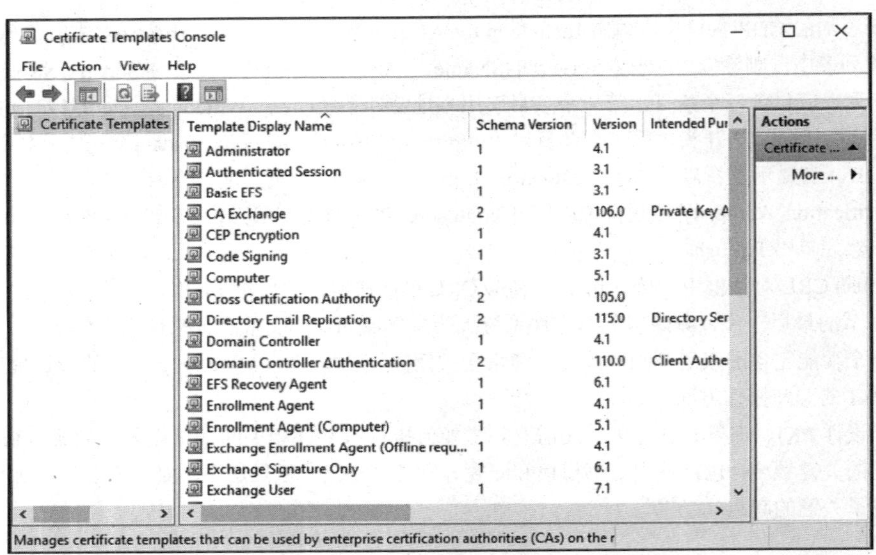

图 10.10　内置的模板

要开始使用自己的模板，右键单击要复制的模板，然后单击 Duplicate Template。此时显示的新窗口带有多个选项卡。在这里可以定制选项卡中的设置，以满足组织的需求，如图 10.11 所示。

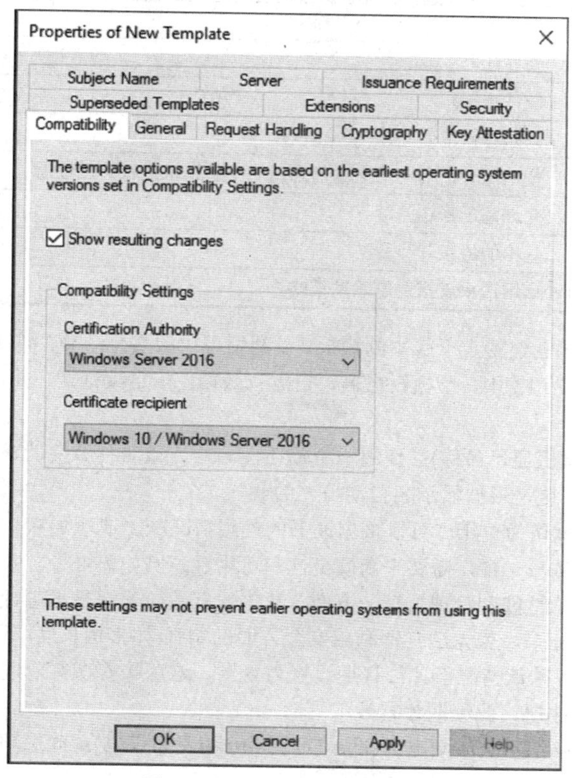

图 10.11 Compatibility 选项卡

兼容性设置指示模板支持哪些操作系统。为模板使用最新的兼容性设置(Windows Server 2016)时，可以访问大多数选项(以及最新的选项)。这对安全性来说通常是件好事。不过，这也可能意味着 Windows Server 的早期版本不能使用该模板。默认情况下，应配置一个新的证书模板，以支持与 Windows XP 和 Windows Server 2003 兼容。这不是很好！这种级别只允许使用旧的加密服务提供程序，大大降低了从模板中颁发的证书的安全性。将 Certification Authority 的兼容性更新到 Windows Server 2016，将获得如表 10.1 所示的模板选项。

表 10.1 Windows Server 2016 Certification Authority 的兼容性设置

用于设置的选项卡名称	设 置 名 称
Server	不在 CA 数据库中存储证书和请求
Server	不包括已颁发证书中的撤销信息

将证书请求兼容性更新到 Windows 10/Windows Server 2016，就会获得如表 10.2 所示的模板选项。

表 10.2 Windows Server 2016 证书请求的兼容性设置

用于设置的选项卡名称	设 置 名 称
Request Handling	用于智能卡证书的自动续期，如果无法创建新密钥，请使用现有的密钥
Request Handling	使用相同的密钥更新
Request Handling	授权其他服务账户访问私钥
Cryptography	在证书请求期间，客户机可以使用离散签名
Cryptography	密钥存储提供程序
Key Attestation	必选，如果客户有能力
Key Attestation	必选

(续表)

用于设置的选项卡名称	设 置 名 称
Key Attestation	用户凭证
Key Attestation	硬件证书
Key Attestation	硬件密钥
Key Attestation	只执行认证(不包括颁发策略)
Subject Name	使用现有证书中的主题信息，对更新请求进行自动注册
Issuance Requirements	允许基于密钥的续订
Extensions	基本的约束
Extensions	启用请求者指定的颁发策略

在高安全性的环境中，应该创建特定于版本的模板，以利用可用的安全选项，即使只是针对计算机的一个子集。

在 General 选项卡(参见图 10.12)中，给模板命名，指定有效期，指定续订期，并选择是否在 Active Directory 中发布证书：

Template display name(模板显示名称)：使用一个描述性名称，该名称对要请求证书的管理员和用户有意义。

Template name(模板名)：这是根据显示名自动填充的。

Validity period(有效期)：默认为一年。可以根据证书的使用情况减少或增加它。一般来说，有效期越短，证书越安全。然而，像大多数安全领域一样，需要平衡安全性和可用性。例如，可将有效期设置为几个小时。但这意味着证书将不断更新，并可能影响性能和管理。另一方面，几年的有效期通常是不可行的，因为它将证书暴露给扩展的攻击者。此外，如果不交换证书，就无法立即利用安全方面的增强(如密钥长度)。

Renewal period(续订期)：默认情况下，续订期设置为 6 周。这意味着在有效期还剩 6 周时将尝试续期。请注意，只有在模板上启用了重新注册，此续期才有效。

Publish certificate in Active Directory(在 Active Directory 中发布证书)：此选项在启用时将证书发布为 Active Directory 中用户或计算机对象的属性。

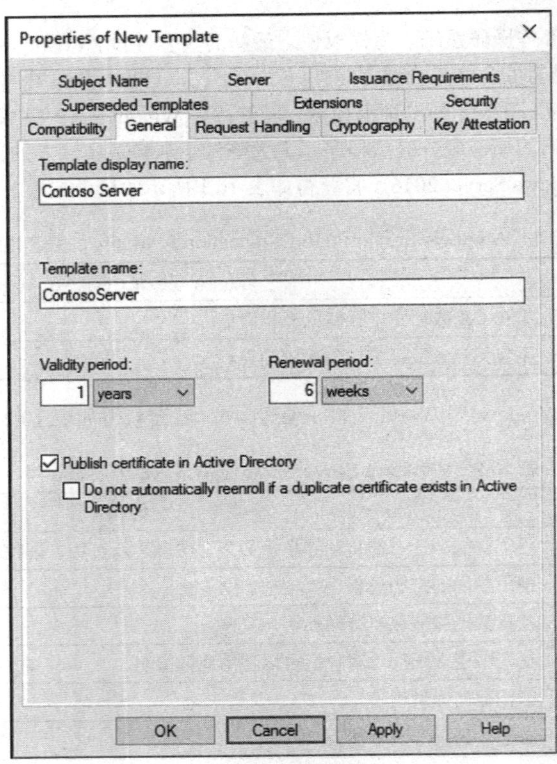

图 10.12 General 选项卡

Request Handling 选项卡(参见图 10.13)有几个可选特性。默认情况下，它们都是禁用的。虽然大多数选项都是不言自明的，但应该了解允许在模板上导出私钥对安全的影响。当允许导出私钥时，会降低证书的安全性。大多数情况下，应该避免启用该选项。但也有一些有效的用例，例如当一个证书在多台计算机上共享时，希望能够轻松地导出和导入。下面简要描述 Request Handling 选项卡上可用的一些选项。

- 删除撤销或过期的证书(不存档)。
- 包括主题所允许的对称算法。
- 归档文件的加密私钥。
- 给额外的服务账户授予访问私钥的权限。
- 允许导出私钥。
- 用相同的密钥更新。
- 对于智能卡证书的自动更新，如果无法创建新的密钥，就使用现有的密钥。
- 注册不需要任何用户输入的主体。
- 注册期间提示用户。
- 注册期间提示用户，在使用私钥时需要用户输入。

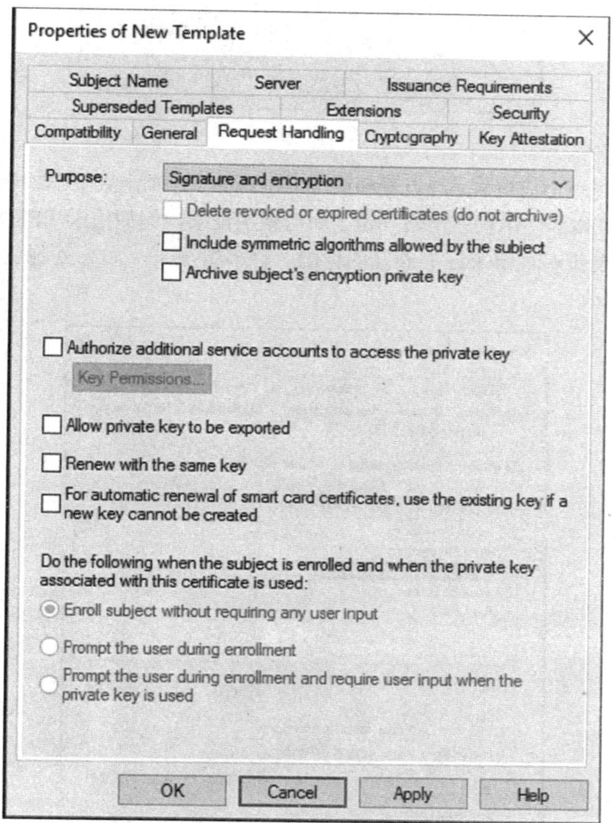

图 10.13　Request Handling 选项卡

在 Cryptography 选项卡(参见图 10.14)中，可以选择提供程序类别、算法名称、最小密钥大小，以及请求是否必须使用主题计算机上的特定提供程序列表或任何可用的提供程序。可设置请求散列(MD2、MD4、MD5、SHA1、SHA256、SHA384、SHA512)以及是否使用另一种签名格式。提供程序类别支持两个选项：旧的加密服务提供程序和密钥存储提供程序。当使用旧的加密服务提供程序时，就不能选择算法名称或散列类型。大多数情况下，应该选用密钥存储提供程序，因为它更新，提供了增强的安全性(例如支持最新的增强密钥存储机制、更强的密钥算法和更强的签名算法)。除了指定提供程序类别之外，还可指定最小密钥长度。在撰写本书时，默认的(也是最常用的)最小密钥长度是 2 048 位。但建议选择最小密钥长度为 4 096 位，以增强安全性。

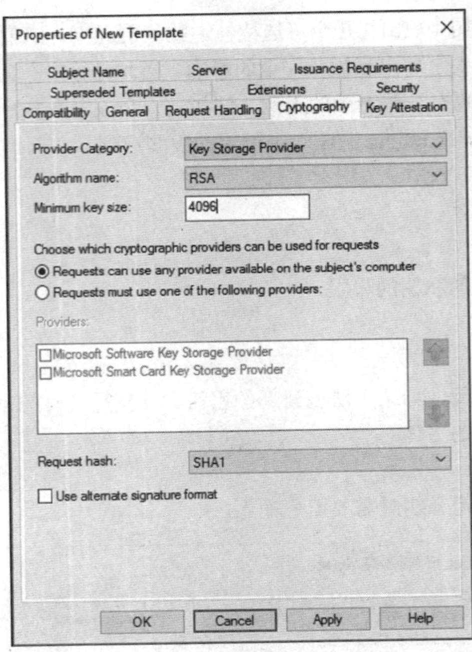

图 10.14　Cryptography 选项卡

在 Extensions 选项卡(参见图 10.15)中，可查看和更改 Extensions 选项卡上证书模板的一些关键细节。例如，可更改与模板关联的应用程序策略。应用程序策略规定了如何使用证书，例如用于 EFS(加密文件系统)的应用程序策略。还可添加颁发策略。颁发策略规定了证书颁发的标准。许多情况下，如果复制了适当的证书模板，则不必对 Extensions 选项卡进行任何更改。

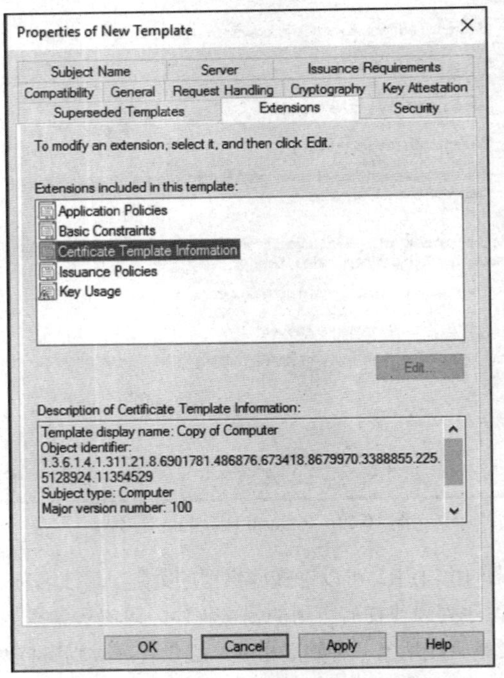

图 10.15　Extensions 选项卡

在 Security 选项卡(参见图 10.16)中，可以配置用户和组拥有哪些权限——例如，销售部门的成员是否可以使用模板请求证书。如果想授予用户或组使用模板请求证书的权限，请注意，除了读取权限之外，还必须授予注册权限。自动注册有单独的权限(请参阅稍后的 10.6 一节)。

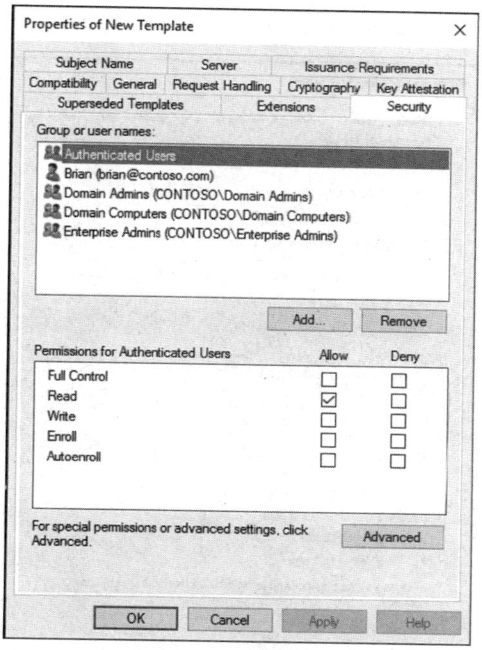

图 10.16　Security 选项卡

默认情况下，证书处理包括在 CA 数据库中存储每个证书请求和已颁发证书的记录。非持久证书处理指在 CA 数据库中不存储请求和证书的情况下，处理证书请求和颁发证书。此配置旨在满足颁发大量证书的场景的需求，包括强制执行 IPsec(Internet 协议安全性)的 NAP(网络访问保护)部署，这种情况下，每天都要颁发数十万个有效期很短的证书。在不需要证书撤销的场景中，为证书模板启用 Do not include revocation information in issued certificates 选项，可缩短证书的验证时间。如果证书中没有证书撤销信息，则在证书验证期间不会检查撤销状态。在启用 Do not store certificates and requests in the CA database 选项时，建议使用此选项。图 10.17 显示了 Server 选项卡，其中只有两个选项。其中之一是，证书和请求是否存储在 CA 数据库中(默认启用)，以及撤销信息是否包含在已颁发的证书中(默认包含)。

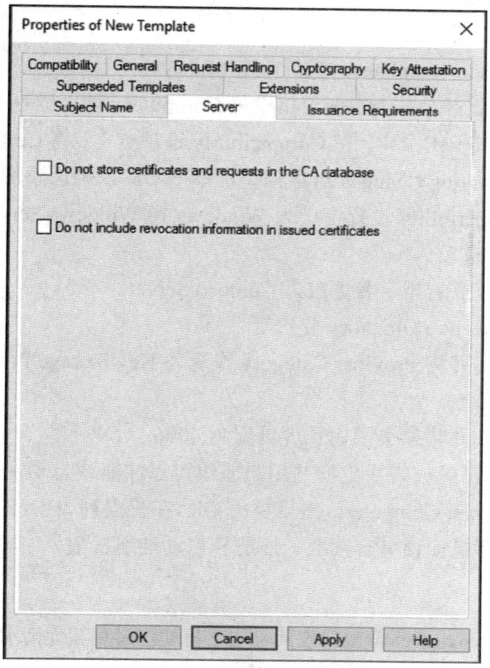

图 10.17　Server 选项卡

在图 10.18 中，显示了 Issuance Requirements 选项卡。

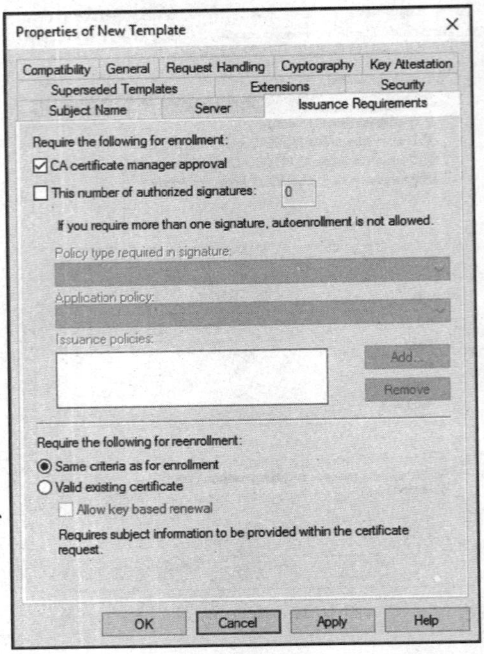

图 10.18　Issuance Requirements 选项卡

默认情况下，会处理符合证书模板要求的证书请求，并自动颁发证书。在高安全性的环境中，PKI 管理员通常希望手动审查、批准所有新的证书请求。为了手工批准对特定证书模板的所有请求，请在复制的证书模板上启用 CA certificate manager approval 选项。

在以下步骤中，介绍创建自定义证书模板 Contoso Server 的过程。随后使用模板将证书自动部署到服务器 OU 或服务器 OU 下的子 OU 中的服务器。

(1) 打开 Certification Authority 控制台。

(2) 如有必要，展开左侧窗格中的 CA。

(3) 在左侧窗格中右击 Certificate Templates，然后单击 Manage。

(4) 在 Certificate Templates 控制台，右击右侧窗格中的 Computer 模板，然后单击 Duplicate Template。

(5) 在 New Template 窗口的 Properties 中，在 Compatibility 选项卡上，将 Certification Authority 的兼容性设置指定为 Windows Server 2016。在 Resulting Changes 对话框中，单击 OK 以确认添加的模板选项。

(6) 将 Certificate recipient compatibility 设置指定为 Windows 10/Windows Server 2016。在 Resulting Changes 对话框中，单击 OK 以确认添加的模板选项。

(7) 单击 General 选项卡。将模板的显示名更改为 Contoso Server。

(8) 单击 Publish Certificate In Active Directory 复选框。

(9) 单击 Cryptography 选项卡，并将 Provider Category 设置为 Key Storage Provider。这是可用于 Windows Server 的最新提供程序，提供了最强的算法。

(10) 确保将算法设置为 RSA，并将最小密钥长度设置为 4096。

(11) 单击 Security 选项卡。列出的权限决定哪些用户或组可以注册或自动注册。默认情况下，自动注册权限不会授予任何人。单击 Add，键入 Domain Computers，然后单击 OK。在权限列表中，给 Allow permissions 单击 Autoenroll And Read 复选框。完成后，域计算机应该具有读取、注册和自动注册权限。

使定制模板对请求者可用

本节使用前一节中定制的 Contoso Server 模板，使其可用于自动注册和其他请求者。注意，一旦使模板可用于发布，就会锁定模板设置。如果以后需要进行更改，则需要复制模板，并重新发布它。因此，最好一开始就正确设置。

(1) 打开 Certification Authority 控制台。

(2) 如有必要，在左侧窗格中，展开 CA。

(3) 在左侧窗格中，右击 Certificate Templates，单击 New，然后单击 Certificate Template To Issue。

(4) 在 Enable Certificate Templates 窗口中，单击 Contoso Server 模板，然后单击 OK。

(5) 证书模板可用于请求者和自动注册 GPO(下一节创建)。

10.6　自动注册

虽然可手动为单个服务器请求单个证书，但在一些场景中，应该将证书自动部署到多个服务器。例如，假设有 25 个域控制器，每个控制器都需要一个证书来启用安全通信。在这样的场景中，可以创建一个链接到域控制器 OU 的 GPO，来自动完成证书部署过程。这种配置称为自动注册。许多组织将其用于其服务器环境。在一些组织中，自动注册用于客户机(通常在使用客户端证书进行身份验证的场景中，如安全的无线网络)。

本节介绍设置 GPO，以自动将证书部署到所有服务器的过程。本节将目标指定为 Contoso\Servers OU 中的所有服务器或 Servers OU 中子 OU 下的所有服务器。在开始前，已经有了要部署的定制证书。如果没有按照上一节中定制证书模板的练习进行操作，现在就回去完成该练习，之后继续。

(1) 打开 Group Policy 管理控制台。

(2) 如有必要，扩展 Forest 和 Domains 容器。展开 Contoso OU。

(3) 右击 Contoso\Computers\Servers OU，然后单击 Create A GPO In This Domain, And Link It Here。

(4) 在 New GPO 窗口中，提供名称 Autoenrollment，然后单击 OK(参见图 10.19)。

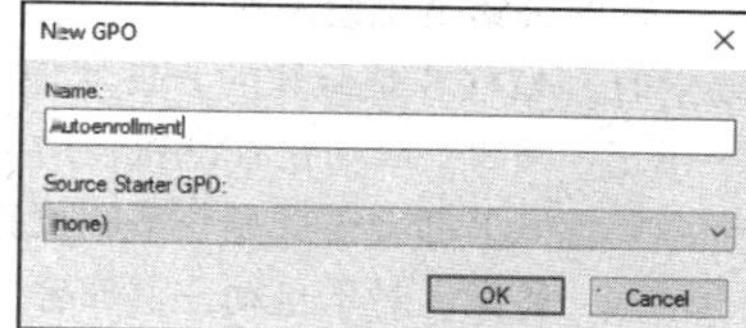

图 10.19　New GPO 窗口

(5) 右键单击 Autoregistration GPO，然后单击 Edit。

(6) 在 Policy Editor 中，浏览到 Computer Configuration|Policies|Windows Settings|Security Settings|Public Key Policies。

(7) 在右侧窗格中，定位并双击名为 Certificate Services Client-Auto Registration 的策略。

(8) 将 Configuration Model 设置为 Enabled。启用 Renew expired certificates, update pending certificates, and remove revoked certificates 选项，并启用 Update certificates that use certificate templates 选项(参见图 10.20)。

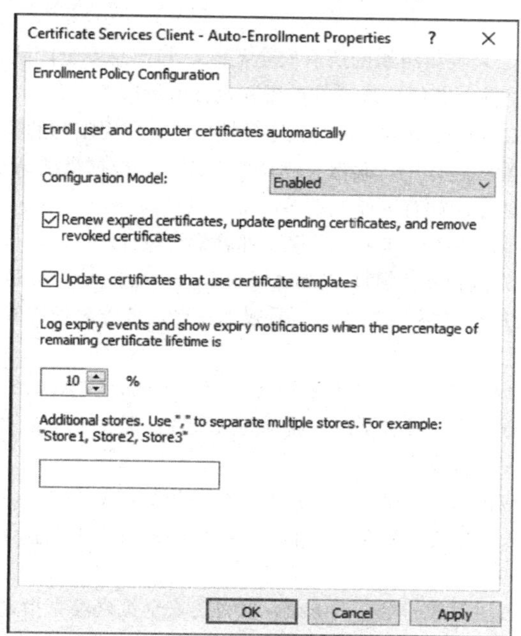

图 10.20　设置配置模型

(9) 单击 OK。

(10) 右键单击 Certificate Services Client-Certificate Enrollment Policy，然后单击 Properties。

(11) 在 Properties 窗口中，将 Configuration Model 设置为 Enabled，然后单击 OK。

接下来，登录到服务器 OU(或子 OU)中的服务器，运行 Invoke-GPUpdate PowerShell 命令，刷新 Group Policy。查看本地计算机的证书存储库，检查计算机是否具有来自部署的证书。如果运行的是 Windows Server 2012 或更高版本，可运行 certlm.msc 命令，打开针对本地计算机存储的 Certificates MMC。

10.7 本章要点

了解 AD CS Windows Server 2016 中的新增功能：作为 PKI 管理员，随着 Windows Server 新版本的发布，需要了解 AD CS 最新的增强功能。通常，增强功能实现了更强的安全性，减少了开销，具有更高的性能。

问题 公司的 AD CS 运行在 Windows Server 2008 R2 上。管理团队希望确定在 Windows Server 2016 上迁移到 AD CS 的三个关键优点。应该报告哪些优点？

答案 这有几个优点，其中的几个优点都是从运行在 Windows Server 2012 上的 AD CS 开始提供的。应该报告的三个关键优点是增强的 PowerShell 支持(备份、恢复、自动化和脚本编制)、Version 4 证书模板(增强了安全性，能指定支持的最低操作系统)和 AD DS 站点识别(客户端使用 CA 查询最近的站点，以提高性能)。在 Windows Server 2016 中，AD CS 提供了增强的关键认证功能，这是应该报告的第四个好处。

理解公钥基础设施和 AD CS：具有内部的 PKI，为组织提供了一种快速高效的证书颁发方法。有许多新概念需要学习。AD CS 是微软的 PKI 实现，实现它需要对 PKI 的工作原理有很好的理解。

问题 公司正在准备使用 AD CS，实施第一个 PKI。对于某些服务器，公司希望自动部署证书。提供自动证书部署需要哪些基础设施组件？

答案 对于自动证书部署，需要使用自动注册。自动注册需要 AD DS 和 Group Policy，GPO 是自动证书部署方法。

设计的规划：因为 PKI 是环境安全的一个重要组成部分，应该花额外的时间计划和设计它。将以下任务作为规划和设计工作的一部分：

- 会见所有使用和/或依靠 PKI 的各种团队和/或部门。了解他们的使用计划和现有需求。了解他们未来几年的主要工作。
- 单独会见信息安全团队，来收集组织的所有安全需求。与信息安全团队合作，了解现有需求如何映射到 PKI 配置。在开始实现之前，获得所建议的配置和设计的批准。
- 在实验室环境中部署 PKI。不要使用主要实验室环境；而应使用临时的实验室环境，部署完成后可以拆掉临时环境。确保想要的配置起作用。确保它满足所有需求。根据需要调整设计和/或配置。使用实验室部署作为起点来记录实现计划。如有可能，请多次部署设计。

然后，当准备开始实际部署时，首先在非生产环境中部署最终设计。

- 有一个独立的 PKI 安全测试和支持组件(例如 Active Directory)。这可能是内部团队在项目早期执行的安全测试(例如在实验室环境启动并运行之后)。一旦投入生产，请考虑使用外部的安全公司对生产环境进行独立的安全测试。

问题 有一个客户拥有 1500 名员工、300 台服务器和一个现有的 Active Directory 环境。他们对部署 PKI 很感兴趣。他们的安全要求是一般水平；不需要高安全性，但比小型企业的安全性高一些。基于这些有限的信息，这个客户适合使用多少层？

答案 在这个场景中，应该部署一个双层层次结构。使用离线的根 CA，可以增强安全性。因为它只有两层，所以不会为客户引入不必要的复杂性。单层层次结构最适合小型企业，而三层或更多层次结构最适合大型的复杂组织。

实现双层层次结构：准备为公司部署一个新的 PKI。现有的安全策略没有指定哈希算法或最小密钥长度。公司需要可靠的安全性，但不会影响性能或可用性。请记住以下关于密码选项的良好实践：

- 尽量使用密钥存储提供程序(Key Storage Provider)。它提供了对 RSA 算法的访问。否则，唯一的选择就是旧提供程序，不能在模板级别选择算法。

- 考虑最小密钥长度为 4096。尽管许多互联网和供应商网站建议最小密钥长度为 2048，但他们将建议更新到 4096 只是时间问题。现在就使用 4096，可以帮助实现方案在未来顺利实施，且不影响性能。
- 阅读算法、密钥长度和提供程序的大量可用文档。这有助于做出正确的设计选择。

问题　复制一个证书模板。尝试更新 Cryptography 选项卡，以使用新的密钥存储提供程序，但该选项是灰色的。要使模板能够使用密钥存储提供程序，应该做什么？

答案　在这个场景中，需要更新复制模板中的兼容性设置。这通常是复制模板后的第一步，因为它打开了大多数新特性和增强的安全选项。一旦将兼容性设置更新到最新版本，就可以更新模板，以使用密钥存储提供程序。

使用证书模板：要定制环境，并确保它符合公司的安全策略，需要使用证书模板。

问题　使用自定义模板而不是内置模板的三个优点是什么？

答案　使用自定义模板有很多优点。三个常见的优点包括更改有效期，将证书发布到 Active Directory，以及更改密钥长度、提供程序和算法等加密选项。

了解自动注册的优点：自动注册允许自动完成部署证书的过程。在许多组织中，组合使用手动证书部署(例如用于内部 Web 服务器)和自动证书部署(例如用于所有域控制器)。

问题　公司正在研究自动注册，作为一种潜在的证书部署方法。自动注册的三个优点是什么？

答案　自动注册减少了向用户和计算机部署证书的管理开销，提高了证书部署的渗透率(成功获得证书的用户和/或计算机的百分比)，减少了与部署相关的人为错误。

第11章

Active Directory 联合服务

Active Directory 联合服务(AD FS)最初是在 Windows Server 2003 R2 之后作为附加下载包引入的。它是官方的 AD FS 1.0。它的功能非常有限，很少有组织使用它。然而，微软从它开始提供基于标准的联合服务和基于声明的身份服务。如今，AD FS 已经被广泛部署，并广泛用于大型企业环境，与 Microsoft Azure 和 Office 365 联合使用。

就像本书中的其他一些大主题一样，AD FS 可以占据整本书的篇幅。然而，本章关注设计和部署 AD FS 环境的最相关的方面。对于感兴趣的人员，我们还会提供到外部材料的重要链接，以帮助这些人员深入研究特定的目标领域。不要低估了这些链接。包括这些链接是由于其内容的高质量和它们提供的额外资源。

本章内容：

- 理解 AD FS 是如何工作的
- 了解 AD FS 术语
- 计划和设计 AD FS
- 部署 AD FS 环境

11.1 AD FS 概述

Active Directory 联合服务(AD FS)是一种 Microsoft 身份联合技术，使组织能安全地与其他组织共享身份信息，从而在不同的应用程序和服务之间提供无缝的用户身份验证体验。AD FS 与现有的 Internet 标准(如 WS-Federation 和 SAML)一起工作，这些标准广泛用于各种平台和应用程序。AD FS 有时称为 STS(安全令牌服务)。其思想是，AD FS 生成用户用于访问应用程序和服务的安全令牌。身份验证由 Active Directory 域服务处理。

AD FS 最早是在 Windows Server 2003 R2 之后引入的。随后，AD FS 1.1 作为 Windows Server 2008 和 Windows Server 2008 R2 的角色发布。AD FS 2.0 作为 Windows Server 2008 和 Windows Server 2008 R2 的可下载安装版本发布。然后，在 Windows Server 2012 中发布了 AD FS 2.1。在 Windows Server 2012 R2 中引入了 AD FS 3.1。今天，在 Windows Server 2016 中，AD FS 是 4.0 版本。

对于没有使用过 AD FS 或身份联合服务的人，下面回顾一下 AD FS 及其工作原理。身份联合是使用单个身份(例如 AD DS 域中的用户名/密码)访问应用程序和服务(如 Microsoft Word 的在线版本)的概念，无论它们是部署在本地，还是部署在另一个组织的设施上，或者是基于云的。如果浏览互联网，肯定会看到实际中使用的身份联合服务。例如，可使用 Facebook 或谷歌凭证登录许多不相关的网站。这就是联合身份验证。从公司的角度看，这个概念也适用。即使是第三方提供资源，使用企业凭证也可以访问企业资源(例如企业网站、企业电子邮件账户、基于云计算的工资系统、基于云的 ERP 系统)。联合身份验证提供了良好的用户体验，因为用户不需要在各种系统中维护用户账户。

下面是几个常见的用例：

微软 Office 365： 当一家公司订阅 Office 365 时，在验证用户的身份方面有几个选择。这里不会讨论所有选项，只介绍其中几个。一个选项是为每个用户创建新的 Azure Active Directory 用户账户。当向 Office 365 验证用户身份时，就使用 Azure Active Directory 用户账户。第二个选项是将本地用户及其密码(不是实际密码，但这里进行了简化)

从 Active Directory 域服务(AD DS)同步到 Azure Active Directory，用户使用与公司资源相同的用户名和密码，这简化了用户体验。第三种选项是使用 AD FS。这种情况下，所有身份验证都是在公司域控制器对用户进行身份验证的前提下进行的。用户使用他们的公司凭证。用户对象与 Azure Active Directory 同步，但密码不需要同步(如果 AD FS 失败，就可以同步密码)。关注安全的公司更喜欢使用 AD FS 对基于云的资源进行身份验证，因为公司控制着身份验证。这意味着它们还维护身份验证日志，并且可以使用所有现有的安全软件、策略和过程来管理身份。注意，这里特意去除了 Azure Pass-Through Authentication and Single Sign-On，以保持对 AD FS 的关注。要了解关于 Office365 的更多身份选项，并了解 AD FS 是如何适应的，请访问 https://support.office.com/en-us/article/Understanding-Office-365-identity-and-Azure-Active-Directory-06a189e7-5ec6-4af2-94bf-a22ea225a7a9#bk_federated。

Salesforce：Salesforce 是一个基于云的 SaaS(软件即服务)客户关系管理平台。与 Office 365 一样，关于如何向 Salesforce 验证用户身份，有几个选项。例如，Salesforce 支持 SAML。通常选择的是使用单点登录的身份联合，特别是对于大型组织或已经部署了身份联合解决方案的组织。可将 AD FS 配置为支持 Salesforce 的单点登录(SSO)，允许来自公司计算机的用户在登录时自动向 Salesforce 进行身份验证。与必须管理第二组凭证相比，可以很容易地看出，身份联合如何为公司提供了有价值的解决方案。

如何使用 AD FS 提供对共享文件夹、Microsoft Exchange 或 SQL Server 的访问？这是不可能的。使用技术，可能有一些有趣的方法将功能合并在一起，以获得一些有效的部署。但是，AD FS 本身并不支持典型的现有技术所需的身份验证方法。通常，传统的现有技术需要集成的 Windows 身份验证。应用程序需要 Kerberos 或 NT LAN Manager (NTLM)。然而，公共云并不适合集成 Windows 身份验证，因为目标资源通常不属于同一个域，用户经常使用与任何域都没有连接的设备，设备运行各种非 Windows 操作系统。

可以想象，除了 AD-FS 外，还有其他选项。第三方公司提供具有类似功能的有竞争力的解决方案。例如，Ping Identity 提供了 PingOne，这是一种基于云的 IDaaS(身份即服务)解决方案。另一家名为 Okta 的公司提供了单点登录解决方案，简化了应用程序提供过程，并提供了多端口身份验证。与此同时，微软极大地扩展和增强了 Azure Active Directory Premium，以提供云中的身份联合。它提供了与 AD FS 相同的许多功能，还提供了大量相关的身份功能(如自助服务密码重置、高级安全报告、多因素身份验证和身份保护)。

要了解 Windows Server 2016 的 AD FS 有什么新特性，请查看 Microsoft Ignite 2016 中的“What's New in AD FS & AD DS in Server 2016”，网址是 https://channel9.msdn.com/events/Ignite/2016/BRK3074?term=Active%20Directory%20Federation%20Services%202.0。

11.1.1 AD FS 术语

许多管理员从来没有听说过一些 AD FS 术语，这些术语在过去几年发生了变化。要真正理解这项技术，需要很好地掌握术语。在研究 AD FS 如何工作之前，先定义用户应该了解的关键 AD FS 术语。如果遇到不了解的术语，请参考本章的表格。

表 11.1 显示了 AD FS 术语和定义。

表 11.1 AD FS 术语和定义

术 语	定 义
账户合作伙伴组织	该公司的用户将访问支持声明的应用程序。用户账户通常是 Active Directory 域服务中的用户对象。账户合作伙伴组织可与“声明提供者”互换
声明	由联合服务器发出的关于用户账户的特定声明。声明可以是电子邮件地址、姓名或其他身份信息。也可以是组成员身份。声明是身份验证和授权请求的基础
声明提供者	该公司的用户将访问支持声明的应用程序。可与“账户合作伙伴组织”互换
依赖方	该公司托管基于声明的 Web 应用程序，并依赖客户合作伙伴组织的声明。这个术语可与“资源合作伙伴组织”互换
依赖方信任	AD FS 配置中的信任对象，包含关于两个有联合信任关系的公司的信息
资源合作伙伴组织	承载基于声明的 Web 应用程序(资源)的公司。这个术语可与“依赖方”互换

要查看与 AD FS 相关的完整术语列表，请访问 https://technet.microsoft.com/en-us/library/cc754236(v=ws.11).aspx。

11.1.2 AD FS 的工作原理

AD FS 是一个基于声明的身份验证解决方案。它依赖于用户的声明。声明由用户数据组成，如姓名、部门、城市和组成员身份。当用户进行身份验证时，AD FS 收集关于用户的信息(通常来自 Active Directory 域服务，也可以来自 Active Directory 轻量级目录服务、数据库或 XML 存储)。然后，AD FS 作为发布者向用户发出令牌。该令牌被发送到基于声明的应用程序(如 Salesforce 等基于云的服务)。下面看看这在现实世界中是如何工作的。下例介绍一个场景：用户来到一个度假酒店，走向前台，开始办理入住手续。图 11.1 显示了决策树，以及在度假酒店访问期间，身份验证和授权是如何工作的。

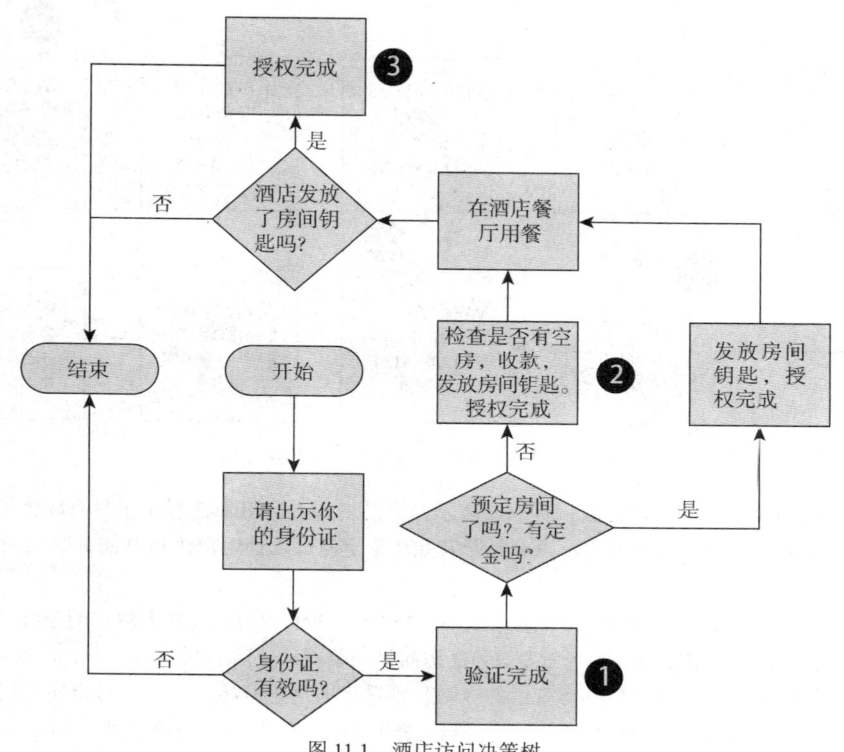

图 11.1 酒店访问决策树

以下是酒店访问的步骤，从“开始”图标开始：

(1) 用户一进酒店，就去登记处，那里的工作人员询问如何给他们提供帮助。用户说想住进酒店。登记处服务员要求用户出示身份证。这就开始了身份验证过程。

(2) 用户出示身份证。登记处服务员要做几项检查：

◆ 身份证上的照片看起来像是眼前的用户本人吗？

◆ 身份证看起来是真的吗？

◆ 这个人的年龄是否符合入住酒店的最低要求？

(3) 如果身份证通过了测试，身份验证就完成了(由图 11.1 中的数字 1 表示)。即使身份验证成功，也不能进入酒店房间。如果身份证未能通过一次或多次检查，身份验证就会失败，工作人员可能要求用户离开或呼叫保安。

(4) 接下来，服务员会检查用户是否预定了房间，以及是否付了定金。如果没有预定房间，服务员会检查是否有空房，收取必要的费用，然后给用户发放房间钥匙。如果用户已经预定了房间，并付了定金，服务员就会给用户发放房间钥匙。这表示授权成功(由图 11.1 中的数字 2 表示)。

(5) 一旦用户完成了身份验证和授权，就可以去房间，享用酒店的各种设施。如果想在酒店的一个餐厅用餐，可选用手中的酒店钥匙(授权)来支付餐费。房间钥匙就像 AD FS 中的一组声明(在 AD FS 中，不是获取钥匙，而是获取安全令牌)。酒店给用户发放了钥匙。餐厅信任发布者(在本例中是酒店)，因此他们不必执行自己的身份验证或授权(但如果情况可疑，他们可以选择再次验证和/或授权)。第二次授权在图 11.1 中标记为数字 3。

接下来，看看这个过程流是如何使用基于声明的 Web 应用程序和 AD FS 的。在下例中，两个公司有联合信任关系，每个公司都有 AD FS 环境。公司 1(声明提供者或账户合作伙伴组织)的用户在公司 2(依赖方或资源合作伙伴组织)中使用基于声明的 Web 应用程序。图 11.2 显示了过程流。

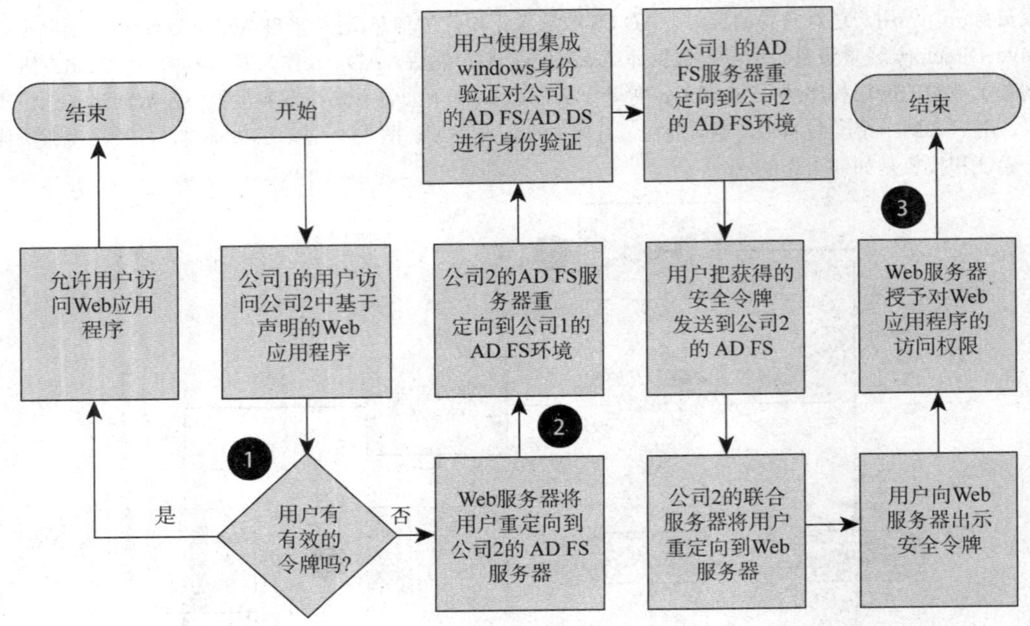

图 11.2　基于声明的 Web 应用程序的决策树

注意图 11.2 和图 11.1 之间的相似之处。图 11.1 表示酒店的访问者，图 11.2 显示了具有联合信任关系的环境中的 Web 应用程序访问者。通过跟踪过程流可以看到，有几个重定向可以让用户访问 Web 应用程序。下面描述了该过程的要点：

◆ 对于图 11.2 中的#1，用户最初访问的是 Web 应用程序。Web 应用程序检查用户的令牌是否有效。例如，如果用户之前已经通过了身份验证过程，并在访问另一个网站之后返回到同一个浏览器窗口，用户可能仍然拥有有效的令牌。如果用户没有有效的令牌，则重定向进程开始。第一个重定向将用户发送到公司 2 的 AD FS 联合服务器。当 AD FS 联合服务器看到用户来自公司 1 时，它会发出一个重定向，让用户启动公司 1 环境的身份验证过程。

◆ 对于图 11.2 中的#2，用户开始重定向回公司 1 的环境。用户最终通过集成 Windows 身份验证对公司 1 的 AD FS / AD DS 环境进行身份验证。向用户发出安全令牌。此后，用户重定向回公司 2 的 AD FS 环境，出示安全令牌。

◆ 对于图 11.2 中的#3，Web 服务器验证安全令牌，向用户授予访问权限。由于联合信任，公司 2 信任由公司 1 发出的安全令牌。用户现在可以自由使用 Web 应用程序。

要了解关于 AD FS 概念的更多信息，包括声明过程的详细信息，请参见“Understanding Key AD FS Concepts”，网址是 https://docs.microsoft.com/en-us/windows-server/identity/ad-fs/technical-reference/understanding-key-ad-fs-concepts。

现在完成了 AD FS 的概述，下面研究开始在环境中实现 AD FS 之前需要完成的一些规划和设计考虑事项。

11.2　规划及设计考虑

在部署 AD FS 环境之前，需要进行规划和设计。在高级别，规划设计工作应包括以下任务：

获取实现方案的功能性和非功能性需求：功能需求是指技术应该实现特定功能的需求。例如，功能需求可能是“便于 Internet 上的用户对 Web 应用程序进行身份验证”。非功能性需求是描述实现方案应该如何执行的需求。例如，

AD FS 部署的非功能性需求可能是“提供 99.99%的正常运行时间”或“提供站点弹性”。在知道项目的需求之前，不可能做很多计划和设计。这些需求将帮助确定是否需要高可用性、站点弹性或 IT 基础结构更改。

执行发现操作：在发现过程中，查看现有环境。对于 AD FS 实现方案，需要查明是否存在现有的 AD FS 实现，或者 AD FS 是否替代了执行类似功能的另一个产品。还需要了解 AD FS 依赖哪些技术，或它与哪些技术集成在一起。这意味着需要查看 Active Directory 域服务环境、DNS、公钥基础设施、SQL Server、网络连接、防火墙和负载平衡器。需要找出它们正在运行的版本，各种服务的位置，以及它们是健康的还是处于下降状态。

计划和设计：一旦有了需求，并完成了一个发现操作，就可以开始计划和设计了。目标是找出需要哪些组件，需要多少组件，以及需要把它们放在哪里。但也必须说明所有细节。例如，使用哪些版本？以何种顺序部署这些技术？这些先决条件存在吗？需要多少人来执行这个实现方案？什么时候能完成这项工作？需要对环境进行哪些更改(网络、防火墙、负载平衡、DNS、操作系统更改等)，才能确保实现方案正常工作？

对于 AD FS 实现方案，有一些关键决策需要在部署之前做出。现在介绍其中一些决策的关键考虑要点，重点讨论服务、数据库、证书和服务账户的位置。

11.2.1 应该将 AD FS 组件放在哪里？

对于 AD FS 实现方案，需要密切关注组件的位置。AD FS 服务器(特别是联合服务器)应该被视为局域网上其他关键的安全服务器(如域控制器和证书颁发机构服务器)。应该将联合服务器部署到局域网中，并确保它们不直接连接到 Internet(或直接从 Internet 中访问)。为了最大化环境的安全性，应该在外围网络中部署 Web 应用程序代理(Web Application Proxy，WAP)服务器。WAP 服务器应该处理来自 Internet 的所有通信，并安全地代理到联合服务器的有效通信。图 11.3 显示了一个典型的 AD FS 部署以及一些支持基础设施。

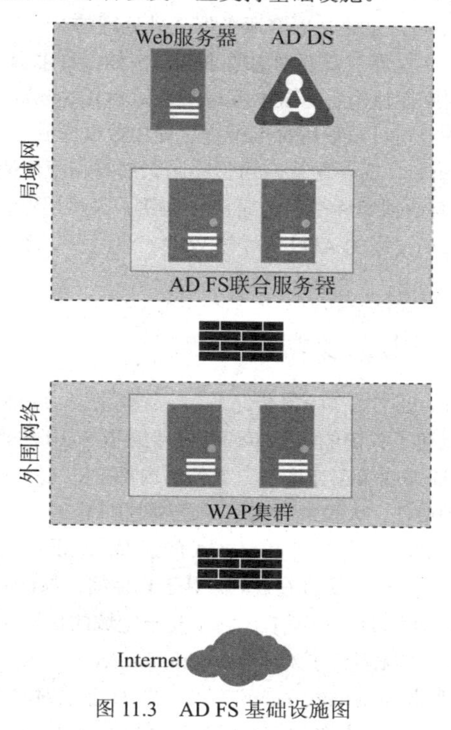

图 11.3 AD FS 基础设施图

在图 11.3 中，显示了几个组件：

AD FS 联合服务器：图 11.3 显示了两个服务器，它们提供了站点内的高可用性。在多站点环境中，通常在另一个站点中至少有两个服务器来提供站点弹性。需要的服务器数量基于容量需求。请注意联合服务器的位置，它在局域网中，并通过防火墙与外围网络隔离。

AD DS：AD DS 域用域图标(三角形)表示，且只在局域网络中表示。AD FS 联合服务器连接到域。

Web 服务器：Web 服务器表示具有基于声明的 Web 应用程序的服务器。这种应用程序通常在局域网中。然而，这样的应用程序也可在外围网络或公共云网络中。

Web应用程序代理集群：Web 应用程序代理集群显示在外围网络中。这是最常见的位置。它们通过防火墙与联合服务器隔开。也通过防火墙与互联网隔开。在某些组织中，使用相同的防火墙将 WAP 服务器与联合服务器和互联网隔开。在高度安全的环境中，常使用不同的防火墙分隔它们。一个可选的布局是将 WAP 服务器放在局域网中，在外围网络中使用基于网络的安全设备作为 Internet 通信的初始接触点。

在规划期间，需要考虑项目需求和基础设施的特征。并不是每个实现都必须遵循图 11.3 所示的模型。

11.2.2 是否应该为 AD FS 数据库使用 SQL Server?

AD FS 需要一个数据库。这有两个选择：使用 SQL Server 或使用 Windows 内部数据库(WID)。如果决策完全基于容量，就很简单：

◆ 如果场中的 AD FS 服务器少于 30 个，依赖方信任对象少于 100 个，就使用 WID。

◆ 如果场中的 AD FS 服务器多于 30 个，依赖方信任对象多于 100 个，就使用 SQL Server。

但可以想象，事情并没有那么简单。除了容量，还必须考虑功能：

◆ WID 不支持 SAML 人工决议。该特性使 SAML 断言在通信过程中更难修改，从而提高了安全性。

◆ WID 不支持 SAML / WS-Federation 令牌重放检测。令牌重放检测在高安全性环境中用于删除重放令牌请求的尝试。

◆ WID 不支持数据库复制，所以一些服务器承载数据库的只读副本，得到数据库读/写副本的更新。

◆ WID 不支持高可用性，如故障转移集群等。

还必须考虑一些更小的工作。例如，使用 WID 时，每个联合服务器都有一些额外的工作要做：管理和维护 AD FS 数据库的副本更改。对于 SQL Server，这是在联合服务器之外处理的。

除了技术容量和能力，还有“现实世界”需要考虑的事情。例如，许多公司都有其 IT 技术的标准。对于数据库，公司可能有一个标准：所有数据库都使用官方数据库标准，如 SQL Server。一些公司希望数据库团队管理所有数据库。通过使用 SQL Server，这些公司可以使用标准配置，使用数据库安全和管理软件，最大限度地提高效率。公司从一开始就直接部署到 SQL Server，而不是让应用程序团队部署和管理他们自己的数据库(并在发生灾难性故障时，通知数据库团队)。通常，具有数据库标准的公司已经构建了高可用性、站点弹性的数据库环境，具有高可用的企业存储和安全。因此，即使最初使用的 AD FS 可与 WID 一起使用，在这类公司中是合适的选择吗？可能不是，应使用 SQL Server。

11.2.3 AD FS 环境有哪些证书选项?

在部署中，需要用于客户机通信的证书、令牌签名证书、令牌解密证书和服务通信证书。在计划和设计过程中，有许多事情需要考虑。下面的要点概述了关键的注意事项以及帮助指导实现的信息。

◆ 可使用内部 PKI 环境中的证书或第三方证书。当使用内部 PKI 时，外部方通常不信任证书。因此，需要完成额外的工作来实现这种信任。大多数环境中，通常使用第三方证书。默认情况下，它们是值得信赖的，而公司往往更信赖第三方证书，而不是来自私人 CA 的证书。对于 Office 365 的 AD FS 实现，必须使用第三方证书。其他类似的情况也是如此，所以在规划设计工作期间，与供应商一起进行检查是很重要的。

◆ 可使用通配符证书。如果不熟悉通配符证书，它是与指定域的任何完全限定域名(FQDN)相关联的证书。例如，对于 contoso.com 域，通配符证书对于 www.contoso.com、sts.contoso.com 和 ftp.contoso.com 是有效的。标准证书对单个域名(例如 sts.contoso.com)有效。SAN 证书对多个域名有效。使用通配符证书的主要好处是不必考虑证书的名称——所有名称都与通配符证书一起工作。使用通配符证书的缺点是，一些提供者只允许公司在每个域拥有一个通配符证书。而公司可能希望将其保存下来，用于其他用途，而不是用于 AD FS。通配符证书也比标准证书和 SAN 证书更昂贵。一些公司有禁止使用通配符证书的策略。因此，对于某些环境，SAN 证书是最好的选择。

◆ 可在联合服务器和 Web 应用程序代理服务器中使用一个证书(涵盖所有四个证书使用情形)。这简化了部署和持续的维护。如有可能，争取使用一个包含环境所有名称的证书。高安全性组织可能有一个安全策略，禁止在局域网中的服务器和外围网络中的服务器之间共享证书。这种情况下，可为内部服务器获得一个证书，为外围服务器获得另一个证书。

11.2.4　应该为 AD FS 环境使用组管理的服务账户吗？

每个 AD FS 都需要一个服务账户。作为设计和计划的一部分，需要弄清楚是要使用组管理的服务账户(gMSA)还是标准的服务账户(在 Active Directory 中手动创建的)。在了解这些选项的优缺点之前，请注意不应该使用网络服务账户。如果这样做，可能会在 Windows 集成身份验证期间遭遇失败。以下要点概述了 AD FS 服务账户的主要注意事项。

- 如果使用标准的服务账户，必须管理密码(密码存储在库或类似的地方，并在到期之前更改密码)。在一些组织中，服务账户有非过期的密码。然而，在高安全性的环境中，通常有一个安全策略，来限制或禁止使用非过期服务账户的密码。
- 如果使用 gMSA，就不必管理密码。它由 Active Directory 管理。默认情况下，密码每 30 天更改一次。如有必要，可以配置不同的密码更改频率。密码更改的自动化通常足以作为使用gMSA 的理由。通常，对 IT 管理员来说，利用效率方面的微小改进，可节省大量资源。

对于大多数环境，使用 gMSA 是很不错的。然而，在最终确定设计之前，要注意先决条件。需要将 Active Directory 森林功能级别设置为 Windows Server 2012 或更高版本，将运行 Windows Server 2012 或更高版本的服务器设置为使用 gMSA，以及 Active Directory(用于生成 gMSA 的密码)中的 Key Distribution Services (KDS)根密钥。如果环境不满足需求，就应该了解，更新环境以支持 gMSA 是否与 AD FS 实现同时完成或先于该实现完成。

要了解关于 AD FS 的更多信息，请参考 AD FS 内容映射，其中有大量的 AD FS 内容链接，用于将 AD FS 与特定技术集成到各种环境中。更多信息请访问 https://social.technet.microsoft.com/wiki/contents/articles/2735.ad-fs-content-map.aspx。

11.3　部署 AD FS 环境

本节讨论部署 AD FS 的过程。应该在实验室环境中(无论是在家里还是在工作中)通过这些步骤来熟悉这个过程，并了解部署选项。作为先决条件，需要有 Active Directory 域服务和 DNS 名称解析。本节之后的部署部分将以本节为基础。下面的要点表示步骤中的环境。请替换自己的域名和计算机名称，或者使用这里显示的实验室名称。

- 现有 Active Directory Domain Services 域 contoso.com。
- 在 Windows Server 2016 上运行的虚拟机 adfsVM。
- 用于 15360x8640.com 域的.pfx 格式的证书文件。这是一个测试域，也是示例应用程序使用的域。在环境中，可以使用单个域，也可以选择两个域，就像本例这样。

11.3.1　安装 AD FS 服务器角色

按照以下步骤安装 AD FS 服务器角色：

(1) 作为域管理员组的成员登录 adfsVM。

(2) 在 adfsVM 上运行 Windows PowerShell。

(3) 在 PowerShell 窗口中，运行以下命令，创建 Key Distribution Services KDS 根密钥：

```
Add-KdsRootKey -EffectiveTime (Get-Date).AddHours(-10)
```

不要绕过 KDS 根密钥等待期

默认情况下，添加根密钥最多需要 10 个小时。建议不要绕过生产环境中的初始等待期。但在本例中这样做，允许在部署 AD FS 时立即使用 GMSA。在添加 KDS 根密钥之后，应该立即强制进行复制。

(4) 作为域管理员组的成员登录 adfsVM。

(5) 单击 Start，然后单击 Server Manager。

(6) 单击 Manage，在下拉菜单中单击 Add Roles and Features。

(7) 如果 Before You Begin 页面出现，选择 Skip This Page By Default 复选框，然后单击 Next。

(8) 在 Select Installation Type 页面上，确保选中 Role-Based Or Feature-Based Installation 选项，并单击 Next。

(9) 在 Select server roles 页面上，确保选择了 ADFSVM 并单击 Next。

(10) 在 Select server roles 页面(见图 11.4)中，单击 Active Directory Federation Services 复选框，然后单击 Next。

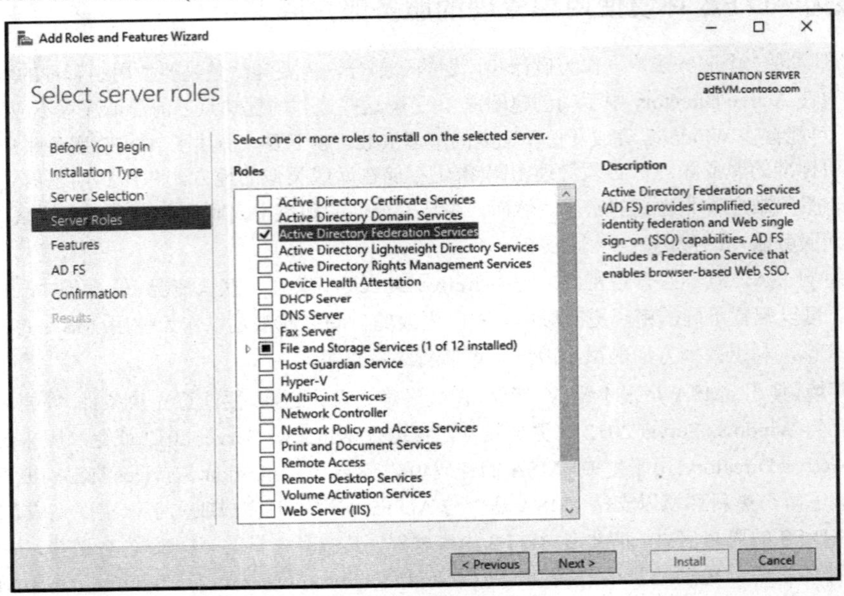

图 11.4　添加 AD FS 角色

(11) 在 Select Features 页面上，单击 Next。

(12) 在 Active Directory Federation Services(AD FS)页面上，单击 Next。

(13) 在 Confirm Installation Selections 页面上，选择 Restart The Destination Server Automatically If Required 复选框。在提示确认时单击 Yes，然后单击 Install。等待安装完成。

(14) 安装完成后，在 Installation Progress 页面上单击 Configure The Federation Service On This Server。这将启动 Active Directory 联合服务配置向导。

(15) 在 Welcome 页面(见图 11.5)上，确保选择了 Create the first federation server in a federation server farm 选项，并单击 Next。

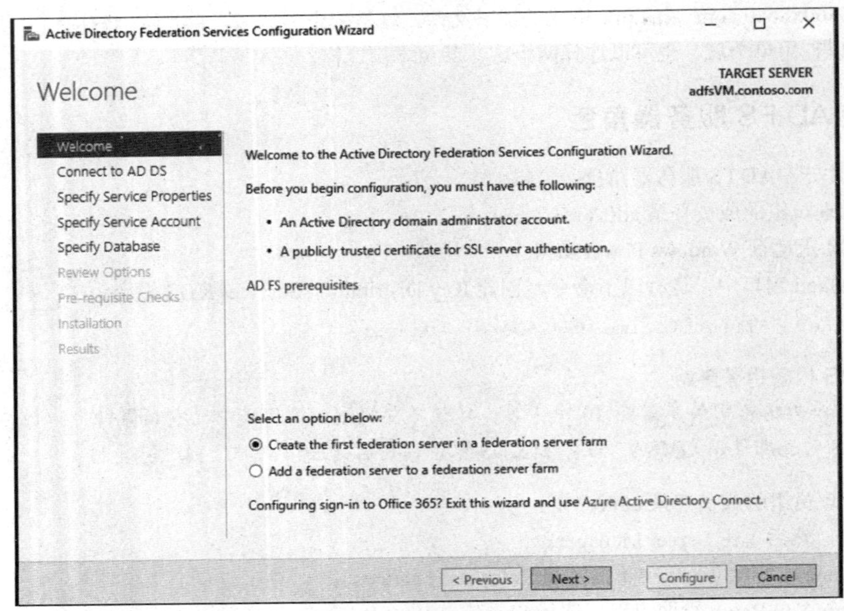

图 11.5　AD FS 配置向导

(16) 在 Connect To AD DS 页面上，如果显示了管理凭证并具有可接受性，则接受默认设置并单击 Next。否则，单击 Change，提供管理凭证，然后继续。

(17) 在 Specify Service Properties 页面(见图 11.6)上，单击 Import。

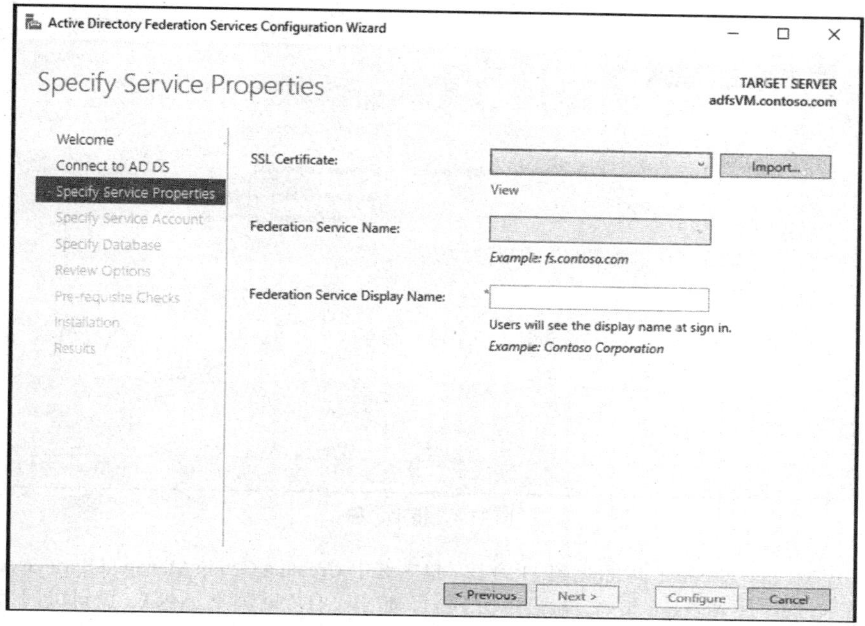

图 11.6　导入证书

(18) 导航到*.pfx 文件的位置，该.pfx 文件包含 AD FS 场要使用的证书的密钥对中的私钥(见图 11.7)，并单击 Open。

当出现提示时，提供保护私钥的密码并单击 OK。注意，在部署完联合服务器后，应该安全地删除.pfx 文件。

(19) 回到 Specify Service Properties 页面，指定 Federation Service Name 和 Federation Service Display Name，然后单击 Next。在环境中，使用 fs.15360x8640.com 作为联合服务名称，Contoso Corporation 作为显示名称(见图 11.8)。

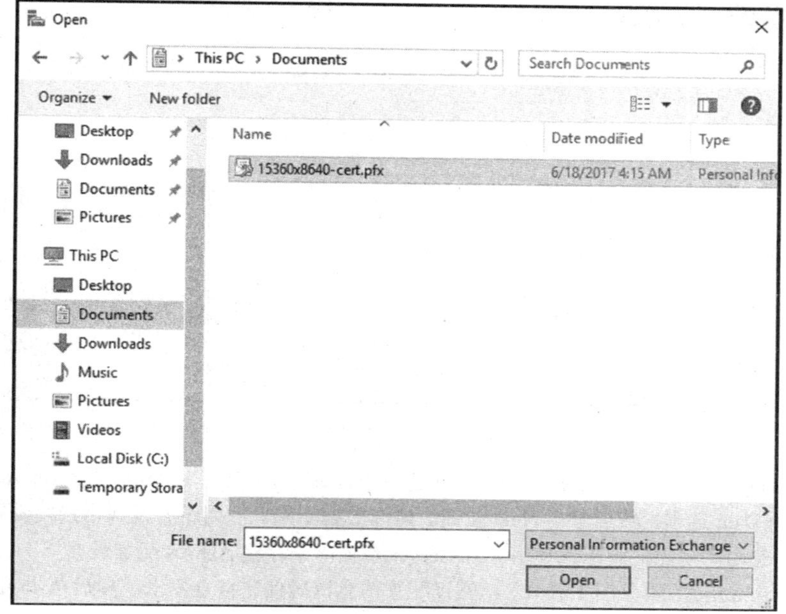

图 11.7　文件资源管理器

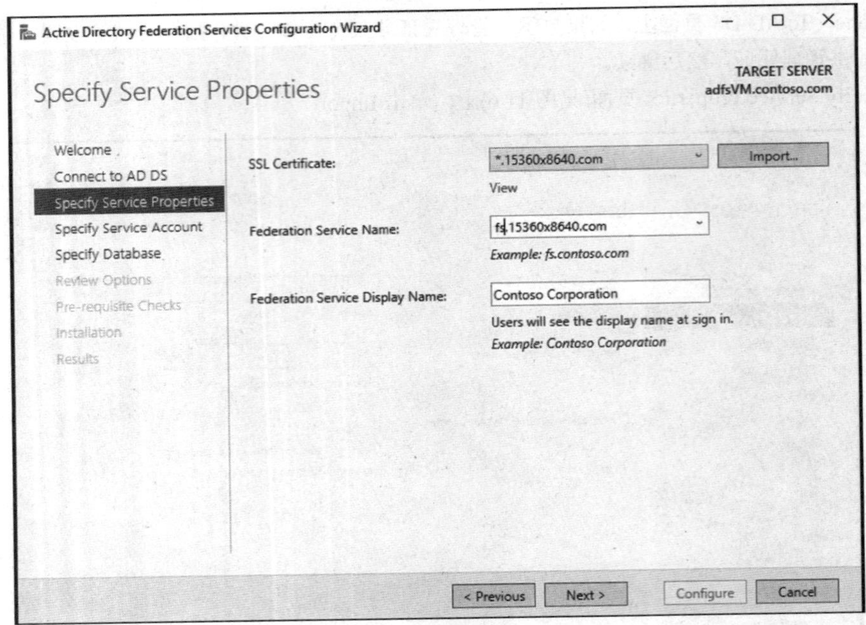

图 11.8 指定名称

(20) 在 Specify Service Account 页面(见图 11.9)上，单击选中 Create a Group Managed Service Account 选项，指定要创建的 Managed Service Account 组名，然后单击 Next。如果没有提前创建 gMSA，就可以创建新的 gMSA。虽然可以创建、使用标准服务账户，但最好使用 gMSA。它确保账户密码由 Active Directory 管理，从而减少管理开销。

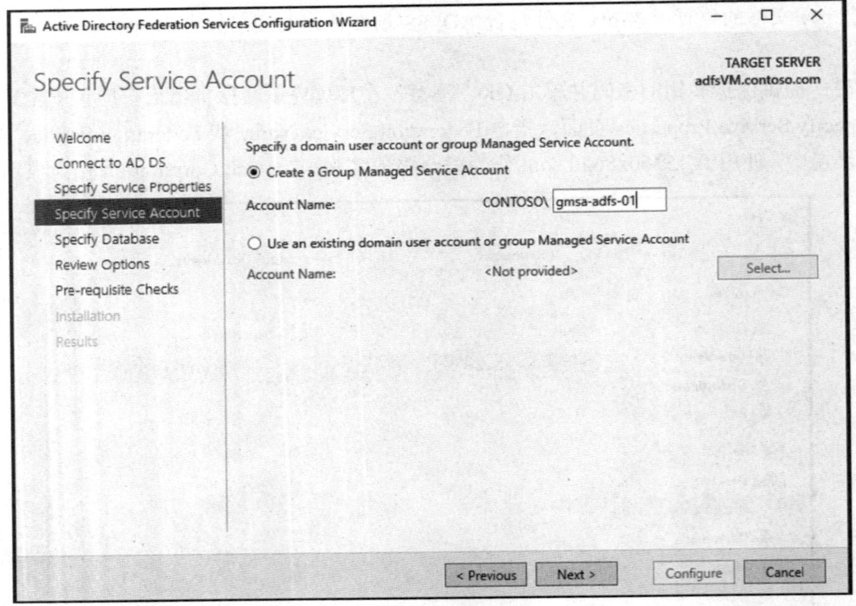

图 11.9 AD FS 服务账户

(21) 在Specify Configuration Database页面上，确保选中 Create A Database To Store The Active Directory Federation Services Configuration Data 选项，然后单击 Next 按钮。内部数据库应只能用于开发或小规模安装。如果计划在大型或高度可用的环境中使用此功能，则应该使用 SQL Server 数据库来存储 AD FS 配置数据。

(22) 在 Review Options 页面(见图 11.10)上，阅读配置信息以确保它符合需求。然后单击 Next。

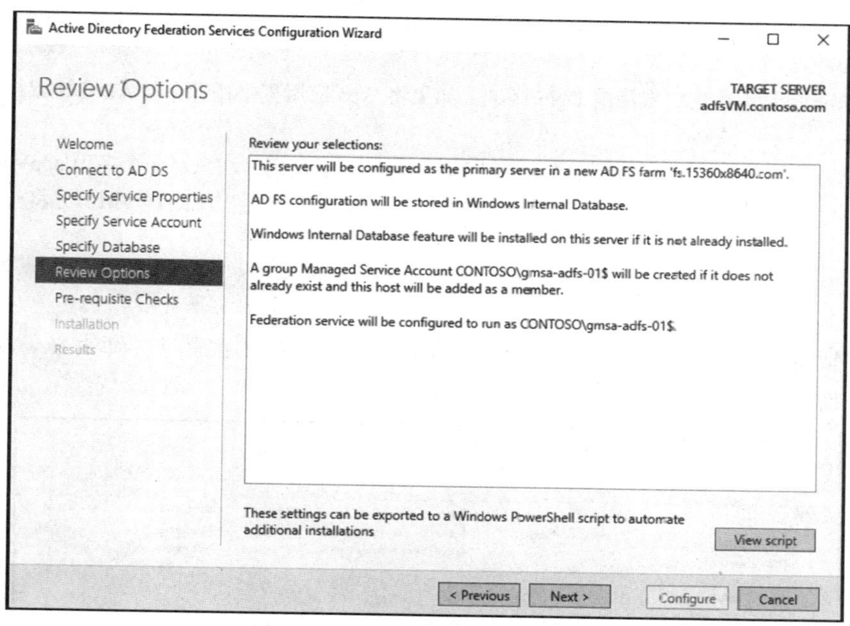

图 11.10 AD FS Review Options 页面

(23) 在 Pre-requisite Checks 页面(见图 11.11)上，检查是否满足所有先决条件，然后单击 Configure。此时可能显示关于 KDS 根密钥的警告，但可以放心地忽略它。

(24) 等到配置完成，检查结果，然后单击 Close。

(25) 在 Installation Progress 页面上，单击 Close。

(26) 重新启动 adfsVM 来完成安装。

前面经部署了第一个联合服务器，现在需要处理一些 DNS 解析任务。

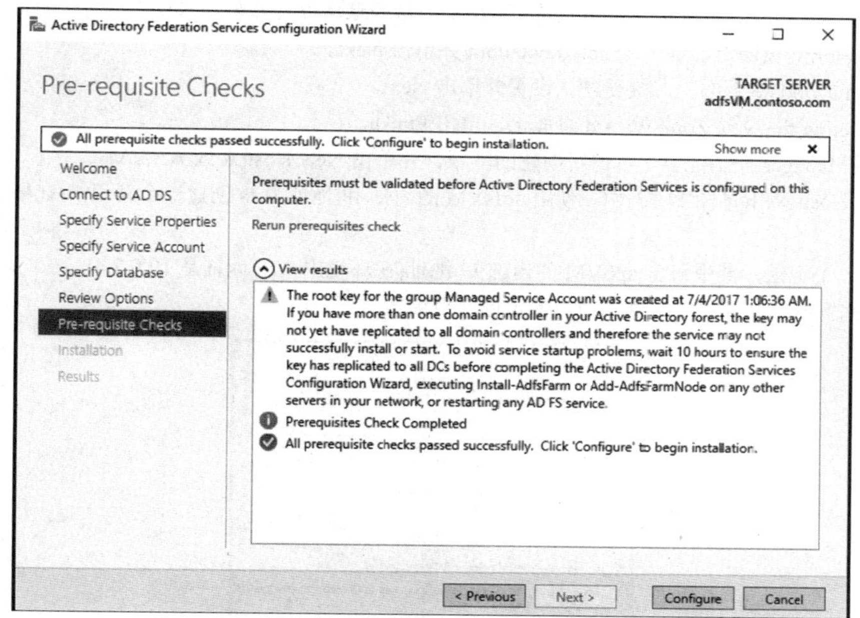

图 11.11 AD FS Pre-requisite Checks 页面

部署清单

要深入了解联合服务器场的部署，请查看 Deploying a Federation Server Farm 页面上的清单和链接，网址是 https://docs.microsoft.com/en-us/windows-server/identity/ad-fs/deployment/deploy-a-feder-serverfarm。

11.3.2 配置内部 DNS 名称解析

接下来，为 Web 应用程序创建专用的 DNS 区域。如果将 Web 应用程序托管在与 AD DS 域相同的域中，那么这可能与环境无关。

如果通过第三方为域托管 DNS，也可遵循创建 DNS 记录的一般步骤。注意对一个名为 appVM 的新 VM 的引用。该 VM 将承载 Web 应用程序。如果在环境中继续执行，可为 Web 应用程序部署 VM，并将一个记录指向该服务器。

(1) 作为域管理员组的成员登录到 adVM。

(2) 运行 DNS Manager。

(3) 在 DNS Manager 控制台中，导航到 Forward Lookup Zones 文件夹，右击它，然后单击 New Zone(见图 11.12)。这将启动 New Zone Wizard。

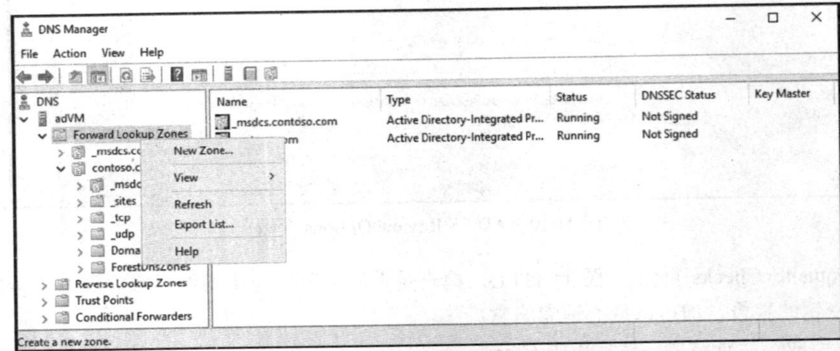

图 11.12 在 DNS 管理器中添加新区域

(4) 在 Welcome To The New Zone Wizard 页面上，单击 Next。

(5) 在 Zone Type 页面上，接受默认设置并单击 Next。

(6) 在 Active Directory Zone Replication Scope 页面上，接受默认设置并单击 Next。

(7) 在 Zone Name 页面上，键入 15360x8640.com 并单击 Next。

(8) 在 Dynamic Update 页面上，接受默认设置并单击 Next。

(9) 在 Completing the New Zone Wizard 页面上，单击 Finish。

(10) 在 DNS Manager 控制台中，右击新创建的区域，并单击 New Host(A 或 AAAA)。

(11) 在 New Host 窗口(见图 11.13)中，使用 adfsVM 的内部 IP 地址为 fs 创建一个新记录(在环境中，IP 地址是 10.0.1.4)。

(12) 添加另一个记录，其中包含 appVM 的内部 IP 地址(在环境中，IP 地址是 10.0.2.4)。

现在有了名称解析，就配置一个基于声明的示例应用程序。

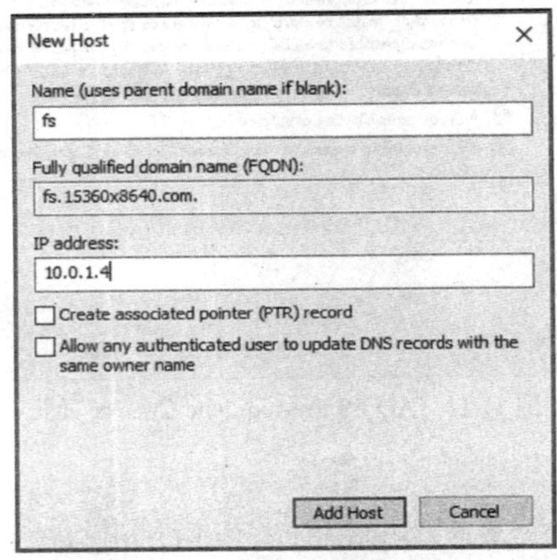

图 11.13 创建新主机

11.3.3 配置示例联合应用程序

本节要配置一个简单的.NET 4.5 示例联合应用程序。这个应用程序是由 Microsoft Consulting Services 提供的，可免费下载并用于测试。本节的先决条件是本章前面部署的联合服务器和上一节中配置的名称解析。

(1) 作为域管理员组的成员登录到 appVM。

(2) 在 appVM 上，以管理员身份运行 Windows PowerShell ISE。

(3) 在 PowerShell ISE 窗口中，运行如下命令：

```
Install-WindowsFeature -Name Web-Server, Web-App-Dev, Web-Net-Ext45, Web-Asp-Net45,
Web-Mgmt-Tools,Web-Mgmt-Console,NET-Framework-45-Features,NET-Framework-45-Core,NETFramew
ork-45-ASPNET,RSAT-AD-PowerShell -Restart
```

这将安装示例应用程序需要的所有角色服务和功能，并在需要时重新启动服务器。

(4) 等待安装完成。

(5) 在 PowerShell ISE 窗口中，运行如下命令：

```
New-ADUser -Name Svc_AppPool
-AccountPassword (ConvertTo-SecureString -AsPlainText "Pa55w.rd1234"
-Force) -Company Contoso -Description "App Pool Account" -DisplayName
Svc_AppPool -Enabled $true -PasswordNeverExpires $true -SamAccountName
Svc_AppPool -UserPrincipalName Svc_AppPool@contoso.com
```

这将创建一个新的域用户，该用户用于为运行示例应用程序的 AppPool 提供安全上下文。

(6) 在 Administrator: Windows PowerShell ISE 窗口中，运行如下命令：

```
Add-LocalGroupMember -Group IIS_IUSRS -Member CONTOSO\Svc_AppPool
```

这将把新建的用户添加到服务器上的本地 IIS_IUSRS 组。

(7) 从如下网址下载示例应用程序：

```
https://msdnshared.blob.core.windows.net/media/
TNBlogsFS/prod.evol.blogs.technet.com/telligent.evolution.components
.attachments/01/8598/00/00/03/64/54/88/SampApp%20and%20Rules.zip.
```

(8) 从存档文件中提取 SampleApp，并将其复制到 C:\inetpub\wwwroot 文件夹中。

(9) 在 PowerShell 窗口中，运行如下命令：

```
Invoke-Command -ComputerName adfsVM
.contoso.com -ScriptBlock {Get-AdfsCertificate -CertificateType Token-
Signing | Select-Object -ExpandProperty Thumbprint}
```

这会显示 AD FS 令牌签名证书的 Thumbprint。

令牌签名的证书

注意，这与在 IIS 中使用的通配符证书的 Thumbprint 不同。此证书严格用于在 AD FS 中进行令牌签名，且有单独的 Thumbprint。

(10) 将 Thumbprint 复制到剪贴板上。

(11) 在 PowerShell 窗口中，运行如下命令：

```
Notepad C:\inetpub\wwwroot\SampApp\Web.config
```

(12) 在记事本中搜索 Thumbprint。会得到三个结果。用剪贴板的内容替换“Thumbprint=”后面双引号中的值。密钥必须与 AD FS 服务器的令牌签名证书匹配。

(13) 在记事本中搜索 app1.contoso.com，并将其替换为 appVM.15360x8640.com。就像 thumbprint 一样，必须小心地替换每次出现的内容，否则会在导航到应用的 URL 时收到一条错误信息。

(14) 用 fs.15360x8640.com 替换每次出现的 sts.contoso.com。

(15) 保存更改，并关闭记事本。

(16) 在 Administrator: Windows PowerShell 窗口中，运行如下命令：

```
Notepad C:\inetpub\wwwroot\SampApp\FederationMetadata\2007-06\FederationMetadata.xml
```

(17) 在 Notepad 中，用 appVM.15360x8640.com 替换 app1.contoso.com。

(18) 保存更改并关闭记事本。

(19) 启动 Internet Information Services (IIS) Manager 控制台。

(20) 在控制台中，单击 Application Pools。然后右击 DefaultAppPool 并选择 Advanced Settings (见图 11.14)。

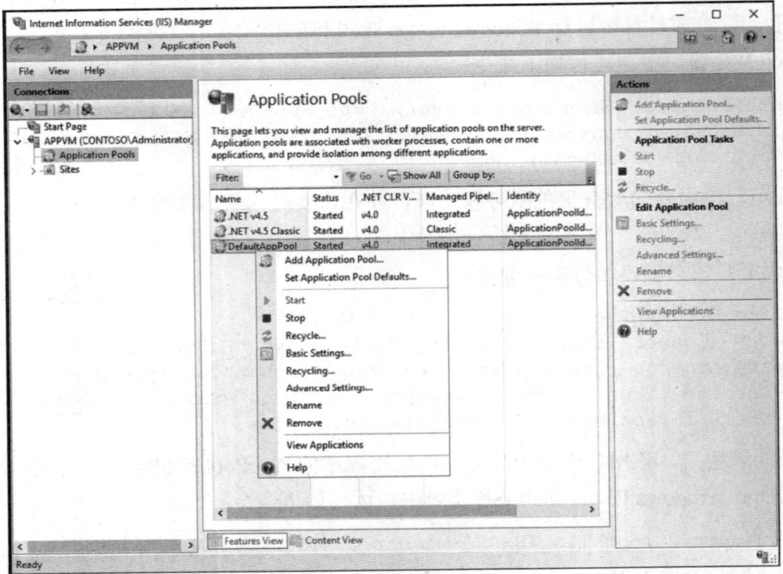

图 11.14 Application Pools 设置

(21) 在 Advanced Settings 对话框中，单击 Identity，然后单击 Application Pool Identity 右侧的省略号(…)。在 Application Pool Identity 对话框中，单击选中 Custom account，然后单击 Set(见图 11.15)。

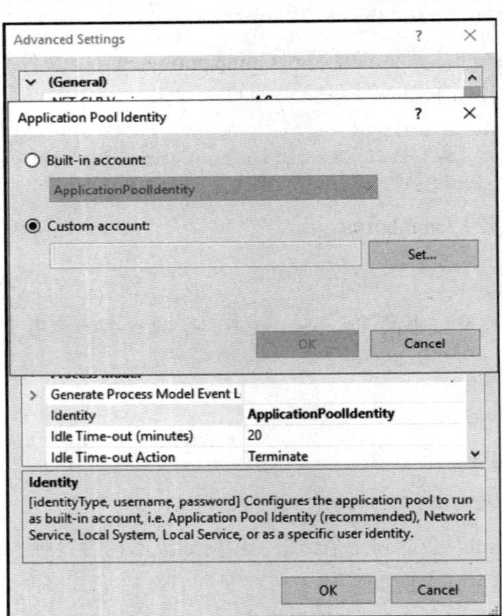

图 11.15 IIS Manager Application Pool Identity 页面

(22) 在 Set Credentials 对话框中，指定在本练习中前面创建的域用户的凭证，然后单击两次 OK。

(23) 在 Advanced Settings 对话框中，将 Load User Profile 设置为 True 并单击 OK。

(24) 在控制台中，展开 Default Web Site 节点，右击 SampApp，然后单击 Convert To Application。

(25) 在 Add Application 对话框中，接受默认设置，然后单击 OK。

(26) 回到控制台，单击 Default Web Site 节点，然后单击 Actions 窗格中的 Bindings。

(27) 在 Site Bindings 对话框中，单击 Add。

(28) 将通配符证书(*.15360x8640.com)导入 appVM 上计算机的 Personal 存储。

(29) 在 Add Site Bindings 对话框中，将 Type 设置为 https，将 Host name 设置为 appVM.15360x8640.com，单击 Select 按钮，单击要使用的证书，然后单击 OK(见图 11.16)。

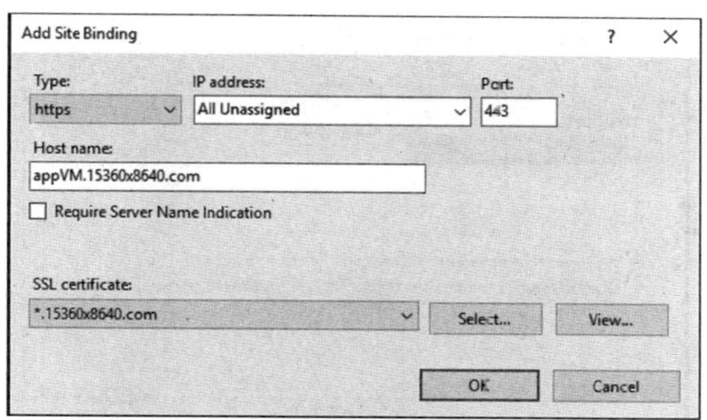

图 11.16　Add Site Binding 对话框

(30) 在 Site Bindings 对话框中，单击 Close。

(31) 单击 Default Web Site，然后单击 Actions 窗格中的 Restart。根据服务器的不同，单击 Restart 看起来并没有什么作用。还可以在命令提示符中运行 iisreset 命令，重新启动 IIS(重启时给出确认信息)。

部署了示例 Web 应用程序后，需要配置一个 AD FS 依赖方。

11.3.4　配置 AD FS 依赖方

本节将配置一个 AD FS 依赖方。这允许 Web 应用程序接受来自声明提供者的声明。

(1) 作为域管理员组的成员登录 adfsVM。

(2) 在 adfsVM 中，如有必要，从如下网址下载示例应用程序。

```
https://msdnshared.blob
.core.windows.net/media/TNBlogsFS/prod.evol.blogs.technet.com/telligent
.evolution.components.attachments/01/8598/00/00/03/64/54/88/SampApp%20
and%20Rules.zip
```

(3) 从.zip 文件的 SampleApp 和 Rules 子文件夹中提取 IssuanceAuthorizationRules.txt 和 IssuanceTransformRules.txt，并复制到 C:\。

(4) 在 adfsVM 上，以管理员身份运行 Windows PowerShell ISE。

(5) 在 PowerShell ISE 提示符下，运行如下命令：

```
Add-AdfsRelyingPartyTrust -Name
"Sample Claims Aware Application" -IssuanceAuthorizationRulesFile
C:\IssuanceAuthorizationRules.txt -IssuanceTransformRulesFile C:\
IssuanceTransformRules.txt -MetadataUrl "https://appVM.15360x8640.com/
sampapp/federationmetadata/2007-06/federationmetadata.xml"
```

这将创建代表示例应用程序的依赖方。

(6) 检查 AD FS 控制台中的 Relying Party Trusts 文件夹，以验证依赖方是否成功创建。

配置了依赖方后，就可以测试对 Web 应用程序的访问了。

11.3.5　从内部客户端测试对应用程序的访问

本节将从局域网测试示例应用程序，以确保其功能正确。

(1) 在 adfsVM 上启动 Internet Explorer。

(2) 在 Internet Explorer 中，将 https://*.15360x8640.com 添加到本地内部网专区(见图 11.17)。

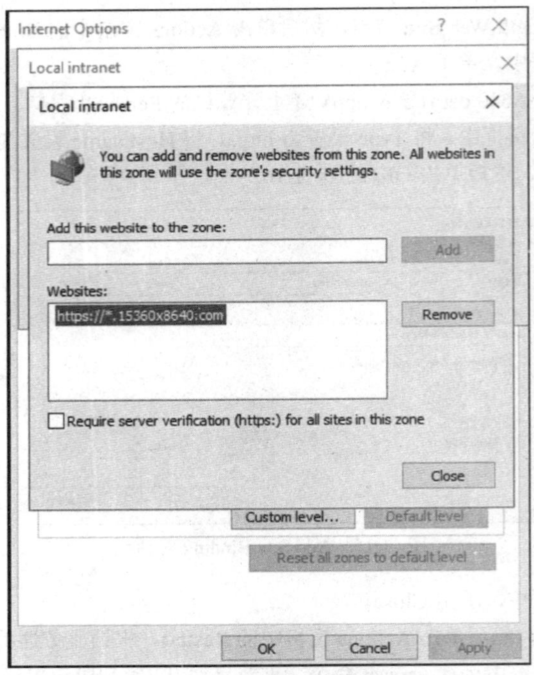

图 11.17　Internet Explorer 本地内部网区域

(3) 接下来浏览到 https://appvm.15360x8640.com/SampApp/，并验证页面是否显示了当前用户的声明列表(见图 11.18)。

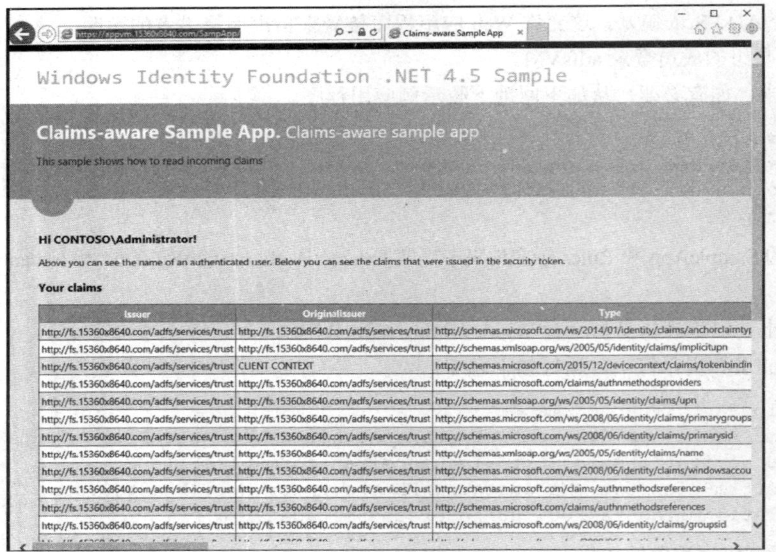

图 11.18　应用程序 Web 页面示例

前面在局域网中为用户提供了一个实用的 Web 应用程序。接下来部署一个 Web Application Proxy 服务器，以方便用户使用来自 Internet 的 Web 应用程序(它也可用于内部用户)。

11.3.6　安装 Web Application Proxy 服务器角色服务

本节部署 WAP 服务器。该服务器通常部署在外围网络中。对于本节，需要一个名为 wapVM 的新 VM 来托管 WAP 角色。

(1) 作为本地管理员登录到 wapVM。

(2) 以管理员身份运行 Windows PowerShell ISE。

(3) 在 Administrator: Windows PowerShell ISE 窗口中，运行 certlm 命令，打开 Certificates-LocalComputer 控制台。

(4) 在控制台中，右击 Personal 文件夹，单击 All Tasks，然后单击 Import。这将启动 Certificate Import Wizard。

(5) 在 Welcome To The Certificate Import Wizard 页面上，单击 Next。

(6) 在 File To Import 页面上，单击 Browse。

(7) 在 Open 对话框中，浏览到*.pfx 文件的位置，单击它，然后单击 Open。

(8) 返回 File To Import 页面，单击 Next。

(9) 在 Private Key Protection 页面上，键入保护私钥的密码，然后单击 Next。

(10) 在 Certificate Store 页面上，接受默认设置并单击 Next。

(11) 在 Completing The Certificate Import Wizard 页面上，单击 Finish。

(12) 如果导入成功，会显示一个对话框，通知导入成功。单击 OK。注意，在部署 WAP 服务器后，应该安全地删除.pfx 文件。

(13) 在 wapVM 上，单击 Start，然后单击 Server Manager。

(14) 单击 Manage，然后单击 Add Roles And Features。

(15) 如果 Before You Begin 页面出现，单击 Skip This Page By Default 复选框，然后单击 Next。

(16) 在 Select Installation Type 页面上，确保选择了 Role-Based Or Feature-Based Installation 选项，然后单击 Next。

(17) 在 Server Destination Server 页面上，确保选中了 wapVM，然后单击 Next。

(18) 在 Select server roles 页面上，单击 Remote Access 复选框，然后单击 Next(见图 11.19)。

(19) 在 Select Features 页面上，单击 Next。

(20) 在 Remote Access 页面上，单击 Next。

(21) 在 Select Role Services 页面上，单击 Web Application Proxy。这将显示另一个对话框，提示添加 Web 应用程序代理角色所需的功能。单击 Add Features，然后单击 Next。

(22) 在 Confirm Installation Selections 页面上，选择 Restart The Destination Server Automatically If Required 复选框，在提示确认时单击 Yes，然后单击 Install。等待安装完成。

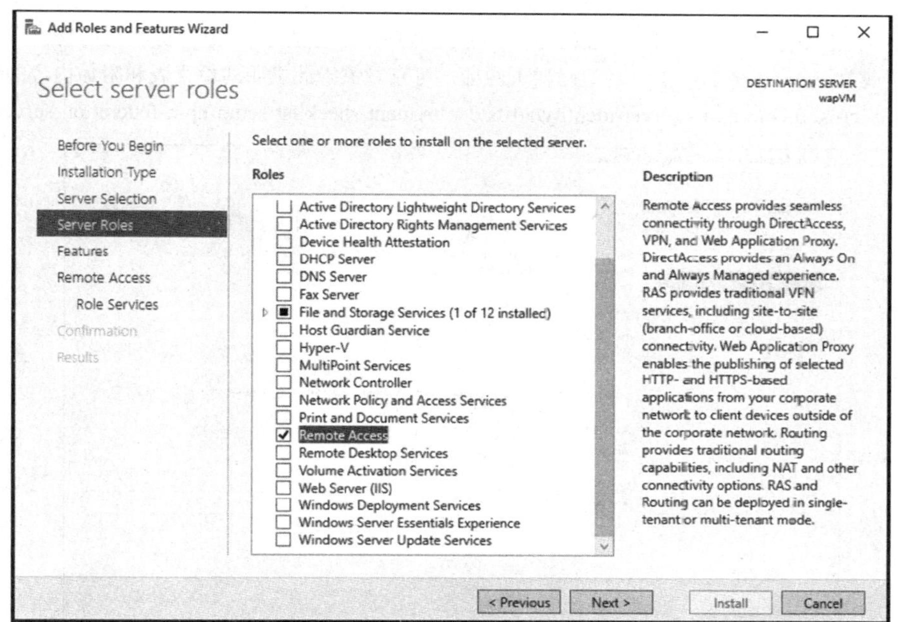

图 11.19　添加角色

(23) 安装完成后，在 Installation Progress 页面上单击 Open the Web Application Proxy 向导。这将启动 Web Application Proxy Configuration Wizard(见图 11.20)。

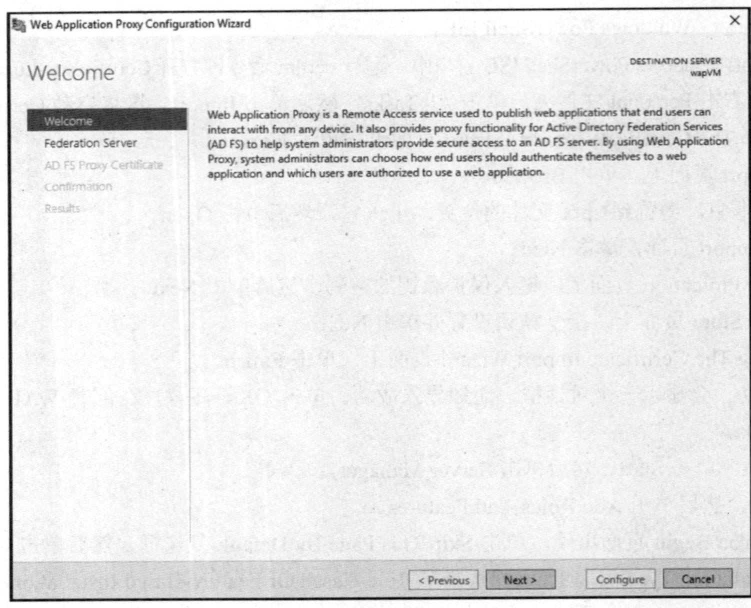

图 11.20　启动向导

(24) 在 Welcome 页面上，单击 Next。

(25) 在 Federation Server 页面(见图 11.21)上，将 Federation service name 设置为 fs.15360x8640.com，在联合服务器上提供管理员账户的凭证，然后单击 Next。

(26) 在 AD FS Proxy Certificate 页面(见图 11.22)中，选择在本练习前面导入的证书并单击 Next。

(27) 在 Confirmation 页面上，单击 Configure。

(28) 等待配置完成，查看操作的详细结果，然后单击 Close。这将自动打开 Remote Access Management Console(见图 11.23)。

现在就有了 WAP 服务器。接下来，需要发布 Web 应用程序，以便通过 WAP 服务器访问它。

微软提供了建立 WAP 服务器的清单。访问如下网址，可查看关于此主题的检查表和附加内容的链接：https://docs.microsoft.com/en-us/server/identity/ad-fs/deployment/checklist-setup-up-a-federation-server-proxy。

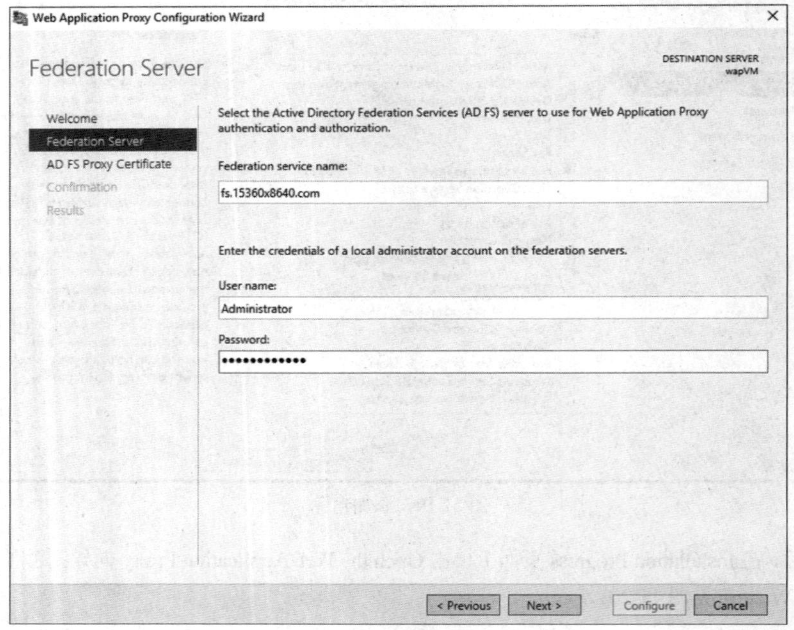

图 11.21　Federation Server 页面

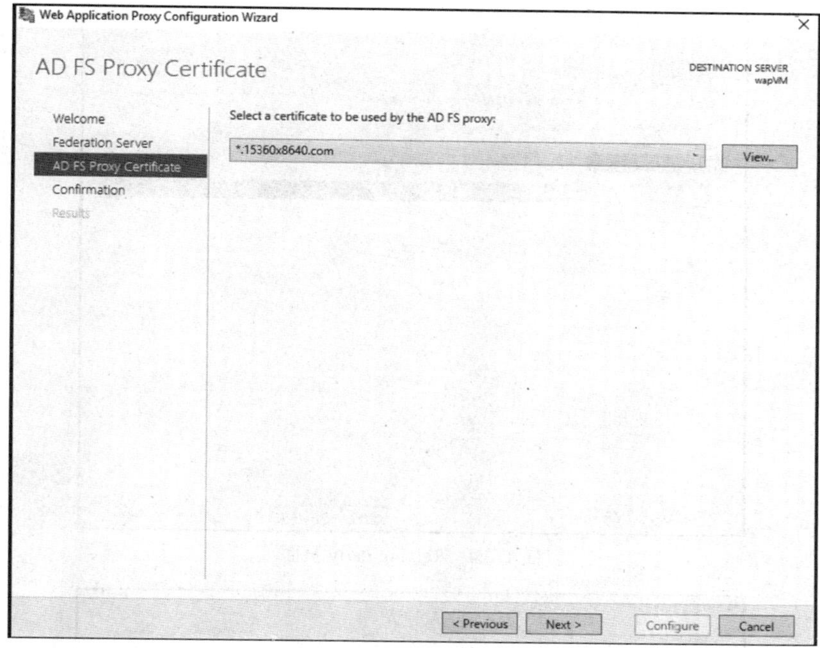

图 11.22　选择证书

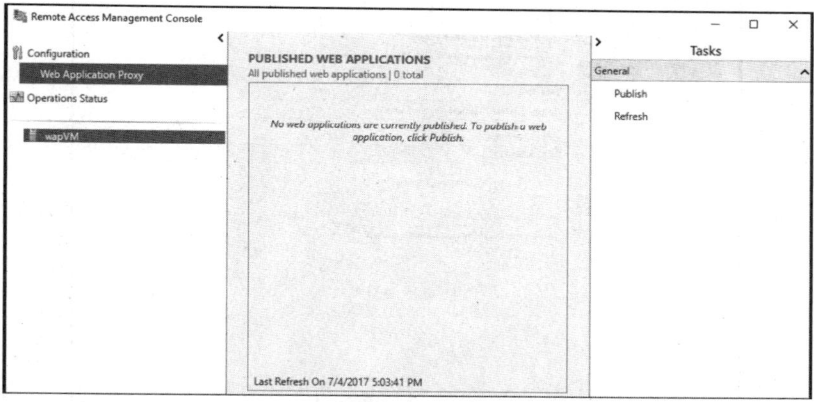

图 11.23　Remote Access Management Console 窗口

11.3.7　发布示例联合应用程序

本节将发布 Web 应用程序。

(1) 在 wapVM 上，在 Remote Access Management 控制台，单击 Tasks 窗格中的 Publish。这将启动 Publish New Application Wizard。在 Welcome 页面上，单击 Next。

(2) 在 Preauthentication 页面上，接受默认选项 Active Directory Federation Services(AD FS)并单击 Next。

(3) 在 Supported Clients 页面上，接受默认选项 Web 和 MSOFBA，并单击 Next。

(4) 在 Relying Party 页面上，选择 Sample Claims Aware Application 并单击 Next(见图 11.24)。

(5) 在 Publishing Settings 页面上，将名称设置为 Sample Claims Aware Application，并将 External URL 设置为 https://appVM.15360x8640.com/SampApp/。对于外部证书，选择在 appVM 上安装的证书。接受默认设置 Backend server URL (匹配 External URL)，然后单击 Next(图 11.25)。

(6) 在 Confirmation 页面上，单击 Publish。

(7) 在 Results 页面上，应该收到一条消息，表明应用程序已成功发布。单击 Close。

发布了示例 Web 应用程序后。接下来，在外部客户机上测试对 Web 应用程序的访问。

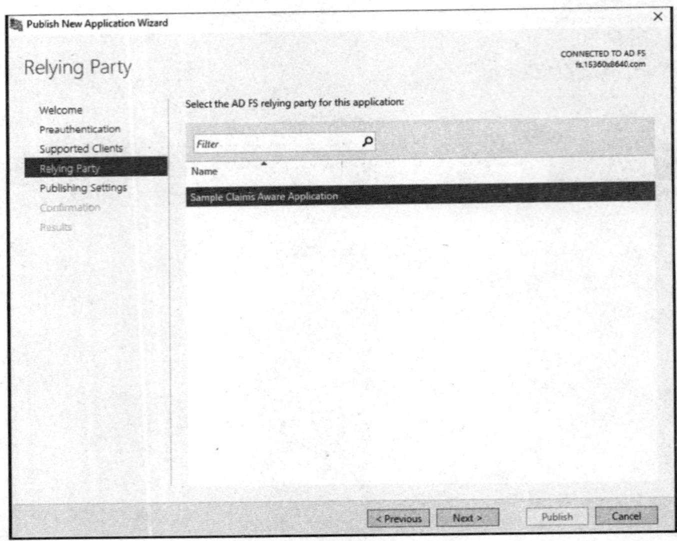

图 11.24　Relying Party 页面

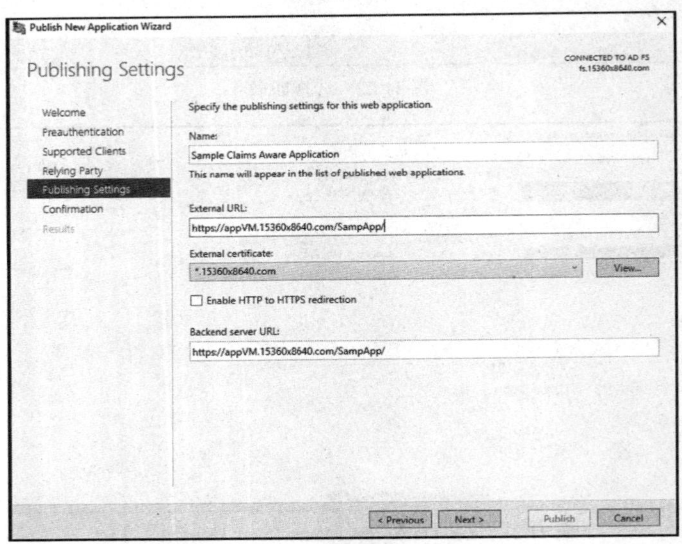

图 11.25　Publishing Settings 页面

11.3.8　测试来自外部客户端的应用程序访问

本节将在外部客户机(例如连接到 Internet 的客户机)上测试对样例应用程序的访问。这个测试的先决条件是客户机。在环境中，使用一个名为 clientVM 的 Windows 10 虚拟机。

(1) 以本地管理员身份登录到 clientVM。

(2) 在 clientVM 上，右击 Start 并单击 Windows PowerShell (Admin)。

(3) 在 Administrator:Windows PowerShell 窗口中，运行如下命令：

Notepad c:\Windows\ system32\drivers\etc\hosts

(4) 在 Notepad 中，向主机文件中添加表示 wapVM 和 appVM 的外部 IP 地址的条目：

```
<public IP address> fs.15360x8640.com
<public IP address> appVM.15360x8640.com
```

将当前使用的公共 IP 地址替换为*<public IP address>*。注意，在实际环境中，要依赖 clientVM 使用的 DNS 服务器的名称解析。DNS 服务器能够将 15360x8640.com 名称空间中的 Internet 可访问名称解析为相应的公共 IP 地址。

(5) 保存更改并关闭记事本。

(6) 启动 Internet Explorer，并浏览到 https://appVM.15360x8640.com/SampApp/。此时应重定向到 Contoso Corporation 的身份验证页面，如图 11.26 所示。

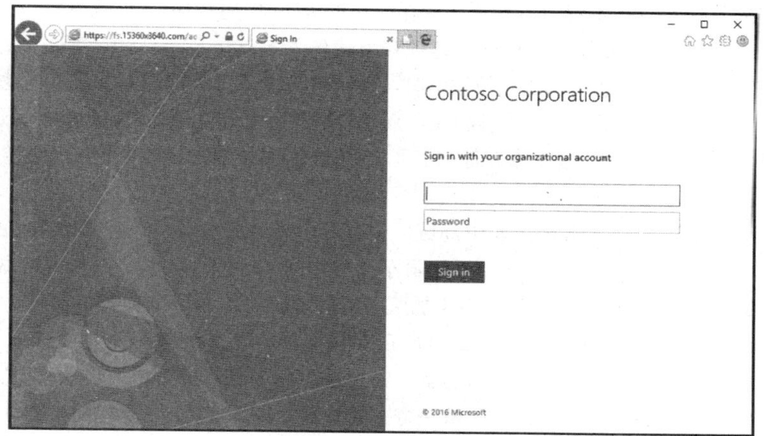

图 11.26　身份验证页面

(7) 指定在内部测试期间使用的相同凭证，然后单击 Sign-in。

(8) 验证已经成功地进行了身份验证(见图 11.27)。

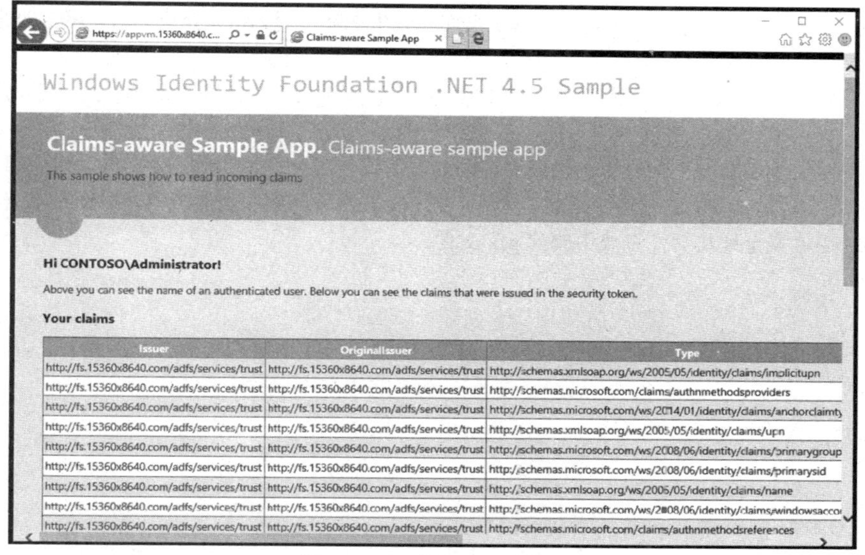

图 11.27　示例应用程序页面

可以轻松地定制 AD FS 登录页面，以与组织的标准保持一致。可以更新标识、图片和登录页面的其他区域。有关定制登录页面的更多信息，请访问如下网址：https://docs.microsoft.com/en-us/windows-server/identity/ad-fs/operations/ad-fs-user-signin-customization。

11.4　本章要点

理解 AD FS 如何工作，理解 AD FS 术语：当组织第一次部署 AD FS 时，IT 部门的许多人员都需要熟悉该技术，了解它如何工作，并了解它如何与网络上的其他技术集成。拥有 AD FS 的高级知识，可以帮助收集项目需求，并为组织设计合适的 AD FS 环境。除了负责 AD FS 的管理员之外，其他团队也需要了解 AD FS(即使只是基本了解)。例如，网络团队必须了解 AD FS 是如何通信的，它使用的协议和端口，以及它与哪些其他服务进行交互。数据库团队必须了解 SQL Server 需求和期望。

问题 公司实现了一个新的 AD FS 环境。该公司计划为多个合作伙伴公司提供一个支持声明的 Web 应用程序。应该创建哪种类型的信任关系来联合每个合作伙伴？

答案 托管资源的公司(在本例中，是合作伙伴公司的 Web 应用程序)是依赖方(或资源合作伙伴组织)。要与合作伙伴联合，需要为每个合作伙伴创建依赖方信任关系。

计划和设计 AD FS：为网络规划和设计一项技术时，有一些与技术无关的规划和设计考虑事项。例如，应确定是否需要高可用性和站点弹性。需要弄清楚容量和硬件需求。在规划和设计 AD FS 环境时，还需要考虑特定于 AD FS 的规划和设计事项，例如要使用的数据库和证书。了解每个选项的优缺点非常重要，这样才能为组织做出最佳选择。

问题 假定计划一个 AD FS 实现，其中局域网中有两个联合服务器，在外围网络中有两个 Web 应用程序代理服务器。但是，公司有一个策略，用于最小化外围网络中的服务器。应该怎么做？

答案 在需要(或想要)避免在外围网络中添加服务器的情况下，有两个选择：

- 在外围网络中使用现有的反向代理。这样的反向代理可能取代 Web 应用程序代理服务器。
- 在局域网中部署 Web 应用程序代理服务器，在外围网络中使用已有的反向代理。

还有其他选项，比如不使用反向代理作为解决方案的一部分。但这降低了环境的安全性，因此不建议这样做。

部署 AD FS 环境：如果了解 AD FS，并完成了规划设计阶段，那么 AD FS 部署应该是平稳的，没有任何问题。然而，在一些部署中，不能完成学习阶段和规划设计阶段(或者，只需要快速完成其中的一个或多个阶段)。这可能会给部署带来压力，最终可能导致部署不能满足需求，或达不到预期效果。为缓解这一问题，应总是为项目留出足够的时间，以便在非生产环境中进行首次部署。在非生产环境中，可以验证设计并创建部署文档。如果出现问题，就有时间修复它，因为当前是在非生产环境中工作。当部署到生产环境时，知识会更丰富，还会创建一个部署文档，提前验证设计，这通常能确保成功。

问题 在新的 AD FS 场中部署第一个联合服务器时，安装向导提示使用证书。应该指定哪种类型的证书文件？

答案 主要要求是有一个带有私钥的证书。因此，需要使用包含私钥的.pfx 文件。作为部署前工作的一部分，应该在部署 AD FS 之前获得证书。然后，把.pfx 文件复制到联合服务器，以便在部署期间准备好。完成证书之后，安全地从文件系统中删除.pfx 文件。

第 12 章

用 System Center 进行管理

与之前的产品版本一样，System Center 2016 在 IT 领域扮演着重要的服务管理角色。本章将介绍该套件中不同的高级产品。IT专业人员并不负责在环境中完成关键业务活动需要的所有任务，因此本章只讨论支持 Windows Server 所需的基础知识。通过提供关键功能(称为服务)，使企业能够实现其目标，IT 在服务器管理过程中扮演着重要角色。虽然许多活动都属于 IT 部门，但这些活动常分配到不同部门，而不是合并成一个紧密结合的单元。桌面支持、应用程序开发、服务器支持、存储管理等都是 IT 的不同方面，但它们并不总是非常统一，无法交付高质量的 IT 服务。通常，不同角色没有明确的定义，所以职责也不明确。为帮助理解这些含糊之处，我们将在这些服务的整个生命周期中定义 IT 服务管理。

本章内容：

- 了解所有 Microsoft System Center 产品如何映射到服务管理
- 配置 SQL Server 集群
- 安装 System Center 2016
- 安装 Windows Server 2016 的管理包

12.1 System Center 2016 概述

本节介绍 System Center 2016，探索产品的新特性，并研究产品如何发展成为企业管理工具，为 Windows 客户端提供完整的服务器管理解决方案。

因为大多数人都在研究升级路径，所以这里从 System Center 2016 的升级顺序开始。但是，用户可能正在进行新的安装，因此接下来介绍安装顺序。

12.1.1 理解升级顺序

在执行任何新的安装或升级过程之前，需要检查软件的支持平台和系统需求。表 12.1 列出了各种支持的升级路径。如果当前使用的是 System Center 2012 R2，则需要了解这些升级路径。

表 12.1 支持的升级路径

组　件	之前的版本
Data Protection Manager	System Center 2012 R2 with UR10 或更高版本
Operations Manager	System Center 2012 R2 with UR9 或更高版本
Orchestrator	System Center 2012 R2 with UR8 或更高版本
Service Management Automation	System Center 2012 R2 with UR7 或更高版本
Service Manager	System Center 2012 R2 with UR9 或更高版本
Service Provider Foundation	
Virtual Machine Manager	System Center 2012 R2 with UR9 或更高版本
System Center Configuration Manager	System Center 2012 R2 SP1 或更高版本

在升级到 System Center 2016 之前，需要检查和验证现有的环境(稍后将介绍 System Center Configuration Manager)。

现实世界中的 System Center 升级顺序

与客户打交道时，最常见的问题之一是，升级顺序是什么？这很有趣，因为与我们合作的大多数客户并没有安装所有的产品。但是，理解升级顺序仍然很重要。建议按以下顺序升级以下产品：

(1) Orchestrator

(2) Service Manager

(3) Data Protection Manager

(4) Operations Manager

(5) Virtual Machine Manager

(6) System Center Configuration Manager

在继续安装 System Center 2016 之前，请确保了解不同的系统需求。可在以下链接查看它们：https://docs.microsoft.com/en-us/system-center/?view=sc-om-1711。

12.1.2 了解安装顺序

安装一个产品或一系列产品可能有点挑战。因为本书关注的是 Windows Server 2016，所以在概述安装产品和管理 Windows Server 的步骤之前，先看看产品的安装顺序和硬件配置。

1. 推荐的硬件

为每种产品构建新服务器之前，务必了解每种产品所需的推荐最小 CPU、内存和磁盘空间，如表 12.2 所示。

表 12.2 推荐的硬件

服 务 器	处 理 器	RAM	硬 盘 空 间
DPM Server	2.33GHz 8 核	16GB	150GB
OpsMgr Server	2.33GHz 8 核	32GB	125GB
Orchestrator Server	2.1GHz 4 核	8GB	200GB
ServiceMgr Server	2.66GHz 8 核	32GB	400GB
Virtual Machine Manager Server	2.66GHz 16 核	16GB	200GB
System Center Configuration Manager	2.66GHz 16 核	96GB	300GB

为 System Center 2016 构建每个服务器时，请确保系统满足最低硬件建议。否则，当产品完全实现时，可能会遇到性能问题。

2. SQL Server 版本支持

SQL Server 为 System Center 2016 产品提供了基础。每个产品版本都有一个与之相关联的数据库，也代表了存储在每个数据库中的流程和信息的 80%以上。应该在组件上安装 SQL Server 2016 标准版还是企业版，取决于它将持有的数据量。以 Configuration Manager 为例；标准版最多可支持 50 000 个客户端，企业版支持的客户端可超过 50 000 个。

3. 数据库集群的建议

如果打算安装一个一体化(one-for-all)数据库集群，它会容纳所有实例，以支持 System Center 2016，可通过至少两个节点来实现这一点。有关如何创建这个集群机器的更多信息，请参阅第 3 章。但必须记住为每个实例推荐的内存量，如表 12.3 所示。

表 12.3　每个 SQL 实例的 SQL 内存

SQL 实例	SQL 最小内存
Orchestrator	8GB
Operations Manager	8GB
Service Manager	8GB
Virtual Machine Manager	8GB
Data Protection Manager	8GB
Configuration Manager	16GB

因为每个产品都拥有实例，并在 SQL Security 配置和系统数据库上执行更改，所以每个 SQL 实例都应该是独立的。

一体化(one-for-all)数据库集群

如表 12.3 所示，每个 SQL 实例的命名都与产品的名称相对应。在 SQL Server 中，可以选择默认实例或命名实例。后面为 SQL Server Installation 选择一个命名实例。该实例需要至少三个集群磁盘，来存储不同数据库的信息。

4. 数据库的文件类型

SQL 创建了三种主要的数据库文件类型：

- 第一个文件类型通常是系统数据库。系统数据库包含主数据库和其他文件。
- 第二个文件类型是所谓的临时数据库。建议将此数据库放在一个单独的驱动器上，创建多个数据库文件，以匹配服务器的 CPU 数量。通常，比率是 1∶1。对于每个 CPU，创建一个临时数据库文件，但那些拥有超过 8 个 CPU 的服务器除外。在这些情况下，最多创建 8 个 tempdb 文件。
- 最后一个数据库类型是 System Center 数据库。也可将这个数据库存储在单独的驱动器上。

12.1.3　在集群中安装实例

为完成这个过程，下面在集群中创建一个 SQL Server 实例。可在以下链接中找到更多资料：https://docs.microsoft.com/en-us/sql/sql-server/failover-clusters/install/create-a-new-sql-server-failover-cluster-setup。

对于这个场景，集群中有两个节点。SQL01 为节点 1，SQL02 为节点 2。执行以下步骤：

(1) 登录到节点 1，即 SQL01。

(2) 插入 SQL Server 介质或 SQL Server 2016 安装介质。

(3) 在 SQL Server Installation Center，如图 12.1 所示，单击 Installation。

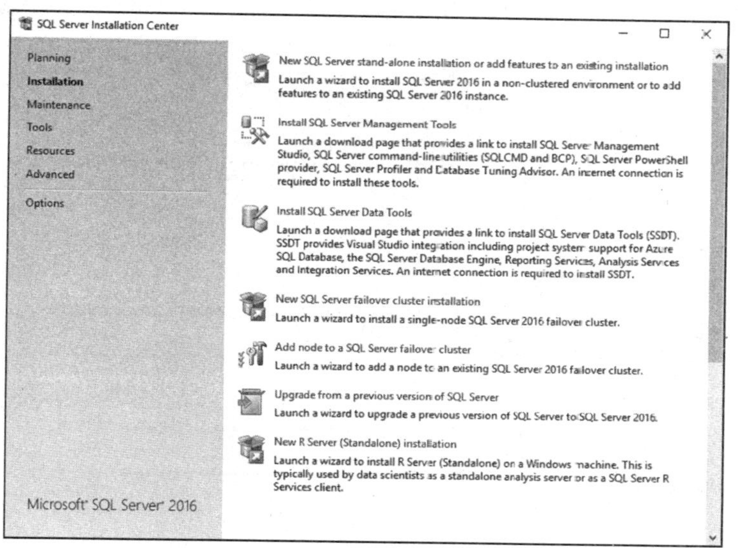

图 12.1　SQL Server Installer Center

(4) 选择 New SQL Server failover cluster installation。

(5) 在 Install a SQL Server Failover Cluster 屏幕上，输入产品密钥或选择免费版本。输入或选择适当的选项后，单击 Next。

(6) 选择 I Accept The License Terms，然后单击 Next。

(7) 选择 Use Microsoft Update To Check For Updates (Recommended)，然后单击 Next。

(8) 对于 Install Failover Cluster Rules，检查每个规则并处理失败的规则。一旦解决了这些问题，单击 Next。

(9) 对于 Feature Selection，只需要为每个实例提供数据库引擎服务。选择后单击 Next。

(10) 对于 Feature Rules，检查已经通过的每个规则。如果失败，则处理特定的失败，然后重新运行规则。完成此步骤后，单击 Next。

(11) 对于 Instance Configuration，输入实例的详细信息。对于这个场景，使用一个命名实例，如图 12.2 所示。添加与要配置的 System Center Instance 对应的名称。

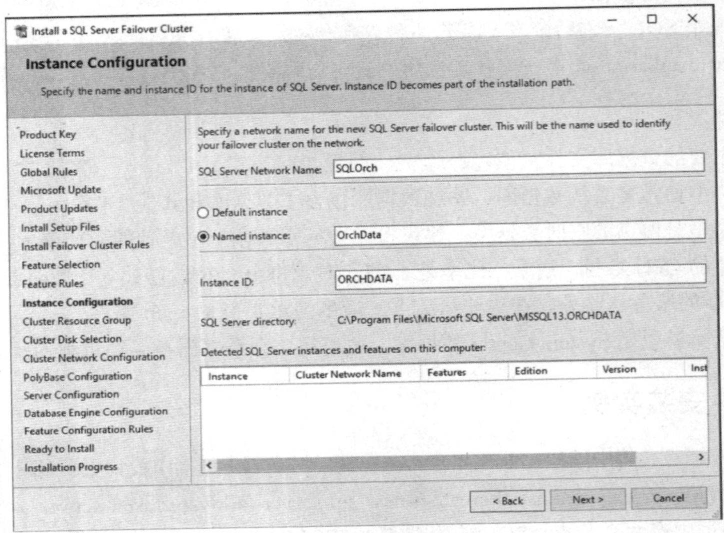

图 12.2 输入实例的详细信息

(12) 对于 Cluster Resource Group Name，验证名称并单击 Next。

(13) 对于 Custer Disk Selection，选择一个可用的共享磁盘。如果没有可用的，此时创建一个，然后单击 Refresh。一旦 Available shared disks 列表显示了如图 12.3 所示的驱动器，就为集群选择最好的驱动器。然后单击 Next。

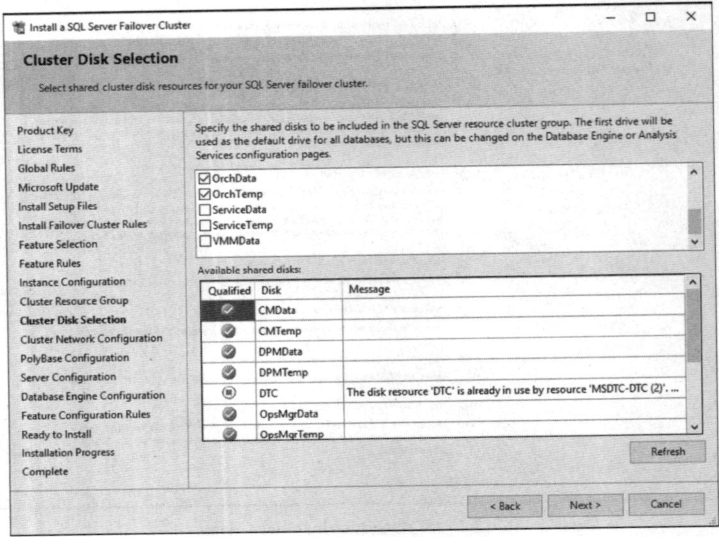

图 12.3 选择可用的共享磁盘

(14) 对于 Cluster Network Configuration，请确保输入以下 SQL 实例的静态 IP。然后单击 Next。

(15) 对于 Server Configuration，请确保数据库引擎使用 Domain Service Account 运行。还要确保 Collation 是由即将安装的 System Center 产品支持的。确认之后，单击 Next。

(16) 对于 Database Engine Configuration，单击 Add Current User。在 Server Configuration 选项卡上，添加所需的任何安全组。然后单击 Data Directories，并确保数据根和用户数据库指向正确的集群存储，如图 12.4 所示。然后单击 TempDB，添加与文件数量相同的 CPU，以避免数据库争用，如图 12.5 所示。完成后，单击 Next。

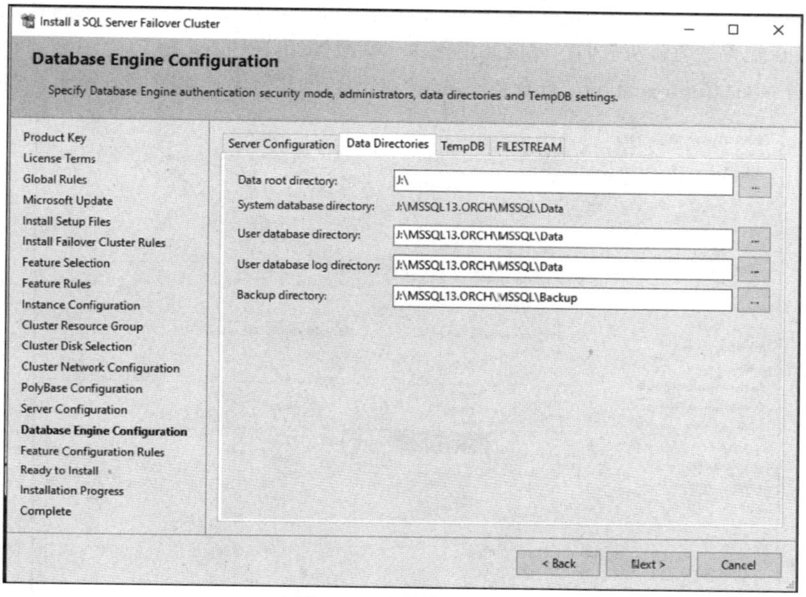

图 12.4 配置数据目录

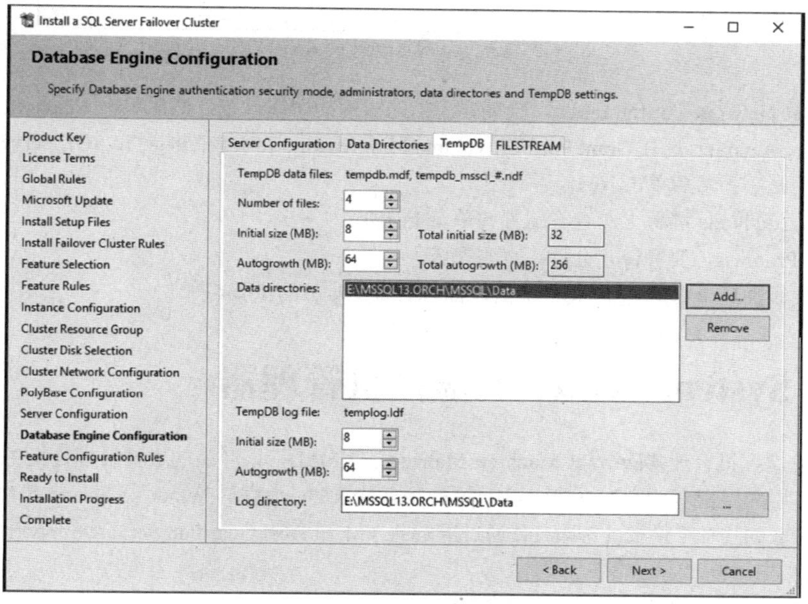

图 12.5 TempDB 选项卡

(17) 对于 Ready To Install，请检查并验证配置，然后单击 Install。

(18) 在 Installation Progress 屏幕上，可以监视进度。这需要几分钟才能完成。

完成后，可以移动到第二个节点。

(19) 对于 SQL02，启动 SQL Server 安装中心，选择 Installation，然后单击 Add Note To A SQL Server Failover

Cluster。

(20) 对于 Product Key，请输入密钥或选择免费版本，然后单击 Next。

(21) 对于 License Terms，选择 I Accept The License Terms，然后单击 Next。

(22) 对于 Global Rules，只需要等待规则运行，就单击 Next。如果屏幕上的任何项需要处理，请随意处理，然后重新运行规则。否则，系统将自动移到下一个屏幕。

(23) 对于 Microsoft Update，选择 Use Microsoft Update 检查更新，然后单击 Next。

(24) 对于 Add Node Rules，等待规则运行并完成。如果没有错误，就可以继续本节的内容。如果存在错误，必须在继续进行集群节点配置之前解决它们。完成此步骤后，单击 Next。

(25) 对于 Cluster Node Configuration，查看要添加到当前节点的实例名，如图 12.6 所示。然后单击 Next。

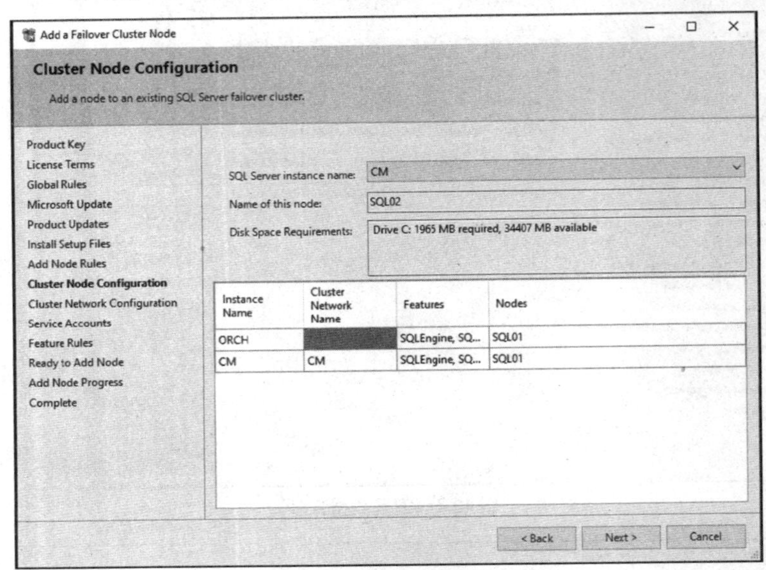

图 12.6　查看要添加到当前节点的实例名

(26) 对于 Cluster Network Configuration，验证要添加的实例的网络设置，然后单击 Next。

(27) 对于 Service Account，选择 Grant Perform Volume Maintenance Task Privilege To SQL Server Database Engine，重新输入服务账户的密码；然后单击 Next。

(28) 在 Read to Add Node 屏幕上，查看配置并单击 Install。

对于 Add Node Progress，要等待几分钟，直到完成。

请注意，对于要添加到节点的每个 SQL 实例，都需要重复本节的步骤。

12.2　使用 System Center 的虚拟机管理器

本节将重点讨论虚拟机管理器(Virtual Machine Manager，VMM)。该产品的主要目标是提供结构，部署和管理虚拟机，以及部署多层应用程序。在 2016 版本中，该产品支持新的、增强的 Windows Server 2016 软件定义的计算、存储和网络技术。可以创建基于模板的部署，并通过屏蔽的 VM 和 Host Guardian Service Support 确保基础设施的安全性。

要阅读关于 VMM 的更多信息，请访问以下链接：

```
https://technet.microsoft.com/en-us/system-center-docs/vmm/get-started/get-started-overview
```

上一节概述了实现 VMM 所需的数据库和软件需求。本节将重点介绍如何安装 VMM 以及如何部署第一个虚拟机。如果寻找关于 VMM 的更多演示和信息，请查看以下特性演示：

```
https://blogs.technet.microsoft.com/scvmm/2017/01/23/system-center-vmm-2016-features-demos-
on-channel-9/
```

12.2.1　安装和配置 VMM

下面使用一个名为 SC05 的虚拟机来安装 VMM。为此，只需要遵循以下步骤：

(1) 登录到 SC05，并确保获得 VMM 安装介质。

(2) 在 Installation Media Path 屏幕上，单击 Setup.exe 启动安装介质，然后单击 Install。

(3) 在 Getting started 屏幕上，在 Select features to install 区域下，选择 VMM management server 和 VMM console，如图 12.7 所示，然后单击 Next。

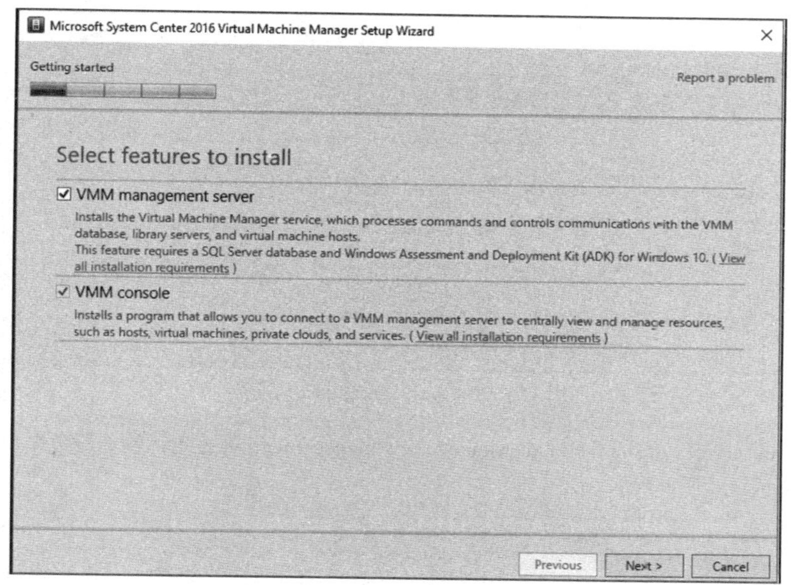

图 12.7　Getting started 屏幕

(4) 在 Product Registration Information 屏幕上，输入产品密钥。如果没有输入产品键，就会处于评估模式。完成信息后，单击 Next。

(5) 在 Please Read This License Agreement 屏幕上，需要接受它；否则就无法继续。接受这些条款后，单击 Next。

(6) 在 Diagnostic And Usage Data 屏幕上，单击 Next。

(7) 在 Microsoft Update 屏幕上，选择 On(Recommended)。这是保持系统最新的最佳方法。然后单击 Next。

(8) 在 Installation Location 屏幕上，选择一条路径。建议使用 C: 以外的驱动器，以便给服务器分配更多存储空间。输入正确的路径后，单击 Next。

(9) 在 Prerequisite 屏幕上，确保安装了所有需要的软件。如果缺少任何一个软件，只需要安装它们，并再次单击 Check Prerequisites。然后单击 Next。

部署 ADK 来管理引导映像

如果显示 Windows Assessment and Deployment Kit 复选框标记，请确保从以下链接下载 ADK10：

```
https://go.microsoft.com/fwlink/p/?LinkId=845542
```

(10) 在 Database configuration 屏幕上，如图 12.8 所示，选择 Server name 或 Cluster name。然后输入服务用户和密码，并选择实例名。在本例中是 VMM；但是，它可能是非集群或共享 SQL 服务器中的默认实例 MSSQLServer。然后输入新的数据库名称；默认情况下，它是 VirtualManagerDB，但如有必要，可以重命名它。完成后，单击 Next。

SQL Server 服务账户

确保服务账户对 SQL 服务器具有权限。通常，在安装过程中，给它们授予实例上的 sysadmin 权限，以确保创建所有内容。之后可将其改为 dbreader 和 dbowner。另外，需要确保使用端口 1433 或任何自定义端口。默认情况下，该实例会使用动态端口。

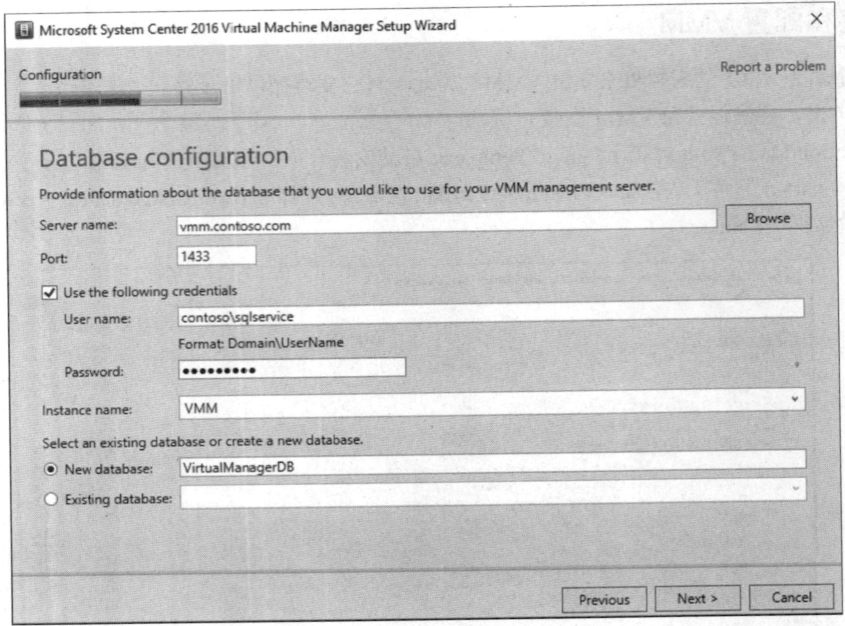

图 12.8 Database configuration 屏幕

(11) 在 Configure service account and distributed key management 屏幕上，输入服务账户和分布式密钥管理(DKM)，如图 12.9 所示。然后单击 Next。

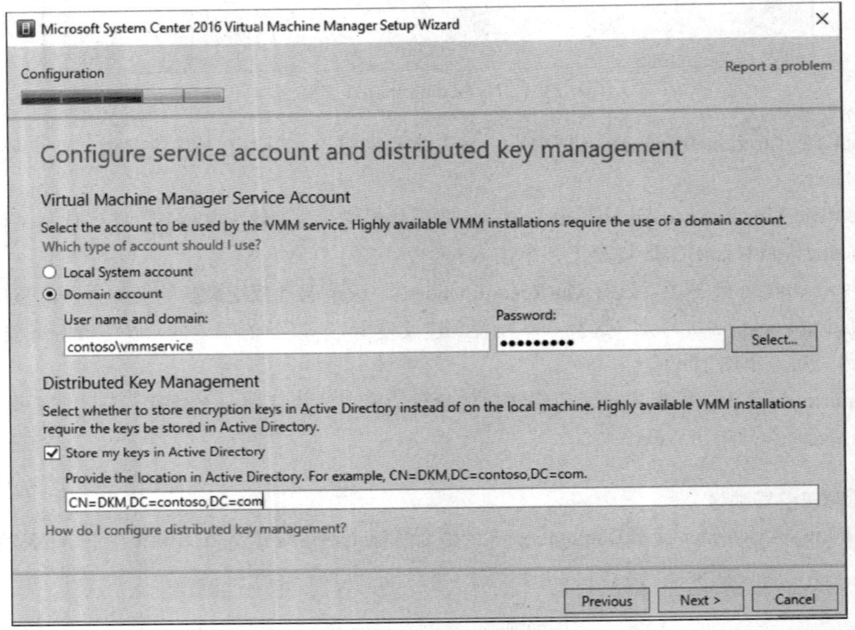

图 12.9 输入服务账户和 DKM

(12) 在 Port configuration 屏幕上，查看 VMM 需要的当前端口列表，如图 12.10 所示；然后单击 Next。有关端口列表，请参阅 https://technet.microsoft.com/en-us/library/gg710871 (v=sc.12).aspx。

(13) 在 Library configuration 屏幕上，选择创建一个新库，如图 12.11 所示；然后单击 Next。

(14) 查看安装摘要，并单击 Install。安装需要几分钟才能完成。

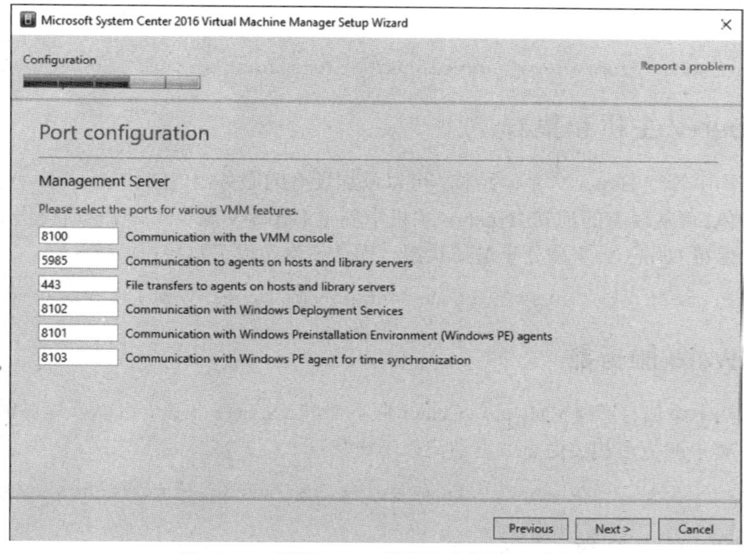

图 12.10 查看 VMM 需要的当前端口列表

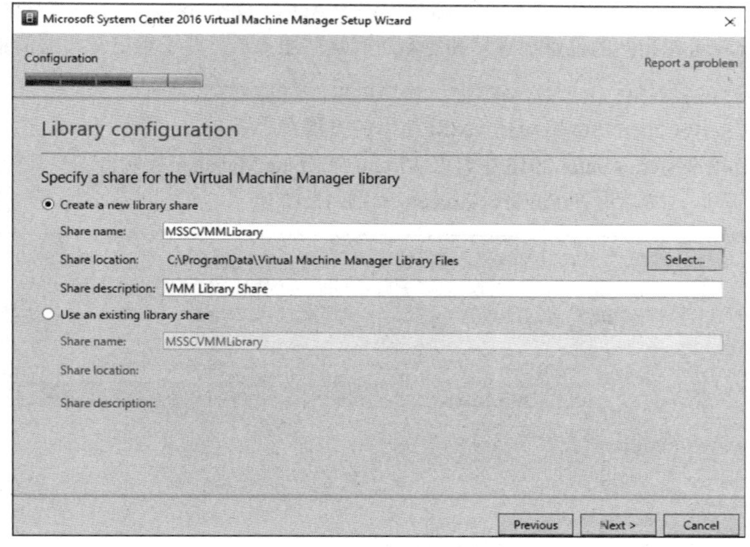

图 12.11 选择创建一个新库

12.2.2 管理 VMM 计算结构

实现了 VMM 服务器后，就可以开始构建虚拟机，并在这些 VM 中管理 Windows Server 2016 操作系统。为此，需要了解计算结构，它描述了某物的不同部分协同工作、形成单个实体的方式。

12.2.3 管理 VMM 库

VMM 库由一个或多个包含 VMM 资源的共享文件组成。在库中，为进行交互，可添加基于文件的资源，例如虚拟硬盘、配置模板和配置文件，这些配置文件用于提供 VM 和服务。如果想了解更多关于 VMM 库的信息，请查看以下链接：

```
https://technet.microsoft.com/en-us/system-center-dccs/vmm/manage/manage-library-overview
```

12.2.4 管理 VMM 主机组

将 VMM 主机组设置为逻辑实体，以便将虚拟化主机组合在一起。然后在主机组级别分配和配置这些资源。要了解更多信息，请查看以下链接：

https://docs.microsoft.com/en-us/system-center/vmm/host-groups?view=sc-vmm-1711

12.2.5 管理 Hyper-V 主机和集群

可在 VMM 计算结构中管理 Hyper-V 基础结构。可以添加现有的服务器(包括 Nano Server 服务器)，并在需要时为它们提供 Hyper-V 角色。可从现有的独立 Hyper-V 主机中创建 Hyper-V 集群，或者重新提供 Hyper-V 主机或集群。还可以通过滚动升级来保持 Hyper-V 集群处于最新状态。详情请参阅以下链接：

https://docs.microsoft.com/en us/system-center/vmm/hyper-v-hosts?view=sc-vmm-1711

12.2.6 管理 VMware 服务器

可在 VMM 计算结构中添加、管理 VMware vCenter 服务器和 vSphere 主机。可以管理日常操作，包括主机发现和管理以及 VM 配置。要了解更多相关信息，请访问以下链接：

https://docs.microsoft.com/en-us/system-center/vmm/manage-vmware-hosts?view= sc-vmm-1711

12.2.7 管理基础设施服务器

可添加 VMM 用于供应和联网的基础架构服务器。可添加 Active Directory、域名系统(DNS)和动态主机配置协议(DHCP)服务器，这样就可在相同的位置中管理和更新所有这些服务器。要了解更多相关信息，请查看以下链接：

https://docs.microsoft.com/en-us/system-center/vmm/infrastructure-server?view=sc-vmm-1711

以下是将 Windows Server 2016 ISO 添加到 VMM 库中的方法：

(1) 在 Start | Microsoft System Center 2016 中打开 Virtual Machine Manager 控制台。

(2) 进入 Library 工作区，然后展开 Library Servers，如图 12.12 所示。

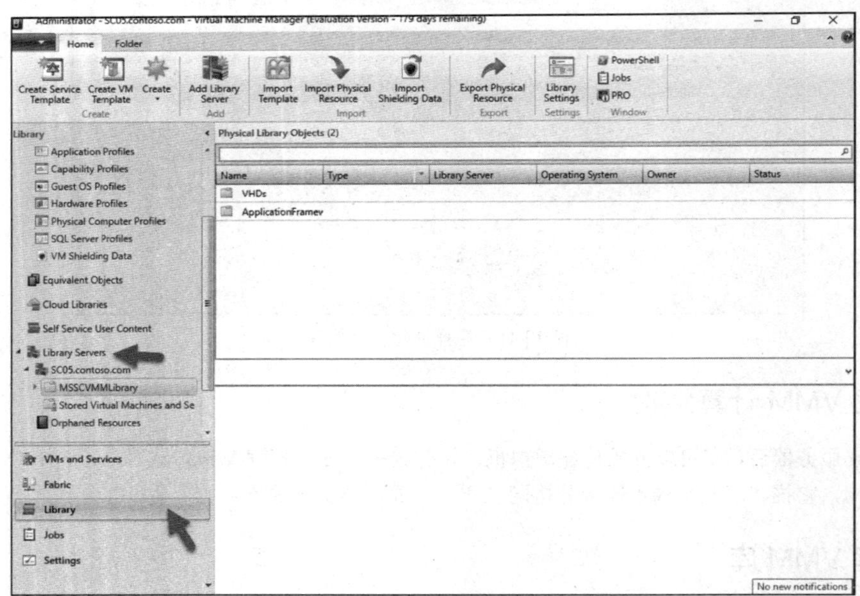

图 12.12　展开 Library Servers

(3) 右击 MSSCVMMLibrary 然后选择 Explore，如图 12.13 所示。

(4) 可将 ISO 复制到根目录，或创建一个文件夹，将其命名为 ISO Image。这是复制 Windows Server 2016 ISO 时采用的方法。

(5) 完成步骤 4 后，转到 Library Servers 节点，并右击 Refresh。新的 ISO 将显示在节点上，如图 12.14 所示。

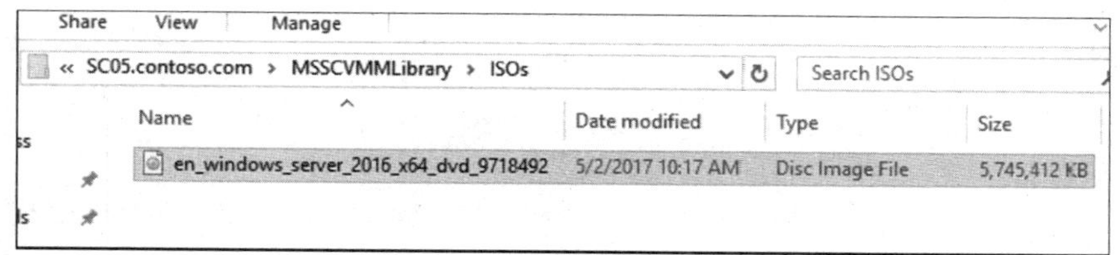

图 12.13　MSSCVMMLibrary

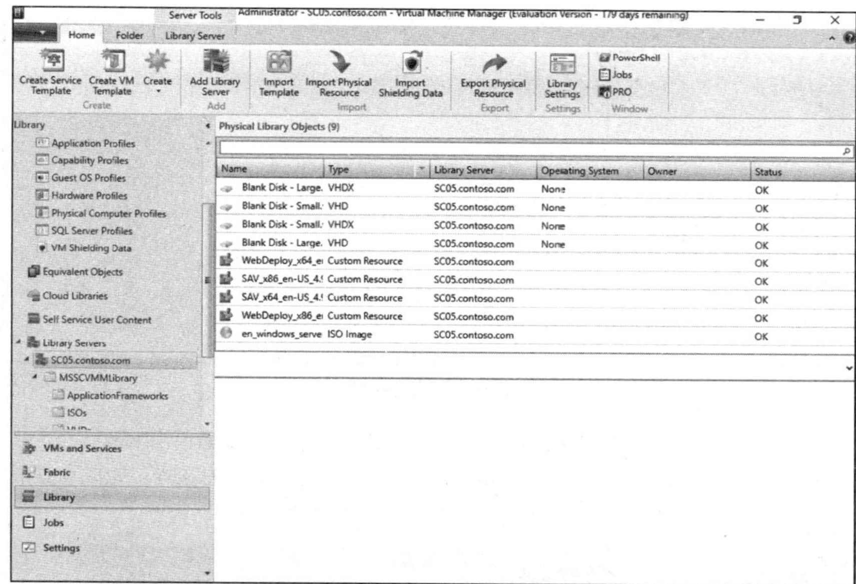

图 12.14　新的 ISO 将显示在节点上

12.2.8　管理 VMM 网络结构

要在 VMM 上构建网络，需要创建 VM 网络。在展示如何构建它们之前，先理解它们的含义。

1. 管理逻辑网络

创建映射到物理网络的逻辑网络，并表示该物理网络。可以指定逻辑网络设置，以匹配映射的物理网络，包括网络类型、关联的网络站点，以及与之相关的静态地址池。要了解更多信息，请访问以下链接：

```
https://docs.microsoft.com/en-us/system-center/vmm/network-logical?view=sc-vmm-1711
```

2. 管理 VM 网络

VM 网络是与逻辑网络一起工作并与逻辑网络交互的抽象对象。公开的逻辑网络可以有多个 VM 网络与之关联，从而允许将每个 VM 网络用于不同目的。可通过以下链接了解更多信息：

```
https://docs.microsoft.com/en-us/systemcenter/vmm/networks-virtual? view=sc-vmm-1711
```

3. 管理网络虚拟化网关

如果使用的是公开的 VM 网络，该网络中的 VM 只能连接到同一子网中的机器。如果要进一步连接，可以设置网络虚拟化网关。详情请参阅以下链接：

```
https://docs.microsoft.com/en-us/system-center/vmm/network-gateway?view=sc-vmm-1711
```

12.2.9　创建逻辑网络

下面是创建逻辑网络的步骤。

(1) 打开 VMM 控制台。

(2) 转到 Fabric 工作区，并单击 Networking，如图 12.15 所示。

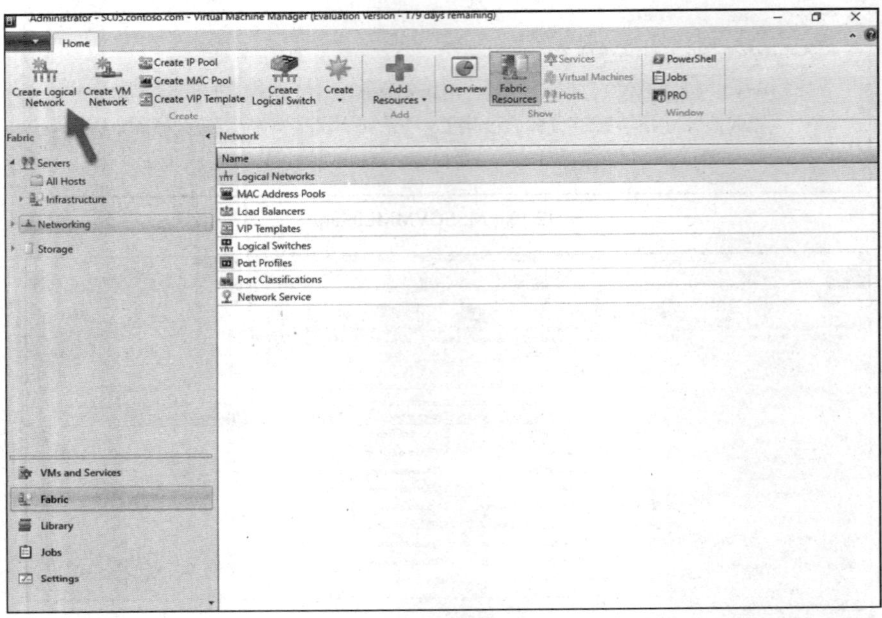

图 12.15　创建逻辑网络

(3) 在 Create Logical Network Wizard 中，输入逻辑网络的名称和描述，然后单击 Next。

(4) 在 Specify logical network settings 屏幕中，如图 12.16 所示，进行适当的选择。完成设置后，单击 Next。

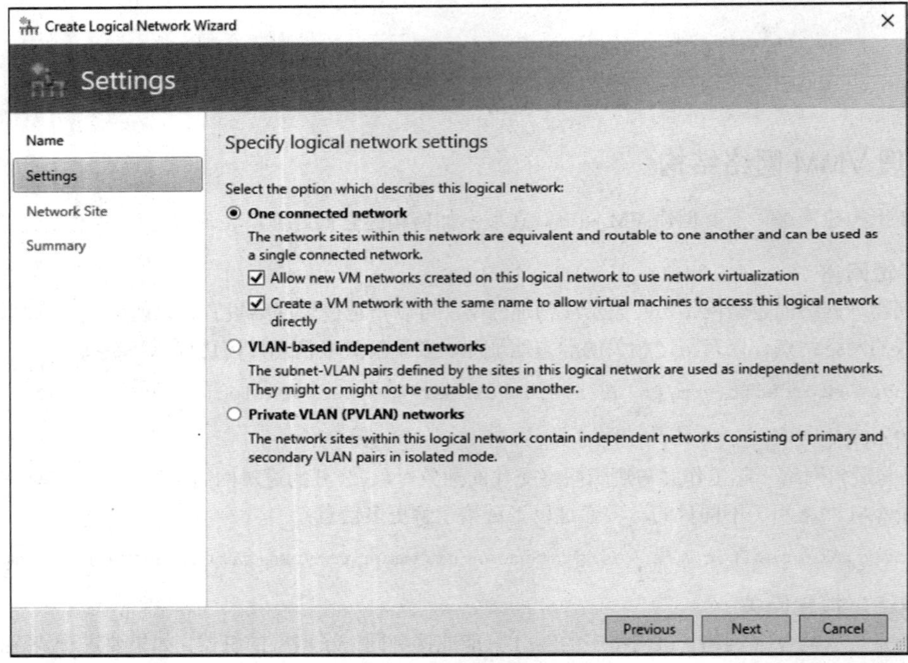

图 12.16　进行适当的选择

(5) 在 Network sites 屏幕上，单击 Add，选择适当的主机，如图 12.17 所示，单击 Insert row，然后输入想要使用的 VLAN 标识号和 IP 子网。查看 Network site name 并单击 Next。

(6) 检查摘要，单击 Finish。

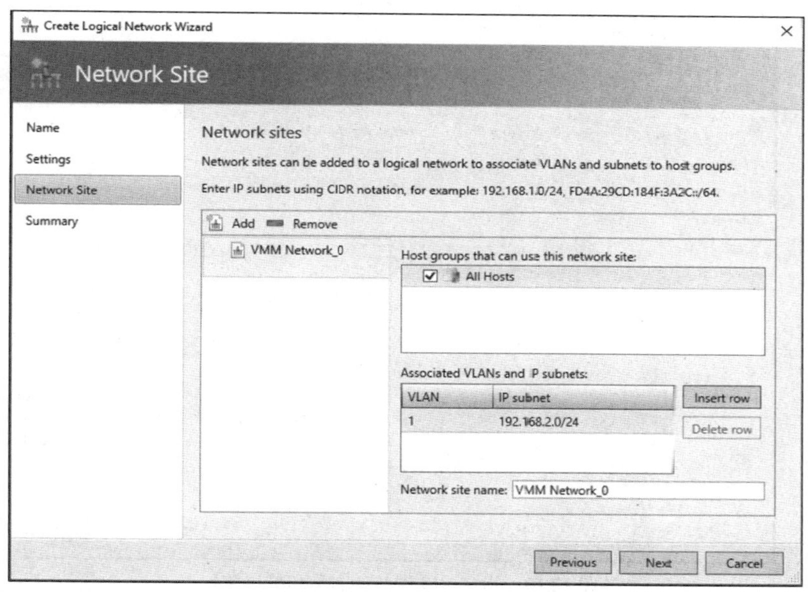

图 12.17　选择适当的主机

12.2.10　创建 VM 网络

下面是创建 VM 网络的步骤。

(1) 打开 VMM 控制台。

(2) 进入 Fabric Workspace 屏幕。单击 Networking Node，然后单击 Create VM Network，如图 12.18 所示。

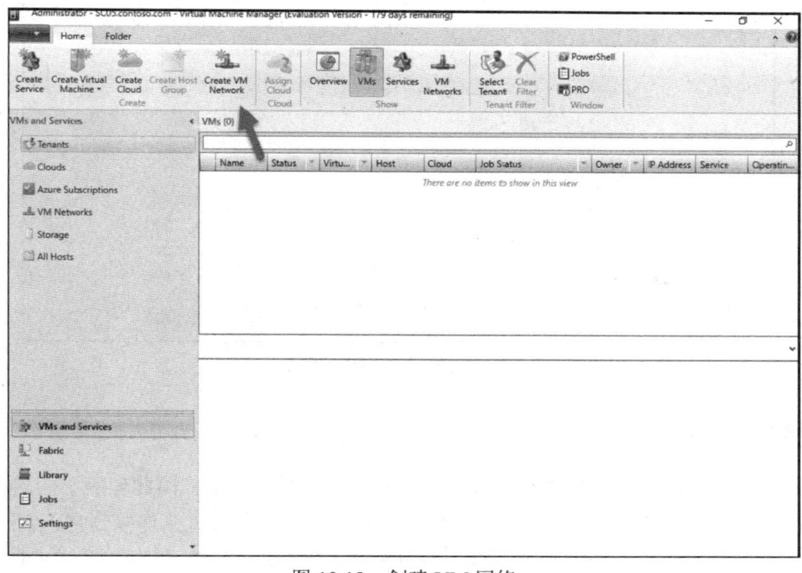

图 12.18　创建 VM 网络

(3) 在 Specify a name and description for the VM network 屏幕上，输入名称描述和逻辑网络，选择逻辑网络，如图 12.19 所示，然后单击 Next。

(4) 在 Select the Isolation for This VM Network 屏幕上，选择 Isolate Using Hyper-V Network Virtualization；保留默认值，然后单击 Next。

(5) 在 Specify VM subnets 屏幕上，单击 Add；输入名称和子网，如图 12.20 所示，然后单击 Next。

(6) 在 Connectivity 屏幕上，将设置指定为默认值，然后单击 Next。

(7) 在 Summary 页面上，查看所有设置，并单击 Next。

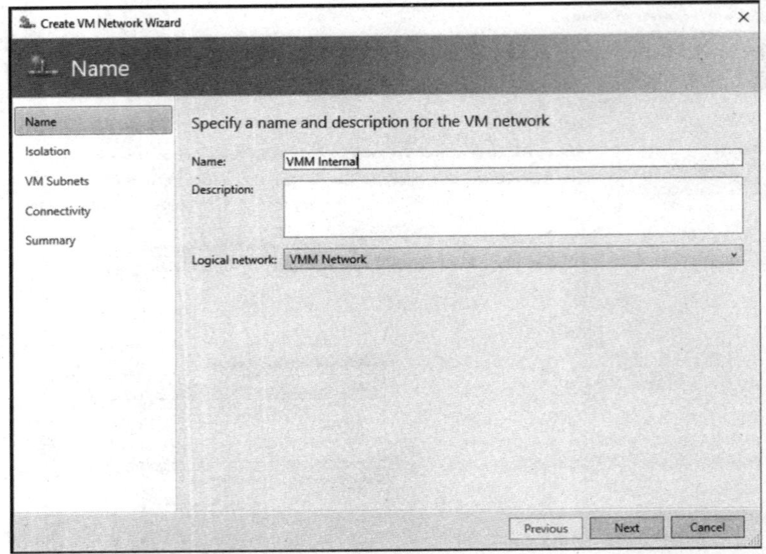

图 12.19 指定 VM 网络的名称和描述信息

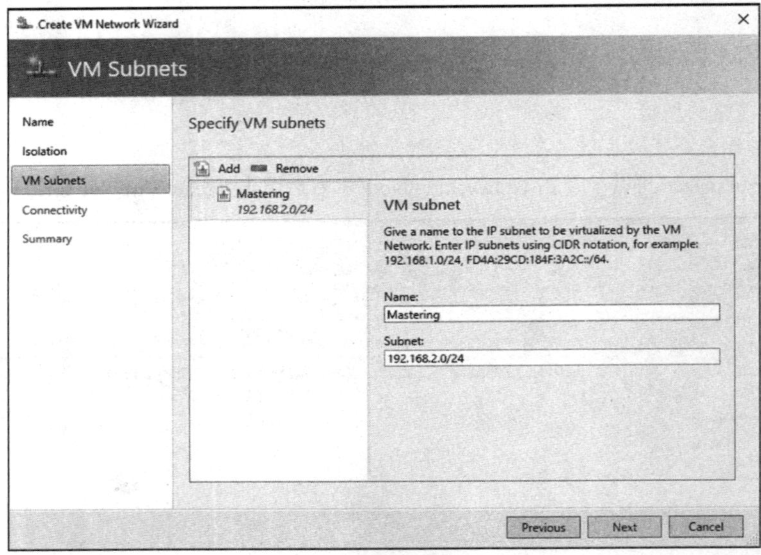

图 12.20 指定 VM 子网

12.2.11 管理存储结构

存储是 VMM 的关键；它将确定在何处存储虚拟机及其虚拟硬盘驱动器，因此理解不同的存储选项很重要。

VMM 可以识别本地存储和远程存储。本地存储位于 VMM 服务器上或直接连接到它。它通常是服务器上的一个磁盘驱动器，与内置的独立磁盘冗余阵列(RAID)、串行附加 SCSI (SAS)或一组驱动器(JBOD)连接。

按照以下步骤添加存储设备:

(1) 打开 VMM 控制台。

(2) 单击 Fabric | Storage| Add Resources|Storage Devices。

(3) 在 Add Storage Devices Wizard 中，如图 12.21 所示，选择提供程序类型，在具有 SMI-S 或 SMP 的存储设备中选择并添加，以适应当前使用的设备。

(4) 在 Specify Discovery Scope 屏幕上，如果使用的是 SMI-S，请指定提供程序是使用 SMI-S CIMXML(公共信息模型可扩展标记语言)还是 SMI-S WMI(Windows Management Instrumentation)，添加 IP 地址/FQDN，并添加用于连接远程服务器上的提供程序的端口。如果使用 CIMXML，可启用 SSL。然后指定用于连接到提供程序的账户。

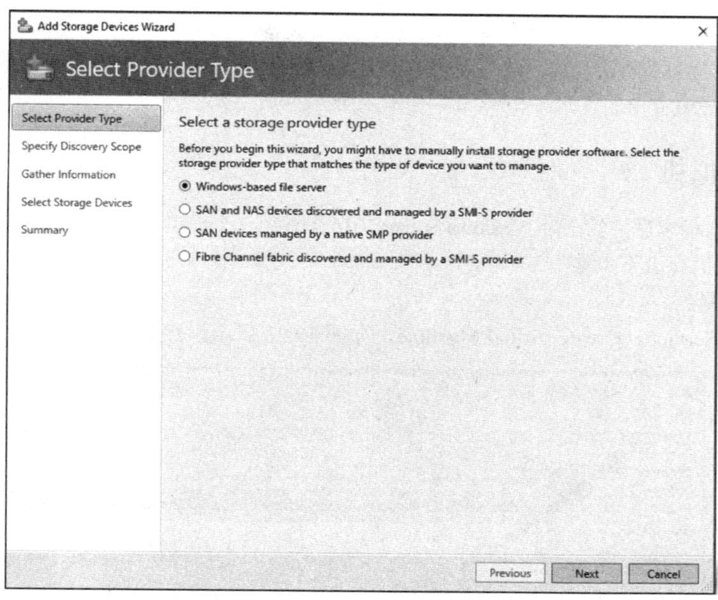

图 12.21　选择存储提供程序类型

如果使用的是 SMP，请从列表中选择提供程序。如果提供程序不在列表中，就单击 Import 刷新它。

(5) 在 Gather Information 屏幕上，如图 12.22 所示，VMM 自动尝试发现并导入存储设备信息。要重试，单击 Scan Provider。

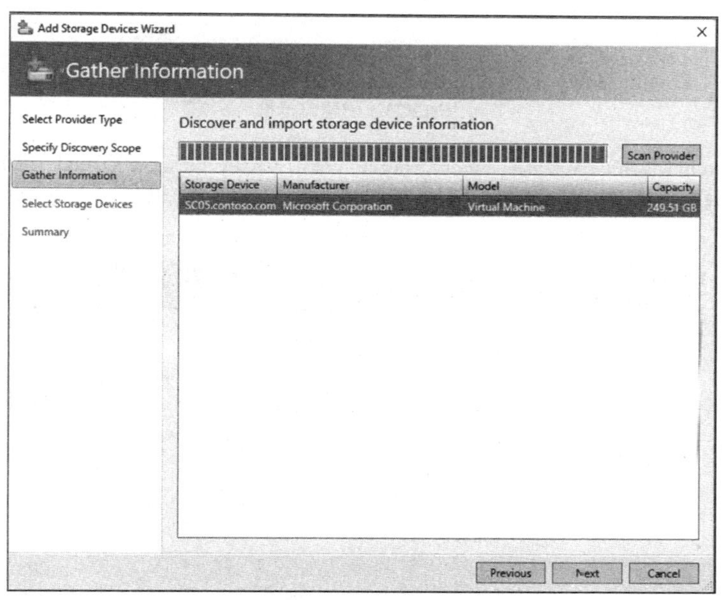

图 12.22　收集信息

(6) 如果选用来自 SMI-S 提供程序的 SSL 连接，请注意，在发现过程中，会显示 Import Certificate 对话框。检查设置并单击 Import。默认情况下，会验证证书公共名称(CN)。如果没有 CN 或者不匹配，存储发现就会失败。

如果发现由于 CN 而失败，请在 VMM 服务器的注册表中禁用 CN 验证。在注册表中，转到 HKEY_LOCAL_MACHINE/SOFTWARE/Microsoft/Storage Management/，创建一个新的 DWORD 值 DisableHttpsCommonNameCheck。将值设置为 1。

(7) 如果发现过程成功，在发现过程结束时，会在页面上列出发现存储阵列、存储池、制造厂商、模型和容量。单击 Next。

(8) 在 Select Storage Device 屏幕上，可为每个存储池指定一个分类。具有相似特性的存储池划分到同一个类别中，以便将分类指定为主机或集群的存储，而不是特定的存储设备。

(9) 在 Summary 页面上，确认设置，然后单击 Finish。此时会出现 Jobs 对话框。当状态是 Completed 时，可以在 Fabric | Storage 中验证该存储。

12.2.12 创建虚拟机

满足了 VMM 的所有需求后，就该为 Windows Server 2016 创建第一个虚拟机了。为此，需要了解提供 VM 的过程。要创建虚拟机，请执行以下步骤：

(1) 打开 VMM 控制台。

(2) 选择 VMs and Services | Create Virtual Machine，如图 12.23 所示，然后单击 Create Virtual Machine。

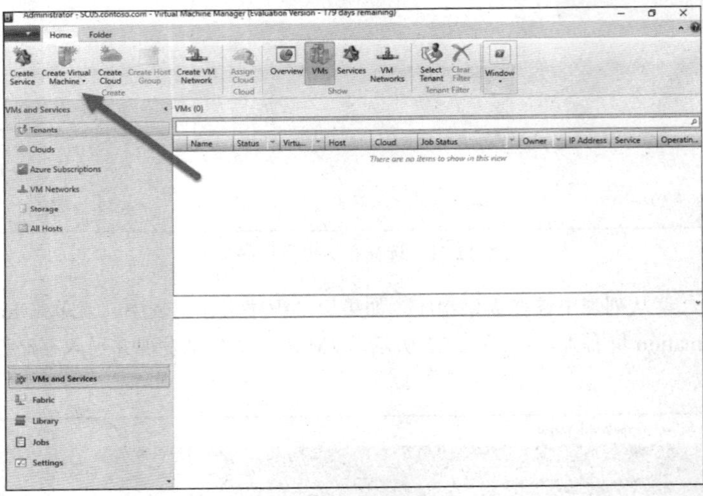

图 12.23　创建虚拟机

(3) 选择 Create Virtual Machine Wizard | Select Source，单击 Create the new virtual machine with a blank virtual hard disk，如图 12.24 所示，然后单击 Next。

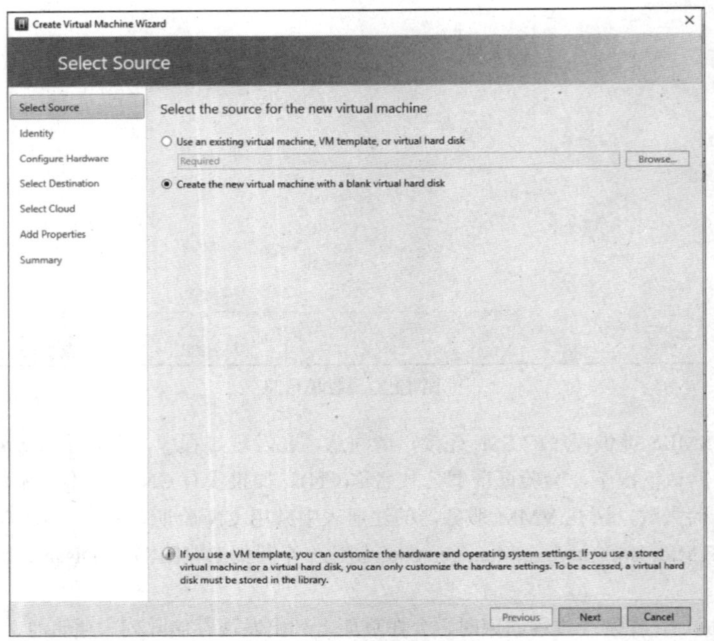

图 12.24　使用空白虚拟硬盘创建新虚拟机

(4) 在 Identity 屏幕上，指定 VM 名称和可选的描述信息。在 Generation 框中，选择 Generation 1 或 Generation 2，如图 12.25 所示，然后单击 Next 按钮。

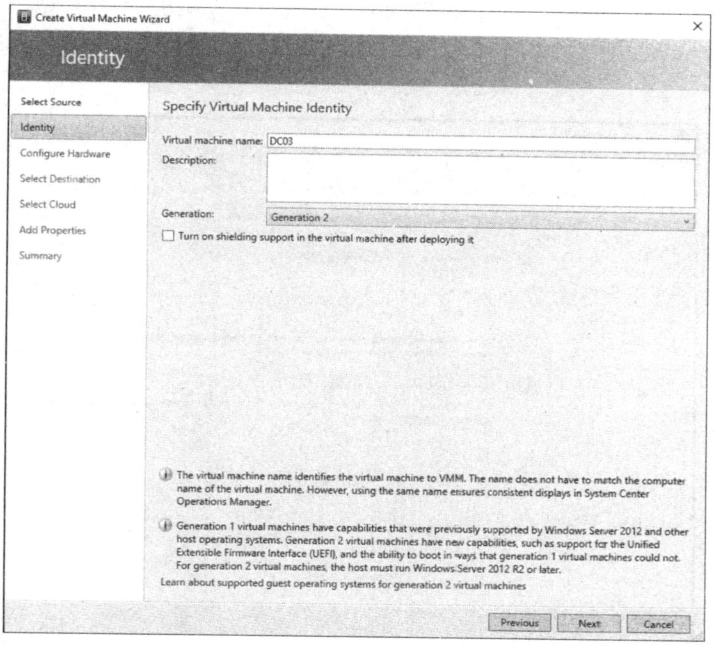

图 12.25　指定虚拟机标识

(5) 在 Configure Hardware 屏幕上，如图 12.26 所示，从硬件配置文件列表中选择要使用的配置文件，或者手动配置硬件设置。显示的硬件设置将因部署的是第一代还是第二代机器而异。完成后，单击 Next 按钮。

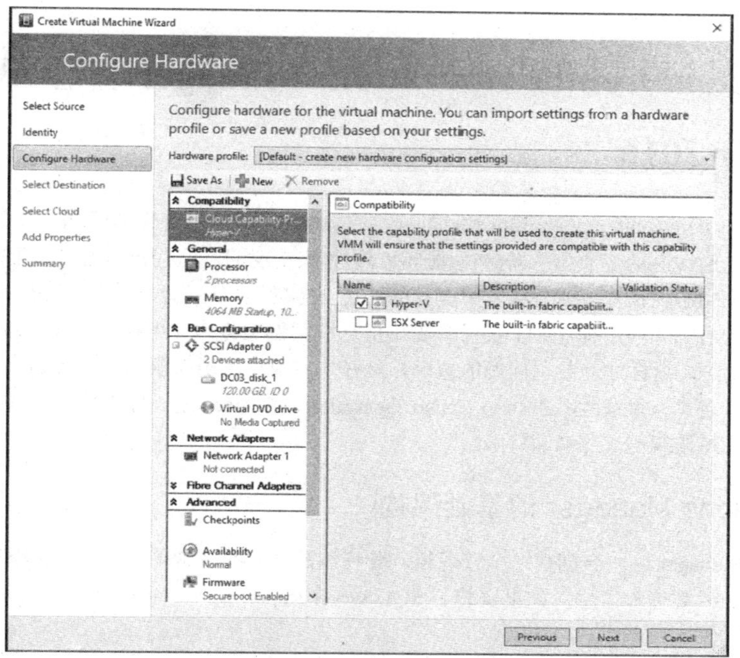

图 12.26　配置硬件

如果要将虚拟机部署到私有云，请选择私有云可用的功能配置文件。

在总线配置中，如果希望从 DVD 或 ISO 映像中安装操作系统，请确保将虚拟 DVD 驱动器配置为使用可用选项，例如 Existing ISO Image File 选项。如果想使用 ISO 映像文件，那么该文件必须出现在 VMM 库中。

如果希望在将虚拟机部署到主机之前，将其存储在 VMM 库中，请使用 VMM 库中默认提供的一个空白虚拟硬盘。单击总线配置中的 VHD(虚拟硬盘)。选择 Use An Existing Virtual Hard Disk | Browse，选择空白硬盘。

如果虚拟机是第 1 代，从网络中引导来安装操作系统，则使用旧的网络适配器类型。

(6) 在 Select Destination 页面上，如图 12.27 所示，指定虚拟机应该如何部署——在私有云中、主机上或库中存储。

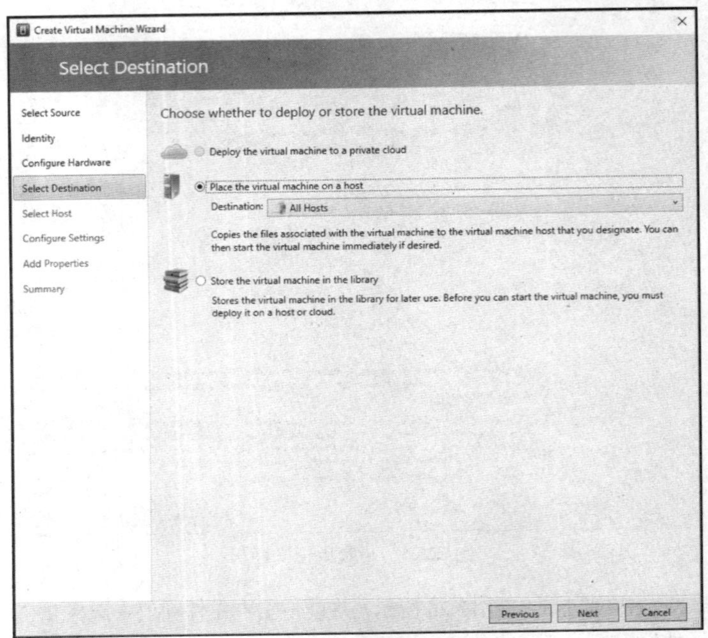

图 12.27 选择目的地

12.3 用 System Center Operations Manager 管理 Windows Server 2016

本节将重点介绍 System Center Operations Manager，它提供对不同工作负载(如服务、设备和操作)的主动和被动监控。这是通过公开一组关键的健康指示器(如性能和可用性)来实现的，这些指示器可用于确保，操作控制台中显示的信息反映了在数据中心、私有云或公共云中运行的关键业务应用程序的预期健康状况。企业无论大小，通常都依赖其计算环境提供的服务和应用程序。IT 部门负责确保这些关键服务和应用程序的性能和可用性。这意味着需要知道什么时候会出现问题，这样才能找出问题的原因，最好是在用户遇到问题之前就找到原因。企业中的计算机和设备越多，这项任务就越具有挑战性。System Center Operations Manager 是一种工具，可以帮助组织度量监视数据中心的成本，而不考虑被监视的工作负载。

12.3.1 Operations Manager 的基础架构

安装 Operations Manager 时，会创建一个管理组。管理组是功能的基本单元。管理组至少由管理服务器、操作数据库和 Data Warehouse 数据库组成。如果安装了 SQL Server Reporting Services，则可以添加报表组件。

1. 管理服务器

管理服务器是对管理组与数据库通信进行管理的重点。安装的第一个管理服务器称为 RMSE(根管理服务器模拟器)。从 SCOM 体系结构的观点看，每个管理服务器都运行三个服务，它们构成了 Operations Manager 的核心功能。这三个服务是配置服务、健康服务和 SDK(软件开发工具包)服务。配置服务决定健康服务将管理什么，并跟踪健康服务的配置。为能够访问数据库，配置服务需要运行 SDK 服务。这种数据库访问也用于多种目的(当打开操作控制台时，当使用操作 shell 时，甚至当其他应用程序或服务需要数据库访问时)。这是通过连接到选定管理服务器的端口 5724 来完成的；但请记住，在分布式环境中，任何管理服务器都可以服务于控制台连接。根据计算环境的大小，管理组可包含单个管理服务器或多个管理服务器。

2. 数据库

操作数据库(通常称为 Operations Manager)包含管理组的所有配置数据，它存储管理组收集和处理的所有监控数据。默认情况下，操作数据库将短期数据保留 7 天。这些值可以在 SCOM(System Center Operations Manager)操作控制台上修改。

Data Warehouse 数据库是一个 SQL Server 数据库，存储用于历史目的的监视和警报数据。写入 Operations Manager 数据库的数据也写入 Data Warehouse 数据库，因此报表总是包含当前数据。Data Warehouse 数据库保留长期数据，默认为 400 天。

这两种情况下，保留期取决于数据的类型(Alert、State、Event、Aem、Perf)。对于 Data Warehouse 数据库，还包括聚合类型(原始数据、每小时聚合、每日聚合)。要修改这些值，可以编辑 StandardDatasetAggregation 表(在 OperationsManagerDW 数据库上)，更新选定数据集的 MaxDataAgeDays 列，这将更新相应的保留期。

3. 代理

在 System Center Operations Manager 中，代理是安装在 Windows 计算机上的服务。对于任何组件而言，方法都是相同的。如果必须监视一个对象，则该对象所在的机器需要找到一种方法来标识最终将被发现和收集的数据。Microsoft Monitoring Agent 就是实现这一目标的途径。它最初设计为工作流代理；现在由多个应用程序(Operations Management Suite、Team Foundation Server 等)用作分析器。它基本上从托管实体中捕捉信息，然后将机制应用于捕获的数据(如规则和监视器)，最后执行操作(例如生成警报，填充视图等)。管理服务器接收配置，并分发到被监视计算机上的代理。

每个代理向管理组中的管理服务器报告。此管理服务器称为代理的主管理服务器。

代理查看被监视计算机上的数据源，并根据管理服务器发送给它的配置来收集信息。代理还计算被监控计算机和被监控计算机上的对象的健康状态，并向管理服务器报告。当监视对象的健康状态发生变化或满足其他条件时，可以从代理中生成警报。这让操作员知道需要注意某件事情。通过向管理服务器提供关于被监视对象的健康数据，代理提供设备的健康状况及其所承载的所有应用程序的最新信息。

4. 服务

在 System Center Operations Manager 中，每个组件都有一个具有特定用途的关联服务。本节将首先从管理服务器的角度，然后从代理的角度，描述所有服务之间的交互。

如前所述，提供管理服务器的核心功能的三个服务是 Microsoft 监视代理、配置服务和 SDK 服务。现在讨论这些服务的功能：

- 每次配置服务启动时，都会评估环境的配置状态。在此之后，任何更新都会相应地推送到受影响的健康服务实例。下面是一个 cookie。该 cookie 将进行比较，一旦识别出 delta，就编译新的 cookie，并更新受影响的健康服务。
- SDK 服务负责传输进出数据库的所有数据，并执行函数。如提供对数据库的访问(通过控制台)，写入信息(写事件、状态、性能数据)，并导入管理包。
- 健康服务提供整体功能，如执行工作流和对端到端监控的总体支持。它最初设计为一个通用的执行环境，而现在这种方法通过添加概要分析功能，更进了一步。
- 在监控计算机上，Operations Manager Agent 被列为 Microsoft Monitoring Agent Service。Microsoft Monitoring Agent Service 收集性能数据，执行任务等。即使服务无法与它所报告的管理服务器通信，它仍然可以执行健康检测、恢复任务等活动。该服务继续运行，并将收集到的数据和事件在被监视计算机的磁盘上进行排队。健康服务的其他一些功能包括添加/删除管理包、基于这些管理包更新工作流、管理工作流使用的凭证，以及处理监视器的状态。

5. 管理包

管理包包含建模对象的定义。它是对象的容器，可用于逻辑地定义任何需要的组件和关键指标。管理包还用于在环境之间移动配置。有两种类型的管理包：密封的(只读的，通常由供应商提供)和非密封的，它们通过更改其配置来扩展密封管理包的功能。从 SCOM 控制台上创建的任何新管理包都创建为非密封的，密封的管理包是只读的(或 SCOM 安装的包，或可下载的包)。只有 SCOM 管理员可以看到导入的管理包列表。

管理包定义的工作流由 System Center 管理服务运行。管理包定义的信息是代理为特定应用程序或技术收集的，并返回给管理服务器。例如，Windows Server 2016 管理包包含的规则和监视器，会收集、评估重要的事件和操作，以确保 Windows Server 2016 角色和应用程序的健康和效率。

Operations Manager 在计算机上安装了代理后，它将最初的配置发送给代理。最初的配置包括从管理包中发现对象，管理包定义了对象的类型，例如应用程序和特性，这些对象在 Operations Manager 已经发现的计算机上进行监视。代理将数据发送到管理服务器，该服务器识别在计算机上发现的对象的实例。

12.3.2 安装先决软件

如前所述，理解实现 System Center 2016 系列产品所需的不同需求非常重要——Operations Manager 也不例外。接下来将使用在集群上创建的一个数据库实例和报表服务器中的一个报表实例。我们还将配置 Web 控制台的先决软件。

1. 安装 Web 控制台先决软件

要安装 Web 控制台先决软件，请执行以下步骤。

(1) 打开 PowerShell 并输入以下内容:

```
Import-Module ServerManager
```

注意，在 PowerShell 中，每个命令之后都需要按回车键。

(2) 输入以下内容，如图 12.28 所示：

```
Add-WindowsFeature Web-Server, Web-WebServer, Web-Common-Http, Web-Default-
Doc, Web-Dir-Browsing, Web-Http-Errors, Web-Static-Content, Web-Health,
Web-Http-Logging, Web-Log-Libraries, Web-Request-Monitor, Web-Performance,
Web-Stat-Compression, Web-Security, Web-Filtering, Web-Windows-Auth, Web-App-
Dev, Web-Net-Ext45, Web-Asp-Net45, Web-ISAPI-Ext, Web-ISAPI-Filter, Web-Mgmt-
Tools, Web-Mgmt-Console, Web-Mgmt-Compat, Web-Metabase, NET-Framework-45-
Features, NET-Framework-45-Core, NET-Framework-45-ASPNET, NET-WCF-Services45,
NET-WCF-HTTP-Activation45, NET-WCF-TCP-PortSharing45, WAS, WAS-Process-Model,
WAS-Config-APIs, web-asp-net -restart
```

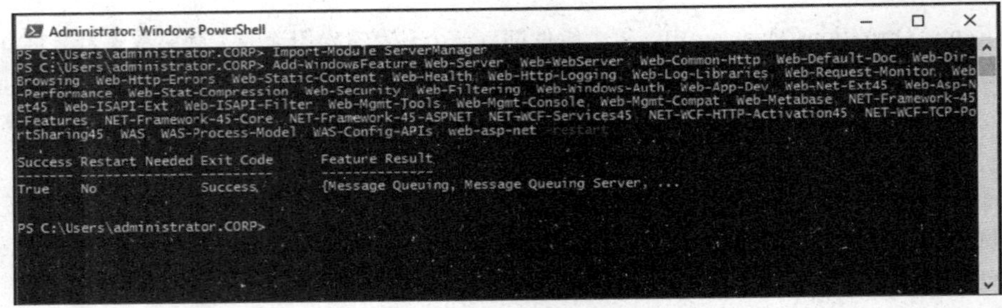

图 12.28 通过 PowerShell 安装 Web 控制台先决软件

2. 安装 SQL CLR 类型

要安装 SQL CLR 类型，请执行以下步骤：

(1) 进入 https://www.microsoft.com/en-us/download/details.aspx?id=42295。

(2) 单击 Download，并选择 ENU\x64\SQLSysClrTypes.msi。

(3) 双击 SQLSysClrTypes.msi，使用向导中的默认选项。

3. 安装报表查看器

要安装报表查看器，请执行以下步骤：

(1) 从 https://www.microsoft.com/en-us/download/details.aspx ?id=45496 下载报告查看器。

(2) 双击 MSI 包并单击 Run。

(3) 使用向导中的默认选项完成向导。

4. 安装单服务器管理组配置

要安装单服务器管理组配置，请执行以下步骤：

(1) 使用具有本地管理权限的账户登录到服务器。对于本例，使用一个名为 SC04 的 VM。

(2) 导航到 System Center 2016 Operations Manager 安装介质所在的文件夹，并运行 Setup.exe。单击 Install，如图 12.29 所示。

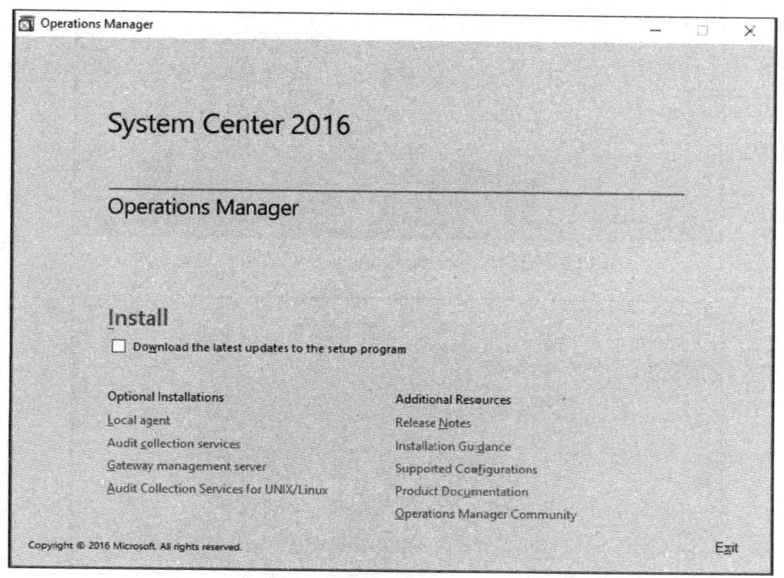

图 12.29　初始安装屏幕

(3) 在 Select features to install 窗口中，选择要安装的功能并单击 Next，如图 12.30 所示。

(4) 在 Select installation location 窗口中，选择要安装的文件夹。本例选择默认文件夹，单击 Next，如图 12.31 所示。

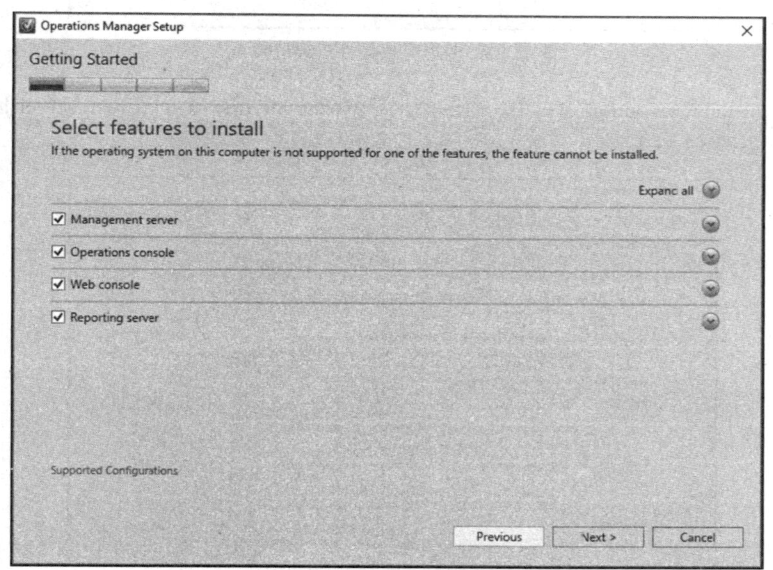

图 12.30　选择要安装的 SCOM 功能

(5) 在 Proceed with Setup 窗口中，单击 Next，如图 12.32 所示。

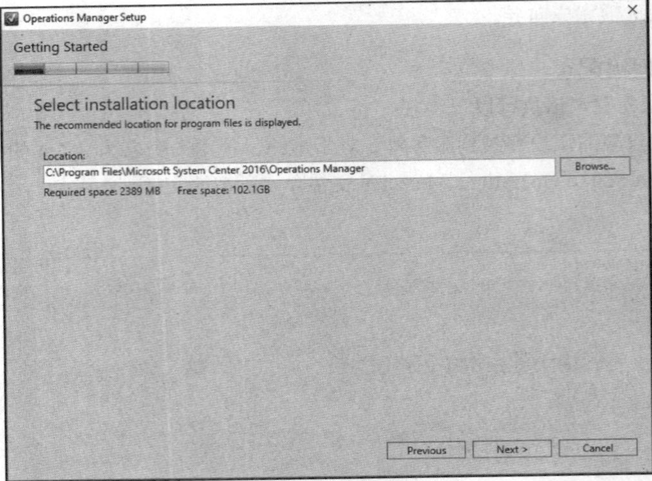

图 12.31 选择 Operations Manager 的文件夹位置

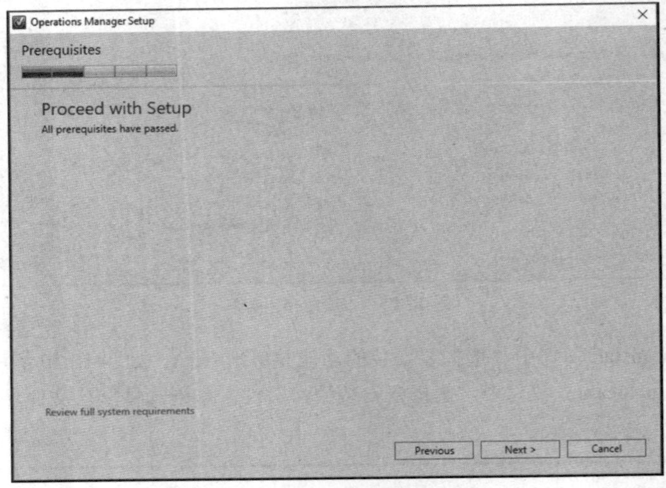

图 12.32 验证先决条件已通过检查

(6) 在 Specify an installation option 窗口中，确保启用了 Create the first management server in a new management group，并单击 Next，如图 12.33 所示。

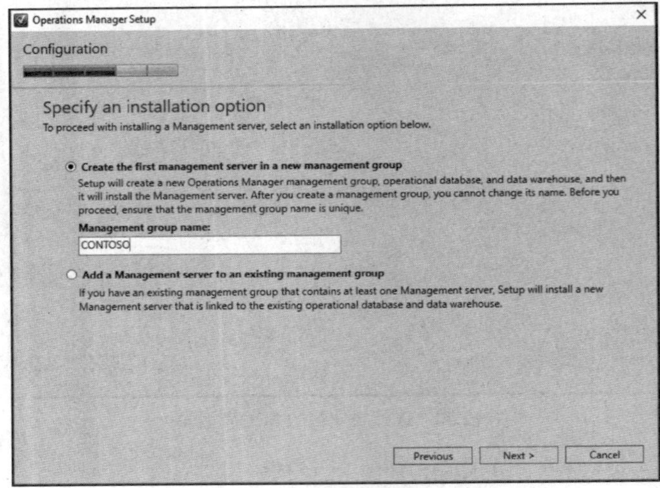

图 12.33 指定管理组

(7) 在 Please read the license terms 窗口中，查看许可条款，单击 I have read, understood, and agree to the license terms，如图 12.34 所示。

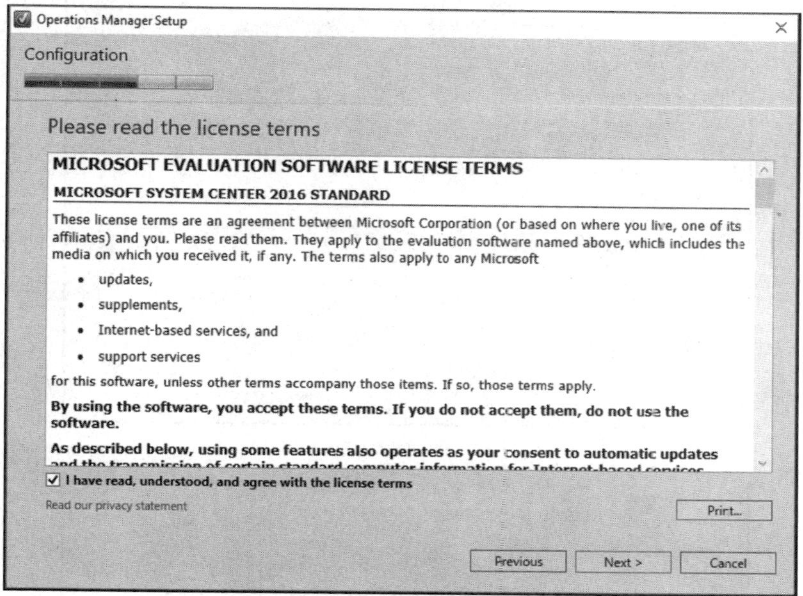

图 12.34　微软软件许可条款

(8) 在 Configure the operational database 窗口中，键入 SQL Server 实例的名称，验证各个字段是否显示了正确数据，然后单击 Next，如图 12.35 所示。

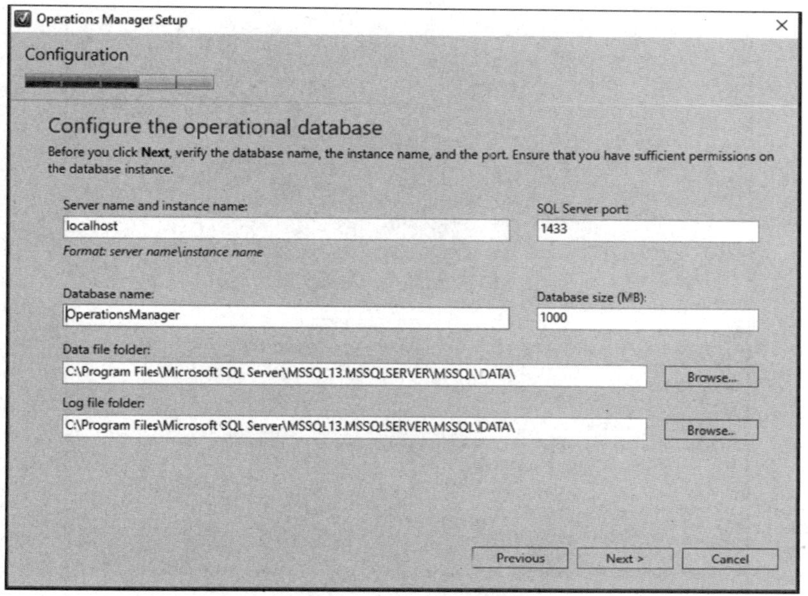

图 12.35　配置操作数据库

(9) 在 Configure the data warehouse database 窗口中，键入 SQL Server 实例的名称，验证各个字段是否显示了正确信息，然后单击 Next，如图 12.36 所示。

(10) 在 SQL Server instance for reporting services 窗口中，验证选择了正确的实例，然后单击 Next，如图 12.37 所示。

(11) 在 Specify a website for use with the Web console 中，查看信息并单击 Next，如图 12.38 所示。

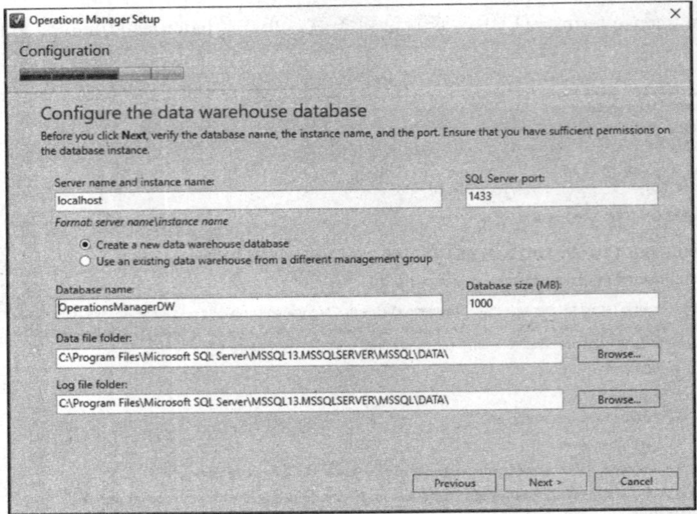

图 12.36　配置数据库

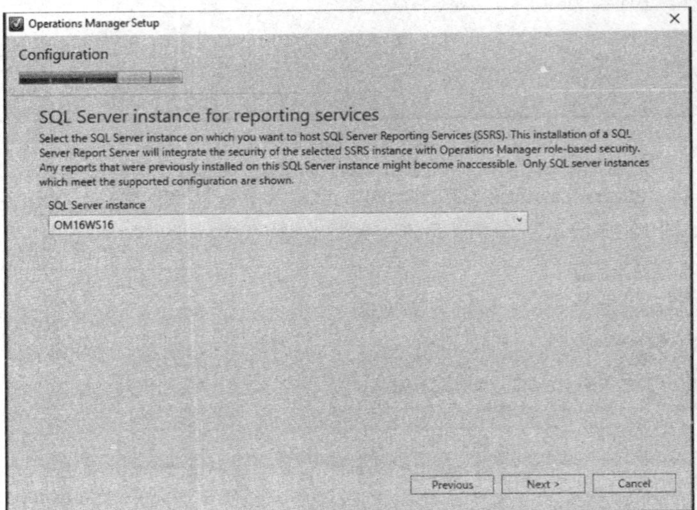

图 12.37　配置报表服务实例

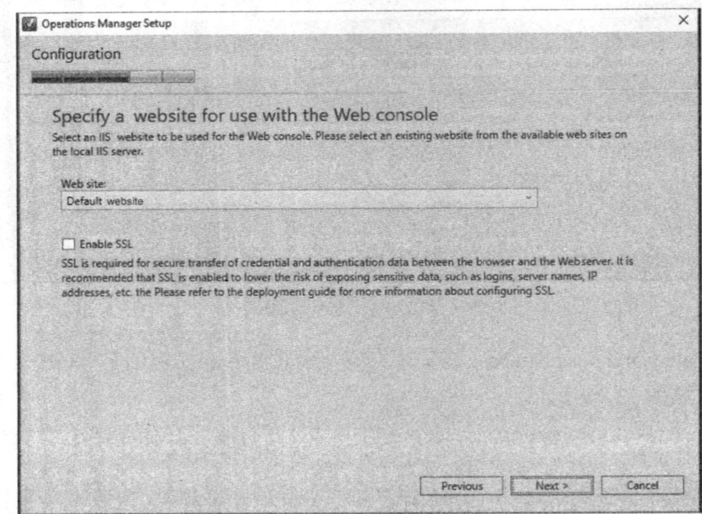

图 12.38　指定 Web 控制台的网站

(12) 在 Select an authentication mode for use with the Web console 窗口中，保留默认值并单击 Next，如图 12.39 所示。

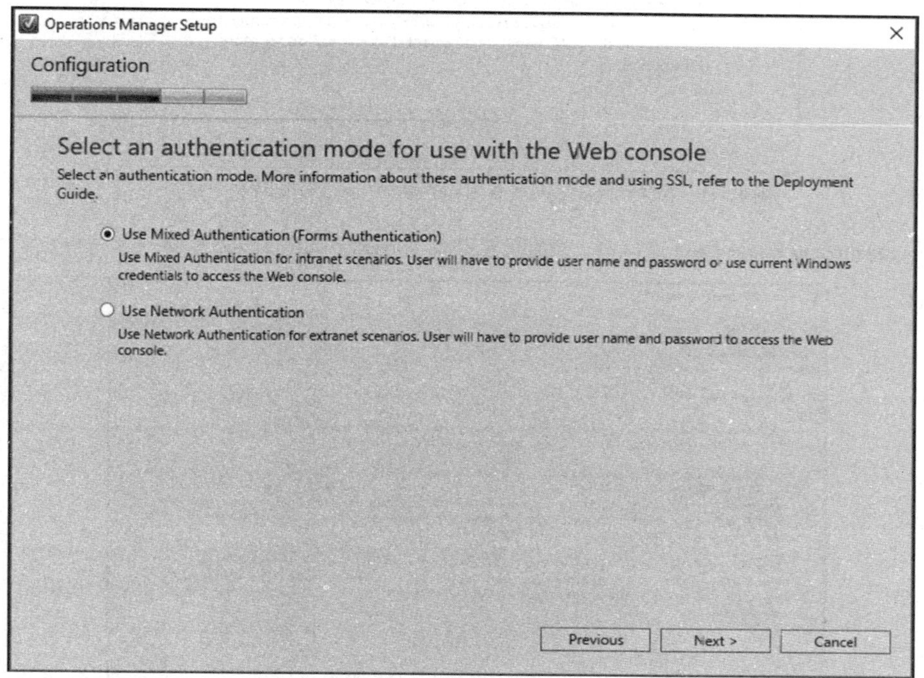

图 12.39　选择身份验证模式

(13) 在 Configure Operations Manager Accounts 窗口中，键入已定义的账户的登录信息并单击 Next，如图 12.40 所示。

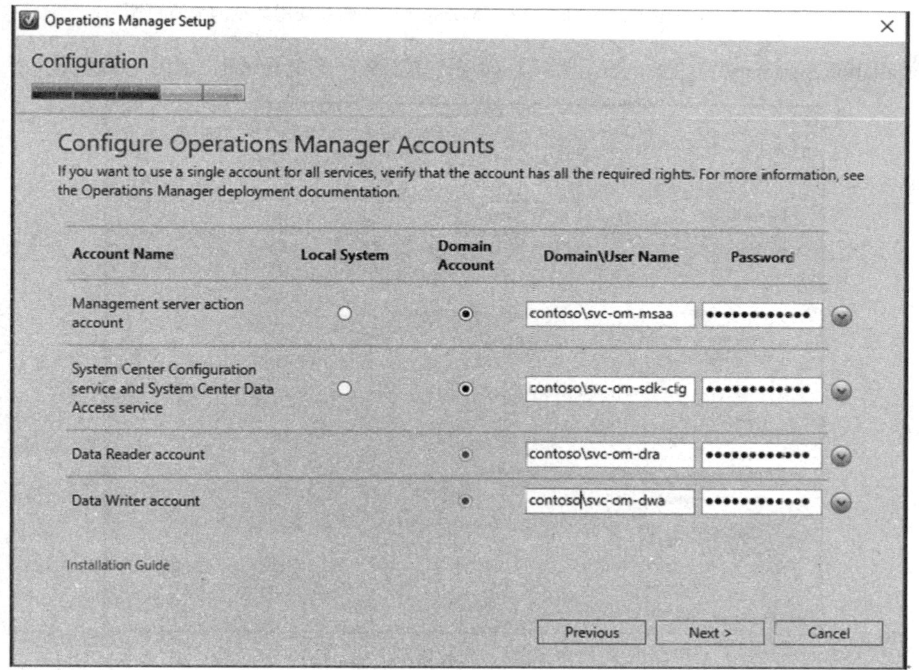

图 12.40　配置服务账户

如果使用的是域管理员的账户，可能会得到如图 12.41 所示的警告。此时，单击 OK 继续。

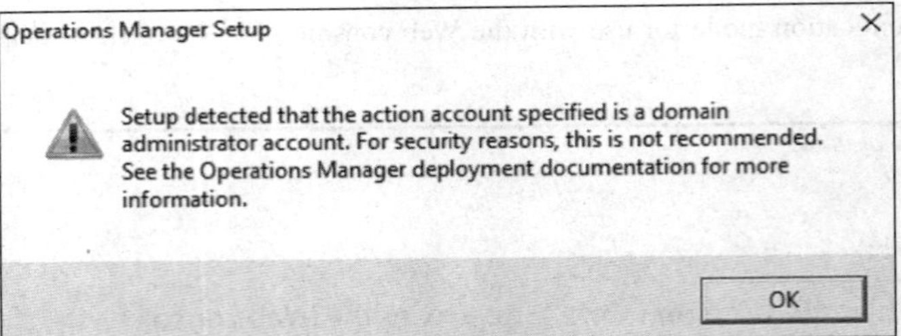

图 12.41　如果用域管理员的权限建立账户，就可能出现这个警告

(14) 在 Diagnostic and Usage Data 窗口中，查看信息并单击 Next，如图 12.42 所示。

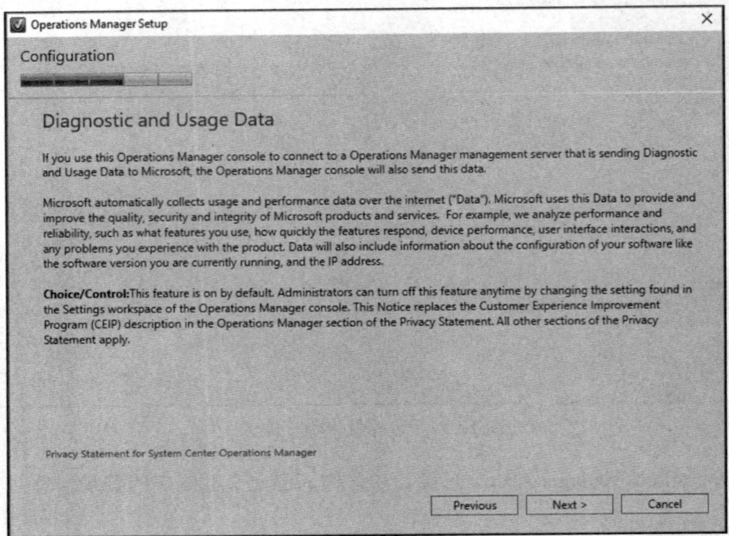

图 12.42　System Center Operations Manager 的诊断和使用数据的免责声明

(15) 在 Installation Summary 窗口中，查看选项。如果一切正常，单击 Install，如图 12.43 所示。

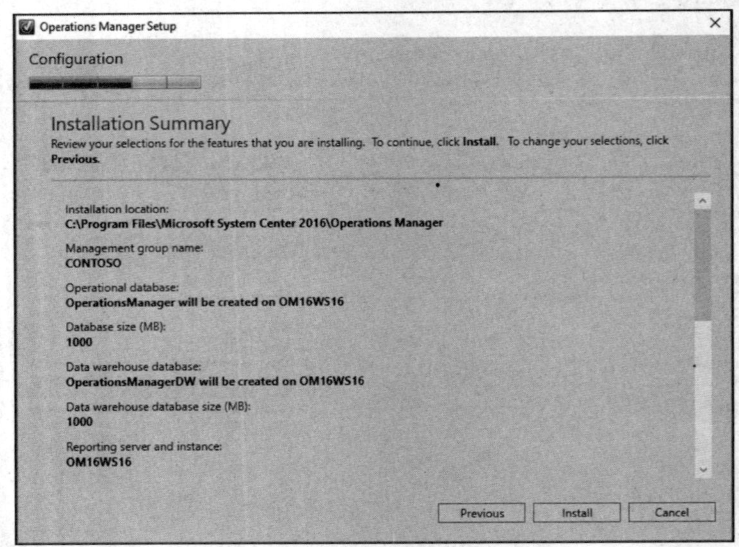

图 12.43　安装摘要信息

(16) 在 Setup is complete 窗口中，单击 Close，如图 12.44 所示。

(17) 一旦安装了产品，就需要使用所提供的序列号激活它。为此，在管理服务器上打开 PowerShell，以管理员身份运行它，如图 12.45 所示。

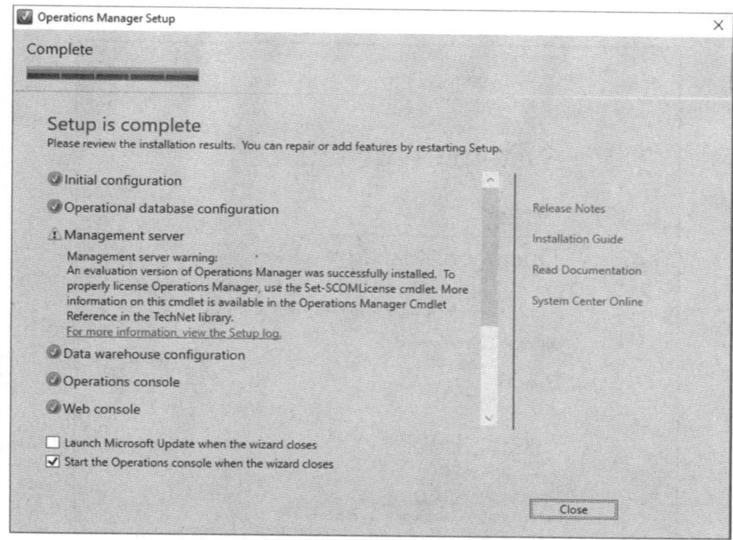

图 12.44　包含安装细节的安装结果窗口

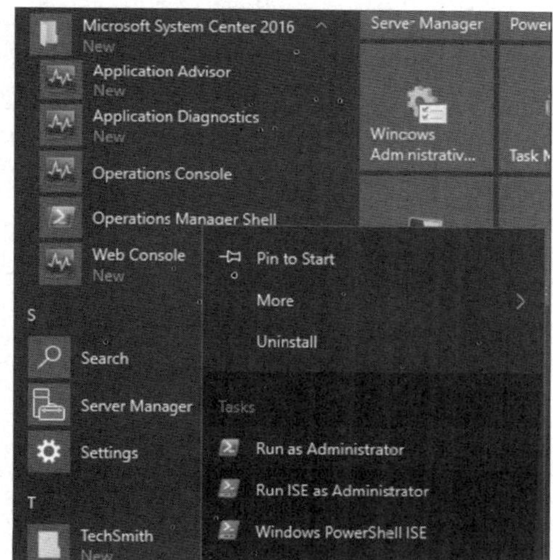

图 12.45　选择 Operations Manager shell，激活 System Center Operations Manager

```
import-module operationsmanager
Get-SCOMManagementGroupConnection | Set-SCOMManagementGroupConnection
Set-SCOMLicense -ProductId xxxxx-xxxxx-xxxxx-xxxxx-xxxxx
```

单击 Y 确认。

操作完成后，System Center Data Access Service 必须在管理组的 Operations Manager 管理服务器上重新启动(见图 12.46)。

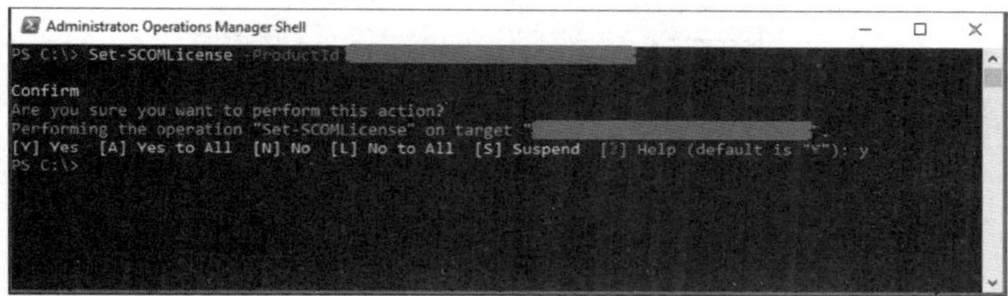

图 12.46　重新启动 System Center Data Access Service

(18) 服务器重新启动后，打开控制台，单击 Help，然后选择 About。此时应该会显示 System Center Operations Manager 版本(Retail)，如图 12.47 所示。

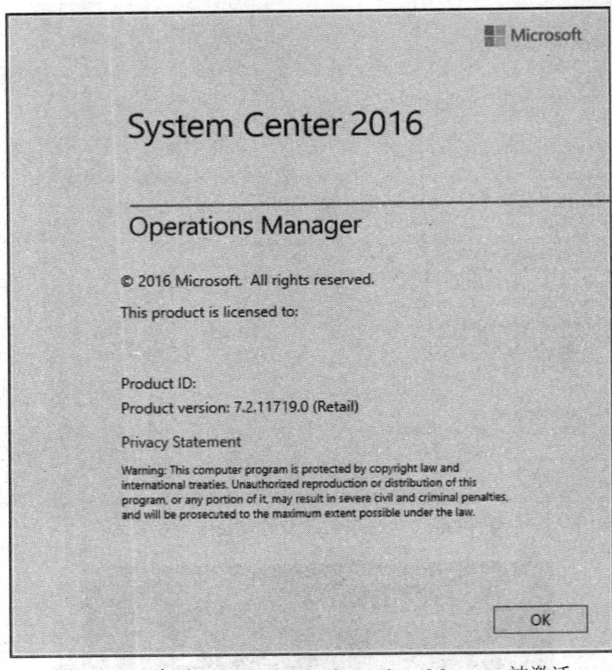

图 12.47　验证 System Center Operations Manager 被激活

5. 安装 Windows Server 管理包

要安装 Windows Server 管理包，请执行以下步骤：

(1) 启动 Operations Management 控制台，导航到 Administration 部分，如图 12.48 所示。

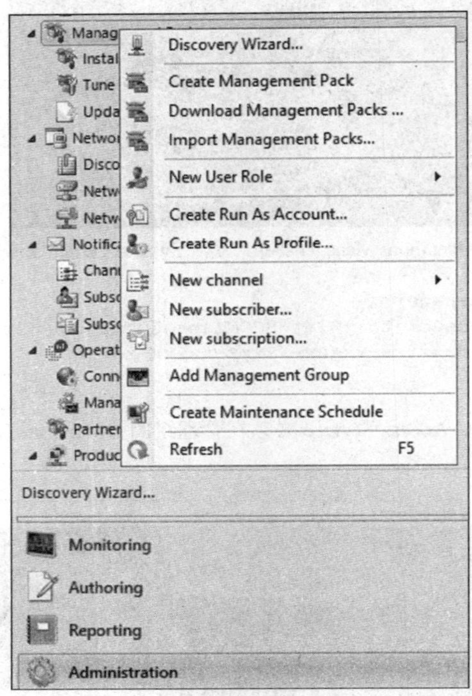

图 12.48　启动向导以导入管理包

(2) 在 Import Management Packs 窗口中，单击 Add 并选择 Add from catalog，如图 12.49 所示。

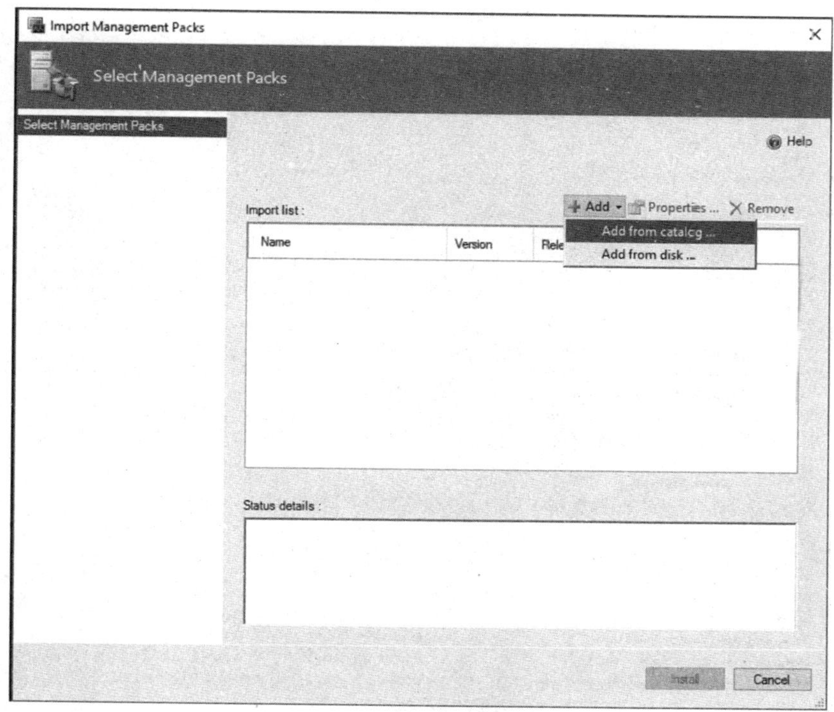

图 12.49　为管理包选择源

(3) 在 Select Management Packs from Catalog 窗口中，键入 core os 2016 并单击 Search，如图 12.50 所示。

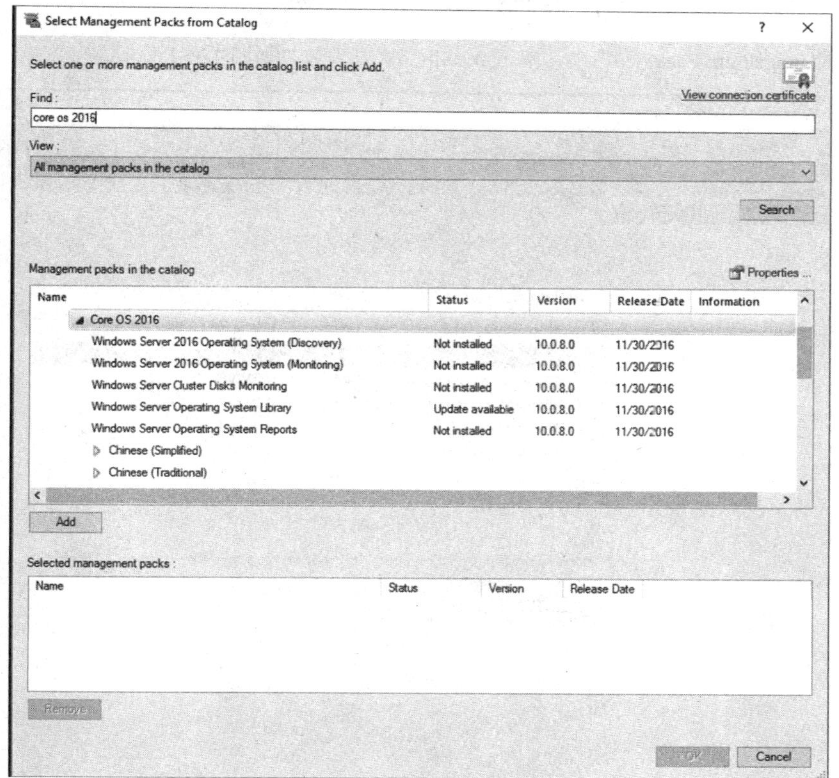

图 12.50　查找目录中的管理包

(4) 突出显示要部署的管理包。确保没有选择任何语言包，并单击 OK，如图 12.51 所示。

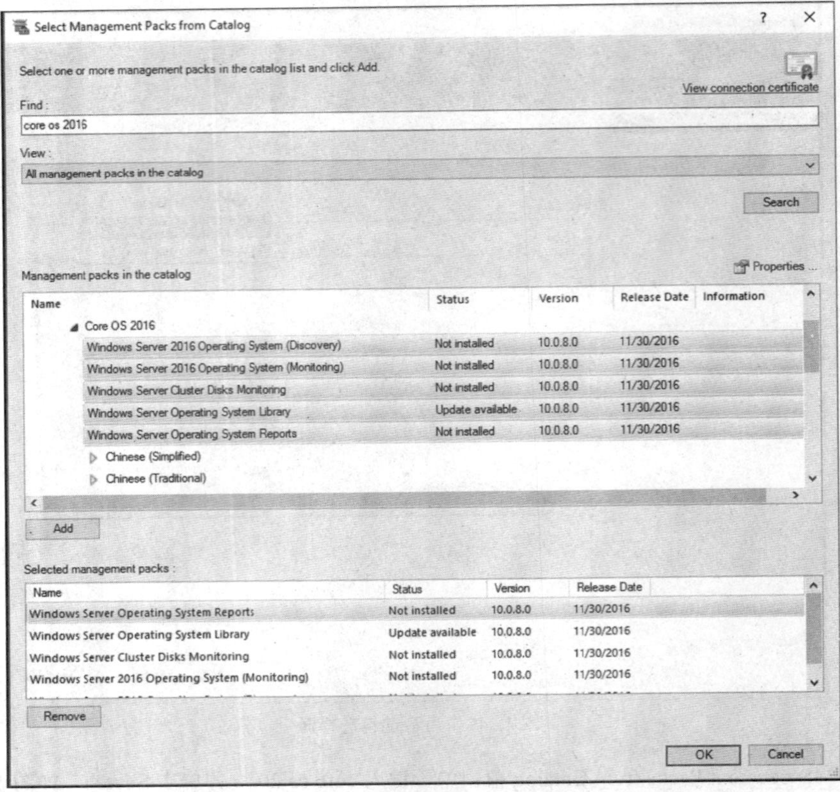

图 12.51 选择要部署的管理包

(5) 在 Select Management Packs 窗口中，单击 Install 部署管理包，如图 12.52 所示。

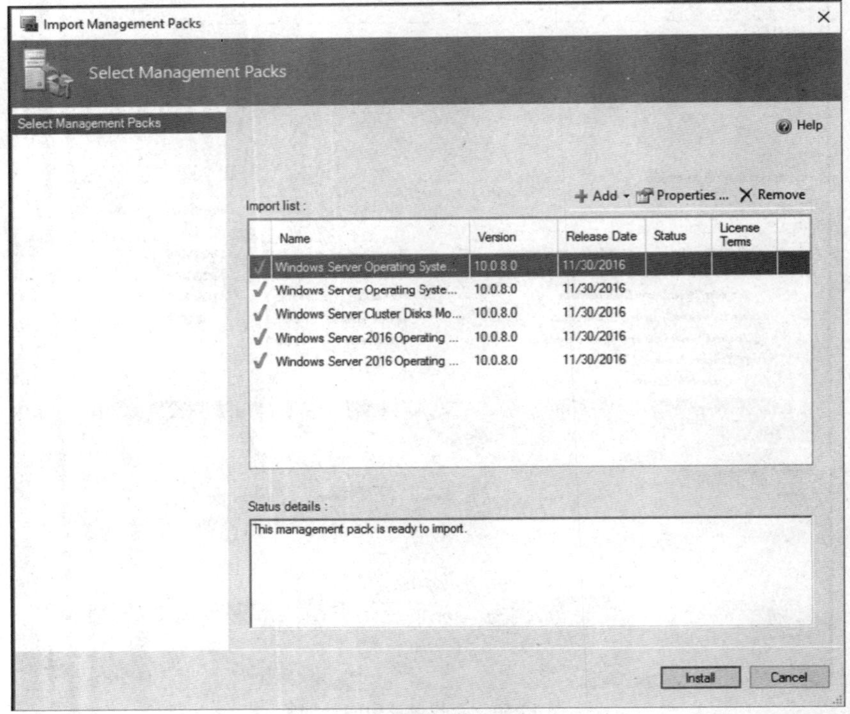

图 12.52 概要页面列出要安装的管理包

(6) 在 Import Management Packs 窗口中，单击 Close 完成部署，如图 12.53 所示。

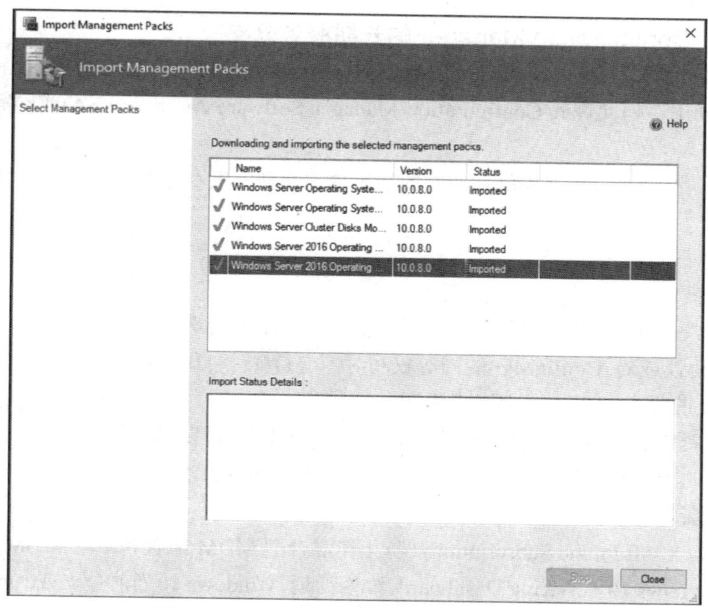

图 12.53　查看当前管理包安装过程的状态

12.4　使用 System Center Configuration Manager 管理 Windows Server 2016

本节将重点讨论 System Center Configuration Manager。那么什么是 System Center Configuration Manager 呢？

作为 Microsoft System Center 管理解决方案套件中的一个产品，System Center Configuration Manager 可帮助管理现场或云中的设备和用户。接下来将详细解释它是什么，以及如何用它来管理 Windows Server 2016。System Center Configuration Manager 通常简称为 SCCM，也称为 ConfigMgr。它专门用于管理大量 Windows、macOS、Linux 和 Unix 设备，以及 Windows Phone、Android 和 iOS 等移动设备。

12.4.1　三个分支

在开始之前，需要了解 ConfigMgr 的一些基本方面。System Center Configuration Manager 有三个不同的分支；那么应该使用哪个分支呢？

1. 当前分支

这个版本每年更新几次，增加新的功能。每个更新版本在发布后都得到一年的支持。在该年期限届满之日或之前，必须更新到当前分支的更新版本。最新版本的更新可通过控制台更新来获得。

当前分支具有以下特点：

- 接收控制台更新，使新特性可用。
- 接收控制台更新，为已有特性提供安全和质量修复。
- 必要时支持带外更新。
- 可与 Microsoft Intune 和其他云计算服务和基础设施进行交互操作。
- 支持和其他 Configuration Manager 安装之间来回迁移数据。
- 支持从 Configuration Manager 的以前版本升级。
- 支持安装为评估版，稍后可升级到完全授权的版本。
- 当前分支更新过程基于发布的年份和月份；在撰写本书时，当前的基线版本是 1702。
- 安装。

2. System Center Configuration Manager 的长期服务分支

长期服务分支(LTSB，Long-Term Servicing Branch)是一个获得许可的分支，由使用当前分支的 Configuration Manager 客户在生产中使用，但允许其 Configuration Manager Software Assurance(SA)或同等订阅权利在 2016 年 10 月 1 日之后过期。

LTSB 基于 1606 版。该分支不接收提供新特性的控制台内更新，也不更新现有功能。但提供了关键的安全修复程序。

LTSB 具有以下特性：

- 接收控制台提供重要的安全补丁的更新。
- 当 SA 协议或 ConfigMgr 的同等权利过期时，提供了一个安装选项。
- 拥有当前 SA 协议或对 ConfigMgr 的同等权利时，支持(转换)升级到当前分支。

LTSB 基于当前分支的版本 1606，具有以下限制：

- 关键的安全更新普遍可用(2016 年 10 月)后，对这个分支的支持到期后，只支持 10 年。
- 支持一组有限的服务器和客户端操作系统及相关技术，如 SQL Server 版本。
- 不接收更新的新功能。
- 不支持添加 Microsoft Intune Subscription，防止在混合型 MDM 配置和本地 MDM 中使用 Intune。
- 不支持使用Windows 10 Servicing Dashboard、维修计划、Windows 10当前分支或Current Branch for Business。
- 不支持 Windows 10 LTSB 或 Windows Server 的主版本。
- 不支持 Asset Intelligence。
- 不支持基于云的分发点。
- 不支持 Exchange Online 作为交接器。
- 不支持任何预发布特性。

3. System Center Configuration Manager 技术预览

技术预览用于实验室环境中，以了解和尝试为 ConfigMgr 开发的最新特性。在生产环境中不支持技术预览，也不要求拥有 Software Assurance License 协议。

技术预览有以下特点：

- 基于当前分支最新的基线版本。
- 接收控制台更新，将安装更新为最新的预览版本。
- 包括正在开发的新特性(微软开发人员希望得到反馈)。
- 接收仅适用于技术预览版分支的更新。

技术预览具有以下限制：

- 支持是有限的，只包括一个主站点和至多 10 个客户。
- 不能升级到当前分支或 LTSB。
- 不支持使用迁移，把数据导入或导出到另一个 ConfigMgr 安装。
- 不支持升级 ConfigMgr 的先前版本。
- 不支持安装为一个评估版。

12.4.2 了解站点服务器差异

如果这是第一次安装 ConfigMgr，很容易就会不知所措。为防止这种情况的发生，下面定义什么是站点服务器，以及应该安装什么站点服务器来支持 Windows Server 2016。

1. 中央管理站点

中央管理站点(Central Administration Site，CAS)适合大规模部署，提供了一个中央管理点，并为支持分布在全球网络基础设施上的设备提供了灵活性。一旦安装了中央管理站点，就需要安装一个或多个主站点作为子站点，下一节将了解更多关于主站点的信息。这种配置是必要的，因为中央管理站点不直接支持设备管理，而设备管理是主站点的功能。中央管理站点支持多个子主站点。子主站点用于直接管理设备，并在管理的设备位于不同地理位置时控制网络带宽。

2. 主站点服务器

独立的主站点适合于较小的部署，可用来管理设备，而不必安装其他站点。虽然独立的主站点可以限制部署的大小，但是它支持以后通过安装新的中央管理站点来扩展层次结构的场景。有了这个站点扩展场景，独立的主站点将成为子主站点。然后，可在新的中央管理站点下安装额外的子主站点。然后，可为企业的未来增长扩展初始部署。

3. 辅助站点服务器

辅助站点是唯一一个使用 ConfigMgr 控制台安装的站点，其他两个站点都用基线介质安装。此站点只能安装为主站点下的子站点。这种站点类型扩展了主站点的范围，以管理特定位置的设备，该位置与主站点的网络连接非常缓慢。甚至可认为，辅助站点扩展了主站点；主站点管理所有客户端。

4. 站点系统服务器和站点系统角色

Configuration Manager 具有不同的站点系统角色，可帮助 ConfigMgr 扩展其受支持的范围和设备管理能力。

每个 ConfigMgr 站点都安装了支持管理操作的系统角色。在安装站点时，默认情况下会安装以下角色：

- 站点服务器角色分配给安装站点的计算机。
- 站点数据库服务器的角色分配给承载站点数据库的 SQL Server。
- 使用其他站点系统的角色是可选的，只在想利用在站点系统角色中激活的功能时使用。任何承载站点系统角色的计算机都称为站点系统服务器。

表 12.4 显示了可用的站点系统角色及其功能。

表 12.4　站点系统角色

角色名称	描　述
SMS 提供程序	支持控制台和站点数据库的应用程序接口。托管在 WMI 上
组件服务器	托管 Configuration Manager SMS_Executive 服务的服务器(通常是网站服务器)
管理点	向设备和客户端发送和接收通信
分发点	为设备和客户端提供内容
基于云的分发点	使用 Microsoft Azure 云服务提供内容
软件更新点	使用 WSUS(Windows Server Updates Services)管理软件更新
报表服务点	使用 SSRS(SQL Server Reporting Services)来创建和管理报表
服务连接点	管理现场的移动设备或带有 Microsoft Intune 的移动设备。向 Microsoft 提供元数据，支持为 ConfigMgr 层次结构提供服务
回退状态点	在安装过程中收集状态信息，以及从存在沟通问题的现有客户端中收集状态消息
状态迁移点	将计算机迁移到新的操作系统时存储用户状态数据
Application Catalog Web 服务点	向 Application Catalog 网站提供软件信息
Application Catalog 网站点	为用户提供 Application Catalog 中可用软件的列表
证书注册点	与运行 Network Device Enrollment Service 的服务器通信，用于管理使用 Simple Certificate Enrollment Protocol (SCEP)的设备证书请求
端点保护点	管理 Microsoft Active Protection 服务，以帮助保护设备免受恶意软件的危害
注册点	用于在 Mac 电脑上安装客户端，注册用现场移动设备管理的设备
注册代理点	管理来自移动设备和 Mac 计算机的注册请求

12.4.3　ConfigMgr 先决条件

前面讲述了站点服务器和站点系统之间的区别，下面介绍每种角色的先决条件。

1. 软件需求

成功安装这些角色所需的需求列表非常长。可在以下链接中查看这些要求：

```
https://docs.microsoft.com/en-us/sccm/core/plan-design/configs/site-and-site-system-prerequisites
```

应自动完成尽可能多的任务。为此，建议使用 ConfigMgr Prerequisites Tool 来安装、配置和验证每个软件需求。这个 PowerShell 工具是由 Nickolaj Andersen 创建的(第 2 章讨论了 PowerShell 的一些方面)。可在以下链接下载及使用该工具：

```
https://gallery.technet.microsoft.com/configmgr-2012-r2-e52919cd/
```

2. 支持的配置

Server Core 不支持作为站点服务器。要安装中央管理站点、主站点或辅助站点服务器，需要安装 Windows Server 2016 Full UI。

服务器必须是域成员服务器；一旦安装，就不能更改服务器名称或其域成员资格。

每个站点系统角色都有不同的支持级别，理解它们非常重要，如表 12.5 所示。

表 12.5 支持上限

站点服务器	支持上限
中央管理站点	总共 102.5 万个客户端和设备； 70 万台运行 Windows、Linux 和 Unix 的台式机； 2.5 万台运行 MAC 和 Windows CE 7.0 的设备
主站点服务器	10 万台内部设备或 30 万台基于云的设备； 25 个子主站点服务器； 每个子主站点有 15 万个客户端； 如果使用 SQL Enterprise Edition，则支持 50 万+
辅助站点	总共 17.5 万个客户端和设备； 15 万台运行 Windows、Linux 和 Unix 的台式机； 2.5 万台运行 MAC 和 Windows CE 7.0 的设备； 5 万台本地设备或 15 万台基于云的设备； 250 个辅助站点； 250 个分发点； 2000 个推送分发点； 5000 个联合分发点； 15 个管理点； 1.5 万台运行 Windows、Linux 和 UNIX 的桌面； 连接到一个主站点的 250 个辅助站点； 单点管理

3. 硬件建议

理解硬件建议是非常重要的。我们的建议包含三个元素：CPU 内核、物理内存和 SQL 内存。本章提供一些关于构建一体化集群的额外建议。表 12.6 中的硬件建议使用了中央的 SQL 或共享 SQL Server。

表 12.6 硬件建议

站点服务器	CPU 内核	内存(GB)	用于 SQL 的内存百分数
中央管理站点/主站点服务器	16 核	96GB	50%~80%
使用远程 SQL 的中央管理站点/主站点服务器	8 核	16GB	
站点数据库服务器角色	16 核	64GB	80%~ 90%
辅助站点	8 核	16GB	80%

4. 磁盘空间的建议

在构建、配置站点服务器或站点系统时，需要知道如何设置磁盘驱动器，以及对大小的期望值，如表 12.7 所示。

表 12.7 磁盘空间的建议

数据使用量	最小磁盘空间	50 000	100 000	150 000	700 000 (CAS)
ConfigMgr 应用程序/日志文件	25GB	50GB	200GB	300GB	200GB
网站数据库 MDF 文件	75GB	150GB	300GB	500GB	2TB
网站数据库 LDF 文件	25GB	50GB	100GB	150GB	100GB

12.4.4 安装主站点服务器

了解到先决条件、硬件建议和磁盘空间建议后，就该深入研究如何安装和配置 ConfigMgr，来管理 Windows Server 2016 了。首先安装一个主站点服务器，将数据库添加到一体化集群中；一旦安装了站点服务器，就配置它，并给出具体建议来管理 Windows Server 2016。

1. 安装和配置 SCCM

登录到想要配置的服务器。本例将使用 SC06 启动安装和配置过程。

(1) 登录 SC06，并从前面提供的链接下载 ConfigMgr Prerequisites Tool。该链接如下：

```
https://gallery.technet.microsoft.com/configmgr-2012-r2-e52919cd/
```

(2) 下载后，提取内容，并运行 ConfigMgrPrerequisitesTool.exe，如图 12.54 所示。

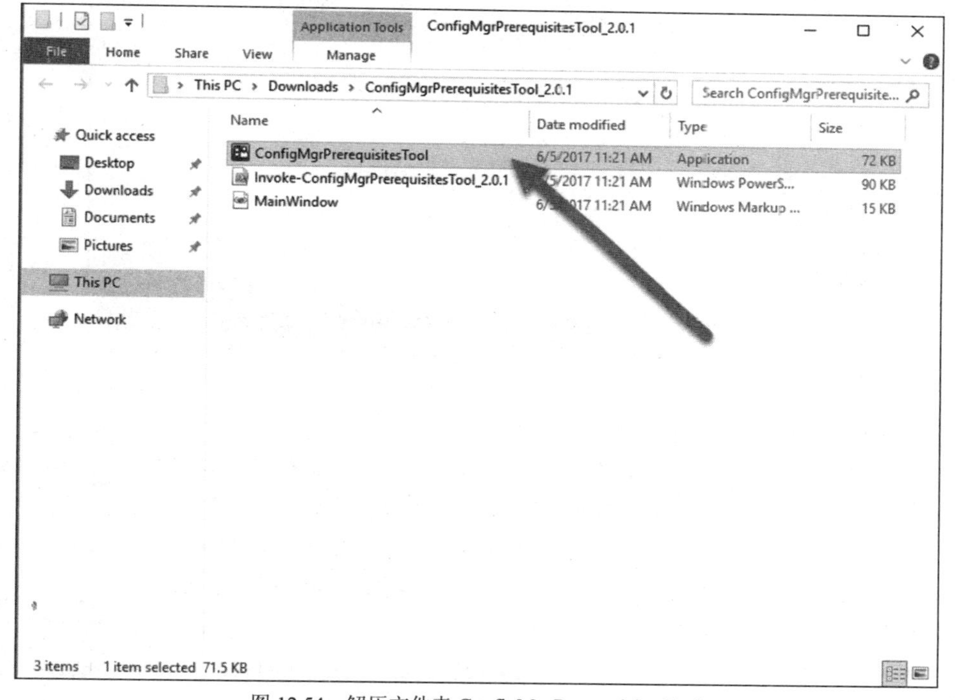

图 12.54 解压文件夹 ConfigMgrPrerequisitesTool

(3) 一旦 ConfigMgr Prerequisites Tool 启动并运行，单击 Select A Site Type And Select A Primary Site。然后在 Download Prerequisite 文件中，选择 Browse 并找到 Setupdl.exe。它通常位于 X: SMSSETUP\BIN\X64 下。完成后，单击 Install，如图 12.55 所示。该工具为 Configuration Manager 主站点配置必要的角色，并下载重新发布的文件。

(4) 这个过程可能需要一些时间来安装和配置需求。在这个示例中，系统需要配置 32 个需求，如图 12.56 所示。

(5) 一旦过程完成，就可以准备继续执行后面的步骤。

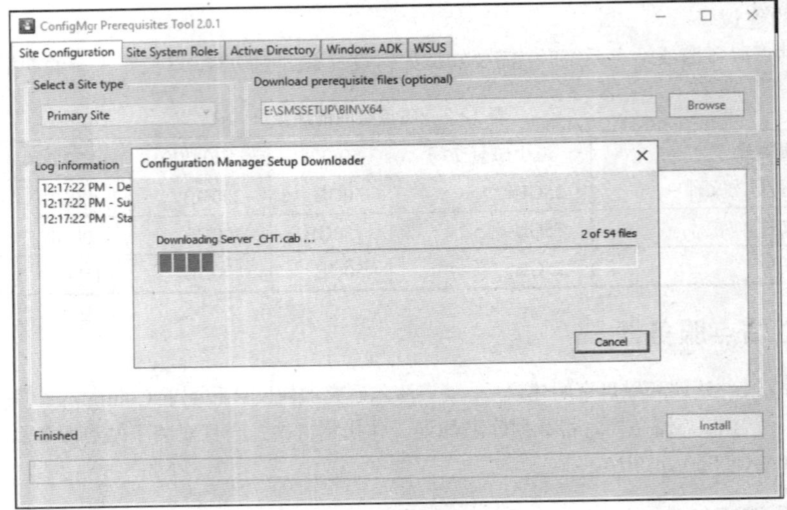

图 12.55 下载文件

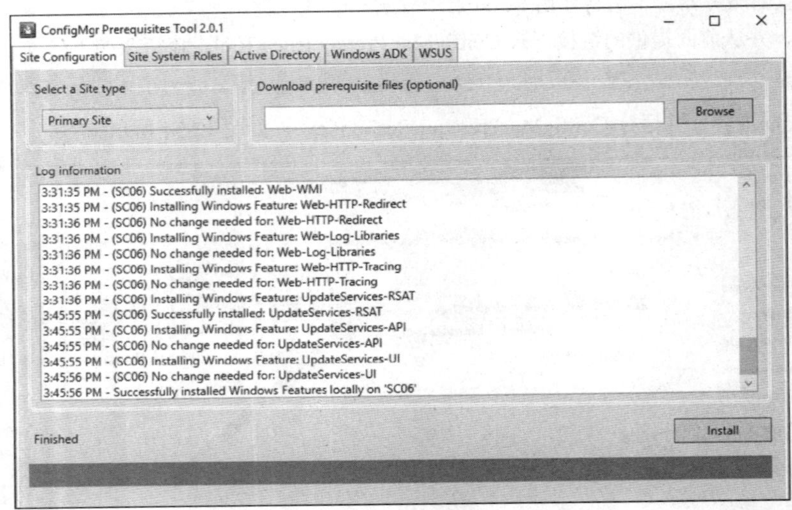

图 12.56 站点配置进度

2. Active Directory 集成和模式扩展

System Center Configuration Manager 使用 Active Directory 发布关于站点、边界和管理点的信息，以及其他必要的属性，以使客户端通信顺利运行。可通过以下链接了解模式扩展：

```
https://docs.microsoft.com/en-us/sccm/core/plan-design/network/schema-extensions
```

如果已经为其他版本的 ConfigMgr 扩展了这个模式，就不需要再次扩展这个模式。

手动扩展模式的步骤可在以下链接找到：

```
https://docs.microsoft.com/en-us/sccm/core/plan-design/network/extend-the-active-directory-schema
```

本章继续使用 ConfigMgr Prerequisites Tool 来扩展模式，并创建 System Management OU。

(1) 运行 ConfigMgrPrerequisitesTool.exe。打开工具后，单击 Active Directory 选项卡。

(2) 在 Active Directory 选项卡上，单击 Browse 找到 extadsch.exe 工具，该工具可在 SMSSETUP\BIN\X64 下找到，如图 12.57 所示。

(3) 选择正确的文件夹后，单击 Extend 以监视该工具的日志信息部分的进度。

(4) 如果有权创建 System Management OU，就可以使用该工具；或者，在 System Management Container 部分中，可选择一个包含 CM 服务器的安全组，然后单击 Configure。

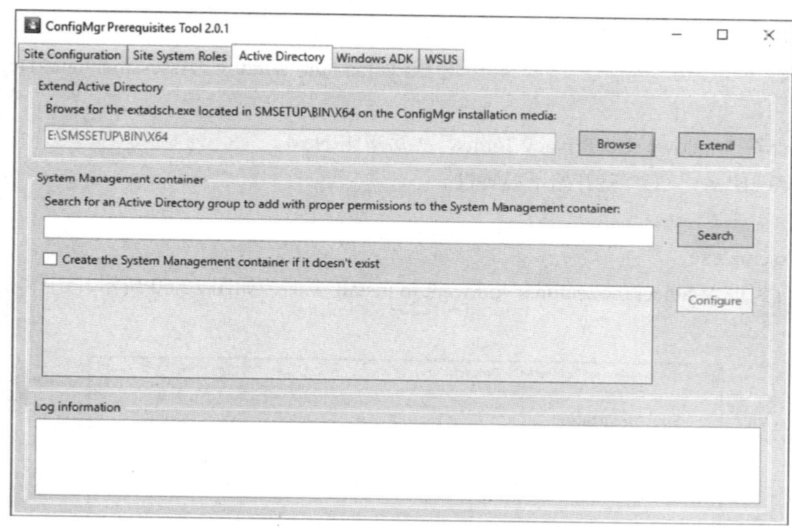

图 12.57　Active Directory 模式扩展

3. WSUS 的要求

为在 Configuration Manager 中使用软件更新角色，需要 Windows Server Update Services(WSUS)。如果计划在产品中支持软件更新，应该在 ConfigMgr Primary Site 服务器或独立服务器上安装和配置角色。可在以下链接中进一步了解关于这个角色的计划：

```
https://docs.microsoft.com/en-us/sccm/sum/plan-design/plan-for-software-updates
```

下面使用 ConfigMgr Prerequisites Tool 来安装和配置 WSUS 服务器。为此，请执行以下步骤：

(1) 确保运行并打开 ConfigMgrPrerequisitesTool.exe，单击 WSUS 选项卡。

(2) 在 WSUS 选项卡上，选中 SQL Server，并输入 SQL 服务器的 FDQN 和实例名。然后输入 WSUSContent 的路径并单击 Install，如图 12.58 所示。

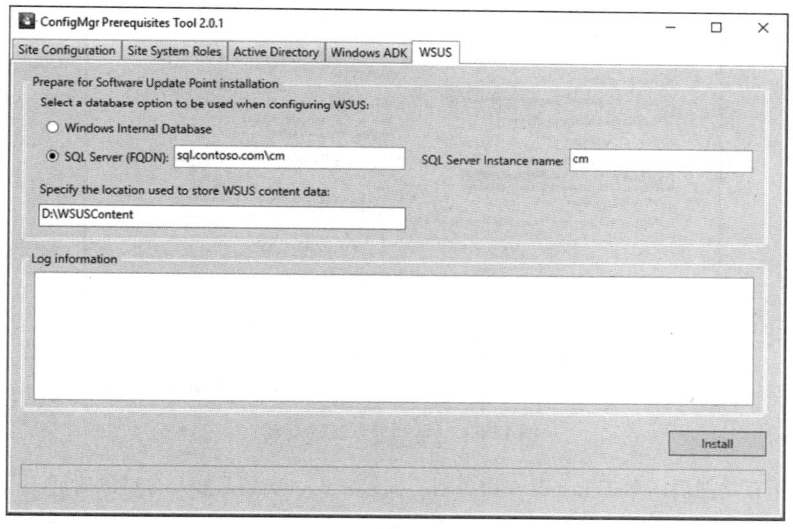

图 12.58　WSUS 选项卡

4. 安装和配置 ADK 1703

如果计划部署操作系统，我们建议在服务器上安装 ADK Windows 10 1703。它也是 System Center Configuration Manager 的主要软件需求之一。可从以下链接下载该工具：

```
https://blogs.technet.microsoft.com/ausoemteam/2017/04/06/download-windows-adk--windows-10-version-1703/
```

要安装和配置 ADK 1703，请执行以下步骤：

(1) 一旦下载了adksetup.exe，运行该文件，并单击 Download the Windows Assessment and Deployment Kit，如图 12.59 所示。

(2) 单击 Next，查看 Windows Kits Privacy Terms，然后单击 Next。

(3) 接受使用条款(EULA)，工具就开始下载特性。

(4) 下载完成后，单击 Close。

(5) 再次打开 adksetup.exe。

(6) 单击向导，直到进入 Select the features you want to install 页面，如图 12.60 所示。选择需要安装在服务器上的特性。

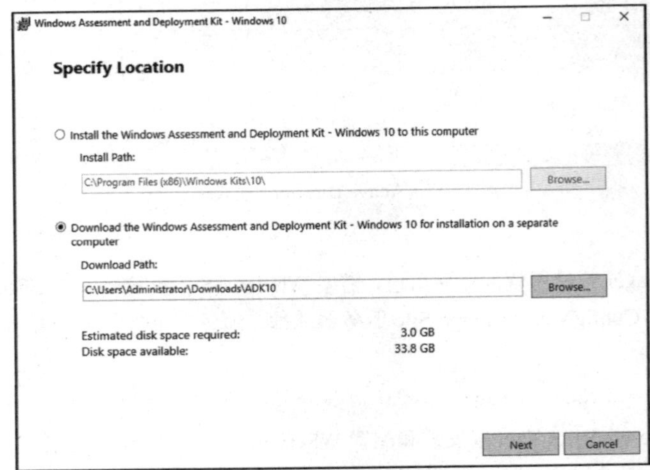

图 12.59 准备下载

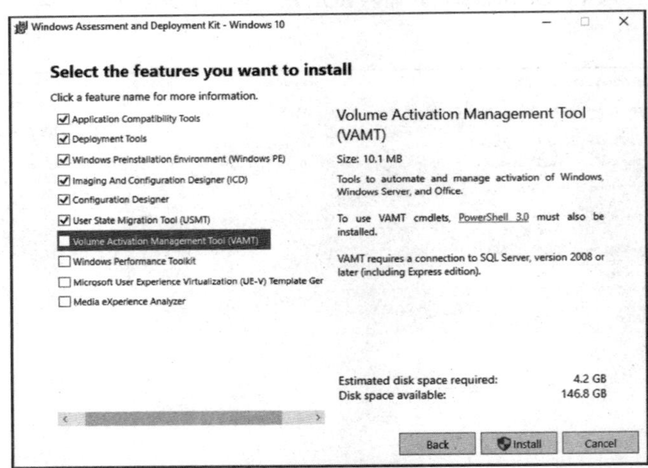

图 12.60 选择要安装的功能

(7) 选择所需的所有功能后，单击 Install 在服务器上安装它们。安装需要几分钟的时间。

(8) 安装完成后单击 Close。

5. 安装和配置主站点

前面已经安装了所有需要的软件，下面准备在服务器上安装 Configuration Manager 主站点；我们将在服务器安装中解释安装步骤和向导信息。

(1) 单击安装介质中的 splash.hta。

(2) 在 splash. hta 文件中，单击 Install。

(3) 在 Before You Begin 屏幕上，单击 Next。

(4) 在 Getting Started 屏幕上，在 Available Setup Options 窗口中选择 Install a Configuration Manager primary site，如图 12.61 所示。然后单击 Next。

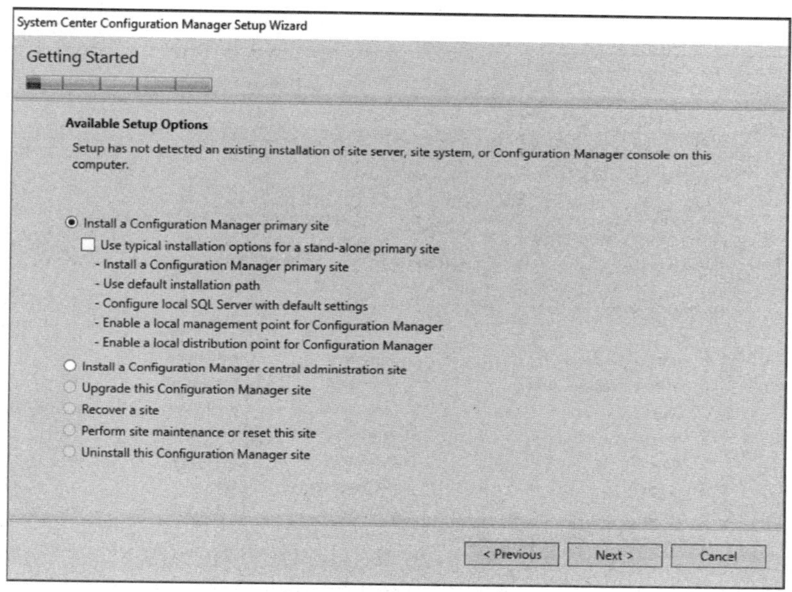

图 12.61　可用的安装选项

(5) 如果可用，请输入产品密钥。如果不可用，可选择将站点安装为评估版(评估期约 180 天)。为支持当前分支，选择一个 Software Assurance 日期。选择未来几年的一个日期以获得最好的支持，然后单击 Next。

(6) 在 Product License Terms 屏幕上，接受所有许可条款，然后单击 Next。

(7) 在 Prerequisites 下载中，选择 Use Previously Downloaded File，因为前面执行了这个步骤。如果还没有下载它们，请单击 Download The Required Files，然后单击 Next。

(8) 在 Server Language Selection 屏幕上，如图 12.62 所示，需要选择公司支持的语言，并单击 Next。

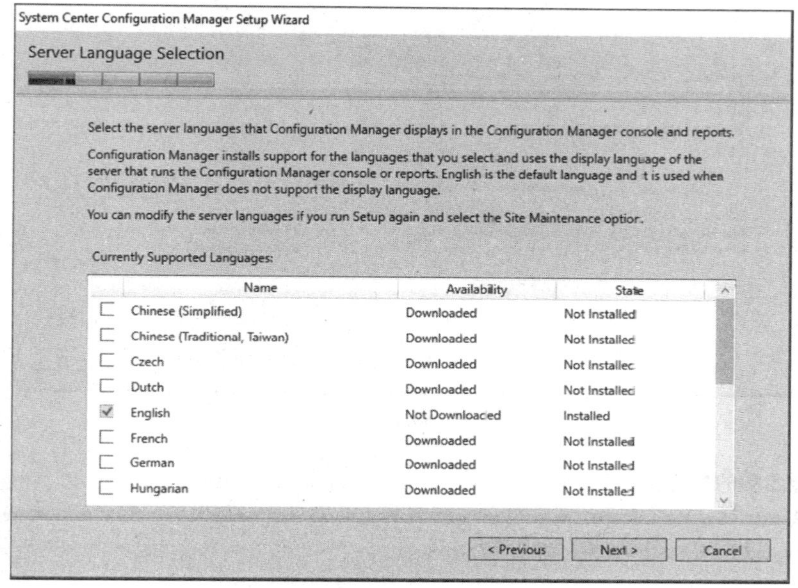

图 12.62　服务器语言选择

(9) 在 Client Language Selection 屏幕上，选择客户机 OS 支持的语言，如图 12.63 所示，然后单击 Next。

(10) 在 Site and Installation Settings 屏幕上，在 Site code 字段中输入站点代码。这是一个三位数的字母数字域；

它可以包含从 A 到 Z 的字母和从 0 到 9 的数字。然后在其字段中输入站点名称；名称在站点中应该是唯一的。我们建议不要为站点输入版本或号码。然后输入安装的有效路径，并查看在图 12.64 中选择的选项。输入所有内容后，单击 Next。

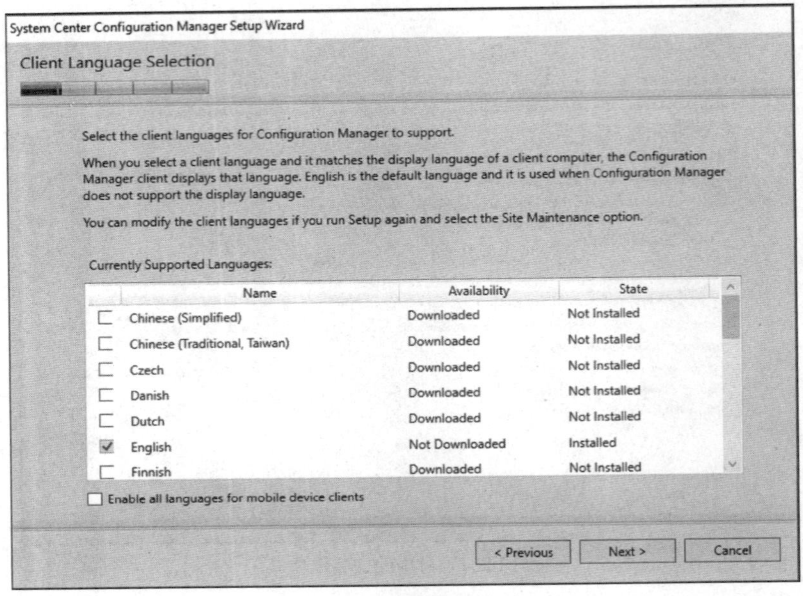

图 12.63 选择客户端语言

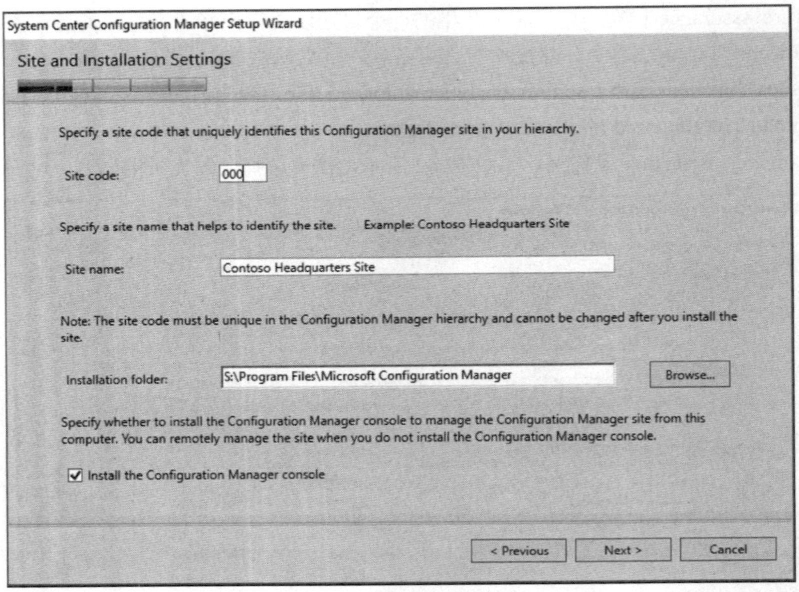

图 12.64 站点和安装设置

站点代码和站点名称的最佳实践

站点代码必须是唯一的，以便在系统层次结构中标识特定的站点。站点代码不能重用。有些站点代码是受限制的，不能使用，例如 AUX、CON、NUL、PRN 和 SMS。

(11) 在 Primary Site Installation 屏幕中，选择 Install a primary site as a stand-alone site。因为这是唯一需要的站点服务器，而且不存在现有的中央管理站点，所以不需要选择 Join the primary site to an existing hierarchy (参见图 12.65)。单击 Next，然后在出现提示时单击 Yes。

(12) 在 Database Information 屏幕上，输入 SQL 服务器的 FQDN。如果它是搭配好的，就保持原样。如果在共享实例上使用 SQL 服务器，请输入有关该 SQL 服务器和实例的信息，如图 12.66 所示。完成后，单击 Next。

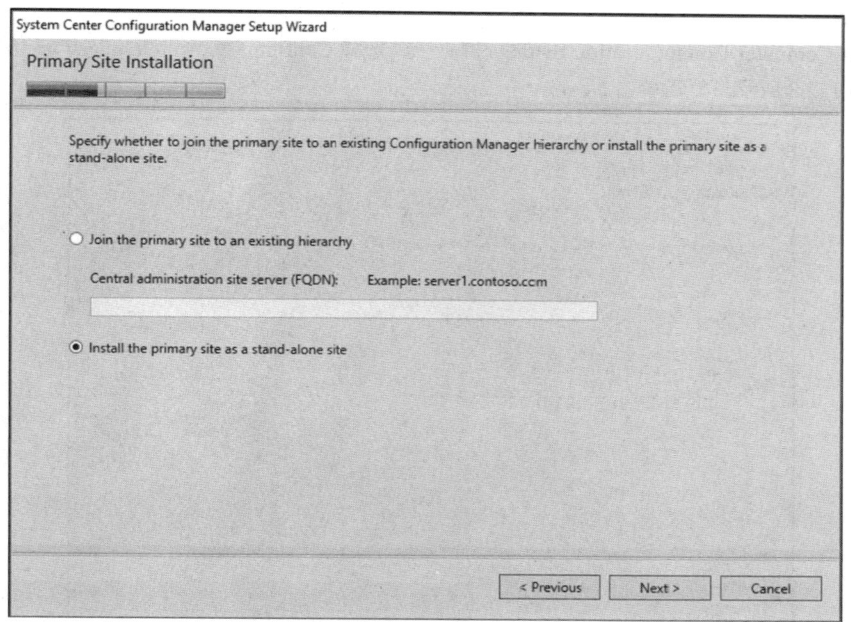

图 12.65　主站点安装

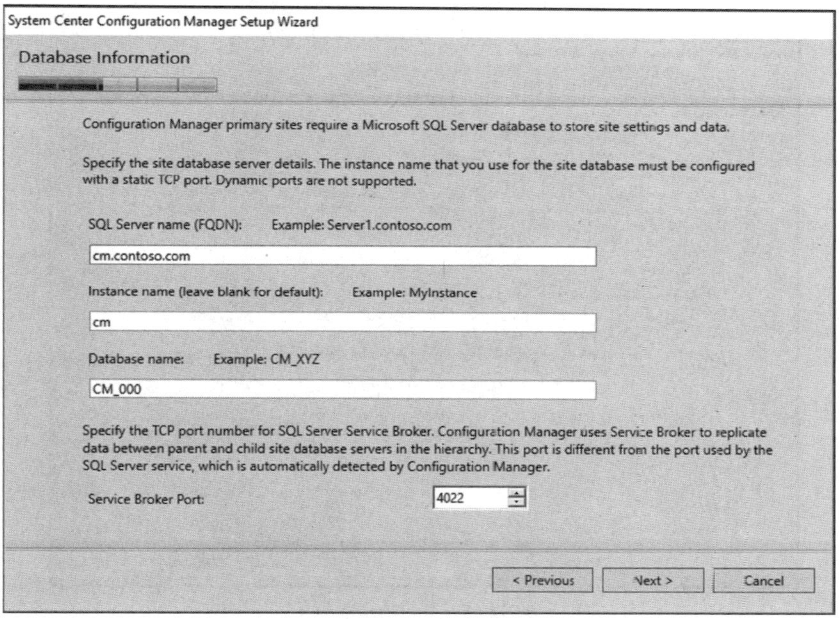

图 12.66　输入 SQL 服务器的 FQDN

(13) 在 Database Information 屏幕上，确保 path to the SQL Server data file 和 Path to the SQL Server log file 中列出的驱动器是正确的，如图 12.67 所示。确认路径后，单击 Next。

排除集群驱动器

在集群 SQL 服务器中，不能将监视服务存储在构成集群的驱动器中。确保包含一个名为 no_sms_on_drive.sms 的文件，这样就不会在集群驱动器上安装服务了。只有一个可以安装服务的本地驱动器。可通过以下链接阅读更多信息：https://blogs.technet.microsoft.com/smartinez/2014/06/11/youimplemented-a-sql-cluster-for-sysctr-2012-r2-configmgr-you-forget-what/。

(14) 在 SMS Provider Settings 屏幕上，确认提供程序服务器名称，通常是同一个服务器(可在第一次安装之后更改它)。然后单击 Next。

(15) 在 Client Computer Communication Settings 屏幕上，选择 Configure the communication method on each site system role，如图 12.68 所示，然后单击 Next。

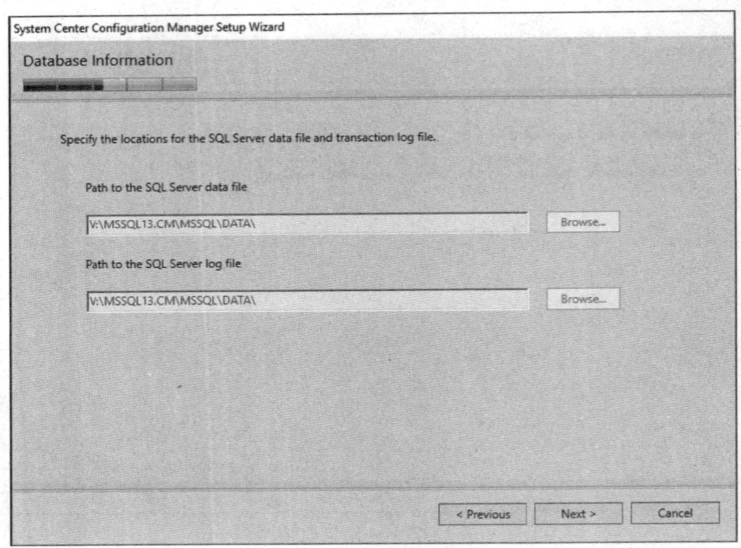

图 12.67 确认列出的驱动器是正确的

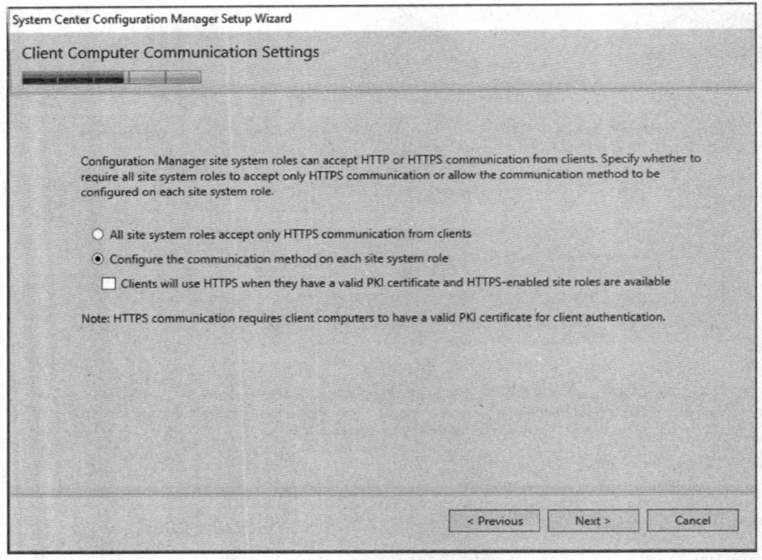

图 12.68 客户通信设置

使用 HTTPS 的客户端通信

如果希望客户端使用 HTTPS 通信，可在安装之后进行。出于安全目的，在选择这些角色前，需要在服务器和客户机上安装了 PKI 证书。

(16) 在站点系统角色上，保留默认选择，来安装管理点和分发点角色。它们都使用 HTTP 进行默认的客户机通信，因为第 15 步选择了 HTTP。如图 12.69 所示，然后单击 Next。

(17) 在 Diagnostic and Usage Data 屏幕上，单击 Next。

(18) 在 Service Connection Point Setup 屏幕上，保留默认设置以进行连接。此角色将新的更新和服务告知服务器。单击 Next。

(19) 在 Setting Summary 屏幕上，检查设置，确保它们看起来不错，然后单击 Next。

(20) 在 Prerequisite Check 屏幕上，查看在检查先决条件时发现的任何警告或错误，并在单击 Begin Install 之前处理它们。

(21) 在 Overall progress 窗口中，可以看到进度指示器，如图 12.70 所示。安装需要一些时间来完成，通常在 45～60 分钟之间。

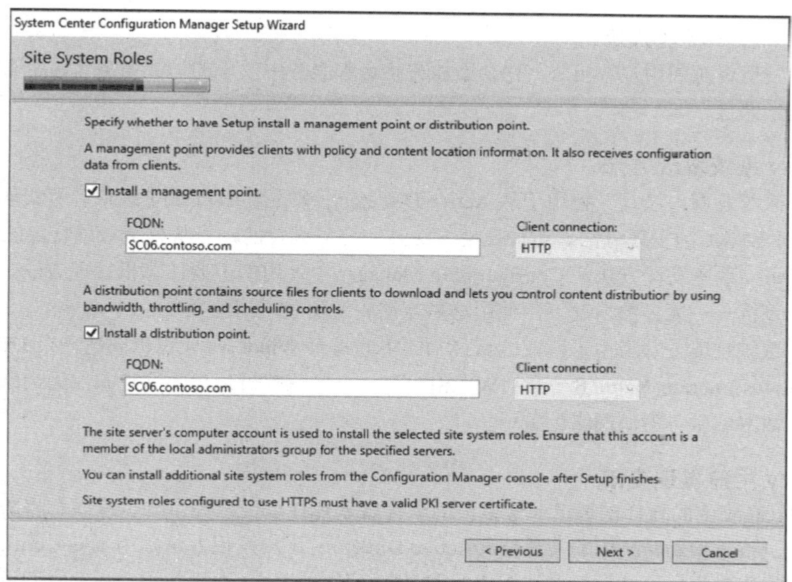

图 12.69　站点系统角色

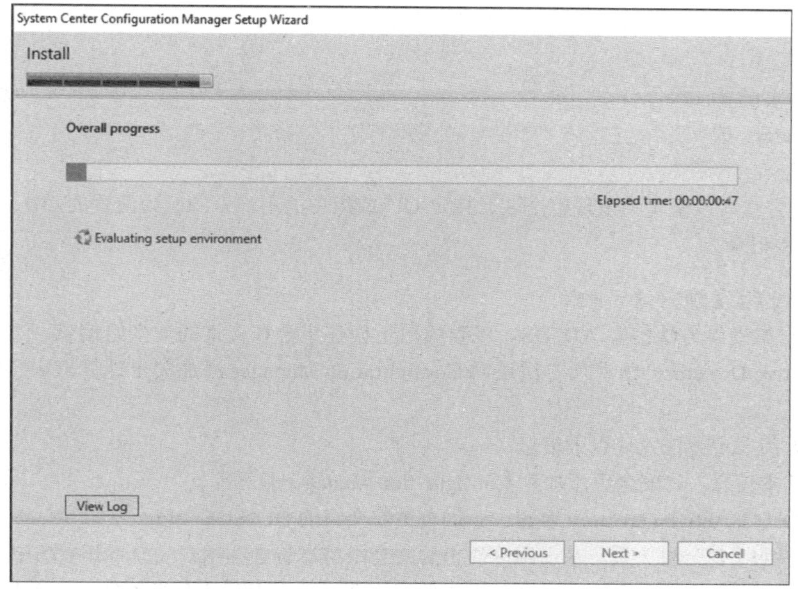

图 12.70　安装的总体进度

12.4.5　配置 System Center Configuration Manager

Configuration Manager 的安装完成后，需要提供一系列配置项，以便管理和维护 Windows Server 2016。首先讨论 Configuration Manager 中提供的、在 Active Directory 中查找数据的发现方法，以及如何使用每个 Active Directory 发现方法。

1. 发现方法

Configuration Manager 中目前有六种发现方法。ConfigMgr 使用发现方法向 ConfigMgr 数据库添加新的资源(用户或计算机)或关于现有资源(组或 OU 成员)的信息。我们还为一些 Active Directory 方法提供了 Delta Discovery，以更快地新发现记录。要更深入地了解发现方法，请访问以下链接：

```
https://docs.microsoft.com/en-us/sccm/core/servers/deploy/configure/about-discovery-methods
```

Active Directory 森林发现方法

此发现方法不会发现资源或用户。相反，它会添加在站点和服务中发现的边界信息。这将有助于确保客户端正确地分配到 ConfigMgr 站点。

Active Directory 系统发现方法

Active Directory 系统发现方法是一种用于从 Active Directory 域服务(AD DS)中读取计算机对象，并将其添加到 Configuration Manager 数据库的发现方法。这种发现方法是完全可配置的，可从整个域或特定的组织单元(OU)中读取资源。Active Directory 系统发现方法是 Configuration Manager 中使用的主要计算机发现方法。使用这种方法可以发现所有域连接的计算机——大多数情况下，使用这种方法将避免使用网络发现。

Active Directory 系统发现方法为用于读取的域或 OU 中的每台 Windows 计算机创建一个 DDR 记录；它们在域名系统(DNS)或 Windows Internet Name Service (WINS)中有一个名称解析记录。这将确保无论站点如何分配，都可以加强与客户沟通，如网站服务器的网络配置所示。

Active Directory 用户发现方法

Configuration Manager 中的软件部署远非像以前的软件版本那样以用户为中心。因此，将所有 Active Directory 用户账户放入 Configuration Manager 中非常重要。Active Directory 用户发现方法是用于向 Configuration Manager 添加域用户账户信息的发现过程。这种发现方法应该在大多数环境中启用。在添加用户后，它们可用于特定用户的软件发行版，而不是计算机。

默认情况下，Active Directory 用户发现方法收集以下信息：

- 用户名
- 唯一的用户名(包括域名)
- Active Directory 域
- Active Directory 容器名

这种类型的发现方法可以配置为发现整个域、特定 OU 或组中的用户资源。为配置的 OU、组或域中的每个用户账户创建一个 DDR 记录。

Active Directory 组发现方法

Active Directory 组发现方法搜索 AD DS，以查找用于创建集合和查询的安全组信息。它发现本地组、全局组和通用安全组。Active Directory 组发现方法还向 Configuration Manager 添加关于计算机账户的 Active Directory 组信息。

Active Directory 组发现方法发现以下信息：

- 安全组的基本信息。将安全组添加到 Configuration Manager 数据库。
- 安全组的 OU 和 Active Directory 容器。添加有关安全组的 OU 和域信息。

此发现方法发现用户/安全组关系。基于用户的组的安全组信息包含在用户安全标识符(SID)中。简单地将组添加到集合中，就可以让组中的所有用户获得针对组的任何软件。基于用户安全组的集合不需要更新，因为用户的 SID 表示组成员关系。添加到组时，用户需要注销/登录。

Active Directory 组发现方法发现系统/安全组关系。它发现了以前由 System Group Discovery 发现的系统组信息。系统组信息添加到单独的计算机记录中。使用此信息创建的集合把个人计算机加入集合中。需要更新这些集合，以显示最新成员。

网络发现方法

网络发现(Network Discovery)方法通过查询 DHCP (Dynamic Host Configuration Protocol，动态主机配置协议)服

务器、路由器中的 ARP (Address Resolution Protocol，地址解析协议)缓存以及支持 SNMP(Simple Network Management Protocol，简单网络管理协议)的设备来搜索网络中支持 IP 的资源。这些资源通常是不可靠的，因为 SNMP 设备是有限的，ARP 缓存的生存时间(Time to Live，TTL)通常很短。网络发现方法还可搜索 Active Directory 域和 IP 子网。

要发现资源，网络发现方法必须能在资源的 IP 地址之外识别子网掩码。由于可以有许多不同类型的设备连接到网络，所以网络发现方法常会发现无法支持 Configuration Manager 客户端软件的资源，因此无法由 Configuration Manager 管理。

网络发现方法可提供大量属性列表，作为发现记录的一部分，包括以下内容：

- NetBIOS 名称
- IP 地址
- 资源域
- 系统角色
- SNMP 社区名
- MAC(介质访问控制)地址

心跳发现

心跳发现(Heartbeat Discovery)方法不同于 Configuration Manager 中的其他发现方法，因为它是由已安装的客户机启动的。心跳发现方法的目的是在 Configuration Manager 中保持客户端记录的最新状态。心跳发现方法是独一无二的，因为只有它返回客户端 GUID(全局唯一标识符)，作为发现记录的一部分。也只有它指示，客户端是否被安装在 Configuration Manager 控制台中。

心跳发现方法负责让站点知道客户端仍然健康，并在指定的时间间隔内运行。默认间隔是 7 天，但它通常设置为较短的间隔，例如每天。心跳发现数据由 Delete Inactive Client Discovery Data 和 Clear Install Flag 维护任务使用，要么从 Configuration Manager 数据库中删除记录，要么将它们更改为 Client=No。验证这两个主要维护任务的设置间隔是否高于心跳发现间隔(建议为最小值的 2.5 倍)。在配置这些任务时，请仔细考虑客户机脱机的合理时间长度。

如何处理心跳发现数据

当启动计划的心跳发现周期时，客户机上的目录代理线程开始处理心跳目录。目录代理负责硬件和软件库存以及心跳发现方法。心跳发现记录非常小，处理速度很快。

在目录代理处理记录之后，就把它复制到服务器上的出站队列，并根据大小，把它复制到 CCM_Incoming 目录或直接发布到管理点。记录通过后台智能传输服务(Background Intelligent Transfer Service，BITS)复制到管理点。发现记录和其他目录记录在处理时以 XML 格式存储在此文件夹中。

增量发现

关于增量发现(Delta Discovery)的信息也与 Active Directory 用户、安全组和系统组发现相关。

Configuration Manager 中的 Active Directory 增量发现只发现 AD DS 中的新资源或更改的资源，而不是执行完整的发现周期，从而增强了发现功能。增量发现方法搜索新资源的时间间隔可配置为较短的时间间隔，因为只发现新资源不会像完整的发现周期那样影响站点服务器的性能。增量发现方法可检测以下新的资源类型：

- 添加到 AD DS 或组中的新计算机或用户
- 改变基本的计算机和用户信息
- 从组中移除的计算机或用户
- 改变系统组对象

增量发现方法没有取代其他 Configuration Manager 发现方法。因为它只在 AD DS 中查找新的或修改过的资源，所以它必须与执行 AD DS 完全同步的发现方法一起使用。

增量发现方法具有以下限制：

- 增量发现方法只读取复制的 Active Directory 属性更改。
- 增量发现方法不收集非复制的属性更改(如属性的成员)，除非同时更改了复制的属性。

2. 配置 Active Directory 方法

要配置 Active Directory 方法，只需要执行以下步骤：

(1) 打开 ConfigMgr 控制台，然后进入 Administration 工作区。

(2) 展开 Hierarchy Configuration 并单击 Discovery Methods 节点，如图 12.71 所示。

(3) 右击 Active Directory Forest Discovery 并选择 Properties。

(4) 如图 12.72 所示，选中 Enable Active Directory Forest Discovery，选中 Automatically create Active Directory site boundaries when they are discovered，选中 Automatically create IP address range boundaries for IP subnets when they are discovered，单击 Apply，然后单击 Yes。这将根据站点和服务执行发现操作，并在边界下创建条目。

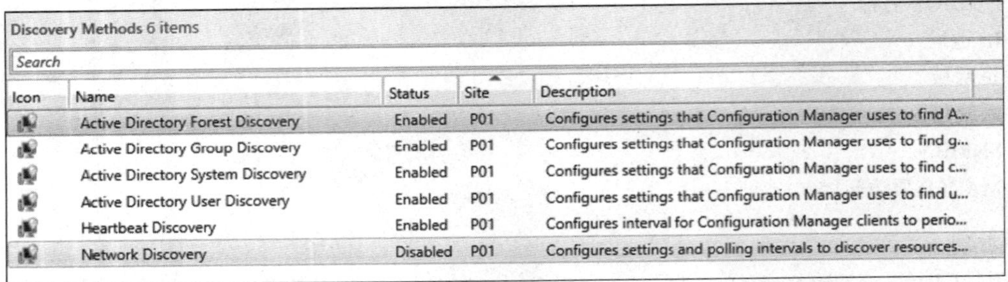

图 12.71　发现方法

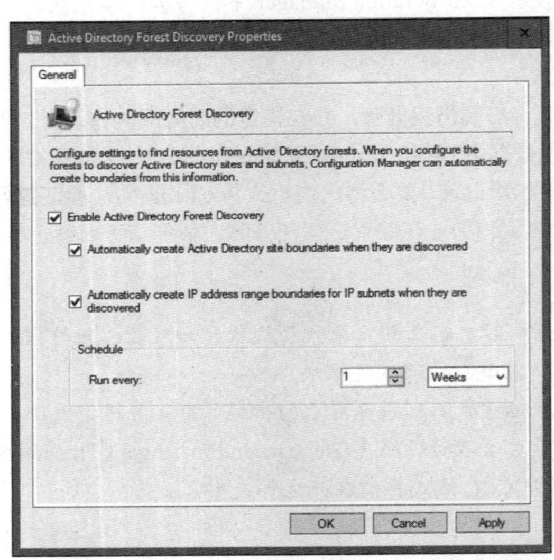

图 12.72　Active Directory Forest Discovery 屏幕

(5) 单击边界，将看到 Active Directory Forest Discovery 所生成的新项，如图 12.73 所示。

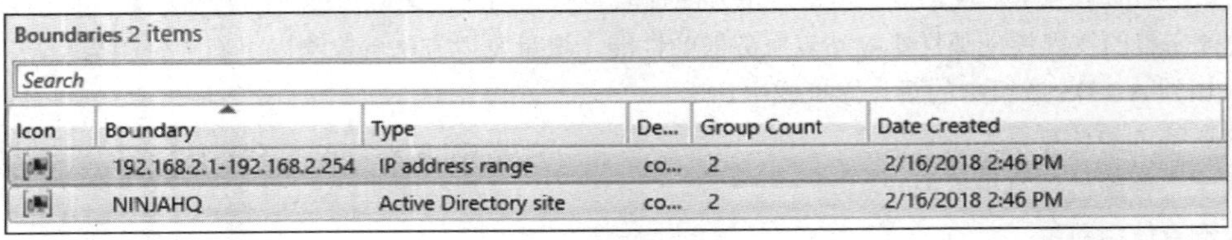

Boundaries 2 items

Search

Icon	Boundary	Type	De...	Group Count	Date Created
	192.168.2.1-192.168.2.254	IP address range	co...	2	2/16/2018 2:46 PM
	NINJAHQ	Active Directory site	co...	2	2/16/2018 2:46 PM

图 12.73　边界

(6) 返回 Discovery Methods，右击 Active Directory Forest Discovery 并选择 Properties。

(7) 在 Active Directory Group Discovery Methods 屏幕上，选中 Enable Active Directory Group Discovery，如图 12.74 所示。然后在 Active Directory location 屏幕上选择 Add | Location。输入名称并选择 LDAP 位置。为此，只需要单击 Browse 并找到 OU 或根，以查找 AD 组。完成后单击 OK，如图 12.75 所示。

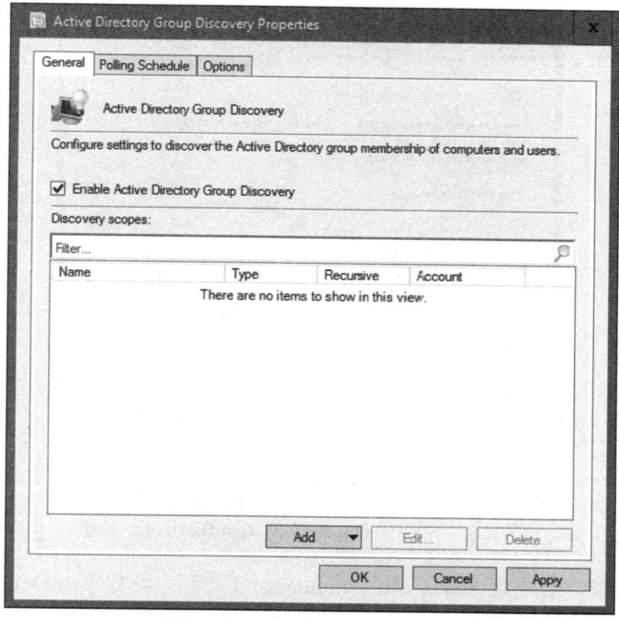

图 12.74 选中 Enable Active Directory Group Discovery

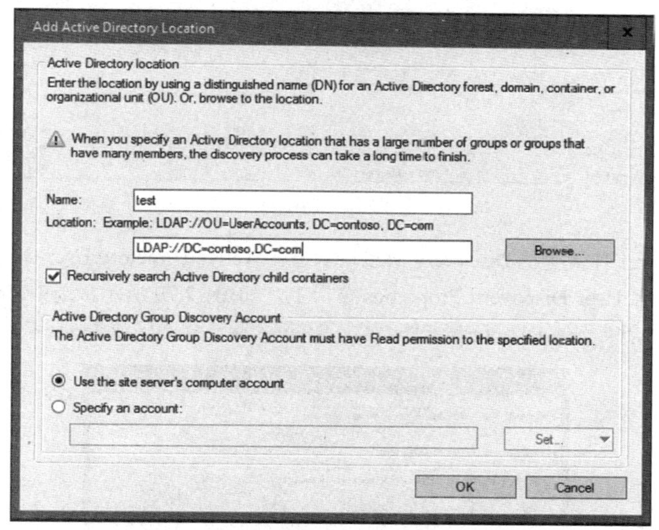

图 12.75 Active Directory location 屏幕

(8) 要查看新发现的对象，请单击 Assets And Compliance Workspace，然后单击 Users Collections 节点，就会显示在 All User Groups 和 All Users and User Groups 类别上发现的对象计数，如图 12.76 所示。

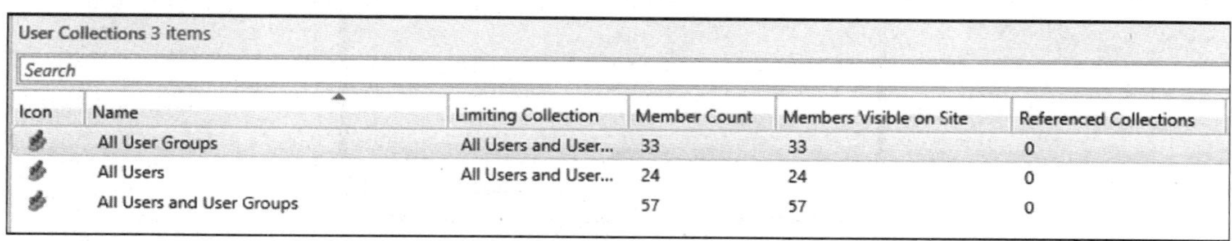
User Collections 3 items

Search

Icon	Name	Limiting Collection	Member Count	Members Visible on Site	Referenced Collections
	All User Groups	All Users and User...	33	33	0
	All Users	All Users and User...	24	24	0
	All Users and User Groups		57	57	0

图 12.76 Users Collections 节点

(9) 返回 Discovery Methods，右击 Active Directory System Discovery，并选择 Properties。

(10) 选择 Enable Active Directory System Discovery，如图 12.77 所示。然后单击星形图标，在路径上添加一个新的 Active Directory 容器，单击 Browse，选择 OU 或 forest 根，然后单击 OK。完成后，单击 Apply，然后单击 Yes。

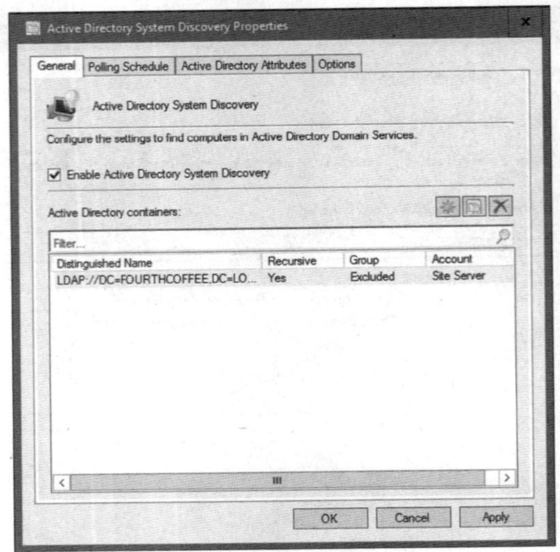

图 12.77 Active Directory System Discovery 屏幕

(11) 要查看新发现的对象，请转到 Assets and Compliance 工作区，然后单击 Device Collections。就会看到 All Systems 下列出的这些对象(参见图 12.78)。

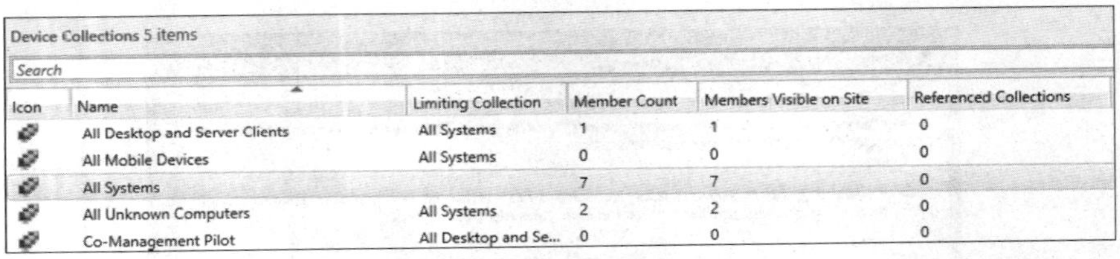

Device Collections 5 items

Search

Icon	Name	Limiting Collection	Member Count	Members Visible on Site	Referenced Collections
	All Desktop and Server Clients	All Systems	1	1	0
	All Mobile Devices	All Systems	0	0	0
	All Systems		7	7	0
	All Unknown Computers	All Systems	2	2	0
	Co-Management Pilot	All Desktop and Se...	0	0	0

图 12.78 列出对象

(12) 返回Administration工作区上的 Discovery Methods，右击 Active Directory User Discovery 然后选择 Properties。

(13) 在 Active Directory User Discovery Properties 窗口上，如图 12.79 所示，选中 Enable Active Directory User Discovery，并向路径添加一个 Active Directory 容器。单击 Browse 并选择 OU 或 forest 根。单击 OK，然后单击 Apply。

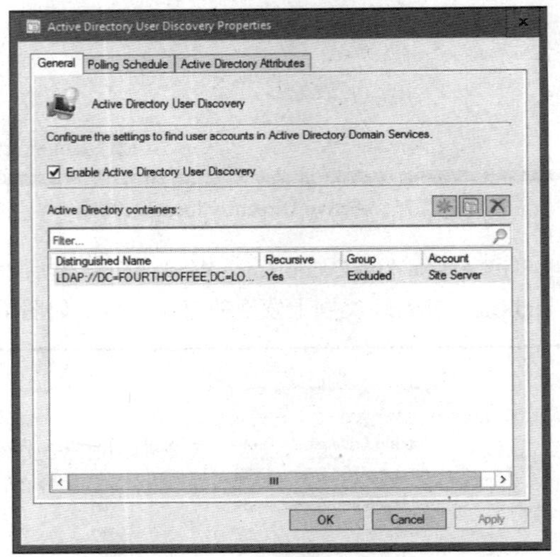

图 12.79 Active Directory User Discovery Properties 窗口

(14) 要查看新发现的对象，请转到 Assets and Compliance 工作区，然后单击 User Collections。如图 12.76 所示，用户计数显示在 All Users 和 All Users and User Groups 选项下。

(15) 返回 Administration 工作区，然后返回发现方法。剩余的两种发现方法是心跳发现方法和网络发现方法，这两种方法都不需要配置。

网络发现方法的网络流量

网络发现方法会导致大量的网络流量。我们建议只使用一次或只基于特定的需要来使用。否则，应该避免将其用于中小型企业业务。

12.4.6　边界及边界组

每个边界都表示 Configuration Manager 中的一个网络位置，它可从层次结构中的每个站点服务器获得。边界不允许在网络位置上管理客户端。要管理客户端，边界必须是边界组的成员。

使用边界组管理网络位置。在使用边界组之前，必须为边界组分配边界。边界组具有以下功能：

- 它们让客户找到一个主网站，用于客户端分配(自动站点分配)。
- 在管理点(可选)、分发点、状态迁移点等站点系统服务器与边界组关联起来后，可为客户端提供一个含有内容的可用网站系统列表。

要支持站点分配，必须配置边界组来指定一个分配的站点，供客户机在自动站点分配期间使用。要支持内容位置，必须指定一个或多个站点系统。只能使用分发点或状态迁移点等站点系统角色来指定站点系统。对于边界组，站点分配和内容位置配置都是可选的。

当计划边界组时，考虑创建一组边界组用于内容位置，再创建另一组边界组用于自动站点分配。这种分离有助于避免在站点分配时重叠边界。当有重叠的边界并使用自动站点分配时，分配客户端的站点可能是非确定性的。

1. 创建边界

要创建边界，请遵循以下步骤:

(1) 打开 ConfigMgr 控制台；然后转到 Administration 工作区并选择 Boundary 节点。

(2) 右击 Boundaries 然后选择 Create Boundary。

(3) 在 Create Boundary 窗口上，如图 12.80 所示，可选择创建 IP subnet、Active Directory Site、IPv6 或 IP 地址范围的边界类型。

(4) 一旦确定了要创建的 Boundary 类型，输入边界所需的信息，然后单击 Apply。

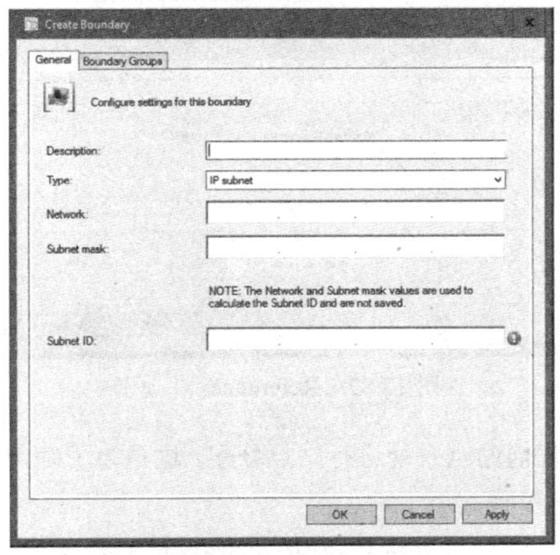

图 12.80　Create Boundary 窗口

2. 创建边界组

Configuration Manager 中有三种边界组：一种用于站点分配，一种用于内容位置，另一种用于 MP(管理点)关联。

要创建边界，请遵循以下步骤：

(1) 打开 ConfigMgr 控制台，并单击 Administration 工作区。

(2) 选择位于 Hierarchy Configuration 下的 Boundary Group 节点。

(3) 右击边界组，然后选择 Create Boundary Group。

(4) 输入边界组名称和描述信息，如图 12.81 所示，然后单击 Add。

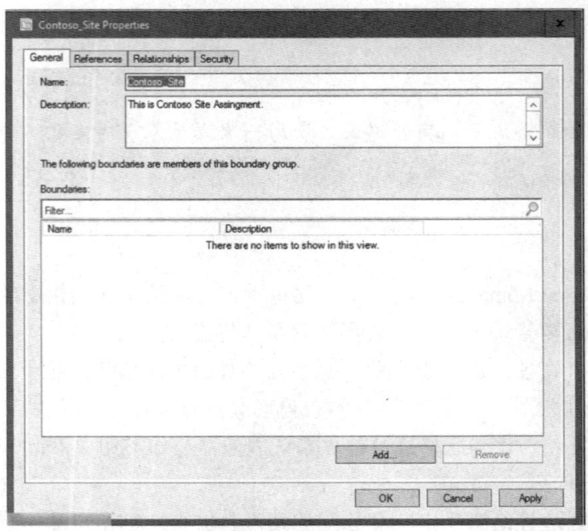

图 12.81　创建边界组

(5) 在 Add Boundaries 窗口上，选择列出的所有边界。因为这是一个站点分配边界组，且只有一个主站点，所以所有客户端都向这个主站点报告。单击 OK。

(6) 回到 Boundary Group Properties 窗口上，单击 References 并选择 Use this boundary group for site assignment，如图 12.82 所示。单击 Apply。

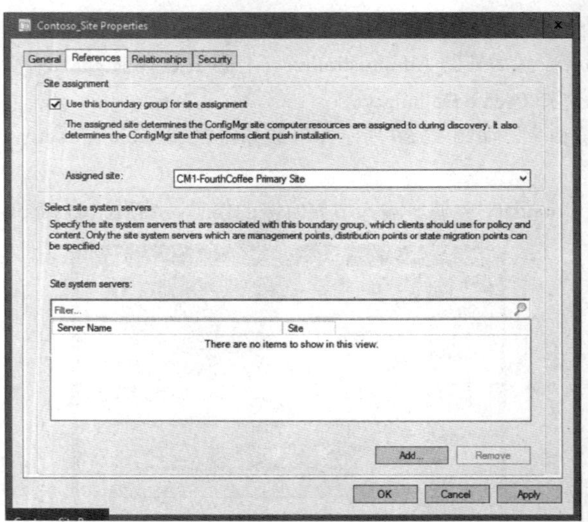

图 12.82　References 选项卡

注意，我们没有在边界组中选择任何站点系统进行站点分配。这是为了确保它只用于站点分配，而不是混合边界。

下面是为内容位置创建边界组的步骤：

(1) 打开 Configuration Manager 控制台，并选择 Administration Workspace | Hierarchy Configuration。

(2) 选择 Boundary Groups 节点，右击 Create Boundary Group。

(3) 在 Create Boundary Group 窗口中，输入边界组的名称。对于本例，输入 CON_DP。

(4) 单击 Add，为内容和位置选择访问此边界组的边界。做出选择后，单击 OK。

(5) 单击 References。在 Select Site System Server 窗口上，单击 Add 并选择该边界组所需的分发点。做出选择后，单击 OK。

(6) Content 的边界组没有选定的站点分配；它只有一个站点系统。单击 Apply 和 OK。

下面是为管理点关联创建边界组的步骤：

(1) 打开 Configuration Manager 控制台并选择 Administration Workspace| Site Configuration。

(2) 右击 Sites 并选择 Hierarchy Settings。

(3) 在 Hierarchy Settings 上，选择客户端来使用绑定组中指定的管理点。单击 Apply 和 OK。

(4) 返回 Hierarchy Configuration 并选择 Boundary Group 节点。

(5) 右击 Boundary Groups 并单击 Create Boundary Group。

(6) 在 Create Boundary Group 中，输入该边界组的名称。对于本例，输入 CON_MP。

(7) 在 Boundaries 部分中，单击 Add，并选择要向此 MP 报告的边界。单击 OK。

(8) 单击 References，在 Site Systems 下单击 Add，然后为这个边界组选择想要的管理点。

(9) 单击 Apply 然后单击 Close。

12.4.7 安装客户端

安装客户端是这个过程的下一步。有很多方法可以安装客户端；本节将重点介绍最适合 Windows Server 2016 的客户端安装方法。

1. 安装客户端推送

使用 Client Push Installation 方法将客户端自动安装到分配的资源上，并手动将客户端安装到未分配的资源上。

此方法可用于使用 Configuration Manager 控制台将客户端安装到一台计算机或一组计算机上。

它还可用于在发现的计算机上自动安装客户端。它可自动使用在 Client Push Installation 属性的 Client 选项卡上定义的客户端安装属性。

2. 配置客户端推送

要配置 Client Push，请执行以下步骤：

(1) 打开 Configuration Manager 控制台，并选择 Administration Workspace Site | Configuration | Sites Node。

(2) 右击主站点，并选择 Client Installation Settings | Client Push Installation。

(3) 在 Client Push Installation 属性中，选择 Enable Automatic Client Push Installation。在 System Types 中，确保选择了 Servers。

注意：当使用站点范围的客户端推送安装和客户端推送向导时，指定是否在域控制器上安装 Configuration Manager 客户端。可选择 Always Install the Configuration Manager Client On Domain Controllers。然而，这是一个可选的步骤。可以决定不这样做，并在域控制器上手动安装客户端。

(4) 单击 Accounts，确保有一个可在工作站和服务器上安装客户端的账户。通常，一旦添加了账户，此账户就具有本地管理员权限。

(5) 单击 Installation Properties 并查看当前命令行的属性。查看后，单击 Apply 和 OK。

注意：在启用自动客户端推送之前，应该始终执行发现方法。如果在 ConfigMgr 中有客户端之前启用了客户端推送，那么所有发现的对象都将安装，并创建意外的网络流量。

3. 将服务器排除在客户端推送之外

如有必要，可从客户机推送中排除一些服务器。为此，需要编辑一个名为 ExcludeServers 的多字符串注册表键。可在以下路径找到注册表：

HKEY_LOCAL_MACHINE/SOFTWARE/Microsoft/SMS/Components/SMS_DISCOVERY_DATA_MANAGER

一旦编辑了注册表键，就可以添加一个或多个服务器，希望从这个过程中排除这些服务器。

4. 手动安装客户端

要手动安装客户端，需要了解客户端安装属性；可通过以下链接了解可用的属性：

`https://docs.microsoft.com/ en-us/sccm/core/clients/deploy/about-client-installation-properties`

要安装客户端，需要复制 ccmsetup.exe 文件和所有位于%programfiles%\Microsoft Configuration Manager\Client 的文件。为此，请遵循以下步骤：

(1) 登录到希望获得客户端安装的服务器。

(2) 使用管理员权限打开命令提示符(Admin)。

(3) 输入 pushd \NYCCAS\SMS_CAS\Client 并按回车键。

(4) 客户机文件夹将映射到此处的服务器。输入 CCMSETUP.EXE SMSSITECODE=NYC，按回车键。

(5) 一旦安装了客户端，在 C:\Windows\ccm 上会看到一个新文件夹，应该在 Installed Programs Call Software Center 上看到一个新图标。验证客户机的另一种方法是转到 Control Panel | Security。

12.4.8 使用客户端设置

客户端设置可用于为客户端配置特定项。在 Configuration Manager 控制台的 Administration Workspace Client Settings 节点上可看到默认的客户端代理设置。当更改默认客户端设置时，这些设置会应用于层次结构或站点服务器中的所有客户端。可以创建自定义客户端设置，将其分配给集合时，该设置将覆盖默认的客户端设置。

要了解关于客户端设置的更多信息，请阅读以下链接的信息：

```
https://docs.microsoft.com/en-us/sccm/core/clients/deploy/about-client-settings
```

要为服务器创建自定义客户端设置，请执行以下步骤：

(1) 打开 Configuration Manager 控制台，并选择 Administration Workspace | Client Settings。

(2) 右击 Client Settings 节点，并选择 Create Custom Client Device Settings。

(3) 在 Create Custom Client Device Settings 屏幕上，输入名称和描述信息。

(4) 输入了名称和描述信息后，需要为 Windows 服务器选择一系列配置。

(5) 在设置屏幕的左侧，选择 Client Policy。

默认策略

默认策略设置为 60 分钟，对于服务器，建议时间间隔为 30 分钟，启用 User Policy On Clients = No，因为这是服务器而不是工作站。

(6) 在 Create Custom Client Device 窗口上，单击 General。

(7) 在设置屏幕的左侧，选择 Computer Agent 以选择代理。

计算机代理

在 Computer Agent 上，建议只使用 Organization Name 设置。不建议使用新的 Software Center，因为它更关注工作站和用户。

(8) 在 Create Custom Client Device 窗口上，单击 General。

(9) 在设置的左侧，选择 Hardware Inventory。

硬件库存周期

对于服务器，建议至少每五天执行一次库存周期。服务器将联机，通常它们的硬件不会经常改变。

要添加其他类，需要单击 Set Classes，并为服务器启用以下类：

- Server Hardware Inventory Classes
- Logical Disk | Enable Free Space (MB)
- Quick Fix Engineering
- Shares

(10) 在 Create Custom Client Device 窗口上，单击 General。

(11) 在设置屏幕的左侧，选择 Software Inventory。

软件库存周期

对于软件库存，建议将库存周期设置为 7 天。需要设置文件类型，并选择文件扩展名。文件扩展名可以是 exe 或其他类似的扩展名。如果想防止服务器扫描驱动器，请添加一个空文件并将其命名为 skpswi.dat。如果想了解关于配置软件库存的更多信息，请查看以下链接：https://docs.microsoft.com/en-us/sccm/core/clients/manage/inventory/configure-software-inventory。

(12) 在 Create Custom Client Device Settings 上，单击 General。

(13) 在设置屏幕的左侧，选择 Software Updates，如图 12.83 所示。

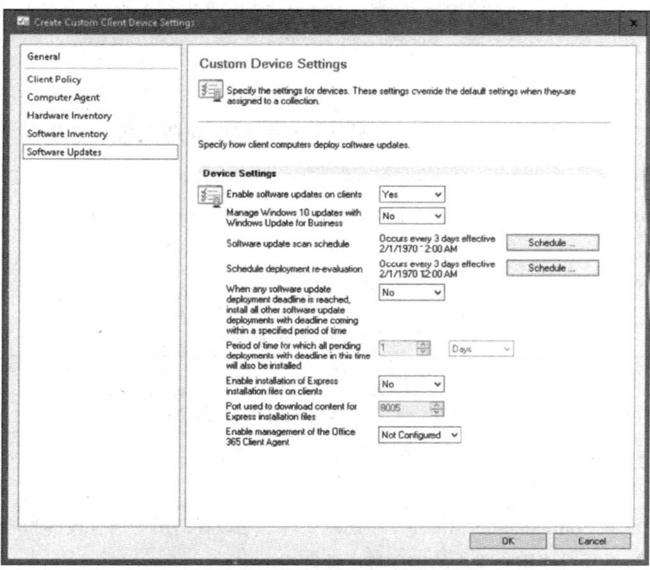

图 12.83　创建自定义客户端设备设置：软件更新

自定义客户端设备设置

Software Update 设置中最重要的部分是频率。避免使用与工作站相关的配置。

(14) 在 Create Custom Client Device Settings 窗口上，单击 General。现在选择 State Messaging，如图 12.84 所示。

(15) 在设置屏幕的左侧，选择 Software Updates。

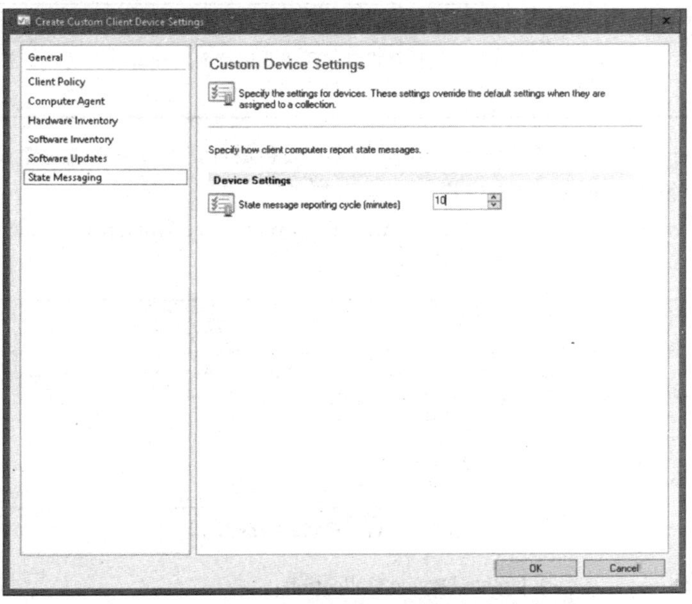

图 12.84　创建自定义客户端设备设置：状态消息传递

状态消息循环

状态消息在需要时由客户端发送。对于工作站，默认情况下每 15 分钟发送一次消息。对于服务器，建议将周期时间更改为 10 分钟。

(16) 单击 OK。新创建的客户端设置将在 Client Settings 节点中可用。

(17) 如果准备部署设置，只需要右击新创建的客户端设置，并选择 Deploy。

(18) 在 Select a Collection 窗口上，转到根文件夹，找到与服务器相关的集合，然后单击 OK。

12.4.9 使用集合

集合帮助将资源组织到可管理的单元中。可创建集合来匹配客户管理需求，并在多个资源上同时执行操作。可在以下链接中阅读关于集合的更多信息：

```
https://docs.microsoft.com/en-us/sccm/core/clients/manage/collections/introduction-to-collections
```

表 12.8 列出了使用集合的几种方法。

表 12.8 集合的使用

操 作	示 例
对资源进行分组	可创建基于组织的层次结构对资源进行分组的集合
应用程序部署	可创建一个没有安装 Microsoft SQL Server Report Builder 的计算机集合，然后将其部署到该集合中的所有计算机
管理客户端设置	尽管 Configuration Manager 中的默认客户端设置适用于所有设备和所有用户，但可以创建应用于设备集合或用户集合的定制客户端设置。 如上一节所述，可构建 Server Settings Client Settings
电源管理	可为每个集合配置特定的电源设置
基于角色的管理/基于角色的访问控制(报告)	使用集合来控制哪些用户组可访问 Configuration Manager 控制台中的各种函数
维护窗口	通过维护窗口，可定义一个时间段，在此期间，可在设备集合的成员上执行各种 Configuration Manager 操作
软件更新	可配置一组集合来验证更新或执行生产部署
操作系统部署	默认情况下，所有未知的计算机都将用于尚未联网的设备。但是，还需要为已经存在的设备定义一组集合

Configuration Manager 中有两种类型的集合：用户集合和设备集合。本节将重点讨论设备集合。

要创建一个全服务器集合，可执行以下步骤。

(1) 打开 Configuration Manager 控制台，并选择 Asset and Compliance Workspace | Device Collection，如图 12.85 所示。

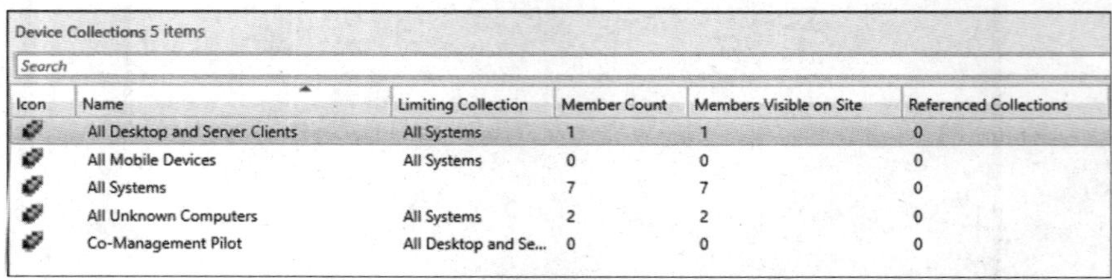

图 12.85 Device Collections 窗口

(2) 右击 Device Collections，并选择 Create Device Collection。

(3) 在 Create Device Collection 向导上，输入名称和描述信息，然后选择 Limiting Collection 并单击 Next。

> **限制集合**
> 限制集合用于控制可作为集合成员添加的资源数量。这对于保护和基于角色的管理是有益的。

(4) 在 Membership Rules 窗口上，单击 Add Rule 并选择 Query Rule。

(5) 在 Query Rule Properties 窗口上，输入规则的名称，然后单击 Edit Query Statement。
(6) 在 Query Statement Properties 窗口上，选择 Criteria，然后单击 Create New Criterion。
(7) 在 Criterion Properties 窗口上，将 Criterion Type 保留为 Simple Value，然后单击 Select。
(8) 在 Select Attribute 上，下钻到 Attribute Class 并选择 System Resource。
(9) 将 alias 保留为默认值，然后单击 Attribute。选择 Operating System Name and Version，然后单击 OK。
(10) 在 Criterion Properties 窗口上，将 Operator 改为 Is Like，然后在 Value 上输入%Server%。
(11) 如果不返回到第 6 步，最后的结果就会显示所有可用的服务器。
(12) 单击 OK 三次，就会回到创建新规则的 Membership Rules。
(13) 单击 Use Incremental Updates For This Collection，单击 Next 两次，然后单击 Close。

作为最佳实践，此集合的增量更新只能在前 200 个集合中使用。此配置与每 5 分钟运行一次的 Delta Discovery 关联，它将把新设备引入集合中。要了解关于集合的更多最佳实践，请访问 https://docs.microsoft.com/en-us/sccm/core/clients/manage/collections/ best-practices-for-collections。

将服务器设置部署到所有服务器

现在已经创建了一个全服务器集合，可以部署上一节中创建的服务器设置了。

要将推荐的客户机代理设置部署到全服务器集合，必须回到 Administration 工作区上的 Client Settings，右击 Server Settings，然后选择 Deploy。

部署软件更新

软件更新是通过 Configuration Manager 管理 Windows Server 2016 的重要组成部分。现在已经有了一个很好的配置，下面部署一些 Windows Server 2016 更新。但在部署它们之前，需要验证与 Software Update Catalog 同步的产品。

要为软件更新配置 Windows Server 2016，请执行以下步骤：
(1) 打开 Configuration Manager 控制台并选择 Administration Workspace| Site Configuration | Sites。
(2) 右击主站点，选择 Configure Site Component，然后选择 Software Update Point。
(3) 在 Software Update Point Component Properties 屏幕上，选择 Products。
(4) 在 Products 窗口中，展开 Windows 并选择 Windows Server 2016。
(5) 单击 OK。
(6) 转到 Software Library Workspace | Software Updates | All Software Updates。
(7) 右击 All Software Updates | Select Synchronize Software Updates，然后单击 Yes。

可在 Monitoring Workspace | Software Update Point Synchronization Status 上监视更新进度，也可查看 wsyncmgr.log，它位于"Install Path" \Microsoft Configuration Manager\logs 下。

(8) 在 All Software Updates 上，单击 Add Criteria。从下拉菜单中选择 Product、Date Released、Expired and Superseded，然后单击 Add。
(9) 在 Search Criteria 屏幕上，选择配置。
(10) 选择已发布的更新，右击并选择 Create Software Update Group。
(11) 在 Create Software Update Group 上，输入更新组的名称和描述，并单击 Create。
(12) 转到 Software Update Group 节点，就能看到新创建的软件更新组。
(13) 右击新的软件更新组，并选择 Download。
(14) 在 Download Software Updates Wizard 中，选择 Create A New Deployment Package，输入名称、描述信息和包源。
(15) 单击 Next。
(16) 在 Distribution Points 屏幕上，单击 Add，选择 Distribution Points，然后选择部署所需的分发点，单击 OK。
(17) 单击 Next 两次；在 Download Location 屏幕上，保留默认设置，并单击 Next。
(18) 在 Language Selection 屏幕上，保留默认值，并单击 Next 两次。等待下载。选择的语言应该是支持组织所需的语言。另外请注意，下载可能需要一些时间来完成。

(19) 下载完成后，单击 Close。

(20) 右击新的软件更新组，并选择 Deploy。

(21) 在 Deploy Software Update Wizard 上，单击 Browse 并选择 All Server Collection 或 Windows Server 2016 集合，单击 Next。

(22) 在 Deployment Settings 屏幕上，查看设置，并单击 Next。

(23) 在 Scheduling 屏幕上，查看要部署更新的时间并单击 Next。

(24) 在 User Experience 屏幕上，检查是否要显示消息。单击 Next。

(25) 在 Alerts 屏幕上，可生成警报。可在 Monitoring 工作区中查看它们。

(26) 在 Download Settings 屏幕上，查看设置并单击 Next。

(27) 在 Deployment Package 屏幕上，单击 Browse 并选择 Monthly Server Updates 选项。

(28) 在 Download Location 屏幕上，保留默认位置并单击 Next。

(29) 在 Language Selection 屏幕上，保留默认值并单击 Next。

(30) 在 Summary 屏幕上，如果要重用相同的设置，单击 Next 或单击 Save As Template。

(31) 等待进度指示器完成，并单击 Close。

软件更新需要根据组织的变更控制过程，在特定日期和时间进行协调和部署。还可使用规则自动部署软件更新。要了解更多信息，请访问 https://docs.microsoft.com/en-us/sccm/sum/deploy-use/automatically-deploy-software-updates。

12.5 本章要点

配置 SQL Server 集群：为 System Center Configuration Manager 安装和配置 SQL 集群时，一定要配置正确的磁盘驱动器——换句话说，那些本地驱动器和连接了 SAN 的驱动器。

问题 根据本书的建议为监视服务保留一个本地驱动器。

答案 将 no_sms_on_drive.sms 文件复制到连接了 SAN 的驱动器上，以免在特定驱动器上安装监控服务。关于这一步的更多信息可在如下网址找到：https://blogs.technet.microsoft.com/smartinez/2014/06/11/you-implemented-a-sql-cluster-for-sysctr-2012-r2-configmgr-and-you-forgot-what/。

安装 System Center 2016。安装 System Center 2016 可能有点棘手；必须了解应该首先安装哪些产品以及如何在安装后对它们进行集成。

问题 可采用任何顺序安装产品。最好在升级 System Center Product 时遵循其升级过程；这避免了产品版本之间的冲突，因为这些版本不会相互影响。

答案 产品安装顺序与升级顺序类似，如下所示：

(1) Orchestrator

(2) Service Manager

(3) Data Protection Manager

(4) Operations Manager

(5) Virtual Machine Manager

(6) System Center Configuration Manager

了解如何安装 Windows Server 2016 管理包。讨论 System Center 套件中的不同集成组件时，需要关注 System Center Service Manager 和其他 System Center 组件之间的连接。在本例中，有以下一组集成的组件：

- SCSM 连接器
  - Active Directory
  - System Center Operations Manager
  - System Center Configuration Manager
  - System Center Orchestrator
  - System Center Virtual Machine Manager
- 在 SCOM 和 SCVMM 之间部署集成。

- SCOM 代理部署到所有 System Center 组件。
- SCOM 和 SCSM 导入 System Center Management Packs。
- 在 SC Orchestrator 中安装集成包。

问题　如果讨论干净的 System Center Suite 安装和那些开始时没有集成的组件，则它们的部署没有特定顺序。换句话说，这个套件是完全集成的，作为独立组件工作。但如果是升级流程，则必须遵循特定顺序以确保升级成功。该顺序是什么？

答案　System Center 组件的升级顺序如下：

(1) Orchestrator：如果安装了 Operations Manager 集成包，以支持针对 Operations Manager 管理组执行自动化的运行工作。升级资源可从如下网址获得：https://docs.microsoft.com/en-us/systemcenter/orchestrator/upgrade-to-orchestrator。

(2) Service Manager：如果将连接器配置为导入警报和配置数据，用于在 Operations Manager 中发现和监视的任何对象。升级资源可从如下网址获得：https://docs.microsoft.com/en-us/system-center/scsm/upgrade-to-sm-2016。

(3) Data Protection Manager：如果将中央控制台配置为集中管理 DPM 环境。升级资源可从如下网址获得：https:// docs.microsoft.com/en-us/systemcenter/dpm/upgradtodpm -2016。

(4) Operations Manager。升级资源可从如下网址获得：https://docs.microsoft.com/en-us/system-center/scom/deploy-upgrade-overview。

(5) Virtual Machine Manager。如果配置了与 Operations Manager 的集成，以监视 VMM 组件、虚拟机和虚拟机主机的健康状况。升级资源可从如下网址获得：https://docs.microsoft.com/en-us/system-center/vmm/upgrade。

有关更多信息，请参阅 System Center 文档页面：https://docs.microsoft.com/en-us/system-center/。

第 13 章 用 OMS 进行管理

本章介绍 Operations Management Suite(OMS)，它是一种管理解决方案，旨在管理、保护本地和云基础设施。OMS 组件完全驻留在 Azure 中，而不是部署和管理内部资源。它的配置是最少的，可在几分钟内启动并运行。本章将介绍 OMS 的基础知识，以及如何使用它监视和获取来自 Windows Server 2016 服务器的通知。

本章内容：

- 管理混合环境
- 暴露安全威胁
- 维护自动化配置更新

13.1 什么是 Operations Management Suite

微软长期以来一直提供用于管理企业环境的产品。2007 年，多个产品整合为管理产品的 System Center 套件。这包括第 12 章提到的产品系列。

随着更多的计算资源转移到云，System Center 产品获得了更多云特性，如 Operations Manager。然而，这些特性从根本上来说仍然是作为内部解决方案设计的，在内部管理环境中部署和维护时需要大量投资。为了完全利用云并支持未来的应用程序，需要一种新的管理方法。

Operations Management Suite(OMS)是一组用于交付统一的 IT 管理解决方案的组件，它将多个 IT 操作和挑战与一套能够解决这些挑战的解决方案组合在一起。

OMS 基于这四个区域，如图 13.1 所示。

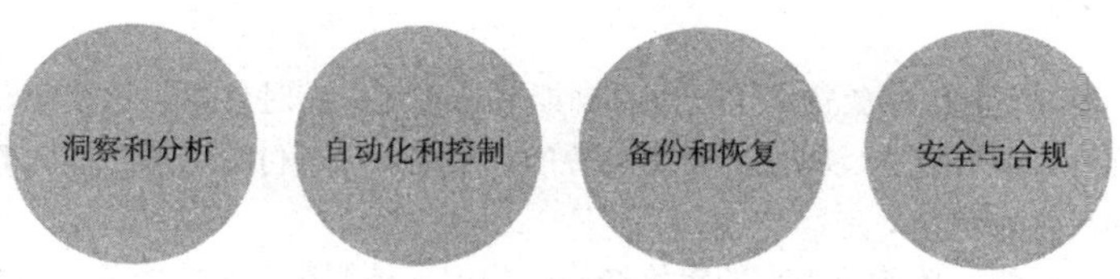

图 13.1　解决方案的类型

13.1.1 简史

微软 Operations Management Suite 于 2012 年 1 月与 System Center Advisor(以前的微软代码名是 Atlanta)一起发布，它通过评估静态数据、运行时数据和操作数据来识别可能导致停机或性能低下的潜在问题，使 IT 专业人员能够主动避免服务器配置问题。最初，Advisor 为 Windows 服务器和 SQL Server 工作负载提供支持，并为其他服务器产品提供扩展支持。

然而，Advisor 产品团队意识到，客户需要更多地了解其数据。他们的解决方案就变成所谓的 Azure Log Analytics。在 2014 年一次有限的预览中，这个项目被称为 Azure Operational Insights。

随着 Ops Insights 捕获了大量机器数据，客户希望他们的问题得到纠正，并在他们发现的基础上寻求解决方案。这些客户需求触发了 Operations Management Suite 的创建。2015 年 5 月，在 Microsoft Ignite 上，这款软件开始普及。

该服务从头构建，以支持混合云场景。

13.1.2 OMS 服务

OMS 的核心功能是由在 Azure 中运行的一组服务提供的。每个服务都提供特定的管理功能，如表 13.1 所示，可以组合服务来实现不同的管理场景。

表 13.1 OMS 服务和说明

服务	描述
洞察和分析 (Insight & Analytics)	这个平台帮助收集、关联、搜索和操作日志和数据。 它提供了使用集成搜索的实时操作洞察，可以轻松地分析所有工作负载和服务器上的数百万条记录，而不管它们的物理位置如何。 可以很容易地将解决方案添加到 Log Analytics 中，Log Analytics 定义要收集的数据并为其分析指定逻辑
自动化和控制 (Automation & Control)	Azure Automation 使用基于 PowerShell 并在 Azure 云中运行的运行簿来实施自动化管理。运行簿(Runbook)可以访问任何可以用 PowerShell 管理的产品或服务，包括其他云(如 Amazon Web Services (AWS))中的资源。运行簿也可以在本地数据中心的服务器上执行，以管理本地资源。 Azure Automation 通过 PowerShell DSC(Desired State Configuration，理想状态配置)提供配置管理。可以创建和管理 Azure 中托管的 DSC 资源，并将它们应用到云和内部系统中，以定义和自动执行它们的配置
备份和恢复 (Backup and Recovery)	Azure Backup 保护应用程序数据，并将其保存多年，不需要大量投资，且操作成本最低。 Azure Site Recovery 通过协调内部 Hyper-V 虚拟机、VMware 虚拟机和物理 Windows/Linux 服务器的复制、故障转移和恢复，有助于实施业务连续性和灾难恢复(BC/DR)策略
安全与合规 (Security & Compliance)	Security & Compliance 解决方案旨在暴露安全风险，并采取果断行动来消除这些风险。Security and Audit 解决方案收集和分析托管系统上的安全事件，以识别可疑活动。 Antimalware 解决方案报告托管系统上的反恶意软件保护的状态。 System Updates 解决方案对托管系统上的安全更新和其他更新进行分析，以便轻松地识别需要修补的系统

由于工具的复杂性，本章的重点是描述安全和分析功能。

13.2 OMS 定价

Operations Management Suite 可以免费试用，没有到期日。它可以随时使用。这个免费的试用版每天可以上传 500MB 数据，数据可以保存 7 天，现在、将来都会是免费的。不过，也有付费选项。不同的管理解决方案是不同服务的一部分，也包括不同的定价层。

这些产品的变化速度非常快。要检查当前的定价结构并确定各种解决方案和服务，请访问以下链接：https://docs.microsoft.com/en-us/azure/log-analytics/log-analytics-add-solutions#offers-and-price-tiers。

SLA 细节

对于付费层，微软保证至少在 99.9%的时间里，日志数据将在 6 个小时内被 Operations Management Suite 日志分析服务(Log Analytics Service)编入索引。但没有为 Operations Management Suite Log Analytics 的免费层提供服务级别协议(SLA)。

Operational Insights 服务的每月正常运行时间百分比(Monthly Uptime Percentage)是这样计算的：对于给定的 Microsoft Azure 订阅，总排队批次(Total Queued Batches)减去延迟批次(Delayed Batches)除以总排队批次。每月正常运行时间百分比用以下公式表示：

月正常运行时间百分比=(总排队批次-延迟批次)/总排队批次

表 13.2 列出了 Operations Management Suite 的不同 SLA。

表 13.2 Operations Management Suite 的 SLA

每月正常运行时间百分比	服务信用
< 99.9%	10%
< 99%	25%

更多信息请访问 https://azure.microsoft.com/en-us/support/legal/sla/log-analytics/v1_1/。

Operations Management Suite 可支持多种类型的数据。例如，以下可以作为 OMS 的数据源：

- Windows 事件日志
- Windows 性能计数器
- Linux 性能计数器
- IIS 日志
- 定制字段
- Syslog

数据在初始化数据集后大约 60 分钟进行聚合。但请记住，Operations Management Suite 是一种日志分析工具，它的设计目的不是提供实时监控。一旦插入数据，今天的 Service Level Agreement 就是 6 个小时。对于反应性(几乎)实时监控，从工作负载和警报管理的角度看，System Center Operations Manager 是更好的拟合工具。

13.3 系统需求

表 13.3 列出了 Operations Management Suite 的需求。

表 13.3 连接源和数据源

数据类型	数据源的类型	描述
连接的源	Windows 代理	Windows Server 2008 SP1 或更高版本，或 Windows 7 SP1 或以上版本
	Linux 代理	Amazon Linux 2012.09 到 2015.09；CentOS Linux 5、6 和 7；Oracle Linux 5、6 和 7；Red Hat Enterprise Linux Server 5、6 和 7；Debian GNU/Linux 6、7 和 8；Ubuntu 12.04 LTS, 14.04 LTS, 15.04, 15.10, 16.04 LTS；SUSE Linux Enterprise Server 11 和12
	Azure 虚拟机	启用 Log Analytics VM Extension
	Azure 资源	收集 Azure 服务的日志和度量：Azure 诊断信息直接放在 Log Analytics 上，将 Azure 存储的 Azure 诊断信息放在 Log Analytics 上(Connectors for Azure 服务)，使用脚本收集数据并发布到 Log Analytics
	来自 Azure 存储的诊断或日志数据	Log Analytics 可以读取 Service Fabric 集群、虚拟机、Web/ Worker 角色的日志
	Operations Manager	SCOM 可通过 Log Analytics 扩展功能
	Configuration Manager	SCOM 可连接到 OMS，以同步设备收集数据
	OMS 网关	当无法上网时，监控计算机可以向 OMS 服务发送数据
数据源	自定义日志	Windows 或 Linux 代理上的文本文件，包含日志信息
	Windows 事件日志	从 Windows 计算机的事件日志中收集的事件
	Windows 性能计数器	从 Windows 计算机中收集的性能计数器
	Linux 性能计数器	从 Linux 计算机中收集的性能计数器
	IIS 日志	W3C 格式的 IIS 日志
	Syslog	Windows 或 Linux 计算机上的 Syslog 事件

Operations Management Suite 中的不同特性从连接的源中收集数据，而数据源也从连接的源中收集数据。例如，运行 Red Hat Enterprise Linux Server 的连接源收集(如果选中的话)用于 Linux 性能计数器的数据源。

还需要一个 Azure 订阅。有关更多信息，请参阅 https://docs.microsoft.com/en-us/azure/log-analytics/log-analytics-get-started。

OMS 支持下列浏览器：

- Internet Explorer(10 或更高)
- Chrome(最新)
- Firefox(最新)
- Safari(7 或更高)

不支持 Safari 6 和更低版本。如果使用的是 macOS，就可以使用 Chrome 或 Firefox 或者升级到 OS X Mavericks，以得到 Safari 7。

代理需要为各种资源使用 TCP 端口 443。表 13.4 列出了通信所需的 URL。

表 13.4　OMS 所需的 URL 访问

代 理 资 源	端　　口	绕过 HTTPS 检查
*.ods.opinsights.azure.com	443	是的
* .oms.opinsights.azure.com	443	是的
* .blob.core.windows.net	443	是的
* .azure-automation.net	443	是的

13.4　Log Analytics

尽管部署 Operations Management Suite 所需的过程很简单，但请记住，它可能(最终)会像组织所需要的那样复杂。总之，这个解决方案的优点是数据的收集几乎是实时的，这将帮助执行特别的探索、切割、搜索和关联不同的来源，最终了解组织所特有的数据，这有助于实现 IT Operations 的完全可视化。

使 OMS 添加到组织中的过程如下：

(1) 创建一个 Azure 账户(如果还没有 Azure 账户，就必须创建一个 Azure Pass。这是一个需要整合到 OMS 的免费账户。要获得免费通行证，请导航到 https://azure.microsoft.com/en-us/free)。

(2) 必须创建一个 Operations Management Suite 工作区，因此导航到 http://portal.azure.com，并使用与上一步中引用的 Azure 账户关联的 Live 账户登录。

(3) 在 Azure 门户中，单击 More services，键入 log 或 analytics，显示 Log Analytics，如图 13.2 所示。

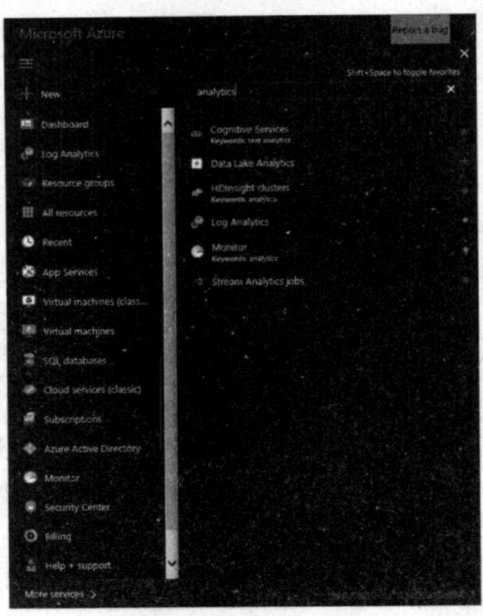

图 13.2　Azure 门户

(4) 在 Log Analytics 框中，单击 Add，如图 13.3 所示。

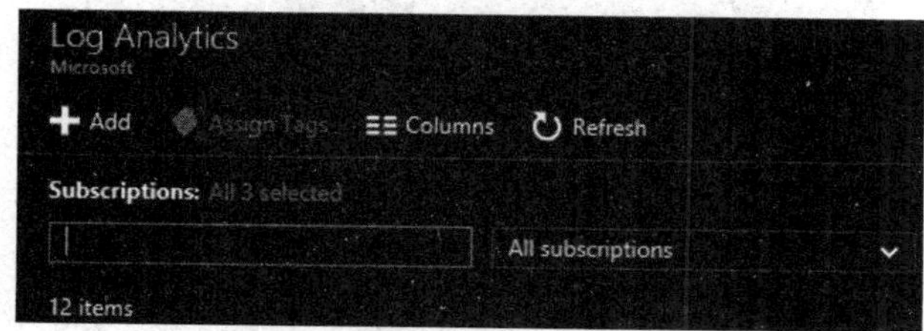

图 13.3　Azure 中的 Log Analytics 框

(5) 为 OMS 工作区选择一个名称，或为工作区输入一个名称；它必须是独一无二的。

(6) 选择一个订阅(如果有不止一个订阅，则确保它是刚创建的)。

(7) 选择(或创建)一个资源组。

(8) 选择一个位置。

选择地区

工作时，可以选择任何区域。然而，East US 地区是通常情况下对套件进行第一次更新的地区。其他地区对所有解决办法的访问是受限的。

(9) 选择一个定价层。

(10) 单击 OK，如图 13.4 所示。

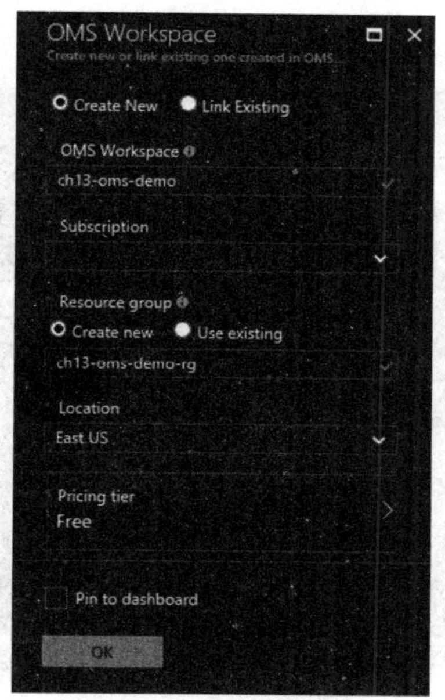

图 13.4　创建工作区

(11) 应该收到 Deployment succeeded 消息，如图 13.5 所示。

图 13.5　部署成功

(12) 创建工作区后，选择它，在 Azure 门户中查看其详细信息。

(13) 导航到 Azure 门户，验证门户是否可用，如图 13.6 所示。

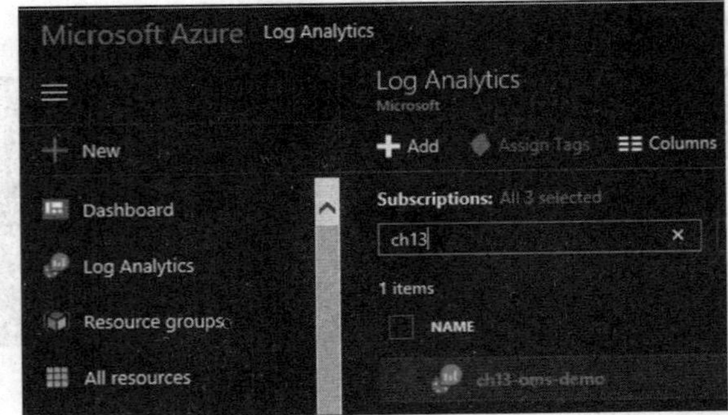

图 13.6 Microsoft Azure Log Analytics

(14) 单击创建的 Log Analytics 工作区。
(15) 单击箭头以升级 Azure Log Analytics 门户，如图 13.7 所示。

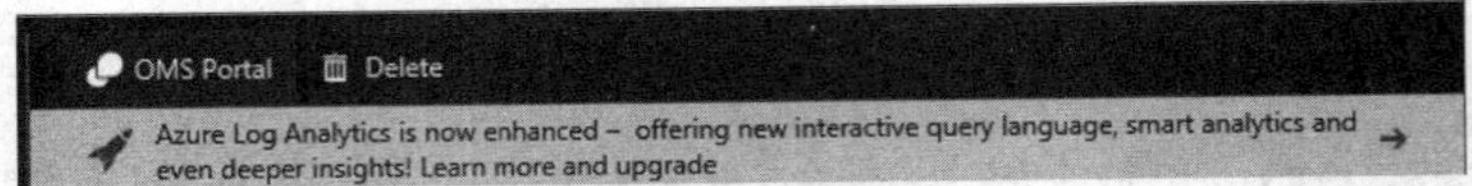

图 13.7 带有 Azure Log Analytics 的 OMS 门户

在撰写本文时，一些区域仍在运行旧的查询语言。
(16) 单击写有 Learn More and Upgrade 的紫色横幅。
(17) 查看升级信息页面上关于升级的信息。
(18) 单击 Upgrade Now，如图 13.8 所示。

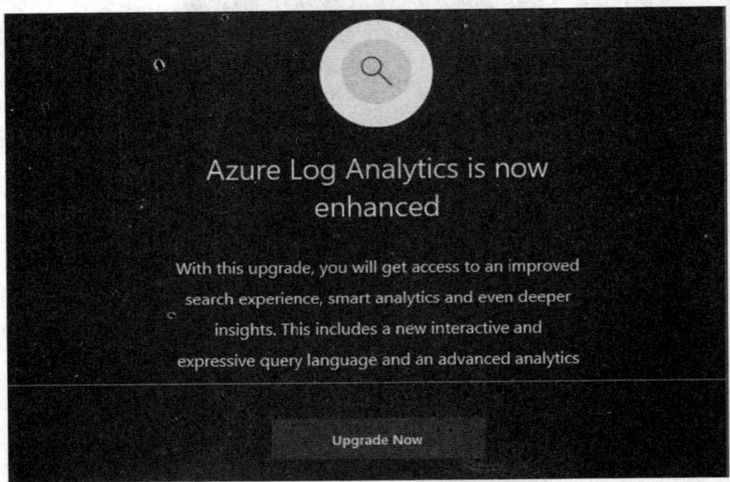

图 13.8 Azure Log Analytics 现在得到增强

(19) 等待右上角升级状态的通知，如图 13.9 所示。

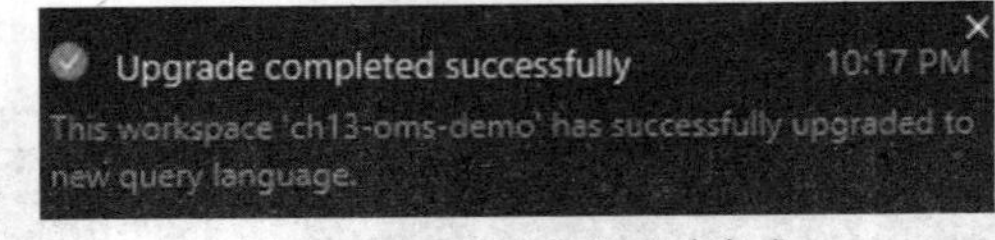

图 13.9 工作区升级成功完成

现在，可部署解决方案，来利用微软的工作成果(使用内置的仪表板，而不是花时间创建查询)。
(1) 在 Azure 门户中，单击 OMS Portal 链接，如图 13.10 所示。
(2) 单击齿轮图标，如图 13.11 所示。
(3) 选择 Data | Windows Performance Counters 并单击 Add the selected performance counters，然后单击 Save 图标

以完成操作，如图 13.12 所示。

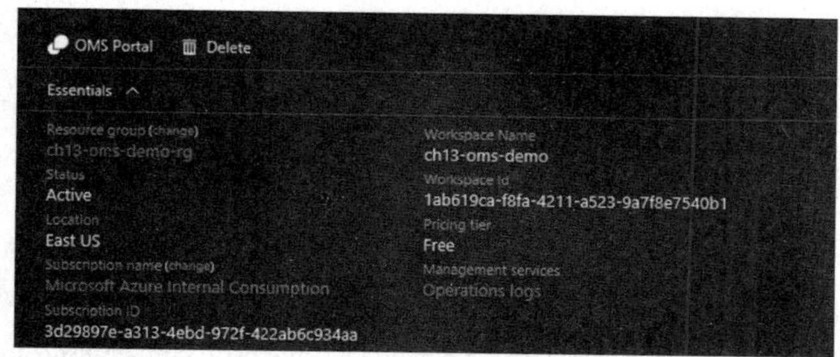

图 13.10　OMS Portal 链接

图 13.11　基于最后 1 天的数据

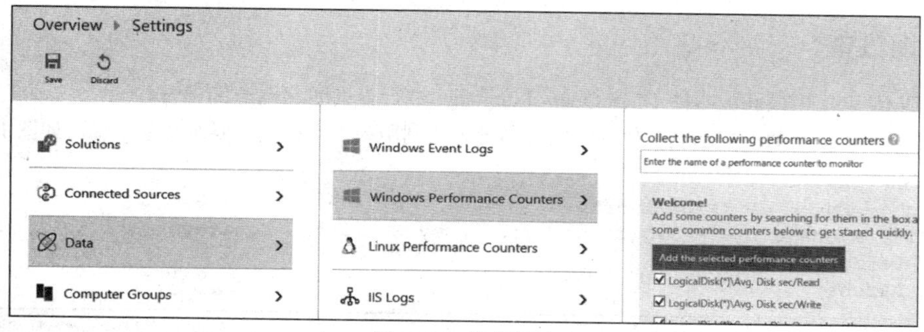

图 13.12　数据概述

(4) 添加 Security and Audit 解决方案。

(5) 导航到 OMS 门户并单击 Solutions Gallery，它显示为一个购物袋，如图 13.13 所示。

图 13.13　显示为一个购物袋

(6) 在 Solutions Gallery 上单击 Security and Audit 解决方案，如图 13.14 所示。

图 13.14　Security and Audit 解决方案

(7) 单击 Add 按钮，如图 13.15 所示。

图 13.15 Security and Audit 窗口

现在可以连接源。

◆ Windows 代理连接到 OMS 工作区吗？请检查 https://docs.microsoft.com/en-us/azure/log-analytics/log-analytics-windows-agents。

◆ SCOM 是集成到 OMS 并将数据转发到 OMS 吗？请检查 https://docs.microsoft.com/en-us/azure/log-analytics/log-analytics-om-agents。

最后，通过向 OMS 发送查询来检查数据。

13.4.1 查询性能

下面是在 OMS 中使用最新版本的 OMS Query Language 进行查询的示例查询列表。

下面的查询显示代理将数据发送到工作区时的最高处理器利用率；可根据需要重命名 y 轴，如图 13.16 所示。

```
Perf
| where ObjectName == "Processor"
| summarize Average_CPU = avg(CounterValue) by Computer, CounterName
| where Average_CPU > 1
| render barchart
```

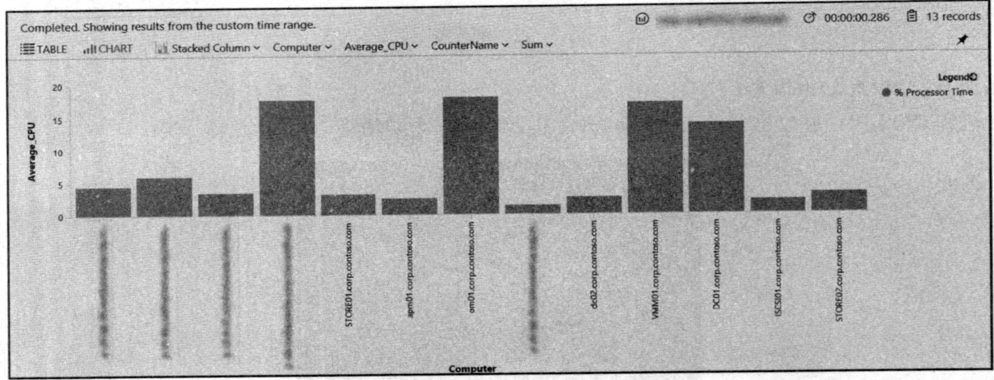

图 13.16 处理器利用率的查询

下面的查询将显示工作区的磁盘延迟，如图 13.17 所示。

Completed. Showing results from the custom time range. 00:00:02.609 16 records

TABLE CHART Columns

Drag a column header and drop it here to group by that column

Computer	CounterName	Average_Latency
[illegible]	Avg. Disk sec/Read	0.0027418001
ISCSI01.corp.contoso.com	Avg. Disk sec/Read	0.0024939062
[illegible]	Avg. Disk sec/Read	0.0015353505
STORE02.corp.contoso.com	Avg. Disk sec/Read	0.0013245336
STORE01.corp.contoso.com	Avg. Disk sec/Read	0.0013172388
DC01.corp.contoso.com	Avg. Disk sec/Read	0.0013091177
[illegible]	Avg. Disk sec/Read	0.0012882618
om01.corp.contoso.com	Avg. Disk sec/Read	0.0012681111
scsm01.corp.contoso.com	Avg. Disk sec/Read	0.0011912758
apm01.corp.contoso.com	Avg. Disk sec/Read	0.0011857855

Page 1 of 1 50 items per page 1 - 16 of 16 items

图 13.17 磁盘延迟查询

```
Perf
| where CounterName == "Avg. Disk sec/Read"
| summarize Average_Latency = avg(CounterValue) by Computer, CounterName
| sort by Average_Latency desc
```

下面的查询显示环境的总体性能数据，如图 13.18 所示。

```
Perf
| where TimeGenerated >=ago (7d)
| where ObjectName == "Processor"
| where CounterName == "% Processor Time"
| summarize avg(CounterValue) by bin(TimeGenerated, 1h)
| render timechart
```

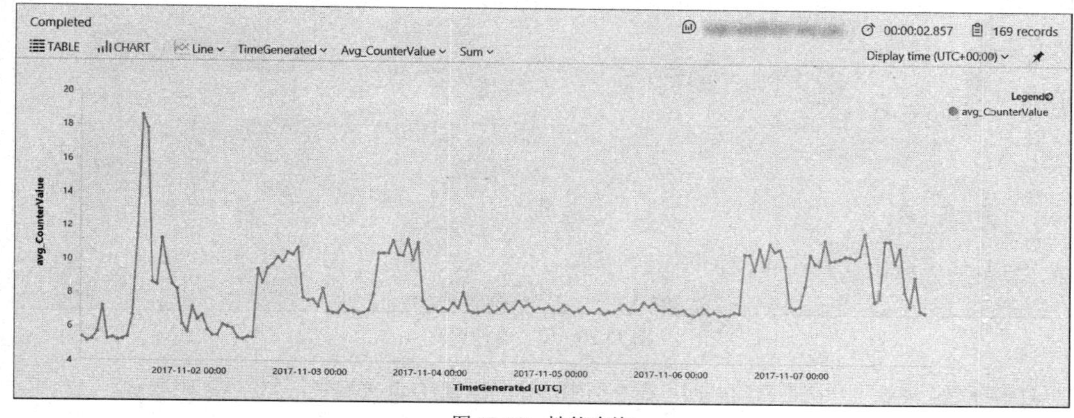

图 13.18 性能查询

一旦找到使用了大部分资源的对象，就可以深入研究并快速公开数据。

下面的查询将显示所有计算机的性能数据，如图 13.19 所示。

```
let endTime=now();
let timerange =1d;
let startTime=now() - timerange;
let mInterval=4;
let mAvgParm= repeat(1, mInterval);
Perf
| where ObjectName == "Processor"
| where CounterName == "% Processor Time"
| make-series avgCpu=avg(CounterValue) default=0 on TimeGenerated in
range(startTime, endTime, 15m) by Computer
| extend moving_avgCpu = series_fir(avgCpu, mAvgParm)
| render timechart
```

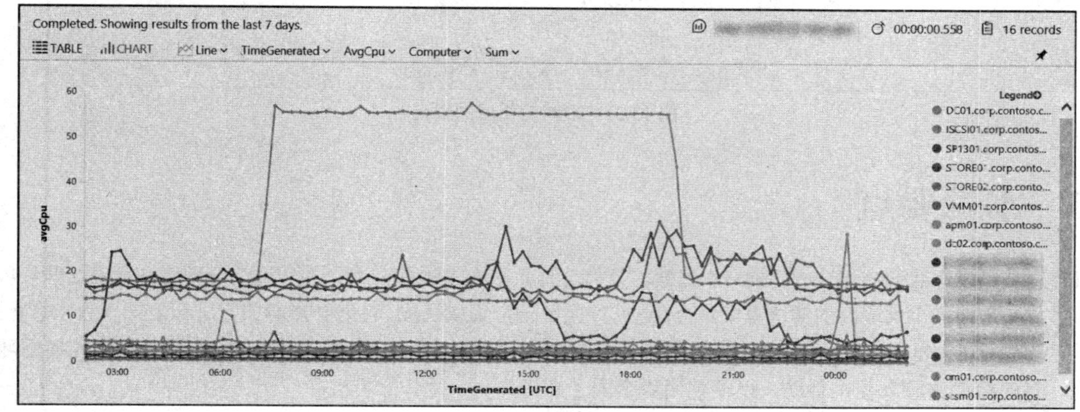

图 13.19 所有计算机的性能数据

可以突出显示使用最多数据的计算机。

13.4.2 事件查询

以下查询将显示所有安全事件，如图 13.20 所示。

```
SecurityEvent
| project Activity
| parse Activity with activityID " - " activityDesc
| summarize count() by activityID
```

Completed. Showing results from the last 7 days. 00:00:02.252 76 records

TABLE CHART Columns

Drag a column header and drop it here to group by that column

activityID	count_
4648	3,521,932
4624	4,173,200
4672	4,040,761
4634	4,144,530
4670	80,307
4656	286,527
4688	142,858
4689	142,576
8002	19,131
4770	12,131

Page 1 of 2 50 items per page 1 - 50 of 76 items

图 13.20 安全事件查询

还可查询特定计算机上一次重启的时间。在本例中，计算机包含 clt 关键字，如图 13.21 所示。

```
Event
| where Computer containscs "clt" and EventID == 6005 and EventLog == "System"
and Source == "EventLog"
| project Computer, TimeGenerated
| sort by Computer
```

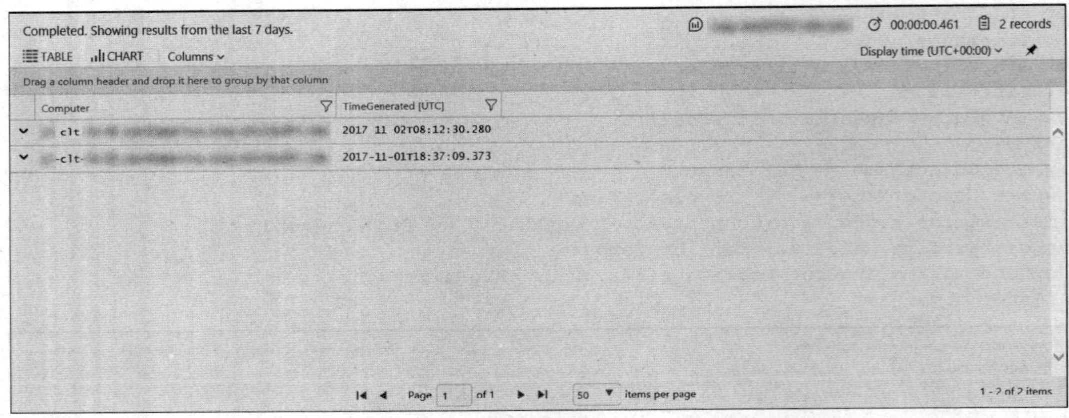

图 13.21 对特定重启的查询

13.5 本章要点

管理混合环境。我们将当前方法向 IT 过渡，保持工作负载在本地和云中，并实现混合环境。管理这些环境需要识别新挑战和来自多个供应商的解决方案集合。这就产生了一个集成挑战，可能会影响如何进行故障排除和修复操作。

问题：Insight & Analytics 中包含的解决方案帮助客户利用一个新的基于云的平台，该平台旨在使用环境特有的精简体验来提供帮助，以便使用者全面了解操作。

答案：下面列出 Insight & Analytics 中提供的解决方案。关于这个列表的最新版本，请访问 https://docs.microsoft.com/en-us/azure/log-analytics /log-analytics-add-solutions。

管理解决方案	定价梯度	说　明
Activity Log Analytics	免费	90 天的数据是免费可用的
AD Assessment	免费	
AD Replication Status	免费	无法从 Azure 门户/市场中添加
Agent Health	免费	数据不受免费梯度限制
Alert Management	免费	无法从 Azure 门户/市场中添加
Application Insights Connector (预览)	免费	
Azure Application Gateway Analytics	免费	
Azure Network Security Group Analytics	免费	
Azure SQL Analytics (预览)	免费	需要 Log Analytics 工作空间才能连接到 Automation 账户
Azure Web Apps Analytics	免费	
Backup	免费	需要一个经典的备份库
Capacity and Performance (预览)	免费	
Containers	免费	
IT Service Management Connector(预览)	免费	
HDInsight HBase Monitoring	免费	
Key Vault Analytics	免费	
Logic Apps B2B	免费	无法从 Azure 门户/市场中添加
Network Performance Monitor	免费	
Office 365 Analytics (预览)	免费	
Service Fabric Analytics (预览)	免费	
Service Map (预览)	免费	在美国东部、西欧以及美国中西部提供
Site Recovery	免费	需要一个经典的 Site Recovery 库
SQL Assessment	免费	
Start/Stop VMs during off-hours	免费	需要 Log Analytics 工作空间连接到 Automation 账户
SurfaceHub	免费	无法从 Azure 门户/市场中添加
System Center Operations Manager Assessment (预览)	免费	
Update Compliance (预览)	免费	不收取数据或节点费用
Upgrade Readiness	免费	不收取数据或节点费用
VMware Monitoring (预览)	免费	
Wire Data 2.0 (预览)	免费	在美国东部、西欧以及美国中西部提供

暴露的安全威胁。管理高度复杂的、混合云的、跨平台的基础架构需要找到方法，以较好的成本和时间效益，快速识别对环境的任何安全威胁。

问题　Security & Compliance 中包含的解决方案帮助客户评估托管对象中当前的安全漏洞。Security & Compliance 提供了工具来快速、轻松地识别可能的威胁。这是通过整合微软和合作伙伴所做的研究来实现的，以确保快速有效地解决可能的安全问题。

答案　下面是 Security & Compliance 提供的解决方案列表。关于这个列表的最新版本，请访问 https://docs.microsoft.com/en-us/azure/log-analytics /log-analytics-add-solutions。

管理解决方案	定价梯度	说　明
Malware Assessment	免费	如果在 2017 年 6 月 19 日之后添加 Security & Compliance 解决方案，那么无论工作空间定价级别如何，计费都是按节点进行的。起初的 60 天是免费的
Security and Audit	免费	此解决方案用于收集安全事件日志

维护自动配置更新。Operations Management Suite 从一开始就用来管理混合云中的工作负载，其中包括 AWS 和 Linux 支持。

问题 Automation & Control 解决方案允许在集中的平台上实现自动化和完成配置活动。这是通过控制和审计更新的时间框架、确保自动应用配置，以及利用解决方案确保基础设施的高可用性来实现的。

答案 下面是Automation & Control 提供的解决方案列表。关于这个列表的最新版本，请访问 https://docs.microsoft.com/en-us/azure/log-analytics /log-analytics-add-solutions。

管理解决方案	定价梯度	说明
Automation Hybrid Worker	免费	需要 Log Analytics 工作空间连接到 Automation 账户
Change Tracking	免费	需要 Log Analytics 工作空间连接到 Automation 账户
Update Management	免费	需要 Log Analytics 工作空间连接到 Automation 账户